KB139851

PMP PRIDE

최신 출제 경향을 반영한 예상 문제와
전문가의 명쾌한 해설

PMP PRIDE

최신 출제 경향을 반영한 예상 문제와 전문가의 명쾌한 해설

초판 1쇄 2019년 5월 10일
2판 1쇄 2020년 3월 30일

지은이 조태연, 김정재, 박정열, 원지호
발행인 최홍석

발행처 (주)프리렉
출판신고 2000년 3월 7일   제 13-634호
주소 경기도 부천시 원미구 길주로 77번길 19 세진프라자 201호
전화 032-326-7282(代)   **팩스** 032-326-5866
URL www.freelec.co.kr

편집 강신원 서선영
디자인 이대범 박경옥

ISBN 978-89-6540-269-5

국제공인
PMP/CAPM
자격취득 문제집

PMBOK® **6th** Edition

개정판

PMP PRIDE

최신 출제 경향을 반영한 예상 문제와 전문가의 명쾌한 해설

조태연, 김정재, 박정열, 원지호 지음

프리렉

현재는 급변하는 4차 혁명 시대이다. 이는 인공지능, 로봇기술, 생명과학이 주도하는 차세대 산업혁명을 말한다. 이에 새로운 물결의 트렌드와 함께 고객의 다양한 요구사항, 부서 간의 협업, 납기, 품질, 원가 등 프로젝트 내부 및 외부적으로 끊임없이 도전을 받는 것이 현실이다.

Morgan Stanley와 S&P가 제정한 국제산업분류기준(GICS: Global Industry Classification Standard)에 따르면 24개 산업그룹, 68개의 산업이 전부 프로젝트와 유관하다고 볼 수 있으며, 이에 체계적이고 효과적인 글로벌 표준 방법론으로 각 단계별 ITTO(Inputs, Tools & Techniques, Outputs)를 숙지하고 프로젝트 상황별로 맞게 재단(Customizing & Tailoring)을 해야만 성공적인 프로젝트를 수행할 수 있다. 또한 프로젝트라는 거대한 배를 원하는 목적지로 정확하게 도달하기 위해서는 항하사(恒河沙)처럼 수많은 작은 나사못이 각자 맡은 역할을 제대로 수행해야만 한다.

자격증 분류는 크게 국제자격, 국가인증, 국가인정, 민간으로 열거할 수 있다. 국제자격증인 PMP자격증은 프로젝트 관리 분야에서 최고의 선두 자격증으로 전 세계 170여 개국에서 인증하고 있으며, 현재 국제기준으로 총 75만 명이 취득하여 프로젝트 수행 시 개인이나 조직에 많은 도움을 주고 있다. 국제자격증은 현재 FTA(Free Trade Area)의 전문직자격증 상호인증협정(MRA: Mutual Recognition Agreement)으로 요구하고 있으므로 전 세계 어디든, 어떠한 산업군에 속하더라도 앞으로 현재를 포함한 미래의 가치는 무한할 것으로 전망한다.

또한 PMI(Project Management Institute)협회에서 연봉에 대해 설문 조사한 결과, PMP인증을 취득한 사람들은 PMP인증을 취득하지 않은 사람들보다 연봉이 대략 평균보다 20% 정도 높다고 한다. 따라서 국제적으로 자격증 수요에 대한 인기는 해가 바뀔수록 점차 높아질 것임을 알 수 있다. 하지만 자격증 인기에 비해 4년마다 갱신되는 PMP시험의 범위와 난이도는 점점 더 높아짐에 따라 수험생은 어떠한 교재로 공부를 시작해야 할지, 어떠한 부분이 시험의 주요한 Key-Point 요소인지, 프로젝트 상황에 관련된 문제에 어떻게 접근하여 풀어야 할지 하는 부분에서는 막막한 심정이다. 또한 PMI협회의 PMBOK Guide(Project Management Body of Knowledge)에서

제시하고 있는 내용은 자격증 취득에 앞서 수험생에게 너무나 부족함을 느끼게 한다. 이에 이 책은 칠흑같이 어두운 망망대해와 같은 수험생의 마음 속에서, 북극성처럼 유일하게 길을 비추어 나아갈 방향을 제시하는 것과 같음을 믿어 의심치 않는다.

당부하고 싶은 말은 PMP의 꽃인 ITTO(Inputs, Tools & Techniques, Outputs)는 절대로 외워서 문제를 푸는 것이 아니고, 완벽한 이해를 통한 숙달로 문제를 푸는 것임을 이 책을 통해서 수험생 스스로 혜안(慧眼)을 가지길 기대한다.

해설서와 함께 문제집을 보다 보면 어느새 PMP에서 제시하고 있는 방법론대로 본인 스스로 프로젝트 관리자가 되어 자격증 취득 프로젝트를 수행하는 숙달된 자신을 바라보게 될 것이며, 이는 자격증 취득 성공에 점차 가까워져 있음을 본인 스스로 느끼게 될 것이다. 본 책이 PMP시험을 준비하는 수험생 여러분의 합격을 앞당기는 길잡이가 되기를 희망한다. 마지막으로 바쁜 가운데 시간을 쪼개어 검수를 맡아준 삼성SDS 후배 곽동훈 프로와 이윤기 프로에게 감사의 인사를 드린다.

김정재

PMP 시험장에서 시종일관 자신감 있는 시각으로 문제를 바라보고 정답을 선택할 수 있는 능력을 향상시키려는 의도로 PMP 문제집을 출간하게 되었다. 물론 문제집을 완벽하게 이해했다고 해서 모든 수험생이 동일한 능력과 지식으로 시험에 합격할 수는 없겠지만, 적어도 불필요한 문제로 인해 좌절하고 시간에 쫓기는 수험생 비율은 낮아질 것이다.

전 산업을 대상으로 하는 PMBOK와 PMP 시험의 특징을 반영하여 6판에서는 다양한 산업 분야에 경험과 지식을 보유한 전문가들과 공동작업으로 문제집을 작성하였으며, 글로벌 프로젝트 환경을 반영하기 위해서 관련 분야 전문가들의 감수도 진행했다.

본 문제집은 암기 기반의 단순한 문제 풀이가 아니라 이해 기반으로 문제를 해석하고 키워드를 찾아낼 수 있도록 작성했으며, 최근 변경된 PMP 시험 문제에 대한 철저한 경향 분석과 합격자들의 검증을 통해서 실전 문제와 가장 유사하게 작성된 PMP 문제집이다. 문제집에 기술되어 있는 학습노하우 이외에 PMP 시험에서 반드시 주의해야 할 사항은 다음과 같다.

첫째, 문제와 보기는 끝까지 읽어야 한다. 문제의 앞부분은 일반적으로 프로젝트에 대한 상황 제시이고 뒷부분에 본격적인 질문이 제시되므로 시간이 부족하다고 앞부분만 읽고 잘못된 답을 선택하는 실수를 해서는 안 된다. 또한, 문제 은행에서 출제되는 PMP 시험의 특징상 문제가 동일하거나 유사해도 보기는 달라지는 경우가 대다수이기 때문에 모든 보기를 읽고 답을 선택해야 한다.

둘째, PMP 시험은 프로젝트관리 전문가가 되기 위한 기본적인 능력을 검증하는 것이지 여러분이 프로젝트 현장에서 얼마나 많은 프로젝트 관리자 역할을 수행했는지 묻는 시험이 아니다. 다시 말해, 합격하기 위해서는 다양한 산업 분야와 국가에서 수행한 프로젝트 경험보다는 PMBOK에서 제시하고 가이드하는 사상을 우선적인 답안으로 선택해야 한다.

　　셋째, 기출 문제나 최근에 나온 문제에 의존하지 말고 기본에 충실해야 한다. PMP 시험에서는 PMBOK에는 설명되어 있지 않은 문제도 상당수 출제된다. 하지만 이런 문제도 결국 PMBOK와 동떨어지게 출제되지는 않으며, PMBOK에서 설명된 영역을 이해하고 있다면 충분히 응용하여 해결이 가능한 문제이다. 기출 문제나 합격 후기 등에 올라와 있는 문제들은 검증되지 않은 문제들이 많기 때문에 무조건 의존하면 합격과는 멀어지게 된다.

　　마지막으로 무한한 신뢰와 격려로 이끌어주는 세상에서 가장 사랑하는 가족과 본 문제집으로 학습해서 합격한 수험생들에게 감사의 마음을 전한다. 5판에 이어 6판이 나오기까지 저자를 믿고 지지해준 도서출판 프리렉과 지금이라도 당장 PMP 시험에 우수한 성적으로 합격할 만한 수준으로 열의를 다한 담당자분들께 진심으로 감사의 말씀을 드린다.

원지호

조태연

연세대학교 식품생물공학과를 졸업하고 숙명여자대학교 대학원에서 임상약학으로 석사 학위를 취득하였다. 녹십자 콘텐츠사업부를 거쳐 한국오가논 임상팀에서 CRA, Sr.CRA로 근무하였고 쉐링푸라우코리아 임상팀에서 COM으로 근무했으며, 한국MSD 임상연구부에서 Country Lead를 수행했다.

이후 미국 MRL(Merck Research Laboratory)사에서 GCTO(Global Clinical Trial Operations) 부서의 PMO를 거쳐 지금은 같은 부서에서 Clinical Study Manager로 활동 중이다. 늘 새로운 것을 배우기 위해 끊임없이 노력하며, 주요 관심사는 바이오팜 R&D와 봉사 활동이다.

김정재

현재 삼성SDS에서 사업부 품질보안그룹의 품질담당자이자, SAP ERP컨설턴트로 약 20여 년간 IT 인력으로 재직 중이다. 현재까지 총 15여 개의 프로젝트를 수행하였고 개발자부터, 설계자, 프로젝트리더, 프로젝트관리(PMO)까지 수행한 명실공히 IT 프로젝트 전문가이다. 또한 ISACA Korea 협회에서 글로벌협력 부문 간사 역할을 수행하고 있으며, 현재는 CIA(국제공인내부감사사)를 준비 중이다. 회사 내 보안 동호회도 진행하며 신규 보안 트렌드 지식도 꾸준히 쌓고 있다.

주요 프로젝트는 재정경제부의 디지털예산회계, 삼성전자 ERP, 삼성 관계사 ERP, 삼성금융(화재) 프로젝트가 있으며, 사업부 품질관리뿐만 아니라 중국 서안까지 코드 품질을 확산하는 데 공헌했다. 주요 수행 업무는 품질관리 및 성능 개선(Performance Tuning)이며, 특히 삼성 내 SAP에서 코드인스펙션 활용 도구를 개발하여 개발 품질 및 성능 개선에 일조했다.

주요 관심사는 IT 거버넌스에 맞게 효과적이고 효율적으로 내부 통제 구축 및 평가하여 리스크를 관리하는 것이다. 또한 PMP 방법론을 응용한 COBIT IT통제 프레임워크를 기반으로 보안 영역부터 감사 영역까지 전세계 어디서든 활용할 수 있는 체계적인 검증 및 컨설팅 활동을 구축, 운영 및 평가하여 조직의 목표를 달성하고자 한다.

보유 자격
- CISA(Certified Information System Auditor)
- PMP(Project Management Professional)
- CISSP(Certified Information System Security Professional)
- SAP: MM(Procurement), SD(Order Fulfillment), PP(Production Planning&

Manufacturing), FI(Financial Accounting), CO(Management Accounting), ABAP(SAP Development), B1(Business one), BC(System Administration), BI(Business Intelligence), PI(Process Integration), SRM(Supplier Relation Management), HANA(Production Planning & Manufacturing)
· MCP(Microsoft Certified Professional)

저서

· 정보보안 1000제

CISA, PMP, CISSP, SAP 관련 문의사항: tulip125.kim@samsung.com

박정열

세명대학교에서 정보통신학을 전공하였고, 현대캐피탈, 현대카드, 현대·기아자동차, 현대커머셜, 정보사령부, 새마을금고중앙회, 서울특별시교육청 등에서 14년 이상 정보시스템 관련 프로젝트를 담당하며 엔지니어, 사업관리, PM 등의 다양한 업무를 수행하고 있다. 이 책을 통해 체계적인 이론 없이 실무만 경험했던 사람들도 PMP 시험을 쉽게 정리하고 접근할 수 있도록 노력하였다. 주요 관심사는 체계적인 요구사항 관리를 통하여 공급자와 수요자가 동시에 만족하는 최적의 품질 기준을 충족하는 산출물 생산이다.

원지호

LG CNS에서 ERP시스템 구축 및 컨설팅, 프로젝트관리 시스템 개발 및 운영, 그리고 전사 품질관리 업무 등을 담당했다. 20년 넘게 프로젝트 현장에서 엔지니어부터 PM 업무에 이르기까지 다양한 분야의 프로젝트를 수행했으며, 프로젝트관리 시스템 개발 PM 및 프로젝트 관리자 육성을 위한 PM 사무국 업무도 수행했다. CISA, CISSP, CFPS, ITIL 등의 자격증을 보유하고 있으며, LG CNS, 고려대학교, 대덕대학교, 대검찰청 등에서 프로젝트관리 교육도 진행했다. 현재, 공공기관 프로젝트 사업을 담당하고 있다. 주요 관심 분야는 프로젝트 현장에서 생산성과 품질을 동시에 향상시키는 것이며, 다양한 산업군에 종사하는 실무자들과 실시간 협업을 하기 위해 PMP 자격증 커뮤니티인 'eXtreme Studying PMP 홀릭'에서도 활동 중이다.

도서 관련 질문 및 PMP 자격증 사이트: PMP홀릭(네이버 카페)
http://cafe.naver.com/extremestudying

　　2000년대 중반 미국에서 일하던 시절 팀 동료가 해주었던 이야기가 생각납니다. 시카고에서 PMP 신청을 하러 갔더니 신청 가능한 언어가 오로지 영어와 한국어였다고 합니다. 이 이야기를 듣고 많이 놀랐습니다. 제가 기억하는 한국에서의 프로젝트 진행은 PMP 내용과 달랐던 기억이 있으므로 아직 한국에서는 PMP가 널리 알려지지 않았다고 생각했기 때문입니다. 하지만 우리나라는 인구비율당 PMP 자격증 취득자 수가 전 세계에서 가장 많을 정도로, 많은 사람이 자격증을 보유하고 있습니다. 나아가 자격 취득자분들이 PMP 지식을 실무에 적용하며 국내 프로젝트 문화와 계획, 실행 역시 긍정적인 방향으로 개선해 나가고 있습니다. 이러한 모습을 현장에서 경험하고, 느끼게 되어 기쁠 따름입니다.

　　이 책은 기본적으로는 PMP 시험 대응 방법에 방향을 두고 있지만, 실제 내용은 국내외에서의 프로젝트 경험을 간접적으로 경험할 수 있도록 구성되어 있습니다. ≪PMP PRIDE≫를 통해 더욱더 많은 사람들이 프로젝트 관리 지식을 쌓고 PMP 시험에 합격하기를 바랍니다.

조성진

- SAP Korea − Industry Business Architect(High tech)
- 삼정KPMG Advisory
- BearingPoint Consulting(formerly KPMG consulting) US, Korea

　　PMBOK를 처음 접했을 때 성벽같이 두꺼운 책을 언제 다 읽을지, 지레 겁먹고 힘없이 포기했던 기억이 납니다. 다른 국내 자격증을 취득했던 방식에서 벗어나, PMP 자격시험에 합격하기 위한 새로운 길을 찾았고 그 해결책은 바로 다윗이 골리앗을 이긴 방법에 있었습니다. 마치 다윗이 꾸준함으로 난공불락의 골리앗을 물리쳐 이긴 것처럼, 이 책으로 시험에 최후의 배수진을 치고 3번 이상 정독하여 매일매일 학습한다면 어렵게만 느껴지는 PMP 시험에 합격할 수 있습니다. ≪PMP PRIDE≫로 차근차근 준비하여 문제 해결력과 실행력을 강화하면 약자 다윗이 거대한 강자 골리앗을 이기듯, 수험생 여러분들도 PMP 자격 취득이라는 큰 산을 넘을 수 있을 것입니다.

전진환

● 삼성중공업 기술개발본부 EPC 해양플랜트 Project Engineering Manager(FPSO, FLNG)

● IR52 장영실상(LPG FSO)

● 영국 글래스고 Strathclyde 대학교 FPSO 강의

● 삼성중공업 전사 고등급 제안 기술평가 심사위원

차례

PMP 자격증 FAQ

1 | PMP 자격증 개요

■ PMP란 무엇인가?

PMP(Project Management Professional)란 프로젝트관리를 전문으로 하는 미국 PMI(Project Management Institute)에서 주관하는 프로젝트관리 전문가 인증 자격증으로, 국내에서는 '국제공인 프로젝트관리 전문가'로 알려져 있다.

국방, 건설, 플랜트, 공공 분야에 집중되었던 PMP 자격증에 대한 수요는 산업 트렌드 변화에 따라 IT 프로젝트를 중심으로 전 산업으로 확산·적용되고 있으며, 국내에서는 제조, 플랜트, R&D, IT 등의 산업 분야에서 지속적으로 수요가 증가하고 있다.

■ PMP 자격증 취득을 위한 수험서는?

PMI에서는 4년 주기로 이론과 실무를 반영한 PMBOK(Project Management Body of Knowledge) Guide를 출간하고 있으며, PMBOK 6th Edition 한글판도 존재한다. 물론 도서 형태로 구매할 수 있으나, PMI 유료회원으로 가입하면 무료로 영문판과 한글판 PDF 파일을 내려받을 수 있다(단, 타인과의 무단 공유는 불법적인 행위로 간주한다).

PMBOK만으로는 충분한 이해와 트렌드 파악이 어렵기 때문에 수험생 입장에서는 해설서나 문제집을 통해 학습하는 것이 필수다. 하지만 시험 출제 기준은 PMBOK Guide이기 때문에, PMBOK Guide의 사상에 기반을 두되 실무 경험을 응용하여 시나리오(상황 제시) 기반으로 시험을 철저하게 대비하는 것이 중요하다.

■ PMP 자격 문의처는?

PMP 수험생은 다음 연락처를 통해서 PMP 시험과 자격 유지에 대한 답변을 얻을 수 있으며, 한국어로 이메일과 전화 통화가 가능하다. 인터넷에서 찾은 정보가 확실한지 걱정된다면, 직접 문의하는 것을 추천한다.

(1) 아시아 태평양 서비스 센터
Phone: +65 6496 5501 | Fax: +65 6336 6449
E-mail: customercare.asiapac@pmi.org

(2) Bohyun Kim (김보현)
Phone: (+65) 6496-5501 | Fax: (+65) 6496-5599
Email: bohyun.kim@pmi.org or customercare.korea@pmi.org

■ PMP 시험 방법은?

시험 문항	200문제(문제은행에서 출제되며, 동일한 문제는 출제되지 않음) ※ 200문제 중에서 25문제는 테스트 문제로서 점수에는 반영되지 않으며, 앞으로의 출제 방향을 점검하기 위한 사전 테스트용임 ※ 어떤 문제가 테스트 문제인지는 표시되어 있지 않음
시험 응시	1년 중 원하는 시기에 온라인으로 응시 가능(토/일, 공휴일 제외) ※ 오전/오후 선택 가능(통상 09:30~13:30, 14:00~18:00) ※ 단, 1년에 3회까지 응시 가능(3번 불합격 시에는 1년 뒤 응시 가능)
시험 방식	CBT(Computer Based Testing) 방식 ※ CBT 시험이 불가한 일부 국가, 지역에서는 PBT(Paper Based Testing) 시험도 시행 중이나 국내는 CBT만 허용됨
시험 시간	휴식시간 포함 4시간(사전에 15분간 별도의 시험 소개 시간 존재) ※ 시험 중간에 화장실은 다녀올 수 있으나, 4시간에 포함됨
시험 장소	국내에는 두 군데 시험장소가 존재함(서울, 대구). **1. 서울(피어슨프로페셔널센터):** 서울특별시 중구 무교로 21 더익스체인지 서울 6층 **2. 대구(예담전문학교):** 대구광역시 중구 국채보상로 537, 5층 ※ 다소 찾기 어려운 시험 장소의 위치 때문에 사전 답사하는 수험생도 있다. 가능하다면 시간적 여유를 두고 시험장을 확인하고, 　주변에서 마무리 공부하기를 추천한다(주차 시설이 충분하지 않으므로 대중교통 이용을 권장한다).
문제 유형	4지 선다 객관식(복수 정답은 없음) ※ 객관식이라고 쉬운 시험으로 오인해서는 안 됨. 적게는 2개, 많게는 3개의 보기 항목이 모두 답으로 선택하기에 손색이 없는 　어려운 문제가 다수 출제됨
언어 선택	한글 지원(기본 언어는 영어이며, 보조 언어로 한국어 선택 가능) ※ 번역 미흡으로 영문 확인이 필요한 문제가 다수 존재하나 한글만으로 시험을 본다고 불합격하는 사유가 되지는 않으니 걱정하지 　않아도 됨
평가 방식	절대 평가나 상대 평가가 아닌, 이전 합격자들의 평균 고려 ※ 동일한 시험 문제를 치른 수험생들의 평균점보다 높아야 합격이라는 가이드를 제시하고 있으며, 문제에 대한 정답 요청은 불가함
합격 여부	시험 종료 시에 모니터에서 즉시 확인 가능(Pass or Fail) ※ 공식 합격증은 시험 종료 이후 2주~6주 이내에 신청 주소로 배송 ※ 시험 결과: 프로세스 그룹별 AT(Above Target), T(Target), BT(Below Target), NI(Need Improvement)로 표시되며, BT 이하가 2개 　이상이면 합격과 멀어짐
합격률(%)	평균 25 ~ 35% 내외(쉽게 합격하기 어려운 시험)

☞ 시험 당일 준비물: 여권이 기준이나 아직까지는 주민등록증 + 신용카드로 대체 가능

■ PMP 시험 출제 비율은?

PMBOK에는 5개 프로세스 그룹이 있으며, 다음과 같은 비율로 고르게 출제된다.

☞ 그 외 전문가 및 사회적 책임도 5개의 프로세스에 포함되어 출제된다. 하지만 문제나 보기를 풍성하게 하는 수준이며, 별도로 학습할 필요는 없다.

Process Group (5개 프로세스 그룹)	출제 비중
1. Initiating (착수)	13%
2. Planning (기획)	24%
3. Executing (실행)	31%
4. Monitoring & Controlling (감시&통제)	25%
5. Closing (종료)	7%

■ PMP 시험을 위한 응시 조건은?

PMP 자격시험에 응시하려면 [프로젝트관리 경험]과 [프로젝트관리 교육] 모두가 충족되어야 한다. 또한, 프로젝트관리 경험은 신청서 제출일 기준으로 과거 8년 안에 경험한 것이어야 한다. (단, 프로젝트관리 교육은 기간 제한 없음)

학력	프로젝트관리 경험	프로젝트관리 교육
고등학교, 전문대학 혹은 이에 준하는 학력	최소 5년(60개월)간의 전문적인 프로젝트관리 경험이 있으며 이 중 프로젝트 작업을 지휘하고 지시하는 데 적어도 7,500(45개월 정도: 1일 8시간, 1달 21일 기준)시간을 투입한 경우	35시간의 정규 교육 이수
학사 학위 혹은 이에 준하는 학력 (석사, 박사도 동일)	최소 3년(36개월)간의 전문적인 프로젝트관리 경험이 있으며 이 중 프로젝트 작업을 지휘하고 지시하는 데 적어도 4,500(26개월 정도: 1일 8시간, 1달 21일 기준)시간을 투입한 경우	35시간의 정규 교육 이수

■ 인정되는 프로젝트관리 교육은 무엇이 있나?

반드시 REP 교육기관(REP 교육기관이란 미국 PMI에 등록된 학습기관을 의미)만 인정되는 것이 아니라 다음의 모든 과정이 포함된다. [프로젝트관리 교육]은 [프로젝트관리 경험]과 같은 시간 제약은 없다. 직장인이라면 회사에서 (C)나 (E) 등의 교육을 이미 이수한 경우가 많으며, 혹시나 AUDIT이 걸려 관련서류를 제출할 경우를 대비해서 반드시 '이수증'이 출력되는 교육을 신청서(PMP에서는 신청서를 Application이라고 부름) 작성 시 입력해야 한다. (예를 들어, 프로젝트관리 분야를 다루는 학과 과정을 대학에서 한 주에 3시간씩 15주를 이수했다면, 45시간을 기재할 수 있다.)

(A) PMI에 등록된 교육기관(R.E.P.s: Registered Education Provider)

(B) PMI 컴포넌트 단체

(C) 회사지원 교육 프로그램

(D) 전문교육 회사 혹은 컨설턴트

(E) 원격 교육과정(과정 종료 후 평가 포함)

(F) 대학의 정규 학과 및 평생 교육 프로그램

단, 시험 신청서에 기재하는 모든 교육사항 및 PM 경력들은 신청서를 제출하는 시점 전에 완료되어야만 한다.

PMP 시험에 대한 상세한 내용은 PMI 한국챕터 홈페이지(http://pmikorea.kr/wordpress/)에 업로드되어 있는 'PMP® 안내서' 파일을 내려받아 필독해 보길 권장한다.

1 PMI 회원 가입	**유료회원 / 무료회원 모두 가입할 수 있으나 유료회원 권장** • 유료회원 가입비($129) + 수수료($10) = $139 ※ 유료회원이 1차 응시비용 $11 저렴(재 응시 비용은 $180 저렴) ※ 유료회원 가입 시에 Korea PMI Chapter 가입비가 자동 체크되어 있으나, 필수 사항은 아님
2 시험 신청서(application) 작성	**시험 신청서(application) 작성: 90일간 유효** • 프로젝트관리 경험 / 프로젝트관리 교육 입력 ※ 작성 시작일로부터 90일 내로 작성 완료해야 함
(1) 시험 신청서 검토	**PMI 담당자에 의한 온라인 신청서 검토: 근무일 5일 이내 완료** • 신청서 검토 후 작성이 미흡한 신청서에 대해서는 시정조치 메일이 수신됨 ※ 프로젝트관리 경험을 시험 신청서 양식에 맞게 시간을 준수하여 입력하여 함(최근 검토가 엄격해 짐)
(2) Audit 절차 진행	**Audit 선정된 경우만 해당됨** • Audit 비대상: 시험 비용 지불 이후 피어슨 뷰에서 시험 일정 예약 • Audit 대상: PMI에 서류 제출 → PMI 담당자 검토(5~7일) → Audit 통과 메일 및 재 작성 메일 수신에 따라 조치 ※ 서류 제출은 90일 이내에 완료해야 하며, 아래 서류를 하나의 봉투에 넣어서 국제우편으로 발송 ※ 제출 서류: 학위 증명서, 신청서 출력하여 PM 서명 받기, 프로젝트관리 교육 이수증 출력

비용 지불을 완료해야 시험 일정 예약 가능

구분	유료회원	무료회원
1차 응시	US $405	US $555
재 응시 (2차, 3차)	US $275	US $375

3 시험 비용 지불	

• 신용카드만 가능하고, 시험 신청서 승인 일자로부터 1년 동안 3번까지의 시험 기회가 주어짐
※ Fail시에는 시험결과가 PMI 데이터베이스에 반영되는 기간(3~5일) 이후에 비용 지불하여 재 신청 가능

4 시험 신청	**피어슨 뷰에 접속하여 직접 시험 일정 예약(PMI 홈페이지에서 직접 이동할 수 있음)** ※ 공휴일 제외한 평일 중 신청 가능(오전만 선택 가능하고 자리가 넉넉하지는 않음) ※ 3일 전까지 시험 일정 변경은 가능하나 변경 비용 추가 발생($100)하고 30일 이전에는 환불 가능
5 시험 응시 / 신청	**시험 응시(서울: 피어슨프로페셔널센터, 대구: 예담전문학교) 및 자격증 수령** • 시험 시간은 4시간이며, 시험 결과는 모니터상으로 시험 종료 후 즉시 확인됨 ※ 시험 종료 이후 약식 자격증을 전달받게 되며, 정식 자격증은 합격일 기준 2주 이내에 발송됨 ※ 합격일 기준 3년 마다 60PDU를 이수하고, 갱신비용(유료회원: $60, 무료회원: $150) 지불해야 자격증 유지됨

■ PMP 시험 신청이 시험만큼 어렵다는데?

PMP 시험 신청은 크게 3단계로 구분된다. **1** PMI 회원가입, **2** PMP 응시 조건 입력 및 비용 지불, **3** PMP 시험대행기관(피어슨 뷰)에서 시험을 신청하고 근무일(Working Day) 기준으로 보통 2주 정도 소요된다. (단, Audit 대상자에 선택된다면 2~4일 정도 추가될 수 있다.)

> PMP 신청이 제대로 되었는지 확인하고 싶다면 다음 연락처를 통해 직접 확인하길 바란다.
> 전화번호: (서울) 02-755-7801, (대구) 053-421-2460

> 2단계 시험 신청서 제출 이후에 PMI는 신청자의 10% 이내에서 Sampling Audit을 수행한다. 하지만 Audit에 걸렸다고 너무 상심할 필요는 없고 신청서에 기재된 사항이 정확하다면, 단지 2~4일 정도 시험 신청이 지연될 뿐이다. 예를 들어, 학사 이상이라면 메일 상에 기재되는 주소로 ① 영문 대학졸업 증명서, ② 신청서 작성 시 입력한 프로젝트관리 교육에 대한 이수증(한글만 제공된다면 A4 용지 등에 영문으로 번역해서 동봉), ③ 신청서 작성 시 입력한 프로젝트관리 경험에 대해서 메일 상의 URL에서 출력하여, 해당 프로젝트 관리자에게 서명을 받아서 우편 발송하면 된다.

■ PMP 자격증 취득 이후 정기적인 갱신 과정이 존재한다는데?

PMP 자격증을 획득한 후에는 Continuing Certification Requirements (CCR) Program (자격인증 유지 프로그램)을 통해 자격인증 상태를 유지해야 한다. PMP 자격증은 시험에 합격한 날로부터 3년간 유지된다.

3년 이후에 PMP 시험을 다시 응시하는 것은 아니고, 3년 이내에 자격인증 유지를 위해 최소 60 PDU(Professional Development Units)를 획득해야 한다(즉, 2018년 9월 15일에 시험에 합격했다면 자격 만료일은 2021년 9월 15일이 되며, 2021년 9월 14일까지는 자격을 업데이트해야 한다).

> ☞ 2015년 11월 1일부로 갱신조건이 변경되었으니, 반드시 관련 카페나 관련 사이트에서 확인하기 바란다.
> 카페 : http://cafe.naver.com/extremestudying
> 사이트 : http://www.pmi.org or http://pmikorea.kr/wordpress/

6 | PMP 자격증 이외에 도전해 볼만한 자격증은?

PMP 자격증 취득 이후에 추가적인 관련 자격증에 대해서 고민하는 수험생이 많다. 아직은 보편화되어 있지는 않지만, 다음과 같은 자격증이 있으며 자세한 사항은 PMI 홈페이지 또는 PMI 한국챕터(http://pmikorea.kr)에서 확인할 수 있다.

■ PMI Agile Cerified Practitioner (PMI—ACP)

아직까지는 IT업종이나 R&D 업종 위주로 활성화되어 있는 애자일(agile) 기반 프로젝트관리 전문가를 인정하기 위한 자격인증이다. 이러한 트렌드를 반영하여 PMBOK 6판에서는 별도의 분권으로 제시할 만큼 개념소개와 사례가 대폭 증가하였으며, 산업계에서의 움직임도 활발하기 때문에 향후 유망한 자격증이다.

취득을 위한 자격조건은 PMP와는 상이하며, 애자일 관련된 프로젝트 경험(1,500hr)과 교육(21hr)이 추가로 필요하다.

■ PMI Risk Management Professional (PMI—RMP)

프로젝트의 위협을 완화하고 이를 기회로 활용하기 위한 계획을 수립하며 프로젝트의 리스크를 평가하고 식별하는 특정 영역에서 전문적인 지식을 보유한 개인들을 인정하기 위한 자격인증이다.

PMP 시험과목 중 하나인 리스크관리(Risk Management) 지식 영역과 중복되기도 하지만, 취득을 위한 자격요건은 다르다. (프로젝트 리스크관리 교육과 리스크관리 경험 필요)

■ PMI–Scheduling Professional (PMI–SP)

프로젝트 일정을 개발하고 관리하는 특정 분야에서 전문 지식을 제공하는 사람들을 인정하는 자격인증이다.

PMP 시험과목 중 하나인 일정관리(Time Management) 지식 영역과 중복되기도 하지만, 취득을 위한 자격요건은 다르다. (프로젝트 스케줄링 교육과 스케줄링 경험 필요)

■ Program Management Professional (PgMP)

조직의 전략적 목표에 부합하는 복수의 연관 프로젝트를 관리하는 데 필요한 경험과 기량, 그리고 능력을 인정하기 위한 자격인증이다.

다른 PMI 자격인증과는 달리, PgMP 자격인증을 취득하려면 다음과 같은 3가지 평가에 합격해야 한다. (프로젝트관리 경험 이외에 프로그램관리 경험도 필요)

단계	평가 항목	상세 항목
평가 1	신청서 검토	광범위한 신청서 검토 단계로, 프로그램 관리자들로 구성된 패널들이 신청자의 프로젝트 및 프로그램관리의 전문적인 경험에 대하여 검토한다.
평가 2	다지 선다형 시험	다지 선다형 시험을 통하여 신청자의 지식을 상황 및 시나리오 중심의 문항들에 적용하는 능력을 입증한다.
평가 3	다면 평가(MRA)	MRA(Multi-rater Assessment)는 360도 검토 절차와 유사하며 신청자가 선택한 평가팀은 프로그램관리와 관련된 작업에 대해 신청자의 수행 능력을 평가한다.

☞ PgMP의 상위 개념으로 PfMP(Portfolio Management Professional)도 있다.

■ PRINCE2 자격증은 무엇인가?

PRINCE2 (PRoject IN Controlled Environment)는 '통제되는 환경에서의 프로젝트'라는 의미로 효율적인 프로젝트관리를 위해 프로세스에 기반을 둔 최적의 방법(Best Practice)을 실천하기 위한 지침을 제공하는 방법론이다. 프로젝트관리를 위한 방법론으로서 미국권 국가에서는 일반적으로 PMP 자격증이 인정되고, 영국권 국가에서는 PRINCE2가 통용된다고 이해하면 된다. 유럽, 중동, 남미 일부 국가에서는 종종 PRINCE2 자격증을 요구하기도 하지만, 일반적으로 PMP 자격증으로 통용된다.

PMP 시험을 위해서는 'PMBOK' 가이드가 기본서가 되듯이, PRINCE2를 위해서는 'Managing Success Project with PRINCE2'라는 가이드가 기본서로 활용되곤 한다.

PRINCE2는 PMP 시험과는 달리 Foundation, Practitioner라는 2가지 레벨이 있으며, PMP 자격증 소지자는 Foundation 시험을 유예시켜서 바로 Practitioner 시험을 볼 수 있다. (동일한 레벨은 아니지만, PMI에서 주관하는 CAPM이라는 자격증을 PRINCE2에서의 Foundation 레벨로 이해하면

되다.) 또한, Practitioner 시험에서 일정수준 이상의 점수를 획득하면 Trainer(PRINCE2 공인강사) 훈련을 받을 수 있는 자격이 부여된다.

통계적인 수치로 전 세계적인 자격증 보유 인력은 PRINCE2가 많다고 알려져 있으나, 국내에서는 PMP가 선호되고 있다. 또한, 프로젝트관리 국제 표준인 ISO21500이 PMBOK 기반으로 제정되다 보니 PMP 자격증의 가치는 더욱 확산되는 분위기이다.

7 │ CAPM 자격증은 PMP와 무엇이 다른가?

CAPM 자격(Certified Associate in Project Management)은 PMP 시험을 주관하는 PMI에서 PMP 를 취득하기에는 실무가 부족한 대학(원)생이나 직장의 신입사원들을 대상으로 시행하는 프로젝트 관리 전문가가 되기 위한 입문자용 인증 프로그램이다.

PMP 자격증에 비해서 국내에는 소개도 부족하고 활성화되어 있지는 않지만, 취업 준비생이라면 동일한 역량을 보유한 지원자보다 유리한 면이 있다. 최근 몇몇 대기업에서 면접 시에 유리하게 적 용되어 합격한 사례들이 자주 등장하고 있다.

■ CAPM 자격증 취득을 위한 수험서는?

CAPM 자격증 취득을 위해서는 PMP 자격증 준비 시에 활용하는 PMBOK(Project Management Body of Knowledge) Guide를 동일하게 활용해야 한다. 국내에는 현재까지 CAPM 자격증을 위한 별도의 해설서가 출간되어 있지 않으나, PMP 해설서를 똑같이 사용하면 된다. PMI 유료회원으로 가입하면 PMBOK Guide를 무료로 영문판, 한글판 PDF 파일로 내려받을 수 있다

최근의 PMP 시험에서는 상황 문제(시나리오 유형)가 많게는 70~80% 이상 출제되지만, CAPM은 실무보다는 프로젝트관리에 대한 일반적인 프로세스 소개 및 용어 학습에 중점을 두기 때문에 지 식 영역별 프로세스와 프로세스에 사용하는 도구 및 기법에 대한 단순한 질문이 대다수이다. 암기 만으로도 충분히 합격 가능한 시험이기는 하지만, 앞으로 종사하게 될 업종에 대해 간접경험을 하 고 싶다면 전문적인 학습을 추천한다.

CAPM 시험 정보는 다음과 같다.

시험 문항	150문제(문제은행에서 출제되며, 동일한 문제는 출제되지 않음) ※ 150문제 중에서 15문제는 사전 테스트 문제로서 점수에는 반영되지 않으며, 앞으로 출제 방향을 점검하기 위한 사전 테스트용이다. ※ 어떤 문제가 테스트 문제인지는 표시되어 있지 않다.
시험 응시	PMP와는 달리 1년 중 정해진 시기에 온라인으로 응시 가능 ※ 단, 1년에 3회까지 응시 가능(3번 불합격 시에는 1년 이후 응시 가능)
시험 방식	CBT(Computer Based Testing) 방식
시험 시간	휴식시간 포함 3시간(사전에 15분간 별도의 시험 소개 시간 존재) ※ 시험 중간에 화장실은 다녀올 수 있으나, 3시간에 포함됨
시험 장소	서울, 부산, 대구에서 CBT 응시가 가능하며, 서울 지역은 확인이 필요함 ※ 자세한 사항은 시험대행기관인 프로메트릭 센터에서 확인
문제 유형	4지 선다 객관식(복수 정답은 없음) ※ PMP 시험과는 다르게 상황 문제는 적고, 프로세스 정의와 도구 및 기법에 대한 단순한 문제가 대다수임
언어 선택	한글 지원(기본 언어는 영어이며, 보조 언어로 한국어 선택 가능) ※ 번역 미흡으로 영문확인이 필요한 문제가 다수 존재하나 한글만으로 시험을 본다고 불합격하는 사유가 되지는 않으니 걱정하지 않아도 됨
평가 방식	절대 평가나 상대 평가가 아닌, 이전 합격자들의 평균 고려 ※ 테스트 문제 15문제 포함 시에는 65% 이상, 테스트 문제 제외 시에는 60% 이상의 문제를 취득해야 합격한다고 알려져 있음
합격 여부	시험 종료 시에 모니터에서 즉시 확인 가능(Pass or Fail) ※ 공식 합격증은 시험 종료 이후 2~6주 이내에 신청 주소로 배송. ※ 시험 결과: 프로세스 그룹별 AT(Above Target), T(Target), BT(Below Target), NI(Need Improvement)로 표시되며, BT 이하가 2개 이상이면 합격과 멀어짐

☞ 시험 당일 준비물: 신분증 + 신용카드(영문이름 확인용이며, 여권 하나로 대체 가능)

■ CAPM 응시 비용은?

CAPM은 시험에 합격한 날로부터 5년간 유효하며 자격인증을 갱신하려면 재시험이 필요하다. 신규 취득 시와 자격 갱신 시점의 비용은 다음과 같으며, PMI에 유료회원 가입하여 시험을 신청하는 것이 비용대비 효과적이다.

시험 유형		PMI 유료회원	PMI 무료회원
신규 취득	첫 응시	$225	$300
	재응시	$150	$200
자격 갱신	갱신 첫 응시	$225	$300
	갱신 재응시	$150	$200

☞ 만약 Audit에 걸려서 검증 요건을 충족하지 못한 경우에는 $100의 진행 비용을 제외한 금액을 환불받게 된다.

■ CAPM 시험 응시 조건은?

CAPM 자격시험을 응시하려면 전문적인 [프로젝트관리 경험] 또는 [프로젝트관리 교육]이 충족되어야 한다. PMP는 2가지 조건이 모두 충족되어야 하나(AND), CAPM은 2가지 중에서 한가지 조건만 충족되어도(OR) 자격을 부여하므로, 대학(원)생들이 선호하고 도전하기 적합한 자격증이다. (단, 프로젝트관리 교육은 기간 제한 없음)

학력	옵션 1	(또는) 옵션 2
고등학교, 전문대학 혹은 이에 준하는 학력	프로젝트 관리팀에서 1,500시간의 전문적 경험	23시간의 정규 교육 이수

■ 인정되는 프로젝트관리 교육은 무엇이 있나?

인정되는 교육은 PMP와 동일하다. 대학(원)생이라면 학교에서 (E)나 (F) 등의 교육을 이미 이수한 경우가 많으며, 조건이 충족되지 않는다면 외부에서 CAPM 과정을 수강하는 것이 효과적이다. (예를 들어, 프로젝트관리 분야를 다루는 학과 과정을 대학에서 한 주에 3시간씩 15주를 이수했다면, 45시간을 기재할 수 있다.)

(A) PMI에 등록된 교육기관(R.E.P.s: Registered Education Provider)

(B) PMI 컴포넌트 단체

(C) 회사지원 교육 프로그램

(D) 전문교육 회사 혹은 컨설턴트

(E) 원격 교육과정(과정 종료 후 평가 포함)

(F) 대학의 정규 학과 및 평생 교육 프로그램

☞ 단, 시험 신청서에 기재하는 모든 교육사항 및 PM 경력들은 신청서를 제출하는 시점 전에 완료되어야만 한다.

☞ CAPM 시험에 대한 상세한 내용은 PMI 한국챕터 홈페이지(http://pmikorea.kr/wordpress/) 에 업로드되어 있는 'CAPM® 안내서' 파일을 내려받아 필독해 보길 권장한다.

---

8 | PMP 시험 최근 동향은?

■ 2021년 1월 2일부터 PMP시험 유형이 변경됨

PMBOK 버전(6th edition)이 변경되는 것은 아니며, 프로젝트 관리자의 역할 변화 및 최근 프로젝트 환경에 대한 적응을 위해 다음과 같이 변경이 공지되었다(최초 공지는 2020년 7월 1일부터였으나, 신종 코로나 바이러스의 확산으로 현재 버전의 시험 유형을 2020년 12월 31일까지 유지하기로 최근에 변경 공지함).

부가적인 설명을 하자면 PMBOK는 4년마다 갱신되는데 최근 변화하는 추세를 충분히 반영하지 못하는 단점이 존재한다. PMI에서는 이러한 단점을 보완하기 위해서 RDS라는 전문가 포럼을 운영하고 있으며, 일반적으로 PMBOK의 신규 버전 배포 이후 2년 정도가 지난 시점에 RDS 연구 결과를 반영한 시험 유형 변화를 추구하고 있다.

> ☞ 시험 관련 공지사항이나 최근 트렌드 문제를 확인하기 위해서라도 적극적인 카페 활용을 권장함
> (네이버 카페 PMP 홀릭: https://cafe.naver.com/extremestudying)

(1) 주요 변화 사항은 무엇인가?

PMI에서 공지된 내용은 다음에 나오는 정도로 제한적이다. 따라서 어떻게 변경되는지는 시험을 보지 않고서는 확인할 수 없는 제약이 있다.

기존 5개 프로세스 그룹(착수, 기획, 실행, 감시 및 통제, 종료)에서 3개 프로세스 그룹(도메인)으로 변경

- PEOPLE(인적): 효과적으로 프로젝트 팀을 이끌기 위한 기술과 활동을 강조
- PROCESS(프로세스): 프로젝트 관리의 기술적 측면 강화
- BUSINESS ENVIRONMENT(비즈니스 환경): 프로젝트와 조직 전략 간의 연결을 강조

프로젝트 생애주기 전환

- 기존 예측형 프로젝트 생애주기 위주의 방식에서 예측형, 민첩형 및 하이브리드 접근 방식으로 확장하여 3개 도메인에 포함
- 즉, 프로젝트 관리에 대해서 예측형(약 50%) 및 민첩형 혹은 하이브리드형(약 50%) 정도로 변화

변경되는 도메인에 대한 상세 내용은 다음 URL에서 관련 문서 참조

- https://www.pmi.org/certifications/types/project-management-pmp/exam-prep/changes
- 가이드북: [NEW PMP® Exam Content Outline]
- 참고 문헌: [Reference Materials] → [New PMP Exam Reference Materials]

(2) 대응 방안은 무엇인가?

PMI 홈페이지에서 권장하는 합격 방법은 '변경 이전에 자격증을 취득하라'는 것이다. 무책임한 표현일 수는 있지만 도메인이 변하다 보니, 변경 이후 초반에는 적지 않은 혼동이 예상된다는 의미로 해석하는 것이 바람직하다. 불행 중 다행으로, 변경되는 시험유형에 대해서 파일럿으로 응시할 수 있는 온라인 시험(PMP-PILOT)을 변경일 이전까지 임시로 오픈해 두었으나, 영문으로만 응시할 수 있고 시험 결과도 즉시 확인이 불가능하다는 한계가 있다.

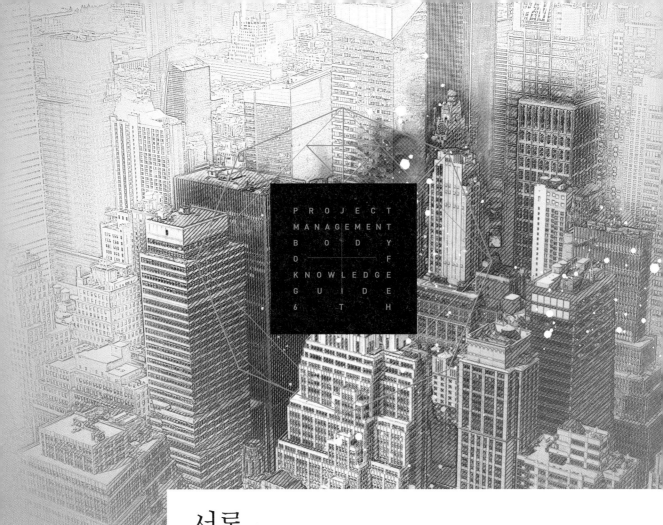

PROJECT
MANAGEMENT
BODY
OF
KNOWLEDGE
GUIDE
6TH

서론

INTRODUCTION

출제 유형 분석

1장은 프로젝트 지식 영역을 학습하기에 앞서 프로젝트를 수행하기 위한 기본적이고 공통적인 용어와 PMBOK를 구성하고 있는 프로세스 그룹에 대한 설명으로서 체계적인 학습이 요구되지는 않는다. 용어에 대한 질문이 대다수이며, 포트폴리오, 프로그램, 프로젝트의 연관 관계에 대해서는 그림 기반의 구체적인 학습이 요구되고, 프로세스 그룹의 종류 및 수행 목적에 대해서도 빈번히 출제되고 있다.

출제 항목	출제 유형	빈도	난이도
1. PMBOK 가이드의 개요	· N/A	N/A	C
2. PMBOK 가이드의 목적	· N/A	N/A	C
3. 프로젝트란 무엇인가?	· 프로젝트 특징 · 프로젝트 종료 유형 및 사례 · 프로그램, 포트폴리오 정의 및 차이점 · 포트폴리오, 프로그램 및 프로젝트 간의 관계	A	B
4. 포트폴리오관리, 프로그램관리, 프로젝트관리와 조직레벨 프로젝트관리의 관계	· 프로젝트관리 사례(효과적 vs. 비효과적) · 프로그램관리 및 포트폴리오관리 목적 · 프로젝트관리와 운영관리의 상호작용	B	B
5. PMBOK Guide의 주요 구성요소	· 시간 경과에 따른 프로젝트 생애주기의 특징 · 생애주기 정의, 특징, 적용 가능한 프로젝트 · 5개 프로세스 그룹 정의 및 상호작용 · 프로세스 그룹과 지식 영역 간 대응관계 · 프로젝트 비즈니스 문서 유형 및 작성 목적	A	A

이렇게 학습하세요

| 반드시 보아야 할 것

☐ 프로젝트의 정의와 특징

☐ 포트폴리오(portfolio), 프로그램(program), 프로젝트(project) 간의 관계

☐ 시간경과에 따른 프로젝트 생애주기의 특징

| 비교해 보아야 할 것

☐ 효과적인 프로젝트관리 사례 vs. 비효과적인 프로젝트관리 사례

☐ 프로젝트 생애주기 유형(예측형, 반복적, 점진적, 적응형) 및 유형별 특징

☐ 프로그램(프로그램관리)과 포트폴리오(포트폴리오관리)의 차이점

- ☐ 프로젝트관리(project management)와 운영관리(operation management) 상호작용
- ☐ 프로젝트관리 프로세스 그룹과 지식 영역 간 대응관계
- ☐ 작업성과 데이터 vs. 작업성과 정보 vs. 작업성과 보고서

흐름을 따라가 보아야 할 것
- ☐ 상위 수준 포트폴리오에서 프로젝트 및 운영 간의 포함 관계
- ☐ 착수 프로세스 그룹을 포함하고 있는 프로젝트 헌장과 이해관계자 식별의 데이터 흐름도

계산해 보아야 할 것
- ☐ 계산 문제 없음

확인해 보아야 할 용어
- ☐ 점진적 구체화(progressively elaboration)
- ☐ 일시성(temporary)
- ☐ 포트폴리오(portfolio) 및 포트폴리오관리 정의
- ☐ 프로그램(program) 및 프로그램관리 정의
- ☐ 트레이드 오프(trade off) 정의
- ☐ 프로세스 그룹 정의(착수, 기획, 실행, 감시 및 통제, 종료)

출제 빈도 높은 ITTO(투입물, 도구 및 기법, 산출물)
- ☐ ITTO 없음

프로젝트 개요
Project Overview

핵심 키워드

→ 정답 41쪽

1 [프로젝트 정의]에 대한 핵심 키워드를 완성하시오.

프로젝트는 (**①**   ) 제품이나 서비스, 결과물을 창출하고자 일시적으로 투입하는 노력이다.
(**②**   )이라는 특성은 시작과 끝이 정해져 있음을 의미한다.

2 다음 보기 중 질문에 해당하는 용어를 선택하시오.

포트폴리오(portfolio)	**점진적 구체화**(progressively elaboration)	**테일러링**(tailoring)
일시성(temporary)	**프로젝트관리**(project management)	**유일성**(unique)
프로그램(program)	**프로젝트 생애주기**(project lifecycle)	**트레이드 오프**(trade off)
방법론(methodology)	**운영관리**(operations management)	**거버넌스**(governance)
착수 프로세스 그룹(initial process group)	**종료 프로세스 그룹**(closing process group)	

(**①**   ) : 프로젝트가 진행되면서 초기와는 달리 상세하고 구체적인 정보와 정확한 산정치가 확보됨에 따라 지속적이고 반복적으로 계획을 갱신하고 상세화하는 작업을 의미한다.

(**②**   ) : 모든 프로젝트는 시작과 끝이 있다는 의미이며, 운영작업과 비교되는 대표적인 프로젝트의 특징이다.

(**③**   ) : 조직의 전략적 목표를 달성하고자 하나의 그룹으로 관리되는 프로그램, 프로젝트, 운영업무의 집합을 의미하며, 조직의 전략과 우선순위를 기반으로 생성된다.

(**④**   ) : 반드시 관련 있는 프로젝트들의 집합으로 구성되며, 반드시 하나 이상의 프로젝트를 포함하고 있어야 하는 것으로 프로젝트관리 오피스가 중점을 두는 집합이기도 하다.

(**⑤**   ) : 기존 프로젝트의 새로운 단계 또는 신규 프로젝트를 정의하고, 승인을 받아 시작하는 프로세스의 집합이다.

(**⑥**   ) : 프로젝트 시작부터 완료까지 프로젝트가 진행하는 일련의 단계를 의미한다.

1 다음 중 프로젝트 특징으로서 잘못 기술된 것은 무엇인가?

A. 고유한 제품이나 서비스, 결과물을 창출한다.

B. 프로젝트마다 차이는 있지만 시작과 끝이 정해져 있다.

C. 일정, 원가에 제약이 있다.

D. 프로젝트의 초기 계획은 변경되지 않고 수행되어야 한다.

해설

프로젝트 정의에는 프로젝트의 특징이 포함되어 있다. 프로젝트 정의를 보면 '프로젝트는 고유한 제품이나 서비스, 결과물을 창출하고자 일시적으로 투입하는 노력이다. 일시성이라는 특성은 시작과 끝이 정해져 있음을 의미한다.'와 같으며, 여기에는 이미 유일성과 일시성을 포함하고 있다.

프로젝트의 다른 특징으로는 프로젝트가 수행되어 가면서 산출물이나 수행해야 할 작업이 구체화된다는 점진적 구체화가 존재하며, 일정과 비용에 제한을 받는다는 것이다.

프로젝트 특징은 결국 운영업무와의 차이점이기 때문에 운영업무와 프로젝트 업무의 차이점에 대해서도 동일한 기준으로 적용하면 된다.

정답 D

포트폴리오, 프로그램, 프로젝트 간의 관계
Relationships Among Portfolio, Program, Project

→ 정답 41쪽

핵심 키워드

1 [포트폴리오와 프로그램] 정의에 대한 핵심 키워드를 완성하시오.

(1) 포트폴리오는 조직의 (❶   )과 (❷   )를 기반으로 생성되며, 그룹을 구성하는 규모에 따라 상위 수준 포트폴리오, 하위 수준 포트폴리오 등으로 구성할 수 있다. 또한, 조직의 전략적 목표를 달성하고자 프로그램이나 (❸   )들이 반드시 서로 연관되거나 의존관계일 필요는 없다.

(2) 프로그램은 포트폴리오를 달성하고자 (❹   )배분과 통제관점에 초점을 두고 있는 (❺   ) 프로젝트들의 집합이다. 프로그램은 포트폴리오 하위에 있으며, 그룹을 구성하는 규모에 따라 상위 수준 프로그램, 하위 수준 프로그램 등으로 구성할 수 있다.

2 다음은 [포트폴리오, 프로그램, 프로젝트 간의 관계도]이다. 그림에서 핵심 키워드를 완성하시오.

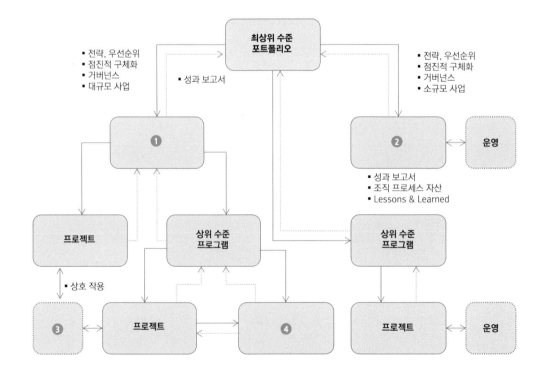

1 **다음 중 포트폴리오관리에 대해서 잘못 설명하고 있는 것은 무엇인가?**

A. 포트폴리오는 조직의 전략적 목표를 달성하고자 하나의 그룹으로 관리되는 프로그램, 프로젝트, 운영업무의 집합을 의미한다.

B. 포트폴리오 하위의 프로그램이나 프로젝트들은 반드시 서로 연관되어 있어야 한다.

C. 프로그램에는 포함되지 않은 프로젝트가 독립적으로 포트폴리오 하위에 구성될 수 있다.

D. 포트폴리오관리에는 프로젝트와 프로그램에 대해서 자원 할당의 우선순위를 결정하는 것도 포함된다.

해설   포트폴리오와 프로그램과의 가장 큰 차이점은 하위 구성요소들의 연관관계이다. 포트폴리오는 조직의 전략적 목표를 달성하는 것이므로 하위에 존재하는 프로그램이나 프로젝트들이 상호연관되어 있을 필요는 없으나, 프로그램은 개별적인 관리로는 달성되지 않는 혜택과 통제를 실현하고자 관련 있는 프로젝트들을 중앙집중적으로 관리하기 위한 것이므로 반드시 관련 있는 프로젝트들의 집합이어야 한다.

정답 B

프로젝트 생애주기
Project Life Cycle

→ 정답 41쪽

핵심 키워드

1 [프로젝트 생애주기]에 대한 핵심 키워드를 완성하시오.

프로젝트 생애주기와 (❶   )은 다르다. 프로젝트 생애주기는 개시, 구성 및 준비, 작업 수행, 프로젝트 종료라는 단계로 구분되어 수행되지만, (❶   )은 전체 프로젝트 생애주기에 걸쳐 한 번만 수행될 수도 있고, 프로젝트 단계별로 반복되어 수행될 수도 있다.

2 다음 그림은 프로젝트 시간 경과에 따른 프로젝트 생애주기의 특징을 나타낸 것이다. 보기에서 각 번호에 해당하는 용어를 찾으시오.

[원가 및 인력투입 수준]

[변경 및 오류 정정 비용]

[이해관계자의 영향력, 리스크, 불확실성]

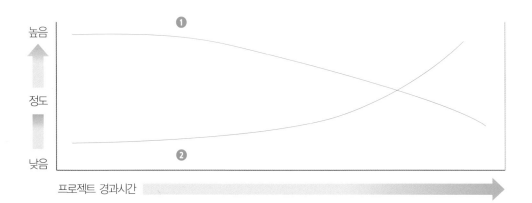

1 프로젝트 생애주기(Project Life Cycle)는 프로젝트 착수부터 종료까지 프로젝트가 수행하는 일련의 단계를 의미한다. 수행할 프로젝트는 프로젝트 초기에 제품과 인도물이 정의되고 범위 변경이 거의 없을 것으로 예상된다. 이에 적합한 생애주기 유형은 무엇인가?

A. 예측형 생애주기(Predictive Life Cycles)

B. 적응형 생애주기(Adaptive Life Cycles)

C. 변화주도형 생애주기(Change−Driven Life Cycles)

D. 반복 점진적 생애주기(Iterative and Incremental Life Cycles)

해설　　PMBOK에서 소개하고 있는 예측형 생애주기의 정의는 다음과 같다.

예측형 생애주기(완전한 계획 주도방식)는 프로젝트 범위를 제공하는 데 필요한 일정과 원가가 프로젝트 생애주기에서 가능한 빠른 초기 단계에서 결정되는 생애주기 유형이다. 또한 예측형 생애주기의 대표적인 모델로 폭포수 모델을 소개하고 있으니 특징, 장/단점에 대해서는 명확히 이해해야 한다(자세한 사항은 PMP PRIDE 해설서를 참고하길 바란다).

전문가의 Comment

PMBOK에서는 프로젝트 생애주기(Project Life Cycle)를 크게 3가지(예측형, 반복 점진적, 적응형)로 설명하고 있다. 이 중에서도 실무에서 가장 많이 활용되는 생애주기는 예측형이며, 적응형 생애주기에 대해서는 현재도 확산과 모범 사례 수집이 진행 중이다. 적응형 생애주기의 주요한 키워드는 애자일(agile), 반복주기(iteration), 빠른 피드백 등이 존재한다.

정답 A

→ 정답 39쪽

1 다음 중 감시 및 통제(Monitoring & Control) 프로세스 그룹의 주요한 목적은?

A. 감시 및 모니터링을 통해서 프로젝트관리 계획서를 갱신하기 위해서

B. 감시 및 모니터링을 통해서 프로젝트에서 발생하고 처리해야 하는 차이를 분석하기 위해서

C. 감시 및 모니터링을 통해서 변경통제위원회(CCB)를 위한 투입물을 생성하기 위해서

D. 감시 및 모니터링을 통해서 프로젝트관리 계획서에 정의된 작업을 완료하기 위해서

2 다음 중 프로젝트(project)의 특징이 아닌 것은?

A. 고유한 제품, 서비스, 결과물을 창출한다.

B. 제한된 자원, 일정의 제약을 받는다.

C. 계획하고 실행하고 통제한다.

D. 지속적이고 반복적인 노력을 투입한다.

3 다음 중 프로그램(program)을 가장 잘 정의하고 있는 것은?

A. 개별적인 프로젝트를 관리해서는 얻을 수 없는 이익이나 통제를 획득하기 위해 관련 있는 프로젝트들을 묶어서 관리하는 것이다.

B. 프로젝트관리를 체계적이고 효과적으로 하기 위해서 프로젝트를 관리 가능한 요소로 나눈 것이다.

C. 고객의 요구사항을 충족시키기 위해서 프로젝트를 관리하는 것이다.

D. 프로그램이란 프로젝트관리에 필요한 소프트웨어나 소프트웨어의 집합을 말한다.

4 다음 중 프로젝트관리(project management)의 특징으로 볼 수 없는 것은?

A. 프로젝트 요구사항을 충족시키기 위해 지식(knowledge), 기술(skills), 도구(tools), 기법(techniques)등을 프로젝트 활동에 지속적으로 적용하는 것이다.

B. 프로젝트관리는 개별적인 프로젝트에 중점을 두고, 포트폴리오관리(portfolio management)는 전사적 관점에서 프로젝트관리에 중점을 둔다.

C. 프로젝트는 내부, 외부 환경 요인들에 의해서 끊임없이 변하기 때문에 한 번 작성된 프로젝트관리 계획서(project management plan)는 변경되어서는 안 된다.

D. 프로젝트관리에서 다루는 47개 프로세스들 사이에는 상호 의존성이 존재한다.

5 다음 중 포트폴리오(portfolio)에 대한 설명 중 잘못된 것은?

A. 전략적 사업 목표(strategic business objectives)를 달성하기 위해 작업을 효율적으로 관리해야 하는 프로젝트 또는 프로그램, 기타 관련 작업 모음을 의미한다.

B. 포트폴리오는 조직의 전략 및 우선순위를 기반으로 생성된다.

C. 프로젝트 관리자가 프로젝트를 수행할 때에는 조직의 포트폴리오 정책을 주기적으로 확인할 필요가 있다.

D. 포트폴리오 하위에 속한 프로젝트나 프로그램들은 상호 의존적이거나 직접 연관되어 있어야 한다.

6 프로젝트관리 프로세스(프로젝트관리 프로세스 그룹)는 프로젝트 단계마다 반복적으로 적용된다. 이 중에서 다른 프로세스 그룹의 전체 실행 영역과 지속해서 상호작용해야 하는 프로세스 그룹은 무엇인가?

A. 착수 프로세스 그룹(Initiating Process Group)

B. 기획 프로세스 그룹(Planning Process Group)

C. 실행 프로세스 그룹(Executing Process Group)

D. 감시 및 통제 프로세스 그룹(Monitoring and Controlling Group)

7 프로젝트 팀원이 지난주 고객의 요구사항을 구현함에 있어서 기술적인 이슈를 제기하였다. 전문 기술 영역이며 프로젝트 내에서는 해결방안을 제시할 만한 전문가는 없는 실정이다. 중간 보고가 얼마 남지 않은 상황에서 프로젝트 관리자가 취해야 할 바람직한 행동은?

A. 프로젝트 팀에서는 해결할 방안은 없으니, 중간 보고서에 이슈로 포함하여 보고한다.

B. 프로젝트 팀원과 함께 해결방안이 도출될 때까지 브레인스토밍을 실시한다.

C. 전문 기관에 검토를 맡긴 후에, 외부 검토 결과를 고객 보고서에 포함한다.

D. 고객이 인지하지 못한 상황이고, 프로젝트 자체적으로 해결해야 하는 기술적인 이슈이므로 보고서에 포함하지 않는다.

8　프로젝트를 수행하면서 수집되는 데이터는 분석되고 변환되어 주요한 의사결정을 위해 다양한 보고서 형태로 저장되고 배포되기도 한다. 다음 중 작업성과 보고서(Work Performance Reports)를 참고해야 하는 프로세스로 적합하지 않은 것은?

　　A. 프로젝트 작업 감시 및 통제　　　　　　B. 팀 관리

　　C. 의사소통 관리　　　　　　　　　　　　D. 리스크 감시

9　프로젝트는 여러 가지 사유로 종료하게 된다. 다음 중 프로젝트의 종료 사유로서 부적절한 것은 무엇인가?

　　A. 프로젝트가 초기에 계획했던 목표를 달성하여 정상적으로 종료

　　B. 프로젝트 목표를 달성할 가능성이 없어서 고객이나 스폰서가 강제 종료

　　C. 기업 환경이나 조직의 포트폴리오 정책에 의해서 더는 필요하지 않게 되어 조기 종료

　　D. 프로젝트 팀원 확보의 어려움으로 인해서 프로젝트 관리자 판단에 따른 조기 종료

10　프로젝트에 참여한 고객의 요구사항이 명확했기 때문에 폭포수 모델(Waterfall model)로 진행하고 있었다. 하지만 프로젝트 초반과는 달리 고객의 요구사항이 수시로 변경되면서 프로젝트 관리자는 애자일(Agile)로 변경하기로 했다. 무엇에 대한 설명인가?

　　A. 프로젝트 생애주기(Project Lifecycle)

　　B. 제품 생애주기(Product Lifecycle)

　　C. 프로세스 그룹(Process Group)

　　D. 방법론(Methodology)

1 정답 B [용어 정의형 심화]

착수 프로세스 그룹에 집중되어 출제되던 프로세스 그룹과 관련된 문제도 다른 프로세스 그룹으로 확장되어 가고 있다. 착수나 종료 이외에는 포함하고 있는 프로세스 개수가 많다 보니 명확한 정의를 내리기에는 한계가 존재하나, 감시 및 통제 프로세스 그룹은 다른 프로세스 그룹과 병행적으로 수행되는 성격상 출제 비중이 높다. 보기에서 (C)로 오해하는 수험생이 존재할 수도 있는데, 눈에 익숙한 것과 문제에서 요구하는 사항은 명확히 다르다는 것에 주의해야 한다. 감시 및 통제 프로세스 그룹은 프로젝트 진행 상황과 성과를 추적, 검토 및 조정, 변경이 필요한 계획을 식별하고 해당 변경을 처리하는 프로세스들로 구성되어 있음에 유의하자.

전문가의 Comment

감시 및 통제 프로세스 그룹의 주요한 이점 및 주요 활동은 다음과 같은 항목들도 포함하고 있다.

1) 프로젝트관리 계획과의 차이를 식별하기 위해서 정기적 또는 비정기적으로 프로젝트 성과를 측정 및 분석

2) 변경 통제 및 발생 가능한 문제에 대비해서 시정 또는 예방 조치 권유

3) 프로젝트가 프로젝트관리 계획서 및 프로젝트 성과측정기준선을 준수하는지 확인

4) 승인된 변경사항만을 구현하도록 조치

2 정답 D [용어 정의형 기본]

프로젝트의 정의만 알면 해결이 가능한 문제이다. PMBOK에서 프로젝트의 정의를 확인하기 바라며, 프로젝트 정의에는 결국 프로젝트의 특징이 포함되어 있다. 보기 이외에 프로젝트의 특징으로는 프로젝트가 진행되어 가면서 계획이나 산출물 등이 명확해지는 '점진적 구체화(progressively elaboration)'가 존재한다.

전문가의 Comment

(D)는 운영 업무의 특징으로서, 해당 문제는 프로젝트와 운영의 차이점에 대한 질문으로 대체될 수도 있다. 또한, PMBOK에서 설명하고 있는 프로젝트의 정의는 다음과 같다.

"A project is a temporary endeavor undertaken to create a unique product, service, or result. The temporary nature of projects indicates that a project has a definite beginning and end."

프로젝트는 고유한 제품이나 서비스, 결과물을 창출하고자 일시적으로 투입하는 노력이다. 일시성이라는 특성은 시작과 끝이 정해져 있음을 의미한다.

3 정답 A [용어 정의형 기본]

프로그램의 정의를 이해하고 있는지를 묻는 질문이다. 프로젝트는 프로그램, 포트폴리오와 상호작용 및 포함관계를 지니고 있으며, 시험에 반드시 출제되는 유형이다. 프로젝트는 조직의 비전이나 목표를 달성하기 위해 승인되고 진행되는 활동이기 때문에 조직의 전략과 방향성을 제시하는 포트폴리오와 프로그램과의 관계와 포함관계는 반드시 출제된다.

오답 확인

B. 향후 범위관리에서 학습하게 될 작업분류체계(WBS)

C. 프로젝트관리의 정의

D. IT 실무분야에서 사용되는 용어로서 혼동하지 말아야 한다.

4 정답 C [용어 정의형 심화]

단순히 프로젝트관리의 정의에 대해서만 알고 있다면 오답을 선택할 수 있는 문제이다. 시험장에서도 프로젝트관리 또는 프로젝트라는 질문이 등장하면, 우선적으로 프로그램, 포트폴리오와의 연관관계를 떠올려야 하며, 프로젝트의 특징 및 운영 업무와의 차이점까지 확장시켜야 한다.

오답 확인

A. 프로젝트를 효과적이고 효율적으로 진행하기 위해서 여러 가지 방법을 응용하라는 의미이며, PMBOK에서는 그

러한 방법으로 지식 영역별로 투입물, 도구 및 기법, 산출
물을 제시하고 있다.

B. 프로젝트관리와 프로그램관리 및 포트폴리오관리와의 상
호작용에 대해서 구분할 수 있어야 한다.

D. PMBOK에서는 10개 지식 영역과 지식 영역을 구성하고
있는 47개 프로세스를 통해서 프로젝트관리에 대한 가이
드를 제시하고 있으며, 47개 프로세스들은 독립적이 아
닌 상호작용을 통해서 시너지를 발휘한다.

5 정답 D [용어 정의형 심화]

문제 3번과 유사한 질문으로서 시험장에서는 3번과
5번이 교대로 출제되곤 한다. 포트폴리오의 키워드
는 조직의 전략과 연계, 자원할당의 우선순위 결정,
운영 업무도 포함 등이다.

오답 확인

D. 프로그램에 대한 설명으로서, 하위에 속한 프로그램이나
프로젝트들이 상호 관련이 있어야 하는지 관련이 없어도
되는지가 중요한 키워드이다. 이것을 PMBOK에서는 다
음과 같이 제시하고 있으며, 무슨 일이 있더라도 기억하
자. '프로젝트는 프로그램에 포함되지 않을 수도 있지만
프로그램은 항상 다수의 프로젝트를 포함하고 있다.'

 전문가의 Comment

프로그램과 포트폴리오의 차이점을 묻는 질문의 핵심은 프로
젝트 포함의 필수 여부이다. 프로그램은 관련 있는 프로젝트
들의 집합이기 때문에 반드시 프로젝트를 포함해야 하나, 프
로젝트는 프로그램에 반드시 포함되지 않고 직접 포트폴리오
하위에 구성될 수 있다는 차이점이 존재한다.

6 정답 D [용어 정의형 기본]

'감시 및 통제 프로세스 그룹'은 프로세스 그룹의 순
서상으로 볼 때는 '실행 프로세스 그룹' 다음에 위치
하지만, 착수, 기획, 실행, 종료 프로세스 그룹을 진
행하면서도 특정한 시점에 '감시 및 통제' 활동을 수
행해야 하므로 다른 프로세스 그룹의 전체 실행 영
역과 지속해서 상호작용하게 된다. 따라서 착수, 기
획, 실행, 종료 프로세스 그룹들과 동시에 발생하는
백그라운드(background) 프로세스 그룹으로 표현할
수 있다.

7 정답 C [시나리오 제시 기본]

PMP 시험에서 대표적으로 증가하고 있는 PM의 의
사결정과 관련된 문제이며, 2016년 초반에 변경된
PMP 시험에서 비중이 높아진 부분인 PM 역량에
대한 질문이다. 위와 같은 문제는 PMBOK만을 학
습해서는 해결안을 도출하기는 어렵지만, PMBOK
에서는 PM으로서 최소한의 전문가 및 사회적 책임
을 보유하고 있어야 한다고 이야기하고 있다. 그 중
에서도 원칙을 준수하라는 것이며, 이와 같은 맥락
에서 접근을 해보자면, 시간이 부족하긴 하지만 고
객에게 명확하게 사실 기반(fact base)의 정보를 공유
해야 하는 것이 기본적인 자질이다.

 전문가의 Comment

이전에는 '전문가 및 사회적 책임' 이라는 별도의 출제 영역이
존재한 PMP 시험 파트가 존재하였으나 현재는 출제영역에서
제외된 상태이다. 하지만, 최근에 PM으로서의 기본적인 자질
과 관련된 문제가 10개 지식영역과 응용되어 출제되니, 교재
마지막에 포함되어 있는 'Code of Ethics and Professional
Conduct(윤리 및 전문직 행동강령)' 도 시간을 내어 정독해 보길
권장한다.

8 정답 A [ITTO 제시 심화]

PMBOK에서 많이 등장하는 산출물 중 하나는 '작
업성과 데이터(Work Performance Data)', '작업성과
정보(Work Performance Information)', '작업성과 보
고서(Work Performance Report)'이다. 또한, 대다수
의 감시 및 통제 프로세스에 해당하는 프로세스들
은 '작업성과 데이터'를 입력받아 '작업성과 정보'로
변환됨을 확인할 수 있다. 이 중에서 작업성과 보고
서는 특정한 프로세스에만 사용되는데, 작업성과 보
고서가 사용되는 주요한 프로세스에 대한 학습이
필요하다. 작업성과 보고서는 주요한 의사결정이나
공식적인 자리를 위해서 필요하며, 대다수는 프로젝
트관리자의 권한을 넘어서는 문제인 경우라고 생각
하면 된다. [4.5 프로젝트 작업 감시 및 통제]는 작업
성과 보고서가 산출되는 프로세스이며, [12.3 조달
감시] 프로세스에서도 투입물로 사용된다.

9 정답 D   [용어 정의형 심화]

앞으로 학습하게 될 [4. 프로젝트 통합관리]에서 종 종 등장하는 문제이며, 프로젝트 관리자의 책임과 연관되어 출제되기도 한다. 프로젝트는 반드시 성공 적으로 또는 정상적으로 종료되는 것이 아니고, 실 패하거나 비정상적으로 종료되기도 하며, 일반적으 로 구매자(발주처)에게 권한이 주어지는 것으로 이 해하면 된다.

오답 확안

프로젝트 관리자는 조직이나 스폰서에 의해서 확정된 프로 젝트 변경사항을 수행하는 것이 일차적인 책임이며, 프로젝 트 내에서 책임을 부여받은 인적자원이므로, 프로젝트 관리 자가 프로젝트의 stop or go를 결정할 권한은 없다.

10 정답 A   [용어 정의형 심화]

주로 CAPM에서 출제빈도가 높았던 프로젝트 생애 주기와 관련된 문제이다. PMBOK에서 프로젝트 생 애주기(Project Lifecycle)는 프로젝트 착수부터 종료 에 이르기까지 프로젝트가 거치게 되는 일련의 단계 로 설명되어 있다. 프로젝트 생애주기는 조직의 방법 론에 포함되는 것이 일반적인데, 산업이나 프로젝트 특징에 따라서 상이하기 때문에 일괄적인 적용은 불 가하고, 테일러링하여 진행하게 된다. 하지만 주요 단 계(통제 시점)별 활동이나 인도물 유형이 유사하고, 검증된 절차이기 때문에 대다수 프로젝트에서 적용 하여 사용하고 있다. PMBOK에서는 대표적으로 3 가지 생애주기(예측형 생애주기, 반복적 및 점증적 생애주기, 적응형 생애주기)를 가이드하고 있으나, 실무에서 주로 활용하고 있는 산업 분야는 IT, SI, R&D 이기 때문에 건설/플랜트, 제조/물류 등의 실 무자들이 어려워하는 영역이기도 하다.

🎙 전문가의 Comment

시험에서는 프로세스 그룹(Process Group)과 프로젝트 단계 (Project Phase)의 차이점에 대한 질문도 종종 등장한다. 프 로젝트 단계는 일반적으로 분석, 설계, 개발, 테스트, 이행 등 의 단계를 거치게 되며, 단계마다 프로세스 그룹(착수, 기획,

실행, 감시 및 통제, 종료)이 반복적으로 사용될 수 있다는 점 은 반드시 기억하자. 즉, 프로젝트 생애주기와 프로세스 그룹 은 분명히 다른 것이다.

[핵심 키워드 정답]

1-1 프로젝트 개요

1   ① 고유한   ② 일시성

2   ① 점진적 구체화

   ② 일시성

   ③ 포트폴리오

   ④ 프로그램

   ⑤ 착수 프로세스 그룹

   ⑥ 프로젝트 생애주기

1-2 포트폴리오, 프로그램, 프로젝트 간의 관계

1   ① 전략   ② 우선순위

   ③ 프로젝트

   ④ 자원   ⑤ 관련 있는

2   ① 하위 수준 포트폴리오

   ② 프로젝트   ③ 운영

   ④ 하위 수준 프로그램

1-3 프로젝트 생애주기

1   ① 프로젝트 그룹

2   ① 이해관계자의 영향력,리스크, 불확실성

   ② 변경 및 오류 정정 비용

프로젝트가 운영되는 환경

THE ENVIRONMENT IN WHICH
PROJECTS OPERATE

출제 유형 분석

2장은 프로젝트를 시작하면서 종료하기까지 고려해야 하는 수행조직 내·외부적인 상황을 소개하고 있다. 프로젝트에서 긍정적 또는 부정적 영향을 주는 조직 프로세스 자산 및 기업 환경 요인, 프로젝트를 구성하기 위한 수행 조직의 구성 현황, 프로젝트 관리자(PM)의 감시자 또는 지원자가 되기도 하는 프로젝트관리 오피스(PMO)를 소개하고 있다. 프로젝트를 수행하기 위해 고려해야 하는 수행 조직의 유형 및 비교 문제는 반드시 출제되며, 프로젝트 수행 시에 제약이나 가정사항이 되는 조직 프로세스 자산과 기업 환경 요인에 대한 사례 및 비교 문제는 반드시 기억하자.

출제 항목	출제 유형	빈도	난이도
2.1 프로젝트에 영향을 주는 공통 환경 변수	· 프로젝트에 영향을 주는 공통 환경	N/A	C
2.2 기업 환경 요인	· 기업 환경 요인 정의 · 기업 환경 요인 유형 및 사례(조직 내부/외부)	B	C
2.3 조직 프로세스 자산	· 조직 프로세스 자산 정의 · 조직 프로세스 자산 유형 및 사례 · 조직 프로세스 자산 vs. 기업 환경 요인	B	C
2.4 조직 시스템	· 조직 구조가 프로젝트에 미치는 영향 · 약한, 균형, 강한 매트릭스 조직 비교 · 프로젝트관리 오피스 정의와 역할	A	B

이렇게 학습하세요

| 반드시 보아야 할 것

☐ 프로젝트 팀을 구성할 때 영향을 주는 조직의 유형과 특징

☐ 균형 매트릭스 조직(Balanced Matrix Organization)에서 프로젝트 관리자 투입시간 및 프로젝트 예산 통제 주체

☐ 조직 프로세스 자산(Organizational Process Assets) 정의 및 사례

☐ 기업 환경 요인(Enterprise Environmental Factors) 정의 및 사례

☐ 프로젝트관리 오피스(PMO) 정의 및 주요 역할

| 비교해 보아야 할 것

☐ 약한, 균형, 강한 매트릭스 조직에서 PM 권한, 프로젝트 예산 통제 주체, PM 역할

☐ 조직 프로세스 자산(Organizational Process Assets) vs. 기업 환경 요인(Enterprise Environmental Factors) 사례 비교

- 프로젝트관리 오피스(PMO) 유형 및 유형별 특징
- 프로젝트 관리자(PM)와 프로젝트관리 오피스(PMO)의 역할 및 권한 비교

▎흐름을 따라가 보아야 할 것
- N/A

▎계산해 보아야 할 것
- 계산 문제 없음

▎확인해 보아야 할 용어
- 조직 프로세스 자산(Organizational Process Assets)
- 기업 환경 요인(Enterprise Environmental Factors)
- 기능 조직(Functional Organization)
- 프로젝트관리 오피스(PMO: Project Management Office)

▎출제 빈도 높은 ITTO(투입물, 도구 및 기법, 산출물)
- ITTO 없음

프로젝트에 영향을 주는 공통 환경 변수
Common Environmental Variables That Affect Projects

→ 정답 57쪽

1 다음은 프로젝트에 영향을 주는 환경 변수들에 대한 설명이다. 다음 보기 중에서 질문에 해당하는 용어를 선택하시오.

> 기업 환경 요인(Enterprise Environmental Factors)   조직 시스템(Organizational Systems)
>
> 조직 프로세스 자산(Organizational Process Assets)   거버넌스(Governance)
>
> 기능 조직(Functional Organization)   프로젝트 기반 조직(Project Oriented Organization)
>
> 복합조직(Composite Organization)   약한 매트릭스 조직(Weak Matrix Organization)
>
> 프로젝트관리 오피스(Project Management Office)

(1) (❶   )는 프로젝트 팀의 통제 범위 밖에 있으며, 프로젝트에 영향을 미치고 제약 사항과 방향을 제시하는 조건을 가리킨다. 프로젝트 외부 또는 기업 외부에서 발생하며, 조직, 포트폴리오, 프로그램, 프로젝트에 영향을 줄 수 있다.

(2) (❷   )은 프로젝트를 수행하는 조직에서 지정되고 사용되는 프로세스와 절차(계획, 프로세스, 정책, 절차), 기업 지식 기반(선례 정보, 교훈 지식 기반)이며, 대부분의 기획 프로세스의 투입물이 된다.

(3) (❸   )은 각 직원에게 직속 상관이 한 명씩 있는 수직 구조로서 가장 익숙하고 대표적인 조직 구성 유형이다. 핵심 경쟁요소 위주의 역할을 수행하며 제조업체에서 사용하기에 적합하다.

(4) (❹   )은 프로젝트 특징과 분야별로 조직을 구성하는 형태이다. 프로젝트 관리자 입장에서는 가장 선호하는 조직이나, 수행조직 입장에서는 가장 비효율적인 구조이기도 하다.

(5) (❺   )는 프로젝트 관련 거버넌스 프로세스를 표준화하고, 자원, 방법론, 도구 및 기법의 공유를 촉진하는 조직 구조이다. 프로젝트관리 지원 기능을 제공하는 일부터 하나 또는 그 이상의 프로젝트에 대한 직접적인 관리에 이르기까지 다양하다.

기업 환경 요인
Enterprise Environmental Factors

→ 정답 57쪽

핵심 키워드

1 [기업 환경 요인]의 정의에 대한 핵심 키워드를 완성하시오.

기업 환경 요인은 프로젝트 팀의 (❶   ) 범위 밖에 있으며, 프로젝트에 (❷   )을 주고, (❸   )을 주며, 프로젝트가 나아가야 할 방향을 제시하는 조건을 가리킨다.

기출 문제

1 기업 환경 요인은 프로젝트 관리자의 역량이나 철저한 계획만으로는 대처 불가능하다. 때문에 프로젝트의 성공에 긍정적 또는 부정적 영향을 미치는 제약사항 및 가정사항으로 도출되고 관리되어야 한다. 다음 중 조직 내부 기업 환경 요인으로 적합하지 않은 것은 무엇인가?

A. 조직 문화, 구조, 거버넌스

B. 설비 및 자원의 지리적 분포

C. 자원 가용성

D. 시장 여건

해설   6판에서는 기업 환경 요인을 조직 내부와 조직 외부로 구분해서 설명하고 있다. 시험에 출제될 확률은 낮지만, 조직 내/외부 기업 환경 요인에 대한 학습도 필요하다.

 전문가의 Comment

시험에서 출제 비중이 높은 기업 환경 요인의 사례는 다음과 같다.

1. 기업 환경 요인(조직 내부): 조직 문화와 구조, 인프라, 자원 가용성, 직원 능력 등

2. 기업 환경 요인(조직 외부): 시장 여건, 사회적/문화적 영향, 법적 제한, 표준 등

정답 D

조직 프로세스 자산
Organizational Process Assets

핵심 키워드

→ 정답 57쪽

1 [조직 프로세스 자산] 정의에 대한 핵심 키워드를 완성하시오.

조직 프로세스 자산은 프로젝트를 수행하는 조직에 지정되어 사용되는 계획과 (❶   ),
정책, 절차, (❷   ) 등이다.

기출 문제

1 기업 환경 요인과 조직 프로세스 자산은 프로젝트를 수행하는 팀에 영향을 주는 대표적인 환경 변
수이다. 2가지 환경 변수에 대한 설명으로 잘못된 것은 무엇인가?

A. 기업 환경 요인은 대부분의 기획 프로세스의 투입물이며, 프로젝트 성공 여부에 긍정적 또는
부정적으로 영향을 미치는 기업 안팎의 환경을 의미한다.

B. 조직 내부, 포트폴리오, 프로그램, 다른 프로젝트 그리고 이들의 조합에서 발생할 수 있다.

C. 기업 환경 요인과 조직 프로세스 자산은 프로젝트를 수행하는 동안 상호 작용을 한다.

D. 조직 프로세스 자산 중에서 프로세스 및 절차의 대표적인 사례로는 형상관리 지식 저장소가 있다.

해설   기업 환경 요인과 조직 프로세스 자산에 대해서는 시험에 반드시 출제된다. 2개의 변수에
대한 정의 및 사례는 반드시 구분해서 학습해야 한다. D번의 형상관리 지식 저장소는 '조직
지식 저장소'의 대표 사례이다.

 전문가의 Comment

조직 프로세스 자산은 프로세스 및 절차(Processes and Procedures), 그리고 조직 지식 저장소(Organizational Knowledge Repositories)
의 2가지 범주로 구분할 수 있다.

1. **프로세스 및 절차(Processes and Procedures):** 테일러링 지침, 정책과 관련된 고유한 조직 표준, 제품 및 프로젝트 생애주기, 각종
   템플릿, 이슈 및 결함 관리 절차 등

2. **조직 지식 저장소:** 형상관리 지식 저장소, 선례 정보 및 교훈 지식 저장소, 이슈 및 결함관리 데이터 저장소, 과거 프로젝트 파일 등

정답 D

조직 시스템
Organizational Systems

→ 정답 57쪽

핵심 키워드

1 [시스템] 정의에 대한 핵심 키워드를 완성하시오.

시스템이란 구성요소 (❶   )으로는 달성할 수 없는 결과를 함께 생성하는 다양한 구성요소 모음이다. (❷   )란 특정 기능 또는 관련된 기능의 그룹을 제공하는 프로젝트 또는 조직 내 식별 가능한 요소이다.

2 다음 표는 [프로젝트 팀을 구성할 때 영향을 주는 주요한 조직의 유형과 특징]이다. 조직 유형별로 핵심 키워드를 완성하시오.

조직 구조별 프로젝트 특성	기능 (Functional)	매트릭스(Matrix)			프로젝트화 (Projectized)
		약한(Weak)	❶	강한(Strong)	
프로젝트 관리자 권한 수준	거의 또는 전혀 없음	낮음(제한적)	낮음~보통	보통~높음	높음~거의 전권행사
자원 가용성 및 관리	거의 또는 전혀 없음	낮음(제한적)	낮음~보통	보통~높음	높음~거의 전권행사
프로젝트 예산관리 담당자	기능 관리자	❷	❸	프로젝트 관리자	프로젝트 관리자
프로젝트 관리자 역할	시간제	시간제	❹	전담제	전담제
프로젝트관리 행정 담당자	시간제	시간제	시간제	❺	전담제

1 프로젝트 관리자의 업무가 많아서 예산통제 담당을 기능 관리자에게 위임하고자 한다. 이러한 권한 위임이 가능한 조직 구조는 무엇인가?

A. 기능 조직(Functional Organization)

B. 약한 매트릭스 조직(Weak Organization)

C. 균형 매트릭스 조직(Balanced Organization)

D. 강한 매트릭스 조직(Strong Organization)

해설   조직의 유형과 특징 중에서 [프로젝트 예산관리 담당자]에 대한 질문이다. 조직을 비교한 도표에서 볼 때, 균형 매트릭스 조직(Balanced Organization)이 위치상으로도 중앙에 존재하지만, 그것보다는 균형 매트릭스 조직(Balanced Organization)을 기준으로 좌우로 특징이 구분됨을 확인할 수 있다.

특히, 프로젝트 예산관리 담당자가 기능 관리자나 프로젝트 관리자로 한정되는 것이 아니라 합의하에 사용하라는 의미에 주의해야 하며, 프로젝트 관리자가 전담제로 참여하게 되는 조직 유형도 균형 매트릭스 조직(Balanced Organization)부터 임에 유의하자.

정답 C

2 프로젝트 관리자(PM)와 프로젝트관리 오피스(PMO)에 대해서 잘못 기술한 것은?

A. 프로젝트 관리자는 지정된 프로젝트에 집중하며, 프로젝트관리 오피스는 조직 목표달성에 기여하는 프로젝트나 프로그램을 관리한다.

B. 프로젝트 관리자는 프로젝트에 배정된 자원 통제에 집중하며, 프로젝트관리 오피스는 프로젝트 간에 공유되는 공유 자원 및 희소 자원에 대한 활용도 측면에 중점을 둔다.

C. 대규모 프로젝트에서는 프로젝트 관리자와 더불어 반드시 프로젝트관리 오피스 인력이 지정되어야 한다.

D. 프로젝트관리 오피스는 프로젝트 관리자가 아닌, 프로젝트의 전반적인 현황을 감시 및 통제한다.

| 해설 | PMBOK 에서는 프로세스나 주요 용어를 제시하고 비교하는 문제가 다수 출제된다. 프로젝트 팀을 이끌어 나가는 주축이자 프로젝트 관리 권한이 부여되는 프로젝트 관리자와 프로젝트관리 오피스에 대한 비교 질문이다. 프로젝트관리 오피스의 정의와 역할을 명확히 이해해야 하며, 여기서 중요한 것은 프로젝트 관리자는 프로젝트관리 오피스에게 권한을 위임할 수는 있지만 궁극적인 책임은 프로젝트 관리자에게 있다는 것이다. |

오답 확인

C. 보기에서 '반드시'라는 용어에 주의하자. 프로젝트에서 프로젝트관리자는 반드시 존재해야 하지만, 프로젝트관리 오피스는 조직의 정책, 프로젝트 규모/특징에 따라 투입될 수도 있고, 투입되지 않을 수도 있다.

 전문가의 Comment

프로젝트관리 오피스(PMO)의 주요 역할은 다음과 같으며, 5판에서 추가된 3가지 유형(지원형, 통제형, 지시형)에 대해서도 반드시 비교하여 이해하기 바란다.

- 프로젝트 관리 방법론, 모범적 실무관행(best practices), 표준 식별과 개발
- 프로젝트 감사를 통한 프로젝트 관리 표준 정책, 절차, 템플릿 준수 여부 감시와 보고
- 프로젝트 정책, 절차, 템플릿, 기타 공유 문서 개발과 관리
- 프로젝트 간 정보 교환 조정

정답 C

→ 정답 55쪽

1 프로젝트관리 오피스(PMO)의 역할로 올바른 것은 무엇인가?

A. 프로젝트 의사결정권자로서 프로젝트 관리자를 대신하여 스폰서와 접촉한다.

B. 프로세스와 프로젝트의 진척상황을 모니터링하고 보고한다.

C. 프로젝트 관리자를 감시하고, 감시사항을 고객에게 보고한다.

D. 단지 하나의 프로젝트에 대해서만 프로젝트 의사결정을 조정한다.

2 강한 매트릭스 조직(strong matrix organization)에서 프로젝트에 꼭 필요한 인적 자원이 기능 조직
(functional organization)에 있을 때 해결 방안은?

A. 프로젝트 헌장을 기반으로 기능 관리자와 협상한다.

B. 스폰서에게 해당 인력의 기능 관리자에게 해당 인력의 지원을 요청해 달라고 요구한다.

C. 기능 관리자의 권한이므로, 묵묵히 기다린다.

D. 해당 인원과 연락하여 기능 관리자에게 허락을 받도록 한다.

3 다음이 설명하는 것은 무엇인가?

프로젝트를 수행하는 과정에서 습득한 지식으로 과거에 프로젝트 사건을 처리한 방법 또는 향후 개선을 목
적으로 일반적으로 문서화되어 수행조직의 선례정보 데이터베이스에 포함되어 있다.

A. 교훈(Lessons Learned)　　　　　B. 프로젝트관리 정보시스템(PMIS)

C. 방법론(Methodology)　　　　　　D. 조직 프로세스 자산(Organizational Process Assets)

4 조직 프로세스 자산(OPA)을 업데이트(update)하는 주요한 목적은?

A. 프로젝트관리 오피스(PMO) 조직이 제시하는 표준 프로세스를 따르기 위해

B. 프로젝트 일정 및 비용 성과를 향상하기 위해서

C. 발생 가능한 변경요청(change request)을 잘 처리하기 위해

D. 프로젝트 종료 프로세스에 필수적으로 포함된 사항이므로

5   기능 부서장(Functional Manager)이 프로젝트 관리자(Project Manager)에게 차주에 투입 예정되어 있던 인력의 투입 지연 건을 이야기하며 다음달 작업 일정을 조정하라고 지시하고 있다. 이 조직의 유형은 무엇이겠는가?

    A. 기능 조직(Functional Organization)

    B. 강한 매트릭스 조직(Strong Matrix Organization)

    C. 프로젝트화된 조직(Projectized Organization)

    D. 복합 조직(Composite Organization)

6   프로젝트를 수행하는 조직에서 지정되고 사용되는 프로세스와 절차(계획, 프로세스, 정책, 절차), 기업 지식 기반(선례 정보, 교훈 지식 기반)으로서, 테일러링 지침, 각종 템플릿, 이슈 및 결함관리 절차 등을 포함하고 있는 것을 무엇이라고 하나?

    A. 형상관리 시스템(Configuration Management System)

    B. 조직 프로세스 자산(Organizational process assets)

    C. 기업 환경 요인(Enterprise environmental factors)

    D. 시장 환경(Market conditions)

7   시스템(system)이란 구성 요소 단독으로는 달성할 수 없는 결과를 함께 생성할 수 있는 다양한 구성 요소의 모음이다. 그리고 구성 요소(component)란 특정 기능 또는 관련된 기능의 그룹을 제공하는 프로젝트 또는 조직 내의 식별 가능한 요소이다. 다음 보기 중 시스템과 관련된 원칙 중 잘못 설명한 것은 무엇인가?

    A. 시스템은 역동적으로 구성요소 간 다양한 상호작용으로 상황에 맞게 변화한다.

    B. 시스템은 기업의 비전, 대내외 환경변화에 맞게 조직 구조를 최적화할 수 있다.

    C. 시스템과 구성요소는 동시에 최적화할 수 있다.

    D. 시스템 구성요소도 시스템과 동일한 맥락으로 최적화할 수 있다.

8 프로젝트 팀의 통제하에 있지 않으면서 프로젝트에 영향이나 제약을 미치는 것을 기업 환경 요인 (Enterprise Environmental Factors)이라고 한다. 다음 중에서 기업 환경 요인에 해당하지 않는 것은 무엇인가?

A. 조직 문화와 구조(Organizational culture, structure)

B. 이해관계자 리스크 허용한도(Stakeholder risk tolerances)

C. 형상관리 시스템(Configuration management system)

D. 프로젝트 종료 지침 또는 요구사항(Project closure guidelines or requirements)

9 균형 매트릭스 조직(Balanced Matrix Organization)에서 실적이 우수한 프로젝트 팀원에게 금전적인 보상을 해주고 싶다. 프로젝트 관리자로서의 적합한 방법은 무엇인가?

A. 인사과에 해당 팀원의 성과보상을 요구하는 추천서를 전달한다.

B. 프로젝트 관리자로서 프로젝트 예산 내에서 인센티브를 제공한다.

C. 해당 팀원이 속한 기능 관리자와 협의하여 인센티브를 제공한다.

D. 프로젝트 종료 이후에 인센티브가 발생하면 우선적으로 신경 쓰겠다고 이야기한다.

10 프로젝트가 운영되는 환경은 매우 다양하며, 프로젝트 관리자는 이러한 주변 환경과 제약사항을 고려하여 프로젝트에 적용해야 한다. 또한, 이러한 요소들은 눈에 보이는 것이 아니라서 프로젝트 관리자는 계획에 더욱더 많은 시간을 투자하고 다양한 시각에서 조언을 구해야 한다. 다음 중 프로젝트에 영향을 주는 환경 변수로 적합하지 않은 것은 무엇인가?

A. 기업 환경 요인(Enterprise Environmental Factors)

B. 조직 프로세스 자산(Organizational Process Assets)

C. 조직 거버넌스 프레임워크(Organizational Governance Frameworks)

D. 포트폴리오(Portfolio)

제 2 장

균형 매트릭스 조직이며, 균형 매트릭스 조직을 기준으로 좌우로 비교해서 이해하기 바란다.

1 정답 C [용어 정의형 심화]

프로젝트관리 오피스(PMO)의 정의와 역할에 대해서 이해만 하면 해결이 가능한 문제이다. 특히, 프로젝트관리 오피스(PMO)가 감독하는 대상은 프로젝트 관리자가 아니라 프로젝트 팀이나 프로젝트에서 수행하고 있는 프로세스라는 것이 키워드이다. 또한 프로젝트관리 오피스(PMO)의 주요 역할은 의사 결정에 관여하기보다는 프로젝트 관리자를 보조하는 것이 주요 역할이다.

오답 확인

A. 프로젝트에서 의사 결정에 관여하기도 하지만, 스폰서나 고객과 최종적인 의사 결정에 관여하는 주체는 프로젝트 관리자이다.

C. 프로젝트 관리자가 아닌 프로젝트 현황을 감시하는 것이고, 감시사항을 정해진 보고 라인에 따라 보고한다.

D. 대형 프로젝트에서 프로젝트관리 오피스(PMO)는 하나의 프로젝트에 투입되어서 프로젝트 관리자를 지원하기도 하지만, 일반적으로 다수의 프로젝트에 관여한다.

2 정답 A [용어 해석형 심화]

프로젝트를 구성하기 위해서 참고하는 조직 구조(Organizational Structures)는 프로젝트 생애주기의 특징(Characteristics of the Project Life Cycle)과 더불어 반드시 출제되는 문제이다. 강한 매트릭스 조직에서 PM의 권한은 프로젝트화된 조직과 유사하며, 기능 관리자와의 협상에서 보다 유리한 고지에서 협상이 가능하다.

 전문가의 Comment

이전에는 조직 구조에 대해서 단순하게 정의나 장단점을 묻는 질문이었다면 이제는 시나리오나 사례 기반의 문제로 발전되었다. 따라서 조직 구조에 대한 단순한 표를 통한 암기가 아닌 표가 의미하는 바를 정확히 이해해야 고득점이 가능하다.

조직의 유형 및 특징에서 시험 출제 비중이 가장 높은 조직은

3 정답 A [용어 정의형 기본]

5판에서 평균 2~3문제가 꾸준히 출제되었던 문제다. PMBOK상 교훈의 정의는 다음과 같다.

"The knowledge gained during a project which shows how project events were addressed or should be addressed in the future for the purpose of improving future performance."

즉, 프로젝트의 미래 성과를 향상하기 위한 목적으로 프로젝트 이벤트가 어떻게 처리되었고, 향후에 어떻게 처리되어야 하는지를 보여주는 프로젝트 진행 중에 습득한 지식이라고 표현하고 있다. 교훈(Lessons Learned)은 교훈 저장소에 보관되어 있으며, 교훈 저장소는 OPA의 일부로 존재한다.

 전문가의 Comment

참고로 6판에서는 교훈 저장소(Lessons Learned Register)라는 신규 용어가 등장하였으며, PMBOK에서 제시하는 정의는 다음과 같으니 함께 학습하길 바란다.

"현재 프로젝트에서 활용하고 교훈 저장소에 저장할 수 있도록 프로젝트 수행 도중에 얻은 지식을 기록하는 데 사용되는 프로젝트 문서(A project document used to record knowledge gained during a project so that it can be used in the current project and entered into the lessons learned repository)"

4 정답 B [용어 정의형 심화]

PMBOK 각각의 프로세스 산출물에서 종종 등장하는 것이 '조직 프로세스 자산 업데이트'이다. 프로젝트를 수행하는 동안 강제화된 산출물이라기보다는 수행 중인 프로젝트 또는 향후에 조직 내에서 수행하는 프로젝트에 도움을 주기 위해서 프로젝트 팀에서 수행하는 자율 활동이라고 보는 편이 좋다. 하지만, 산출물로 명시화해두지 않으면 프로젝트 종료 이후에 팀원들이 이미 해산하여 작성할 주체 및 내용이 기억나지 않기 때문에 프로젝트 중간중간 작성을 권유하고 있다. 조직 프로세스 자산을 업데이트하는 이유는 프로젝트에서 직면하고 처리한 이벤트

나 상황을 정리하여 향후 유사한 상황 및 리스크를 사전에 방지하여, 전체적으로 프로젝트 성과를 향상하려는 목적이 강하다.

5 정답 A [용어 해석형 기본]

조직 구조를 응용해서 출제되는 문제이다. 2장에서 가장 중요한 영역 중의 하나는 '조직 유형(Organizational Structures)'이며, 단순히 PMBOK에 제시된 표를 암기한다고 득점할 수는 없다. 조직별로 장/단점을 명확히 구분해야 하며, 특히나 기능관리자(FM)와 프로젝트 관리자(PM)와의 권한 관계를 이해하고 있어야 해결 가능한 문제가 대다수이다. 문제에서는 기능관리자가 프로젝트 관리자에게 지시를 하고 있는 상황이므로, 기능관리자의 권한이 높다고 판단을 할 수 있으며, 이러한 상황이 가능한 조직 유형은 (1)기능 조직, (2)약한 매트릭스 조직이다. 균형 매트릭스는 기능관리자와 프로젝트 관리자의 권한이 대동소이하다고 판단하면 된다

전문가의 Comment

위 문제에서 고민해 보아야 할 점이 있다. 만약 보기에 약한 매트릭스 조직도 포함되어 있다면? 기능조직과 약한 매트릭스 조직의 가장 큰 차이점은. 기능 조직에서는 조정자(coordinator)나 촉진자(expediter)의 역할을 기능 관리자가 수행하고 약한 매트릭스 조직에서는 기능 조직의 부서원 중에서 수행한다는 것이다. 그렇기 때문에 만약에 약한 매트릭스 조직도 보기에 포함되어 있었다면 그것을 선택하는 것이 적합하다. PMP 시험에서는 보기는 언제든지 변경되기 때문에 스스로 문제와 보기를 고민해 보는 연습은 필수적이다.

6 정답 B [용어 정의형 기본]

조직 프로세스 자산과 기업 환경 요인을 비교하는 문제가 종종 등장하곤 한다. 조직 프로세스 자산은 (1)프로세스와 절차, (2)조직 지식 기반(corporate knowledge base) 2가지 범주로 그룹화할 수 있다.

전문가의 Comment

조직 프로세스 자산(Organizational Process Assets)은 다음 두 가지를 포함한다.

1) **프로세스와 절차**: 테일러링 지침, 고유한 조직 표준, 각종 템플릿, 리스크 감시 절차 등

2) **조직 지식 기반**: 선례 정보와 교훈 지식 기반, 이슈 및 결함 관리 데이터베이스 등

7 정답 C [용어 정의형 기본]

시스템은 구성요소의 집합으로 구성되기 때문에 시스템과 구성요소는 트레이드 오프 관계에 있다. 트레이드 오프 관계라는 의미는 1장에서 소개했듯이, 어느 한쪽을 얻으려면 반드시 다른 쪽을 희생해야 하는 관계를 나타내는 경제 용어이다. 따라서 시스템과 구성요소는 동시에 최적화할 수 없다.

8 정답 D [용어 정의형 기본]

기존에 기업 환경 요인과 조직 프로세스 자산에 대한 정의 정도를 묻는 수준에서 최근에는 포함사항에 대한 세부적인 항목까지 묻는 질문이 증가하고 있다. 항목이 많기 때문에 지나치는 경우가 많은데, 명확하게 1가지에 대해서는 파악하고 있어야 시험장에서 흔들리지 않는다.

전문가의 Comment

출제 비중 높은 기업 환경 요인(Enterprise Environmental Factors) 포함 내용

1) 조직 문화, 구조 및 거버넌스(Organizational culture, structure, and governance)

2) 정부 또는 산업 표준(Government or industry standards)

3) 보유 인적 자원(Existing human resources)

4) 인사 행정 정책(Personnel administration)

5) 회사의 작업승인 시스템(Company work authorization systems)

6) 조직 내에 확립된 의사소통 채널(Organization's established communications channels)

7) 프로젝트관리 정보시스템(Project management information system)

9 정답 C [용어 해석형 심화]

문제는 균형 매트릭스에 대한 상황 해석을 요구하고 있다. 금전적인 보상을 해주고 싶다면 결국은 프로젝트 예산을 사용하겠다는 의미이기 때문에 '프로젝트 예산 통제 주체'를 떠올려야 한다. 균형 매트릭스 조직에서 '프로젝트 예산 통제 주체 = 혼합형'이며, 혼합형의 의미는 다음과 같이 2가지가 존재하니 반드시 기억하자.

1) 프로젝트 관리자가 업무상 예산 사용에 대한 권한을 기능 관리자에게 위임 가능

2) 프로젝트 예산 사용 시 기능 관리자와 협의 필요

 전문가의 Comment

조직 유형에 대한 질문 중에서 가장 많은 것이 균형 매트릭스 조직이다. '프로젝트 예산 통제 주체 = 혼합형', '프로젝트 관리자 역할 = 전담제', '프로젝트 관리자 권한 수준 = 보통'에 대해서는 반드시 기억하자. 균형 매트릭스 조직을 기준으로 권한, 자원 가용성, 예산 통제 주체, 프로젝트 관리자나 PMO 참여가 달라지는 것을 확인할 수 있다.

프로젝트 특성	기능	매트릭스			프로젝트화
		약한	균형	강한	
프로젝트 관리자 권한	거의 또는 전혀 없음	제한적	낮음~ 보통	보통~ 높음	높음~ 거의 전권 행사
프로젝트 예산 통제 담당	기능 관리자	기능 관리자	혼합형	프로젝트 관리자	프로젝트 관리자
PM 역할	시간제	시간제	전담제	전담제	전담제
PMO 참여	시간제	시간제	시간제	전담제	전담제

10 정답 D [용어 정의형 기본]

6판에서는 프로젝트에 진행에 영향을 미치는 환경변수가 추가되었으며, 다음과 같이 구분하고 있다.

1) 기업 환경 요인: 조직 내부 기업 환경 요인, 조직 외부 기업 환경 요인

2) 조직 프로세스 자산: 프로세스와 절차, 조직 지식 저장소

3) 조직 시스템: 조직 거버넌스 프레임워크, 관리요소, 조직 구조 유형, PMO

오답 확인

D. 포트폴리오란 전략적 목표를 달성하기 위해서 하나의 그룹으로 관리되는 프로젝트, 프로그램 및 하위 포트폴리오와 운영 업무들의 집합을 의미한다. 조직의 전략과 우선순위를 기반으로 생성되며, 그룹을 구성하는 규모에 따라 상위 수준 포트폴리오, 하위 수준 포트폴리오 등으로 구성할 수 있다.

[핵심 키워드 정답]

2-1 프로젝트에 영향을 주는 공동환경 변수

1 ① 기업 환경 요인

　② 조직 프로세스 자산

　③ 기능 조직

　④ 프로젝트 기반 조직

　⑤ 프로젝트관리 오피스

2-2 기업 환경 요인

1 ① 통제권　② 영향　③ 제약

2-3 조직 프로세스 자산

1 ① 프로세스　② 지식 기반

2-4 조직 시스템

1 ① 단독　② 구성요소

2 ① 균형(Balanced)

　② 기능 관리자　③ 혼합형

　④ 전담제　⑤ 전담제

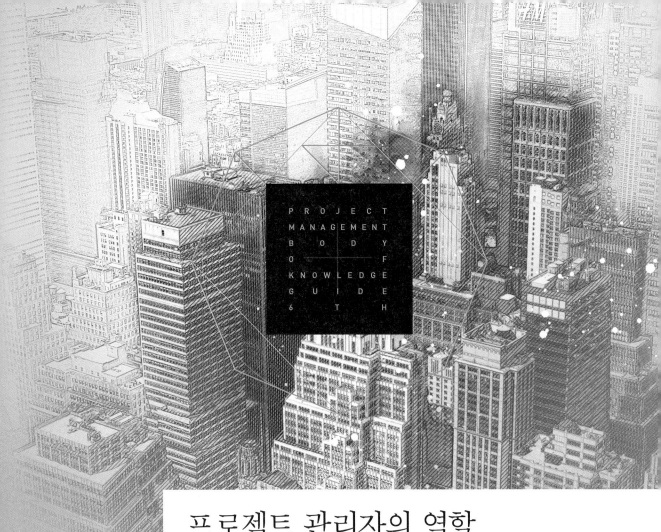

프로젝트 관리자의 역할

THE ROLE OF THE PROJECT
MANAGER

3

출제 유형 분석

3장은 프로젝트의 목표를 달성하기 위해서 프로젝트 관련 이해관계자들과 협력하고 프로젝트 팀을 리딩할 프로젝트 관리자의 역량과 역할에 관해서 설명하고 있다. 4장~13장과는 달리 개념적인 내용이 주를 이루고 있어서 읽기 쉽지만 이해하기에는 조금 난해할 수도 있다.

프로젝트 관리자를 주제로 3장을 추가한 이유는 다음과 같다. PMI에서는 PMBOK 개정과는 별개로 5~7년을 주기로 RDS(직무 분석 연구, Role Delineation Study)를 진행하며, 연구 결과를 PMP 시험에 반영한다(최근 RDS 연구 결과는 2016년 1월 11일 시험부터 적용되었으며 주요 주제 중 하나가 프로젝트 관리자의 역량이었음). RDS의 주요 테마는 프로젝트 작업을 수행하기 위해서 필요한 지식이나 기술을 식별하는 것뿐 아니라, 산업계의 현황과 필요로 하는 역량을 PMP 자격 인증에 실시간으로 반영하기 위함이다.

프로젝트 관리자의 역할, PMI 역량 삼각형을 응용한 PM에게 요구되는 역량, 리더십과 관리 비교, 프로젝트 특징에 맞는 리더십 유형은 시험에 자주 출제되는 영역이다.

출제 항목	출제 유형	빈도	난이도
3.1 프로젝트 관리자 정의	· 프로젝트 관리자 정의 · 프로젝트 관리자 영향력 범위	C	C
3.2 프로젝트 관리자 역할	· 프로젝트 관리자와 조직 내 기타 관리자와의 관계(기능 관리자, 운영 관리자 등)	B	C
3.3 프로젝트 관리자 역량	· PMI 역량 삼각형 구성요소 · 리더십(Leadership)과 관리(Management) 비교 · 리더십 유형 및 구성원과의 관계 · 통합 유형 및 역할 수행자로서의 프로젝트 관리자의 역량 · 프로젝트 관리자의 대인관계 역량	A	A

이렇게 학습하세요

| 반드시 보아야 할 것

☐ 조직에서 부여한 프로젝트 관리자의 영향력 범위와 주요 역할

☐ PMI 역량 삼각형 구성 요소 및 필요 역량 사례

☐ 리더십 유형 및 적용하기에 적합한 상황

☐ 프로젝트 관리자의 대인관계 역량(리더십, 의사소통, 동기부여, 갈등관리, 협상 등)

| 비교해 보아야 할 것

☐ 대형 오케스트라의 지휘자 역할 vs. 대규모 프로젝트에서 프로젝트 관리자의 역할

☐ 프로젝트 관리자 vs. 수행 조직 내 기타 관리자와의 관계

- ☐ 팀 관리 vs. 리더십 비교
- ☐ 통합 역할 수행자로서의 프로젝트 관리자의 역량(프로세스 수준, 인지 수준, 문맥 수준)

흐름을 따라가 보아야 할 것
- ☐ N/A

계산해 보아야 할 것
- ☐ 계산 문제 없음

확인해 보아야 할 용어
- ☐ 프로세스 수준의 통합(Performing Integration at the Process Level)
- ☐ 인지 수준의 통합(Integration at the Cognitive Level)
- ☐ 문맥 수준의 통합(Integration at the Context Level)
- ☐ 기술적 프로젝트관리 기술(Technical Project Management Skills)
- ☐ 전략 및 비즈니스관리 기술(Strategic and Business Management Skills)
- ☐ 리더십 기술(Leadership Skills)

출제 빈도 높은 ITTO(투입물, 도구 및 기법, 산출물)
- ☐ N/A

프로젝트 관리자 정의
Definition of Project Manager

→ 정답 71쪽

핵심 키워드

1 다음은 프로젝트 관리자에 대한 설명이다. 핵심 키워드를 완성하시오.

프로젝트 관리자는 프로젝트 (❶   )를 달성하기 위한 책임을 지고 팀을 선도하고자
(❷   )에서 선임하는 책임자이다.

기출 문제

1 신규로 투입된 엔지니어에게 프로젝트(project)와 운영(operation)의 차이점에 대해서 설명 중이다.
다음 중에서 운영 업무에만 해당하는 사항으로 적합한 것은 무엇인가?

A. 지속적이고 반복적인 작업이 대다수이다.

B. 계획되고, 실행되고, 통제된다.

C. 제한된 자원 하에 수행되며, 다양한 이해관계자와의 협상이 필요하다.

D. 프로젝트 관리자가 선임되고 프로젝트 종료 이후에는 대다수 해체된다.

해설 PMBOK 6판에서는 프로젝트와 운영 간의 업무연계에 대한 출제 비중도 높다. 프로젝트 종료 이후 운영 단계로 이관되는 인도물의 관리 및 문제 발생 시 프로젝트 조직과의 업무 협조나 절차에 대한 질문이 종종 출제된다. PMBOK는 프로젝트에 집중하고 운영 업무에 대해서는 직접 설명하고 있지는 않지만, 프로젝트와 운영은 반대되는 특성이 있다는 상식하에 접근하면 된다. 더불어 기능 관리자(Functional Manager) 및 운영 관리자(Operational Manager)에 대해서도 연계해서 학습하길 권장한다.

- **기능 관리자(Functional Manager):** 개별적인 기능이나 비즈니스 부문의 관리·감독을 제공하는 데 주력하며, 프로젝트에 필요한 인력을 지원하는 관리자

- **운영 관리자(Operational Manager):** 전체 관점에서 효율적인 비즈니스 운영의 보장을 책임지며, 프로젝트 시작 전/후에 인도물을 인계인수하여 운영을 책임지는 관리자

정답 A

프로젝트 관리자 역할
Role of Project Manager

→ 정답 71쪽

핵심 키워드

1 다음은 대형 오케스트라의 지휘자와 대규모 프로젝트에서의 프로젝트 관리자의 역할을 비교한 것이다. 다음 보기에서 질문에 해당하는 용어를 선택하시오.

구성원   역할   책임   산출물   동기   갈등   지식   기술   표준

(1) 오케스트라와 대규모 프로젝트는 각각 다른 역할을 수행하는 많은 멤버로 구성된다. 오케스트라에서 지휘자가 많은 연주가를 지휘하듯이, 대규모 프로젝트에서 프로젝트 관리자는 다양한 (❶   )을 수행하는 팀원을 이끈다.

(2) 오케스트라 지휘자와 프로젝트 관리자는 오케스트라 연주회와 프로젝트 (❷   )의 성과에 대한 책임을 진다. 이러한 결과물에 대한 책임을 위해 전체적인 측면을 고려하며, 팀이 목표를 성공적으로 완수할 수 있도록 의사소통하고 (❸   )를 부여한다.

기출 문제

1 태양광 구축 프로젝트가 종료되었고, 관련 시스템을 운영팀에 이관하였다. 운영 관리자가 우선적으로 해야 할 일은 무엇인가?

A. 프로젝트 산출물을 운영하면서 에러를 처리하고 문의에 응대한다.

B. 시스템을 운영할 담당자에게 운영자 매뉴얼과 사용자 매뉴얼 작성을 지시한다.

C. 운영 담당자를 선정하기 위해서 프로젝트 관리자 및 기능 관리자와 협상한다.

D. 프로젝트 팀과의 워크숍을 통해서 교훈을 공유하고 개선할 항목을 수집한다.

해설   운영 관리자의 주요 역할은 프로젝트 팀으로부터 전달받은 프로젝트 산출물을 중단이나 에러 없이 운영하고 관리하는 것이다. 제품 생애주기 동안에 운영 업무와 프로젝트는 다양한 시점에서 상호작용을 한다.

• 프로젝트 또는 단계 종료 시점   • 신제품 개발, 제품 업데이트 또는 결과물 확장 시점
• 제품 생애주기 마지막 단계인 운영이 마감되는 시점

정답 A

프로젝트 관리자 역량
Competence of Project Manager

핵심 키워드

→ 정답 71쪽

1 PMI에서는 역량 삼각형(Talent Triangle)을 이용하여 프로젝트 관리자에게 필요한 기술을 제시하였다. 다음 보기 중에서 질문에 해당하는 기술을 선택하시오.

기술적 프로젝트관리   리더십   전략 및 비즈니스관리

(1) (❶   )는 프로젝트관리 지식을 효과적으로 적용하여 프로그램이나 프로젝트에 원하는 결과를 제공하는 기술이다. 산업 분야별로 필요로 하는 기술은 다양하기 때문에 프로젝트 관리자는 프로젝트의 효율적인 수행을 위해 전문가 판단에 의존하기도 한다.

(2) 비즈니스 지식보다는 도메인 지식으로 알려져 있다. (❷   ) 기술은 조직의 상위 수준의 개요를 보고, 전략적 연계 및 혁신을 지원하는 의사결정 및 조치를 효과적으로 협상하고 구현하는 능력을 포함한다.

(3) (❸   ) 기술은 팀을 이끌고, 동기를 부여하고, 지시할 수 있는 능력을 포함한다. 즉, 프로젝트 공통의 목표를 향해 팀원의 노력을 집중시키고 하나의 팀을 이루어 협력할 수 있도록 하는 역량이 포함되며, 다른 사람들을 통해 일을 성사시키는 능력을 의미한다.

2 다음은 리더십과 관리를 표로 비교한 것이다. 각 번호에 적합한 항목을 보기에서 선택하시오.

Direct using positional power	Accept status quo	Challenge status quo
Maintain	Develop	Rely on control
Inspire trust	Guide/influence/and collaborate using relational power	

관리자는 비전이 없어도 자신의 역할을 성공적으로 완수할 수 있다. 그러나 리더는 미래에 대한 비전을 제시하고, 경계와 목표를 정하고, 자신과 팀의 역량을 파악해야 한다. 그리고 비전과 목표 달성에 도달하기 위한 방향을 제시하면서 팀원들이 역할을 할 수 있는 권한을 부여한다. Warren Bennis와 Bert Nanus는 《Leaders: Strategies for Taking Charge(1985)》 도서에서 리더십과 관리의 주요한 차이점을 다음과 같이 구분하였다.

Management(Managers)	Leadership(Leaders)
❶	❷
❸	❹
Administrate	Innovate
Focus on systems and structure	Focus on relationships with people
❺	❻
Focus on near-term goals	Focus on long-range vision
Ask how and when	Ask what and why
Focus on bottom line	Focus on bottom horizon
❼	❽
Do things right	Do the right things
Focus on operational issues and problem solving	Focus on vision, alignment, motivation, and inspiration

기출 문제

1 대규모 & 장기간 프로젝트로 인해서 팀원들은 모두 지쳐있는 상태이다. 프로젝트 관리자는 고객의 최종 검수 이전에 프로젝트 팀원에게 프로젝트의 당위성과 함께 결과물에 대한 자부심과 중요성을 강조하고 팀원들을 고무시켰다. 어떠한 리더십에 해당하는가?

A. 거래적 리더십(Transactional leadership)   B. 변혁적 리더십(Transformational leadership)

C. 지시적 리더십(Directive leadership)   D. 카리스마 리더십(Charisma leadership)

해설 대다수의 수험생이 카리스마 리더십으로 선택하는 문제이다. 카리스마 리더십은 추종자들과 지도자 간의 강력한 정서적 유대가 중요하고, 종종 추종자들에게 비전보다는 리더 자신에게 충성과 헌신을 보이도록 요구하는 성향이 강하다. 반면에 변혁적 리더십은 리더가 팀원들에게 장기적 비전을 제시하고 그 비전을 향해 매진하도록 팀원들이 자신의 정서·가치관·행동규범 등을 바꾸어 목표 달성을 위한 성취 의지와 자신감을 끌어내려는 리더십이다.

정답 B

→ 정답 69쪽

1 프로젝트 관리자는 프로젝트 목표를 달성하기 위한 책임을 지고 팀을 선도하고자 수행 조직 (performing organization)에서 선임하는 책임자이다. 다음 중 대부분의 수행 조직에서 프로젝트 관리자가 책임지지 않는 영역은 무엇인가?

A. 명확하고 실현 가능한 프로젝트 목표를 설정한다.

B. 프로젝트에 대한 3중 제약(범위, 일정, 원가)을 고려하여 프로젝트 계획을 수립한다.

C. 수행 조직에 가장 큰 수익을 실현할 수 있는 프로젝트를 선정한다.

D. 다양한 이해관계자로부터 요구사항을 식별한다.

2 프로젝트 팀원들과 프로젝트관리 계획서를 작성 중이다. 당신은 오랜 경험을 통해서 프로젝트관리 계획서의 중요성을 알고 있으며, 관련 전문가의 다양한 능력을 활용해야 함을 알고 있다. 반면에 전문가들이 보유한 다양한 경험과 지식으로 인해서 작업 지연 및 불일치가 발생하리라는 것도 알고 있다. 다음 중 이러한 작업 수행 시에 가장 중요하게 활용해야 하는 관리 기술(management skill)은 무엇인가?

A. 의사소통(communication)   B. 영향력 행사(influencing)

C. 갈등관리(conflict management)   D. 협상(negotiation)

3 리더십(leadership)과 관리(management)는 종종 동일한 의미로 사용된다. 리더십과 관리를 적용하는 대상과 방법은 다를 수 있지만, 원하는 목표를 달성하기 위해서 구성원과 이해관계자를 원하는 위치로 변화시키는 동일한 목표를 가지고 있다. 다음 중 관리(management) 특징에 가까운 것은 무엇인가?

A. 지위에 따른 권력을 이용한 지시(Direct using positional power)

B. 개발(Develop)

C. 장기적인 비전에 집중(Focus on long-range vision)

D. 현재 상황에 대한 도전(Challenge status quo)

4 회사에서는 다양해지는 프로젝트에 대응하기 위해서 Senior PM을 육성하려고 한다. 당신은 담당 부서의 관리자로서 PM에게 필요한 역량을 조사하던 중, PMBOK에서 제시하는 PMI 역량 삼각형 (PMI Talent Triangle)을 발견하였다. 다음 중 PMI 역량 삼각형에서 강조하는 역량이 아닌 것은?

A. 기술적 프로젝트관리(Technical project management)

B. 리더십(Leadership)

C. 전략 및 비즈니스관리(Strategic and business management)

D. 글로벌 의사소통 역량(Global communication competence)

5 당신은 공공기관 콜 센터 통합 프로젝트의 PM이다. 지난주 팀에 합류한 Sub PM에게 프로젝트 현황에 관해 설명 중이다. Sub PM은 프로젝트관리 중에서 통합에 관심을 보이며, 프로세스 수준에서의 통합에 대해 궁금한 것이 많다. 다음 중 프로세스 수준에서의 통합 사례로 적합한 것은?

A. 팀원들의 역량을 고려하지 않은 WBS 작성은 향후에 일정 지연 및 원가 상승 원인이 될 수 있다.

B. 프로젝트 관리자는 산업에 대한 업무 지식 이외에 충분한 경험과 이해관계자들을 리딩할 수 있는 리더십을 보유해야 한다.

C. 글로벌 프로젝트 수행 시에 해당 국가의 문화적, 정치적 차이점을 인정하고 수용하는 자세가 필요하다.

D. 프로젝트 이외에 수행 조직 내 프로그램이나 포트폴리오 정책과도 연계를 생각해야 한다.

6 프로젝트 관리자는 대다수 시간을 팀원 및 이해관계자들과 의사소통에 시간을 할애한다. 이러한 활동에는 프로젝트 팀을 이끌고, 동기를 부여하며, 지시할 수 있는 능력도 포함된다. 다음이 설명하는 프로젝트 관리자의 대인관계 역량(Interpersonal Skills of a Project Manager)은 무엇인가?

지속해서 신뢰를 구축하고 경합하고 반대되는 목표 간의 균형을 조절하고, 설득, 협상, 타협 등의 기술을 적용하여 장기적인 관점에서의 우호적인 관계를 마련한다.

A. 갈등관리(Conflict Management)   B. 의사소통(Communication)

C. 협상(Negotiation)   D. 영향력 행사(Influencing)

7 당신은 고열에서도 견디는 방화복을 만드는 R&D 프로젝트의 PM으로 선정되었다. 해당 분야의 전문가들을 기능 조직으로부터 추천받았으나 프로젝트 팀원들은 개인적인 성향이 강하며 다양한 특징을 가지고 있다. 그렇다 보니 개개인의 역량은 우수하나 팀원 간의 협력은 부족하고, 예상했던 수준에 비해서 생산성이 떨어지고 있다. 이러한 상황에 적합한 리더십 유형은 무엇인가?

A. 자유 방임형 리더십(Laissez-faire Leadership) B. 카리스마 리더십(Charisma Leadership)

C. 참여적 리더십(Participative Leadership) D. 거래적 리더십(Transactional Leadership)

8 프로젝트 관리자는 리더십과 관리 역량 모두를 균형 있게 유지해야 한다. 다음 중 리더십과 관리 역량의 차이점에 대해서 올바르게 설명하고 있는 것은 무엇인가?

A. 관리는 프로젝트 이해관계자들에 의해서 요구되는 결과물을 생성하는 과정이다.

B. 관리는 프로젝트 이해관계자들이 요구하는 결과를 만들기 위해서 구성원들에게 동기를 부여하는 능력이다.

C. 리더십은 알려진 일련의 예상 결과를 달성하기 위해서 구성원을 하나의 지점에서 다른 지점으로 이동시키는 능력이다.

D. 리더십은 사람들과의 관계보다는 시스템과 구조에 집중한다.

9 프로젝트 계획에 대한 실행과 프로젝트 인도물에 대해서 1차적인 책임은 누구에게 있는가?

A. 프로젝트 스폰서(project sponsor) B. 프로젝트 관리자(project manager)

C. 프로젝트 팀(project team) D. 기능 관리자(functional manager)

10 프로젝트 관리자는 조직에서 부여한 영향력 범위 내에서 프로젝트, 조직, 산업, 전문 분야 및 다양한 측면에서 많은 역할을 수행한다. 다음 중에서 프로젝트 관리자로서 행사해야 할 영향력 범위와 관련이 가장 적은 것은 무엇인가?

A. 수행 조직 및 프로젝트 차원에서 지속적인 지식 이전과 통합과 같은 관련 분야 전문성을 유지해야 한다.

B. 포트폴리오 차원에서 수행 조직에 도움이 되는 프로젝트를 선별하고, 고객과의 미팅을 통해서 신규 프로젝트에 대한 수요를 창출한다.

C. 다른 프로젝트 관리자와 적극적으로 상호작용하여 공유 자원, 자금 지원 우선순위 등에 있어서 조직 목표와 부합하기 위해 유대 관계를 유지한다.

D. 프로젝트에서 경합하는 제약 사항과 사용 가능한 자원 간의 균형을 맞추기 위해 노력한다

시험에 대비하는 핵심 문제 답&해설

1 정답 C   [용어 심화]

프로젝트 관리자는 프로젝트 투입 여부 시점과 프로젝트 헌장 작성 시에 의견을 제시할 수는 있지만, 수행 조직에 도움이 되는 프로젝트의 우선순위를 선정하는 역할까지 부여되지는 않는다. 이와 같은 역할은 스폰서나 경영진에 의해서 진행되며, 이러한 선정 작업을 위해서 선행되는 산출물이 비즈니스 케이스(Business case)와 편익관리 계획서(Benefits management plan)이다.

2 정답 A   [시나리오 심화]

정답 선택이 쉽지 않은 문제이다. [4.2 프로젝트관리 계획서 개발] 프로세스에 충실하게 접근해서 사용되는 주요 기법을 선택한다면 갈등관리가 될 수 있고, 다양한 전문가를 소집하고 원활한 의사결정을 내리기 위해서는 영향력 행사도 답이 될 수 있기 때문이다. 하지만 이러한 모든 것의 근간이 되는 것은 프로젝트 관리자의 의사소통 역량이다. PM이 열린 의사소통을 시도하지 않는다면 관련된 이해관계자 및 팀원들로부터 업무 협조나 계획된 산출물을 기대하기는 어렵다.

3 정답 A   [용어 기본]

팀 관리와 팀 리더십 비교(Team Management vs. Team Leadership Compared)에 대한 질문이다. 관리(management)는 프로젝트 관리자(project managers)의 책임이나 역할이며, 리더십(leadership)은 리더(leaders)의 책임이나 역할을 의미한다. 즉, 관리는 알려진 일련의 예상 행동을 사용하여 다른 사람을 한 지점에서 다른 지점으로 이동하도록 지시하는 것과 밀접하게 관련된 반면, 리더십은 다른 사람을 한 지점에서 다른 지점으로 이끌기 위해서 토론하고 논쟁을 통해 협력하는 과정을 포함하고 있다.

(A) 이외에는 리더십에 대한 설명이며, (A) 항목에 해당하는 리더십은 관계적인 권력을 이용한 가이드, 영향력 행사와 협업(Guide, influence, and collaborate using relational power)이다.

전문가의 Comment

PMBOK에서 소개하는 관리와 리더십의 차이점은 다음과 같다.

Management(Managers)	Leadership(Leaders)
Direct using positional power	Guide, influence, and collaborate using relational power
Maintain	Develop
Administrate	Innovate
Focus on systems and structure	Focus on relationships with people
Rely on control	Inspire trust
Focus on near-term goals	Focus on long-range vision
Ask how and when	Ask what and why
Focus on bottom line	Focus on bottom horizon
Accept status quo	Challenge status quo
Do things right	Do the right things
Focus on operational issues and problem solving	Focus on vision, alignment, motivation, and inspiration

4 정답 D   [용어 심화]

PMI 역량 삼각형(The PMI Talent Triangle)은 3가지 핵심 기술의 융합적인 측면에 중점을 두고 있다. (D)번의 글로벌 역량이 불필요하다는 의미는 아니며, 수행 조직의 비전에 따라서 글로벌이 아닌 로컬 영역만 집중하는 회사가 존재하기 때문에 공통적인 역량에서는 제외되었다고 생각하면 된다.

전문가의 Comment

각각의 역량이 의미하는 바는 다음과 같다.

1) **기술적 프로젝트관리(Technical Project Management)** : 프로젝트, 프로그램 및 포트폴리오관리의 특정 영역과 관련된 지식, 기술 및 행동

2) **리더십(Leadership)**: 조직의 비즈니스 목표 달성을 돕기 위해서 팀을 이끌고, 동기를 부여하며, 지시하는 데 필요한 지식, 기술 및 행동

3) **전략 및 비즈니스관리(Strategic and Business Management):** 성과를 향상하고 비즈니스 결과를 더 잘 전달하는 업계 및 조직의 지식과 전문성

5   정답 A   [용어 심화]

통합 역할 수행자로서의 프로젝트 관리자의 역량에 대한 질문이다. 프로세스 수준의 통합(Performing Integration at the Process Level)이란 상호작용하는 프로젝트 프로세스를 통합하여 프로젝트가 목표를 달성할 가능성을 높이는 통합으로서, 프로젝트에서 수행되는 프로세스 간의 연계와 순서를 고려하는 것을 의미한다.

(B)는 인지 수준의 통합(Integration at the Cognitive Level)이고, (C)는 문맥 수준의 통합(Integration at the Context Level)이며, (D)는 프로젝트 전략을 조직 전략과 통합하는 거시적인 역할을 의미한다.

 전문가의 Comment

프로젝트에서 통합 작업을 수행할 때 프로젝트 관리자의 역할은 크게 2가지로 구분된다.

1) 프로젝트 스폰서와 협력하여 전략적 목표를 이해하고 프로젝트 목표 및 결과를 포트폴리오, 프로그램 및 비즈니스 영역의 결과와 일치시키는 핵심 역할을 수행(거시적인 역할).

2) 팀이 함께 협력하여 프로젝트 수준에서 실제로 필요한 것에 집중할 책임(미시적인 역할).

6   정답 A   [용어 기본]

문제에서 근간이 되는 역량은 리더십이다. 리더십을 뒷받침하는 여러 가지 하위 요소들이 있는데, 경합하는 문제를 해결하고 장기적인 관점에서 동일한 목표로 구성원들을 이끌어가는 역량은 갈등관리가 가장 적합하다.

7   정답 B   [용어 기본]

프로젝트 관리자는 조직 및 팀원 특성을 고려하여 상황에 적합한 리더십을 발휘해야 한다. 문제에서 개개인의 역량은 좋으나 협업 측면에서는 부족한 팀을 이끌어나가야 하니, 카리스마 리더십이 적합하다.

 전문가의 Comment

1) **자유 방임형:** 팀의 자체 의사결정과 목표 설정을 허용하는 유형

2) **카리스마형:** 영감 부여, 정열적, 열정적 태도, 자신감, 강한 신념 보유 유형

3) **참여형:** 업무 활동에 대해서 조직 구성원과 상의하고 의사결정에 조직 구성원을 참여시키는 유형

4) **거래형:** 목표, 피드백 및 성취도를 중심으로 보상을 결정하는 유형

8   정답 A   [용어 심화]

관리와 리더십은 종종 구분 없이 사용되지만, 경영학에서는 명확히 다른 의미로 사용된다. 즉, 관리는 알려진 일련의 예상 행동을 사용하여 다른 사람을 한 지점에서 다른 지점으로 이동하도록 지시하는 것과 밀접하게 관련된 반면, 리더십은 다른 사람을 한 지점에서 다른 지점으로 이끌기 위해서 토론하고 논쟁을 통해 협력하는 과정을 포함하고 있다. 다시 말해, 이미 하기로 예정되었던 일을 제대로 돌아가게 하는 사람이 관리자라면, 리더는 새로운 일을 창조하거나 갑자기 닥친 문제를 해결하기 위해 일을 제대로 완성해 놓는 사람이다. B, C, D는 리더십과 관리에 대한 설명이 뒤바뀌어 있다.

 전문가의 Comment

'착수 프로세스 그룹'에 대해서는 여러 가지로 응용해서 문제를 출제하고 있다. 그중에서 첫 번째가 '착수 프로세스 그룹'의 정의에 대해서 알고 있는지, 두 번째는 '착수 프로세스 그룹'을 포함하는 지식 영역은 무엇인지, 세 번째는 착수 프로세스 그룹에 속하는 프로세스 간의 실행 순서에 대한 질문이다. '착수 프로세스 그룹'에 속하는 프로세스는 [4.1 프로젝트 헌장 개발]과 [13.1 이해관계자 식별]이며, [4.1 프로젝트 헌장 개발] 프로세스를 수행하고 나서 바로 수행해야 하는 프로세스는 [13.1 이해관계자 식별] 프로세스라는 것도 시험에서 매번 빠지지 않고 출제된다

9   정답 B   [용어 기본]

프로젝트 목표를 달성하기 위해서 조직에서 선임되고 스폰서에게 관련된 예산과 권한을 부여받은 PM에게 있다.

10 정답 B [용어 심화]

(B)도 틀린 답안은 아니다. 다만, (B)는 프로젝트 관리자보다는 스폰서(sponsor)나 비즈니스 개발 담당자(business development)의 핵심 역할이다. 프로젝트 관리자는 스폰서나 비즈니스 개발 담당자가 앞의 역할을 수행할 때 향후 프로젝트 수행 시에 고려해야 할 사항에 대한 의견 제시만으로도 충분하다.

보기 이외에 프로젝트 관리자가 행사해야 할 영향력에 해당하는 것은 다음과 같다.

 전문가의 Comment

- 프로젝트 스폰서, 팀원 및 기타 이해관계자 간의 의사소통 창구 역할을 수행한다.
- 프로젝트 스폰서와 협력하여 프로젝트 실행 가능성이나 품질에 영향을 줄 수 있는 정치적, 전략적 이슈를 해결한다.
- 현재 산업 동향에 대해 파악하고 있어야 하며, 이러한 정보를 이용하여 현재 프로젝트에 미치는 영향을 파악하고 적용 방안을 고민해야 한다.
- 수행 조직 및 프로젝트 차원에서 지속적인 지식 이전과 통합과 같은 관련 분야 전문성을 유지해야 한다.

[핵심 키워드 정답]

3-1 프로젝트 관리자 정의

1 ① 목표 　　② 수행 조직

3-2 프로젝트 관리자 역할

1 ① 역할 　　② 산출물
　 ③ 동기 　　④ 기술

3-3 프로젝트 관리자 역량

1 ① 기술적 프로젝트관리
　 ② 전략 및 비즈니스관리
　 ③ 리더십

2 ① Direct using positional power
　 ② Guide, influence, and collaborate using relational power
　 ③ Maintain
　 ④ Develop
　 ⑤ Rely on control
　 ⑥ Inspire trust
　 ⑦ Accept status quo
　 ⑧ Challenge status quo

프로젝트 통합관리

PROJECT INTEGRATION
MANAGEMENT

출제 유형 분석

통합관리 지식 영역은 착수 프로세스 그룹부터 종료 프로세스 그룹까지 모두 포함하고 있는 지식 영역으로서, 프로젝트의 착수부터 종료까지의 핵심을 포함하고 있기 때문에 프로세스의 흐름에 대한 이해가 필요하다. [4.1 프로젝트 헌장 개발], [4.6 통합 변경통제 수행], [4.7 프로젝트 또는 단계 종료] 프로세스는 시험출제 비중이 상당히 높다.

그룹	출제 항목	출제 유형	빈도	난이도
착수	4.1 프로젝트 헌장 개발 (Develop Project Charter)	· 프로젝트 헌장 개발의 투입물 · 비즈니스 케이스 vs. 편익관리 계획서 포함 내용 · 프로젝트 헌장 개발 간 프로젝트 관리자의 역할 · 프로젝트 헌장 포함 내용	A	A
기획	4.2 프로젝트관리 계획서 개발 (Develop Project Management Plan)	· 다른 지식 영역의 관리 계획서와의 관계 · 프로젝트관리 계획서와 프로젝트 문서 구분 · 프로젝트관리 계획서 포함 내용	B	B
실행	4.3 프로젝트 작업 지시 및 관리 (Direct and Manage Project Work)	· 변경요청 발생 유형(시정조치, 예방조치, 결함수정 등) · PMBOK에서 기술하는 인도물의 종류와 흐름도 · 승인된 변경요청의 처리 프로세스	B	C
실행	4.4 프로젝트 지식관리 (Manage Project Knowledge)	· 형식지와 암묵지 비교 · 주요 투입물(교훈 관리대장, 이해관계자 관리대장 등)	C	C
감시 및 통제	4.5 프로젝트 작업 감시 및 통제 (Monitor and Control Project Work)	· 프로세스의 정의 및 수행 목적 · 데이터 분석에 포함된 기법들의 분석 목적 구분하기 · 주요 산출물인 작업성과 보고서 포함내용	C	C
감시 및 통제	4.6 통합 변경통제 수행 (Perform Integrated Change Control)	· 변경요청 처리절차(승인과 기각 이후 절차 포함) · 변경통제 위원회 구성 및 역할 · 주요 T&T(대안 분석, 비용-편익 분석, 의사결정 등)	A	A
종료	4.7 프로젝트 또는 단계 종료 (Close Project or Phase)	· 프로젝트 종료 유형(정상, 비정상) 및 사유 · 계약 종료와 행정 종료 순서 이해하기 · 주요 산출물인 조직 프로세스 자산 업데이트 대상	A	B

이렇게 학습하세요

반드시 보아야 할 것

☐ 프로젝트 헌장 개발(Develop Project Charter)의 정의 및 프로젝트 관리자에게 미치는 영향

☐ 프로젝트 헌장 개발 투입물(투입물 종류, 투입물 정의 및 포함내용)

- ☐ 프로젝트 헌장 포함 내용(범위, 일정, 원가, 리스크, 이해관계자 지식 영역과의 연관성)
- ☐ 비즈니스 케이스(Business Case) 정의, 목적, 작성되는 사례
- ☐ 통합 변경통제 수행 절차 및 변경통제 위원회 참여자의 역할
- ☐ 프로젝트 또는 단계 종료 산출물을 행정 종료, 계약 종료로 구분하기
- ☐ 프로젝트 또는 단계 종료 투입물과 산출물 간의 연관성 파악하기

│ 비교해 보아야 할 것

- ☐ 프로젝트 헌장(Project Charter) 포함내용 vs. 프로젝트관리 계획서(Project Management Plan) 포함내용
- ☐ 비즈니스 케이스(Business Case) vs. 편익관리 계획서(Benefits Management Plan) 내용
- ☐ 프로젝트 또는 단계 종료에서 사용되는 종료 유형 비교(계약 종료 vs. 행정 종료)
- ☐ 변경요청 유형(시정조치 vs. 예방조치 vs. 결함수정) 및 목적 파악하기

│ 흐름을 따라가 보아야 할 것

- ☐ [4.3 프로젝트 작업 지시 및 관리]의 대표 산출물인 인도물의 프로세스 간 흐름

│ 계산해 보아야 할 것

- ☐ 비즈니스 케이스 작성을 위해 사용된 투자 타당성 검토 기법(ROI, NPV, IRR, PP) 결괏값 해석하기

  투자수익률(ROI, Return On Investment): 백분율(%)로 계산되며, 백분율(%)이 높은 투자안을 채택

  순현재가치(NPV, Net Present Value): 'NPV > 0'이면서 NPV가 가장 큰 투자안을 채택

  내부수익률(IRR, Internal Rate of Return): IRR이 조직의 요구수익률보다 크거나 같으면 채택

  회수기간(PP, Payback Period 또는 BEP, Break Even Point): 조직의 목표 회수기간보다 짧으면 채택

│ 확인해 보아야 할 용어

- ☐ 프로젝트 헌장 정의
- ☐ 비즈니스 케이스 정의
- ☐ 시정조치 vs. 예방조치 vs. 결함수정 정의와 목적
- ☐ 변경통제 위원회(CCB: Change Control Board) 정의
- ☐ 인수된 인도물(Accepted Deliverables) 정의
- ☐ 기준선 정의 및 종류(범위 기준선, 일정 기준선, 원가 기준선, 성과측정 기준선)

│ 출제 빈도 높은 ITTO(투입물, 도구 및 기법, 산출물)

- ☐ [4.1 프로젝트 헌장 개발] 투입물(비즈니스 문서, 협약서)
- ☐ [4.3 프로젝트 작업 지시 및 관리] 산출물(인도물, 이슈 기록부, 변경요청)
- ☐ [4.6 통합 변경통제 수행] 투입물과 산출물(승인된 변경요청, 변경 기록부)
- ☐ [4.7 프로젝트 또는 단계 종료] 투입물과 산출물

프로젝트 헌장 개발
Develop Project Charter

4-1

핵심 키워드

→ 정답 97쪽

1 [프로젝트 헌장 개발] 프로세스 정의에 대한 핵심 키워드를 완성하시오.

프로젝트의 존재를 공식적으로 승인(formally authorizes)하는 (❶)을 작성하고, (❷)에게 프로젝트 활동에 조직의 자원(organizational resources)을 적용할 수 있는 권한(authority)을 부여하는 프로세스이다.

2 [프로젝트 헌장 개발] 프로세스의 주요 ITTO에 대해서 다음의 힌트를 참조하여 핵심 키워드를 완성하시오.

그룹	프로세스	투입물	도구 및 기법	산출물
❶	4.1 프로젝트 헌장 개발 (Develop Project Charter)	1. 비즈니스 문서 (Business Documents) · ❷ · 편익관리 계획서 (Benefits Management Plan) 2. 협약서 (Agreements) 3. 기업 환경 요인 (Enterprise environmental factors) 4. 조직 프로세스 자산 (Organizational process assets)	1. 전문가 판단 (Expert Judgment) 2. 데이터 수집 (Data Gathering) · 브레인스토밍 (Brainstorming) · 포커스 그룹 (Focus Groups) · 인터뷰(Interviews) 3. ❸ 4. 회의(Meetings)	1. ❹ 2. 가정사항 기록부 (Assumptions Log)

❶ 기존 프로젝트의 새로운 단계 또는 신규 프로젝트를 정의하고, 승인을 받아 시작하는 프로세스 그룹을 의미한다.

❷ 조직의 비즈니스 관점에서 투자할 가치가 있는 프로젝트인지를 검토할 판단 근거가 기록된 문서로서, 프로젝트 관리자보다 권한이 높은 상위 관리자나 경영진의 의사결정을 위한 기초자료로 사용되며, 관련 문서의 작성 및 업데이트 주체도 상위 부서에서 수행된다.

❸ 프로젝트 헌장 작성 간에는 이해관계자의 상충이 발생하기 마련이다. 이해관계자의 합의를 신속하게 이루어 내기 위해 갈등관리, 촉진, 회의관리 등을 사용하는 기법을 말한다.

❹ 프로젝트의 채택을 공식적으로 승인하고 프로젝트 관리자에게 프로젝트 활동에 필요한 조직 자원을 투입할 수 있는 권한을 부여하기 위해서 프로젝트 착수자나 스폰서가 발행하는 문서이다.

기출 문제

1 프로젝트 헌장 개발 프로세스의 투입물로서 비즈니스 관점에서 프로젝트가 필요한 투자인지 여부를 판단하는 데 필요한 정보를 제공하는 것으로서 일반적으로 비즈니스 요구(Business Need)와 원가-편익 분석(Cost-Benefit Analysis)을 통해서 제공되는 것은 무엇인가?

A. 편익관리 계획서(Benefits Management Plan)

B. 비즈니스 케이스(Business Case)

C. 프로젝트관리 계획서(Project Management Plan)

D. 협약서(Agreements)

해설 프로젝트 헌장은 프로젝트의 존재를 공식적으로 승인하는 중요한 문서이기 때문에 시험에서의 출제 비중이 매우 높다. 프로젝트 헌장에 포함되어 있는 내용도 전통적인 기출문제이며, 프로젝트 헌장을 개발하기 위해서 입력되는 투입물들의 정의와 목적에 대해서 반드시 알고 넘어가야 한다.

특히나 6판에서는 비즈니스 문서라는 카테고리에 기존 5판에서 강조되었던 (1)비즈니스 케이스 이외에 (2)편익관리 계획서를 추가함으로써 프로젝트 헌장의 정당성을 강조하고 있다. 추가적으로 비즈니스 케이스 작성에 사용되는 투자 타당성 기법(NPV, IRR, PP) 종류 및 계산결과를 해석하는 방법도 종종 출제되며 [7장. 원가관리]에 자세히 설명되어 있다.

정답 B

4-2

프로젝트관리 계획서 개발
Develop Project Management Plan

핵심 키워드

→ 정답 97쪽

1 [프로젝트관리 계획서 개발] 프로세스 정의에 대한 핵심 키워드를 완성하시오.

프로젝트관리 계획서 개발은 모든 (❶)의 구성 요소들을 정의, 준비, 조정하여 통합된 프로젝트관리 계획서에 (❷)하는 프로세스이다.

2 [프로젝트관리 계획서 개발] 프로세스의 주요 ITTO에 대해서 다음의 힌트를 참조하여 핵심 키워드를 완성하시오.

그룹	프로세스	투입물	도구 및 기법	산출물
❶	4.2 프로젝트관리 계획서 개발 (Develop Project Management Plan)	1. ❷	1. 전문가 판단 (Expert judgment)	1. ❹
		2. 다른 프로세스 산출물 (Outputs from other processes)	2. 데이터 수집 (Data Gathering)	
			3. 대인관계 및 팀 기술 (Interpersonal and Team Skills)	
		3. 기업 환경 요인 (Enterprise environmental factors)	4. 회의(Meetings) · ❸	
		4. 조직 프로세스 자산 (Organizational process assets)		

❶ 프로젝트 범위 설정, 목표 구체화, 프로젝트의 목표를 달성하기 위한 일련의 활동을 계획하고 지속적으로 관리하는 프로세스 그룹을 의미한다.

❷ 스폰서나 착수자의 프로젝트 목적과 구축 범위 등 상위 수준의 정보가 포함된 문서이다.

❸ 프로젝트관리 계획서가 작성되고 본격적인 프로젝트 작업을 수행하기 전에 프로젝트 팀과 관련된 이해관계자들이 모여서 프로젝트 핵심 사항을 공유하는 특수 목적의 회의이다. 이러한 활동을 통해서 프로젝트 목표를 이해관계자에게 전달하여 기대치를 명확화하고, 프로젝트를 위한 팀의 헌신을 유도하며, 조직력을 형성할 수 있다.

❹ 요약 또는 상세한 수준으로 작성되며, 프로젝트 실행, 감시 및 통제, 종료를 위한 기준으로 활용되는 문서이다.

1 당신은 프로젝트 관리자로서 프로젝트관리 계획서를 작성 중이다. 프로젝트 관리자로서 가장 적절한 프로젝트관리 계획서 작성 방법은 무엇인가?

A. 고객 또는 스폰서의 의지를 반영하여 작성한다.

B. 프로젝트 범위와 목적에 부합되도록 지식 영역별 작성된 보조관리 계획서들을 통합하고 조정한다.

C. 프로젝트 관리자의 이전 프로젝트 경험을 근간으로 작성한다.

D. 일정관리, 범위관리, 원가관리 영역에만 중점을 두고 작성한다.

해설

프로젝트관리 계획서의 작성 절차에 대한 질문이다. 문제에서 보기는 모두 정답이 될 수 있다. 하지만 PMP 시험에서는 그 중에서도 가장 적합하거나 가장 바람직한 해결책을 제시하는 문제가 상당수이며, 이러한 문제가 대표적이다.

프로젝트관리 계획서는 향후 프로젝트를 실행, 감시 및 통제, 종료하는 기준이 되는 문서이기 때문에 지식 영역별로 작성되고 검토된 보조 관리 계획서(sub management plan)들과 기준선(baseline)을 통합하여 프로젝트 범위와 목표에 맞게 조정하는 것이 주요 목적임을 파악해서 접근해야 하는 문제이다.

정답 B

프로젝트 작업 지시 및 관리
Direct and Manage Project Work

핵심 키워드

→ 정답 97쪽

1 [프로젝트 작업 지시 및 관리] 프로세스 정의에 대한 핵심 키워드를 완성하시오.

프로젝트 작업 지시 및 관리는 프로젝트의 목표를 달성하기 위해 (❶   )에 정의된
작업을 지도 및 수행하고, (❷   ) 변경요청을 구현하는 프로세스이다.

2 [프로젝트 작업 지시 및 관리] 프로세스의 주요 ITTO에 대해서 다음의 힌트를 참조하여 핵심 키워
드를 완성하시오.

그룹	프로세스	투입물	도구 및 기법	산출물
❶	4.3 프로젝트 작업 지시 및 관리(Direct and Manage Project Work)	1. ❷ 2. 프로젝트 문서 (Project Documents) 3. ❸ 4. 기업 환경 요인 (Enterprise environmental factors) 5. 조직 프로세스 자산 (Organizational process assets)	1. 전문가 판단 (Expert judgment) 2. ❹ 3. 회의(Meetings)	1. ❺ 2. 작업성과 데이터 (Work performance data) 3. ❻ 4. 변경요청 (Change Requests) 5. 프로젝트관리 계획서 업데이트 (Project management plan updates) 6. 프로젝트 문서 업데이트 (Project documents updates) 7. 조직 프로세스 자산 업데이트 (Organizational Process Assets Updates)

❶ 프로젝트 명세서에 맞게 프로젝트관리 계획서에 정의된 작업을 완료하는 과정에서 수행하는 프로세스
그룹이다.

❷ 모든 보조관리 계획서들과 기준선을 통합해서 작성되며, 프로젝트 실행, 감시 및 통제, 종료를 위한 기
준으로 활용되는 문서이다.

❸ [4.6 통합 변경통제 수행] 프로세스의 산출물이며, 시정 조치, 예방 조치 또는 결함 수정을 위한 기준이다.

❹ 기업 환경 요인의 일부이며, 일정관리, 작업승인, 형상관리, 정보 수집 및 배포의 자동화가 가능한 도구이다.

❺ 품질 통제, 범위 확인을 거쳐 고객에게 최종적으로 전달되는 제품, 서비스, 결과물을 의미한다

❻ 프로젝트의 생애주기 동안 발생하는 예기치 못한 문제, 결함, 갈등 등을 기록하는 프로젝트 문서의 일종이다. 계획한 프로젝트 수행에 영향을 미치지 않도록 반드시 추적하고 해결해야 하며, 발생 여부를 알 수 없는 사건이나 이벤트를 기록하는 리스크 관리대장과는 별도로 관리되어야 한다.

기출 문제

1 프로젝트를 수행하면서 다양한 변경요청이 발생하며 승인된 변경요청은 프로젝트 작업 지시 및 관리 프로세스에서 재수행된다. 이러한 승인된 변경요청 중에서 프로젝트 작업의 향후 예상 성과를 프로젝트관리 계획서 수준으로 달성하는 데 필요한 프로젝트 작업을 실행하도록 문서화한 지시사항을 일컫는 용어는 무엇인가?

A. 시정조치

B. 예방조치

C. 결함수정

D. 업데이트

해설   변경요청의 유형과 정의를 이해하면 풀 수 있는 문제이다. 변경요청의 유형은 4가지(시정조치, 예방조치, 결함수정, 갱신)이며, 이 중에서 수험생들이 혼동하는 것은 시정조치와 예방조치의 차이점이다.

(1) **시정조치**: 프로젝트 작업성과를 프로젝트관리 계획서 수준으로 재정비하기 위한 의도적인 활동

(2) **예방조치**: 프로젝트관리 계획서 수준으로 프로젝트 작업의 미래 성과를 보증하는 의도적인 활동

정의에서 보듯이 시정조치는 이미 발생한 작업성과를 현재 계획수준으로 맞추기 위한 활동이며, 예방조치는 발생할 것으로 예상하는 작업성과를 미래 계획수준으로 맞추기 위한 활동을 의미한다.

정답 B

프로젝트 지식관리
Manage Project Knowledge

4-4

→ 정답 97쪽

1 [프로젝트 지식관리] 프로세스 정의에 대한 핵심 키워드를 완성하시오.

프로젝트 지식관리는 프로젝트의 목표를 달성하고 조직의 (❶   )에 기여할 수 있도록 기존 (❷   )을 활용하고 새로운 (❷   )을 만들어 가는 프로세스이다.

2 [프로젝트 지식관리] 프로세스의 주요 ITTO에 대해서 다음의 힌트를 참조하여 핵심 키워드를 완성하시오.

그룹	프로세스	투입물	도구 및 기법	산출물
실행	4.4 프로젝트 지식관리 (Manage Project Knowledge)	1. 프로젝트관리 계획서 (Project management plan) 2. 프로젝트 문서 (Project documents) 3. ❶ 4. 기업 환경 요인 (Enterprise Environmental Factors) 5. 조직 프로세스 자산 (Organizational Process Assets)	1. 전문가 판단 (Expert judgment) 2. 지식관리(Knowledge Management) 3. 정보관리 (Information Management) 4. 대인관계 및 팀 기술(Interpersonal and team skills)	1. ❷ 2. 프로젝트관리 계획서 업데이트 (Project management plan updates) 3. ❸

❶ 지식관리의 중요한 투입물로서 산출물의 유형(유형, 무형) 및 수준, 사용자 그룹(일반 사용자, 전문가, 실무자, 경영진 등) 등에 따라서 수준 및 작성 양식이 달라질 수 있다.

❷ 지식관리 활동을 통해서 취합된 지식은 이 문서에 체계적으로 기록되어야 한다. 범주, 설명, 문제점, 관련 영향, 권고사항, 제안하는 조치, 실현된 리스크와 기회 등이 포함될 수 있다. 프로젝트 또는 단계가 끝나면 교훈 저장소(Lessons Learned Repository)라는 조직 프로세스 자산으로 전송되어 보관된다.

❸ 지식관리 활동의 결과로 신규 지식 창출되고, 기존 지식이 개선되며, 암묵지의 형식지로의 변경 등이 공식화된다. 이러한 공식화된 지식을 교훈 저장소로 저장하는 활동을 의미한다.

기출 문제

1 당신은 인공지능을 활용한 인사시스템 개발 프로젝트 매니저이며 유사한 글로벌 프로젝트의 성공 사례를 참고하려고 한다. 조직 내에 참고할 만한 자료가 충분하지는 않지만 조직 구성원들과 외부 컨설팅을 통해서 구축된 지식관리 시스템을 확인 중이다. 교훈 관리대장이 업데이트되는 시점을 가장 잘 이해하고 있는 이해관계자는 누구인가?

A. PMO: 교훈 관리대장은 프로젝트 종료 시점에 교훈과 함께 정리된다.

B. 프로그램 담당자: 프로젝트 종료 이후 우수 프로젝트 선정이 확정되면 작성된다.

C. 기능 관리자: 프로젝트 종료 이후 팀원이 조직으로 복귀 후에 작성하기 시작한다.

D. 품질 담당자: 프로젝트 단계 또는 프로세스 종료 시마다 수시로 업데이트 가능하다.

해설 PMBOK에서 설명하고 있는 교훈 관리대장(Lessons Learned Register)의 정의부터 확인해 보자. PMBOK에서는 '현재 프로젝트에서 활용하고 교훈 저장소에 저장할 수 있도록 프로젝트 수행 도중에 얻은 지식을 기록하는 데 사용되는 프로젝트 문서'라고 정의하고 있다.

4장을 예로 들자면, [4.3 프로젝트 작업 지시 및 관리], [4.4 프로젝트 지식관리], [4.5 프로젝트 작업 감시 및 통제], [4.7 프로젝트 또는 단계 종료] 프로세스에서 등에서 업데이트되고 있으며, 5장 ~ 13장에 이르기까지 이러한 업데이트 작업은 빈번히 발생한다. 이와 같이 교훈 관리대장은 필요에 따라 프로젝트 수행 중에 빈번히 업데이트 가능하며, [4.7 프로젝트 또는 단계 종료] 프로세스의 주요 산출물인 조직 프로세스 자산 업데이트를 통해서 교훈 저장소(Lessons Learned Repository)에 기록된다.

정답 D

4-5 프로젝트 작업 감시 및 통제
Monitor and Control Project Work

→ 정답 97쪽

핵심 키워드

1 [프로젝트 작업 감시 및 통제] 프로세스 정의에 대한 핵심 키워드를 완성하시오.

프로젝트 작업 감시 및 통제는 (❶　　　　　　　　　)에 정의된 성과 목표를 달성하기 위해 프로젝트 진행을 추적하고, 검토하고, 보고하는 프로세스이다.

2 [프로젝트 작업 감시 및 통제] 프로세스의 주요 ITTO에 대해서 다음의 힌트를 참조하여 핵심 키워드를 완성하시오.

그룹	프로세스	투입물	도구 및 기법	산출물
감시 및 통제	4.5 프로젝트 작업 감시 및 통제 (Monitor and Control Project Work)	1. 프로젝트관리 계획서 (Project management plan)	1. 전문가 판단 (Expert judgment)	1. ❷
		2. 프로젝트 문서 (Project Documents)	2. 데이터 분석 (Data Analysis) · 대안 분석 (Alternatives Analysis) · 추세 분석 (Trend Analysis) · ❶	2. 변경요청 (Change requests)
		3. 작업성과 정보 (Work performance information)		3. 프로젝트관리 계획서 업데이트 (Project management plan updates)
		4. 협약서 (Agreements)	3. 의사결정 (Decision Making)	4. 프로젝트 문서 업데이트 (Project documents updates)
		5. 기업 환경 요인 (Enterprise Environmental Factors)	4. 회의 (Meetings)	
		6. 조직 프로세스 자산 (Organizational Process Assets)		

❶ 계획된 성과와 실제 성과 사이의 차이를 검토하고 시정조치 및 예방조치 여부를 파악하기 위해서 사용하는 기법이다.

❷ 의사 결정, 조치 또는 현황 파악 목적으로 프로젝트 문서에 삽입된 작업성과 정보의 물리적 또는 전자적인 표현 방법이며, 의사소통관리 계획서에 정의된 프로세스를 통해 관련 프로젝트 이해관계자들에게 배포된다.

기출 문제

1 프로젝트 수행 이후 12개월이 지난 상태이다. 프로젝트 오픈을 3개월 앞둔 시점에서 프로젝트 관리자인 당신은 프로젝트관리 계획서에 정의된 성과 목표를 달성하기 위해서 프로젝트 진척 현황을 추적하고 검토하는 작업을 진행 중이다. 다음 중 참조해야 할 문서로 적절치 않은 것은 무엇인가?

A. 프로젝트관리 계획서(Project Management Plan)

B. 일정 예측치(Schedule Forecasts)

C. 협약서(Agreements)

D. 작업성과 보고서(Work Performance Reports)

해설 문제 초반에는 프로젝트의 전반적인 상태를 설명하고 있으며, 그 이후에서 설명하고 있는 것은 [4.5 프로젝트 작업 감시 및 통제] 프로세스에 대한 설명을 하고 있다. 결국, 문제를 통해 어떠한 프로세스인지를 찾고 해당 프로세스의 투입물이 아닌 것을 찾는 문제이다. PMP 시험의 최근 동향을 반영하고 있는 문제 유형이다.

작업성과 보고서는 [4.5 프로젝트 작업 감시 및 통제] 프로세스 산출물 중에 하나이며, 작업성과 정보를 기반으로 프로젝트 이해관계자에게 전달하여 의사결정이나 이슈제기, 현황 파악 목적으로 이해관계자가 원하는 포맷으로 변형하여 보고되는 프로젝트 정보를 의미한다.

정답 D

통합 변경통제 수행
Perform Integrated Change Control

→ 정답 97쪽

1   [통합 변경통제 수행] 프로세스 정의에 대한 핵심 키워드를 완성하시오.

통합 변경통제 수행은 모든 변경요청을 (❶   ), 변경 사항을 (❷   )하고, 인도물, 프로젝트 문서, 프로젝트관리 계획서에 대한 변경사항을 관리하며, 변경요청들의 의사결정 사항에 관련된 (❸   )들에게 전달하는 프로세스이다.

2   [통합 변경통제 수행] 프로세스의 주요 ITTO에 대해서 다음의 힌트를 참조하여 핵심 키워드를 완성하시오.

그룹	프로세스	투입물	도구 및 기법	산출물
감시 및 통제	4.6 통합 변경통제 수행 (Perform Integrated Change Control)	1. 프로젝트관리 계획서 (Project management plan) 2. 프로젝트 문서 (Project Documents) 3. ❶ 4. 변경요청 (Change requests) 5. 기업 환경 요인 (Enterprise Environmental Factors) 6. 조직 프로세스 자산 (Organizational Process Assets)	1. 전문가 판단 (Expert judgment) 2. 분석 기법 (Analytical Techniques) 3. 미팅 (Meetings) 4. ❷ 5. 회의 (Meetings)	1. 승인된 변경요청 (Approved change requests) 2. 프로젝트관리 계획서 업 데이트 (Project management plan updates) 3. 프로젝트 문서 업데이트 (Project documents updates) · ❸

❶ 획득가치관리(EVM) 보고서, 번 다운(Burn Down) 차트와 번 업(Burn Up) 차트 등이 포함되며, 작업성과 정보 수준이 아닌, 이해관계자들을 설득시키고 의사결정을 가능하게 하는 수준의 문서이다.

❷ 변경요청을 검토하여 승인 또는 기각을 결정함에 있어서 관련된 이해관계자들 사이에 이견이 발생하기 마련이다. 이러한 경우에 신속한 의사결정을 위해서 유용한 기법으로서 투표(Voting), 독단적 의사

결정(Autocratic Decision Making), 다기준 의사결정 분석(Multicriteria Decision Analysis) 등이 포함되어 있다.

❸ 프로젝트 진행 동안 발생한 변경요청을 기록하는 데 사용되며, 승인된 변경요청 이외에 중복 요청이나 근거 유지를 위해서 기각된 변경요청 항목들도 기록되는 문서이다.

기출 문제

1 프로젝트 수행 중에 발생하는 변경요청에 대해서는 공식적인 변경 처리 절차인 [4.6 통합 변경통제 수행] 프로세스를 수행해야 한다. 다음 중 [4.6 통합 변경통제 수행] 프로세스에 대해서 잘못 기술되어 있는 것은 무엇인가?

A. 변경요청은 통합 변경통제 수행 프로세스 이후에 승인되거나 기각된다.

B. 모든 변경요청 사항에 대해서는 반드시 변경통제위원회(CCB)를 소집하여 의사결정을 해야 한다.

C. 변경통제위원회(CCB)의 결정사항으로 인해서 반영된 결과물에 대한 최종 책임은 프로젝트 관리자에게 있다.

D. 통합 변경통제 수행에서 기각된 변경요청 항목들도 기록되어야 한다.

해설   프로젝트에서 발생하는 모든 변경요청에 대해서는 통합 변경통제 수행 프로세스를 거쳐야 하지만, 모든 변경요청이 변경통제위원회에서 다루어지지는 않는다. 프로젝트 관리자가 프로젝트관리 계획서를 검토하여 일정, 비용 등에 영향을 주지 않는 선에서는 단독으로 결정이 가능하며, 주요한 이해관계자들의 의사결정이 필요한 변경요청에 대해서는 필요에 따라서 변경통제위원회를 소집하여 검토하는 과정을 거치게 된다.

변경통제위원회의 소집시기, 변경통제위원회 소집대상 등에 대해서는 프로젝트관리 계획서에 명시되어 있다. 정확히는 변경관리 계획서(Change Management Plan)에 기술되어 있다.

정답 B

프로젝트 또는 단계 종료
Close Project or Phase

4-7

→ 정답 97쪽

1 **[프로젝트 또는 단계 종료] 프로세스 정의에 대한 핵심 키워드를 완성하시오.**

프로젝트 또는 (❶   ) 종료는 프로젝트, 단계 또는 (❷   )에 대한 모든 활동을 종결하는 프로세스이다.

2 **[프로젝트 또는 단계 종료] 프로세스의 주요 ITTO에 대해서 다음의 힌트를 참조하여 핵심 키워드를 완성하시오.**

그룹	프로세스	투입물	도구 및 기법	산출물
❶	4.7 프로젝트 또는 단계 종료 (Close Project or Phase)	1. 프로젝트 헌장(Project Charter) 2. 프로젝트관리 계획서 (Project management plan) 3. 프로젝트 문서 (Project Documents) 4. ❷ 5. 비즈니스 문서 (Business Documents) 6. 협약서(Agreements) 7. 조달 문서 (Procurement Documentation) 8. ❸	1. 전문가 판단 (Expert judgment) 2. 데이터 분석 (Data Analysis) 3. 회의 (Meetings)	1. 프로젝트 문서 업데이트 (Project Documents Updates) 2. 최종 제품, 서비스 또는 결과물 이전 (Final product, service, or result transition) 3. ❹ 4. 조직 프로세스 자산 업데이트(Organizational Process Assets Updates)

❶ 전체 프로세스 그룹의 모든 활동을 종결하는 과정에서 수행되어 프로젝트나 단계를 공식적으로 종료하는 프로세스 그룹을 의미한다.

❷ [5.5 범위 확인] 프로세스의 대표적인 산출물로서, 진행중인 프로젝트나 취소된 프로젝트의 경우에는 부분 또는 중간 인도물을 포함할 수도 있는 문서 집합이다.

❸ 프로젝트 행정 종료를 위해서 주로 사용되며, 프로젝트 또는 단계 종료 지침을 설명하고 있거나 조직의 선례 정보나 교훈 등이 기록되어 있는 저장소의 형태이다.

❹ 프로젝트 성과에 대한 요약 정보를 제공하는 문서로서 다음과 같은 다양한 정보가 포함되어 있다.

– 프로젝트 또는 단계의 요약 수준 설명

– 최종 제품, 서비스 또는 결과물에 대한 확인 정보 요약

– 프로젝트가 수행된 이점을 달성했는지 여부를 포함하는 일정 목표

– 프로젝트에서 발생한 리스크나 이슈에 대한 요약 정보와 해결 방법에 대한 간략한 설명

기출 문제

1 다음 중 프로젝트 또는 종료 단계에서 프로젝트 관리자가 처리해야 할 활동 중 순서적으로 가장 빠른 것은 무엇인가?

A. 고객에 의한 인도물의 인도와 공식 승인여부 확인

B. 프로젝트 관련 모든 문서 및 인도물이 최신화되어 있고, 모든 이슈가 해결되었는지 확인

C. 프로젝트 또는 단계 기록을 수집

D. 조직에서 향후에 사용할 수 있도록 프로젝트 정보를 보관

해설   PMBOK에서는 명확한 용어로 기술되어 있지는 않지만, 프로젝트는 종료 시점에 계약 종료와 행정 종료를 수행하게 된다. 고객과는 프로젝트의 결과물을 전달하고 비용을 정산하는 계약 종료, 수행 조직과는 조직 프로세스 자산을 갱신하는 행정 종료가 존재한다. 다음은 PMBOK에서 제시하는 프로젝트 또는 단계의 행정적인 종료를 위한 일반적인 활동 사례다.

▪ 단계 또는 프로젝트의 종료 기준을 충족시키는 데 필요한 조치 및 활동 수행
▪ 프로젝트 또는 단계별 교훈 수집과 관련된 활동 수행
▪ 프로젝트의 제품, 서비스, 결과를 다음 단계, 생산, 운영으로 이관하는 데 필요한 조치 수행
▪ 조직의 정책 및 절차를 개선하거나 업데이트하기 위한 제안을 수집하고 조직 부서로 전달
▪ 이해관계자 만족도 측정

정답 B

프로젝트 통합관리
전체 프로세스 흐름 파악하기

다음은 프로젝트 통합관리에 대한 전체 데이터 흐름도(DFD)이다. 괄호 안에 해당하는 투입물이나 산출물을 중심으로 프로세스 전체에 대한 흐름을 파악하시오.

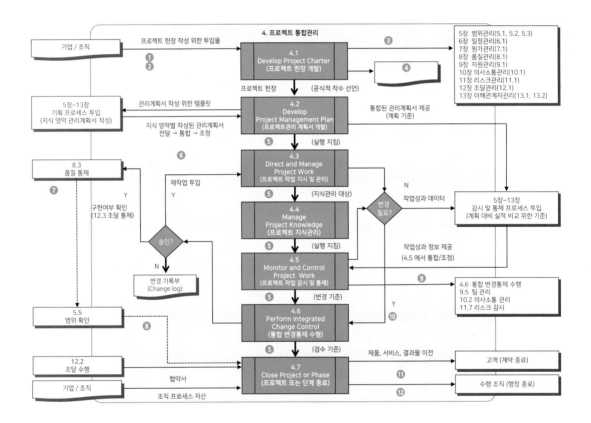

1   [4.1 프로젝트 헌장 개발]: 프로젝트 관리자나 스폰서는 착수자와 협력하여 프로젝트의 존재를 공식적으로 승인하는 문서를 작성하기 위해서 (❶   ), (❷   )를 입력받아, (❸   )을 작성하고, 작성된 (❸   )은 프로젝트 관리자에게 프로젝트 활동에 조직의 자원을 적용할 수 있는 권한을 부여한다. 또한, 프로젝

트 생명주기 전반에서 발생 가능한 모든 가정 및 제약 사항을 기록하는 데 사용되는 (❹   )가 작성된다.

2 [4.2 프로젝트관리 계획서 개발]: 지식 영역별로 작성된 보조관리 계획서들을 통합하고 조정하여, 프로젝트를 실행하고 감시 및 통제하며 종료시점에 계획의 기준으로 사용될 문서인 (❺   )를 작성한다.

3 [4.3 프로젝트 작업 지시 및 관리]: (❺   )를 기준으로 프로젝트를 수행하며, 고객에게 전달할 주요한 결과물인 (❻   )이 산출되며, 산출된 (❻   )은 품질 통제를 거쳐 (❼   ), 고객 검수 이후에 (❽   )로 명칭이 변경되면서 전달된다.

4 [4.4 프로젝트 지식관리]: 프로젝트의 목표를 달성하고 조직의 학습에 기여할 수 있도록 기존 지식을 활용하고 새로운 지식을 만들어가는 프로세스다. 지식관리의 가장 중요한 산출물은 (⓬   )이며, 프로젝트 초기에 작성되는 교훈 관리대장은 다양한 프로세스 산출물로 업데이트되고, 프로젝트 또는 단계가 끝나면 교훈 저장소라는 조직 프로세스 자산으로 전송되어 보관된다.

5 [4.5 프로젝트 작업 감시 및 통제]: 프로젝트의 계획 대비 실적을 분석하기 위하여 지식 영역별 산출되는 작업성과 정보와 (❺   )를 비교 분석하며, (❾   )가 작성된다.

6 [4.6 통합 변경통제 수행]: 프로젝트 작업 수행, 프로젝트 작업 감시 및 통제를 수행하면서 (❿   )이 발생하며, 모든 (❿   )은 통합 변경통제 수행 프로세스를 거쳐서 기각 또는 승인된다. 승인된 변경작업요청은 [4.3 프로젝트 작업 지시 및 관리] 프로세스를 통해서 재작업되고, 재작업 확인을 위해서 [8.3 품질 통제]와 [12.3 조달 통제] 프로세스로 투입된다.

7 [4.7 프로젝트 또는 단계 종료]: 프로젝트 또는 단계 종료에서는 계약 종료와 행정 종료 절차를 수행하게 된다. 프로젝트 성과에 대한 요약 정보를 제공하는 (⓫   )를 작성하고, 프로젝트를 통해 얻은 교훈과 지식을 향후 프로젝트에서 사용할 수 있도록 조직 프로세스 자산 중에서도 (⓬   ) 업데이트에 노력을 기울여야 한다.

→ 정답 95쪽

1 프로젝트 통합 변경통제 수행(Perform Integrated Change Control) 프로세스를 통해 변경요청 항목에 대한 상태가 업데이트된다. 승인된 변경요청(Approved change requests)은 프로젝트 작업지시 및 관리(Direct and Manage Project Work) 프로세스에서 재작업으로 수행되는데, 이러한 승인된 변경요청 중에서 프로젝트 작업의 향후 예상 성과를 프로젝트관리 계획서 수준으로 달성하기 위해 필요한 프로젝트 작업을 실행하도록 문서화한 지시사항을 일컫는 용어는 무엇인가?

A. 시정조치(Corrective action)

B. 예방조치(Preventive action)

C. 결함수정(Defect repair)

D. 형상관리(Configuration management)

2 다음이 설명하는 것은 무엇인가?

프로젝트의 결과로 제공할 제품이나 서비스를 상세히 기술한 문서로서 조직의 비즈니스 요구, 프로젝트를 수행하여 창출할 제품의 특성을 기술, 조직의 전략적 계획 등이 포함된 문서를 말한다.

A. 프로젝트 작업 기술서(Project statement of work)

B. 계약서(Agreements)

C. 프로젝트관리 계획서(Project management plan)

D. 기업 환경 요인(Enterprise environmental factors)

3 프로젝트를 수행할 조직에서 비즈니스 케이스(Business case)를 작성 중이다. 조직에서는 투자액을 회수하기까지 걸리는 시간이 짧은 프로젝트를 선호하고 있다. 다음 중 어떤 프로젝트를 선택해야 하는가?

A. IRR = 1.1, PP = 2년   B. IRR = 1.1, PP = 3년

C. IRR = 1.2, PP = 4년   D. IRR = 0.8, PP = 5년

4 프로젝트 착수자(initiator)나 스폰서(sponsor)에 의해서 프로젝트의 시작을 알리는 공식 문서인 프로
   젝트 헌장(Project Charter)이 작성되었다. 당신은 프로젝트 관리자로 선정되었으며 프로젝트 헌장
   을 검토 중이다. 다음 중 프로젝트 헌장의 포함 내용으로서 적절치 않은 것은 무엇인가?

   A. 프로젝트 목적 및 목표

   B. 상위 수준의 고객 요구사항

   C. 선임된 프로젝트 관리자, 책임사항 및 권한 수준

   D. 프로젝트에 선정된 생애주기와 각 단계에 적용할 프로세스(Life cycle selected for the project and the
      processes)

5 당신은 대규모 철도 구축 프로젝트의 PM으로 지난주에 임명되었으며, 고객이 참여하는 킥오프 미
   팅(kick-off meeting)을 준비하고자 한다. 다음 중 킥오프 미팅 시점으로 가장 적합한 것은?

   A. 프로젝트 헌장 작성이 완료되었으며, 주요 이해관계자가 식별되었다.

   B. 인적자원관리 계획서에 따라서 주요 팀원 및 고객이 프로젝트에 투입되었다.

   C. 프로젝트 팀원들의 참여 하에 프로젝트관리 계획서가 작성되었다.

   D. 일정 및 원가 기준선의 작성이 완료되었다.

6 프로젝트 헌장을 작성하는 단계이다. 투자 타당성 검토를 판단하는 데 필요한 정보를 비즈니스 요구
   와 비용-편익 분석(cost-benefit analysis)을 통해서 획득했으며, 고객으로부터 제안서도 받은 상태
   이다. 획득해야 할 또 다른 투입물은 무엇인가?

   A. 프로젝트 작업 기술서

   B. 프로젝트 헌장

   C. 프로젝트관리 계획서

   D. 프로젝트 범위 기술서

7 다음 중 변경통제 위원회(CCB: Change Control Board)에 대해서 가장 잘 설명하고 있는 것은?

   A. 프로젝트 기준선 변경을 승인하거나 기각하는 이해관계자 집단

   B. 프로젝트 기준선 변경을 승인하거나 기각하는 고객 집단

   C. 프로젝트 기준선 변경을 승인하거나 기각하는 프로젝트 팀원 집단

   D. 프로젝트 기준선 변경을 승인하거나 기각하는 스폰서 집단

8 프로젝트를 수행하면서 다양한 변경요청(change request)이 발생한다. 요청된 변경은 [4.6 통합 변경통제 수행] 프로세스를 통해서 승인되거나 기각되는 절차를 반드시 수행해야 한다. 다음 중 통합 변경통제 수행 프로세스에 대한 설명으로 잘못된 것은?

   A. 모든 변경요청은 통합 변경통제 수행 프로세스를 통해서 승인 또는 기각되어야 한다.

   B. 기각된 변경요청도 향후 이력 관리를 위해서 변경 기록부(change log)에 기록되어야 한다.

   C. 승인된 변경요청만이 프로젝트 작업 지시 및 관리 프로세스로 투입되어 재수행되어야 한다.

   D. 통합 변경통제 수행 프로세스에서는 반드시 변경통제 위원회를 소집해야 한다.

9 프로젝트 관리자는 전체 일정에 지장을 주지 않는 단순한 변경요청을 고객으로부터 접수 받았다. 프로젝트 관리자가 먼저 수행해야 할 일은 무엇인가?

   A. 범위, 일정, 원가 등의 프로세스에 대한 영향도 평가를 수행한다.

   B. 프로젝트 팀원들에게 변경내용을 공지하고 실행을 지시한다.

   C. 변경통제 위원회를 소집하여 변경요청을 검토한다.

   D. 프로젝트 범위 기준선에 포함되지 않는 항목이므로 거절한다.

10 프로젝트 종료 단계에서 프로젝트 관리자가 취해야 할 바람직한 행위는 무엇인가?

   A. 작업성과 정보 갱신   B. 기업 환경 요인 갱신

   C. 조직 프로세스 자산 갱신   D. 리스크관리 계획서 갱신

1 정답 B   [용어 정의 응용]

문제에서 결국 묻고자 하는 것은 '예방조치'의 정의에 대해서 알고 있는가이다. 앞부분은 질문을 위한 부연 설명이고, 실질적으로 묻는 것은 '프로젝트 작업의 향후 예상 성과를 프로젝트관리 계획서수준으로 달성하는 데 필요한 프로젝트 작업을 실행하도록 문서화한 지시사항' 부분이다. PMP 시험에서는 이러한 유형의 질문이 많으니 문제를 모두 읽되 질문의 요지를 파악하는 것이 중요하다.

 전문가의 Comment

다음은 변경요청이 발생하는 대표적인 3가지 유형과 정의이며, 이 중 '시정조치'와 '예방조치'를 혼동하는 수험생이 많으니 확실히 구분해서 이해하도록 하자(자세한 설명은 "PMP PRIDE 해설서" 157페이지 참조).

1) **시정조치(Corrective action):** 프로젝트 작업성과를 프로젝트 계획과 비교하여 계획 미달 시에 프로젝트관리 계획서에 정의된 목표 수준으로 달성하기 위한 의도적인 활동으로서 현재 기준으로 미달된 실적을 만회하기 위한 활동을 의미한다.

2) **예방조치(Preventive action):** 프로젝트관리 계획서 수준으로 프로젝트 작업의 미래 성과를 보증하는 의도적인 활동이다.

3) **결함수정(Defect repair):** 프로젝트 작업성과(인도물)에 대한 감시 및 통제 시점에 발견된 결함에 대해서 구성 요소를 수정하기 위한 의도적인 활동(재작업)이다.

2 정답 A   [ITTO 정의 기본]

[4. 프로젝트 통합관리] 지식 영역에서 가장 많은 문제가 출제되는 [4.1 프로젝트 헌장 개발] 프로세스의 투입물에 대한 질문이다. 프로젝트 작업 기술서의 정의 및 포함 내용에 대해서 다시 한 번 확인하기 바란다. 또한, 프로젝트 작업 기술서는 내부 프로젝트(프로젝트 착수자 또는 스폰서)와 외부 프로젝트(고객)의 작성 주체가 다르다는 것도 시험 출제 비중이 높다.

 전문가의 Comment

[4.1 프로젝트 헌장 개발] 프로세스의 투입물 중 출제 빈도가 가장 높은 투입물은 '비즈니스 케이스'이며, 비즈니스 케이스에 사용되는 사업 타당성 검토 기법(NPV, IRR, PP)에 대해서는 결괏값을 해석할 줄도 알아야 한다(사업 타당성 검토 기법에 대한 자세한 설명에 대해서는 PMP PRIDE 해설서 132페이지 참조).

3 정답 A   [계산 해석 기본]

문제에서 키워드는 '비즈니스 케이스'와 '투자액을 회수하기까지 걸리는 시간이 짧은 프로젝트'이다. 즉, 비즈니스 케이스에 사용된 기법 중 'PP(회수 기간법)'에 대한 질문이다. 회수 기간법은 프로젝트 투자에 든 비용을 투자로부터 발생하는 투자 수익에 기반을 두어 모두 회수하는 데 걸리는 시간을 의미하며, 회수 기간이 짧을수록 좋은 프로젝트라는 의미이다.

 전문가의 Comment

문제에서는 회수기간(PP : Payback Period)에 대해서만 질문하였기 때문에, 보기에 표시된 내부수익률(IRR : Internal Rate of Return)은 수험생을 혼동하기 위해서 표시된 부가 항목임에 유의하자. 참고로 IRR은 %로 표시되며 숫자가 높을수록 선택 대상 1순위가 된다.

4 정답 D   [용어 정의 기본]

지식 영역들의 프로세스 중 투입물이 프로젝트 헌장인 것이 상당수 존재하는데, 그 이유는 프로젝트 헌장에 (D)번에 관련된 내용이 포함되어 있기 때문에 투입물이 된다는 점을 기억하도록 한다.

오답 확인

D. 프로젝트관리 계획서의 포함 내용이며, 프로젝트관리 계획서와 프로젝트 헌장의 포함 내용을 비교하는 문제도 종종 출제된다.

 전문가의 Comment

프로젝트 헌장의 포함 내용은 이해가 안 된다면 외워서라도 시험장에 가야 한다. 다음은 프로젝트 헌장에 포함된 내용이며 반드시 기억하기 바란다.

- 프로젝트 목적 또는 정당성
- 측정 가능한 프로젝트 목표 및 관련된 성공 기준
- 상위 수준 요구사항
- 가정사항 및 제약사항
- 상위 수준 프로젝트 설명 및 프로젝트 경계
- 상위 수준 리스크
- 요약된 예산
- 이해관계자 목록
- 프로젝트 승인 요구사항(프로젝트 성공의 구성 요건, 프로젝트 성공에 대한 결정권자, 프로젝트 서명자)
- 선임된 프로젝트 관리자, 책임사항 및 권한 수준
- 프로젝트 헌장을 승인하는 스폰서, 또는 기타 주체의 이름과 권한

5 정답 C   [용어 이해 심화]

킥오프 미팅 시점, 포함내용, 작성이나 발표자에 대해서 종종 출제된다. 실무에서 킥오프 미팅은 Internal Kick-off meeting or External Kick-off meeting 등으로 구분되어 수행되며, PMP 시험에서는 고객 참석 하에 공식적으로 진행되는 것을 킥오프 미팅(External Kick-off meeting)으로 보고 출제하고 있다. 킥오프 미팅 시점에 대해서 '이것이 정답이다'라고 제시하는 규정은 없지만, 프로젝트관리 계획서가 작성이 완료되어 고객과 공식적인 자리를 통해서 본격적인 프로젝트 작업에 앞서 진행하는 것이 일반적이다.

6 정답 A   [ITTO 제시 심화]

프로젝트 헌장의 투입물에 대한 질문이다. PMP 시험에서는 단순하게 투입물(or 산출물)의 명칭을 열거한 뒤에 묻는 질문보다는 문제처럼 투입물(or 산출물)에 대한 정의나 목적을 제시하여 해당 투입물(or 산출물)을 유추하게 하는 문제 비중이 높다. (1) 투자 타당성 검토를 판단하는 데 필요한 정보를 비즈니스 요구와 비용-편익 분석(cost-benefit analysis)을 통해서 획득=비즈니스 케이스, (2) 고객으로부터 제안서도 받은 상태 = 협약서를 의미하므로 나머지 주요 투입물은 프로젝트 작업 기술서이다.

7 정답 A   [용어 정의 기본]

변경통제 위원회에 대한 정의를 묻는 질문이다. 변경 요청된 건에 대해서 승인 또는 기각을 결정할 때 필요 시에 소집하는 미팅의 대표적인 유형이며, 필요에 따라서는 고객이 참여하기도 한다.

8 정답 D   [ITTO 정의 응용]

[4.6 통합 변경통제 수행] 프로세스에 대한 전반적인 이해도를 확인하는 문제이다. 통합 변경통제 수행에 대해서 혼동하는 수험생들이 많이 존재하는데, 다음 2가지는 반드시 기억하자. 첫 번째, 변경요청이 발생하면 [4.6 통합 변경통제 수행] 프로세스를 반드시 거쳐서 승인 또는 기각되어야 한다. 두 번째, 변경통제 위원회는 필요 시점에만 소집하여 의사 결정에 대해서 조언을 얻는 미팅의 일종이라는 점이다.

9 정답 A   [시나리오 이해 기본]

이러한 유형의 문제는 통합관리와 범위관리 지식 영역에서 자주 등장하나 문제에 대한 접근 방식은 거의 동일하다고 보아도 된다. 즉, 사소한 변경이든 중대한 변경이든지 간에 변경요청된 항목에 대해서는 [4.6 통합 변경통제 수행] 프로세스를 따르게 해야 하며, 통합 변경통제 수행 프로세스에서 가장 먼저 해야 할 작업은 요청된 건이 프로젝트에 미치는 영향력부터 파악하는 것이다.

10 정답 C   [ITTO 정의 기본]

프로젝트 또는 단계 종료에서 수행해야 하는 활동은 '계약 종료'와 '행정 종료'이다. 계약 종료란 고객에게 프로젝트에서 생성한 제품, 서비스 또는 결과물을 인도하고 해당하는 비용을 수금한 뒤에 프로젝트에 투입되었던 인력들을 해제하는 것이고, 행정 종료는 조직 프로세스 자산 중 프로젝트에서 수행한 결과 중에 갱신할 내용에 대해서 갱신하는 것이다.

4-1 프로젝트 헌장 개발

1 ① 프로젝트 헌장

　② 프로젝트 관리자

2 ① 프로젝트 헌장

　② 비즈니스 케이스

　③ 대인관계 및 팀 기술

　④ 프로젝트 헌장

4-2 프로젝트관리 계획서 개발

1 ① 계획서　② 결합

2 ① 기획　② 프로젝트 헌장

　③ 킥오프 미팅

　④ 프로젝트관리 계획서

4-3 프로젝트 작업 지시 및 관리

1 ① 프로젝트관리 계획서

　② 승인된

2 ① 실행　② 프로젝트관리 계획서

　③ 승인된 변경요청

　④ 프로젝트관리 정보시스템

　⑤ 인도물　⑥ 이슈 기록부

4-4 프로젝트 지식관리

1 ① 학습　② 지식

2 ① 인도물　② 교훈 관리대장

　③ 조직 프로세스 자산 업데이트

4-5 프로젝트 작업 감시 및 통제

1 ① 프로젝트관리 계획서

2 ① 차이 분석　② 작업성과 보고서

　③ 조직 프로세스 자산 업데이트

4-6 통합 변경통제 수행

1 ① 검토　② 승인　③ 이해관계자

2 ① 작업성과 보고서　② 의사결정

　③ 변경 기록부

4-7 프로젝트 또는 단계 종료

1 ① 단계　② 계약

2 ① 종료　② 승인된 인도물

　③ 조직 프로세스 자산

　④ 최종 보고서

① 비즈니스 문서

② 협약서

③ 프로젝트 헌장

④ 가정사항 기록부

⑤ 프로젝트관리 계획서

⑥ 인도물

⑦ 검증된 인도물

⑧ 승인된 인도물

⑨ 작업성과 보고서

⑩ 변경요청

⑪ 최종 보고서

⑫ 교훈 관리대장

프로젝트 통합관리

→ 정답 107쪽

1 통합 변경통제 수행 결과의 무결성과 통합 변경통제의 수행 여부를 추적하는 업무의 최종 책임자는
   누구인가?

   A. 프로젝트 스폰서   B. 프로젝트 관리자

   C. 프로젝트 팀원   D. 변경통제 위원회(CCB)

2 당신은 프로젝트 관리자로서 프로젝트관리 계획서를 작성 중이다. 프로젝트 관리자로서 바람직한
   프로젝트관리 계획서 작성 방법은 무엇인가?

   A. 고객 또는 스폰서의 의지를 반영하여 작성한다.

   B. 프로젝트 목적에 부합되는 보조 관리 계획서들을 작성하고 조정한다.

   C. 프로젝트 관리자의 이전 경험을 근간으로 작성한다.

   D. 일정, 범위, 원가 영역에만 중점을 두고 작성한다.

3 다음 중 프로젝트 행정 종료 시에 발생하지 않는 것은 무엇인가?

   A. 프로젝트 산출물 저장

   B. Lessons & Learned 작성

   C. 조달 계약 종료

   D. 프로젝트 교훈을 교훈 저장소(repository)에 저장

4 당신은 진행 중인 프로젝트에 새로운 프로젝트 관리자(PM)로 투입되었다. 프로젝트에 대한 전반적
   인 이해를 위해서 참조해야 할 문서로 가장 적절한 것은 무엇인가?

   A. 프로젝트관리 계획서(Project management plan)

   B. 프로젝트 헌장(Project charter)

   C. 프로젝트 작업 기술서(Project statement of work)

   D. 계약서(Agreements)

5 해외 원전 개발 프로젝트를 진행하던 중에 A회사가 B회사로 인수되었다. B회사는 외부 감리업체를 선정하여 지난 프로젝트에 대한 감사를 실시하던 중 필수 산출물이 누락되었음을 발견하였다. 하지만, 이전 프로젝트 관리자와 면담을 통해서 이전에 작성된 문서가 있었다는 사실을 인지하였다. 이러한 문서 누락을 방지하기 위해 어떠한 작업을 진행시켰어야 하는가?

  A. 형상관리(Configuration Management)

  B. 변경통제(Change Control)

  C. 조직 프로세스 자산 갱신(OPA Update)

  D. 통합 변경통제 수행(Perform Integration Change Control)

6 프로젝트를 수행하기에 앞서 구매자 측에서는 회사 비즈니스 관점에서 프로젝트가 필요한 투자인지(투자 타당성 검토)를 판단하고, 흔히 비용—편익 분석(CBA: Cost—Benefit Analysis)을 실시한다. 이를 통해 기대되는 산출물은 무엇인가?

  A. 프로젝트 헌장(Project charter)

  B. 계약서(Agreements)

  C. 프로젝트 범위 기술서(Project scope statement)

  D. 프로젝트관리 계획서(Project management plan)

7 포트폴리오 관리자(Portfolio Manager)가 여러 개의 프로젝트에 대한 내부수익률(IRR)을 산출하고 있다. 산출된 IRR 결과는 비즈니스 케이스에 포함될 것이며, 수행 조직에서는 조직의 미션을 달성하기 가장 적합한 프로젝트를 선정하고자 한다. A 프로젝트의 IRR = 12%, B 프로젝트의 IRR = 15%, C 프로젝트의 IRR = 13%로 산출되었을 때, 포트폴리오 관리자가 선정할 프로젝트는 무엇이겠는가?

  A. 프로젝트 A

  B. 프로젝트 B

  C. 프로젝트 C

  D. 프로젝트 선정 기준과 IRR은 상관이 없다.

8 지난주에 공식적인 프로젝트 착수 단계가 종료되었다. 스폰서가 기대하고 있는 산출물은 무엇이겠는가?

A. 이해관계자 관리대장, 프로젝트 헌장

B. 프로젝트관리 계획서, 프로젝트 헌장

C. 범위 기준선, 이해관계자 관리대장

D. 이해관계자 참여 계획수립, 킥오프 발표 자료

9 항공기 개발 프로젝트가 한창 진행 중이나, 국제적인 환경변화나 신기술에 대한 기술인력 부족으로 프로젝트 실패가 명확하다. 하지만 프로젝트 관리자는 이미 비용이 지출되고 계획이 실행된 후 회수할 수 없는 비용 때문에 이러지도 저러지도 못하고 있다. 이러한 비용을 무엇이라고 하는가?

A. 매몰 비용(Sunk Cost)

B. 기회 비용(Opportunity Cost)

C. 우발사태 예비비(Contingency Reserve)

D. 간접 비용(Indirect Cost)

10 일부 산출물의 작성기준이 수정되어야 한다는 변경 요청이 승인되었다. 승인된 변경 요청이 실행되는 프로세스는?

A. [8.3] 품질 통제

B. [5.5] 범위 확인

C. [4.3] 프로젝트 작업 지시 및 관리

D. [4.6] 통합 변경통제 수행

11 프로젝트관리 계획서는 프로젝트 실행, 감시 및 통제, 종료 프로세스의 공통된 투입물이며, 작업의 기준을 제공한다. 다음 중 프로젝트관리 계획서에 포함되는 항목이 아닌 것은 무엇인가?

A. 상위 수준 리스크

B. 프로젝트에 선정된 생애주기와 각 단계에 적용할 프로세스

C. 변경을 감시 및 통제할 방법을 문서로 만든 변경관리 계획서

D. 형상관리를 수행하는 방법을 문서로 만든 형상관리 계획서

12 당신은 프로젝트 관리자로 1주일 전에 임명되었다. 대규모 프로젝트로서 다양한 부서의 적극적인 지원이 필요하며, 프로젝트 관리자인 당신도 중요성을 인지하고 있다. 프로젝트 관리자로서 먼저 취해야 할 행동은 무엇인가?

A. 프로젝트관리 계획서를 개발한다.

B. 프로젝트 헌장에 포함된 핵심 이해관계자를 기반으로 이해관계자를 식별해 나간다.

C. 프로젝트에 투입할 인력을 식별하고 면담 계획을 수립한다.

D. 프로젝트 헌장을 작성하고 배포한다.

13 ABC 프로젝트 수행 중에 일정을 연장해야 하는 변경요청 건이 접수되었다. 프로젝트 관리자는 변경통제 위원회(CCB)를 소집하였으며 별다른 이슈 없이 승인되었다. 변경요청 승인 이후에 프로젝트 팀에서 수행해야 할 작업으로서 적절치 않은 것은?

A. 프로젝트관리 계획서에 관련된 해당 항목을 업데이트한다.

B. 변경 기록부에 변경요청 사항과 의사결정 사항을 기록하고 배포한다.

C. 프로젝트 작업 지시 및 관리 프로세스로 투입하여 재작업을 수행한다.

D. 프로젝트 팀원들과 승인된 변경요청 건이 프로젝트에 미치는 영향을 검토한다.

14 다음 중 프로젝트 관리자가 변경통제 위원회(CCB)에 대해서 잘못 이해하고 있는 사항은 무엇인가?

A. 기준선이 설정되기 이전에는 변경통제 위원회를 반드시 소집할 필요는 없다.

B. 변경통제 위원회의 역할과 책임은 변경관리 계획서에 문서화해야 한다.

C. 변경통제 위원회에는 사안에 따라서는 고객이 참여할 수도 있다.

D. 통합 변경통제 수행 프로세스로 입력된 모든 변경요청에 대해서는 반드시 변경통제 위원회를 소집해야 한다.

15 다음 중에서 프로젝트 또는 단계를 종료할 때 참고할 문서로 적합하지 않은 것은 무엇인가?

A. 프로젝트 헌장

B. 승인된 인도물

C. 비즈니스 케이스

D. 승인된 변경 요청

16 프로젝트 관리자는 프로젝트관리 계획서대로 작업이 수행하는지를 확인하기 위해서 일정 예측치 (Schedule forecasts), 원가 예측치(Cost forecasts), 협약서(Agreements)와 지식 영역별로 산출된 작업성과 정보(Work performance information) 등을 받아 작업을 수행 중이다. 프로젝트 관리자가 수행하고 있는 프로세스는?

A. 프로젝트 작업 지시 및 관리(Direct and Manage Project Work)

B. 프로젝트 작업 감시 및 통제 Monitor and Control Project Work)

C. 통합 변경통제 수행(Perform Integrated Change Control)

D. 프로젝트관리 계획서 개발(Develop Project Management Plan)

17 프로젝트 관리자는 접수된 변경요청 건에 대해서 통합 변경통제 수행(Perform Integrated Change Control) 프로세스를 진행 중이다. 변경요청된 건이 프로젝트 일정에 지장을 줄 수 있는 중대한 사안이라 변경통제 위원회(CCB)를 소집하였고, 결국에는 승인 처리되어 진행 중이다. 승인된 변경요청(approved change requests) 건에 대한 수행 여부를 추적하고 책임져야 할 최종 책임자는 누구인가?

A. 변경통제 위원회(CCB : Change Control Board)

B. 프로젝트 관리자(Project Manager)

C. 프로젝트 팀(Project Team)

D. 변경요청을 제안한 이해관계자(Stakeholders who proposed a change request)

18 다음 중 프로젝트 헌장(project charter) 작성 시에 필요한 것은 무엇인가?

A. 프로젝트관리 계획서(Project management plan)

B. 산출물(Deliverables)

C. 이해관계자 관리대장(Stakeholder register)

D. 조직 프로세스 자산(Organizational process assets)

19 프로젝트 헌장을 기반으로 프로젝트관리 계획서를 작성 중이다. 다음 중 프로젝트관리 계획서 작성의 주체로 적합한 자원은 무엇인가?

    A. 프로젝트 스폰서 또는 착수자   B. 프로젝트 관리자

    C. 프로젝트관리 오피스   D. 프로젝트 팀 전체

20 프로젝트 관리자가 새로운 프로젝트에 할당되었고 프로젝트 헌장을 확인 중이다. 프로젝트 관리자가 이러한 시점에 프로젝트 진행을 위해 가장 먼저 수행해야 하는 작업은 무엇인가?

    A. 프로젝트관리 계획서를 작성한다.

    B. 수행해야 할 작업을 식별해야 하므로 범위 기준선을 작성한다.

    C. 관련된 이해관계자들을 식별하여 이해관계자 관리대장을 작성하기 시작한다.

    D. 프로젝트 초반에는 리스크가 가장 높기 때문에 리스크 분석을 시작한다.

21 승인된 제품을 고객사에 인도 중인데 스폰서가 추가 기능을 요청하였다. 프로젝트 관리자로서 바람직한 대응 방안은 무엇인가?

    A. 고객의 요구사항이니 변경 요청을 수용한다.

    B. 상위 관리자나 경영진에게 변경 요청의 부당함을 알린다.

    C. 프로젝트 팀에 제품의 인도 절차를 중지하라고 지시한다.

    D. 스폰서에게 공식적인 변경요청서 작성을 요청한다.

22 프로젝트 헌장 개발 프로세스의 투입물로서 비즈니스 요구와 비용–편익 분석이 포함되어 있는 문서는 무엇인가?

    A. 편익관리 계획서(Benefits Management Plan)

    B. 비즈니스 케이스(Business case)

    C. 프로젝트관리 계획서(Project management plan)

    D. 협약서(Agreements)

23 프로젝트 인도물(deliverables)이 정상적으로 구매자에게 인도되었고, 인도물을 승인했다. 하지만 2주 뒤 구매자는 인도물의 중요사항에서 누락을 발견하였다. 이때 구매자 입장에서 해야 할 일은 무엇인가?

A. 이미 종료되었으니 신규 프로젝트로 발주할 준비를 한다.

B. 인도물 누락에 대한 공식적인 변경요청을 한다.

C. 인도물 누락을 근거로 잔금 지급을 보류한다.

D. 외부에서 품질보증 팀을 투입하여 인도물에 대한 전수 검사를 수행한다.

24 프로젝트 수행 중에 발생한 범위 추가 관련 변경요청을 검토 중이다. 해당 변경요청이 승인되면 프로젝트 팀원의 반발이 예상되며 벌써부터 프로젝트 관리자는 머리가 지끈지끈하다. 이러한 활동의 결과로 프로젝트 관리자가 기대하는 산출물은 무엇인가?

A. 변경요청 상태가 업데이트된다.

B. 프로젝트 헌장이 업데이트된다.

C. 계약서의 해당 변경요청 항목이 업데이트된다.

D. 프로젝트 팀원 배정표가 업데이트된다.

25 프로젝트 종료 단계이며 프로젝트 관리자는 교훈(Lessons Learned) 작성을 준비 중이다. 프로젝트 팀은 최악이었고 투입된 이해관계자들도 다시는 함께 일하고 싶지 않을 분위기였기 때문에 프로젝트 관리자는 작성 여부 자체를 고민 중이다. 이러한 활동을 수행하기 위해서 필요한 기법으로 적합하지 않은 것은?

A. 지식관리(Knowledge Management)
B. 정보관리(Information Management)
C. 연동 기획(Rolling Wave Planning)
D. 적극적인 청취(Active Listening)

26 수행 조직에서는 조직의 비전과 목표에 맞게 다수의 추천 프로젝트 중에서 투자 우선순위를 선정하고자 한다. 이러한 결정을 하기 위해 적합한 것은 무엇인가?

A. 프로젝트 헌장 비교(Compare Project Charter)

B. 비용−편익 분석(Cost−Benefit Analysis)

C. 차이 분석(Variance Analysis)

D. 브레인스토밍 수행(Perform Brainstorming)

27 당신은 신약 개발 프로젝트의 PM으로 선정되었다. 고객은 단계별 리뷰와 빠른 피드백을 원하며, 애자일 생애주기를 요구하고 있다. PM은 1차 출시 일정이 빠듯한 상태에서 일정 계획을 수립 중이다. 다음 중에서 교훈 리뷰는 언제 하는 것이 좋은가?

A. 이터레이션(iteration) 종료 이후 회고 시간에

B. 이터레이션(iteration) 종료 이후 리뷰 시간에

C. 애자일로 진행 중이고 출시 일정이 중요하므로 모든 릴리즈(release)가 종료된 이후에

D. 스크럼으로 진행할 예정이니 데일리 미팅(daily meeting) 시마다

28 프로젝트 착수 회의(kick-off meeting)에서 프로젝트 당위성(project justification) 또는 전략 (strategy)의 발표자로 적합한 이해관계자는 누구인가?

A. 스폰서(Sponsor)

B. 프로젝트 관리자(Project Manager)

C. 프로젝트관리 오피스(PMO)

D. 계약관련 부서(Contract-related Department)

29 총 7건의 변경요청 항목에 대한 변경통제 회의가 진행되었으며 최종적으로 4건은 기각되고 3건은 승인되었다. 프로젝트 관리자로서 우선적으로 처리해야 할 것은 무엇인가?

A. 기각 또는 승인된 내용을 변경 기록부에 기록하고, 관련 이해관계자들에게 배포한다.

B. 기각 요청 항목이 모두 승인되기 이전에는 승인된 항목을 처리하지 않고 대기한다.

C. 기각된 요청 건에 대해서 다시 한번 변경요청 프로세스를 진행한다.

D. 승인된 변경요청 내용에 대해서만 기록하고 관련 이해관계자들에게 전달한다.

30 고객과 프로젝트 계약은 체결되었으며 요구사항 분석 단계를 진행 중이다. 발주처는 지난주에 경영 진의 교체가 있었으며, 교체된 경영진은 조직의 비전과 부합하지 않는다는 이유로 프로젝트 종료를 통지하였다. 다음 중 프로젝트 관리자로서 가장 먼저 취해야 할 행동은 무엇인가?

A. 현재까지 작성된 인도물에 대해서 인수인계서를 작성한다.

B. 교훈을 작성하고 향후 유사한 프로젝트에서 피해입는 사례가 없도록 한다.

C. 계약 해지의 부당함을 관련 정부 부처에 민원 제기할 준비를 한다.

D. 프로젝트 계약서를 확인한다.

31 착수 회의는 불참하였으나 이후 단계부터 참석한 이해관계자가 다수 존재한다. 프로젝트 종료 시점에 착수 회의에 참석하지 않은 이해관계자 중 일부가 승인을 거부하고 있다. 이것을 방지하기 위해서 PM은 무엇을 철저히 관리했어야 하는가?

A. 프로젝트 헌장에 이해관계자 서명받기   B. 이해관계자 관리대장 업데이트

C. 범위 확인 시점에 이해관계자 참여   D. 프로젝트 조직도 업데이트

32 프로젝트에서는 변경이 수시로 발생하고 있다. 스폰서는 정보 유출을 우려하여 시스템을 활용한 변경관리는 하지 말아 달라고 당부하였다. 프로젝트 관리자로서 바람직한 대응 방안은?

A. 스폰서가 사용하지 말라고 했으므로 사용하지 않는다.

B. 변경관리 시스템을 사용하지 않으며 변경요청에 대한 수용은 없다고 이야기한다.

C. 최소한 모든 변경요청에 대한 이력관리를 위해서 외부와 단절된 변경처리 시스템은 사용하자고 다시 한번 건의한다.

D. 모든 변경요청은 구두로 처리하고 월별로 취합하여 스폰서에게 보고한다.

33 글로벌 프로젝트 착수 전이고 2주마다 지리적으로 떨어져 있는 주요 이해관계자들과 화상회의를 해야 한다고 스폰서가 지시하였다. 프로젝트 진척현황을 공유하는 중요한 자리이기 때문에 회의가 진행되지 못하면 주요 의사결정이 지연될 수도 있을 거라는 당부도 포함되었다. 이러한 사항은 어디에 기록되고 업데이트되어야 하는가?

A. 프로젝트 헌장   B. 이해관계자 참여 계획서

C. 의사소통관리 계획서   D. 가정사항 기록부

34 프로젝트를 수행할 때에는 참여 이해관계자 간에 지속적인 계획 공유 및 협업체계를 유지하는 것이 중요하다. 다음 중에서 PM이 스폰서 및 이해관계자의 합의(buy in)나 지지(support)를 얻기 위해서 반드시 해야 할 업무는 무엇인가?

A. 프로젝트 헌장을 작성하여 스폰서의 승인을 받고 이해관계자들에게 배포한다.

B. 주요 이해관계자들을 직접 만나서 프로젝트 업무 협조 서명을 받는다.

C. 고객사와의 공식적인 회의에 스폰서 및 이해관계자를 참석시킨다.

D. 프로젝트 팀원들에게 배포하고 수집된 PM의 역량과 관련된 설문지 결과를 제시한다.

1 정답 B [프로세스 이해 기본]

PMBOK의 10개 지식 영역 중 [4. 프로젝트 통합관리]는 프로젝트 관리자가 수행해야 하는 주요 활동이다. 변경통제 위원회(CCB)를 선택하는 수험생이 의외로 많은데, 변경통제 위원회(CCB)는 통합 변경통제 수행 시에 프로젝트 관리자가 혼자 의사결정하기에는 부담스러운 사항에 대해서 의사결정을 내릴 수 있도록 지원하는 미팅의 일종이지, 최종적인 의사결정을 하고 수행한 작업에 대한 책임은 프로젝트 관리자에게 있다.

2 정답 B [프로세스 이해 기본]

프로젝트관리 계획서 작성 과정에 대해서 이해하고 있는지를 묻는 질문이다. [4.2 프로젝트관리 계획서 개발]은 다음과 같은 절차로 수행되며, 그렇기 때문에 투입물에 보면 '조직 프로세스 자산'과 '다른 프로세스 산출물(Outputs from other Processes)'이 존재하는 것이다(프로젝트관리 계획서 작성에 대한 상세 절차는 "PMP PRIDE 해설서" 143페이지 참조).

1) 조직 프로세스 자산 중 해당 프로젝트와 가장 유사한 프로젝트관리 계획서 선택

2) 지식 영역별로 기획 프로세스에서 작성될 관리 계획서 작성에 대한 템플릿과 가이드 제공

3) 지식 영역별로 관리 계획서와 기준서 작성(기준선은 범위, 일정, 원가만 해당)

4) 지식 영역별 작성된 관리 계획서 및 기준선을 프로젝트관리 계획서로 통합, 조정작업 수행

3 정답 C [ITTO 정의 기본]

'계약 종료'와 '행정 종료'에 대해서 구분할 수 있는가를 묻는 질문이다. 계약 종료의 대상은 고객 또는 조달 업체이며, 행정 종료의 대상은 수행 프로젝트 조직임을 명심하자.

오답 확인

'계약 종료'와 '행정 종료'는 [4.7 프로젝트 또는 단계 종료]와 [12.3 조달 통제] 프로세스 그룹에서 수행되며 C는 조달 업체와 수행하는 '계약 종료'에 해당한다. 5판에서는 [12.4 조달종료]라는 별개의 프로세스가 존재하였으나, 6판에서는 [4.7]과 [12.3] 프로세스에 조금씩 포함하였다.

4 정답 B [ITTO 정의 기본]

기존 PM을 대신하여 프로젝트 관리자로 투입되었기 때문에 가장 빠르게 프로젝트에 대한 현황을 확인할 수 있는 문서는 '프로젝트 헌장'이다. 프로젝트 헌장에는 범위, 일정, 원가 등에 대한 개략적인 내용이 포함되어 있다.

오답 확인

C. 프로젝트 작업 기술서는 6판에서는 삭제된 도구 및 기법이다. 하지만 PMP 시험에서는 이전 버전에 기술되었던 용어가 제시되는 경우도 있으니 용어 정도는 확인해 두는 것이 좋다. 다음은 PMBOK 5판에서 소개되었던 프로젝트 작업 기술서의 정의이다. "프로젝트의 결과로 제공할 제품이나 서비스를 상세히 기술한 문서로서 조직의 비즈니스 요구, 프로젝트를 수행하여 창출할 제품의 특성을 기술, 조직의 전략적 계획 등이 포함된 문서를 말한다."

5 정답 A [시나리오 제시 심화]

형상관리에 대한 문제는 다양하게 응용되어 출제된다. 흔히들 변경 통제나 통합 변경통제 수행을 선택

하는 수험생이 많지만, 문제에서 말하는 핵심은 프로젝트에서 생성한 주요한 산출물이 특정한 저장소에 저장되지 않고 분실되었다는 것이다. 형상관리란 프로젝트에서 주요하게 추적, 변경, 이력을 관리해야 하는 산출물을 선정하여 무결성을 유지하는 것이 주요한 목적이다.

6 정답 A [ITTO 정의 응용]

기법을 제시하고 해당 기법이 사용되는 프로세스를 묻는 질문이다. 결국 '비용-편익 분석'이라는 기법이 사용된 문서는 '비즈니스 케이스'이며, '비즈니스 케이스'가 투입되는 프로세스는 [4.1 프로젝트 헌장 개발]이다. 또한, [4.1 프로젝트 헌장 개발] 프로세스의 산출물은 '프로젝트 헌장'이다. 이러한 식으로 기법을 제시하고 기법을 사용하는 프로세스나 지식 영역을 묻는 질문은 상당수 등장한다.

7 정답 B [계산 해석 기본]

문제에서 키워드는 '내부수익률(IRR)' 기법의 결과를 해석할 수 있느냐이다. 투자 판단 기준은 IRR이 조직의 요구수익률보다 크거나 같으면 투자하고, 작으면 투자대상이 되지 않는다. 따라서 IRR은 크면 클수록 선택 1순위가 된다.

전문가의 Comment

다음은 IRR 결괏값을 해석하는 방법이니 PP(회수 기간법)와 비교해서 알아두기 바란다. 특히나 다음 사례에서 '상호배타적 투자안'이라는 것은 여러 개의 프로젝트에 대한 IRR을 구하고 난 뒤에 특정한 프로젝트를 선택하는 기준에 대한 간략한 소개 정보이다.

독립적 투자안: 'IRR 〉 요구수익률'이면 채택하고 'IRR 〈 요구수익률'이면 기각한다.

상호배타적 투자안: 'IRR 〉 요구수익률'이면서 IRR이 가장 큰 투자 안을 채택한다.

8 정답 A [ITTO 제시 기본]

문제 해석만 가능하다면 정답이 바로 보이는 문제다. '착수 단계가 종료되었다. 스폰서가 기대하는 산

출물'을 다른 말로 하면 '착수 프로세스 그룹에 포함되는 프로세스의 산출물은 무엇인가'이다. PMBOK에서 착수 프로세스 그룹에 포함되는 것은 [4.1 프로젝트 헌장 개발], [13.1 이해관계자 식별]이며, 해당 프로세스의 산출물은 '프로젝트 헌장'과 '이해관계자 관리대장'이다.

9 정답 A [용어 정의 기본]

매몰 비용은 이미 매몰되어서 다시 되돌릴 수 없는 비용, 즉 의사결정을 하고 실행한 이후에 발생하는 비용 중 회수할 수 없는 비용을 말하며, 함몰 비용이라고도 한다. 반면에 기회 비용이란 제한된 비용과 일정 등으로 모든 프로젝트를 선택할 수는 없기 때문에, A라는 프로젝트를 선택함으로써 B라는 프로젝트가 향후에 제공할 수 있는 가치를 포기하는 비용을 의미한다.

10 정답 C [프로세스 이해 기본]

승인된 변경 요청은 재작업 대상이기 때문에 프로젝트에서는 반복적으로 작업이 지시되고 실행되어야 한다. PMBOK에서 [승인된 변경 요청]이 투입되는 프로세스는 추가로 확인하기를 바란다.

11 정답 A [용어 정의 기본]

프로젝트관리 계획서와 프로젝트 헌장에 포함되는 내용에 대한 차이점을 묻는 질문이다. A는 프로젝트 헌장에 포함된 내용이다. 여기서 주의해서 보아야 할 것은 프로젝트관리 계획서에는 지식 영역별로 산출되는 관리 계획서 이외에 변경관리 계획서와 형상관리 계획서가 포함되어 있다는 점에 유의하자.

전문가의 Comment

다음은 프로젝트관리 계획서에 포함되는 내용이다.

- 프로젝트에 선정된 생애주기와 각 단계에 적용할 프로세스
- 프로젝트관리 팀에 의해 조정된 작업 결과물: 프로젝트관리 프로세스, 도구 및 기법
- 프로젝트 목표 달성을 위해 작업을 실행하는 방법

- 변경을 감시 및 통제할 방법을 문서로 만든 변경관리 계획서
- 형상관리를 수행하는 방법을 문서로 만든 형상관리 계획서
- 프로젝트 기준선의 무결성을 유지하는 방법에 대한 설명
- 이해관계자들 사이에 의사소통 요구 및 방법

12 정답 B   [시나리오 정의 기본]

최근 시험에서 비중이 높아지는 이해관계자와 관련된 문제이다. 또한, 프로젝트 헌장 이후에 필수적으로 수행하는 이해관계자 식별에 관련된 문제이기도 하다. 문제에서 현재 상황은 프로젝트 진행을 위해서 관련 부서의 적극적인 협력이 필요하다는 것을 인지하였고, 프로젝트 관리자로 임명되었다는 전제에서 이미 프로젝트 헌장 작성은 완료된 것임을 알 수 있다. 그렇기 때문에 핵심 이해관계자 목록이 포함된 프로젝트 헌장을 확인하여 인터뷰 또는 설문조사를 통해서 점차 이해관계자를 식별해 나가는 작업을 우선 수행해야 한다.

13 정답 D   [프로세스 제시 심화]

[4.6 통합 변경통제 수행] 프로세스에 대해서 변경요청에 대한 접수부터 승인 이후 처리사항까지 알고 있어야 정확한 답변이 가능한 문제이다.

오답 확인

D. 프로젝트 관리자가 혼자서 결정하기 어려운 사항에 대해서 변경통제 위원회(CCB)를 소집한 것이며, 해당 미팅 이전에 이미 프로젝트 팀에서는 해당 항목의 승인으로 인해 프로젝트가 받는 영향력에 대한 검토는 완료된 상태로 이해해야 한다.

전문가의 Comment

PMP 시험에 대비해서. 1) 변경요청, 2) 요청된 변경 건에 대한 승인 또는 기각 절차, 3) 승인이나 기각된 변경에 대한 처리절차 등으로 단계별로 구분하여 정리하도록 하자(자세한 변경요청처리에 대한 프로세스는 PMP PRIDE를 참조하기 바란다).

14 정답 D   [프로세스 이해 응용]

[4.6 통합 변경통제 수행]과 변경통제 위원회와의 상

관관계에 대해서 대부분의 수험생이 잘못 알고 있으며, 시험에서는 막상 맞았다고 착각하는 경우가 많다. 보기에서 (A), (B), (C)는 PMBOK에서도 제시되고 있는 사항이니 반드시 기억하기 바란다.

오답 확인

D. 변경통제 위원회는 프로젝트 관리자가 혼자서 결정하기 어려운 사항에 대해서 변경통제 위원회(CCB)를 소집하여 의사 결정에 대한 자문을 얻는 것이지 모든 변경요청에 대해서 반드시 수행하라는 것은 아니다. 왜냐하면 PMBOK에서 제시하고 있듯이 프로젝트 규모나 특징에 따라서 변경통제 위원회라는 용어나 공식적인 회의체가 존재하지 않을 수도 있기 때문이다. 또한, 변경통제 위원회(CCB)가 결정한 사항에 대해서 프로젝트 관리자가 그대로 작업을 했다고 해도, 최종 책임은 프로젝트 관리자에게 있다는 것을 명심하자.

15 정답 D   [ITTO 이해 기본]

승인된 변경 요청이 투입되는 프로세스는 [4.3 프로젝트 작업 지시 및 관리], [8.3 품질 통제], [12.3 조달 통제]이다. 재작업 이후 변경 요청대로 산출물이 작성되었는지에 대한 정확성을 확인하는 프로세스가 포함된다. PMBOK 6판에서는 [4.7]의 투입물이 어마어마하게 증가했으므로 투입되는 이유를 하나씩 꼼꼼하게 확인해야 한다.

16 정답 B   [ITTO 제시 응용]

투입물을 제시하고 해당 투입물을 입력받아 수행하는 프로세스를 묻는 질문이다. [4.5 프로젝트 작업 감시 및 통제(Monitor and Control Project Work)] 프로세스는 '감시 및 통제' 프로세스 그룹에 포함되기 때문에 계획과 실적에 대한 문서들이 투입되며, 다른 프로세스와는 달리 '작업성과 데이터'가 아니라 '작업성과 정보'가 투입되는 것에 유의하자.

17 정답 B   [프로세스 이해 기본]

13번 문제와 유사한 문제이며, PMP 시험에서는 [4.6 통합 변경통제 수행] 프로세스에 대해서는 이렇게 동일한 내용을 여러 가지로 변형하면서 출제되는 경

향이 많다. 수험생들이 기억하고 있어야 하는 것은 [4. 프로젝트 통합관리]는 다른 지식 영역에 비해서 프로젝트 관리자의 고유한 영역이며, 결국 책임져야 할 담당자도 프로젝트 관리자라는 것이다. 이미 프로젝트 헌장을 통해서 예산과 자원 사용에 대한 모든 권한을 스폰서로부터 위임받았기 때문에 프로젝트 성공과 실패에 대한 최종 책임은 프로젝트 관리자에게 있다.

18 정답 D [ITTO 정의 기본]

'프로젝트 헌장(project charter) 작성 시에 필요한 것은'이라는 질문은 [4.1 프로젝트 헌장 개발] 프로세스의 투입물을 묻고 있다는 것만 이해하면 된다. 조직 프로세스 자산 이외에 비즈니스 문서(Business Documents), 협약서(Agreements), 기업 환경 요인(Enterprise Environmental Factors)이 존재한다.

 전문가의 Comment

조직 프로세스 자산과 기업 환경 요인은 프로세스마다 명시되어 있거나 때로는 누락되어 있는 경우도 있으나, PMBOK에서는 구체적으로 명시되어 있지 않더라도 모든 프로세스에 공통으로 입력되는 투입물이라는 문구가 있음에 유의하자.

19 정답 D [ITTO 이해 기본]

'프로젝트 헌장' 작성과는 다르게 프로젝트관리 계획서작성은 프로젝트 팀원 전체가 작성하는 것을 권장하고 있다. 물론 작성의 주요 주체와 작성된 프로젝트관리 계획서에 대한 책임은 프로젝트 관리자이긴 하지만, 프로젝트 관리자 혼자서는 작성할 시간이나 역량이 부족할 수 있기 때문에 프로젝트 팀원들이 모두 작성하고 검토하는 것이 원칙이다.

20 정답 C [시나리오 제시 응용]

12번 문제와 유사한 문제이다. 문제를 조금 변경했을 뿐인데도 시험장에서 수험생이 느끼는 체감 난이도는 상이하다. 결국 문제집이나 복기 문제만 외웠는지 해설서나 PMBOK를 기반으로 해당 프로세스의 목적과 정의를 이해했는지가 이러한 문제에서 나

타난다. 해당 문제는 '프로젝트 헌장' 작성과 연관된 프로세스에 대한 질문이며, 결국은 착수 프로세스 그룹에서 수행해야 할 프로세스를 묻는 것이다. 착수 프로세스 그룹에서는 프로젝트 헌장 개발이 완료되는 즉시 이해관계자 식별 프로세스를 권장하고 있다.

21 정답 C [시나리오 제시 기본]

프로젝트 또는 단계 종료시점에 프로젝트 관리자가 부딪치는 고객과의 시나리오에 대한 질문이며, 이런 문제에 대해서는 국내 정서가 아닌 PMBOK에서 논하는 PMBOK의 철학 기반 하에 접근해야 한다. 고객에 의한 변경 요청은 계약이 완료되기 이전까지는 합법이기 때문에 부당하다고 거절할 수는 없으며, 아무리 사소한 변경 요청이라도 공식적인 변경처리 절차를 따르는 것이 중요하다. 다만 이 문제에서는 인도물을 인도하고 있으므로, 일단 인도물 인도를 중단하고 공식적인 변경 요청과 영향도 검토 이후에 인도물 인도를 진행하는 것이 적합하다.

22 정답 B [ITTO 이해 기본]

비즈니스 케이스(Business case)에 대한 정의만 알고 있으면 접근 가능한 문제이다.

 전문가의 Comment

프로젝트 헌장 개발에 입력되는 주요한 투입물(비즈니스 문서, 협약서) 및 개별 투입물의 정의 및 포함 내용과 특히 비즈니스 케이스 작성시에 사용되는 투자 타당성 기법(NPV, IRR, PP)에 대해서는 결괏값 해석까지 반드시 기억하자.

23 정답 B [시나리오 제시 심화]

21번 문제와 유사하지만 변경요청 시점이 다른 문제이다. PMP 시험에서 지식 영역을 넘나들며 가장 광범위하게 출제되는 변경요청에 관련된 질문이고, 최근 종료 시점과 관련된 변경요청 문제 비중이 높아졌다. 인도물 승인시점에 인도물의 누락여부를 점검하지 못한 구매자의 귀책 사유도 존재하지만 아직 프로젝트가 정상적으로 종료된 상태가 아니기 때문

에 구매자 입장에서는 공식적인 변경요청을 통해 인도물을 정정하는 것이 맞다. 만약 동일한 문제에서 구매자가 아니라 "공급자가 해야 할 일"이라고 질문을 변경한다면 제공한 인도물이 인수기준에 적합한지 확인하는 것이 우선순위일 것이다.

24 정답 A [ITTO 정의 기본]

[4.6 통합 변경통제 수행] 프로세스의 산출물에 대해서만 알고 있으면 접근 가능한 문제이다. 단순한 ITTO에 대한 질문이며, 정확히 모르겠다면 결국은 통합 변경통제 수행이 무엇을 하는 프로세스인지에 대한 정의를 찾아가면서 풀어도 충분히 대응 가능한 문제이다.

 전문가의 Comment

[4.6 통합 변경통제 수행] 프로세스의 나머지 산출물에는 (1) 변경 기록부(Change log) 업데이트, (2) 프로젝트관리 계획서 업데이트, (3) 승인된 변경요청이 존재하며 특히나 변경 기록부에는 승인 또는 기각된 변경요청에 대한 모든 사항이 기록되어 이력으로 관리된다는 점에 유의하자.

25 정답 C [시나리오 제시 심화]

[4.4 프로젝트 지식관리] 프로세스의 T&T가 아닌 것을 찾는 문제이다. 지식관리의 주요 T&T는 (1) 지식관리, (2) 정보관리, (3) 대인관계 및 팀 기술이고 (3)번 하위에는 적극적 청취, 촉진, 리더십, 네트워킹 등이 존재한다. 실무에서는 수행 조직의 정책 또는 프로젝트 규모에 따라서 교훈의 작성 시기, 형식, 활용 목적 등이 다양할 수 있기 때문에 실수하기도 쉬운 문제이다. PMBOK에서 제시하는 교훈 작성의 일반적인 원칙은 다음과 같다.

1) [4.4 프로젝트 지식관리] 프로세스에서 집중적으로 '교훈'이라는 주제를 다루고는 있지만 특정한 단계를 지정하지는 않는다.

2) 대다수 프로세스의 투입물과 산출물로 포함되어 있듯이, 프로세스 종료 시점마다 작성하고 단계별로 취합은 하되, 프로젝트 종료 시점에는 수행 조직의 교훈 저장소에 기록할 교훈을 선별하라는 의미로 이해하면 된다.

26 정답 B [ITTO 제시 기본]

프로젝트 헌장 작성 투입물에 대한 변형 문제이다. 프로젝트 헌장 투입물 중에 비즈니스 케이스가 존재하며, 비즈니스 케이스에서 중점적으로 확인하는 것은 경제성 분석과 관련된 결과이다. NPV, IRR, PP 등이 실무에서 선호되는 분석 기법이며, 이러한 것은 결국 비용-편익 분석의 일환으로 진행된다.

27 정답 C [프로세스 이해 응용]

교훈에 관련된 문제는 시험마다 등장하고 있다. 하지만 질문의 유형만 변경될 뿐, 묻는 핵심은 동일하다는 점에 유의하자. 교훈 작성 시기, 교훈 리뷰 시기, 교훈 업데이트 시기 등으로 조금씩 변경하면서 출제하고는 있지만 결국은 팀원들과 모여서 교훈을 식별하고 식별된 교훈을 교훈 관리대장에 등록 또는 업데이트하는 시점을 묻는 문제다. PMBOK에서 강조하고 있듯이 교훈은 프로젝트에서 설정한 단계가 종료될 때와 모든 프로젝트 작업이 종료된 시점으로 한정하고 있으며, 애자일 방법론을 적용 중이라면 각각의 이터레이션(스크럼에서는 스프린트라고 부름)이 종료된 이후에 팀원들과 품질 개선방안에 대해 논의하는 회고가 적합하다.

28 정답 A [용어 정의 기본]

시험에서는 착수 회의라는 용어에도 유의해야 한다. 영문을 한국어로 번역 시에 프로젝트 헌장 작성 또는 문제와 같은 킥오프 미팅을 동일하게 '착수 회의'라고 번역하는 경우가 종종 존재하기 때문이다. 앞의 문제에서 프로젝트 당위성이나 목적, 사업 타당성을 가장 정확하게 이해하는 이해관계자는 스폰서이다. 프로젝트 착수 여부를 결정한 인원이자 프로젝트 헌장 작성의 주체이기 때문이다. 일부 글로벌 대형 프로젝트에서는 킥오프 미팅을 1주일간 진행하는 경우도 존재하며, 흔히 말하는 기조연설(스폰서) 이후에 프로젝트 관리자 및 이해관계자별로 발표 및 토론이 수행되기도 한다.

29 정답 A [시나리오 제시 기본]

변경요청은 발주처에서도 가능하고 수주처에서도 가능한 프로세스이다. 수주처에서 요청하고 발주처에서 승인 또는 기각하는 절차가 일반적이기는 하다. 변경요청 항목 건마다 승인 또는 기각이라는 절차가 진행되며, 모든 항목에 대한 처리 결과는 변경 기록부에 기록되고 관련된 이해관계자들에게 공지되어야 한다. 또한, 기각되었든 승인되었든 간에 일단은 수용하는 것이 바람직하며, 승인된 변경요청 항목에 대해서는 프로젝트 계획에 차질이 없도록 처리해야 한다.

30 정답 D [시나리오 제시 응용]

프로젝트가 종료되는 사유에 대해서 알고 있는지 묻는 문제이며, 한 걸음 더 나아가 그러한 상황이 발생했을 때 프로젝트 관리자의 대응 방안을 묻는 문제이다. 고객과 계약서까지 교환한 상태에서 고객이 일방적으로 통보를 보내왔다면 계약서상의 특정한 문구에 의한 정상적인 계약 파기인지에 대한 확인부터 해야 한다. 하지만 정상적인 계약 파기와는 별개로 대다수 계약서에는 고객의 비즈니스 또는 정책 변경에 따라서 프로젝트는 중도에 중단될 수 있다는 문구가 포함되어 있으며, 프로젝트 관리자는 해당 시점까지 작성된 인도물에 대한 잔금처리에 집중하는 것이 실무적인 측면이다.

31 정답 B [시나리오 제시 응용]

프로젝트 현장에서 빈번하게 발생하는 문제이다. 프로젝트 단계별로 이해관계자가 참여하거나 관심을 두는 시점은 다르기 때문에 이해관계자의 착수 회의 참석 여부는 중요하지 않다. 하지만 변경되는 이해관계자를 식별하고 이해관계자 관리대장에 포함하여 관리하지 못했다면 명백한 프로젝트 관리자의 책임이다. 해당 이해관계자가 프로젝트에 미치는 영향과 중요도를 파악하여 산출물 검수나, 프로세스 승인 시점에 참여시켰어야 한다.

32 정답 C [시나리오 제시 기본]

변경은 모든 이해관계자로부터 발생 가능하며, 구두로 요청되더라도 최소한 변경관리 시스템에 입력은 되어야 한다. 이렇게 함으로써 통합적인 변경요청 이력 관리 및 영향도 분석이 가능하다. 따라서 고객이나 스폰서에게 처리까지는 아니더라도 등록해서 이력 관리에 대한 필요성에 대해서는 건의하고 사용하도록 해야 한다.

33 정답 D [시나리오 제시 기본]

6판에서는 [4.1 프로젝트 헌장 개발]의 주요 산출물로 '프로젝트 헌장' 이외에 '가정사항 기록부'가 추가되었다. 5판까지는 헌장 안에 프로젝트에서 발생 가능한 가정 및 제약사항이 포함되었으나, 프로젝트 종료 시점까지 지속해서 변경이 발생하는 가정 및 제약사항들에 대해서 별도의 문서로 분리함으로써 프로젝트 이해관계자들의 접근을 용이하게 하였다. 가정 및 제약사항은 언제든지 프로젝트 리스크로 발전할 수 있기 때문에 프로젝트 종료 시점까지 프로젝트 팀원 뿐만 아니라 관련된 이해관계자들의 관심과 관리가 요구된다.

34 정답 A [시나리오 제시 기본]

문제에서의 키워드는 '합의'나 '지지'이다. PMBOK에서 법적인 영향력은 없지만, 조직 내에서 수행하는 프로젝트에 대한 명분이나 강제성을 부여하기에 가장 확실한 문서는 '프로젝트 헌장'이다. 프로젝트 헌장 마지막에 주요 이해관계자의 서명이 포함되는 이유에서 보이듯이 '당신이 이미 이러이러한 프로젝트 현황을 대략 알고 있고, 서명까지 했으니 일정 책임이 있다'라는 암묵적인 동의를 받아내는 것이라고 이해하면 된다.

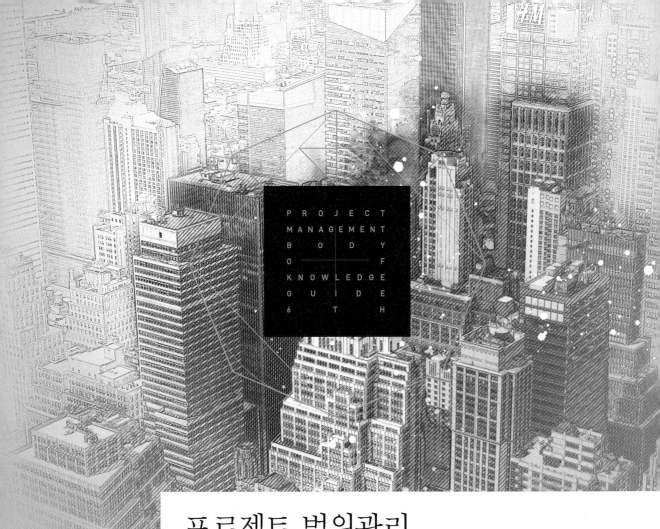

프로젝트 범위관리

PROJECT SCOPE
MANAGEMENT

출제 유형 분석

범위관리 지식 영역은 프로세스 흐름에 대한 이해보다는 프로세스에서 사용되는 대표적인 도구 및 기법, 동일 지식 내에서 비교(요구사항 수집 vs. 범위 정의, 범위 확인 vs. 범위 통제) 및 다른 지식 영역과의 비교(범위 확인 vs. 품질 통제)에 대한 비중이 높다. [5.2 요구사항 수집] 프로세스의 도구 및 기법은 개요 및 장단점을 제시하며 다양하게 출제되고, WBS 구성요소(작업 패키지, 분할예정 패키지, 통제단위, WBS 사전), 프로젝트 범위 기술서의 포함 내용은 반드시 기억하자. 추가적으로 최근에는 5장, 6장의 프로세스 순서를 묻는 질문 비중이 증가하고 있으니 5장과 6장의 연계에 대해서도 학습을 권장한다.

그룹	출제 항목	출제 유형	빈도	난이도
기획	5.1 범위관리 계획수립 (Plan Scope Management)	· 범위관리 계획서와 요구사항관리 계획서 작성 목적 · 프로젝트 헌장 중에서 범위와 관련된 포함 내용	C	C
	5.2 요구사항 수집 (Collect Requirements)	· 브레인스토밍 vs. 델파이 기법 비교(목적, 참여자) · 설문지 및 설문조사 적용대상, 장단점 · 의사결정 유형(투표, 독단적 의사결정, 다기준 의사결정 분석) · 친화도 정의 및 브레인스토밍과의 관계 · 대인관계 및 팀 기술에 포함된 주요 기법 사용목적 (명목그룹기법, 관찰/대화, 촉진) · 프로토타입(정의, 적용시기, 장단점) · 요구사항 추적 매트릭스 작성 목적 및 작성사례	A	B
	5.3 범위 정의 (Define Scope)	· 범위 정의와 요구사항 수집의 차이점 · 의사결정의 대표적 유형인 우선순위 매트릭스 정의 · 프로젝트 범위 기술서 포함 내용 · 프로젝트 헌장과 프로젝트 범위 기술서 차이점	A	B
	5.4 작업분류체계 작성 (Create WBS)	· WBS의 구성요소(작업 패키지, 분할예정 패키지, 통제 단위) 구분하기 · WBS작성 주체 및 작성 원칙 · 범위 기준선 포함 내용 · 분할 기법과 관련된 용어(연동 기획, 100% 규칙)	B	B
감시 및 통제	5.5 범위 확인 (Validate Scope)	· 범위 확인 정의 및 수행 주체 · 범위 확인의 산출물(승인된 인도물 흐름도) · 범위 확인과 품질 통제 차이점 · 범위 확인의 대표적인 기법인 인스펙션 동의어	B	B
	5.6 범위 통제 (Control Scope)	· 범위 확인과 범위 통제 차이점 · 금도금(gold plating) vs. 범위 끼어들기(scope creep)	C	B

이렇게 학습하세요

┃ 반드시 보아야 할 것

☐ 요구사항 수집 프로세스 투입물 및 투입물이 산출되는 프로세스

- 요구사항 수집 T&T(브레인스토밍, 설문지, 벤치마킹, 친화도, 프로토타입 등) 정의, 사례, 장단점
- 요구사항 추적 매트릭스의 정의, 목적, 고객 관점에서의 중요성
- 프로젝트 범위 기술서(Project Scope Statement) 포함 내용
- 작업분류체계(WBS) 정의 및 작성 시 유의사항(분할의 적절성)
- 분할 기법과 관련된 용어(점진적 구체화, 연동 기획, 100% 규칙)
- 범위 기준선 구성요소(프로젝트 범위 기술서, WBS, WBS사전, Work Package, Planning Package)
- 작업분류체계(WBS) 계층도 및 구성요소(통제단위, 작업 패키지, 기획 패키지, WBS 사전)

비교해 보아야 할 것

- 요구사항 수집 vs. 범위 정의
- 프로젝트 헌장 포함 내용 vs. 프로젝트 범위 기술서 포함 내용
- 작업 패키지(Work Package) vs. 분할예정 패키지(Planning Package) vs. 통제단위(Control Account)
- 범위 확인 vs. 범위 통제(수행주체, 목적, 수행시기, 투입물, 산출물)
- 금도금(Gold Plating) vs. 범위 끼어들기(Scope Creep)

흐름을 따라가 보아야 할 것

- 범위 확인 프로세스의 주요 산출물인 인도물(Deliverables)의 흐름도
- 범위 변경요청 사항에 대한 처리 흐름도(변경통제 위원회, 승인/기각, 승인 후 처리과정)

계산해 보아야 할 것

- 계산 문제 없음

확인해 보아야 할 용어

- 의사결정 기법 유형(만장일치, 과반수, 다수결, 독단적 의사결정, 다기준 의사결정 분석)
- 촉진 기법이 사용되는 대표적인 사례(JAD, QFD, User Story)
- 가치 공학(Value Engineering) 정의와 목적
- 작업분류체계(WBS) 작성과 관련된 용어(분할, 작업 패키지, 분할예정 패키지, 100% 규칙, 연동 기획)
- 범위 확인(Validate Scope) 정의
- 인스펙션(Inspection)과 동의어: 검토(Review), 제품 검토(Product Review), 감사(Audit) 또는 워크스루 (Walkthrough)

출제 빈도 높은 ITTO(투입물, 도구 및 기법, 산출물)

- 요구사항 수집에서 참고해야 하는 투입물
- 범위 정의 프로세스의 산출물인 프로젝트 범위 기술서
- WBS 작성의 산출물(범위 기준선 포함 내용)

범위관리 계획수립
Plan Scope Management

→ 정답 137쪽

1　[범위관리 계획수립] 프로세스 정의에 대한 핵심 키워드를 완성하시오.

범위관리 계획수립은 (**❶**　　　　　　　　　)가 어떻게 정의되고, 확인되고 통제되어야 하는지에 대한 방법을 문서화한 (**❷**　　　　　　　)를 작성하는 프로세스이다.

2　[범위관리 계획수립] 프로세스의 ITTO에 대해서 다음의 힌트를 참조하여 핵심 키워드를 완성하시오.

그룹	프로세스	투입물	도구 및 기법	산출물
기획	5.1 범위관리 계획수립 (Plan Scope Management)	1. 프로젝트 헌장 (Project Charter)	1. 전문가 판단 (Expert judgment)	1. 범위관리 계획서 (Scope management plan)
		2. 프로젝트관리 계획서 (Project management plan) · 품질관리 계획서 (Quality Management Plan) · 프로젝트 생애주기 설명서 (Project Life Cycle Description) · **❶**	2. 데이터 분석 (Data Analysis) 3. 회의 (Meetings)	2. **❷**
		3. 기업 환경 요인 (Enterprise environmental factors)		
		4. 조직 프로세스 자산 (Organizational process assets)		

❶ 프로젝트와 제품 범위를 완성해 나가기 위해서 가장 적합한 개발 접근방법(폭포수, 반복적, 적응형, 애자일 또는 혼합 개발 방식)이 정의되어 있으며, 향후 WBS를 작성하는 기준이 되는 문서이다.

❷ 프로젝트관리 계획서의 일부로서 요구사항을 어떻게 분석하고, 문서화하고, 관리해야 하는지에 대해서 설명되어 있는 문서이다.

1 다음 중 프로젝트 헌장이 투입되는 프로세스로 적절하지 않은 것은 무엇인가?

   A. 프로젝트관리 계획서 개발(Develop Project Management Plan)

   B. 범위관리 계획수립(Plan Scope Management)

   C. 요구사항 수집(Collect Requirements)

   D. 작업분류체계 작성(Create WBS)

해설   [5.1 범위관리 계획수립], [6.1 일정관리 계획수립], [7.1 원가관리 계획수립] 프로세스는 시험 비중은 상당히 낮은 편이다. 3개 프로세스를 살펴보면 투입물이나 도구 및 기법이 대다수 동일함을 확인할 수 있다. 그 중에서 가장 중요한 투입물은 프로젝트관리 계획서와 프로젝트 헌장이며, 그중에서도 프로젝트 헌장에 어떠한 내용이 포함되어 있길래 공통된 투입물이 되는지에 대해서 다시 한번 확인해 보아야 한다.

또한, 다른 지식 영역의 관리 계획수립 프로세스의 산출물과는 다르게 '요구사항관리 계획서'라는 문서가 추가적으로 작성된다는 점에 유의하기 바란다.

정답 D

5-2

요구사항 수집
Collect Requirements

→ 정답 13/쪽

> ## 핵심 키워드

1 [요구사항 수집] 프로세스 정의에 대한 핵심 키워드를 완성하시오.

요구사항 수집은 프로젝트 목표를 충족하기 위해 필요한 사항과 (**①**   )의 요구사항을 결정하고, 문서화하고, 관리하는 프로세스이다.

2 [요구사항 수집] 프로세스의 주요 ITTO에 대해서 다음의 힌트를 참조하여 핵심 키워드를 완성하시오.

그룹	프로세스	투입물	도구 및 기법	산출물
기획	5.2 요구사항 수집 (Collect Requirements)	1. 범위관리 계획서 (Scope Management Plan) 2. 프로젝트관리 계획서 (Project Management Plan 3. 프로젝트 문서 (Project Documents) 4. 비즈니스 문서 (Business Documents) 5. 협약서(Agreements) 6. 기업 환경 요인 (Enterprise Environmental Factors) 7. 조직 프로세스 자산 (Organizational Process Assets)	1. 전문가 판단(Expert Judgment) 2. 데이터 수집(Data Gathering) · 브레인스토밍(Brainstorming) · 인터뷰(Interviews) · 포커스 그룹(Focus Groups) · **①** · 벤치마킹(Benchmarking) 3. 데이터 분석(Data Analysis) 4. 의사결정(Decision Making) 5. 데이터 표현 (Data Representation) · **②** · 마인드 매핑(Mind Mapping) 6. 대인관계 및 팀 기술 (Interpersonal and Team Skills) 7. 컨텍스트 다이어그램 (Context Diagrams) 8. **③**	1. 요구사항 문서 (Requirements Documentation) 2. **④**

① 대상 응답자가 광범위하며 신속한 자료 수집이 필요할 때, 응답자들이 지리적으로 분산되어 있을 때, 통계적 분석이 유용한 경우에 가장 적합한 요구사항 수집 기법이다.

② 효과적인 검토, 분석을 위하여 수많은 아이디어를 몇 개의 그룹으로 분류하는 기법으로서 브레인스토밍 이후에 효과적인 기법이다.

③ 제품의 실제 제작에 앞서 예상 제품의 작동 모형을 제공하여 요구사항에 대한 조기 피드백을 확보하는 방법으로서, 고객의 요구사항이 모호한 경우 시제품을 개발하여 고객에게 실험할 기회를 제공함으로써

요구사항에 대한 조기 피드백이 가능하다.

❹ 요구사항에 대해서 일관성과 추적성을 확인하기 위해서, 프로젝트 생애주기 전반에 걸쳐 프로젝트 단계별로 산출되는 중간 산출물들을 연결하여 요구사항을 추적하고 요구사항 변경을 관리하는 표 형태의 문서이다.

기출 문제

1 **요구사항 수집에는 여러 가지 기법이 사용된다. 다음에서 설명하는 사례는 어떠한 기법인가?**

일반적으로 브레인스토밍 이후에 중요한 의사결정에 대해서 전문가의 의견을 보충하고자 할 때 사용하는 기법이다. 선정된 전문가들에게 반복적인 설문조사를 통해 가장 신뢰성 있는 합의점을 얻어내는 집단 창의력 기법의 유형이며, 전문가들의 응답은 사회자만이 볼 수 있도록 익명성을 보장한다.

A. 포커스 그룹(Focus Groups)   B. 설문지 및 설문조사(Questionnaires and Surveys)

C. 벤치마킹(Benchmarking)   D. 델파이 기법(Delphi Technique)

해설   델파이 기법은 요구사항 수집 기법에서 소개하고 있지는 않지만, 요구사항 수집 또는 리스크 관련된 질문으로 자주 등장하는 기법이다. 전문가를 선정하고 메일이나 설문지를 활용해서 모든 전문가가 답변을 줄 때까지 반복적으로 질의하는 기법이며, 참여한 전문가들에게는 익명성을 보장한다. PMBOK에서는 다음과 같이 정의하고 있으니 꼼꼼히 확인해보기 바란다.

"주제에 대한 전문가들(Experts)의 합의를 이끌어내기 위해 사용되는 정보 수집 기법으로서 해당 분야에 대한 전문가들은 익명(Anonymously)으로 참여한다. 촉진자(Facilitator)는 주제와 관련된 중요한 프로젝트 포인트에 대한 아이디어를 수렴하기 위해서 설문지(Questionnaire)를 이용하며, 응답은 요약되고 나서 추가 의견을 구하기 위해 전문가들에게 재순환된다. 델파이 기법은 데이터의 공정성을 높이고, 특정인이 결과에 부당한 영향을 미치는 것을 방지하는 데 효과적이다."

정답 D

범위 정의
Define Scope

핵심 키워드

→ 정답 137쪽

1 [범위 정의] 프로세스에 대한 핵심 키워드를 완성하시오.

범위 정의는 프로젝트와 제품에 대한 상세한 설명을 개발하는 프로세스로서 대표적인 산출물은
(❶   )이다.

2 [범위 정의] 프로세스의 주요 ITTO에 대해서 다음의 힌트를 참조하여 핵심 키워드를 완성하시오.

그룹	프로세스	투입물	도구 및 기법	산출물
기획	5.3 범위 정의 (Define Scope)	1. 프로젝트 헌장 (Project charter) 2. 프로젝트관리 계획서 (Project Management Plan) 3. 프로젝트 문서 (Project Documentation) 4. 기업 환경 요인 (Enterprise Environmental Factors) 5. 조직 프로세스 자산 (Organizational process assets)	1. 전문가 판단 (Expert Judgment) 2. 데이터 분석 (Data Analysis) 3. 의사결정 (Decision Making) · ❶ 4. 대인관계 및 팀 기술 (Interpersonal and Team Skills) 5. 제품 분석 (Product Analysis)	1. ❷ 2. 프로젝트 문서 업데이트 (Project Document Updates)

❶ 선정된 요구사항에 대해서 동일한 품질수준을 만족시키기 위해서는 프로젝트 원가나 일정을 초과하는 경우가 대다수다. 고객이 요구하는 품질 수준을 만족시키기 위해 처리해야 할 이슈와 대응방안에 대하여 요구사항의 중요성과 긴급성에 따라서 우선순위를 부여하는 기법이다.

❷ WBS 작성을 위한 기초 문서로서 프로젝트 구축 범위에 포함할 작업과 제외할 작업이 상세하게 기술되어 있다(포함 내용: 제품 범위 명세서, 인수 기준, 인도물, 제약 조건, 가정 사항).

1   프로젝트 헌장과 요구사항 문서를 기반으로 프로젝트 구축 범위에 대해서 정의하는 프로젝트 범위 기술서(Project scope statement)를 작성하고 있다. 다음 중 프로젝트 범위 기술서에 대해서 프로젝트 관리자가 잘못 이해하고 있는 것은 무엇인가?

A. 제품이나 서비스의 인수기준, 인도물이 포함되어 있다.

B. 프로젝트 구축 범위에 포함시켜야 할 사항만 포함하고 있다.

C. 프로젝트 수행 시에 고려해야 할 제약 조건 및 가정 사항을 포함하고 있다.

D. 프로젝트 범위 기술서는 범위 기준선의 중요한 구성 요소이다.

해설   범위 정의는 프로젝트 구축 범위에 포함할 사항과 제외할 사항을 결정하는 프로세스이다. 따라서 범위 정의의 대표적인 산출물인 프로젝트 범위 기술서에는 제외할 사항도 명시되어 있어야 한다. 프로젝트 범위 기술서의 포함 내용은 반드시 시험에 출제되는 중요한 영역이다.

다음은 프로젝트 범위 기술서의 포함 내용이다.

(1) **제품 범위 명세서**: 프로젝트 헌장과 요구사항 문서에 설명된 제품, 서비스의 특성을 점진적으로 구체화한다.

(2) **인수 기준**: 완료된 제품, 서비스 또는 결과의 인수 프로세스와 기준을 정의한다.

(3) **인도물**: 프로젝트 산출물, 프로젝트관리보고서, 문서 등의 결과물을 포함한다.

(4) **프로젝트 범위 제외사항**: 프로젝트 범위를 벗어나는 것을 문서화한다.

(5) **제약조건**: 프로젝트나 프로세스의 실행에 영향을 미치는 제한 요인을 포함한다.

(6) **가정사항**: 증거나 설명 없이 진실, 현실 또는 특정한 것으로 간주하는 가정 사항 등을 식별하여 문서화한다.

정답 B

작업분류체계 작성
Create WBS

핵심 키워드

→ 정답 137쪽

1 [작업분류체계 작성] 프로세스 정의에 대한 핵심 키워드를 완성하시오.

작업분류체계 작성은 프로젝트 (❶)과 프로젝트 작업을 더 작고 (❷) 가능한 요소들로 세분화하는 프로세스이다.

2 [작업분류체계 작성] 프로세스의 주요 ITTO에 대해서 다음의 힌트를 참조하여 핵심 키워드를 완성하시오.

그룹	프로세스	투입물	도구 및 기법	산출물
❶	5.4 작업분류체계 작성 (Create WBS)	1. 프로젝트관리 계획서 (Project Management Plan)	1. 전문가 판단 (Expert judgment) 2. ❷	1. ❸ 2. 프로젝트 문서 업데이트 (Project documents updates)
		2. 프로젝트 문서 (Project Documents)		
		3. 기업 환경 요인 (Enterprise Environmental Factors)		
		4. 조직 프로세스 자산 (Organizational Process Assets)		

❶ 프로젝트 범위 설정, 목표 구체화, 프로젝트의 목표를 달성하기 위한 일련의 활동을 계획하고 지속적으로 관리하는 프로세스 그룹이다.

❷ 일반적으로 프로젝트에서는 개인이나 그룹이 완료될 수 있는 작업 패키지 수준으로 분할하며, 적절한 기준이란 통상 작업의 원가와 활동 기간을 신뢰할 수 있는 수준으로 산정하고 관리할 수 있는 수준을 의미한다.

❸ 프로젝트관리 계획서의 구성요소로서, 프로젝트 범위 기술서, WBS, WBS 사전 등으로 구성되어 있는 기준선이다.

1 **다음 중 작업분류체계(WBS)에 대해서 올바르게 설명하고 있는 것은?**

A. WBS에 명시되지 않은 산출물도 프로젝트 작업에 포함한다.

B. WBS는 프로젝트에서 산출되어야 할 산출물을 활동 중심으로 기술한 것이다.

C. 프로젝트의 산출물과 관련 문서들을 인도물 중심으로 계층형태로 기술한 것이다.

D. 일반적으로 분할예정 패키지(Planning Package) 수준으로 기술하며, 분할예정 패키지에 대해서는 WBS 사전은 불필요하다.

해설

작업분류체계(WBS)는 프로젝트 범위 기술서를 기반으로 작성되며, 프로젝트 구축 범위에 포함되는 인도물만 포함하여 작성하는 것이 원칙이다. 또한 WBS 작성의 주요 키워드는 인도물 중심의 계층 구조라는 것이다.

WBS 구성요소로는 작업 패키지(Work Package), 분할예정 패키지(Planning Package), 통제 단위(Control Account) 등이 존재하며, WBS 사전은 분할예정 패키지에 대해서도 작성하여 추후 작업 패키지로 분할되었을 때 누락이나 재작업을 유발하지 않아야 한다.

다음은 WBS 구성요소에 대한 설명이다.

(1) 작업 패키지(Work Package): 작업 패키지는 최하위 수준 WBS 구성요소이다.

(2) 분할예정 패키지(Planning Package): 요구사항이나 범위가 명확하지 않을 때에 상위 수준에서 작성된다.

(3) WBS 사전(WBS Dictionary): 작업 패키지(분할예정 패키지 포함)에 대한 상세한 설명을 제공한다.

정답 C

범위 확인
Validate Scope

→ 정답 137쪽

1 [범위 확인] 프로세스 정의에 대한 핵심 키워드를 완성하시오.

범위 확인은 완료된 프로젝트 인도물의 (**❶**   )를 공식화하는 프로세스로서 승인된 인도물은
(**❷**   ) 프로세스의 주요한 투입물로 입력된다.

2 [범위 확인] 프로세스의 주요 ITTO에 대해서 다음의 힌트를 참조하여 핵심 키워드를 완성하시오.

그룹	프로세스	투입물	도구 및 기법	산출물
❶	5.5 범위 확인 (Validate Scope)	1. 프로젝트관리 계획서 (Project management plan) 2. 프로젝트 문서 (Project Documentation) · 요구사항 문서 (Requirements Documentation) · **❷** · 품질 보고서(Quality Reports) 3. **❸** 4. 작업성과 데이터 (Work performance data)	1. **❹** 2. 의사결정 (Decision Making)	1. **❺** 2. 작업성과 정보 (Work Performance Information) 3. 변경요청 (Change requests) 4. 프로젝트 문서 업데이트 (Project Documents Updates)

❶ 프로젝트 진행과 성과를 지속해서 추적, 검토 및 조절하거나 계획변경이 필요한 영역을 식별하고 해당
변경을 착수하는 데 필요한 모든 프로세스이다.

❷ 프로젝트 생애주기 전반에 걸쳐 요구사항이 어떻게 구현되고 있는가에 대한 상태를 추적함으로써 구
매자가 요구하여 베이스라인으로 설정된 요구사항 중에서, 누락된 요구사항이나 절차가 생략된 요구사
항을 검증하기 위해서 사용된다.

❸ 프로젝트 팀에 의해서 수행되는 [8.3 품질 통제] 프로세스를 통해 정확도 검사가 완료된 인도물이며, 고
객이 확인할 실적 데이터로 입력된다.

❹ 범위 확인 프로세스로 입력된 검증된 인도물이 고객 요구사항과 제품 인수 기준을 충족하는지 판별하기

위하여 수행하는 측정(measuring), 검수(examining), 확인(validating) 등의 활동을 말한다.

❺ 고객이나 스폰서가 공식적으로 서명하고 인수한 산출물로서 프로젝트 또는 단계 종료 프로세스로 전달된다.

1 다음 중 범위 확인(Validate Scope) 프로세스의 투입물이 아닌 것은 무엇인가?

A. 프로젝트관리 계획서(Project Management Plan)

B. 승인된 인도물(Accepted Deliverables)

C. 요구사항 문서(Requirements Documentation)

D. 검증된 인도물(Verified Deliverables)

해설 범위 확인의 대표적인 산출물이 승인된 인도물(Accepted Deliverables)이다. 범위 확인은 고객이 요구한 내용처럼 프로젝트의 산출물이 완성되었는지 확인하는 프로세스로서 정상적으로 완료된 인도물에 대해서는 [4.7 프로젝트 또는 단계 종료] 프로세스로 투입되며, 변경이 필요한 인도물에 대해서는 [4.6 통합 변경통제 수행] 프로세스로 입력되어 승인 또는 기각된다.

또한, 범위 확인의 대상은 인도물(Deliverables)이기 때문에 [8.3 품질 통제]와 비교하는 문제도 다수 출제된다.

결과 검증 방식	5.5 범위 확인(Validate Scope)	8.3 품질 통제(Control Quality)
수행 주체	고객, 스폰서	프로젝트 팀원
목적	인도물 인수 여부 결정	인도물의 정확성 및 인도물의 품질 요구사항 충족 여부 검증
수행시기	프로젝트 단계별 종료 시에 수행	범위 확인보다 먼저 수행되거나 병렬수행
산출물	인수된 인도물 (Accepted Deliverables)	검증된 인도물 (Verified Deliverables)

정답 B

범위 통제
Control Scope

→ 정답 137쪽

1 [범위 통제] 프로세스 정의에 대한 핵심 키워드를 완성하시오.

프로젝트 및 제품 범위의 상태를 감시하고 (❶)에 대한 변경을 관리하는 프로세스이다.

2 [범위 통제] 프로세스의 주요 ITTO에 대해서 다음의 힌트를 참조하여 핵심 키워드를 완성하시오.

그룹	프로세스	투입물	도구 및 기법	산출물
감시 및 통제	5.6 범위 통제 (Control Scope)	1. 프로젝트관리 계획서 (Project management plan) 2. 프로젝트 문서 (Project Documents) · 요구사항 문서 (Requirements Documentation) · 요구사항 추적 매트릭스 (Requirements traceability matrix) · 교훈 관리대장 (Lessons Learned Register) 3. 작업성과 데이터 (Work performance data) 4. 조직 프로세스 자산 (Organizational Process Assets)	1. 데이터 분석 (Data Analysis) · 차이 분석 (Variance analysis) · ❶	1 작업성과 정보 (Work performance information) 2. ❷ 3. 프로젝트관리 계획서 업데이트 (Project management plan updates) 4. 프로젝트 문서 업데이트 (Project documents updates)

❶ 시간 경과에 따른 프로젝트 범위 변경 사항을 파악하고 분석하여, 향후 일정 및 원가에 미치는 영향력을 예측할 수 있는 데이터 분석 기법이다.

❷ 차이 분석을 통해 생성된 작업성과 정보를 분석하여 범위 기준선이나 기타 구성요소에 대해서 발생하는 것으로서 [4.6 통합 변경통제 수행] 프로세스에 따라 검토되고 처리된다.

1 프로젝트 범위관리 지식 영역의 감시 및 통제 프로세스 그룹에는 [범위 확인]과 [범위 통제]라는 2 가지 프로세스가 존재한다. 다음 중 두 프로세스의 차이점으로 올바르지 않은 것은?

A. 범위 확인은 고객이나 스폰서가 주체가 되고, 범위 통제는 프로젝트 팀이 주체가 된다.

B. 범위 확인은 요구사항이 제대로 구현되었는지에 중점을 두며, 범위 통제는 범위 기준선을 유지하는 것에 중점을 둔다.

C. 범위 확인은 인도물 인수 여부에 중점을 두며, 범위 통제는 정확한 인도물 산출에 중점을 둔다.

D. 프로젝트관리 계획서, 요구사항 문서, 요구사항 추적 매트릭스는 범위 확인과 범위 통제의 공통된 투입물이다.

해설　　정확한 인도물 산출에 중점을 두는 것은 [8.3 품질 통제] 프로세스이다. 범위관리 지식영역 은 인도물과 관련되어 있기 때문에 프로젝트에서 산출되는 인도물의 흐름에 대해 이해가 필요하다.

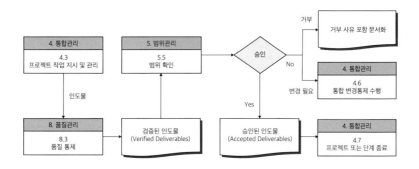

정답 C

프로젝트 범위관리
전체 프로세스 흐름 파악하기

다음은 프로젝트 범위관리에 대한 전체 DFD이다. 괄호 안에 해당하는 투입물이나 산출물을 중심으로 프로세스 전체에 대한 흐름을 파악하시오.

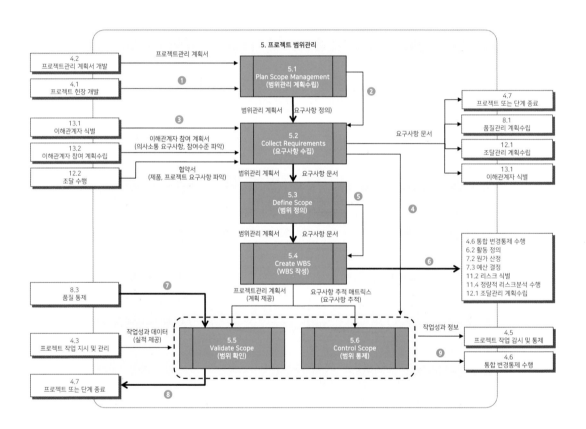

1   [5.1 범위관리 계획수립]: 프로젝트 관리자는 프로젝트 목적과 상위 수준의 요구사항이
    기록되어 있는 (❶   )과 범위관리를 위한 기준을 포함하고 있는 프로
    젝트관리 계획서(품질관리 계획서, 프로젝트 생애주기 기술서, 개발 접근 방법)를 참조
    하여 프로젝트 범위를 관리할 범위관리 계획서와 요구사항을 정의하고 문서화하는 절
    차를 기술한 (❷   )를 작성한다.

2   [5.2 요구사항 수집]: 이해관계자 식별을 통해 문서화된 (❸   )을 확인하면
    서 이해관계자의 요구사항을 파악하여 요구사항 문서를 작성하고, 식별된 요구사항이
    범위에 포함되어 구현되고 있는지 추적하기 위한 (❹   )를 작성하여
    범위 확인과 범위 통제의 투입물로 사용한다.

3   [5.3 범위 정의]: 프로젝트 구축범위에 포함할 작업과 제외할 작업을 결정해서 최종적
    인 요구사항을 선별하며, 인도물, 인수기준, 가정 및 제약조건이 포함된 (❺   )
    를 작성하여 WBS 작성을 위한 기준 문서로 사용한다.

4   [5.4 작업분류체계(WBS) 작성]: 프로젝트 범위 기술서, WBS, WBS 사전, Work
    Package, Planning Package 등을 포함하고 있는 (❻   )을 작성하며,
    일정관리 및 원가관리 수행을 위한 기준선으로 활용된다.

5   [5.5 범위 확인]: [8.3 품질 통제] 프로세스를 통해 정확도 검사가 완료된 (❼   )
    과 프로젝트관리 계획서(범위관리 계획서, 요구사항관리 계획서, 범위 기준선)을 비교
    하면서 고객은 인도물에 대한 최종 승인을 하고, (❽   )은 프로젝트 또는 단
    계 종료 프로세스에 투입된다. 이때, 승인되지 못한 인도물은 [4.6 통합 변경통제 수행]
    프로세스를 거쳐서 재작업 대상이 된다.

6   [5.6 범위 통제]: 프로젝트 또는 제품에 대한 계획 대비 실적을 분석하면서 범위 기준선
    이나 범위관리 계획서의 변경이 필요할 때에는 (❾   )이 발생하며, [4.6 통
    합 변경통제 수행] 프로세스를 통해 승인 또는 기각된다. 변경관리 계획서를 참고하여
    프로젝트 범위 변경 절차를 확인하고, 형상관리 계획서를 참고하여 공식적 변경 통제를
    필요로 하는 항목을 선정해야 한다.

→ 정답 135쪽

1 고객이 초기의 요구사항이 사업 요구에 더는 부합하지 않는다고 판단하게 되었다. 고객은 프로젝트 관리자에게 프로젝트의 모든 작업을 즉시 종료하도록 지시하였다. 프로젝트를 종료할 때, 범위 확인 프로세스에서 확인할 사항은?

A. 프로젝트 인도물이 고객의 요구사항과 일치하는지 확인

B. 프로젝트 범위가 고객의 요구사항에 부합하는지 확인

C. 프로젝트 인도물이 WBS와 일치하는지 확인

D. 프로젝트 범위 기술서의 제약사항이 반영되었는지 확인

2 프로젝트 팀원이 프로젝트 범위에 포함되지 않았던 고객의 추가 요구사항을 개인적인 친분으로 수행하고 있는 것을 발견하였다. 이와 같은 무분별한 범위 변경 작업을 방지하기 위해서 수행해야 하는 프로세스는 무엇인가?

A. 범위 통제(Control Scope)

B. 통합 변경통제 수행(Perform Integrated Change Control)

C. 이해관계자 참여 관리(Manage Stakeholder Engagement)

D. 범위 확인(Validate Scope)

3 선정된 전문가 그룹이 설문지에 응답하고 각 요구사항 수집 세션에서 나온 응답에 대한 피드백을 제공하는 것으로서, 응답은 사회자만이 볼 수 있도록 익명성을 보장하는 요구사항 수집 기법은 무엇인가?

A. 브레인스토밍(Brainstorming)   B. 인터뷰(Interviews)

C. 델파이 기법(Delphi Technique)   D. 포커스 그룹(Focus Groups)

4 다음 중 작업분류체계(WBS)에 관한 내용 중 <u>잘못</u> 설명된 것은 무엇인가?

A. 프로젝트에서 산출할 제품이나 서비스를 인도물 중심의 계층도로 작성한 것이다.

B. 일반적으로 계층형태로 프로젝트에서 수행할 작업을 정의한다.

C. 최하위 구성요소는 작업 패키지(work package)이다.

D. WBS 작성 시에는 불필요한 번호체계(numbering)는 가져가지 않는 것이 좋다.

5 프로젝트가 이번 달에 종료 예정이다. 프로젝트 관리자는 고객과 '검증된 인도물(Verified deliverables)'을 검토 중이다. 이때 고객이 누락된 산출물이 있다는 것을 제기하였다. 프로젝트 관리자가 확인해보니 계획된 작업은 모두 완료한 상태이다. 이때 프로젝트 관리자가 기획 단계에서 무엇에 더 중점을 두었어야 하는가?

A. 프로젝트 범위 기술서(Project scope statement) 작성

B. 프로젝트 헌장(Project charter) 작성

C. 요구사항 문서(Requirements documentation) 작성

D. 작업분류체계(WBS) 작성

6 품질 통제(Control quality)와 범위 확인(Validate scope)의 차이점으로서 올바른 것은?

A. 품질 통제는 고객이 주체가 되고, 범위 확인은 팀원이 주체가 되어 수행한다.

B. 품질 통제는 인도물의 정확도에 대해서, 범위 확인은 인도물의 인수에 주력한다.

C. 품질 통제와 범위 확인은 반드시 병행하여 수행한다.

D. 품질 통제의 산출물은 승인된 인도물이며, 범위 확인의 산출물은 검증된 인도물이다.

7 가까운 시기에 완료할 작업은 상세하게 계획하고 장기적인 작업은 작업분류체계(WBS)의 상위 수준에서 계획하는 방식을 일컫는 용어는?

A. 상향식 산정(Bottom-up estimating)   B. 선도(Lead) 및 지연(Lag)

C. 분할(Decomposition)   D. 연동 기획(Rolling Wave Planning)

8 작업분류체계(WBS)의 가장 작은 요소이며, 산출물 및 담당자를 지정하는 최하위 단위는 무엇인가?

    A. Work Package(작업 패키지)   B. Planning Package(분할예정 패키지)

    C. Deliverable(인도물)   D. Control Account(통제 단위)

9 이번 주에 고객 참여하에 범위 확인이 마무리되었다. 인도물에 대한 승인은 했지만, 고객은 여전히 인도물을 마음에 들어 하지 않는다. 어떤 것이 문제라고 생각해 볼 수 있는가?

    A. 고객과 프로젝트 산출물의 품질 수준에 대한 정의 미흡

    B. 프로젝트 일정과 비용을 고려하지 않는 고객의 과도한 요구사항

    C. 산출물에 대한 프로젝트 팀의 품질 관리 활동 미흡

    D. 프로젝트 참여 인력의 역량 부족

10 요구사항 수집(Collect Requirements)에는 여러 가지 기법이 사용된다. 다음에서 설명하는 사례는 어떠한 기법인가?

- 적용 대상: 대상 응답자가 광범위하며 신속한 자료 수집이 필요할 때, 응답자들이 지리적으로 분산되어 있을 때, 통계적 분석이 유용한 경우에 가장 적합하다.
- 장점: 다수의 응답자로부터 신속하게 정보를 수집할 수 있다.
- 단점: 응답에 대한 반복적인 피드백은 현실적으로 기대하기 어렵다.

    A. 명목그룹기법(Nominal Group Technique)

    B. 마인드 매핑(Mind Mapping)

    C. 벤치마킹(Benchmarking)

    D. 설문지 및 설문조사(Questionnaires and Surveys)

1 정답 A [시나리오 제시 기본]

문제의 앞부분에서는 프로젝트를 종료하게 된 사유에 대해서 부연 설명하고 있으며, 질문하는 것은 범위 확인 프로세스에 대한 정의이다. 프로젝트가 정상 종료되든, 비정상 종료되든지 간에 프로젝트 관리자는 해당 시점까지 완료된 산출물과 진행 중이던 산출물에 대해서는 고객의 승인을 통해서 인도물을 건네고 해당 인도물을 산출하기 까지 소요된 비용을 처리하는 것이 가장 큰 역할이다.

 전문가의 Comment

다음은 [5.5 범위 확인] 프로세스의 정의이다.

"Validate Scope is the process of formalizing acceptance of the completed project deliverables."

범위 확인은 완료된 프로젝트 인도물의 인수를 공식화하는 프로세스이다.

2 정답 A [시나리오 제시 기본]

자칫하면 (B)로 혼동할 수도 있는 문제이다. 하지만 문제를 자세히 읽어보면 결국은 범위 통제의 정의에 대해서 묻고 있다. 범위 통제를 수행하면서 변경이 필요한 사항이라면 그때 통합 변경통제를 수행하는 것이지 처음부터 통합 변경통제 수행하는 것은 아니다.

 전문가의 Comment

범위 통제의 주요한 산출물이 '변경요청'이며, 요청 건에 대해서는 통합 변경통제 수행을 통해서 영향도 검토와 승인 또는 기각, 그리고 나서 승인된 요청 건에 대한 작업 수행을 따른다.

범위 확인과의 차이점에 대해서도 혼동하는 수험생이 존재하는데, 범위 확인은 인도물의 구현 여부에 대해서 고객이 처리하는 프로세스이며, 범위 통제는 무분별한 범위 변경이나 범위관리 절차를 처리하는 프로세스임에 유의하자.

3 정답 C [용어 정의 기본]

6판에서는 공식적인 기법으로 소개되지는 않지만 여전히 출제 빈도가 높으며, 5판에서는 리스크 식별 프로세스의 기법으로 자주 출제되었다. 델파이 기법의 주요 키워드는 '전문가', '익명성', '반복적'이라는 단어임을 기억하자.

4 정답 D [용어 정의 기본]

일부 수험생들은 WBS에 대해서 너무 많은 시간을 할애하는 경향이 있는데(실무에서의 활용 비중이 높기 때문일 것이다) 시험을 위해서는 다른 기법들이나 프로세스와 동일한 수준이면 충분하다. WBS는 작성 원칙, WBS를 구성하는 구성요소와 각각의 정의에 대해서 파악하고 있어야 한다.

오답 확인

D. WBS 구성요소 중에 하나는 Code Of Account이며, COA는 WBS 작성 시 사용되는 유일한 식별 코드이다.

5 정답 A [시나리오 제시 응용]

문제를 해석해보면, "프로젝트 관리자는 고객과 '검증된 인도물(Verified deliverables)'을 검토 중이다."라는 문구에서 현재 [5.5 범위 확인] 프로세스를 수행 중임을 알 수 있다. 만약 보기 중에 A가 없다면 정답은 (D)이다. 문제에서는 고객의 요구사항 자체가 누락되었을 수도 있다는 것이 키워드이며, 프로젝트 범위 기술서(Project Scope Statement)에는 프로젝트 구축 범위에 포함할 작업과 제외할 작업이 상세하게 기술되어 있으므로 정답은 (A)이다.

 전문가의 Comment

출제자의 의도와 사전 지식에 따라서 답안이 달라질 수도 있는 문제이다. 하지만 '프로젝트 관리자가 확인해보니 계획된 작업'이라는 것에서 프로젝트 관리자는 'WBS'를 기준으로 보고 있고, 고객은 해당 WBS가 산출되기 이전 문서인 프로젝트 범위 기술서를 바라보고 있는 상황이라고 판단할 수 있다. 결국 프로젝트에서 포함해야 할 범위에 대한 정의인 프로젝트 범위 기술서 작성과 검토에 우선적으로 노력을 기울였어야 하는 것이다.

6 정답 B

품질 통제와 범위 확인은 공통된 대상물이 '인도물'이기 때문에 시험에서 출제 비중이 높다. 하지만 바라보는 인도물의 수준이 다르기 때문에 인도물의 흐름에 대한 이해가 필요하다. 품질 통제를 수행한 후에는 [검증된 인도물]이 산출되며, 해당 인도물은 [5.5 범위 확인] 프로세스를 거쳐 승인된 인도물로 변경되는 점에 주의하자(인도물에 대한 자세한 흐름도는 PMP PRIDE 해설서 참조)

오답 확인

A, C, D는 품질 통제와 범위 확인이 반대로 기술되어 있다.

7 정답 D
[용어 정의 기본]

연동 기획이라는 용어에 대한 정의만 이해하면 간단하게 선택 가능한 문제이다. 연동 기획은 점진적 구체화의 사례이며, [6.2 활동 정의(Define Activities)] 프로세스에서는 도구 및 기법으로 명시되어 있다. 예를 들어, 활동 정의 시점에 정보가 부족한 초기 전략적 기획 기간에는 작업 패키지를 마일스톤 수준으로 분할하고, 가까운 미래의 사건에 관한 정보가 점차 증가하면서 활동으로 분할할 수 있다.

8 정답 A
[용어 정의 기본]

단순하면서 출제비중이 높은 Work Package(작업 패키지)에 대한 질문이다. WBS의 가장 작은 단위가 Work Package라는 점을 기억하고, Planning Package(분할예정 패키지)는 향후에 Work Package로 분할될 것이지만 현재로서는 명확한 요구사항 수집이 되지 않았기 때문에 상위 수준에서 작성해 둔 작업 패키지로 기억하면 된다.

9 정답 A
[시나리오 제시 기본]

시험장에서 자주 접하게 되는 유형이며, PMBOK에서도 관련된 항목을 찾을 수 없는 문제이다. 즉, PMBOK 사상과 프로젝트 실무 경험을 기반으로 접근하면서 답이 아닌 보기를 철저하게 제거해 나가는

방법 이외에는 별다른 가이드가 어려운 문제이다. 문제를 분석해보면 인도물을 승인했고 승인을 거절한 만한 뚜렷한 이유는 없지만, 마음에는 들지 않는 찜찜함이 있다는 것이다. 이러한 경우의 대부분은 범위, 일정, 원가는 만족된 상태에서 요구사항이 불명확하거나 완성된 인도물에 대한 인수기준이 불명확한 경우가 대부분이다. 보기에서 그나마 이러한 상황을 유추해 볼 수 있는 것은 (A)이다.

10 정답 D
[ITTO 이해 기본]

요구사항 수집(Collect Requirements)에서 사용되는 도구 및 기법에 대해서는 출제 빈도가 매우 높기 때문에 기법의 정의 및 장단점에 대해서는 모두 알아야 한다. 문제는 수많은 응답자로부터 신속하게 정보를 수집하도록 고안된 문항들로 구성된 양식으로서 우리가 흔히 '서베이(Survey)'라고 부르는 기법에 대한 설명이다. 6판에서는 5판과는 다르게 많은 기법이 변경되었으므로 5판부터 학습한 수험생이라면 특히나 많은 시간을 할애해야 한다. 6판에서는 '친화도(Affinity Diagram)', '마인드 매핑(Mind Mapping)', '프로토타입(Prototypes)'에 대한 출제 비중이 높으며, 각각의 정의와 목적을 구분해서 학습하길 권장한다.

5-1 범위관리 계획수립

1 ① 프로젝트 범위

② 범위관리 계획서

2 ① 개발 접근방법

② 요구사항관리 계획서

5-2 요구사항 수집

1 ① 이해관계자

2 ① 설문지 및 설문조사

② 친화도

③ 프로토타입

④ 요구사항 추적 매트릭스

5-3 범위 정의

1 ① 프로젝트 범위 기술서

2 ① 다기준 의사결정 분석

② 프로젝트 범위 기술서

5-4 작업분류체계 작성

1 ① 인도물   ② 관리

2 ① 기획   ② 분할

③ 범위 기준선

5-5 범위 확인

1 ① 인수   ② 프로젝트 또는 단계 종료

2 ① 감시 및 통제

② 요구사항 추적 매트릭스

③ 검증된 인도물 ④ 인스펙션

⑤ 승인된 인도물

5-6 범위 통제

1 ① 범위 기준선

2 ① 추세 분석

② 변경요청

[전체 프로세스 정답]

① 프로젝트 헌장

② 요구사항관리 계획서

③ 이해관계자 관리대장

④ 요구사항 추적 매트릭스

⑤ 프로젝트 범위 기술서

⑥ 범위 기준선

⑦ 검증된 인도물

⑧ 승인된 인도물

⑨ 변경요청

프로젝트 범위관리

→ 정답 150쪽

1 프로젝트가 진행되면서 고객은 공식적인 회의나 비공식적인 회의에서 지속적인 기능 추가나 변경을 요청하고 있다. 이와 같은 상황이 프로젝트에서는 일상적인 일이라고는 하지만 오픈 일정을 고려했을 때 프로젝트 관리자로서 어떠한 프로세스에 중점을 두어야 하는가?

   A. 일정 통제(control schedule)

   B. 범위 확인(validate scope)

   C. 범위 통제(control scope)

   D. 통합 변경통제 수행(perform integrated change control)

2 고객이 아주 사소한 변경을 요청하였으며, 팀원은 고객의 요청을 반영하였다. 하지만 프로젝트 관리자가 확인해보니 산출물의 결과가 고객의 요구사항과 다르게 구현되어 있다. 이런 상황을 방지하기 위해 PM인 당신은 어떻게 해야 하는가?

   A. 팀원과 상의한 후 고객에게 결과를 보고한다.

   B. 고객에게 향후에는 사소한 변경이라도 변경요청서를 제출하여 진행할 것을 요청한다.

   C. 아주 작은 변경이므로 고객에게 이야기하고 반영에서 제외한다.

   D. 고객에게 요구사항의 오류를 보고하고 수정사항을 요청한다.

3 다음 중 작업분류체계(WBS)에 대해서 올바르게 설명하고 있는 것은?

   A. WBS에 명시되지 않은 산출물도 프로젝트 작업에 포함한다.

   B. WBS는 프로젝트에서 산출되어야 할 인도물을 활동 중심으로 기술한 것이다.

   C. 프로젝트의 산출물과 관련 문서들을 인도물 중심의 계층 형태로 기술한 것이다.

   D. 일반적으로 분할예정 패키지(planning package) 수준으로 기술하며, 작업 패키지(work package)로 분할되기 전까지는 WBS 사전 작성은 불필요하다.

4 다음 중 요구사항 추적 매트릭스(Requirements traceability matrix)를 사용하기에 적합한 상황은 무엇인가?

    A. 고객으로부터 요구사항을 수집하기 위해서 관련 문서를 확인 중이다.

    B. 식별된 활동에 대해서 논리적인 순서를 배열하고 있다.

    C. 프로젝트에서 수행할 작업을 인도물 중심으로 분할하고 있다.

    D. 고객과 함께 범위 확인을 수행 중이다

5 프로젝트 목표를 달성하고 고객에게 전달하기 위한 인도물을 산출하기 위한 작업들을 계층 구조로 작성 중이다. 이때 사용해야 하는 기법은?

    A. 선후행 도형법(Precedence Diagramming Method)

    B. 연동 기획(Rolling Wave Planning)

    C. 인스펙션(Inspection)

    D. 분할(Decomposition)

6 조직에서는 예정된 실무사례를 유사한 조직의 실무사례와 비교함으로써 모범 사례를 식별하고 개선안을 구상하고자 한다. 다음 중 이러한 벤치마킹(Benchmarking)을 통해서 얻을 수 있는 것은 무엇인가?

    A. 마일스톤 목록(Milestone List)

    B. 요구사항 문서(Requirements documentation)

    C. 범위 기준선(Scope Baseline)

    D. 친화도(Affinity diagram)

7 주요 마일스톤 회의가 가까운 시일 내에 잡혀 있다. 하지만 프로젝트 진척을 보았을 때 만족할 만한 성과를 이루고 있지 않다. 프로젝트 관리자가 해야 할 일은 무엇인가?

    A. 네트워크 다이어그램을 재작성한다.

    B. 현재 프로젝트 진척 현황을 파악하고 지연된 일정을 만회할 수 있는 대책을 강구한다.

    C. 프로젝트 지연을 핑계로 해당 마일스톤 일정에 대한 연기를 시도한다.

    D. 마일스톤에 참여할 이해관계자 범위를 축소한다.

8   프로젝트 또는 단계 종료(close project or phase) 프로세스의 주요한 입력물 중에는 승인된 인도물 (accepted deliverable)이 필수적이다. 프로젝트 인도물에 대해서 고객에게 승인을 받는 프로세스는 무엇인가?

    A. 품질 통제(Control quality)

    B. 범위 확인(Validate scope)

    C. 범위 통제(Control scope)

    D. 품질 관리(Manage quality)

9   품질 통제(Control Quality) 프로세스를 진행 중이며, 정확성이 검증된 인도물은 인수를 공식화하는 프로세스로 전달될 것이다. 다음에 수행될 프로세스를 위해서 사전에 준비가 필요한 기법은 무엇 인가?

    A. 심층 워크숍(Facilitated workshops)   B. 차이분석(Variance analysis)

    C. 제품 분석(Product analysis)   D. 인스펙션(Inspection)

10 이전 프로젝트 관리자는 이해관계자들의 요구사항을 만족시키지 못해 결국 교체되었고, 당신이 신 규 프로젝트 관리자로 배정되었다. 무엇을 가장 먼저 해야 하는가?

    A. 이해관계자 관리대장을 검토한다.

    B. 프로젝트관리 계획서를 검토한다.

    C. 의사소통관리 계획서를 검토한다.

    D. 프로젝트 팀원들과 현재 프로젝트 상황 파악을 위한 회의를 한다.

11 진행 중인 프로젝트에 프로젝트 관리자로 교체 투입되었다. 이전 PM은 건강상의 이유로 퇴사한 상 태이다. 프로젝트의 인도물과 인수 조건, 프로젝트 경계, 프로젝트 가정사항, 제약사항을 살펴보고 자 한다. 무슨 문서가 가장 효과적인가?

    A. 작업분류체계(WBS)   B. 요구사항 문서

    C. 작업분류체계 사전(WBS Dictionary)   D. 프로젝트 범위 기술서

12 프로젝트 팀원들과 작업분류체계를 작성 중이다. 팀원들은 요구사항 문서로만 작업을 진행 중이었으며, 확인 결과 프로젝트 범위 기술서(project scope statement)가 작성되지 않은 것을 확인하였다. 어떤 프로세스 그룹에서 작성되었어야 하는 산출물인가?

A. 착수(Initiating)

B. 기획(Planning)

C. 실행(Executing)

D. 감시 및 통제(Monitoring and controlling)

13 스마트 시티를 구축하는 프로젝트를 진행 중이며, 지금까지 수행했던 프로젝트와는 비교되지 않을 만큼의 다양한 이해관계자가 참여하고 있다. 다음 중 이러한 상황에서 가장 빠르게 요구사항을 수집할 수 있는 기법은 무엇인가?

A. 촉진(Facilitation)

B. 인터뷰(Interviews)

C. 벤치마킹(Benchmarking)

D. 설문지 및 설문조사(Questionnaires and Surveys)

14 프로젝트는 지난주에 고객과의 공식적인 회의를 통해 범위 확인(Validate scope)을 완료하였다. 하지만 고객 일부는 산출물의 품질을 거론하며 공식적인 승인을 거부하고 있는 상태이다. 이러한 상황을 해결하기 위해서 프로젝트 관리자로서 우선으로 취해야 할 행동은?

A. 스폰서나 상위 관리자에게 보고하고 지시를 기다린다.

B. 고객이 거부사유로 든 산출물에 대해서 재작업을 지시한다.

C. 프로젝트 범위 기술서에서 프로젝트 인도물과 사용자 인수기준을 다시 한 번 확인한다.

D. 변경 통제 회의를 소집한다.

15 프로젝트를 체계적이고 효율적으로 관리하기 위해서 프로젝트에서 수행할 작업이나 인도물을 작은 단위로 분할(decomposition)하여야 한다. 작업의 분할 정도에 대해서 잘못 설명한 것은?

A. 분할된 작업이 고객이나 프로젝트에게 의미 있는 결과를 가질 때까지

B. 프로젝트 관리자가 관리 가능한 수준까지

C. 프로젝트관리 소프트웨어에 입력 가능한 수준까지

D. 일정이나 비용 추정이 가능할 때까지

16 프로젝트에 투입된 고객이 범위 확인(validate scope)의 시기에 대해서 문의하고 있다. 프로젝트 관리자는 담당자에게 다음 시점에 하는 것이 가장 바람직하다고 이야기 하였다. 다음 중 범위 확인 (Validate Scope) 프로세스를 실행하기에 적합한 시점은?

A. 프로젝트 종료 시점에 한 번만   B. 프로젝트를 착수하였을 때

C. 프로젝트 수행 중에 설정한 단계 말에   D. 범위 통제 프로세스 이전에

17 프로젝트 팀원들은 다양한 도구 및 기법을 이용하여 다양한 이해관계자로부터 요구사항을 수집하고 있다. 다음 중 프로젝트 관리자가 기대하는 산출물은?

A. 요구사항 문서(Requirements documentation)

B. 프로젝트 범위 기술서(Project scope statement)

C. 범위 기준선(Scope baseline)

D. 요구사항관리 계획서(Requirements management plan)

18 프로젝트 팀원 A는 프로젝트의 인도물(deliverables)과 인수기준(acceptance criteria)에 대해서 질문하고 있다. 또한, 프로젝트 팀원 B는 프로젝트 범위 제외사항(exclusions)에 대해서 문의하고 있다. 어떠한 문서를 보라고 해야 하는가?

A. 프로젝트 헌장(Project charter)

B. 프로젝트 범위 기술서(Project scope statement)

C. 프로젝트 범위관리 계획서(Project scope management plan)

D. 작업분류체계(WBS)

19 팀원들이 작업분류체계(WBS)를 작성 중이다. 프로젝트는 초기 단계이며 정확한 산정은 어려운 상황이다. 프로젝트 팀원들이 프로젝트와 관련된 제약 사항(constraints) 및 가정사항(assumptions)에 대한 문서를 보고자 한다. 이러한 세부적인 목록은 어디에서 찾아야 하는가?

A. 프로젝트관리 계획서(Project management plan)

B. 범위관리 계획서(Scope management plan)

C. 가정사항 기록부(Assumption log)

D. 프로젝트 범위 기술서(Project scope statement)

20 ABC 프로젝트의 PM이 갑자기 퇴사하면서 당신이 프로젝트의 관리자로 배정받았다. 프로젝트 상황을 파악해보니 프로젝트관리 계획서는 작성 중이었으며, 팀원들은 무엇을 해야 할지 몰라 대기하고 있었다. 프로젝트 관리자로서 팀원들에게 적합한 업무를 부여하기 위해서 가장 먼저 취해야 할 사항은 무엇인가?

A. 팀 내에서 업무 전문가를 소집하여 프로젝트에서 수행할 업무와 제외할 업무를 정의한 프로젝트 범위 기술서(Project scope statement)를 작성한다.

B. WBS와 WBS 사전이 포함된 범위 기준선을 설정하고 고객과 합의한다.

C. 이전 프로젝트 관리자를 찾아가 프로젝트관리 계획서를 완성하도록 한다.

D. 프로젝트 현황 파악 이후에 팀원 중 새로운 프로젝트 관리자를 추천한다.

21 프로젝트 수행 중에 팀원 변경이 발생하였으며, 신규 투입된 인원에 업무를 배정하며, WBS를 전달하였다. 하지만, 배정된 인원이 어떤 업무를 해야 할지 정확히 알지 못하겠다면서 인도물, 가정사항, 소요 기간이나 관리단위 식별 코드가 부여된 문서를 요구하고 있다. 참고 문서로 무엇을 전달해 주어야 하는가?

A. 프로젝트 범위 기술서(Project scope statement)

B. WBS 사전(WBS dictionary)

C. 요구사항 추적 매트릭스(Requirements traceability matrix)

D. 요구사항 문서(Requirements documentation)

22 프로젝트에서는 지난 주에 주요한 이해관계자들을 소집하여 프로젝트 범위 기술서(Project scope statement)를 작성하고 공식적으로 확정하였다. 하지만 이번 주에 참석자 중 한 명이 찾아와서 가정사항 중에 중요한 사항이 누락되었다며 추가해 달라고 요청하고 있다. 프로젝트 관리자는 어떻게 대응해야 하는가?

A. 이미 확정된 문서이기 때문에 변경이 불가하다고 단호하게 거절한다.

B. 누락된 가정사항을 포함하여 프로젝트 범위 기술서를 다시 작성한다

C. 통합 변경통제 절차를 따라야 하기 때문에 변경요청서를 작성해서 제출하라고 한다.

D. 프로젝트 범위 기술서가 이미 확정이 되었으므로, 차기 프로젝트에서 반영하자고 한다.

23 프로젝트 또는 단계 종료(Close Project or Phase)를 수행 중이다. 고객은 제품이 인수 기준과 다르다며 공식적인 승인을 거절하고 있는 상황이다. 프로젝트 관리자가 확인해 보아야 할 문서로 적합한 것은 무엇인가?

A. 계약서(Contract)

B. 프로젝트 범위 기술서(Project scope statement)

C. 프로젝트관리 계획서(Project management plan)

D. 범위관리 계획서(Scope management plan)

24 WBS 작성 완료기간이 1주일 밖에 남지 않은 상황이며 PM 입장에서는 마음이 급하다. 이러한 상황에서 WBS는 누가 작성하는 것이 가장 적합한가?

A. 프로젝트 관리자　　　　　　　　　B. 프로젝트 팀 전체

C. 프로젝트관리 오피스　　　　　　　D. 전문가

25 다양한 아이디어를 접수하였다. 이 아이디어들 중 유용한 아이디어 몇 개만 적용하고자 한다. 어떤 방법을 사용해야 하는가?

A. 민감도 분석(Sensitivity Analysis)

B. 브레인스토밍(Brainstorming)

C. 델파이기법(Delphi technique)

D. 명목그룹기법(Nominal group technique)

26 팀원들과 3주에 걸쳐 WBS를 작성하였다. 다음 중 이러한 작업의 산출물에 포함되지 않는 것은?

A. 프로젝트 범위 기술서(Project scope statement)

B. WBS

C. WBS 사전(WBS dictionary)

D. 요구사항 추적 매트릭스(Requirements traceability matrix)

27 다음 중 범위 확인(validate scope) 프로세스 수행 시 적절하지 않은 투입물은 무엇인가?

A. 범위관리 계획서(Scope Management Plan)

B. 요구사항 문서(Requirements Documentation)

C. 요구사항 추적 매트릭스(Requirements Traceability Matrix)

D. 조직 프로세스 자산(Organizational Process Assets)

28 당신은 고객과 인수 테스트를 수행 중이다. 프로젝트 관리자는 품질 담당자에게 범위관리 계획서와 범위 기준선, 요구사항 문서, 요구사항 추적 매트릭스를 출력해 달라고 요청하였다. 프로젝트 관리자가 회의 시작 전에 준비해야 하는 또 다른 투입물은 무엇인가?

A. 검증된 인도물(Verified Deliverables)

B. 이해관계자 관리대장(Stakeholder register)

C. 프로젝트 헌장(Project charter)

D. 리스크 관리대장(Risk register)

29 프로젝트에서 주간 회의를 진행 중이며, 주요 화제는 일정 지연을 유발하고 있는 WBS 목록이다. 이처럼 WBS가 프로젝트 진척 사항을 결정하는 주요한 구성 요소로 활용되는 이유는 무엇인가?

A. 프로젝트에서 수행할 업무를 관리 가능한 수준의 인도물 중심으로 분류하였으므로

B. 계층도로 구성되어 있어, 상향식이나 하향식으로 파악하기가 쉬우므로

C. 프로젝트 팀원들이 공동으로 작업하였으므로

D. 요구사항 추적 매트릭스와 WBS가 1:1로 매핑되어 있으므로

30 프로젝트 일정 지연 사유에 대해서 검토 중이다. 프로젝트 관리자는 두 달 전쯤에 공식적인 변경요청 경로가 아닌, 고객이 요청한 통제되지 않은 범위 추가가 다수 처리되었고, 이 때문에 일정 지연이 발생한 것을 발견하였다. 이러한 현상을 일컫는 용어는 무엇인가?

A. 범위 끼어들기(Scope Creep)   B. 범위 통제(Cotrol Scope)

C. 범위 정의(Define Scope)   D. 금도금(Gold Plating)

31 당신은 기존에 수행한 유사한 프로젝트에 투입되었다. 기존의 경험을 살려 시간이 소요되는 WBS는 굳이 작성하지 않아도 프로젝트 업무가 가능하다고 판단하였다. 이러한 상황을 보고 있던 프로젝트 관리 오피스는 WBS 미작성으로 인해 발생할 수 있는 상황에 대해서 우려하고 있다. 다음 중 가장 우려되는 상황은 무엇이겠는가?

A. 정확한 산출물 목록이 없으므로, 품질 수준이 낮아진다.

B. 외부에서 감사나 감리를 수감 시에 지적사항이 발생할 수 있다.

C. 운영 업무로 제품이나 결과물을 이관 시에 정확한 업무 산정이 불가능하다.

D. 팀원들이 무엇을 작업해야 할지 몰라 우왕좌왕할 수 있으며, 산출물 누락이 발생할 수 있다.

32 인도물의 기능과 성능에 대한 변경요청이 고객에게 지속해서 제기되었다. 해당 변경요청들은 프로젝트 범위에 영향을 주지 않으며, 일정과 원가에도 영향이 없는 사소한 것으로 판단된다. PM인 당신은 어떻게 해야 하는가?

A. 처리를 미루고 변경 내용을 처리할 수 있는 규모가 될 때까지 미루고 다음에 반영한다.

B. 변경요청을 통한 공식적인 발행을 요구한다.

C. 사소한 변경요청 건이므로 변경통제 위원회(CCB)에 의사 결정을 위임한다.

D. 고객 만족을 위해 변경요청을 수락한다.

33 이해관계자와의 인터뷰, 브레인스토밍, 서베이 등을 통해서 다양한 아이디어를 수집하였다. 프로젝트 관리자는 수집된 아이디어를 프로젝트 팀원이 이해하기 쉽게 표현하려고 공통점을 찾아서 그룹화하고 있다. 어떠한 기법을 사용 중인가?

A. 친화도(affinity diagram)

B. 마인드 매핑(mind mapping)

C. 투표(voting)

D. 상황도(context diagram)

34 프로젝트 관리자는 프로젝트 인도물과 프로젝트 작업을 더 작고 관리 가능한 요소들로 세분하는 작업을 수행 중이다. 프로젝트에서 수행할 작업과 제외할 작업을 설명하고 있으며, 프로젝트 관련된 제약사항이나 제한사항을 설명하는 프로젝트 범위 기술서가 산출되는 프로세스는 무엇인가?

A. 요구사항 수집(Collect Requirements)　　B. 범위 정의(Define Scope)

C. 작업분류체계 작성(Create WBS)　　D. 범위 통제(Control Scope)

35 프로젝트에서는 고객이나 스폰서가 주체가 되어 범위 확인을 수행 중이다. 이때 고객이 범위 확인을 위해서 전달받은 인도물이 정확하지 않다는 불만을 제기하였다. 이러한 산출물은 어디에서 제대로 검증되었어야 하는가?

A. 범위 통제

B. 범위 확인

C. 품질 통제

D. 품질 관리

36 프로젝트 범위관리의 감시 및 통제 프로세스 그룹에는 범위 확인(Validate Scope)과 범위 통제 (Control Scope)라는 2가지 프로세스가 존재한다. 다음 중 두 프로세스의 차이점으로 올바르지 않은 것은?

A. 범위 확인은 고객이나 스폰서가 주체가 되고, 범위 통제는 프로젝트 팀이 주체가 된다.

B. 범위 확인은 요구사항이 제대로 구현되었는지에 중점을 두며, 범위 통제는 범위 기준선을 유지하는 것에 중점을 둔다.

C. 범위 확인은 인도물 인수 여부에 중점을 두며, 범위 통제는 정확한 인도물 산출에 중점을 둔다.

D. 프로젝트관리 계획서, 요구사항 문서, 요구사항 추적 매트릭스는 범위 확인과 범위 통제의 공통된 투입물이다.

37 프로젝트 관리자는 프로젝트 인도물과 프로젝트 작업을 더 작고 관리 가능한 요소들로 세분하는 작업을 수행 중이다. 이러한 프로세스의 산출물로 범위 기준선이 작성될 것이며, 범위 기준선의 중요한 구성요소로 WBS가 존재한다. 다음 중 WBS에 대한 설명 중 잘못된 것은 무엇인가?

A. 프로젝트 인도물과 작업을 산출물 관점에서 계층적으로 그룹화한 것이다.

B. WBS의 최하위 구성요소는 작업 패키지이다.

C. 분할예정 패키지에 대해서는 작업 패키지로 세분화 될 때까지 WBS 사전을 작성할 필요는 없다.

D. WBS는 일정과 원가가 추정 가능한 수준까지 작성하는 것이 바람직하다.

38 선별된 이해관계자와 해당 분야 전문가 집단으로 구성되며, 숙련된 조정자(moderator)가 인터뷰보다는 자연스러운 대화 분위기를 조성하도록 고안된 대화식 토론을 이끌며 좌담을 진행하고 있다. 이러한 기법을 통해서 프로젝트 관리자가 얻고자 하는 것으로서 적절한 것은?

A. 요구사항관리 계획서(Requirements management plan)

B. 프로젝트 범위 기술서(Project statement of work)

C. 요구사항 문서(Requirements documentation)

D. 범위관리 계획서(Scope management plan)

39 당신은 진행 중인 프로젝트에 PM으로 선정되었고 프로젝트 범위와 관련된 내용을 확인하고 싶다. 어떤 문서를 보는 것이 적합하겠는가?

A. 프로젝트 범위 기술서(Project scope statement)

B. 작업분류체계(WBS)

C. 요구사항 문서(Requirements documentation)

D. 범위관리 계획서(Scope management plan)

40 프로젝트 및 제품 범위에 대한 계획대비 실적을 분석하여 범위 상태를 감시하고 범위 기준선에 대한 변경을 관리하는 프로세스를 수행 중이다. 프로젝트 관리자는 통제해야 할 범위에 대한 기준이 되는 프로젝트관리 계획서를 참조하고 있다. 다음 중 범위 통제 시에 참조해야 할 프로젝트관리 계획서의 구성요소로서 적절치 않은 것은?

A. 범위 기준선(Scope baseline)

B. 요구사항관리 계획서(Requirements management plan)

C. 요구사항 문서(Requirements documentation)

D. 형상관리 계획서(Configuration management plan)

41 당신은 ABC 프로젝트의 관리자로서 프로젝트 팀원들과 프로젝트 및 제품 범위의 상태를 감시하고 범위 기준선에 대한 변경을 관리하고 있다. 프로젝트 관리자가 참조해야 할 문서로 가장 적절하지 않은 것은 무엇인가?

A. 프로젝트관리 계획서(Project management plan)

B. 검증된 인도물(Verified deliverables)

C. 요구사항 문서(Requirements documentation)

D. 조직 프로세스 자산(Organizational process assets)

42 프로젝트 범위가 지난달에 급격히 증가하였다. 프로젝트 전반에 걸친 변경 사항을 관리하고 추적하는 바람직한 통제 행위를 지원하는 것은?

A. 품질 통제(control quality)

B. 형상관리 시스템(configuration management system)

C. 추적 시스템(tracking system)

D. 변경통제 위원회(change control board)

43 고객의 요구사항이 명확하지 않아서 적응형 생애주기를 적용하기로 프로젝트관리 계획서에 기술되어 있다. 지난주 고객과의 요구사항 분석 워크숍이 있었으며 초기 계획보다 많은 인도물이 생성이 될 수밖에 없는 상황이다. 이에 대응하기 위해서 PM은 요구사항 구현에 대한 우선순위를 정하고 싶다. 이때 사용할 수 있는 T&T는 무엇인가?

A. 스프린트 기획 미팅(Sprint Planning Meeting)

B. 전문가 판단(Expert Judgment)

C. 의사결정 나무분석(Decision Tree Analysis)

D. 사용자 스토리(User Story)

1   정답 C   [시나리오 제시 기본]

고객이 변경요청을 하는 것 자체는 문제되는 것이 아니다. 하지만 과도한 변경요청이나 검토는 당연히 프로젝트 수행에 있어서 걸림돌로 작용할 수 있다. 따라서 범위 통제를 수행하여 비정상적으로 처리되는 변경요청 건에 대해서 감시 및 통제해야 하며, 고객에게는 정상적인 변경 처리 절차를 따르게 하여 무분별한 변경요청을 자제시켜야 한다.

2   정답 B   [시나리오 제시 기본]

프로젝트관리 계획서(이 문제에서는 프로젝트관리 계획서에 포함된 범위관리 계획서나 범위기준선이 주요 문서)가 작성된 이후에 요청되는 변경 건에 대해서는 반드시 공식적인 변경요청에 의한 처리 절차를 따르게 해야 한다. 그렇게 해야 이력이 관리되며, 다른 프로세스에 미치는 영향도에 대한 검토 및 프로젝트 종료 시점에 구매자와 공급자 간에 발생 가능한 분쟁까지도 예방할 수 있다.

 전문가의 Comment

범위 통제와 관련하여 알고 있어야 하는 주요 용어는 다음과 같다.

1) 범위 끼어들기(Scope Creep): 통제되지 않은 변경으로, 구매자가 공식적인 변경 절차 없이 계약 범위 이상의 일을 요구하는 것을 말한다.

2) 금도금(Gold Plating): 공급자가 계약범위 밖의 일을 구매자에게 제공하는 것을 말하며, 고객이 요구한 사항을 넘어서는 더 좋은 기능(더 좋은 품질)으로 제공하는 것 또한 범위 통제가 되지 않는 불필요한 행위이다.

3   정답 C   [용어 이해 기본]

작업분류체계의 핵심 키워드는 프로젝트 인도물, 계층적 구조, 작고 관리 가능한 수준 등이다. 실무에서는 일반적으로 인도물(deliverables)이 아닌 활동(activities) 수준까지 분할하여 작성하기 때문에 시험에서 자주 틀리는 문제이기도 하다.

오답 확인

A. WBS에 작성되어 있는 인도물만 프로젝트 작업에서 수행되어야 한다.
B. 산출물을 인도물 중심으로 기술한 것이지, 활동 중심이 아니다.
D. 일반적으로 작업 패키지(work package) 수준으로 기술하며, 분할예정 패키지(planning package)에 대해서도 WBS 사전 작성은 필수이다.

4   정답 D   [용어 이해 심화]

요구사항 추적 매트릭스는 PMBOK에서는 [5.5 범위 확인], [5.6 범위 통제]에서 사용되고, 실무에서는 주로 공공/국방 산업에서 외부 감리 시 사용된다. 요구사항 추적 매트릭스는 고객과 합의된 요구사항 목록부터 프로젝트에서 최종 산출되는 인도물에 이르기까지 주요한 단계별 산출물 연관도를 포함하고 있기 때문에 발주자(구매자) 입장에서는 제품/프로젝트 검수 시에 초기 요구사항까지 확인하는 수단으로 사용된다.

5   정답 D   [ITTO 제시 기본]

문제에 해당하는 프로세스는 [5.4 작업분류체계 작성]이며, 이 때 사용하는 도구 및 기법을 묻는 질문이다. 이 때 사용하는 기법은 분할(decomposition)과 전문가 판단(Expert judgment)이다. 연동기획도 실제로 사용되기는 하지만 PMBOK에서는 명시적으로 [6.2 활동 정의]에서만 언급되어 있음에 유의하자.

6 정답 B [ITTO 제시 기본]

PMP 시험에서 자주 출제되는 유형 중 하나이다. 문제에서 제시하는 기법을 찾고, 그 기법이 사용되는 프로세스 또는 그러한 프로세스의 산출물이나 투입물을 찾아보라는 질문이 자주 등장한다. 또한, 이전에는 국한적으로 출제되던 요구사항 수집 기법에 대해서 세부적인 기법까지 출제 영역이 확장되고 있으니 요구사항 수집에서 사용되는 기법에 대해서는 정의, 목적, 장단점은 꼼꼼히 학습하자.

7 정답 B [시나리오 제시 기본]

이러한 문제는 기본에서 바라보고 접근해야 한다. 즉, PMBOK에서 현재 또는 향후에 PM 역할을 수행하는 수험생들에게 요구하는 기본 자질이 무엇인지에 대한 고민을 풀어가는 입장에서 바라보아야 한다는 것이다. 현재 상황은 일정이나 산출물이 계획에 미치지 못하는 것이고, PM으로서 그에 대한 책임을 지고, 남은 일정이나 예산을 고려하여 지연된 작업을 계획에 맞추는 시정조치 방안을 수립하고 제시하는 것이 우선이다.

8 정답 B [ITTO 이해 응용]

PMBOK에서 설명하고 있는 인도물의 흐름에 대한 이해도를 테스트하는 문제이다. 품질 통제와 범위 확인의 주체 및 검토하는 인도물의 유형에 대해 학습하길 바란다.

 전문가의 Comment

PMBOK에서 인도물의 종류와 흐름도는 다음과 같다.

1) [4.3 프로젝트 작업 지시 및 관리] 프로세스를 수행하면 '인도물'이 생성된다.

2) 생성된 인도물은 [8.3 품질 통제] 프로세스를 통해 프로젝트 팀 자체적으로 품질의 정확성을 검증하여 '검증된 인도물'이 된다.

3) 품질이 검증된 인도물은 [5.5 범위 확인] 프로세스를 통해 고객에게 승인이나 기각되며, '승인된 인도물'이 된다.

4) 승인된 인도물은 [4.7 프로젝트 또는 단계 종료]의 투입물로 입력된다.

9 정답 D [시나리오 제시 응용]

8번 문제를 다른 시각으로 응용하여 출제한 문제이며, 인도물이 흐르면서 수행되는 프로세스를 알아야 대응할 수 있는 문제이다. "정확성이 검증된 인도물은 인수를 공식화하는 프로세스로 전달될 것이다."에서 다음에 수행될 프로세스는 [5.5 범위 확인] 프로세스임을 알 수 있으며, [5.5 범위 확인]에서 사용되는 도구 및 기법을 묻는 것이다.

10 정답 A [시나리오 제시 응용]

접근하기 어려운 문제이기도 하며, 점차 비중을 늘려가는 복합형 문제이기도 하다. 문제를 분석해보면 이해관계자와 범위관리 지식 영역이 혼합된 문제임을 확인할 수 있다. 이러한 문제에서는 질문의 핵심을 파악하는 것이 중요하다. 이전 PM이 변경된 이유는 이해관계자들의 요구사항을 만족시키지 못한 것이며, 결국은 이해관계자의 성향과 요구를 제대로 파악하지 못한 인도물을 산출하고 절차를 진행했음을 유추할 수 있다. 관련된 계획서들을 검토하고 프로젝트 팀원들과 회의를 진행하는 것도 중요하지만, 관련된 이해관계자들의 성향과 영향력을 파악하는 것이 우선이다.

11 정답 D [용어 정의 응용]

시나리오 유형으로 제시하고 있으나, 문제에서 제시된 항목이 포함된 문서를 찾으면 쉽게 해결 가능한 문제이다. 프로젝트의 인도물과 인수조건, 프로젝트 경계, 프로젝트 가정사항, 제약사항 등이 포함된 문서는 프로젝트 범위 기술서이다. 프로젝트 범위 기술서는 프로젝트 헌장과의 비교 문제로도 자주 출제된다.

12 정답 B [시나리오 이해 기본]

프로젝트 범위 기술서(project scope statement)가 작성되는 프로세스는 [5.3 범위 정의] 프로세스이며, 범위 정의는 '기획' 프로세스 그룹에 속한다.

5) **제약조건(Project constraints)**: 프로젝트나 프로세스의 실행에 영향을 미치는 제한 요인으로서 계약 아래 프로젝트가 수행될 때는 일반적으로 계약 조항이 제약이다.

6) **가정사항(Project assumptions)**: 증거나 설명 없이 진실, 현실 또는 특정한 것으로 간주되는 기획 단계의 요인, 가정 사항 등을 식별하여 문서화하고 유효성을 확인한다.

15 정답 C [ITTO 이해 기본]

WBS 작성 원칙에 관련된 문제로서, 작업 패키지(Work Package)를 어느 정도 수준까지 분할하는 것이 바람직한가에 대한 질문이다. WBS는 반드시 프로젝트관리 소프트웨어를 이용하여 관리하지는 않기 때문에 (C)는 부적절한 답이다. 또한, PMBOK에서 제시하는 적절한 분할의 기준이란 통상 작업의 원가와 활동 기간을 신뢰할 수 있는 수준으로 산정하고 관리할 수 있는 수준을 의미한다.

전문가의 Comment

무조건 장려사항은 아니지만, 통상적으로 실무에서는 작업 패키지(Work Package)의 단위는 80시간(2주) 내외의 기간으로 분할하는 것이 바람직하다는 원칙을 적용 중이다.

16 정답 C [ITTO 이해 기본]

[5.5 범위 확인] 프로세스의 대상이 '검증된 인도물'이기 때문에 프로젝트를 수행하면서 단계별로 진행할 수 있다. 프로젝트 종료 시점에 한 번만 수행하는 것은 당연히 오답이며, 착수 시점에는 검토할 대상인 인도물도 없는 시기이다.

17 정답 A [ITTO 이해 기본]

요구사항을 수집하는 프로세스는 [5.2 요구사항 수집] 프로세스이며, 해당 프로세스의 산출물은 (1) 요구사항 문서, (2) 요구사항 추적 매트릭스이다.

18 정답 B [ITTO 이해 기본]

인도물, 인수 기준, 프로젝트 범위 제외사항 등이 포

전문가의 Comment

범위관리, 일정관리, 원가관리 지식 영역은 공통으로 '기획'과 '감시 및 통제' 프로세스 그룹만 존재한다. 기준선(범위 기준선, 일정 기준선, 원가 기준선)을 기획 프로세스 그룹에서 작성한 이후에 웬만하면 변경 없이 작업을 수행하되 필요시에는 '감시 및 통제' 프로세스를 수행하면서 공식적으로 변경요청 절차를 따르라는 의미가 강하다.

13 정답 D [시나리오 제시 기본]

선택이 쉽지 않은 문제이다. 문제의 앞부분은 일반적인 상황을 제시하고 있으므로 가볍게 읽고 넘어가야 하며, 문제의 후반에 제시된 주요한 키워드에서 정답을 고민해야 한다. 다양한 요구사항 수집 기법 중에서 가장 빠른 수집 기법에 대한 문의이며 인터뷰와 설문지로 선택 범위를 줄여볼 수 있다. 인터뷰도 빠른 요구사항 수집이 가능하긴 하지만, 인터뷰 항목 설정, 인터뷰 대상 선정, 오프라인/온라인 인터뷰라는 절차를 고려 시에 광범위한 대상에게 온라인으로 기간을 제시하면서 요구사항 수집하고 분석하는 설문지에 비해서는 빠른 수집을 기대하기는 어렵기 때문에 설문지가 더 적합한 기법이다.

14 정답 C [시나리오 제시 응용]

고객의 요청사항은 우선 올바른지 검토해야 한다. 검토는 관련된 문서를 기반으로 수행하며, 문제에 해당하는 문서(승인 관련 기준)는 프로젝트 범위 기술서이다.

전문가의 Comment

다음은 프로젝트 범위 기술서에 포함되는 내용이니 반드시 기억하자.

1) **제품 범위 명세서(Product scope description)**: 프로젝트 헌장과 요구사항 문서에 설명된 제품, 서비스 또는 결과의 특성을 점진적으로 구체화한다.

2) **인수 기준(Product acceptance criteria)**: 완료된 제품, 서비스 또는 결과의 인수 프로세스와 기준을 정의한다.

3) **인도물(Project deliverables)**: 프로젝트 산출물, 프로젝트관리 보고서, 문서 등의 결과물을 포함한다.

4) **프로젝트 범위 제외사항(Project exclusions)**: 프로젝트

함된 문서는 프로젝트 범위 기술서(Project scope statement)이다.

19 정답 D　　　　　　　　　　[ITTO 이해 기본]

프로젝트 범위 기술서에는 문제 18번에서 설명하고 있는 인도물, 인수 기준, 프로젝트 범위 제외사항 외에 프로젝트 수행 중에 고려해야 하는 제약사항(constraints) 및 가정사항(assumptions)도 포함되어 있다. 프로젝트 범위 기술서(Project scope statement)는 다양한 프로세스에 투입물로 입력이 되는데, 프로젝트 범위 기술서에 포함되어 있는 광범위한 내용 때문이다.

문제에서 가정 사항 및 제약 사항이란 단어에만 집중해서 '가정사항 기록부'를 선택해서는 안 된다. 가정사항 기록부에는 프로젝트 수준에서 관리해야 하는 가정 및 제약사항이 관리되고, 프로젝트 범위 기술서에는 인도물이나 작업을 완료하기 위한 상세한 가정 및 제약사항이 관리되는 차이점이 있다.

 전문가의 Comment

프로젝트 범위 기술서(Project Scope Statement)에 포함된 항목은 이해가 안 되면 반드시 암기하기 바란다. 또한, 프로젝트 헌장의 포함 내용과도 비교해서 이해해야 한다.

프로젝트 헌장

· 프로젝트 목적 또는 정당성
· 측정 가능한 프로젝트 목적과 연관된 성공 기준
· 상위 수준 요구사항
· 상위 수준 프로젝트 설명
· 상위 수준 리스크
· 요약 마일스톤 일정계획
· 요약된 예산
· 이해관계자 목록
· 프로젝트 승인 요구사항
· 할당된 프로젝트 관리자, 책임 및 권한 수준
· 프로젝트 헌장을 승인하는 스폰서나 기타 개인의 이름과 권한

프로젝트 범위 기술서

· 프로젝트 범위 명세서(점진적 구체화)
· 인수 기준
· 프로젝트 인도물
· 프로젝트 제외사항
· 프로젝트 제약조건
· 프로젝트 가정사항

20 정답 B　　　　　　　　　[시나리오 제시 응용]

질문의 요지는 '팀원들에게 적합한 업무를 부여하는 것'이므로, 작업에 팀원 이름까지 할당된 문서가 필요한 것임을 파악해야 한다. 물론 (A)가 WBS를 포함한 범위 기준선을 작성하기 위한 선행 활동이긴 하지만, 문제의 질문에 충실해야 하기 때문에 (B)가 답이다.

21 정답 B　　　　　　　　　[시나리오 제시 응용]

주의 깊게 문장을 파악해야 하는 질문이다. 언뜻 '인도물, 가정사항' 등만 보면 '프로젝트 범위 기술서'를 선택하기 쉽지만, '인도물, 가정사항, 소요 기간이나 관리단위 식별 코드'가 모두 포함된 프로젝트 관련 문서가 무엇인지를 찾아야 하는 질문으로서 이러한 모든 것이 포함된 문서는 'WBS 사전'이다.

 전문가의 Comment

범위 기준선의 구성 요소 중에서 출제비중이 가장 낮은 것이 'WBS 사전'이기는 하지만 범위 기준선의 구성 요소는 하나하나가 중요하다. WBS 사전을 작성하는 방법까지는 아니더라도 WBS 사전에 WBS 식별자(관리단위 식별 코드), 작업 설명, 가정사항 및 제약사항, 담당 조직, 연관된 일정 활동, 필요한 자원, 인수기준, 계약 정보 등이 있다는 정도는 기억하자

22 정답 C　　　　　　　　　[시나리오 제시 응용]

문제에서 '공식적으로 확정'하였다는 말에 주의하자. 공식적으로 확정한 프로젝트 범위 기술서는 공식적인 변경요청을 통해서만 변경하고 이력을 관리해야 한다.

23 정답 C　　　　　　　　　[시나리오 제시 응용]

고객의 인수 거부 사유가 인수 기준과 다르다는 것이며, 인수 기준은 프로젝트 범위 기술서에 기술되어 있다. 그렇다고 프로젝트 관리자가 프로젝트 범위 기술서만 참고해서는 안 되고 프로젝트관리 계획서에 포함된 범위 기준선, 일정 기준선, 원가 기준선 등의 연관된 문서를 검토하여 인수 기준을 충족하고 있다는 근거를 제시해야 한다.

24 정답 B　　　　　　　　　[시나리오 제시 심화]

작성된 WBS를 활용하거나 완료해야 할 주체는 결국 프로젝트 팀이다. 프로젝트 관리자와 프로젝트 팀원이 직접 미팅을 통해서 작성하는 것이 바람직하며, 때때로 전문가의 검증을 받는 것이 적합하다.

25 정답 D　　　　　　　　　[용어 이해 기본]

이 문제는 얼핏 생각하면 델파이 기법을 선택할 수 있으나, 델파이에서 언급되는 전문가, 익명성, 반복적 등의 용어가 없음에 유의해야 한다. 명목그룹기법은 브레인스토밍 이후에 수행되며, 수집된 다양한 요구사항 중에서 먼저 작업하거나 상세한 분석이 필요한 목록을 선정하는 기법으로 사용된다.

26 정답 D　　　　　　　　　[시나리오 제시 기본]

문제에서 제시한 "팀원들과 3주에 걸쳐 WBS를 작성하였다."라는 말은 결국 [5.4 WBS 작성] 프로세스가 완료되었다는 의미이다. 따라서 [5.4 WBS 작성] 프로세스의 산출물에 대한 질문이다.

오답 확인

D. 요구사항 추적 매트릭스는 [5.2 요구사항 수집(Collect Requirements)]의 산출물 중 하나이다.

 전문가의 Comment

[5.4 WBS 작성] 프로세스의 산출물은 '범위 기준선'이며, 구성요소는 '프로젝트 범위 기술서', 'WBS', 'WBS 사전'임을 반드시 기억하자.

27 정답 D　　　　　　　　　[ITTO 이해 기본]

[5.5 범위 확인(Validate Scope)]과 [5.6 범위 통제(Control Scope)]을 수행하는 주체를 파악하고 있다면 구체적으로 모르더라도 접근할 수 있는 문제이다. 혹시나 (A)를 선택하는 수험생도 있겠지만 범위관리 계획서는 결국 프로젝트관리 계획서의 일부이기 때문에 이러한 경우에는 포함관계를 파악해야 한다. [5.5 범위 확인(Validate Scope)]은 고객이 수행하는 것이기 때문에 '조직 프로세스 자산'은 참조하기에 부적합하다는 의미로 받아들이면 된다.

오답 확인

A, B, C는 범위 확인과 범위 통제의 공통된 투입물이다. 범위 확인에서 가장 중요한 투입물은 '검증된 인도물(Verified Deliverables)'이고, 중요한 산출물은 '승인된 인도물(Accepted Deliverables)'이다.

28 정답 A　　　　　　　　　[시나리오 제시 응용]

문제를 하나씩 파악해 나가야 한다. '고객과 인수 테스트를 수행'이라는 문구는 [5.5 범위 확인(Validate Scope)] 프로세스를 수행 중이라는 의미이며, 범위 확인을 위해서 준비한 투입물들을 나열하고 더 필요한 투입물에 대해서 질문하고 있다. 시나리오로 제시하고 있을 뿐이지 결국은 단순한 ITTO 문제이다.

 전문가의 Comment

검증된 인도물(Verified Deliverables)은 [8.3 품질 통제] 프로세스의 산출물로서, 프로젝트 팀에서 이미 정확성을 검증한 인도물이다.

29 정답 A [시나리오 제시 응용]

프로젝트 실무와의 연계성을 묻는 질문이다. 프로젝트 현장에서는 공정관리, 진척관리, 일정관리라고 하는 계획 대비 실적을 관리하게 되는데, 수행해야 할 인도물에 대해서 얼마가 계획되어 있는데 얼마 만큼을 수행하였는가에 대해서 일반적으로 매주 주간 회의를 통해서 공유하게 된다. 또한, 주간 회의의 결과로 시정조치나 예방조치가 발생한다. 따라서 가장 적합한 답은 인도물 중심의 프로젝트에서 수행할 목록이라는 (A)이다.

30 정답 A [시나리오 제시 응용]

'통제되지 않은 범위 추가'라는 단어에서 우선, 'Scope Creep'과 'Gold plating'을 떠올려야 하며, '고객이 요청한'이라는 문구에서 'Scope Creep'을 선택하면 된다.

 전문가의 Comment

만약 문제에서 '이러한 현상을 일컫는 용어'가 아니라 '이러한 현상을 방지하기 위해서 어떠한 작업을 수행했어야 하는가'로 변경된다면 답은 B를 선택해야 한다. 그렇기 때문에 PMP 시험은 문제를 끝까지 읽어보아야 한다는 것이다.

31 정답 D [시나리오 제시 응용]

(A), (B), (C) 모두가 답이 될 수는 있다. 하지만 문제에서는 가장 우려되는 상황을 물었고, WBS 작성의 근본적인 목적을 확인해야 하는 문제이다. WBS는 팀원들이 수행해야 할 작업을 인도물 중심으로 기술하고, WBS를 기준으로 WBS 사전을 작성하면서, 일정이나 담당자를 지정하기 때문에 WBS가 없다면 팀원들에게 정확한 업무 지시 및 확인을 위한 기준이 없어 진다.

32 정답 B [시나리오 제시 응용]

변경요청에 관련된 문제이고 변경요청의 핵심은 범위이다. 일반적으로 범위가 변경되면 일정, 원가에 영향을 미치게 되기 때문에 범위 변경은 프로젝트 관리 1순위가 된다. 문제에서 '사소한 범위 변경'을 강조하고 있지만, 수험생 입장에서는 PMBOK에서 제시하는 원리원칙을 선택하면 된다. 변경요청의 경중에 상관없이 변경이 필요하다면 공식적인 변경처리 절차로 진행하면 되는 것이고, 관련 근거를 반드시 이력으로 관리해야 한다.

33 정답 A [용어 제시 응용]

5장에서 가장 많은 비중을 차지하는 요구사항 수집 관련된 문제이다. 요구사항 수집에서는 다양한 기법이 소개되고 있으며 프로세스에 대한 문제보다는 단순하게 도구 및 기법을 묻는 문제가 많다. 해당 도구 및 기법이 데이터 수집인지, 데이터 분석인지, 데이터 표현인지가 중요한 것이 아니라, 해당 기법의 정의, 목적, 적용 사례를 명확히 구분할 수 있다면 고득점도 가능하다.

 전문가의 Comment

친화도는 [5.2 요구사항 수집] 이외에 [8.2 품질 관리]에서도 사용되며, 잠재적인 결함 발생 원인을 그룹화하여 가장 집중해야 할 영역을 보여주는 대표적인 데이터 표현 기법이다. 대표적인 활용 사례는 다음과 같으니 함께 학습하길 권장한다.

- 다량의 데이터를 유사성에 따라 분류할 때 사용한다.
- 겉으로 보기에는 서로 관련이 없어 보이는 인자들 사이의 패턴을 찾을 때 유용하다.
- WBS 작성 시에 친화도를 사용하여 범위를 계층적으로 분해하는 데 사용한다.

34 정답 B [ITTO 이해 기본]

이 문제도 서론만 확인하고 성급하게 답을 선택하면 틀리는 문제이다. 프로젝트 인도물과 프로젝트 작업을 더 작고 관리 가능한 요소들로 세분하는 작업은 [5.4 WBS 작성] 프로세스에 대한 설명이며, "프로젝트 범위 기술서가 산출되는 프로세스는 무엇인가?"가 묻고자 하는 질문이기 때문이다.

35 정답 C   [프로세스 이해 기본]

인도물의 흐름에 대한 질문이다. [5.5 범위 확인]에 투입되는 '검증된 인도물(Verified deliverables)'은 [8.3 품질 통제] 프로세스의 산출물이며, [5.5 범위 확인] 프로세스를 거쳐 '승인된 인도물(Accepted deliverables)'로 변경되는 것이다.

 전문가의 Comment

인도물에 대해서는 반드시 영문 명칭을 기억하자. 시험에서는 한글로 번역되면서 다양한 용어로 제시될 수 있다.

1) Deliverables: 인도물, 산출물, 결과물

2) Verified deliverables: 검증된 인도물, 확인된 인도물

3) Accepted deliverables: 승인된 인도물, 검수된 인도물

36 정답 C   [프로세스 이해 기본]

범위 확인(Validate Scope)과 범위 통제(Control Scope)의 차이점에 대해서는 반드시 기억하자. 주요한 확인 사항은 (1)수행 주체, (2)수행 목적, (3)투입물 등이다.

오답 확인

C에서 범위 확인의 목적은 맞게 기술되어 있으나, 정확한 인도물 산출에 중점을 두는 것은 품질 통제에 대한 설명이다.

37 정답 C   [용어 이해 기본]

WBS 정의(인도물 중심의 계층 구조), WBS 구성요소(특히, 최하위 구성요소는 작업 패키지라는 점), WBS 작성 원칙에 대해서는 반드시 학습하자.

오답 확인

C. 분할예정 패키지(Planning Package)에 대해서도 WBS 사전은 작성되어야 한다.

38 정답 C   [ITTO 이해 응용]

기법을 소개하고 해당하는 기법을 통한 산출물에 대한 질문이다. 사용 중인 기법은 '핵심 그룹(Focus Groups)'이며 [5.2 요구사항 수집] 프로세스에서 사용되는 기법이다. 또한, 요구사항 수집 프로세스의 산출물은 '요구사항 문서'와 '요구사항 추적 매트릭스'이다.

39 정답 A   [ITTO 제시 기본]

프로젝트 범위 기술서와 WBS의 차이점을 알지 못한다면 틀리는 문제이다. 실무에서 WBS가 워낙 빈번히 사용되고, 계획 vs. 실적의 기준으로 사용되다 보니 흔히 WBS를 선택하는 수험생이 많을 것이다. 하지만 WBS는 프로젝트에서 수행할 작업이나 인도물을 계층 구조로 표현한 것이지 WBS를 보아서는 전체적인 프로젝트 범위와 관련된 내용을 파악하기에는 누락하는 부분이 많다. 왜냐하면 프로젝트 범위 기술서에는 (1)인도물, (2)인수기준, (3)프로젝트에서 제외해야 할 사항, (4)가정이나 제약사항이 포함되어 있기 때문이다.

40 정답 C   [시나리오 제시 기본]

[범위 통제]에 대한 시나리오를 통해 묻고자 하는 것은 '프로젝트관리 계획서'와 '프로젝트 문서'를 구분할 수 있는가이다.

 전문가의 Comment

프로젝트관리 계획서에 포함되는 문서는 대략적으로 살펴보면 다음과 같다.

1) 지식 영역별 산출되는 '지식 영역 명칭 + 관리 계획서'

2) 범위관리, 일정관리, 원가관리 지식 영역에서 산출되는 '지식 영역 명칭 + 기준선'

3) 기타 관리 계획서(변경관리 계획서, 형상관리 계획서 등)

41 정답 B   [시나리오 제시 기본]

범위 통제의 투입물에 대한 질문이다. B는 [5.5 범위 확인]의 주요한 투입물이다.

42 정답 B

[용어 이해 기본]

형상관리 시스템(configuration management system)은 의외로 시험 출제 비중이 높다. 형상관리 시스템의 주요 목적은 산출물의 무결성을 유지하는 것이고, 여기서 말하는 형상이란 고객의 요구사항을 구현하기 위해 프로젝트 팀에서 관리하는 주요한 작업 구성요소이다.

 전문가의 Comment

PMBOK 용어집에서 설명하고 있는 '형상관리 시스템(configuration management system)'의 정의는 다음과 같으며, 자세한 내용은 PMP PRIDE 해설서에서 확인하길 권장한다.

"A collection of procedures used to track project artifacts and monitor and control changes to these Artifacts(프로젝트 결과물(Artifacts)을 추적하고 결과물에 대한 변경사항을 감시하고 통제하기 위해서 사용하는 절차 모음)".

43 정답 A

[시나리오 제시 기본]

애자일 생애주기와 관련된 문제는 지속해서 추가될 예정이다. 그렇다고 이해하기 어려운 애자일 관련 프로세스나 용어에 무한정 시간을 할애하기는 어려우니, PMP 합격을 위해서라면 해설서에서 제시하는 주요한 프로세스나 용어 정도에 대해서만 확실하게 이해하는 전략을 세워야 한다. 보기에 등장하는 용어 중에서 사용자 스토리(User Story)는 전통적인 생애주기와 비교하자면 고객의 요구사항이다. 애자일 생애주기에서는 이렇게 사용자 스토리를 취합하여 전체 목록(제품 백 로그)을 작성하고, 스프린트 기획 미팅(Sprint Planning Meeting)이라는 회의를 통해서 이번 스프린트에서 처리할 목록을 선택하고 스프린트 백 로그(Sprint Backlog)를 작성하게 된다. 즉, 프로젝트 팀원의 생산성(애자일에서는 속도라는 표현을 사용함)을 고려해서 이번 스프린트에서 처리할 요구사항(사용자 스토리) 개수 및 요구사항(사용자 스토리)을 처리할 기간을 우선순위 기반으로 선정하는 활동을 한다.

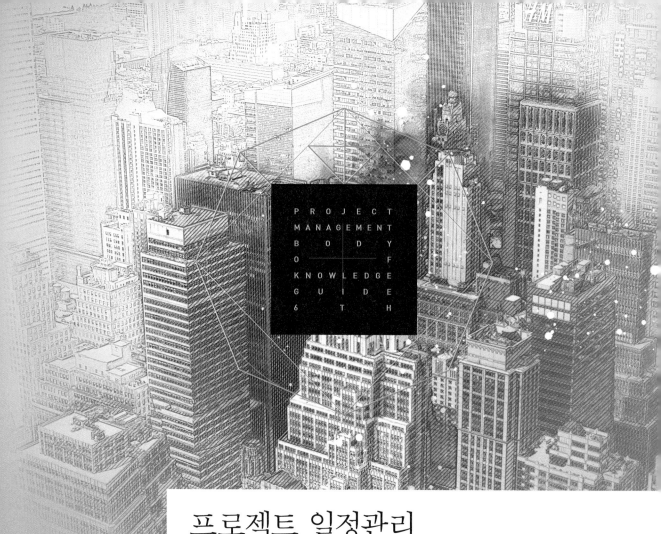

프로젝트 일정관리

PROJECT SCHEDULE
MANAGEMENT

출제 유형 분석

일정관리 지식 영역은 5장과 연계하여 프로세스 순서를 이해해야 하며, 프로세스마다 다양한 용어가 등장하기 때문에 용어에 대한 질문이 상당히 많은 지식 영역이다. 특히 [6.2 활동 정의], [6.3 활동 순서배열], [6.4 활동 기간산정]의 도구 및 기법은 반드시 용어의 정의와 목적을 이해해야 하고, [6.5 일정 개발]에서는 주 공정(핵심 경로)과 관련된 계산 문제가 4~5개 정도 출제되니 한가지 예제를 풀어보더라도 완벽히 이해해야 한다.

그룹	출제 항목	출제 유형	빈도	난이도
기획	6.1 일정관리 계획수립 (Plan Schedule Management)	· 일정관리 계획서 포함 내용	B	C
	6.2 활동 정의 (Define Activities)	· 분할과 연동 기획의 정의 · 활동 정의 산출물(활동 목록, 활동 속성, 마일스톤 목록)	B	B
	6.3 활동 순서배열 (Sequence Activities)	· 선후행 도형법(PDM)에서 사용되는 4가지 논리관계(FF, FS, SF, SS) 정의, 사례, 표기법 · 의존관계 종류(의무적, 임의적, 내부적, 외부적) 및 활용 사례 · 선도와 지연 정의 및 사례	A	B
	6.4 활동 기간산정 (Estimate Activity Durations)	· 활동 기간산정 도구 및 기법(유사 산정, 모수 산정, 3점 산정) 정의, 사례, 장단점 · 3점 산정 평균치 구하기(베타분포): [P(비관치) + 4M(최빈치) + O(낙관치)] / 6 · 산정 기준서 작성 목적 및 포함 내용	A	B
	6.5 일정 개발 (Develop Schedule)	· 주 경로(핵심 경로) 및 프로젝트 일정 네트워크 다이어그램 도식방법(경로분기, 경로수렴) · 일정 개발 프로세스 주요 기법에 대한 이해(자원 최적화, 가정 시나리오 분석, 시뮬레이션 등) · 일정 단축기법(crashing, fast tracking) 차이점 및 장단점	A	A
감시 및 통제	6.6 일정 통제 (Control Schedule)	· 일정 통제 정의와 목적	C	C

이렇게 학습하세요

반드시 보아야 할 것

☐ 활동 정의 산출물(활동 목록, 활동 속성, 마일스톤 목록)

☐ 활동 순서배열 도구 및 기법(선후행 도형법, 4가지 논리관계, 의존관계, 선도와 지연)

☐ 선후행 도형법(PDM)에서 사용되는 4가지 논리관계(FF, FS, SF, SS) 정의, 사례, 표기법

- 의존관계 종류(의무적, 임의적, 내부적, 외부적) 및 활용 사례
- 활동 기간산정 도구 및 기법(유사 산정, 모수 산정, 3점 산정) 정의, 사례, 장단점
- 주 경로(핵심 경로) 및 프로젝트 일정 네트워크 다이어그램 도식 방법(경로 분기, 경로 수렴)
- 일정 개발 프로세스 주요 기법(주 공정법, 자원 최적화, 시뮬레이션) 이해
- 일정 단축기법(crashing, fast tracking) 정의 및 차이점

| 비교해 보아야 할 것

- 작업 패키지(Work Package)와 활동(Activities)과의 차이점 이해
- 활동 목록 vs. 마일스톤 목록(정의, 목적, 보고 대상, 표현 방법)
- 선도 vs. 지연(정의, 사례, 표기법)
- 유사 산정 vs. 모수 산정(정의, 정확도 수준, 사례)
- 막대 차트 vs. 마일스톤 차트(정의, 구성요소, 장/단점, 작성 목적)
- 자원 평준화(Resource leveling) vs. 자원 스무딩(Resource smoothing)
- 유사 산정(Analogous Estimating) vs. 모수 산정(Parametric Estimating)
- 3점 산정(Three-point Estimates) vs. 1점 산정(Single-point Estimates)
- 경로 분기(Path Divergence) vs. 경로 수렴(Path Convergence)

| 흐름을 따라가 보아야 할 것

- 작업분류체계(WBS) 작성의 산출물과 활동 정의 프로세스의 연관 관계
- 주 경로 구하는 절차 중에서 전진 계산법과 후진 계산법에서 계산되는 일정 데이터

| 계산해 보아야 할 것

- 3점 산정 평균치 구하기(베타분포): [P(비관치) + 4M(최빈치) + O(낙관치)] / 6
- 3점 산정 평균치 구하기(삼각분포): [P(비관치) + M(최빈치) + O(낙관치)] / 3
- 모수 산정으로 활동 기간산정하기
- 프로젝트 종료일, 주 경로(핵심 경로), 여유 시간, 자유 여유 구하기

| 확인해 보아야 할 용어

- 연동 기획(Rolling Wave Planning)
- 마일스톤(Milestone)
- 선후행 도형법의 4가지 논리관계(FS, FF, SF, SS)
- 의존관계 유형(의무적, 임의적, 내부적, 외부적)
- 주 공정(Critical Path), 여유 시간(Total Float), 자유 여유(Free Float)
- 자원 최적화(Resource Optimization)
- 해먹 활동(Hammock Activity)

| 출제 빈도 높은 ITTO (투입물, 도구 및 기법, 산출물)

- 활동 정의 산출물(활동 목록, 활동 속성, 마일스톤 목록)
- 활동 순서배열 T&T(선후행 도형법, 의존관계 결정, 선도와 지연)
- 활동 기간산정 T&T(유사 산정, 모수 산정, 3점 산정)
- 일정 개발 T&T(주 공정법, 자원 최적화, 일정 단축)
- 일정 개발 산출물(프로젝트 일정, 프로젝트 달력)

일정관리 계획수립
Plan Schedule Management

→ 정답 181쪽

1 [일정관리 계획수립] 프로세스 정의에 대한 핵심 키워드를 완성하시오.

일정관리 계획수립은 (❶   )에 대한 기획, 개발, 관리, 실행 및 통제에 대한 정책, 절차를 수립하고 문서화하는 프로세스이다.

2 [일정관리 계획수립] 프로세스의 주요 ITTO에 대해서 다음의 힌트를 참조하여 핵심 키워드를 완성하시오.

그룹	프로세스	투입물	도구 및 기법	산출물
기획	6.1 일정관리 계획수립 (Plan Schedule Management)	1.❶	1. 전문가 판단 (Expert judgment)	1. 일정관리 계획서 (Schedule management plan)
		2. 프로젝트관리 계획서 (Project management plan) · ❷ · 개발 접근방법 (Development Approach)	2. 데이터 분석 (Data Analysis) 3. 회의 (Meetings)	
		3. 기업 환경 요인 (Enterprise environmental factors)		
		4. 조직 프로세스 자산 (Organizational process assets)		

❶ 상위 수준의 '프로젝트 요약 마일스톤'과 '프로젝트 승인 요구사항(사례: 프로젝트 성공의 구성 요건 중에서 납기 준수)'이 정의되어 있는 문서이다.

❷ 일정을 계획하기 위한 선행 활동인 범위를 정의하고 개발하는 방법이 설명되어 있으며, 추가적으로 일정을 개발하는 방법에 대한 정보도 포함되어 있다.

1 애자일 프로젝트를 진행 중이다. 팀원들은 정해진 기준 없이 요구사항에 따라 다르게 설정되는 반복 주기 기간으로 인해서 일정 관리에 어려움을 겪고 있다. 다음 중 프로젝트 관리자가 더욱 철저하게 확인했어야 하는 프로세스는 무엇인가?

A. 범위관리 계획수립(Plan Scope Management)

B. 일정관리 계획수립(Plan Schedule Management)

C. 활동 정의(Define Activity)

D. WBS 작성(Create WBS)

해설 [5.1 범위관리 계획수립], [6.1 일정관리 계획수립], [7.1 원가관리 계획수립] 프로세스는 PMBOK 5판부터 공식적인 프로세스로 추가되었으나 시험 비중은 상당히 낮은 편이며, 투입물이나 도구 및 기법이 대다수 동일함을 확인할 수 있다. 하지만 최근에는 시나리오 유형으로 보조관리 계획서에 포함된 내용을 하나하나 묻는 질문들이 등장하고 있으니 포함 항목 및 내용은 학습해야 한다.

일정관리 계획서의 주요 포함 내용은 다음과 같으며, 상세 포함 내용은 PMBOK 또는 해설서에서 확인하기 바란다.

- **프로젝트 일정계획 모델 개발**(Project Schedule Model Development)
- **릴리즈 및 반복주기 기간**(Release and Iteration Length)
- **정확도 수준**(Level of Accuracy)
- **측정 단위**(Units of Measure)
- **조직 절차 연계**(Organizational Procedures Links)
- **성과측정 규칙**(Rules of Performance Measurement)
- **보고서 형식**(Reporting Formats)

정답 B

활동 정의
Define Activities

1 [활동 정의] 프로세스 정의에 대한 핵심 키워드를 완성하시오.

활동 정의는 프로젝트 (❶　　　　　　　　　)을 생성하기 위해 수행하는 구체적인 (❷　　　　　　　)들을 식별하고 문서화하는 프로세스이다.

2 [활동 정의] 프로세스의 주요 ITTO에 대해서 다음의 힌트를 참조하여 핵심 키워드를 완성하시오.

그룹	프로세스	투입물	도구 및 기법	산출물
기획	6.2 활동 정의 (Define Activities)	1. 프로젝트관리 계획서 (Project Management Plan) 2. 기업 환경 요인 (Enterprise Environmental Factors) 3. 조직 프로세스 자산 (Organizational Process Assets)	1. 전문가 판단 (Expert judgment) 2. ❶ 3. ❷ 4. 회의(Meetings)	1. 활동 목록 (Activity List) 2. 활동 속성 (Activity Attributes) 3. ❸ 4. 변경요청 (Change Requests) 5. 프로젝트관리 계획서 업데이트 (Project Management Plan Updates)

❶ 작업 패키지를 완료하는 데 필요한 자원과 기간산정이 가능하도록 활동이라는 관리 가능한 요소로 세분화하는 기법이다.

❷ 가까운 시기에 완료할 작업은 상세하게 계획하고, 미래에 계획된 작업은 작업분류체계의 상위 수준에서 계획하는 반복적인 기획 방식이다.

❸ 프로젝트에서 중요한 지점 또는 사건을 표시하는 활동 목록의 변형된 유형이다. 시간의 흐름에 있어서 특정한 순간을 표현하기 때문에 기간(Duration)이 '0'인 활동이다.

1 과거 유사한 선례 정보와 교훈 저장소, 상용 데이터베이스에서 추출된 출판된 상용 정보, 범위 기준
   선을 참고하여 프로젝트에서 수행할 목록을 기획하고 있다. 이 과정에서 적용할 수 있는 기법은 무
   엇인가?

   A. 연동 기획(Rolling Wave Planning)

   B. 선후행 도형법(Precedence Diagramming Method)

   C. 상향식 산정(Bottom-up Estimating)

   D. 릴리즈 기획(Release Planning)

해설   이 문제는 난이도가 높은 문제이다. 도구 및 기법을 구하기 위해서 프로세스를 찾아내야 하
        고, 프로세스를 찾아내기 위해서는 해당 투입물을 알아야 한다. 또한 단순하게 투입물을 열
        거한 것이 아니라 투입물의 사례로 설명하고 있기 때문에 단순하게 접근하다가는 무엇을
        묻는지조차 판단하기 어려울 수 있다.

        과거 유사한 선례 정보와 교훈 저장소(OPA), 상용 데이터베이스에서 추출된 출판된 상용
        정보(EEF), 범위 기준선을 참고하여 수행하는 프로세스는 [6.2 활동 정의]이다. 활동 정의
        프로세스에서 사용하는 대표적인 도구 및 기법은 연동 기획과 분할이 있다.

정답 A

활동 순서배열
Sequence Activities

핵심 키워드

→ 정답 181쪽

1 [활동 순서배열] 프로세스에 대한 핵심 키워드를 완성하시오.

활동 순서배열은 프로젝트 활동 사이의 (❶   )를 식별하여 문서화하는 프로세스이다.

2 [활동 순서배열] 프로세스의 주요 ITTO에 대해서 다음의 힌트를 참조하여 핵심 키워드를 완성하시오.

그룹	프로세스	투입물	도구 및 기법	산출물
기획	6.3 활동 순서배열 (Sequence Activities)	1. 프로젝트관리 계획서 (Project Management Plan)	1. ❷ 2. 의존관계 결정 및 통합 (Dependency Determination and Integration) 3. ❸ 4. 프로젝트관리 정보시스템 (Project Management Information Systems)	1. 프로젝트 일정 네트워크 다이어그램 (Project Schedule Network Diagrams) 2. 프로젝트 문서 업데이트 (Project documents updates)
		2. 프로젝트 문서 (Project Documents) · 활동 목록(Activity List) · 활동 속성(Activity Attributes) · 마일스톤 목록(Milestone List) · ❶		
		3. 기업 환경 요인 (Enterprise Environmental Factors)		
		4. 조직 프로세스 자산 (Organizational Process Assets)		

❶ 활동 순서배열 방식, 활동 간 관계, 선도 및 지연의 필요성에 영향을 줄 수 있고, 프로젝트 전체 일정에 영향을 미칠 수 있는 가정이나 제약사항이 포함되어 있다.

❷ 프로젝트에서 인도물을 산출하기 위해서, 식별된 활동들이 어떠한 순서로 수행되어야 하는지에 대해서 그래픽으로 표현한 다이어그램이다.

❸ 활동 순서배열에서 반드시 수행해야 할 기법은 아니지만, 활동들의 논리 관계(연관 관계)를 정확히 정의하기 위해서 정의할 수 있다(대부분의 프로젝트관리 소프트웨어나 실무에서 '(+)', '(−)'를 공통된 의사소통 수단으로 사용).

1 선후행 도형법(PDM: Precedence Diagramming Method)에서는 4가지 연관관계가 사용된다. 선행
   작업이 종료되어야 후행 작업이 종료 가능한 연관관계는 무엇인가?

   A. 종료−시작 관계(FS: Finish−to−Start)

   B. 종료−종료 관계(FF: Finish−to−Finish)

   C. 시작−시작 관계(SS: Start−to−Start)

   D. 시작−종료 관계(SF: Start−to−Finish)

   해설 연관관계에서 앞부분은 선행 관계, 뒷부분은 후행 관계를 의미하는 것으로서 그림기반으로
   이해하면 득점하기 쉬운 기본 문제이다. 단지 선행 작업이 종료되어야 후행 작업이 종료 가
   능하다는 것과 후행 작업은 선행 작업이 종료되어야 종료 가능하다는 것은 같은 의미라는
   것만 파악하면 된다.

   정답 B

활동 기간산정
Estimate Activity Durations

6-4

→ 정답 181쪽

1 [활동 기간산정] 프로세스 정의에 대한 핵심 키워드를 완성하시오.

활동 기간산정은 산정된 자원으로 개별 활동을 완료하는 데 필요한 (**❶**   )를 개략적으로 산정하는 프로세스이다.

2 [활동 기간산정] 프로세스의 주요 ITTO에 대해서 다음의 힌트를 참조하여 핵심 키워드를 완성하시오.

그룹	프로세스	투입물	도구 및 기법	산출물
기획	6.4 활동 기간산정 (Estimate Activity Durations)	1. 프로젝트관리 계획서 (Project Management Plan)	1. 전문가 판단 (Expert judgment)	1. 기간산정치 (Duration Estimates)
		2. 프로젝트 문서 (Project Documents) · 활동 목록(Activity List) · 활동 속성Activity Attributes · 가정사항 기록부(Assumption Log) · 교훈 관리대장 (Lessons Learned Register) · 마일스톤 목록(Milestone List) · 프로젝트 팀 배정표 (Project Team Assignments) · 자원분류체계 (Resource Breakdown Structure) · 자원 달력(Resource Calendars) · **❶** · 리스크 관리대장(Risk Register)	2. **❷** 3. **❸** 4. **❹** 5. 상향식 산정 (Bottom-up Estimating) 6. 데이터 분석(Data Analysis) 7. 의사결정(Decision-Making) 8. 회의(Meetings)	2. 산정 기준서 (Basis of Estimates) 3. 프로젝트 문서 .업데이트 (Project Documents Updates)
		3. 기업 환경 요인 (Enterprise Environmental Factors)		
		4. 조직 프로세스 자산 (Organizational Process Assets)		

❶ 활동별로 산정된 자원 유형과 수량이 기술되어 있다. 산정된 자원 유형의 가용성이 보장되지 않을 때에는 활동 기간이 증가할 수도 있다.

❷ 과거 유사한 프로젝트의 기간, 예산, 규모, 가중치, 복잡성과 같은 선례 정보를 미래의 프로젝트에 대한 동일한 모수 또는 지표를 산정하기 위한 기준으로 사용한다.

❸ 선례 자료 및 프로젝트 매개변수에 기초를 두고 원가나 기간을 계산하는 알고리즘이 사용되는 산정 기법이다.

❹ 3가지 산정치(최빈치, 낙관치, 비관치)를 활용하여 활동 기간의 개략적 범위를 정의한다.

기출 문제

1 프로젝트에서 각 활동의 기간을 산정 중이다. 선례 자료와 통계적 모형을 사용 가능하며, 수행할 작업 단위 수에 작업 단위당 근로 시간을 곱하여 수치로 산출하는 방법을 무엇이라고 하나?

A. 유사 산정(Analogous estimating)

B. 모수 산정(Parametric estimating)

C. 3점 산정(Three-point estimating)

D. 전문가 판단(Expert judgment)

해설 유사 산정과 모수 산정은 시험에서는 구분하기가 상당히 모호하게 출제된다. 두 가지 모두 기본적으로 선례 정보를 사용하여 활동 기간을 산정하는 것이며, 구체적인 수치까지 제공되는 경우도 많다. 여기서 중요한 구분 키워드는 모수 산정은 유사 산정에서 사용하는 선례 정보(프로젝트 일반 현황) 이외에 '모수(프로젝트 특징 변수) + 수학적 모델(시뮬레이션 가능한 기법)'을 추가하여 산출한다는 것이다.

예를 들어, 설계 프로젝트에서 도면 개수에 도면당 근로 시간을 곱하거나 케이블 가설 길이(m)에 1m당 근로 시간을 곱하여 활동 기간을 산정할 수 있다. 가령 배정된 인력이 1시간에 25m의 케이블을 가설할 수 있으면 1,000m를 가설하는 데 40시간(1,000m / (25m/hr) = 40hr)이 걸린다.

정답 B

일정 개발
Develop Schedule

6-5

→ 정답 181쪽

핵심 키워드

1 [일정 개발] 프로세스 정의에 대한 핵심 키워드를 완성하시오.

일정 개발은 활동 순서, 기간, 자원 요구사항 및 일정 제약사항을 분석하여 프로젝트 실행, 감시 및 통제를 위한 (**❶**   )을 수립하는 프로세스이다.

2 [일정 개발] 프로세스의 주요 ITTO에 대해서 다음의 힌트를 참조하여 핵심 키워드를 완성하시오.

그룹	프로세스	투입물	도구 및 기법	산출물
기획	6.5 일정 개발 (Develop Schedule)	1. 프로젝트관리 계획서 (Project Management Plan)	1. 일정 네트워크 분석 (Schedule network analysis)	1. 일정 기준선 (Cost Baseline)
		2. 프로젝트 문서 (Project Documents)	2. ❶ 3. ❷	2. ❹ 3. 일정 데이터 (Schedule data)

		3. 협약서
		(Agreements)
			4. 데이터 분석
			(Data Analysis)
			· 가정 시나리오 분석
			  (What-If Scenario
			  Analysis)
			· 시뮬레이션(Simulation)
				4. 프로젝트 달력
				(Project calendars)
				5. 변경요청
				(Change Requests)

		4. 기업 환경 요인 (Enterprise Environmental Factors)	5. 선도 및 지연 (Leads and Lags)	6. 프로젝트관리 계획서 업데이트 (Project management plan updates)
		5. 조직 프로세스 자산 (Organizational Process Assets)	6. ❸ 7. 프로젝트관리 정보시스템(PMIS) 8. 애자일 릴리즈 기획 (Agile Release Planning)	7. 프로젝트 문서 업데이트 (Project documents updates)

❶ 프로젝트의 다양한 경로 중에서 가장 긴 시간이 소요되는 경로를 구하는 방법으로 '핵심 경로법'이라고 도 한다.

❷ 프로젝트에 가용할 수 있는 자원이 특정 시간대에만 이용할 수 있거나, 사용 시간을 일정하게 유지해야 할 필요가 있는 자원에 대해서 제약 조건에 맞게 자원 사용 시간을 조정하는 기법이다.

❸ 대표적인 기법으로 공정압축법(crashing)과 공정중첩단축법(fast tracking)이 존재한다.

❹ 일정 개발의 산출물로서 최소한 각 활동의 예정 시작일(planned start date)과 예정 종료일(planned finish date)을 포함하고 있으며, 막대 차트와 마일스톤 차트가 대표적인 기법으로 사용된다.

기출 문제

1 프로젝트 진행 중 스폰서가 일정 단축을 요구하고 있다. 해당 프로젝트는 자원(인적, 물적)의 추가 투입은 문제되지 않는 재무적 지원이 충분한 상황이다. 프로젝트 관리자(PM)가 적용할 단축기법은 무엇이겠는가?

A. 공정압축법(crashing)

B. 공정중첩단축법(fast tracking)

C. 자원 평준화(Resource Leveling)

D. 선도(Lead)

해설 일정 개발에서 소개하는 일정 단축기법은 2가지뿐이다. 공정압축법(crashing)과 공정중첩 단축법(fast tracking)이며, 2가지 기법을 적용하는 가장 큰 구분은 프로젝트에 '여유 예산이 존재하는가'이다. 프로젝트에 여유 예산이 존재한다면 자원을 추가하여 일정을 단축하는 공 정압축법(crashing)이 가장 효과적인 기법이다.

정답 A

일정 통제
Control Schedule

6-6

→ 정답 181쪽

핵심 키워드

1 [일정 통제] 프로세스 정의에 대한 핵심 키워드를 완성하시오.

일정 통제는 프로젝트 상태를 감시하면서 프로젝트 일정계획을 업데이트하고, (❶   )
에 대한 변경을 관리하는 프로세스다.

2 [일정 통제] 프로세스의 주요 ITTO에 대해서 다음의 힌트를 참조하여 핵심 키워드를 완성하시오.

그룹	프로세스	투입물	도구 및 기법	산출물
감시 및 통제	6.6 일정 통제 (Control Schedule)	1. 프로젝트관리 계획서 (Project management plan) 2. 프로젝트 문서 (Project Documents) 3. 작업성과 데이터 (Work performance data) 4. 조직 프로세스 자산 (Organizational process assets)	1. 데이터 분석 (Data Analysis) · 획득가치 분석 (Earned Value Analysis) · ❶ · 성과 검토 (Performance Reviews) · 추세 분석 (Trend Analysis) · 차이 분석 (Variance Analysis) · 가정 시나리오 분석 (What-if Scenario Analysis) 2. 주 공정법 (Critical Path Method) 3. 프로젝트관리 정보시스템 (Project Management Information Systems) 4. 자원 최적화 (Resource Optimization) 5. 선도 및 지연 (Leads and Lags) 6. 일정 단축 (Schedule Compression)	1. 작업성과 정보 (Work performance information) 2. ❷ 3. 변경요청 (Change requests) 4. 프로젝트관리 계획서 업데이트 (Project management plan updates) 5. 프로젝트 문서 업데이트 (Project documents updates)

❶ 완료한 활동, 시작한 활동에 대해 기록되어 있으며, 막대 차트, 마일스톤 차트, 프로젝트 일정 네트워크 다이어그램 등으로 표현한다.

❷ 작업성과 정보를 기반으로 산정한 미래 진척도에 대한 예측치이며, 미래의 프로젝트에 영향을 줄 수 있는 획득가치 성과지수를 포함한다.

기출 문제

1 일정 통제 결과를 분석해보니 프로젝트가 초기 계획한 날짜보다 늦어지고 있는 상황이다. 프로젝트 관리자로서 가장 먼저 고려해야 할 것은 무엇인가?

A. 공정압축법(crashing)

B. 공정중첩단축법(fast tracking)

C. 리소스 평준화(resource leveling)

D. 범위 기준선을 변경하여 범위 축소

해설 프로젝트 관리자로서 지연된 일정에 대한 일정 단축기법을 사용해야 하는 상황이며, 추가적인 비용이 들지 않는 공정중첩단축법(fast tracking)을 먼저 시도해보는 것이 바람직하다.

정답 B

프로젝트 일정관리
전체 프로세스 흐름 파악하기

다음은 프로젝트 일정관리에 대한 전체 DFD이다. 괄호 안에 해당하는 투입물이나 산출물을 중심으로 프로세스 전체에 대한 흐름을 파악하시오.

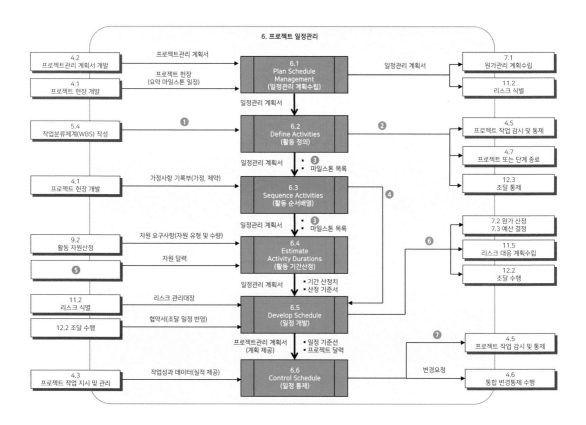

1 [6.1 일정관리 계획수립]: 프로젝트 헌장 및 프로젝트관리 계획서(범위관리 계획서, 개발접근방법)를 참고하여 일정관리 계획서를 작성한다(일정관리 계획서는 프로젝트관리 계획서의 구성요소이다).

2 [6.2 활동 정의]: 활동을 정의할 대상인 인도물이 포함된 (❶   )과 활동을 정의하고 통제하는 방법에 대한 기준이 포함된 일정관리 계획서를 참조하여 활동을 정의한다. 프로젝트에서 중요 시점이나 사건에 대해서는 (❷   )에 기록하며, 식별된 활동은 (❸   )에, 활동에 대한 상세 설명은 활동 속성에 기록한다.

3 [6.3 활동 순서배열]: 식별된 활동과 마일스톤 목록을 확인하고, 가정사항 기록부에 제시된 가정사항 및 제약사항을 고려하여 논리적으로 활동을 배열한다. 식별되고 배열된 활동은 (❹   )을 통해서 그래프로 가시화한다.

4 [6.4 활동 기간산정]: 산정할 대상인 활동 자원 요구사항과 누락이나 오류를 방지하기 위하여 활동 목록 및 활동 속성을 확인한다. 또한, 활동을 수행할 자원의 가용성과 역량을 확인해야 하기 위해서 (❺   ) 프로세스의 산출물인 자원달력과 프로젝트 팀 배정표를 참고한다. 프로세스 수행 결과 기간산정치와 산정 기준서가 산출된다.

5 [6.5 일정 개발]: 산출물 중에는 일정 기준선 이외에 '막대 차트', '마일스톤 차트', '프로젝트 일정 네트워크 다이어그램'을 포함하고 있는 (❻   )이 산출된다. 또한, 프로젝트 전체 일정인 프로젝트 달력이 작성된다.

6 [6.6 일정 통제]: 프로젝트 일정 상태를 감시하면서 필요하다면 프로젝트 일정계획을 업데이트하고, 일정 기준선에 대한 변경을 관리한다. 프로세스의 산출물 중에 일정성과지수나 일정 차이를 포함하는 (❼   )가 산출되어 프로젝트 작업 감시 및 통제 프로세스로 투입된다.

→ 정답 179쪽

1 프로젝트 일정이 지연되고 있으며, 고객은 지연된 일정을 단축하라고 주간보고 시에 강력하게 의사를 표시하였다. 범위 변경은 없어야 하며, 추가 예산을 투입할 여력이 없는 상태에서 최선의 방법은 무엇인가?

A. 공정중첩단축법(Fast Tracking)

B. 공정압축법(Crashing)

C. 선도 및 지연(Leads and lags)

D. 자원 최적화(Resource optimization)

2 당신은 프로젝트 일정관리 전문가이다. 활동 목록을 식별하여 문서화하였고, 선후행도형법(PDM)을 이용하여 활동의 순서를 배열하였다. 프로젝트 전체 일정 개발을 진행하려고 하는데 무엇인가 누락된 것을 발견하였다. 어떤 활동이 선행되어야 하는가?

A. 작업분류체계(WBS)를 개발한다.

B. 유사 산정(Analogous estimating)을 이용하여 활동에 소요되는 기간을 산정한다.

C. 인도물을 개발하기 위한 단위인 활동(activity)으로 분할한다.

D. 일정 기준선(schedule baseline)과 비교하여 일정 지연이 발생한 이유를 프로젝트 팀원과 검토한다.

3 다음은 프로젝트 일정 네트워크 다이어그램(PSND: Project Schedule Network Diagrams)의 사례이다. 핵심 경로를 계산해보니, A–B–D–E–I 로 확인되었다. 이때, 활동 E의 자유 여유(Free Float)를 구하시오.

A. 0

B. 1

C. 2

D. 3

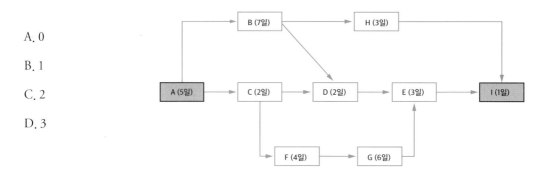

4 다음 중 주공정법(CPM: Critical Path Method)에 대해서 잘못 이해하고 있는 것은 무엇인가?

A. 주공정 경로에 위치하는 활동들의 자유 여유(free float)는 0보다 작거나 동일한 값을 가진다.

B. 주공정 경로에 위치하는 하나의 활동이라도 단축이 가능하면 프로젝트 전체 일정 단축이 가능하다.

C. 프로젝트 전체 기간 중 주공정은 여러 개가 존재할 수 있다.

D. 주공정법은 자원의 제약을 고려하지 않는 일정 개발 기법이기 때문에 아무런 조정 없이 사용하기에는 무리가 있다.

5 상수도 개량 프로젝트에 활동기간의 정확도를 향상시키기 위해서 외부 전문가를 투입하였다. 전문가들이 이야기하기를 10m 상수도를 교체하기 위해서는 일반적으로 4~10일 정도가 소요된다고 하였으며, 3점 산정으로 계산된 기간은 5일이었다. 최빈치는 며칠인가?

A. 3   B. 4   C. 5   D. 6

6 활동 A의 빠른 시작일(ES)은 7일이며, 늦은 시작일(LS)은 16일이다. 활동 A의 수행 기간은 3일이며 휴일이 없다고 할 때 다음 중 맞는 것은 무엇인가?

A. 활동 A의 여유 시간(total float)는 9일이다.

B. 활동 A의 지연 시간(lag)은 9일이다.

C. 활동 A의 선도 시간(lead)은 9일이다.

D. 활동 A의 자유 여유(free float)는 9일이다.

7 과거 유사한 프로젝트의 교훈이 정리된 문서, 정부에서 발표된 유해물질 제한 지침, 작업분류체계(WBS)를 가지고 프로젝트(Project)에서 수행할 목록을 기획하고 있다. 이 과정에서 적용할 수 있는 기법은 무엇인가?

A. 연동 기획(Rolling wave planning)

B. 선후행 도형법(PDM : Precedence diagramming method)

C. 일정 단축 기법(Schedule compression techniques)

D. 상향식 산정(Bottom-up estimating)

8 주공정법(CPM: Critical Path Method)에 의해 이미 분석이 끝난 일정 개발 결과에 적용할 수 있는
   기법은 무엇인가?

   A. 주공정 연쇄법(Critical Chain Method)

   B. 자원 최적화(Resource Optimization)

   C. 가정 시나리오 분석(What-If Scenario Analysis)

   D. 공정압축법(Crashing)

9 식별된 활동 간의 순서를 배열하기 위해서는 활동 간의 의존관계(Dependency relationship)를 결정
   해야 한다. 다음의 사례에 해당하는 의존관계는 무엇인가?

   사례) 업무의 성격상 또는 계약서에서 요구하는 관계를 가리킨다.

   A. 내부적 의존관계(Internal Dependencies)

   B. 외부적 의존관계(External Dependencies)

   C. 의무적 의존관계(Mandatory Dependencies)

   D. 임의적 의존관계(Discretionary Dependencies)

10 당신은 프로젝트 일정을 팀원들과 리뷰 중이다. A작업은 3주 소요, B작업은 4주 소요, C작업은 5주
   소요되는데, A작업과 B작업은 FS 관계이고 C작업은 B작업 착수 이후 일주일 후에 시작한다면 B작
   업과 C작업의 관계는 무엇인가?

   A. Finish to Start 관계   B. Start to Start 관계

   C. Finish to Finish 관계   D. Start to Finish 관계

1 정답 A
[시나리오 제시 기본]

일정 단축 기법에 대한 문제이다. PMBOK에서 구체적으로 제시하는 기법은 '공정압축법(Crashing)'과 '공정중첩단축법(Fast Tracking)'이며, 이 중에서 자원을 투입하여 기간을 단축하는 것은 '공정압축법(Crashing)'이다. 자원을 투입한다는 것은 결국 프로젝트에서 비용이 소요된다는 의미이므로, 금액과 관련된 조건만 문제에서 파악하면 된다. 문제에서는 추가 자원 투입은 없으므로, '공정중첩단축법(Fast Tracking)'을 선택하면 된다.

2 정답 B
[프로세스 이해 기본]

일정관리 지식 영역의 프로세스에 대해서만 알고 있다면 쉽게 풀 수 있는 문제이다. [6.2 활동 정의], [6.3 활동 순서배열] 이후에 수행할 작업은 [6.4 활동 기간산정] 프로세스이다. (C)는 [6.2 활동 정의], (D)는 [6.6 일정 통제] 프로세스에 대한 설명이다.

3 정답 A
[용어 이해 기본]

자유 여유(Free Float)에 대한 정의를 알고 있으면, 프로젝트 일정 네트워크 다이어그램(PSND: Project Schedule Network Diagrams)에 대한 분석이 불필요한 문제이다. 자유 여유는 비핵심 경로상에만 존재하며, 바로 다음 후행 활동의 빠른 개시일(ES)을 지연시키지 않거나 일정제약조건을 위반하지 않고 선행 활동이 가질 수 있는 여유 시간을 의미한다. 따라서 핵심 경로인 [A-B-D-E-I] 내에 포함된 활동 'E'의 자유 여유는 0이다.

 전문가의 Comment

문제에서 여유 시간(Total Float)을 구하라고 했을 때에도 동일하게 '0'이다. 핵심 경로(주공정, 주경로)는 일반적으로 '여유 시간(Total Float) = 0'인 활동들의 집합으로 구성되기 때문이다.

4 정답 A
[용어 이해 기본]

주공정법(CPM: Critical Path Method)에 대한 질문은 평균 4~5개씩 꾸준히 출제된다. 프로젝트 실무에서도 중요하고, 계산 문제를 제공하여 수험생들로 하여금 실질적인 산출을 유도할 수 있기 때문이다. 그리고, 주공정법과 연관된 여유 시간(Total Float)과 자유 여유(free float)에 대한 질문도 매번 출제되니 주공정법과 관련된 용어 및 계산 방식은 반드시 이해해야 한다.

오답 확인

A. 여유 시간(Total Float)에 대한 설명이며, 여기서 주의하여 볼 것은 여유 시간(Total Float)은 '0'보다 작은 값을 가질 수 있다는 것이다. PMBOK에서는 '0'보다 작은 값이라도 웬만하면 '0'으로 조정해서 프로젝트 일정을 계획하라고 권장하고 있을 뿐이다.

5 정답 B
[ITTO 이해 응용]

[6.4 활동 기간산정(Estimate Activity Durations)] 프로세스의 '3점 산정' 기법에 대한 문제이다. 3점 산정의 공식은 다음과 같으며, 시나리오에서 해당 변수들을 찾아 대입하면 쉽게 계산이 가능하다. 시험에서는 비관치, 최빈치, 낙관치를 주어지고 평균을 구하는 것이 일반적이나 문제를 변형해 보았다.

1) 3점 산정을 이용한 활동 기간산정식: 2가지 공식이 존재하며 별다른 언급이 없다면 베타분포로 계산하면 된다.

- 베타분포:
  Te = [P(비관치) + 4M(최빈치) + O(낙관치)] / 6
- 삼각분포:
  Te = [P(비관치) + M(최빈치) + O(낙관치)] / 3

2) '일반적으로 4~10일 정도가 소요'된다는 문구에서, '낙관치=4', '비관치=10'

3) 3점 산정으로 계산된 기간은 5일 = 평균이므로, 변수들을 대입하여 '최빈치'를 구하면 된다.

출제비중은 거의 없으나, 표준편차를 구하는 공식은 다음과 같으니 기억해 두길 바란다. [P(비관치) − O(낙관치)] / 6

6 정답 A [용어 이해 기본]

일정 개발을 위해 활동의 상태를 분석할 수 있는지에 대한 질문이다. 문제의 활동을 도표로 표현하면 다음과 같다.

ES(7)	Duration(3)	EF
Activity(A)		
LS(16)	Total Float	LF

위 활동 표현식을 통해 구할 수 있는 값들은 다음과 같다.

1) **EF(빠른 종료일):** ES + Duration − 1 = 7 + 3 − 1 = 9일

2) **LF(늦은 종료일):** 18일 정도로 추정은 가능하지만 후진 계산법으로 구해야 하기 때문에 정확하지는 않다.

3) **Total Float(여유 시간):** (LS − ES) or (LF − EF)이므로, 9일이다.

4) 선도, 지연, 자유 여유 등에 대해서는 선행이나 후행 활동에 대한 값이 없으므로, 계산할 수 없다.

7 정답 A [ITTO 이해 응용]

시나리오 기반으로 제시하고 있으나, 결국은 어떠한 프로세스에서 사용되는 투입물을 나열한 것임을 알 수 있다. ITTO에 대한 난이도가 매우 높은 문제이다. (1)과거 유사한 프로젝트의 교훈이 정리된 문서(OPA), (2)정부에서 발표된 유해물질 제한 지침(EEF), (3)작업분류체계(범위 기준선)을 참고해서 작업하는 프로세스는 [6.2 활동 정의]이다. 문제에서는 프로세스에서 사용할 도구 및 기법을 묻고 있기 때문에 '분할', '연동 기획', '전문가 판단'이 존재한다. 단순하게 ITTO에 대해서 외울 것이 아니라 프로세스 이해 기반하에 접근해야 하고 사고의 폭을 넓혀야 합격에 가까워 진다.

8 정답 B [ITTO 이해 응용]

주공정법은 자원의 제약을 고려하지 않은 일정 개발 기법이기 때문에, 동일한 자원이 프로젝트 시작부터 종료까지의 모든 작업을 수행한다는 가정하에 작성하는 일정 개발 기법이다. 하지만 프로젝트에서는 자원의 가용성을 고려해야 하므로 '자원 달력(Resource calendars)'을 참조하면서 자원 사용량을 일정하게 유지하려는 '자원 최적화'를 적용해야 한다.

자원 최적화 기법의 수행 시기는 '주공정법' 수행 이후라는 것을 기억하자. 그리고 주공정 연쇄법(Critical Chain Method)은 5판에서 소개되었다가 6판에서는 삭제된 기법이긴 하지만 정의 정도는 학습하길 권장한다.

주공정 연쇄법이란 여유 시간을 활동마다 포함하지 않고 모아서 관리하는 방식으로 자원의 제약과 불확실성을 고려하여 프로젝트 일정 경로에 버퍼를 두어 관리하는 일정계획 기법이다. 자원의 제약을 고려한 주 공정 경로를 주공정 연쇄라고 하며, 주공정 연쇄법에서 사용되는 버퍼(buffer)의 종류는 다음과 같다.

1) **프로젝트 버퍼(project buffer):** 주공정 연쇄에 포함되는 활동들에서 확보한 버퍼(여유 시간)를 주공정 연쇄의 마지막에 모아서 관리하는 버퍼 관리 기법이다.

2) **피딩 버퍼(feeding buffer):** 주공정 연쇄와 연결되는 비 주공정 연쇄(non-critical chain)의 끝에 피딩 버퍼를 설정한다. 주공정 연쇄의 지연을 방지하기 위한 목적으로서 주공정 연쇄에 속하지 않은 종속 활동 연쇄가 주공정 연쇄에 주입되는 각 지점에 배치된다.

3) **자원 버퍼(resource buffer):** 주공정 연쇄 내에서 자원이 바뀌는 곳에 위치하며, 주공정 연쇄를 구성하는 작업에 사용될 자원을 미리 준비해 두라는 알림 성격의 버퍼이다.

9 정답 C [용어 이해 기본]

[6.3 활동 순서배열] 프로세스에서 '의존관계 결정 및 통합(Dependency Determination and Integration)' 기법에 대한 문제이다. 업무의 성격상 내재되어 있거나, 법적(legally), 계약적(contractually)으로 요구되는 관계는 프로젝트에서는 무조건 수행해야 하는 의무적 의존관계(Mandatory Dependencies)이다. 의무적 의존관계는 하드 로직(Hard Logic), 하드 의존관계(Hard Dependencies), 필수적 의존관계(Mandatory Dependencies)라고도 불린다.

의존관계는 단일 의존관계와 결합 의존관계가 존재한다. 단일 의존관계 의무적(Mandatory), 임의적(Discretionary), 내부적(Internal), 외부적(External)인 4가지 유형으로 분류되고, 결합 의존관계는 2가지 단일 의존관계가 결합된 의무적-외부적 의존관계. 의무적-내부적 의존관계, 임의적-외부적 의존관계. 임의적-내부적 의존관계가 있다.

10 정답 B
[시나리오 제시 응용]

선후행 도형법을 그릴 때 사용되는 4가지 논리 관계에 대한 질문이다. 4가지 논리관계(FF, FS, SF, SS)에 대해서 그림 기반으로 정의만 알면 어느 문제에도 대응이 가능하다. 질문은 B-C의 관계에 대한 것이고, B작업 착수 이후 일주일 후에 C작업이 착수 가능하기 때문에 SS 관계가 적합하다. 그리고 C작업에는 지연(Lag) 개념도 포함되어 있다.

전문가의 Comment

선후행 도형법(PDM)의 4가지 논리관계(logical relationships)는 다음과 같다.

1) **종료-시작 관계(FS: Finish-to-Start):** 후행 활동은 선행 활동이 종료되기 전에는 시작할 수 없는 논리관계

2) **종료-종료 관계(FF: Finish-to-Finish):** 후행 활동은 선행 활동이 종료되기 전에는 종료될 수 없는 논리관계

3) **시작-시작 관계(SS: Start-to-Start):** 후행 활동은 선행 활동이 시작하기 전에는 시작 할 수 없는 논리관계

4) **시작-종료 관계(SF: Start-to-Finish):** 후행 활동은 선행 활동이 시작되기 전에 종료될 수 없는 논리관계

[핵심 키워드 정답]

6-1 일정관리 계획수립

1   ① 프로젝트 일정

2   ① 프로젝트 헌장 ② 범위관리 계획서

6-2 활동 정의

1   ① 인도물 ② 활동

2   ① 분할 ② 연동 기획

   ③ 마일스톤 목록

6-3 활동 순서배열

1   ① 관계

2   ① 가정사항 기록부

   ② 선후행 도형법 ③ 선도와 지연

6-4 활동 기간산정

1   ① 총 작업 기간 수

2   ① 자원 요구사항   ② 유사 산정

   ③ 모수 산정   ④ 3점 산정

6-5 일정 개발

1   ① 프로젝트 일정 모델

2   ① 주 공정법   ② 자원 최적화

   ③ 일정 단축   ④ 프로젝트 일정

6-6 일정 통제

1   ① 일정 기준선

2   ① 반복 번다운 차트 ② 일정 예측치

   ③ 일정 단축   ④ 프로젝트 일정

[전체 프로세스 정답]

① 범위 기준선

② 마일스톤 목록

③ 활동 목록

④ 프로젝트 일정 네트워크 다이어그램

⑤ 자원 확보

⑥ 프로젝트 일정

⑦ 일정 예측치

프로젝트 일정관리

→ 정답 195쪽

1 다음 중 마일스톤 목록(Milestone list)을 참조해야 하는 프로세스는 무엇인가?

   A. 활동 정의(Define Activities)

   B. 활동 자원 산정(Estimate Activity Resources)

   C. 범위 정의(Define Scope)

   D. 활동 순서배열(Sequence Activities)

2 프로젝트에서 테스트 환경을 구축하는 데 필요한 일정을 산출 중이다. 기존 구축 경험이 있는 팀원은 평균적으로 13일을 산출하였고, 프로젝트관리 오피스는 21일을 산출하였다. 하지만 외부에서 영입된 테스트 환경 구축 전문가는 17일 정도는 예상된다는 의견을 제시하였다. PERT 기법으로 평균 기간을 산정하시오.

   A. 13일   B. 17일

   C. 21일   D. 알 수 없다.

3 활동 A와 활동 B를 완료하기까지 필요한 기간을 산출 중이다. 활동 A와 활동 B는 FS 관계이며, B는 3일의 선도(lead)를 가질 수 있다. 활동 A는 7일, 활동 B는 9일이 소요될 때, 두 활동을 완료하는 총 기간을 산정하시오.

   A. 7일   B. 9일

   C. 13일   D. 16일

4 프로젝트 제안 시점이나 초기 단계와 같이 프로젝트에 대한 정보가 제한적인 상황에서 기간을 산정할 때 주로 사용하며, 다른 기법에 비해 시간과 비용이 적게 드는 장점이 있다. 하지만, 정확도가 떨어지기 때문에 전문가 판단으로 신뢰성을 높이는 유용한 기법은 무엇인가?

   A. 유사 산정(Analogous estimating)

   B. 모수 산정(Parametric estimating)

C. 3점 산정(Three-point estimating)

D. 전문가 판단(Expert judgment)

5   고객이 요청하는 변경이 프로젝트 일정지연에 영향을 준다는 것을 그래프로 제시하고 싶다. 이렇게 2가지 변수를 이용하여 독립변수(independent variable)의 변화가 종속변수(dependent variable)에 미치는 영향을 추정하는데 적당한 기법은?

A. 파레토 다이어그램(Pareto Diagram)

B. 점검 기록지(Check Sheet)

C. 산점도(Scatter Diagram)

D. 인과 관계도(Cause-and-Effect Diagram)

6   당신은 희소 자원(rare resource)에 대해서 자원 평준화(resource leveling)를 고려하고 있다. 다음 중 자원 평준화에 대해서 <u>잘못</u> 이해하고 있는 것은?

A. 작성된 프로젝트 일정 네트워크 다이어그램(PSND)을 프로젝트에 적용하기 위해서 자원의 제약을 고려하는 것이다.

B. 프로젝트 내에서 뿐만 아니라 조직 차원에서 수행되고 있는 프로젝트 간에도 자원에 대한 수요 공급을 고려해야 한다.

C. 자원 최적화(Resource optimization)에는 자원 평준화(Resource leveling)와 자원 스무딩(Resource smoothing)이 존재한다.

D. 일정 개발을 위한 시간 단축을 위해서 주공정법(CPM : Critical path method)과 자원 평준화 기법(Resource leveling)은 동시에 수행하는 것이 바람직하다.

7   프로젝트 진행 중 스폰서가 일정 단축을 요구하고 있다. 해당 프로젝트는 자원(인적, 물적)의 추가 투입은 문제되지 않는 재무적 지원이 충분한 상황이다. PM이 적용할 단축 기법은 무엇인가?

A. 공정압축법(Crashing)

B. 공정중첩단축법(Fast Tracking)

C. 자원 평준화(Resource Leveling)

D. 선도(Leads)

8 몬테카를로 분석(Monte Carlo analysis)을 이용하여 각 활동의 가능한 활동 기간의 분포를 사용하여 전체 프로젝트의 가능한 일정 분포를 계산하고 있다. 이 기법을 이용하면 가정 시나리오 분석(What-If Scenario Analysis)보다 풍부한 결과 도출이 가능하다. 어떠한 일정 개발 기법을 사용 중인가?

A. 시뮬레이션(Simulation)

B. 선도 및 지연(Leads and Lags)

C. 일정 단축(Schedule Compression)

D. 주공정 연쇄법(CCM : Critical Chain Method)

9 프로젝트 팀원이 고객이 공식적으로 요청하지 않은 범위를 추가해서 개발을 수행하였으며 결과적으로 전체 프로젝트 일정을 지연시키는 결과를 유발했다. 고객은 일정 내에 납기를 강하게 주장하고 있으며, 팀 내에 추가적인 자원의 여유는 없는 상태이다. 프로젝트 관리자가 적용하기에 가장 바람직한 방법은 무엇인가?

A. 선도 기법(lead techniques)을 사용하여 후행 활동의 시작일을 조정한다.

B. 자원 여유가 없기 때문에 작업의 연관관계를 확인한 후에 공정중첩단축법(fast tracking)을 수행한다.

C. 공식적인 요청이 없던 업무를 추가로 수행하였으므로, 일정 지연은 불가피하다고 강하게 주장한다.

D. 팀원들에게 납기를 준수해야 하니 야근과 주말 근무를 지시한다.

10 다음과 같은 활동별 선행 활동표를 검토 중이다. 계약서에 부합하기 위해서는 프로젝트의 전체 일정을 단축해야 하며, 해당 업무에 추가 자원을 투입하기로 결정하였다. 다음 중 자원을 투입하기에 가장 적합한 활동은 무엇인가?

활동	기간	선행 활동
A	4	
B	5	A
C	6	A
D	3	B
E	7	C, D
F	5	C
G	1	E
H	3	F, G

A. B

B. E

C. F

D. G

11 프로젝트관리 오피스는 스폰서에게 보고할 대형 프로젝트 3건에 대한 진척 보고서를 작성 중이다. 진행 중인 프로젝트는 대규모이며 고객들은 일정 준수를 프로젝트의 첫 번째 성공요소로 생각하고 있다. 프로젝트 관리자인 당신은 어떠한 데이터를 이용하여 프로젝트관리 오피스에게 보고하여야 하는가?

A. 획득 가치(EV: Earned Value)

B. 비용 차이(CV: Cost Variance)

C. 일정성과지수(SPI: Schedule Performance Index)

D. 일정 차이(SV: Schedule Variance)

12 프로젝트 팀원이 식별된 활동에 대해서 분석 중이다. 활동의 빠른 시작일(ES)은 5일, 빠른 종료일(EF)은 10일이며, 늦은 시작일(LS)은 7일, 늦은 종료일(LF)은 12일이다. 활동에 대해서 바르게 파악하고 있는 것은?

A. 주공정 경로상에 위치한다.

B. 3일의 자유 여유(free float) 시간을 지니고 있다.

C. 주공정 경로에서 벗어나 있다.

D. 해당 활동이 하루라도 지연되면 전체 프로젝트 일정이 지연된다.

13 당신은 교육 시스템 개발 프로젝트에 투입되었으며 활동에 소요되는 기간을 산정하는 업무를 부여받았다. 산정해야 할 활동은 30여 가지이며, 다행히도 과거에 유사하게 수행한 기간산정치를 전달받았다. 산출해야 하는 30여 가지 교육 과정은 비슷한 기간이 소요될 것으로 판단되며, 프로젝트에서 제공되는 모수(parameter)를 가지고 있을 때 가장 적합한 기간산정 방법은 무엇인가?

A. 모수 산정(Parametric estimating)

B. 유사 산정(Analogous estimating)

C. 3점 산정(Three-point estimating)

D. 1점 산정(Single Point estimating)

14 활동 목록(Activity list) 및 활동 속성(Activity attributes), 범위 기준선(Scope Baseline) 등을 참고하여 활동 간의 순서를 배열 중이다. 다음 중 선도(Lead)를 가장 바르게 설명하고 있는 것은?

　A. 강제적 종속성 관계(Mandatory dependencies)라고도 하며, 프로젝트 팀에서 반드시 수행해야만 하는 관계이다.

　B. 가까운 시기에 완료할 작업은 상세하게 계획하고, 미래에 계획된 작업은 작업분류체계의 상위 수준에서 계획하는 것이다.

　C. 선행 활동이 종료되기 전에 후행 활동을 시작하여 후행 활동의 일정을 단축하는 기법이다.

　D. 프로젝트 활동 간의 선후행 관계를 포함하며 일반적으로 프로젝트 팀의 통제권 안에 있다.

15 활동에 대해서 3점 산정(Three-point estimating) 기법으로 기간을 산정 중이다. 해당 활동에 대해서 낙관적(optimistic)으로는 22일, 비관적(pessimistic)으로는 40일이 소요될 것이라는 설문조사 결과가 나왔다. 활동의 표준 편차(standard deviation)는 얼마인가?

　A. 보기만으로는 알 수 없다　　　　　　　B. 20

　C. 5　　　　　　　　　　　　　　　　　D. 3

16 일정성과지수(SPI)는 0.8로 측정되었으며 지연된 일정을 만회하기에는 자원이 부족한 상태이다. 당신은 새로운 PM으로 투입되었으며, 지연된 작업을 포함해서 프로젝트가 고객에게 제공해야 할 제품에 대해 상세히 알고 싶다. 무엇을 검토하겠는가?

　A. 프로젝트 범위 기술서　　　　　　　　B. 프로젝트 헌장

　C. 일정관리 계획서　　　　　　　　　　D. 일정 기준선

17 다음 달부터 외부 감리 기관에 의한 정기 감리가 예정되어 있다. 프로젝트 일정 네트워크 다이어그램을 검토하는 도중에 자원 A가 차주에 작업할 시간이 주당 40시간을 넘어서는 42시간이 배정되었음을 확인하였다. 이러한 상황에서 사용해야 하는 기법은 무엇인가?

　A. 자원 최적화(Resource Optimization)

　B. 가정 시나리오 분석(What-If Scenario Analysis)

　C. 시뮬레이션(Simulation)

　D. 공정압축법(Crashing)

18 프로젝트는 개념 설계 단계이며, 고객이 프로젝트 종료 일정에 영향을 줄 수 있는 변경 사항을 요청하였다. PM으로서 가장 먼저 해야 할 일은 무엇인가?

    A. 이해 관계자를 소집하여 미팅을 계획한다

    B. 변경통제 위원회를 소집한다.

    C. 스폰서의 지시를 기다린다.

    D. 가장 경험이 많은 팀원에게 의견을 물어본다

19 신약개발 R&D 프로젝트를 진행 중이다. 수행 조직은 애자일 방법론을 제안하였으며, 프로젝트 관리자는 프로젝트에서 처리할 전체 목록(Product Backlog)을 몇 개의 순서화된 작업으로 그룹화한 릴리즈 백 로그(Release Backlog)를 만들었고, 백 로그를 완성하기 위해서 3개월 단위의 개발 일정 계획을 수립하였다. 이러한 기법은 무엇인가?

    A. 애자일 릴리즈 기획(Agile Release Planning)

    B. 시뮬레이션(Simulation)

    C. 번 다운 차트(Burn Down Chart)

    D. 스크럼 미팅(Daily Scrum Meeting)

20 다음 활동 기간산정 기법 중 정확도가 낮은 순서부터 높은 순서대로 배열된 것은?

    A. 전문가 판단 – 예비 분석 – 유사 산정 – 모수 산정

    B. 전문가 판단 – 모수 산정 – 유사 산정 – 3점 산정

    C. 유사 산정 – 전문가 판단 – 모수 산정 – 3점 산정

    D. 유사 산정–모수 산정–3점 산정–상향식 산정

21 활동 간의 순서에 대해 논리적인 배열을 진행 중이다. 이때 후행 활동은 선행 활동이 종료되어야만 종료가 가능하다고 프로젝트 범위 기술서에 기술되어 있는 것을 발견하였다. 이러한 것을 무엇이라고 하는가?

    A. 종료–종료 관계(FF: Finish–to–Finish)   B. 시작–시작 관계(SS: Start–to–Start)

    C. 종료–시작 관계(FS: Finish–to–Start)   D. 시작–종료 관계(SF: Start–to–Finish)

22 다음 중 활동 기간 산출에서 PERT 기법을 적용해야 하는 상황으로 가장 적합한 것은 무엇인가?

  A. 전문가가 투입되어 빠르게 활동별 일정을 산출해야 할 때

  B. 프로젝트가 대규모이고 장기간이라서 수학적/통계적인 수치가 필요할 때

  C. 식별된 활동 중에 불확실한 리스크를 포함하고 있는 활동이 많은 경우

  D. 불확실성도 적고 이전에 신뢰할만한 산정치가 있어서 1개 값으로도 산정이 가능한 경우

23 프로젝트에 자원 사정이 넉넉하지 않을 때 고려해야 하는 일정 단축 기법으로 공정중첩단축법(Fast Tracking)이 존재한다. 다음 중 공정중첩단축법(Fast Tracking)을 수행한 이후에 확인해 보아야 할 사항으로 가장 적합한 것은 무엇인가?

  A. 프로젝트 비용 증가 추이

  B. 프로젝트에 추가로 투입된 자원의 해제 시기

  C. 결과물의 품질 수준을 확인

  D. 프로젝트 팀원들의 만족도 조사

24 일정 개발을 진행 중이며 다음과 같은 활동별 선행 도표를 작성하였다. 활동 A의 시작일이 5월 6일일 때, 프로젝트 종료일을 구하시오.

활동	기간	선행 활동
A	5	
B	3	A
C	7	B
D	6	A
E	8	D
F	1	E, C
G	3	C, F

  A. 5/26

  B. 5/27

  C. 5/28

  D. 5/29

25 24번 문제의 활동별 선행 도표에서 활동 F의 빠른 시작일을 구하시오.

A. 5/25   B. 5/26

C. 5/27   D. 5/28

26 24번 문제의 활동별 선행 도표에서 핵심 경로를 바르게 산출한 것은?

A. A–B–C–G

B. A–B–C–F–G

C. A–D–E–F–G

D. A–D–E–G

27 24번 문제의 활동별 선행 도표에서 활동 C의 여유 시간(total float)을 구하시오.

A. 3일   B. 4일

C. 5일   D. 6일

28 24번 문제의 활동별 선행 도표에서 자유 여유(free float)가 발생하는 활동과 기간은 얼마인가?

A. C, 3일   B. C, 4일

C. F, 3일   D. F, 4일

29 팀원들과 함께 제품 백 로그(Product Backlog)에서 이번 스프린트(Sprint)에서 처리할 사용자 스토리(User Story) 목록을 선별하고 있다. 스프린트 회고(Sprint Retrospective)를 통해 일차적인 목록 수는 결정하였지만, PM은 사용자 스토리 목록을 달리하면서 특정 기간 내에 끝날 확률 계산을 반복하고 있다. 어떠한 기법을 사용 중인가?

A. 몬테카를로 분석(Monte Carlo Analysis)

B. 스프린트 기획 미팅(Sprint Planning Meeting)

C. 테스트 주도 개발(TDD : Test Driven Development)

D. 통계적 표본 추출(Statistical Sampling)

30 일정 개발의 산출물로서 각 활동의 예정 시작일(planned start date)과 예정 종료일(planned finish date)이 포함된 프로젝트 일정이 산출된다. 다음 중 간트 차트(Gantt Chart)와 마일스톤 차트(Milestone Chart)에 대한 설명으로 <u>잘못된</u> 것은?

A. 주요 이해관계자에게 상세한 프로젝트 일정을 보고하고자 할 때는 간트 차트가 유용하다.

B. 고객이나 스폰서에게 프로젝트의 주요한 일정을 보고하기에는 마일스톤 차트가 유용하다.

C. 간트 차트는 비교적 이해하기 쉬워서 경영진 프리젠테이션에 자주 사용되며, 활동 간의 선후행 관계를 표현하고 있다.

D. 프로젝트 일정 네트워크 다이어그램은 활동 간의 논리관계 및 시작 일자, 완료 일자를 그림으로 표현하고 있다.

31 다음이 설명하는 용어는 무엇인가?

비핵심 경로(Non-Critical Path)상에만 존재하며, 후행 활동의 빠른 개시일(ES)을 지연시키지 않거나 일정 제약조건을 위반하지 않고 선행 활동이 가질 수 있는 여유 시간을 의미한다.

A. 여유 시간(total float)　　　　　　　　B. 자유 여유(free float)

C. 핵심 경로(critical path)　　　　　　　D. 기간(duration)

32 A작업은 3주 소요, B작업은 4주 소요, C작업은 5주가 소요되는데, A작업과 B작업은 FS 관계이고 C작업은 B작업 착수 후 일주일 후에 시작한다. 작업 전체일정을 계산하시오.

A. 7주　　　　　　　　　　　　　　　　B. 8주

C. 9주　　　　　　　　　　　　　　　　D. 12주

33 프로젝트 관리자는 설계 파트 담당자에게 A 부품에 대한 설계작업이 지연되고 있다는 보고를 받았다. 프로젝트 예산을 확인한 결과 충분치 않다고 판단하여 공정중첩단축법(fast tracking) 기법을 활용하여 일정 계획을 세워서 보고하라고 지시하였다. 설계 파트 담당자가 일정 계획수립 시에 특히 고려해야 할 문서로 가장 적절한 것은?

A. 리스크 관리대장(Risk register)

B. 조달 문서(Procurement documents)

C. 품질 체크리스트(Quality checklists)

D. 프로젝트관리 계획서(Project management plan)

34 당신은 XYZ 프로젝트의 관리자로 임명되었다. 프로젝트에서 산출한 일정을 검토하는 도중에 활동별로 불필요한 여유 시간이 상당수 포함되어 있는 것을 발견하였다. 기존 프로젝트의 경험으로 보았을 때 팀원들에게 여유 시간을 포함하여 기간을 산정해도 산출물의 완성도나 종료일이 변하지 않는다는 것을 알고 있다. 프로젝트 관리자는 활동별로 여유 시간을 제외하여 산출하고 이러한 여유 시간을 별도로 모아서 관리하기로 결정하였다. 이러한 일정 개발 기법은?

A. 주공정 연쇄법(CCM : Critical Chain Method)

B. 자원 평준화(Resource leveling)

C. 자원 스무딩(Resource smoothing)

D. 시뮬레이션(Simulation)

35 원가 산정, 활동 기간산정을 위해 가장 먼저 확인되어야 하는 것은?

A. 기획 패키지(Planning Package)

B. WBS 사전(WBS Dictionary)

C. 활동(Activity)

D. 작업 패키지(Work package)

36 프로젝트에서는 인도물을 완료하기 위해서 필요한 활동을 정의하고 있다. 이때 참고하는 것이 <u>아닌</u> 것은 무엇인가?

A. 범위 기준선

B. 마일스톤 목록

C. 기업 환경 요인

D. 조직 프로세스 자산

37 신제품 출시를 1달 정도 앞둔 상황에서 지금까지 수행한 일부 테스트(test) 환경이 실제 운영 환경과 다르다는 것을 팀원으로부터 보고 받았다. 이러한 상황은 오픈 일정에 심각한 문제를 유발할 수도 있다. 프로젝트 관리자로서 어떻게 대응해야 하는가?

A. 해당 팀원에게 관련된 이해관계자에게는 공유하지 말라고 이야기하고 계속 진행한다.

B. 스폰서에게 현재 상황을 보고하고 시스템 오픈 여부에 대한 협의를 진행한다.

C. 변경요청을 등록하고 실제 운영환경과 동일한 환경에서의 테스트 계획을 수립한다.

D. 팀원의 의견일 뿐이고 과거 유사한 프로젝트에서도 문제가 없었으므로 무시한다.

38 액화천연가스(LNG) 운반선 건조 계약이 체결되었으며, 당신이 프로젝트 관리자로 선정되었다. 스폰서 및 주요 이해관계자와의 회의에서 가능한 빨리 프로젝트 계획서를 작성하라는 지시를 받았다. 수행하는 활동 순서로 가장 올바른 것은 무엇인가?

A. 요구사항관리 계획서 작성 – 활동 정의 – WBS 작성 – 원가 산정

B. WBS 작성 – 일정 개발 – 원가 산정 – 일정관리 계획서 작성

C. 활동 순서배열 – 범위 정의 – 원가 산정 – 일정 개발

D. 범위관리 계획서 작성 – WBS 작성 – 일정 개발 – 원가관리 계획서 작성

39 프로젝트를 착수한 지 절반의 기간이 지났다. 경영진은 경쟁사의 제품 출시 일정을 고려하여 계획된 종료 일자보다 1달 앞당겨서 종료할 것을 월간회의마다 강조하고 있다. 이러한 상황에서 프로젝트 관리자인 당신이 가장 먼저 해야 할 것은 무엇인가?

A. 경영진의 요구사항이 최우선이기 때문에 공정압축법(Crashing)을 사용하여 일정을 단축한다.

B. 병행 작업 가능한 작업을 판단한 후에 공정중첩단축법(Fast Tracking)을 사용하여 일정을 단축한다.

C. 경영진의 일정 단축 요청으로 인해서 프로젝트에 미치는 영향력부터 판단한다.

D. PMO에게 수행 조직에서 추가 인력을 투입해 줄 수 있는지에 대해 요청한다.

40 확정된 요구사항에 대한 고객사의 요청 빈도가 높다. 프로젝트 관리자는 고객과 지속적인 관계를 유지하기 위해서 수정 요구를 대다수 들어주었다. 그러한 결과로 프로젝트 일정이 3/4 정도 지난 상태인데 예산은 얼마 남지 않은 상황이다. PM은 무엇을 철저히 확인해야 했는가?

A. 범위 기준선   B. 일정 기준선

C. 원가 기준선   D. 보기 모두

41 프로젝트 관리자는 활동 기간을 산정 중이다. 고객의 요청으로 최대한 빨리 프로젝트 일정을 산정해
야 한다. 어떤 방법을 사용하는 것이 바람직하겠는가?

A. 유사 산정(Analogous estimating)

B. 모수 산정(Parametric estimating)

C. 3점 산정(Three-point estimating)

D. 상향식 산정(Bottom-Up estimating)

42 주간 회의 중에 팀원이 일부 작업의 지연이 예상된다고 보고하였다. 확인해보니 해당 작업은 주 공
정상에 있어서 지연되면 후행 작업이 지연될 가능성이 높다. PM으로서 먼저 해야 할 일은?

A. 리스크 관리대장을 업데이트한다.

B. 이슈 기록부에 등록하고 이해관계자들에게 배포한다.

C. 프로젝트 일정 네트워크 다이어그램을 재작성하고 일정 기준선을 변경한다.

D. SWOT 분석 수행한다.

43 다음 중 순환(loop), 분기(if) 또는 조건적인 분기를 표현하기에 적합한 기법은?

A. 그래픽 평가 및 검토 기법(GERT : Graphical Evaluation and Review Technique)

B. 연결선 도형법(ADM : Arrow Diagramming Method)

C. 선후행 도형법(PDM : Precedence Diagramming Method)

D. 프로젝트 일정 네트워크 다이어그램(PSND : Project Schedule Network Diagramming)

44 프로젝트의 일정성과지수(SPI)는 0.8, 비용성과지수(CPI)는 1.20이다. 이러한 상황에서 선택 가능한
일정단축기법은 무엇인가?

A. 공정압축법(Crashing)   B. 공정중첩단축법(Fast Tracking)

C. 선도(Lead)   D. 보기 중에 답 없음

45 적응형 생애주기라고 불리는 애자일을 적용하여 프로젝트를 수행 중이며, 경험이 적은 프로젝트 팀원들로 구성되어 있어서 수행 조직에서 애자일 전문가가 파견되었다 애자일 전문가는 매일매일의 진척 현황 및 이슈를 스크럼 회의를 통해서 진행해야 하며, 반복 개발주기를 설정하여 제품을 점진적으로 완성해 나가야 한다고 강조하였다. 여기서 말하는 반복 개발주기를 의미하는 용어는 무엇인가?

    A. 반복 개발주기(Iteration)

    B. 릴리즈(Release)

    C. 스파이크(Spike)

    D. 타임박스(Time-box)

46 당신은 지연된 프로젝트 일정을 보충하기 위해서 외부에서 전문가를 투입하였다. 프로젝트 팀에 주는 영향은 어떠할 것으로 예상할 수 있는가?

    A. 외부에서 전문가를 초빙하였기 때문에 일정은 단축될 것이다.

    B. 검증된 자원이 아닐 수 있기 때문에 일정에 미치는 영향은 없을 것이다.

    C. 자원이 추가되었으나 실무를 수행하기에는 시간이 소요되기 때문에 영향을 파악하기는 어렵다.

    D. 자원이 추가되긴 했으나 난이도가 높은 업무이기 때문에 오히려 일정이 지연될 것이다.

47 프로젝트 시작 3개월 후에 1.30이었던 SPI가 프로젝트 종료를 앞두고 0.87로 감소하였다. PM은 이러한 획득가치관리를 하기 위한 EV, AC, PV 등과 같은 지표를 어디서 확인하고 추적할 수 있는가?

    A. 프로젝트관리 정보시스템(PMIS)

    B. 전문가 시스템(Expert System)

    C. 품질 통제 측정치(Quality control measurements)

    D. 작업승인 시스템(Work Authorization Systems)

1 C, D 모두 해당   [ITTO 이해 기본]

마일스톤 목록은 [6.2 활동 정의(Define Activities)]의 산출물이다. 마일스톤 목록은 '활동 기간=0'이기 때문에 활동 자원산정이나 활동 기간산정에는 활용되지 않는다. 하지만 특정 마감시점에 인도물의 완료 여부에 대한 확인이 필요한 [4.5 프로젝트 작업 감시 및 통제], [4.7 프로젝트 또는 단계 종료], [12.3 조달 통제] 등에는 사용됨에 유의하자.

 전문가의 Comment

마일스톤 목록(Milestone List)은 시험 출제비중이 높으니 다음 정도는 학습하자.

1) 마일스톤은 프로젝트에서 중요한 지점 또는 사건을 표시하는 활동 목록의 변형된 유형

2) 특정한 순간을 표현하기 때문에 기간(duration)이 '0'인 활동

3) 고객이나 스폰서의 중요한 보고일정으로 설정

2 정답 B   [계산 풀이 기본]

PERT(Program evaluation and review technique) 기법이 무엇인지 알면 계산식을 적고 바로 계산 가능하다. 3점 산정 기법을 다른 말로 'PERT 기법'이라고 하기 때문에 동일한 3점 산정 기법으로 풀면 된다.

1) 비관치 = 21, 낙관치 = 13, 최빈치 = 17,
   3점 산정 공식 =
   [P(비관치) + 4M(최빈치) + O(낙관치)] / 6

2) [21 + (4 × 17) + 13] / 6 = 17일이다.

3 정답 C   [계산 풀이 기본]

선도(lead)와 지연(lag)에 대한 정의 및 PDM에서 사용되는 논리관계(FS, FF, SF, SS)의 정의를 알면 풀 수 있는 문제이다. A와 B가 FS 관계이므로, A가 종료되어야 B가 시작 가능한 것이고, 이렇게 계산하였을 때에는 16(7 + 9)일 인데, B 활동은 A가 종료되기 3일 전부터 수행이 가능하기 때문에 B 작업의 전체 종료일은 3일 앞당겨질 수 있다. 그래서 정답은 13일이다.

4 정답 A   [시나리오 제시 기본]

[6.4 활동 기간산정(Estimate Activity Durations)] 프로세스에서 각각의 활동 기간을 산정하기 위한 도구 및 기법에 대한 질문이다. 문제에서 키워드를 찾아보면, '프로젝트 제안 시점이나 초기', '정보가 제한적인 상황', '시간과 비용이 적게', '정확도가 떨어지기' 등이며 유사 산정임을 알 수 있다.

 전문가의 Comment

문제도 유사하고 제시하는 조건도 비슷하여 모수 산정과 실제 시험에서는 혼동하는 수험생들이 많다. 모수 산정은 유사 산정보다 정확도는 향상되며, 유사 산정 시에 사용하는 과거 정보 이외에 해당 프로젝트의 모수를 이용하여 수학적으로 접근한다는 방식에서 다르다.

5 정답 C   [용어 이해 기본]

이 문제는 엄밀하게 말하자면 일정관리 영역이 아니라 품질관리 영역이다. PMP 시험 문제 중에는 서두에 질문과 관련 없는 상황들을 나열한 후에 본격적인 질문을 하는 문제가 많기 때문에 문제를 해석하고 원하는 키워드를 파악하는 것이 매우 중요하다. 상황이 일정관리로 주어지긴 했지만, 문제에서 원하는 것은 이러한 일정차이에 영향을 주는 변수를 찾아내고 싶은 것이고 키워드도 제시하고 있다. 2가지 변수, 상관관계, 독립변수 및 종속변수가 등장하므로 산점도를 선택하면 된다.

6 정답 D [용어 이해 기본]

자원 평준화 기법은 주공정법 이후에 수행되는 활동이다.

7 정답 A [용어 이해 기본]

일정 단축 기법에 대한 설명이며, 공정압축법 또는 공정중첩단축법 중에서 선택하면 된다. 2가지 기법을 구분하는 기준은 프로젝트 내에 예산이 충분한지 아니면 예산을 투입할 여력이 없는지이며, 자원 투입(비용 사용)이 가능한 환경에서 사용할 방법은 공정압축법이다.

 전문가의 Comment

명백하게 PMBOK에 설명되어 있지는 않지만, 선도(Lead)도 일정 단축 기법의 일종으로 볼 수 있다. 왜냐하면 선도는 선행 활동이 종료되기 전에 후행 활동을 시작하여 후행 활동의 일정을 단축하는 기법이기 때문에 엄밀하게 말하면 일정 단축 기법으로도 볼 수 있다.

8 정답 A [용어 이해 기본]

[6.5 일정 개발] 프로세스의 기법 중에서 '시뮬레이션(Simulation)'에 대한 설명이다. 상위 범주로는 '데이터 분석(Data Analysis)'으로 되어 있으며 하위에 '가정 시나리오 분석(What-If Scenario Analysis)'과 '시뮬레이션(Simulation)'을 소개하고 있다. 몬테카를로 분석은 시뮬레이션 기법의 대표적인 사례이다.

 전문가의 Comment

시뮬레이션은 [11.4 정량적 리스크분석 수행]의 도구 및 기법에서도 등장하는 기법으로서, 시험 출제 비중이 높다. 가정 시나리오 분석(What-If Scenario Analysis)과는 달리 시뮬레이션(Simulation)의 대표 사례인 '몬테카를로 분석'은 변수들이 취할 수 있는 모든 가치를 고려할 수 있으며, 또한 상관관계도 완벽하게 반영할 수 있다는 장점이 존재한다.

9 정답 B [시나리오 제시 기본]

시나리오상에서 묻는 것은 일정 단축 기법이다. 팀 내에 추가 자원의 여유는 없는 상태이므로 결국, 추가

자원이 소요되지 않는 공정중첩단축법을 선택하면 된다. 공정중첩단축법은 '병행 작업'이라고도 불린다.

10 정답 B [계산 풀이 기본]

추가 자원을 투입하는 목적은 지연이 예상되는 활동에 자원을 투입하여 프로젝트 전체 일정을 단축하려는 목적이 대부분이다. 따라서 상기 표를 프로젝트 일정 네트워크 다이어그램으로 나타내어 주공정(핵심 경로)을 구하고, 핵심 경로 중에서도 수행기간(duration)이 가장 긴 활동에 투입하는 것이 효과적이다.

 전문가의 Comment

1) 문제의 표를 프로젝트 일정 네트워크 다이어그램으로 나타내면 3가지 경로가 존재한다.

  • A, B, D, E, G, H → 23일
  • A, C, E, G, H → 21일
  • A, C, F, H → 20일

2) 핵심 경로는 첫 번째 경로인 [A, B, D, E, G, H]이다.

3) 추가 자원은 핵심 경로 중 가장 많은 시간이 소요되는 활동부터 투입하는 것이 효과적이므로, 활동 'E'가 적합하다.

11 정답 C [용어 이해 기본]

[7.4 원가 통제]에서 사용되는 획득가치분석(EVA: Earned Value Analysis)의 변수와 일정 관련 문제가 혼합되어 출제되는 문제이다. 스폰서는 일정을 가장 중요시하고 일정과 관련된 성과를 측정할 수 있는 데이터는 (C) 일정성과지수와 (D) 일정 차이가 존재한다. 여기서 한번만 더 고민이 필요한데 만약 1개의 프로젝트에 대한 일정추이나 성과를 측정하기에는 일정 차이(SV)도 문제는 없지만, 2개 이상의 프로젝트에 대해 비교하자면 일정성과지수(SPI)로 해야 한다. 비교 대상 프로젝트가 예산이나 일정이 동일하다면 상관없지만, 1조 원 프로젝트와 100억 프로젝트를 단순히 일정 차이(SV)로 비교는 의미가 없다.

12 정답 C [용어 이해 기본]

문제에서 활동을 그림으로 표현하면 다음과 같다.

ES(5)	Duration(3)	EF(10)
	Activity(A)	
LS(7)	Total Float	LF(12)

앞의 활동 표현식을 통해 구할 수 있는 값들은 다음과 같다.

1) Total Float(여유 시간): (LS − ES) or (LF − EF)이므로, 2일이다.

2) 여유 시간이 존재한다는 것은 적어도 주공정(핵심 경로)상에 존재하는 활동은 아니라는것이다. 즉, 비핵심 경로상에 존재하는 활동이기 때문에, 정확하지는 않지만 자유 여유(free float)를 가질 수도 있다.

13 정답 A [용어 이해 기본]

문제에서의 키워드는 '모수', '과거 유사하게 산정된 기간산정치' 등이다. 활동 기간산정치 중에서 시험 출제비중이 높은 것은 유사 산정, 모수 산정, 3점 산정이며, 산정에 대한 정확도는 '유사 < 모수 < 3점 산정' 순으로 높아진다.

모수 산정의 특징 중에 비슷한 특징이 반복될 경우 하나의 특징에 대해 기간을 먼저 산정한 후 나머지는 수량으로 곱하는 방식이 존재한다.

 전문가의 Comment

다음은 모수 산정의 특징이며, 유사 산정과 비교해서 기억하기 바란다.

- 모수 산정은 선례 자료 및 프로젝트 매개변수에 기초를 두고 원가나 기간을 계산하는 알고리즘(algorithm)이 사용되는 산정 기법이다.
- 일반적으로 유사 산정 이후에 수행하며, 프로젝트 초기 단계와 같이 프로젝트에 대한 정보가 제한적일 때 사용한다.
- 비슷한 특징이 반복될 경우 하나의 특징에 대해 기간을 먼저 산정한 후 나머지는 수량으로 곱하는 방식이다.

14 정답 C [용어 정의 기본]

활동 순서배열에서 사용하는 기법 중 선도(Lead)와 지연(Lag)에 대한 정의만 알면 되는 문제이다. 참고로 지연(Lag)은 특정한 사유로 후행 활동의 시작일을 강제로 늦추는 기법을 말한다.

오답 확인

A. 의존관계 결정(Dependency Determination) 중 의무적 의존관계(Mandatory dependencies)에 대한 설명이다.

B. [6.2 활동 정의] 프로세스의 기법인 연동 기획을 의미한다.

D. 의존관계 결정(Dependency Determination) 중 내부적 의존관계(Internal dependencies)에 대한 설명이다.

15 정답 D [계산 풀이 기본]

3점 산정에서 일반적으로 출제되는 평균 시간이 아닌 표준 편차에 대한 질문이다. 3점 산정기법에서 표준 편차를 구하는 공식은 [(P(비관치) − O(낙관치)) / 6]이며, 문제에서 비관치와 낙관치가 주어졌으므로 대입하여 풀면 된다.

 전문가의 Comment

표준편차[ə (Sigma)]는 평균값에서 벗어난 정도로서 다음과 같이 계산된다.

1) [P(비관치) − O(낙관치)] / 6

2) 문제에서 주어진 낙관적(optimistic)으로는 22일, 비관적(pessimistic)으로는 40일 대입

3) [40−22] / 6 = 3일이다.

16 정답 A [시나리오 제시 기본]

일정, 원가, 범위가 혼합되어 출제된 문제이다. 일정 성과지수는 원가 영역에서 사용되는 용어이고, 지연된 일정을 만회한다는 문구에서는 일정 영역을 고려해야 한다. 하지만 궁극적으로 PM이 보아야 할 문서는 고객에게 제공할 제품에 대한 상세한 내역이 기술되어 있는 문서이다. 보기 상으로 가장 적합한 문서는 '프로젝트 범위 기술서'이다. 하지만 만약에 보기 중에 '프로젝트 범위 기술서'가 없다면 어쩔 수 없이 '프로젝트 헌장'을 선택해야 하고, '프로젝트가 고객에게 제공해야 할 전반적인 내용을 알고 싶다면'이라고 문제가 변경된다면 이때에도 '프로젝트

현장'을 선택하면 된다. PMP 시험에서는 초반은 동일하더라도 후반부에 묻고자 하는 핵심을 변경하기 때문에 문제를 끝까지 읽고 보기를 선택해야 한다.

17 정답 A [ITTO 이해 응용]

자원 최적화(Resource Optimization)의 사용 목적은 (1)프로젝트에 가용할 수 있는 자원이 특정 시간대에만 이용할 수 있거나, (2)사용 시간을 일정하게 유지해야 할 필요가 있는 자원은 그 제약조건에 맞게 자원 사용 시간을 조정하기 위한 것이다. 이 문제는 2번에 해당하며, 자원 사용량을 일정한 수준(40)으로 유지하기 위해서 필요하다.

 전문가의 Comment

자원 평준화(resource leveling)와 자원 스무딩(resource smoothing) 간에는 차이점이 존재하는데, 자원 스무딩은 오직 여유 시간이 있는 활동과 핵심 경로에 영향을 주지 않는다는 전제에서만 적용할 수 있다는 것이다.

18 정답 A [시나리오 제시 기본]

변경요청과 관련된 문제는 모든 지식 영역에서 상황으로 제시된다. 문제에서 일정과 관련된 변경이 제시된 사항이며, PM으로서는 우선적으로 상세하게 변경이 프로젝트 일정을 포함하여 다른 지식 영역(원가, 품질, 리스크, 조달 등등)에 미치는 영향에 대해서 정확히 파악하는 것이 우선적이다. 보기에는 변경이 프로젝트에 미치는 영향을 분석한다라는 보기는 없지만, (A)를 하는 이유 자체가 영향력을 분석하기 위한 활동임을 유추해서 파악할 수 있다.

19 정답 A [용어 정의 기본]

애자일 방법론은 초기 계획을 거의 변경하지 않고 진행하는 폭포수 방법론과는 달리 산출물을 개발해가는 과정에서 계획의 수정이 용이한 방법론이다. 즉, 프로젝트 전체 단계는 설정하되, 각각의 단계를 완성하기 위해서 하위 단계(편의상 하위 단계로 표현하였음)로 세부화하고 그것을 개발하기 위한 일정을 이터레이션(iteration)이라는 세부 일정계획으로 구

체화한다. 프로젝트에서 각각의 이터레이션을 처리할 방법을 계획하는 것을 애자일 릴리즈 기획(Agile Release Planning)이라고 한다.

 전문가의 Comment

C와 D는 스크럼에서 사용되는 대표적인 용어이며, 그 밖에도 몇 가지 중요한 용어가 있음에 유의하자.

1) **번 다운 차트(Burn Down Chart):** 개발을 완료하기까지 남은 작업량을 보여주는 그래프이며, 각 반복주기(Iteration)별로 남아있는 작업량을 스토리 포인트라는 것으로 나타낸 것이다.

2) **스크럼 미팅(Daily Scrum Meeting):** 프로젝트 팀에서 매일 진행하는 15분 정도의 프로젝트 진행 상황을 공유하는 회의이다. 모든 팀원이 참석하며 매일매일 각자가 할 일, 하고 있는 일, 한 일, 문제점 등을 이야기한다.

3) **제품 백로그(Product Backlog):** 제품에 담고자 하는 기능의 우선순위를 정리한 목록으로써 고객을 대표하여 제품 책임자가 주로 우선순위를 결정한다. 제품 백로그에 정의된 기능을 사용자 스토리라고 부르며 사용자 업무량에 대한 추정은 주로 스토리 포인트(사용자 스토리에 가중치를 부여한 점수)라 불리는 기준을 이용한다.

4) **스프린트 백로그(Sprint Backlog):** 하나의 스프린트 동안 개발할 목록으로 사용자 스토리와 이를 완료하기 위한 작업을 태스크로 정의한다. 각각의 태스크의 크기는 시간 단위로 추정한다.

20 정답 D [ITTO 이해 응용]

활동 기간산정에는 여러 가지 방법이 사용되며, 사용되는 시기도 상이하다. 유사 산정과 전문과 판단은 거의 유사한 신뢰도를 가지고 있으며, 전문가 판단은 다른 산정 기법을 보조하기 위한 목적으로 사용된다. 유사 산정(=전문가 판단) → 모수 산정 → 3점 산정 → 상향식 산정 순으로 정확도가 높아진다.

 전문가의 Comment

PMBOK 6판에서는 [6.4 활동 기간산정(Estimate Activity Durations)]에 상향식 산정(Bottom-up estimating)도 포함되었다. [7.2 원가 산정(Estimate Costs)]에서도 사용하는 상향식 산정을 이용하기 위해서는 최하위 레벨까지 WBS가 작성되어 있어야 하며, 각각의 WBS를 완성하기 위한 활동까지 정의되어 있어야 하므로 정확도가 가장 높은 기법이다.

21 정답 A [용어 정의 기본]

활동 간의 논리관계에 대한 기본적인 질문이다. 후행 활동은 선행 활동이 종료되어야만 종료가 가능하다는 것은 결국 선행 활동이 후행 활동 종료가 가능하다는 것과 동일하므로 FF 관계이다.

22 정답 C [시나리오 제시 기본]

PERT는 3점 산정이라고 하며, 리스크를 포함하고 있는 활동에 대한 기간이나 원가 산정 시에 3가지 변수(비관치, 최빈치, 낙관치)를 이용하여 근사치를 구하는 기법이다. (A)는 유사 산정, (B)는 특별하게 지정할 수는 없지만 유사한 다른 기법을 찾아본다면 몬테카를로 기법, (D)는 1점 산정(single point estimation)에 해당된다.

23 정답 C [ITTO 이해 기본]

식별된 활동을 순서대로 배열한 것은 무엇인가 이유가 있어서 프로젝트 팀원이나 전문가를 통해서 작업한 결과일 것이다. 그런데도 순차적으로 배열한 작업을 병행으로 작업한다는 것은 결국 재작업이나 리스크의 위험이 존재하기 마련이다. 가장 중점적으로 확인해 보아야 할 것은 완료된 결과물에 대한 품질 수준이다.

24 정답 C [계산 풀이 기본]

프로젝트 일정 네트워크 다이어그램을 도식하면 3가지 경로가 존재하며, 경로별 기간은 다음과 같다.

1. A-B-C-G(18), 2. A-B-C-F-G(19),
3. A-D-E-F-G(23)

3가지 경로 가운데 가장 많은 기간이 소요되는 것은 3번이며, 이것을 적용하면 5/28일이다.

25 정답 A [계산 풀이 기본]

활동 F의 ES = 25, EF = 25일이다. 기간이 1인 경우에 계산을 잘못하는 경우가 많은데, 하루가 소요된다는 것은 시작일과 종료일이 동일하다는 의미이다.

26 정답 C [계산 풀이 기본]

3가지 경로 중 가장 많은 시간이 소요되는 경로는 [A-D-E-F-G]이며, 결국 '여유 시간(Total Float) = 0'인 활동들의 집합과 동일하다.

27 정답 B [계산 풀이 기본]

활동 C의 ES = 14, EF = 20, LS = 18, LF = 24일이다. 여유 시간을 구하는 공식이 (LS - ES) or (LF - EF)이므로, (18 - 14) = 4일이다.

28 정답 B [계산 풀이 기본]

자유 여유란 후행 활동의 빠른 시작일을 지연시키지 않고 선행 활동이 가질 수 있는 여유 시간을 의미한다. 즉, 자유 여유를 가질 수 있는 작업은 Non Critical Path 내에 있는 작업이어야 하며 이를 만족시키는 것은 (C)밖에 없다. 작업 C는 20일 종료하나, 작업 F의 빠른 시작일인 25일까지는 4일의 자유 여유가 있다.

29 정답 A [용어 정의 응용]

기존 기법과 애자일 방법론을 응용한 문제이다. 문제에서 주의해서 보아야 할 문장은 '사용자 스토리 목록을 달리하면서 특정 기간 내에 끝날 확률 계산을 반복'이다. 즉, 원하는 목푯값을 추출하기 위해서 특정 파라미터를 달리하면서 확률 계산을 반복적으로 수행하는 것이다. 가장 적합한 기법은 몬테카를로 분석이고, 몬테카를로 분석은 시뮬레이션(Simulation)의 대표적인 기법임을 추가로 기억하자.

30 정답 C [용어 비교 기본]

간트 차트와 마일스톤 차트에 대해서는 장단점에 대해서 학습해 두어야 한다. (C)는 마일스톤 차트에 대한 설명이며, 간트 차트는 활동 간의 선후행 관계를 표현하지 못하는 단점이 존재한다.

31 정답 B
[용어 정의 기본]

자유 여유에 대한 설명이다. 참고로 여유 시간에 대해서도 확인해 두어야 한다. 여유 시간이란 특정 활동이 늦게 시작해도 되는 날과 빨리 시작하는 날과의 차이를 의미한다. 네트워크 경로상에서 핵심 경로를 제외한 각 활동은 여유 시간을 가질 수 있으며, 여유 시간(total float)은 total float, float, buffer, slack, path float이라고도 불리는 것에 유의하자.

32 정답 C
[계산 풀이 기본]

활동 순서배열 프로세스에서 작업 간의 선후 관계를 그림으로 간단하게 도식한 후에 FF, FS, SS, SF 관계를 이용하여 전체 일정을 구한다.

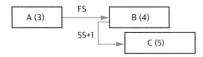

1) A − B : FS(A작업 종료 후에 B작업은 시작 가능), B − C : SS + 1(B작업 시작 이후 일정기간 지연 후에 C작업 시작 가능)

2) A작업 + B작업 + C작업에서 A작업이 종료 된 이후에 B작업과 C작업을 시작할 수 있으며, B작업과 C작업은 기간 차이와 지연이라는 제약은 존재하나, 병행으로 진행되는 작업이다.

3) 예를 들어, 10/1일에 시작한 A작업은 10/3일에 종료되며, 10/4일에 시작한 B작업은 10/7일에 종료 된다. C작업은 B작업 시작 이후 1일 뒤에 시작 가능하니, C작업은 10/5일에 시작가능하며, 10/9일에 종료된다. 그러므로 총 작업 시간은 '3 + 1 + 5 = 9주'이다.

33 정답 A
[시나리오 제시 응용]

일정 단축을 시도하기 위해서는 당연히 부작용이 발생한다. 공정중첩단축법(병행 작업)은 작업의 연관관계를 조정하여 차례로 수행되는 두 가지 이상의 단계나 활동을 병행으로 동시에 수행하는 기법이다. 장점으로는 당연히 일정 단축이지만, 단점으로는 재작업 증가나 리스크 증가를 초래할 확률이 높아진

다는 것이다. 따라서 증가가 예상되는 리스크에 대해서 고려해야 하며 우선적으로 리스크 관리대장을 참조해야 한다.

34 정답 A
[시나리오 제시 응용]

PMBOK 6판에서는 삭제된 일정 개발 기법이다. 하지만 PMP 시험에서는 PMBOK 이외의 영역에서도 문제가 출제되기 때문에 관련 용어로서 이해하고 있어야 한다. 문제에서 제시되고 있는 '불필요한 여유 시간이 상당수 포함', '활동별로 여유 시간을 제외하여 산출하고 이러한 여유 시간을 별도로 모아서 관리'만 보아도 답을 선택 가능한 문제이다. 주공정 연쇄법(CCM)은 인간 행위의 특성을 고려하여 프로젝트 일정을 수립하는 기법이다. 인간 행위의 특성과 상황으로부터 핵심 경로를 보호하기 위해 주공정 연쇄법에서는 단위 작업별로 시작과 완료 시점을 정하지 않고 각 단위 작업의 소요시간 추정치에 포함된 '버퍼(Buffer)'를 한곳에 모아 일정을 통제하고 관리한다.

🎙 **전문가의 Comment**

주공정 연쇄법에서 고려하는 인간 행위의 특성은 다음과 같다.

1) **자기 방어(Self-Protection):** 작업을 일찍 완료하면 관리자의 기대사항이 높아져 다음 번에는 더 짧은 납기일을 요구하기 때문에 작업을 완료해도 숨긴다.

2) **파킨슨 법칙(Parkinson's law):** 사람은 버는 만큼 소비하고 주어진 시간을 채운다는 의미로, 작업자는 주어진 시간을 모두 사용하려고 하며, 빨리 끝낼 수 있어도 천천히 수행한다.

3) **학생 증후군(Student Syndrome):** 수험생은 시험일이 가까워져야 공부를 시작한다. 결국 LS(Late Start Date)를 선택하며, 문제 발생 시에는 프로젝트의 지연으로 이어진다.

35 정답 C
[ITTO 제시 기본]

이런 문제는 단순하게 투입물만 고민해 보아서는 선뜻 답을 선택하기 어려운 문제이다. 활동 기간산정을 위한 투입물로는 활동 목록, 활동 속성, 마일스톤 목록, 자원 달력, 범위 기준선 등이 필요하고, 원가 산정을 위해서는 범위 기준선, 프로젝트 일정, 자원 요

구사항 등이 주요한 투입물이다. 여기서 중요한 것은 활동 기간산정이나 원가 산정의 대상을 파악하는 것이다. 범위관리를 통해 주요한 산출물인 WBS가 작성되고, WBS의 최하위 단위가 작업 패키지(Work Package)이기 때문에 흔히 작업 패키지라고 생각하기 쉽다. 하지만 작업 패키지를 구체적으로 달성하기 위해 활동(Activity)을 식별하였고, 식별된 활동을 완료하기 위한 기간을 산정하는 작업이 '활동 기간산정', 산정한 기간 내에 달성하기 위해 필요한 비용을 산정하는 것이 '원가 산정'이다.

36 정답 B　　　　　　　[시나리오 제시 기본]

[6.2 활동 정의] 프로세스를 진행하고 있는 것이다 (이처럼 PMP 시험에서는 어떠한 프로세스를 수행하고 있다는 것인지, 프로세스 파악이 어렵다면 적어도 어떠한 지식 영역을 수행하고 있는지만 파악해도 문제 접근이 수월해 진다). 이때 참고하는 것은 결국 투입물에 대한 질문이다. (B)는 활동 정의 프로세스의 산출물이다.

37 정답 B　　　　　　　[시나리오 제시 기본]

정답을 선택하기 어려운 문제이다. 이러한 문제는 원리원칙과 더불어 의사결정 주체를 찾는 것이 중요하다. 오픈 일정과 관련 없는 일반적인 변경요청이라면 당연히 답은 (C)가 된다. 하지만 이 문제에서는 운영 환경과 동일한 환경을 구축하고 테스트하기에는 시간 상으로 절대적으로 부족함을 알 수 있다. 그리고 그 것은 결국 프로젝트 오픈 시점을 연기해야 할지도 모르기 때문에 경영진이나 스폰서의 의사결정을 요구할 수도 있다. 그래서 (B)도 충분히 답이 될 소지가 존재한다. 여기서 중요한 것은 문제가 발생할 수도 있는 상황이지 문제가 발생한 것은 아니므로 일단 공식적인 변경요청을 하고, 그에 따라 주요한 이해관계자를 모집하여 영향도 검토를 하는 것이 1차적인 순서로 타당하다. 그러한 결정 사항에 따라서 일정 연기가 불가피하다면 스폰서와의 미팅을 통해 승인을 받고 관련 부서에 배포하는 것이 적합한 절차이다.

38 정답 D　　　　　　　[프로세스 제시 기본]

5장, 6장, 7장의 기본적인 연계된 흐름을 묻는 질문이다. 이러한 문제가 많지는 않지만 최근에는 종종 지식 영역을 넘어서는 프로세스를 이해하고 있는지에 대한 문제가 출제되고 있다. 이러한 문제를 풀기 위해서 기억해야 하는 몇 가지 중요한 프로세스의 순서는 다음과 같다.

1) 범위관리 계획서[5.1]는 일정관리 계획서[6.1]보다 선행되어야 한다.

2) 활동을 정의[6.2]하기 위해서는 범위 기준선[5.4]이 작성되어 있어야 한다.

3) 일정관리 계획서[6.1]는 원가관리 계획서[7.1]보다 선행되어야 한다.

4) 원가를 산정[7.2]하기 위해서는 범위 기준선[5.4]과 프로젝트 일정[6.5]이 작성되어 있어야 한다.

39 정답 C　　　　　　　[시나리오 제시 기본]

스폰서의 요구사항을 거절하고 싶은 프로젝트 관리자는 없다. 없다기보다는 그러한 요구사항을 만족시키지 못한다면 원활한 프로젝트 진행이나 지원이 어렵다는 것을 인지 못 하는 프로젝트 관리자가 없다는 표현이 적합할 것이다. 그렇다고 실현 불가능한 약속이나 프로젝트 팀원들과 상반되는 의사 결정을 스스로 내리는 것도 리스크가 크다.

현명한 프로젝트 관리자라면 아무런 대책 없이 피드백하기 보다는 요구된 변경사항이 구현 가능한지에 대한 판단을 해야 하며, 판단 결과를 가지고 회의 또는 협상을 통해서 프로젝트가 계획했던 성과를 달성하기 위한 해결안을 도출하는 것이 바람직하다.

40 정답 D　　　　　　　[시나리오 제시 기본]

현장에서 흔히 접하게 되는 사례이며, 쉽게 답안을 선정하기 어려운 문제이다. 왜냐하면 요구사항 변경 (범위 변경)으로 인해서 일정이 지연되었을 것이고, 변경된 요구사항을 수용하거나 재 작업을 수행하다 보니 자연스럽게 예산 지출도 증가했을 것이기 때문이다. 수험생 대다수가 알고 있듯이 범위가 변경되면 일정이나 원가에 대한 변경은 필연적으로 발생하기 마련이다. PMBOK에서 확인을 원한다면 [5.6 범위 통제]의 산출물 중에 '프로젝트관리 계획서 업데이트'를 확인해 보자. 업데이트되는 하위 문서에 범위관리 계획서, 범위 기준선, 일정 기준선, 원가 기준선, 성과측정 기준선이 있다는 것을 확인할 수 있다.

이 문제에서 가장 적합한 답안은 (D)지만, 만약에 (D)가 없다면 나머지 결과를 유발한 범위 기준선을 선택하는 것을 추천한다.

41 정답 A   [ITTO 제시 기본]

활동을 완료하는 데 필요한 기간을 산정하는 기법은 시험마다 출제되는 문제이다. 그중에서도 출제 비중이 높은 기법은 유사 산정, 모수 산정, 3점 산정이니 비교하면서 장단점과 사용 시기를 명확히 학습해야 한다. 문제에서의 키워드는 '최대한 빨리 일정 산정'이며, 시간이 부족한 상황이나 정보가 제한적인 상황에서 기존 유사한 프로젝트의 사례를 사용해서 하향식으로 산정하는 방식은 유사 산정이다.

 전문가의 Comment

1) 유사 산정(Analogous Estimating)

- 정의: 과거 유사한 프로젝트의 기간, 예산, 규모, 가중치, 복잡성과 같은 선례 정보(Historical Information)를 미래의 프로젝트에 대한 동일한 모수 또는 지표를 산정하는 기법
- 사용 시기: 프로젝트 제안 시점이나 착수 단계와 같이 프로젝트에 대한 정보가 제한적인 상황
- 장점: 다른 기간산정 기법보다 시간과 비용이 적게 든다.
- 단점: 정확도가 떨어지며, 전문가 판단을 병행 사용해서 결과에 대한 신뢰성을 높인다.

2) 모수 산정(Parametric Estimating)

- 정의: 선례 자료 및 프로젝트 매개변수에 기초를 두고 원가나 기간을 계산하는 알고리즘이 사용되는 산정 기법
- 사용 시기: 유사 산정과 비슷하게 프로젝트 착수 단계와 같이 프로젝트에 대한 정보가 제한적일 때 사용하며, 비슷한 특징이 반복될 경우 하나의 특징에 대해 기간을 먼저 산정한 후 나머지는 수량만큼 곱하는 방식
- 장점: 수학적 추정 모델을 사용하므로 계산 시간이 빠르고, 매개 변수를 조정함으로써 다양한 시나리오별로 대응할 수 있다.
- 단점: 수학적 추정 모델과 선례정보의 정확도에 따라 산정치가 달라진다.

42 정답 D   [시나리오 제시 기본]

일정과 리스크가 혼재된 문제이다. 일부 작업의 지연이 예상되고, 해당 작업이 지연되면 전체적인 프로젝트 일정이 지연될 수 있는 상황이다. 하지만 아직 해당 작업이 지연되었거나 후행 프로세스에 영향을 준 것은 아니기 때문에 리스크 관리대장이나 이슈 기록부에 등록할 시점은 아니다. 또한, 해당 작업이 지연되었을 때 어떠한 영향을 줄지에 대한 판단도 하지 않았기 때문에 프로젝트 일정 네트워크 다이어그램부터 변경하는 것도 맞지 않는다. 우선은 해당 작업의 지연이 프로젝트에 영향을 줄 수 있는 리스크인지 아닌지부터 판단을 해야 하며, 그러한 리스크 식별을 위한 기법을 찾으면 된다.

보기에서는 (D)가 해당하며, [11.1 리스크 식별] 프로세스의 도구 및 기법 중에서 브레인스토밍, 체크리스트, 근본 원인분석, 프롬프트 리스트 등도 출제 비중이 높으니 함께 학습하기 바란다.

43 정답 A   [시나리오 제시 기본]

PMBOK에서 중점적으로 다루는 활동 순서배열 기법은 '선후행 도형법(PDM: Precedence Diagramming Method)'이다. 하지만 선후행 도형법 이외에도 '연결선 도형법'과 '조건부 도형법'이 존재한다. 연결선 도형법(ADM: Arrow Diagramming Method)은 각 활동을 노드가 아닌 화살표(arrow) 위에 표현하는 방법이며, 조건부 도형법(CDM: Conditional Diagramming Method)은 순환(loop), 분기(if)와 같은 비순차적 활동(activity)을 허용하며, GERT(Graphical Evaluation and Review Technique) 등에서 사용되는 기법이다.

44 정답 A   [시나리오 제시 기본]

[7장 프로젝트 원가관리]와 [6장 프로젝트 일정관리]를 연계한 문제이고, PMP 시험에서 매번 출제되는 유형이다. 획득가치분석에서 소개하는 4가지 변수를 해석만 하면 쉽게 해결이 가능한 문제이기도 하다. 이 문제에서의 핵심변수는 비용-성과지수(CPI)이다. 비용-성과지수(CPI)가 1보다 크다는 것은 계획보다 비용을 적게 사용하고 있다는 의미이고, 일정

성과지수(SPI)가 1보다 작다는 것은 계획보다 일정이 지연되고 있다는 의미이다. 즉, 일정은 지연되고 있으나 비용적인 측면에서 여유가 있을 때 사용 가능한 일정단축 기법을 묻는 문제이므로 답은 공정압축법(Crashing)을 선택하면 된다.

 전문가의 Comment

이 문제는 일정성과지수(SPI) 대신에 일정차이(SV), 비용성과지수(CPI) 대신에 비용차이(CV)로 대체되어 출제되기도 하지만 접근 방법은 동일하다. 즉, 일정차이(SV)가 0보다 작은 것은 일정지연, 비용차이(CV)가 0보다 큰 것은 예산 절감 상태라는 의미이다.

45 정답 A   [용어 이해 기본]

애자일 생애주기는 PMBOK 6판에서 확장해서 소개하고 있으나, 시험 출제 비중이 아직은 높은 편은 아니다. 아직은 전 산업에서 활용되고 있는 방식이나 사례가 부족하다 보니 기본적인 용어와 절차를 소개하는 수준으로 출제되고 있다. 또한, 애자일 생애주기를 적용 시에 기존 10개 지식 영역 중에서 적용해야 할 영역은 주로 6장에 한정되어 있다.

다음은 애자일과 관련된 주요 용어이며, 추가적인 용어는 PMP PRIDE 해설서에서 학습하기 바란다.

1) **반복 개발주기(Iteration):** 일반적으로 1주~3주 분량으로 계획하며(이에 반해 릴리즈 기획은 3개월~6개월 정도로 계획), 릴리즈 계획을 완성하기 위한 개발 프로그램의 그룹이다.

2) **릴리즈(Release):** 고객에게 인도 가능한 제품이 변화되어 가는 모습으로 하나의 릴리즈에는 일반적으로 하나 또는 다수의 이터레이션이 포함되어 있다.

3) **타임박스(Timebox):** 스프린트 기간과 투입되는 자원은 고정되어 있기 때문에 정해진 일정이 도래하면 끝나지 않았더라도 스프린트를 종료해야 한다. 스프린트 기간은 임의로 연장해서는 안 되며, 이러한 제약 조건을 타임박스되었다고 표현한다. 타임박스 효과로 프로젝트 팀의 집중도와 생산성을 향상시킬 수 있다.

4) **릴리즈 기획(Release Planning):** 애자일 방법론에서는 릴리즈를 통해서 제품이 완성되어 간다. 릴리즈 기획 미팅(Release Planning Meeting)을 통해서 고객의 요구사항 중에서 우선순위가 정해지며, 해당 릴리즈를 완성하기 위한 반복주기를 설정하고, 해당 릴리즈를 구현하기 위한 릴리즈 계획서(Release Plan)를 작성한다.

5) **스파이크(Spike):** 유저 스토리 중에 구현이 어렵고 리스크가 존재하는 요구사항에 대해서 스파이크 설루션(Spike Solution)을 생성한다. 스파이크 설루션의 목적은 설계나 기술적인 문제를 사전에 해결하기 위한 활동이며, 결과에만 충실한 간단한 프로그램을 작성하는 것이다.

46 정답 C   [시나리오 제시 기본]

이러한 문제는 PMBOK에서 정확히 제시하는 것이 아니기 때문에 일반적인 상식과 프로젝트 실무 경험을 기반으로 접근해야 한다. 브룩스의 법칙에서 보여지듯이, 사람을 추가로 투입한다고 무조건 일정이 단축되는 것은 아니며, 프로젝트의 생산성이 즉시 향상되는 것도 아니라는 점을 이해하자.

47 정답 A   [시나리오 제시 기본]

프로젝트 실무에서 가장 많이 사용하지만, 수험생들이 인지하지 못하는 도구 중 하나가 프로젝트관리 정보시스템이다. 프로젝트를 관리하는 도구가 반드시 거창할 필요는 없다. 상용 SW를 구매하거나 수행 조직 자체에서 개발한 시스템을 사용해도 되고, 엑셀 또는 상황이 여의치 않다면 사무실에 있는 벽면이나 화이트보드를 이용해서 프로젝트 현황을 공유할 수도 있다. 다만 수집, 편집, 보고, 권한 통제, 이력 관리를 위해서는 별도의 시스템으로 관리하는 것을 추천하며, 문제에서 요구하는 데이터나 이력 등도 프로젝트관리 시스템에서 통합 관리되는 항목들이다.

프로젝트 원가관리

PROJECT COST
MANAGEMENT

출제 유형 분석

원가관리 지식 영역은 대다수의 문제가 원가 통제에서 출제된다. 차이 분석(SV, CV, SPI, CPI), 추세 분석(ETC, EAC), 완료성과지수(TCPI)를 구하는 문제는 반드시 출제되며, 일정관리 지식 영역보다도 출제되는 계산 문제의 양이 많다. 또한, 프로젝트 통합관리에서도 출제되는 프로젝트 투자 타당성 분석 기법(ROI, NPV, IRR, PP)은 계산까지는 아니지만 적어도 분석 기법의 결과를 해석하는 방법은 알아야 하며, 예산 결정에서 원가 기준선이나 프로젝트 예산과 관련된 우발사태 예비비와 관리 예비비를 비교하는 문제는 빠지지 않고 등장하는 전통적인 기출 유형이다.

그룹	출제 항목	출제 유형	빈도	난이도
기획	7.1 원가관리 계획수립 (Plan Cost Management)	· 프로젝트 투자 타당성 분석 기법(ROI, NPV, IRR, PP) · 원가관리 계획서 포함 내용	A	B
	7.2 원가 산정 (Estimate Costs)	· 원가 추정의 신뢰도(프로젝트 초반, 후반기의 산정치 범위) · 원가 산정 투입물 중에서 범위 기준선(직접비, 간접비) · 원가 산정의 도구 및 기법(유사 산정, 모수 산정, 3점 산정)	B	C
	7.3 예산 결정 (Determine Budget)	· 원가 합산 절차(작업 패키지, 통제 단위, 원가 기준선, 프로젝트 예산) · 우발사태 예비비 vs 관리 예비비(정의, 집행 권한, 관련 용어, 원가 기준선 포함 여부) · 원가 기준선 vs 프로젝트 자금 요구사항(그림 기반 이해)	A	B
감시 및 통제	7.4 원가 통제 (Control Costs)	· 원가 통제 도구 및 기법 계산문제(EVM, ETC, EAC, TCPI)	A	A

이렇게 학습하세요

반드시 보아야 할 것

☐ 원가 산정 T&T(유사 산정, 모수 산정, 상향식 산정, 3점 산정) 정의, 사례, 장단점

☐ 계획가치(PV), 획득가치(EV), 실제 원가(AC)의 상관 그래프 이해하기

☐ 일정차이(SV), 원가차이(CV), 일정성과지수(SPI), 원가성과지수(CPI) 결괏값 이해하기

비교해 보아야 할 것

☐ 원가 산정 vs. 예산 결정(정의, 대상, 원가 기준선 포함 여부)

☐ 원가 기준선 vs. 프로젝트 예산(포함 관계, 포함되는 예비비 구분)

☐ 우발사태 예비비(contingency reserve) vs. 관리 예비비(management reserve)

☐ 원가 기준선 vs. 프로젝트 자금 요구사항 그래프 이해하기

흐름을 따라가 보아야 할 것

☐ 원가 합산(Cost Aggregation) 절차 이해하기

계산해 보아야 할 것

☐ 3점 산정 평균치 구하기: [P(비관치) + 4M(최빈치) + O(낙관치)] / 6

☐ 투자 타당성 기법 결괏값 해석하기(ROI, NPV, IRR, PP)

☐ 획득가치분석 변수를 이용한 차이 분석(SV, CV, SPI, CPI)

☐ 잔여분산정치(ETC) 구하기, 완료시점산정치(EAC) 구하기

☐ 완료성과지수(TCPI) 구하기: BAC 기준, EAC 기준

확인해 보아야 할 용어

☐ 순현재가치(NPV: Net Present Value)

☐ 내부수익률(IRR: Internal Rate of Return)

☐ 회수기간(PP: Payback Period 또는 BEP: Break Even Point)

☐ 획득가치 관리(EVM: Earned Value Management)

☐ 계획가치(Planned Value)

☐ 획득가치(Earned Value)

☐ 실제 원가(Actual Cost)

☐ 완료시점예산(BAC: Budget At Completion)

☐ 완료시점산정치(EAC: Estimate At Completion)

☐ 잔여분산정치(ETC: Estimate to Complete)

☐ 완료성과지수(TCPI: To-Complete Performance Index)

출제 빈도 높은 ITTO(투입물, 도구 및 기법, 산출물)

☐ 예산 결정 산출물(원가 기준선, 프로젝트 자금 요구사항)

☐ 원가 통제에서 사용하는 도구 및 기법(획득가치 관리, 예측치, 완료성과지수)

원가관리 계획수립
Plan Cost Management

→ 정답 223쪽

핵심 키워드

1 [원가관리 계획수립] 프로세스 정의에 대한 핵심 키워드를 완성하시오.

원가관리 계획수립은 프로젝트 (❶   )를 산정하고, (❷   )을 결정하고, 관리하고, 감시 및 통제하는 방법을 정의하는 프로세스다.

2 [원가관리 계획수립] 프로세스의 주요 ITTO에 대해서 다음의 힌트를 참조하여 핵심 키워드를 완성하시오.

그룹	프로세스	투입물	도구 및 기법	산출물
기획	7.1 원가관리 계획수립 (Plan Cost Management)	1. ❶ 2. 프로젝트관리 계획서 (Project management plan) 3. 기업 환경 요인 (Enterprise environmental factors) 4. 조직 프로세스 자산 (Organizational process assets)	1. 전문가 판단 (Expert judgment) 2. ❷ 3. 회의(Meetings)	1. 원가관리 계획서 (Cost management plan)

❶ 상세한 프로젝트 원가 수립의 기초가 되는 요약된 예산이 포함되어 있는 문서이다.

❷ 프로젝트에 자금 조달을 위한 전략적 방식을 선택하는 데 도움을 주는 기법으로서, 프로젝트 자원 조달 방법에 대한 의사결정에 어떤 재무 기법을 적용할지 영향을 준다.

1 프로젝트를 수행할 조직에서는 프로젝트 자금 조달 방식을 결정 중이다. 조직에서는 투자액을 회수하기까지 걸리는 시간이 짧은 프로젝트를 선호하고 있다. 다음 중 어떤 프로젝트를 선택해야 하는가?

    A. IRR = 1.1, PP = 2년

    B. IRR = 1.1, PP = 3년

    C. IRR = 1.2, PP = 4년

    D. IRR = 0.8, PP = 5년

해설   프로젝트 자원 조달 방법에 대한 의사결정에 어떤 재무 기법의 대표적인 사례로는 순현재가치(NPV: Net Present Value), 내부수익률(IRR: Internal Rate of Return), 회수기간(PP: Payback Period 또는 BEP: Break Even Point) 등이 존재한다. 이 중에서 회수기간(PP)은 프로젝트 투자에 든 비용을 투자로부터 발생하는 투자 수익에 기반을 두어 모두 회수하는 데 걸리는 시간을 의미하며, 회수기간이 짧은 프로젝트가 우선으로 선호된다.

정답 A

7-2

원가 산정
Estimate Costs

→ 정답 223쪽

1 [원가 산정] 프로세스 정의에 대한 핵심 키워드를 완성하시오.

원가 산정은 프로젝트 활동을 완료하는 데 필요한 금전적 자원의 근사치를 개발하는 프로세스이다. 산출물로는 프로젝트 작업을 완료하는 데 필요한 원가에 대한 정량적 평가 수치인 활동 원가 산정치와 활동 원가 산정치에 대한 산정 근거인 (❶   )가 대표적이다.

2 [원가 산정] 프로세스의 주요 ITTO에 대해서 다음의 힌트를 참조하여 핵심 키워드를 완성하시오.

그룹	프로세스	투입물	도구 및 기법	산출물
기획	7.2 원가 산정 (Estimate Costs)	1. 프로젝트관리 계획서 (Project Management Plan) · 원가관리 계획서 (Cost Management Plan) · 품질관리 계획서 (Quality Management Plan) · 범위 기준선 (Scope Baseline) 　- ❶ 　- 작업분류체계 (Work Breakdown Structure) 　- WBS 사전 (WBS Dictionary) 2. 프로젝트 문서 (Project Documents) 3. 기업 환경 요인 (Enterprise Environmental Factors) 4. 조직 프로세스 자산 (Organizational Process Assets)	1. 전문가 판단 (Expert judgment) 2. 유사 산정 (Analogous estimating) 3. 모수 산정 (Parametric estimating) 4. 상향식 산정 (Bottom-up estimating) 5. 3점 산정 (Three-point estimating) 6. 데이터 분석 (Data analysis) · 대안 분석 (Alternatives Analysis) · ❷ 7. 프로젝트관리 정보시스템 (Project Management Information System) 8. 의사결정 (Decision Making)	1. 원가 산정치 (Cost estimates) 2. ❸ 3. 프로젝트 문서 업데이트 (Project Documents Updates)

❶ 주요 인도물, 가정 및 제약사항 등의 정보가 제공되며, 프로젝트의 직접 비용만으로 산정치를 제한할지, 아니면 간접 비용도 산정치에 포함할지에 대한 정보가 포함되어 있다. 또한, 프로젝트 단계별 자금조달과 재무적인 측면의 가정 및 제약사항이 포함되어 있다.

❷ 원가 산정의 불확실성을 고려하여 우발사태 예비비(Contingency Reserves)에 대한 포함범위를 분석해야 한다.

❸ 고객과의 비용정산과 회계감사 등에 대비하기 위해서 문서화되어 있는 활동 원가 산정치에 대한 근거 자료이다.

기출 문제

1 프로젝트는 실행단계 초기이며, 프로젝트에서 산출해야 할 인도물에 대한 활동들이 어느 정도 상세화되어 있다. 당신은 프로젝트 관리자로서 업무 담당자들에게 개별 활동별 원가산정을 지시했고, 담당자별로 결과물을 취합하여 원가를 산정 중이다. 이러한 원가 산정 기법은?

A. 유사 산정

B. 모수 산정

C. 3점 산정

D. 상향식 산정

해설 상향식 산정은 유사 산정이나 모수 산정보다 정확도가 높은 원가 산정 기법이다. 프로젝트 초기 단계에서 유사 산정이나 모수 산정으로 프로젝트의 대략적인 원가를 산정한 이후에 프로젝트 예산을 검증하고 비용을 통제하기 위해서 상향식 산정을 통해 원가 산정의 정확도를 높여야 한다.

상향식 산정은 개별 활동 또는 개별 패키지의 원가를 산정한 다음, 상위 수준으로 올라가면서 상위 수준으로 요약 또는 '집계(rolled up)'하는 방식이다.

정답 D

예산 결정
Determine Budget

→ 정답 223쪽

핵심 키워드

1 [예산 결정] 프로세스에 대한 핵심 키워드를 완성하시오.

예산 결정은 개별 활동이나 작업 패키지별로 산정된 원가를 (❶   )하여 승인된 (❷   )을 설정하는 프로세스이다.

2 [예산 결정] 프로세스의 주요 ITTO에 대해서 다음의 힌트를 참조하여 핵심 키워드를 완성하시오.

그룹	프로세스	투입물	도구 및 기법	산출물
기획	7.3 예산 결정 (Determine Budget)	1. 프로젝트관리 계획서 (Project Management Plan) 2. 프로젝트 문서 (Project Documents) 3. 비즈니스 문서 (Business Documents) 4. ❶ 5. 기업 환경 요인 (Enterprise Environmental Factors) 6. 조직 프로세스 자산 (Organizational Process Assets)	1. 전문가 판단 (Expert Judgment) 2. ❷ 3. 데이터 분석 (Data Analysis) 4. 선례 정보 검토 (Historical Information Review) 5. 자금 한도 조정 (Funding Limit Reconciliation) 6. ❸	1. ❹ 2. 프로젝트 자금 요구사항 (Project funding requirements) 3. 프로젝트 문서 업데이트 (Project Documents Updates)

❶ 예산 결정 시에는 구매했거나 구매할 예정인 제품, 서비스 또는 결과물과 관련하여 적용되는 협약 정보 및 원가를 단계별 예산에 포함해야 한다.

❷ 작업 패키지(work package)별로 산정된 원가 산정치를 상향식으로 전개하여, 전체 프로젝트에 대한 원가 산정치를 합산하는 기법이다.

❸ 기업이 자금을 조달하는 유형은 자기자금 또는 타인자금으로 구분할 수 있으며, 수행 조직의 외부에서 자금을 조달해야 하는 경우에 사용하는 대표적인 기법이다.

❹ 시간 단계별로 승인된 프로젝트 예산의 승인된 버전이며, 완료 시점 예산(BAC: Budget At Completion) 이다. 프로젝트 전반적인 원가 성과를 측정하고 감시 및 통제하는 데 사용되며, 통합 변경통제 수행을 통해서만 변경이 가능하다.

기출 문제

1 프로젝트 예산 결정에서 사용되는 예비비에는 우발사태 예비비와 관리 예비비가 있다. 다음 설명 중 잘못 설명하고 있는 것은 무엇인가?

A. 우발사태 예비비(Contingency Reserve)는 식별된 리스크에 대한 대응 비용이다.

B. 관리 예비비(Management Reserve)는 식별되지 않은 리스크에 대한 대응 비용이다.

C. 우발사태 예비비는 프로젝트 관리자의 권한으로 사용 가능하다.

D. 우발사태 예비비는 계획된 리스크 이외의 리스크에도 사용 가능하다.

해설   우발사태 예비비와 관리 예비비에 대한 비교 문제는 항상 출제된다. 우발사태 예비비는 식별된 리스크 처리에만 사용해야 하며, 처리 비용이 부족할 때에는 관리 예비비에서 충당해서 사용해야 한다.

예비비 유형	우발사태 예비비 (contingency reserve)	관리 예비비 (management reserve)
정의	식별된 리스크에 대한 대응 비용	식별되지 않은 리스크에 대한 대응 비용
관련 용어	'Known Unknown' 리스크 존재는 알고 있지만 발생 시기는 알지 못하는 리스크	'Unknown Unknown' 리스크 존재도 모르고 발생 시기도 알지 못하는 리스크
집행 권한	프로젝트 관리자 재량	고객이나 스폰서의 승인
원가 기준선 포함 여부	포함됨	포함되지 않지만 전체 프로젝트 예산에는 포함됨

정답 D

원가 통제
Control Costs

→ 정답 223쪽

1 [원가 통제] 프로세스 정의에 대한 핵심 키워드를 완성하시오.

원가 통제는 프로젝트의 상태를 감시하면서 프로젝트 원가를 업데이트하고 (❶   )
에 대한 변경을 관리하는 프로세스이다.

2 [원가 통제] 프로세스의 주요 ITTO에 대해서 다음의 힌트를 참조하여 핵심 키워드를 완성하시오.

그룹	프로세스	투입물	도구 및 기법	산출물
감시 및 통제	7.4 원가 통제 (Control Costs)	1. 프로젝트관리 계획서 (Project management plan)	1. 전문가 판단 (Expert Judgment) 2. 데이터 분석 (Data Analysis)	1. 작업성과 정보 (Work performance information)
		2. 프로젝트 문서 (Project Documents)	· 획득가치 분석 · (EVA: Earned Value Analysis)	2. ❸ 3. 변경요청 (Change requests)
		3. ❶	· 차이 분석 (Variance Analysis) · 추세 분석 (Trend Analysis)	4. 프로젝트관리 계획서 업데이트 (Project management plan updates)
		4. 작업성과 데이터 (Work Performance Data)	· 예비 분석 (Reserve Analysis) 3. ❷	5. 프로젝트 문서 업데이트 (Project documents updates)
		5. 조직 프로세스 자산 (Organizational Process Assets)	4. 프로젝트관리 정보시스템 (Project Management Information Systems)	

❶ 원가 기준선에 포함된 자금과 그 밖의 관리 예비비를 합산한 금액으로서, 프로젝트에서 단계별로 승인
받은 실제 집행 금액으로 계단식으로 표현된다.

❷ 프로젝트 목표(Planned Value)를 맞추기 위해서 현재시점부터 완료시점까지 프로젝트에서 가지고 가야
할 원가성과지수(CPI)를 말한다. 남은 자원으로 프로젝트 목표를 달성하기 위해 미해결 작업을 완료하
기 위한 원가성과의 척도이며, 공식은 남은 작업을 남은 자금(비용)과 비교하는 것이다.

❸ 문서화되어 이해관계자에게 전달되는 완료시점산정치(EAC: Estimate At Completion)가 대표적이다.

1 원가 담당자가 SPI＝0.95, CPI＝1.25 라는 측정치를 보고했다. 프로젝트 상태는 어떠한가?

A. 일정은 계획대비 선행되고, 비용은 계획대비 절감되고 있다.

B. 일정은 계획대비 지연되고, 비용은 계획대비 절감되고 있다.

C. 일정은 계획대비 선행되고, 비용은 계획대비 초과 지출되고 있다.

D. 프로젝트 납기 준수에 영향이 없다.

해설

획득가치관리(EVM)의 결과값을 해석하는 유형으로서 매번 출제되는 문제이다. SPI = 획득가치(EV) / 계획가치(PV)로서 SPI＝0.95는 계획대비 5%가 지연되고 있다는 것이고, CPI = 획득가치(EV) / 실제원가(AC)로서 CPI＝1.25는 지출대비 25% 절감되고 있다는 의미이다.

이러한 문제는 공식을 적고, 값이 나오게끔 임의의 값을 대입하여 해석하는 것이 시간과 정확도를 향상시킨다. 예를 들어, SPI＝0.95라는 것은 95/100을 대입하면 산출되는 값이다. 95(EV) / 100(PV)이므로 계획상으로 100만큼의 작업을 수행했어야 하는데, 실질적으로 95만큼만 수행했으므로, 5만큼 지연되고 있는 것이라고 해석할 수 있으며, CPI도 동일하게 대입하여 비용에 대해서도 판단할 수 있다.

정답 B

7 프로젝트 원가관리
전체 프로세스 흐름 파악하기

다음은 프로젝트 원가관리에 대한 전체 DFD이다. 괄호 안에 해당하는 투입물이나 산출물을 중심으로 프로세스 전체에 대한 흐름을 파악하시오.

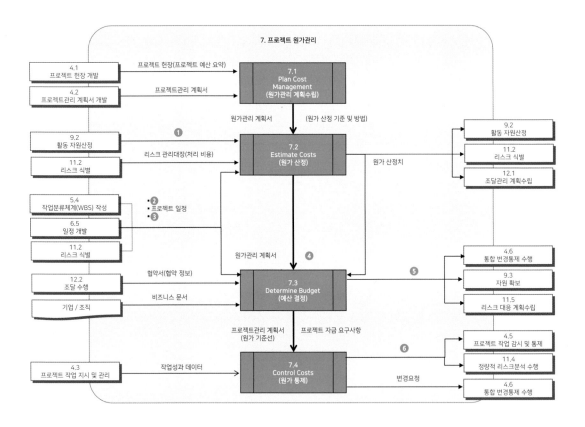

1   [7.1 원가관리 계획수립]: 프로젝트 헌장 및 프로젝트관리 계획서(일정관리 계획서, 리스크관리 계획서)를 참조하여 원가관리 계획서를 작성한다.

2   [7.2 원가 산정]: 원가 산정 대상인 활동에 필요한 자원의 유형과 수량이 포함되어 있는 (❶   ), (❷   )에 포함되어 있는 WBS 및 프로젝트 범위 기술서, 리스크 처리 비용 확인을 위한 (❸   )을 확인하여 개별 활동을 수행하기 위한 원가 산정치와 산정 근거인 (❹   )가 작성된다.

3   [7.3 예산 결정]: 우발사태 예비비와 관리 예비비의 포함 여부에 따라서 (❺   ) 및 프로젝트 예산으로 구분되며, 원가 기준선은 원가 통제를 위한 계획으로 사용된다. 또한, 프로젝트 단계별로 필요한 예산에 대한 프로젝트 자금 요구사항이 작성된다.

4   [7.4 원가 통제]: 프로젝트관리 계획서(원가 기준선 포함)를 실제 집행결과와 비교하여 원가 기준선에 대한 변경을 관리한다. 작업성과 정보가 문서화되어 이해관계자에게 전달되고, (❻   )가 작성되어 프로젝트 작업 감시 및 통제 프로세스로 전달된다.

→ 정답 221쪽

1 PV = 24,000, CPI = 1.2, AC = 18,000일 때 SV, CV는 얼마인가?

    A. SV = 3,600, CV = −2,400   B. SV = −2,400, CV = 3,600

    C. SV = −2,400, CV = 2,400   D. SV = 2,400, CV = −3,600

2 당신은 프로젝트 관리자로서 원가 산정(Estimate Costs) 단계에 놓여 있다. 해당 프로젝트는 이전 프로젝트와 유사하여 이전 프로젝트의 원가 산정 기준을 적용하려고 한다. 이때 알맞은 원가 산정 기법은 무엇인가?

    A. 전문가 판단(Expert Judgment)   B. 예비 분석(Reserve Analysis)

    C. 유사 산정(Analogous Estimating)   D. 상향식 산정(Bottom−Up Estimating)

3 현재 시점에서 측정한 원가성과지수(CPI) 기반으로 잔여분산정치(ETC: Estimate to Complete) 작업에 대한 완료시점산정치(EAC: Estimate At Completion)를 예측하고자 한다. 측정치가 다음과 같을 때 EAC를 구하시오.

$$BAC = \$100,000, \ PV = \$60,000, \ AC = \$30,000, \ EV = \$50,000$$

    A. $30,000   B. $50,000

    C. $60,000   D. $100,000

4 프로젝트 A를 선택하기 위해서 프로젝트 B를 포기하는 데 발생하는 비용을 무엇이라고 하는가?

    A. 고정비(Fixed Price)   B. 간접비(Indirect Cost)

    C. 매몰 비용(Sunk Cost)   D. 기회 비용(Opportunity Cost)

5   $25,000,000의 예산으로 해외 프로젝트를 진행 중이다. 국제경제 환경의 영향으로 일부 자재의 원가가 급격히 증가하였으며 계획했던 예산보다 50% 증가할 것으로 예측되었다. PM으로서 가장 먼저 해야 할 것은 무엇인가?

A. 예산 증액에 대한 변경 요청을 한다.

B. 해당 자재 이외의 대안을 고려한다.

C. 스폰서에게 보고하고 해결 방안을 모색한다.

D. 편익관리 계획서를 확인해서 프로젝트 진행 또는 중단을 확인한다.

6   완료 시점예산(BAC: Budget At Completion)과 실제 원가(AC: Actual Cost)를 알면 구할 수 있는 것은 무엇인가?

A. 완료시점산정치(EAC: Estimate At Completion)

B. 잔여분산정치(ETC: Estimate to Complete)

C. 남은 비용

D. 남은 작업

7   다음 중 원가 기준선(cost baseline)과 동일하게 사용되는 용어는 무엇인가?

A. 우발사태 예비비(Contingency reserve)

B. 작업패키지 원가산정치 합산(The summation of Work package cost estimates)

C. 통제단위 합산(The summation of Control Accounts)

D. 프로젝트 예산(Project budget)

8   완료시점산정치(EAC: Estimate At Completion)를 산출하는 목적은 무엇인가?

A. 프로젝트 완료 시점에서 BAC와 EAC의 차이 산출

B. 계획수립 단계에서 확정한 프로젝트 총 예산 산출

C. 프로젝트의 특정한 시점으로부터 프로젝트 완료 시점까지 추가로 들어갈 비용 산출

D. 현재 시점에서 프로젝트 종료 시에 필요한 총 예산 산출

9 당신은 빅 데이터(Big Data) 구축 프로젝트의 PM으로 선정되었으며, 프로젝트는 착수 단계(initiation phase)이다. 기존에 진행된 유사한 프로젝트가 없어 조직에서 받을 수 있는 정보도 매우 제한적인 상황이다. 프로젝트 관리자인 당신이 산정 가능한 원가 추정의 신뢰도는 어떻게 되는가?

A. −25 % ～ +75 %

B. −10 % ～ +10 %

C. −50 % ～ +50 %

D. +25 % ～ +75 %

10 다음은 원가 기준선, 비용, 자금 요구사항 간의 관계에 대한 그래프이다. 다음 그림을 보고 <u>잘못된</u> 것은 무엇인가?

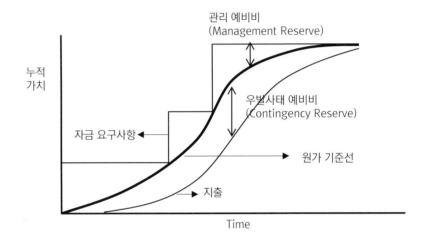

A. 원가 기준선은 S−곡선이지만 자금 요구사항은 특정한 시점에 지출되는 항목에 대한 요구이기 때문에 계단식으로 표현된다.

B. 예정된 지출항목에 프로젝트 관리자 권한으로 사용할 수 있는 우발사태 예비비가 더해져서 원가 기준선으로 책정된다.

C. 관리 예비비는 원가 기준선에는 포함되지 않지만, 고객이나 스폰서의 승인을 받아 사용 가능한 프로젝트 전체 예산에는 포함되는 비용이다.

D. 원가 기준선과 자금 요구사항 사이에 특별한 연관관계는 존재하지 않는다.

1 정답 B
[계산 풀이 기본]

[7.4 원가 통제] 프로세스의 대표적인 기법인 '획득 가치 관리(Earned value management)'에서 계산되는 일정차이(SV), 원가차이(CV)에 대한 질문이다.

1) 일정차이(SV) 구하는 공식= 'EV − PV'이고, PV 는 주어졌으므로 EV만 찾아내면 된다.

2) 원가차이(CV) 구하는 공식= 'EV − AC' 이고, AC 는 주어졌으므로 (1)번과 마찬가지로 EV만 찾아 내면 된다.

3) 원가성과지수(CPI) = EV / AC에서 주어진 값을 대입하면 1.2 = EV / 18,000이며, EV = 21,600 임을 찾아낼 수 있다.

4) 찾아낸 EV = 21,600을 (1)과 (2)번 공식에 대입하 면, 'SV = EV(21,600) − PV(24,000) = −2,400', CV = EV(21,600) − AC(18,000) = 3,600'임을 계산할 수 있다.

2 정답 C
[ITTO 용어 기본]

[7.2 원가 산정] 프로세스의 기법에 대한 질문이며, 과거 정보를 이용하여 시간 대비 가장 효과적으로 계산이 가능한 '유사 산정'에 대한 질문이다.

 전문가의 Comment

[7.2 원가 산정]에서 사용되는 도구 및 기법은 [6.4 활동 기간 산정] 프로세스에서 사용되는 도구 및 기법과 거의 유사함을 확인할 수 있다. 다만, 원가 산정은 관련된 비용을 포함하고 수작업보다는 자동화된 계산이 필요한 프로세스이므로, '품질 비용(Cost of quality)', '프로젝트관리 정보시스템(Project management information system)' 기법 등이 추가되었음에 유의하자.

3 정답 C
[계산 풀이 기본]

[7.4 원가 통제] 프로세스의 대표적인 기법인 '예측(Forecasting)'을 위해 사용되는 완료시점산정치(EAC: Estimate At Completion)에 대한 계산 문제이다.

1) EAC = AC(현재까지 실질적으로 사용한 비용) + ETC(남은 작업을 수행하기 위해서 필요한 비용)라는 공식을 적는다.

2) AC = 30,000은 문제에서 이미 주어졌기 때문에 ETC만 구하면 되는데, 여러 가지 유형의 ETC 계산식 중에서 문제에서 원하는 계산식을 찾기 위해서 질문을 다시 본다.

3) 현재 시점에서 측정한 원가성과지수(CPI) 기반으로 산정하기를 원하고 있으므로, 'ETC = (BAC − EV) / CPI'로 계산해 나간다.

4) 문제에서 BAC, EV는 주어졌고 CPI는 주어지지 않았으므로, 'CPI = EV / AC'를 이용하여 CPI를 구하면 'EV(50,000) / AC(30,000) = 5/3'이다.

5) 지금까지 계산했거나 필요해서 확인한 변수들을 'AC + (BAC − EV) / CPI'에 대입하여 계산한다.

4 정답 D
[용어 정의 기본]

시험에서는 '매몰 비용(Sunk Cost)' 문제도 종종 등장하니, 기회 비용과 더불어 매몰 비용에 대해서도 알아두어야 한다.

 전문가의 Comment

기회 비용(opportunity cost), 매몰 비용(sunk cost)에 대해서 알아보자.

1) 기회 비용이란 어떠한 기업이 A라는 프로젝트를 선택하고 B라는 프로젝트를 포기했을 때, 만일 B라는 프로젝트를 선택할 시에 예상되는 이윤을 포기하는 것이다. 프로젝트 A를 선택하기 위해 포기해야 하는 프로젝트 B의 수익이 기회 비용이라고 한다.

2) 매몰 비용이란 회수가 불가능하여 원가 계산에 넣지 않는 비용으로서, 어떤 기업이 A라는 프로젝트 수행 중에 프로젝트를 중단하라는 결정이 내려졌고, 그동안 투입된 비용은 회수할 수 없다. 이러한 비용을 매몰 비용이라고 한다.

5 정답 C

정답을 선택하기 쉽지는 않지만 보기 중에서 선택한다면 (C)가 적합하다. PMP 시험에서 대다수는 공식적인 변경 요청이 답이지만 급격히 증가하는 예산에 대해서는 스폰서가 답이 되는 경우도 많다. 범위나 일정 관련해서는 PM과 팀원들의 역량에 의해서 어느 정도의 조정이 가능하지만, 예산 관련해서는 PM의 권한으로는 한계가 존재하기 때문이다. 더욱이 문제에서는 50% 정도의 급격한 예산이 필요한 상황이고, 결국 이러한 상황은 프로젝트 stop or go까지 영향을 미치기 때문이다. 만약에 (C)가 없다면 (A)를 답으로 선택하는 것이 맞다. (B)에서 대안 선택도 틀린 답은 아니지만 프로젝트 존폐가 걸린 문제이니 스폰서에게 보고하는 게 우선순위이고, (D)는 PM의 권한이 아니다.

6 정답 C

[8.4 원가 통제] 프로세스에서 등장하는 계산식들을 단순하게 외우기만 했다면 의외로 시간을 많이 소비하게 되는 문제일수도 있다. 결국은 BAC와 AC라는 2가지 값만 가지고 구할 수 있는 계산식 질문이며, 여러 가지 공식들에 대해서 생각해 보아야 한다. 이럴 때에는 차라리 보기에서 제시한 계산식들을 하나씩 적어나가면서 답을 찾는 것도 방법이다. BAC는 초기 프로젝트 예산이며 AC는 실제 사용한 비용이므로, 'BAC − AC'를 계산하면 프로젝트에서 남은 비용을 구할 수 있다.

🎙 **전문가의 Comment**

TCPI를 구하는 공식을 알고 있으면 바로 선택이 가능하다. 다음에서 남은 비용을 알 수 있다.

1) BAC 기준(프로젝트 초기 예산 범위 내에서 완료):
   TCPI = 남은 작업(BAC − EV) / 남은 자금(BAC − AC)

2) EAC 기준(변경되어 승인된 예산 범위 내에서 완료):
   TCPI = 남은 작업(BAC − EV) / 남은 자금(EAC − AC)

7 정답 C

PMBOK 213페이지에 있는 [Figure 7-8. Project Budget Components]를 이해하고 있어야 응용 가능한 문제이다. 각각의 활동으로부터 프로젝트 원가를 산정하는 절차를 표현하고 있으며, 그림에서 볼 때 통제단위(Control Account)의 합이 결국은 원가 기준선(Cost Baseline)과 동일한 의미로 해석이 된다는 것을 알 수 있다.

8 정답 D

EAC의 정의만 제대로 파악한다면 바로 대응이 가능한 문제이다. 'EAC = AC + ETC'에서 보여지듯이, 현재 시점에서 분석해 보았을 때, 프로젝트 완료 시점에 필요한 프로젝트 예산을 다시 한 번 산출해 보는 것이다. 따라서 현재까지 사용한 실제 비용(AC) + 현재 시점부터 완료 시점까지 필요한 비용(ETC)의 합으로 산출된다.

오답 확인

A. VAC에 대한 설명이다. VAC = BAC(프로젝트 초기에 설정한 완료시점산정치) − EAC(프로젝트 완료시점산정치)

B. BAC로서, 결국은 단계별로 계획한 PV(계획가치)의 누적값이다.

C. ETC에 대한 설명이며, 현재 시점에서 프로젝트 완료까지 추가로 필요한 금액이다.

9 정답 A

PMBOK에서 소개하고 있는 원가 산정의 신뢰도는 2가지이다. 착수 단계에서 프로젝트의 원가는 오차 범위 −25%에서 75%의 개략적 규모 산정치(ROM: Rough Order of Magnitude)로 책정되었다가 프로젝트 후기에 추가 정보가 확보되면서 산정치의 오차 범위가 −5%에서 10%로 좁혀질 수 있다고 설명되어 있다. 따라서 답은 (A)이다.

10 정답 D

원가 기준선, 비용, 자금 요구사항 간의 관계 그래프로서, 특히나 원가 기준선과 자금 요구사항과의 상관관계에 대한 이해가 필요하다. (D)는 그래프에서 보듯이 특정한 시점에 원가 기준선 한도 내에서 자금 요구사항이 발생하고 있기 때문에 상관관계가 존재하는 것이다.

[핵심 키워드 정답]

7-1 원가관리 계획수립

1 ① 원가   ② 예산

2 ① 프로젝트 헌장

   ② 데이터 분석

7-2 원가 산정

1 ① 산정 기준서

2 ① 프로젝트 범위 기준서

   ② 예비 분석

   ③ 산정 기준서

7-3 예산 결정

1 ① 합산

   ② 원가 기준선

2 ① 협약서

   ② 원가 합산

   ③ 자금 조달

   ④ 원가 기준선

7-4 원가 통제

1 ① 원가 기준선

2 ① 프로젝트 자금 요구사항

   ② 완료성과지수

   ③ 원가 예측치

[전체 프로세스 정답]

① 자원 요구사항

② 범위 기준선

③ 리스크 관리대장

④ 산정 기준서

⑤ 원가 기준선

⑥ 원가 예측치

프로젝트 원가관리

→ 정답 236쪽

1   다음 중 일정성과지수(SPI)가 1.2라는 의미는 무엇인가?

   A. 예산을 초과해서 진행 중이다.

   B. 계획 대비 비용이 120% 추가적으로 소비되고 있다.

   C. 계획 대비 일정이 120% 단축되고 있다.

   D. 계획 대비 일정이 20% 단축되고 있다.

2   프로젝트 관리자는 식별된 활동을 수행하기에 필요한 원가 산정치(Activity cost estimates)를 구하고 있다. 다음 중 필요한 투입물이 아닌 것은?

   A. 범위 기준선(Scope baseline)

   B. 자원 달력(Resource calendars)

   C. 자원 요구사항(Resources requirements)

   D. 리스크 관리대장(Risk register)

3   프로젝트 원가나 예산을 산정하기에 가장 적합한 시기는 실질적인 프로젝트 작업이 수행되는 실행 단계이다. 하지만 해당 시점까지 원가 산정을 미룰 수 없기 때문에 개략적 규모 산정치(ROM: Rough order of magnitude) 정도는 산정할 필요가 있다. 어떤 프로세스에서 산정이 가능한가?

   A. 착수(initiating) 프로세스 그룹   B. 기획(planning) 프로세스 그룹

   C. 실행(executing) 프로세스 그룹   D. 종료(closing) 프로세스 그룹

4   중요 프로그램을 선정하여 테스트를 했는데 많은 오류가 발생해서 문제를 일으키고 있다. 고객으로부터 추가 테스트 요구를 받아 20만 불이 추가 필요하게 되었다. 이러한 추가 비용에 대한 변경을 관리하는 프로세스는?

   A. 요구사항관리 계획서   B. 원가관리 계획서

   C. 변경관리 계획서   D. 품질관리 계획서

5 다음이 설명하는 원가 통제(Control Costs)에 사용되는 변수는 무엇인가?

현재 실제로 달성된 작업까지 계획상의 예상 비용을 의미한다.

A. 획득가치(EV) B. 계획가치(PV)

C. 실제 원가(AC) D. 원가차이(CV)

6 우발사태 예비비(contingency reserve)에 대한 설명으로 올바른 것은?

A. 식별되지 않은 리스크에 대비하기 위해 미리 확보한 예비비이다.

B. 고객이나 스폰서 승인이 없이 PM 단독으로 사용이 불가하다.

C. 원가 기준선(Cost baseline)에 포함되어야 한다.

D. 프로젝트마다 부르는 이름은 다르며, 때로는 관리 예비비라고도 불린다.

7 프로젝트 예산(budget)은 $200,000, 기간(duration)은 2개월인 프로젝트를 수행 중이다. 지금까지 $150,000를 사용했고, 공정은 2/3만 완료된 상태이다. 프로젝트 상태를 파악하시오.

A. 예산 준수(On budget)

B. 예산 절감(Under budget)

C. 예산 초과(Over budget)

D. 일정 준수(On Schedule)

8 다음 중 예산 결정(Determine Budget)에서 사용하는 도구 및 기법으로 적합하지 <u>않은</u> 것은?

A. 예비 분석(Reserve analysis)

B. 원가 합산(Cost aggregation)

C. 상향식 산정(Bottom-up estimating)

D. 자금 한도 조정(Funding limit reconciliation)

9   BAC = \$8,500, PV = \$1,500, EV = \$2,000, AC = \$1,250이다. 초기에 책정된 예산 기준으로 프로젝트를 완료할 수 있을 거라는 가정하에 완료시점산정치(EAC)는 얼마인가?

    A. \$1,500   B. \$1,250

    C. \$8,500   D. \$7,750

10   프로젝트 관리자는 프로젝트의 성과를 검토 중이다. 획득가치(EV)와 실제 원가(AC)는 동일한 것으로 산출되었을 때, 이것이 의미하는 것은 무엇인가?

    A. 프로젝트가 일정대로 진행되고 있다.

    B. 프로젝트가 예산과 일정을 유지하는 선에서 진행되고 있다.

    C. 현재까지는 예산 증액이나 프로젝트가 비용을 초과하지 않고 무난하게 진행 중이다.

    D. 프로젝트 원가는 유지하고 있으나 일정은 지연되고 있다.

11   프로젝트 초기 단계이며 프로젝트 관리자인 당신은 프로젝트 예산을 산정해야 한다. 다음 중 가장 신뢰도가 높은 산정 방법은 무엇인가?

    A. 가용한 유사 과거 사례를 검토하여 사용한다.

    B. 본인이 수집하여 관리하고 있는 문서를 활용한다.

    C. 계약서 × 10% 내외에서 결정한다.

    D. 상향식 산정을 통해서 프로젝트 초반에 신뢰도를 높인다.

12   진행 중이던 프로젝트가 국제 경제 상황에 영향을 받아 40% 정도의 예산이 더 소요될 것으로 예상된다. 예산을 증액하기 위해서 PM은 무엇을 해야 하는가?

    A. 예산을 늘리기 위한 변경 요청을 한다.

    B. 프로젝트를 중단하고 현재까지 완성된 인도물을 전달할 준비를 한다.

    C. 프로젝트 스폰서에게 보고하고 현 상황에 대해서 상의한다.

    D. 예산 증액에 대한 영향을 분석하고 보고서를 작성한다.

13 획득가치(EV)는 프로젝트에서 기간별 대가지급 금액을 계산할 때 기준이 되며, 공급자와 구매자가 대가를 정산하는 방식 중에 가장 보수적인 방법으로 0 : 100이 사용된다. 그렇다면 대가지급 방식 중 20 : 80에 대한 설명으로 옳은 것은 무엇인가?

A. 작업 착수 시점에 80%를 인정하고, 완료 시점에 나머지 20%를 인정한다.

B. 작업 착수 시점에 20%를 인정하고, 완료 시점에 나머지 80%를 인정한다.

C. 파레토 법칙에 따라 우선순위 20% 작업을 먼저 수행하고 나머지 80% 작업을 후속으로 진행한다.

D. 주어진 작업을 완료 시 20% 인정하고, 전체 프로젝트 종료 시에 80%를 인정한다.

14 프로젝트는 현재 1/3 정도 진행 중이다. 구매자 측에서는 시장환경 변화에 대응하기 위해서 현재 진행중인 프로젝트를 중단하고 신규 프로젝트를 수행하기를 원하고 있다. 이미 구매자는 AC = 2억 원을 지출했으며, 2억 원보다는 신규 사업의 중요성 때문에 과감히 신규로 프로젝트를 수행하기로 의사결정하였다. 이때 이미 소비된 2억 원을 일컫는 용어는 무엇인가?

A. 기회 비용(opportunity cost)   B. 매몰 비용(sunk cost)

C. 직접비(direct cost)   D. 우발사태 예비비(contingency reserve)

15 리스크를 처리하는 동안 원가 기준선에 포함하였던 해당 항목에 배정되어 있던 우발사태 예비비를 모두 사용하였다. 하지만 해당 리스크를 처리하기 위한 비용이 더 필요한 상황이다. PM은 어떻게 해야 하는가?

A. 별다른 승인 절차 없이 예산에 포함된 가용한 관리 예비비를 사용한다.

B. 관리 예비비를 사용하기 위해 고객이나 스폰서의 승인을 받는다.

C. 다른 리스크에 배정된 우발사태 예비비를 사용한다.

D. 우발사태 예비비가 없으므로 해당 리스크를 즉시 종결한다.

16 현재 시점까지 완료 예정인 작업에 할당된 예산은 $35,000이다. 프로젝트 진척을 확인해 보니 계획했던 작업의 45%를 완료하였으며, 사용한 비용은 $12,000이다. 원가 차이(CV)는 얼마인가?

A. − $19,250   B. − $3,750

C. + $3,750   D. + $19,250

17 프로젝트 전체 수행 기간의 2/3가 지났다. 현재까지 프로젝트는 초기 계획보다 많은 비용을 사용하고 있으며, 프로젝트 종료 시점에는 30% 정도의 예산 초과가 예상된다. 프로젝트 관리자로서 가장 먼저 취해야 하는 행동으로서 맞는 것은?

A. 예비 분석(Reserve analysis)을 통해서 예산이 초과된 원인부터 파악한다.

B. 더 늦기 전에 완료시점산정치(EAC)를 산출해서 예산 증액을 신청한다.

C. 관리 예비비(management reserve)를 우발사태 예비비로 전환할 계획을 수립한다.

D. 일정을 고려해서 투입된 인력과 자재의 단가를 조정한다.

18 6개월짜리 단기 프로젝트를 수행 중이다. 2달이 지난 시점에서 계획대비 실적을 분석하는 중이다. 프로젝트 초기 예산은 $30,000의 비용이 산정되었으며, 현 시점에서 업무 달성비율은 35%가 완료되었다. 실제 사용한 비용을 상향식으로 집계해보니 $15,000을 사용하였을 때, 원가성과지수(CPI)는 얼마인가?

A. 원가성과지수는 0.5이다.

B. 원가성과지수는 0.7이다.

C. 원가성과지수는 1.0이다.

D. 원가성과지수는 1.05이다

19 18번 문제에서 일정성과지수(SPI)는 얼마인가?

A. 일정성과지수는 0.7이다.

B. 일정성과지수는 1.05이다.

C. 일정성과지수는 1.15이다.

D. 일정성과지수 산출은 불가하다.

20 광대역 도시철도 프로젝트의 PM으로 선정되어 주요 이해관계자들과 프로젝트 예산을 산정 중이다. 프로젝트 초기에 설정했던 예산은 $50,000이다. 프로젝트 후반에 추가 정보가 확보되면서 예상할 수 있는 산정치의 신뢰구간은 얼마인가?

A. $40,000 ~ $60,000   B. $45,000 ~ $55,000

C. $47,500 ~ $55,000   D. $45,000 ~ $52,500

21 주간 보고 시에 다음과 같은 현황이 보고되었다. 이때 비용 성과지수(CPI)를 구하시오.

BAC = 100,000   PV = 60,000   AC = 40,000   EV = 56,000

A. 1.3   B. 1.4   C. 1.5   D. 1.6

22 포트폴리오 관리자가 수행 프로젝트의 완료시점산정치(EAC: Estimate At Completion)를 예측하여 보고하라고 한다. 프로젝트 관리자는 일정성과지수(SPI), 계획 원가(PV), 완료 시점예산(BAC)은 알고 있다. 추가로 어떠한 데이터가 필요한가?

A. PV   B. EV   C. SV   D. AC

23 완료시점산정치(EAC: Estimate At Completion)를 기준으로 하는 완료 성과지수(TCPI: To-Complete Performance Index) 계산 방정식은?

A. (EAC−AC) / (BAC−AC)

B. (BAC−EV) / (EAC−AC)

C. (BAC−EV) / (ETC−AC)

D. (EAC−AC) / (BAC−EV)

24 프로젝트는 실행단계 초기이며, 프로젝트에서 산출해야 할 인도물에 대한 활동들이 어느 정도 상세화되어 있다. 당신은 프로젝트 관리자로서 업무 담당자들에게 과거 유사한 프로젝트의 선례 정보와 프로젝트 특징이 반영된 매개 변수를 제공하였다. 이러한 원가 산정 기법은?

A. 유사 산정(Analogous estimating)

B. 모수 산정(Parametric estimating)

C. 3점 산정(Three-point estimating)

D. 상향식 산정(Bottom-up estimating)

25 프로젝트는 종료 3달 전이다. 프로젝트 관리자는 남은 예산으로 프로젝트 목표를 달성하기 위해 필요한 원가 성과를 추정하고자 한다. 프로젝트 비용 관련 수치가 다음과 같을 때 프로젝트의 완료 성과지수(TCPI)는 얼마인가?

BAC : 120,000   EAC : 140,000   AC : 40,000   EV : 50,000

(단, 프로젝트 초기에 설정한 완료 시점예산(BAC)으로 완료가 가능할 것으로 판단)

A. 0.795   B. 0.875   C. 1   D. 1.125

26 프로젝트는 착수 이후 1/3이 경과하였으며, 2/5의 작업을 완료하였다. 프로젝트 초기 예산은 $360,000이었으며, 프로젝트 관리자는 초기에 책정된 예산 기준으로 프로젝트를 완료할 수 있을 것이라고 굳게 믿고 있다. 이러한 가정하에 잔여분산정치(ETC: Estimate to Complete)를 구하라.

A. $100,000   B. $180,000   C. $216,000   D. $300,000

27 조직에서는 프로젝트 관리자의 성과를 인정하여 다음 프로젝트 중 선택권을 주려고 한다. 원가 통제 결과 다음과 같은 성과지수들이 산출되었을 때, 프로젝트 관리자가 선택하기에 가장 리스크가 적은 프로젝트는 무엇인가?

A. SPI = 1.4, CPI = 1.5   B. SPI = 1.2, CPI = 1.5

C. SPI = 0.8, CPI = 0.9   D. SPI = 0.6, CPI = 0.5

28 주간 보고 시에 SPI=0.93, CPI=1.07이라는 차이분석 결과를 보고받았다. 프로젝트 상태를 파악하시오.

A. 일정은 계획 대비 선행되고, 비용은 계획 대비 절감되어 있다.

B. 일정은 계획 대비 지연되고, 비용은 계획 대비 절감되어 있다.

C. 일정은 계획 대비 선행되고, 비용은 계획 대비 초과되어 있다.

D. 일정은 계획 대비 지연되고 있지만, 차이가 미비하기 때문에 납기 준수에 영향이 없다.

29 프로젝트 원가 담당자는 프로젝트 원가를 기획, 관리, 지출 및 통제하는 데 필요한 정책과 절차를 수립 중이다. 프로젝트 범위 기술서와 WBS는 전달받았으며, 통화 환율과 시장 상황도 마케팅 담당

자에게 전달받았다. 하지만 전체적으로 예상되는 예산에 대한 정보를 찾지 못하고 있다. 어떠한 문서를 참조해야 하는가?

A. 프로젝트관리 계획서(Project Management Plan)

B. 조달관리 계획서(Procurements Management Plan)

C. 비즈니스 케이스(Business Case)

D. 프로젝트 헌장(Project Charter)

30 프로젝트 관리자로부터 원가 산정에 대한 지시를 받았다. 담당자 A는 과거 유사한 프로젝트의 선례 정보를 활용한 유사 산정으로 산정했으며, 담당자 B는 선례정보와 매개변수를 이용한 모수 산정을 활용하여 산정했다. 다음 중 누구의 원가 산정치가 신뢰도가 높다고 할 수 있는가?

A. 담당자 A

B. 담당자 B

C. 동일한 신뢰 구간을 지닌다.

D. 두 개 모두 신뢰할 수 없다.

31 원가 기준선과 실제로 소비된 비용을 비교하면서, 프로젝트 예산을 감시하고 통제하고 있다. 예산 대비 실제 원가의 사용 비율이 높아서 예산에 대한 증액을 요청하는 변경요청이 발생하였다. 발생한 변경요청은 어떠한 프로세스로 투입되어야 하는가?

A. 원가 통제(Control Costs)

B. 프로젝트 작업 감시 및 통제(Monitor and Control Project Work)

C. 프로젝트 작업 지시 및 관리(Direct and Manage Project Work)

D. 통합 변경통제 수행(Perform Integrated Change Control)

32 프로젝트 관리자는 초기에 설정한 완료 시점예산(BAC: Budget At Completion)과 비교해 가면서, 필요하다면 프로젝트 완료시점산정치(EAC: Estimate At Completion)를 예측하여 산정해야 한다. 다음 중 EAC 산정에 사용되는 잔여분산정치(ETC: Estimate to Complete)에 대한 올바른 설명은?

A. 현재 시점에서 측정한 획득가치 관리의 성과지수

B. 프로젝트 일정에서 계획 대비 실제 달성 진행률을 나타내는 지수

C. 남은 작업을 프로젝트 팀이 추가로 완료하기 위해서 필요한 금액

D. 프로젝트 목표를 맞추기 위해서 현재 시점부터 완료 시점까지 프로젝트에서 가지고 가야 할 원가성과지수(CPI)

33 주간 보고 시에 자동차 배터리 개발 부서에서 충전기 개발에 대한 비용이 상당히 증가될 것이라고 보고하였다. 프로젝트에서는 원가 기준선에 대한 변경요청이 불가피할 것으로 판단된다. 변경요청을 할 수 있는 사람으로서 적절한 것은?

A. 프로젝트 관리자

B. 프로젝트에 참여하는 모든 이해관계자

C. 배터리 개발 부서에 투입된 고객

D. 프로젝트 팀원

34 다음이 설명하는 기법은 무엇인가?

시뮬레이션을 통하여 다양한 가정이나 제약사항을 고려하여 계산하는 기법으로서 개별 작업의 원가와 일정에 대한 확률 분포를 근거로 수백 또는 수천 가지 가능한 성과를 산출하는 프로세스로서 산출된 결과는 프로젝트 전체의 확률 분포를 구하는 데 사용된다.

A. 모수 산정(Parametric estimating)

B. 유사 산정(Analogous estimating)

C. 몬테카를로 시뮬레이션(Monte Carlo Simulation)

D. 민감도 분석(Sensitivity analysis)

35 프로젝트의 EAC를 산정하려고 한다. 다음 관련 데이터를 보고 EAC와 그것이 어떤 의미를 지니고 있는지 선택하시오.

완료시점예산(BAC) = 10,000, 획득가치(EV) = 5,000, 실제원가(AC)= 4,500

A. 9,500 / 초기 배정된 프로젝트 필요 예산

B. 9,500 / 현재까지 사용된 예산을 기준으로 재산정한 프로젝트 필요 예산

C. 13,500 / 초기 배정된 프로젝트 필요 예산

D. 13,500 / 현재까지 사용된 예산을 기준으로 재산정한 프로젝트 필요 예산

36 당신은 프로젝트 관리자로서 작업분류체계(WBS)의 작업 패키지(work package)별로 산정된 원가 산정치를 상향식으로 전개하여, WBS의 상위 구성요소로 범위를 확장하고, 최종적으로 전체 프로젝트에 대한 원가 산정치를 합산하고 있다. 고객에게 전달할 시간 단계별로 승인된 프로젝트 예산의 승인된 버전인 원가 기준선은 작성이 완료되었다. 원가 기준선과 함께 제시되어야 할 산출물은 무엇인가?

A. 프로젝트 자금 요구사항(Project Funding Requirements)

B. 원가관리 계획서(Cost Management Plan)

C. 원가 예측치(Cost forecasts)

D. 차이 분석(Variance analysis)

37 프로젝트 초기 계획 당시 프로젝트 예산은 $1,900이었고 $1,700에서 $2,300 사이에 실제 원가가 소요될 것으로 예상되었다. 실행 중 실제 원가가 $1,800으로 예상되고 있는데 프로젝트 수행에 필요한 원가를 다시 계산하려고 한다. 무엇이 더 필요한가?

A. 현재까지 한 일의 예산 금액

B. 현재부터 종료시까지 필요한 금액

C. 현재까지 집행된 실제 금액

D. 프로젝트 총 예산 금액

38 BAC = 15.00, EV = 12.00, AC = 15.50일 때 EAC는?

A. 12.00   B. 15.00

C. 15.50   D. 18.50

39 획득가치(EV: Earned Value) = 375, 실제 원가(AC: Actual Cost) = 420, 계획 원가(PV: Planned Value) = 325일 경우, 원가차이(CV: Cost Variance)는 얼마인가?

A. 45   B. −45

C. 50   D. −50

40 원가 통제를 수행하기에 앞서 획득가치 관리에 관련된 변수들을 설명 중이다. 프로젝트의 특정 시점까지 실제로 지출한 것을 일컫는 것은 무엇인가?

    A. 실제 원가(AC: Actual Cost)

    B. 원가차이(CV: Cost Variance)

    C. 획득가치(EV: Earned Value)

    D. 계획가치(PV: Planned Value)

41 EAC = AC + (BAC − EV)로 계산하기로 결정하였다. 어떤 상황을 가정한 것인가?

    A. 새로운 예산을 기준으로 프로젝트를 완료할 것이라고 가정

    B. 예산 기준으로 프로젝트를 완료할 것이라고 가정

    C. 현재까지 사용된 원가성과지수(CPI)가 향후에도 지속될 것이라고 가정

    D. 원가성과지수(CPI) 이외에 일정성과지수(SPI)를 고려한다고 가정

42 프로젝트 관리자인 당신은 원가관리 계획서(Cost management plan)를 작성하고자 한다. 다음 중 원가관리 계획수립(Plan cost management) 프로세스의 투입물이 <u>아닌</u> 것은?

    A. 프로젝트 헌장(Project charter)

    B. 기업 환경 요인(Enterprise environment factors)

    C. 프로젝트관리 계획서(Project management plan)

    D. 산정 기준서(Basis of estimates)

43 현재까지 사용된 원가성과지수(CPI)가 앞으로도 지속될 것이라는 가정하에 잔여분산정치(ETC: Estimate to Complete)를 산정하고 있다. 다음 중 직접적으로 필요한 변수가 <u>아닌</u> 것은?

    A. BAC   B. EV

    C. AC   D. PV

44 프로젝트에서는 제한된 예산을 보다 정확하게 관리하기 위해서 상향식 방식으로 재산정하고자 한다. 프로젝트 관리자가 가장 먼저 해야 할 일은?

A. 외부 원가 산정 전문가를 투입한다.

B. 팀원들과 회의를 진행하여 더욱 정확한 WBS를 작성하고 분석한다.

C. 유사 프로젝트의 자료를 활용하여 산정하고 비교 자료로 제시한다.

D. 정확도를 높이기 위해서 고객과 확정되지 않은 작업 패키지(Work Package)도 포함하여 산정한다.

45 다음 그림과 같은 상황에서 예산에 맞게 프로젝트가 진행될 수 있겠는가?

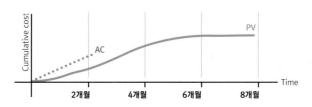

A. 과거 프로젝트에 대한 유사 자료가 없어서 판단을 못한다.

B. 계획대비 비용이 초과되고 있으므로 예산 절감 대책을 수립해야 한다.

C. 획득 가치에 대한 자료가 없어서 판단을 못한다.

D. 리스크에 대한 유사 자료가 없어서 판단을 못한다.

46 적응형 개발방법론(Adaptive Development Method)으로 MMORPG 게임을 개발 중이다. 스크럼 팀원들이 모여서 작업의 복잡성을 고려하여 기간을 산정하고자 한다. 어떠한 기법이 적합한가?

A. 지속적 통합(CI: Continuous Integration)

B. 속도(Velocity)

D. 플래닝 포커(Planning Poker)

C. 스토리 포인트(Story Point)

1 정답 D · [계산 해석 기본]

일정성과지수는 프로젝트 일정에서 계획 진행률 대비 실제 달성 진행률을 나타내는 지수로서, 프로젝트 팀이 시간을 얼마나 효율적으로 사용하는지를 측정하는 지수분석 방법이다. 지수에 의한 비교이기 때문에 비교 기준이 '0'이 아니라 '1'이다.

공식은 다음과 같으며, 문제를 풀 때에는 가상의 값을 대입해서 결과를 해석하는 것이 혼동없이 정확한 답안 산출에 유리하다.

1) '일정성과지수(SPI) = 획득가치(EV) / 계획가치 (PV)'이므로, 1.2가 나오기 위한 임의의 값을 대입한다. 즉, 'EV = 120', 'PV = 100'

2) 위와 같이 대입하고 나서 해석해 보면, 100만큼의 일정을 소화하기로 계획했었는데(PV), 실질적으로는 120만큼의 가치를 제공했다(EV).

3) 따라서 계획 대비 일정이 20% 단축되어 진행되고 있다는 의미이다.

 전문가의 Comment

일정성과지수(SPI) 결괏값에 대한 해석은 다음과 같다.

SPI 〉1: 긍정적(일정 단축)

SPI 〈 1: 부정적(일정 지연)

SPI = 1: 일정 기준선 유지

2 정답 B · [ITTO 이해 기본]

문제에서 '원가 산정치'를 구하고 있다고 했으므로, '원가 산정치(Cost estimates)'가 산출물인 프로세스를 우선적으로 찾아야 하며, [7.2 원가 산정] 프로세스임을 알 수 있다.

원가 산정을 위해 사용되는 투입물에는 '원가관

리 계획서(Cost management plan), 품질관리 계획서(Quality management plan), 범위 기준선(Scope baseline), 프로젝트 일정(Project schedule), 자원 요구사항(Resources requirements), 리스크 관리대장(Risk register) 등이 존재하며, (B) 자원 달력은 [7.3 예산 결정]을 위해서 사용되는 투입물이다.

3 정답 A · [시나리오 제시 기본]

원가 산정 시에는 원가 추정의 신뢰도에 대한 고민이 필요하다. 프로젝트 초반보다 당연히 프로젝트 후반으로 진행될수록 원가 산정의 정확성은 향상될 것이지만, 원가 기준선이나 프로젝트 예산을 결정하기 위해서는 프로젝트 초반에도 개략적인 원가 산정을 해야만 한다. 착수 단계에서도 프로젝트의 원가는 산정해야 하며, 통계적으로 보았을 때 오차 범위 −25%에서 +75%의 개략적 규모 산정치(ROM: Rough Order of Magnitude)로 책정되었다가 프로젝트 후기에 추가 정보가 확보되면서 산정치의 오차 범위가 −5%에서 +10%로 좁혀지는 것으로 알려져 있다.

4 정답 C · [시나리오 제시 응용]

원가 관련된 내용으로 문제를 제시하고 있지만 결국은 추가 비용 처리에 대한 질문이다. 비용이든 일정이든 초기계획에서 변경이 필요한 경우에는 [4.5 통합 변경통제 수행] 프로세스를 따라야 하며, 그것의 기준은 "변경관리 계획서"에 포함되어 있다.

5 정답 A · [용어 이해 기본]

원가 통제의 도구 및 기법 중에서 '획득가치 관리(Earned value management)'에서 사용하는 변수들에 대한 정의를 알고 있는지에 대한 질문이다. 획득가치 관리에서 사용되는 변수는 3가지이며, 각각이 의미하는 바는 다음과 같다.

1) 계획가치(Planned Value): 특정 시점까지 계획된 작업을 비용으로 환산한 것이다.

2) 획득가치(Earned Value): 현재까지 완료한 작업을 비용으로 환산한 것이다. 계획가치와 마찬가지로 EVM을 위해서 비용으로 환산하지만, 실제 의미는 현재까지 달성한 작업량이다.

3) 실제 원가(Actual Cost): 특정 시점까지 완료된 작업에 실제로 사용한 비용이다. 애초 계획과 상관없이 지금까지 달성한 작업에 실제로 든 비용을 의미한다.

6 정답 C [용어 이해 기본]

[7. 프로젝트 원가관리]에서는 우발 사태 예비비와 관리 예비비에 대한 출제 비중이 높은데, 원가 기준선 및 프로젝트 예산과 연관되어 있기 때문이다. 우발 사태 예비비는 식별된 리스크에 대해서 할당한 비용이며, 발생 시기는 모르지만 우선으로 식별되었기 때문에 원가 기준선에 포함시켜 해당 리스크 발생 시에 프로젝트 관리자로 하여금 빠른 대응을 하겠다는 것이 주요 목표이다.

오답 확인

A와 B는 관리 예비비에 대한 설명이며, D는 잘못된 설명이다. 우발 사태 예비비와 관리 예비비는 명백히 다른 개념이다.

7 정답 C [계산 문제기본]

주어진 문제를 해석해서 일정이나 원가 파악이 가능한 변수들과 대입하는 작업부터 진행하면 된다.

1) 프로젝트예산 200,000 = BAC,

2) 지금까지 150,000 사용 = AC,

3) 공정은 2/3만 완료 = EV = 200,000 × (2/3) ≒ 133,000이다. AC와 EV를 알고 있으므로 CV나 CPI 계산이 가능하며, CV = EV−AC = 133,000

− 150,000 = − 17,000이며, 예산이 초과되고 있음을 판단할 수 있다.

8 정답 C [ITTO 용어 응용]

예산 결정은 활동별로 개별적으로 산출한 원가를 합산하는 프로세스이다. 따라서 원가 합산이 사용되며, 프로젝트 단계별로 사용해야 할 예산에 대한 결정도 필요하므로 자금 한도 조정이라는 기법도 사용하게 된다. 또한, 우발 사태 예비비와 관리 예비비에 대해서도 분석해 보아야 한다. (C)는 원가 산정 프로세스에서 사용되는 기법이다.

🎙 전문가의 Comment

원가 산정은 프로젝트 단계를 고려하지 않고 각각의 활동을 완료하기 위해 필요한 원가를 산정하는 프로세스이며, 예산 결정은 개별적으로 산정한 활동을 프로젝트 단계를 고려하여 그룹화한 개념이다. 이러한 이유로 투입물에는 '협약서(Agreement)'가 포함되어 있고, 도구 및 기법에는 '자금 조달(Financing)'도 포함되어 있음에 유의하자.

9 정답 D [계산 풀이 기본]

완료시점산정치(EAC)를 구하는 문제인데, 친절하게도 초기에 책정된 예산 기준으로 프로젝트를 완료할 수 있을 것이라는 가정이므로, 'ETC = BAC − EV'로 계산하면 된다.

1) 'EAC = AC + ETC'에서, 예산 내에 완료가 가능할 것이라는 가정이 존재하므로, 'ETC = (BAC − EV)'를 대입한다,

2) 'EAC = AC + (BAC − EV)'에 시나리오에서 해당하는 변수들을 대입한다.

3) '1,250 + (8,500 − 2,000) = 1,250 + 6,500 = 7,750'이다.

10 정답 C [계산 해석 기본]

획득가치(EV)와 실제 원가(AC)만으로 분석이 가능한 것에 대한 질문이다. 위와 같은 2가지 변수가 제시되면 기본적으로 [7.4 원가 통제] 프로세스에서 사

용되는 획득가치 관리(EVM)의 원가차이(CV)나 원가성과지수(CPI)가 떠올라야 한다.

1) 'CV = EV − AC', 'CPI = EV / AC'이고, 획득가치(EV)와 실제 원가(AC)는 동일하다고 했으므로, 'CV = 0'이라는 계산 결과가 산출된다.

2) 해석은 아래와 같이 되므로, 원가 기준선을 유지하는 선에서 비용을 사용하는 것이다.

- CV 〉 0: 긍정적(비용 절감)
- CV 〈 0: 부정적(비용 초과)
- CV = 0: 원가 기준선 유지

11 정답 D   [ITTO 용어 기본]

문제와 답안 선택에 모순이 있는 문제이다. 원가 산정 기법에는 여러 가지가 존재하며, 산정치의 정확도는 '유사 산정 → 모수 산정 → 3점 산정 → 상향식 산정'의 순으로 높아진다. 하지만 프로젝트 초기에 개별 활동들에 대한 산정치를 구하고 상향식으로 합산하여 원가를 구하는 방식이 결코 쉬운 방법은 아니다. 하지만 가장 신뢰도가 높은 산정방식을 구하라는 것이 핵심이기 때문에 상향식 산정을 선택하는 것이 바람직하다.

12 정답 D [시나리오 이해 응용]

PMP 전 영역에서 출제되는 변경 요청 처리 절차와 관련된 문제이다. 예산을 증액하기 위해서 PM으로서의 처리 절차를 묻는 문제이며, 변경 요청이 발생하게 된 배경을 포함해서 변경 요청에 대한 타당한 자료를 작성해야 한다. 즉, PMP PRIDE 해설서에서도 강조하고 있는 요청된 변경에 대한 영향성 검토(일정, 원가, 성과 등)를 해서 스폰서나 고객을 설득하기 위한 보고서를 작성하는 것이 우선이다. 프로젝트에서 변경 요청은 발주처나 수주처 모두가 가능하지만, 영향성 검토를 언제 하느냐 정도에만 차이가 존재한다. (1) 발주처가 변경을 요청할 때에는 변경 요청 사유를 변경관리 시스템에 입력하고 → 프로젝트 팀에서 접수 및 영향도를 검토하는 순서이고, (2) 수주처가 변경을 요청할 때에는 변경 요청 사유와 검토한 영향도 결과를 이미 변경관리 시스템에 입력

한 상태에서 공식적인 승인, 부결, 보류 등의 회의를 진행하게 된다.

13 정답 B   [용어 이해 기본]

획득가치는 프로젝트에서 진척률을 계산하는 기본적인 기능 이외에도 기간별 대가지급금액을 계산할 때 기준으로도 적용된다. 정산하는 방식에 사용되는 기준은 앞부분은 착수 시점에 인정하는 값이고, 뒷부분은 완료 시점에 인정하는 값이다.

공급자와 구매자가 대가를 정산하는 방식은 일반적으로 다음과 같다.

- 업무를 완수해야만 가치를 인정 → 0:100 (가장 보수적)
- 착수할 때 20%만을 인정하고, 완수하면 나머지 가치를 인정 → 20:80
- 착수할 때 절반을 인정하고, 완수하면 나머지 절반 가치를 인정 → 50:50
- 착수할 때 가치를 모두 인정 → 100:0

14 정답 B   [용어 이해 기본]

매몰 비용(sunk cost)이란 이미 지출을 해서 회수가 불가능한 비용을 의미한다. 프로젝트를 중단했을 때 중단시점까지 투자했던 비용이 매몰 비용이 되는 것이다. 또한 기회 비용(opportunity)이란 A, B 프로젝트에 대해서 투자 타당성 검토 결과 B 프로젝트를 선택하여 진행하고 있다면, A 프로젝트를 선택함으로써 얻을 수 있는 기회를 잃어버렸기 때문에 A 프로젝트를 포기하지 않았을 때 얻을 수 있었던 비용을 의미한다.

15 정답 B   [시나리오 제시 기본]

[11장 리스크관리]와 [7장 원가관리]를 연계한 문제이다. 위 문제를 이해하기 위해서는 [7.3 예산 결정]에서 설명하고 있는 우발사태 예비비와 관리 예비비의 사용 시기 및 사용 권한에 대한 이해가 선행되어야 한다. 우발사태 예비비는 지정된 리스크에만 사용하는 것이 원칙이다. 만약에 A라는 리스크를 처리하고 우발사태 예비 비용이 남아 있다고 하더라도 해

당 리스크가 또다시 발생 가능 할 수가 있기 때문에 B라는 리스크에서 임의 사용은 불가하다. 그리고 관리 예비비는 개별적인 리스크 처리가 아닌 식별하지 못했던 프로젝트 전체 리스크에 할당한 개념이기 때문에 PM이 임의로 사용이 불가하고, 필요시에는 스폰서나 경영진의 공식적인 승인 아래 사용이 가능한 비용이다.

16 정답 C [계산 풀이 기본]

원가 차이(CV)를 묻는 질문이며, 'CV = EV − AC'이다. 즉, 문제에서 EV와 AC만 찾으면 바로 계산이 가능한 문제이다. 문제를 해석해 보면서 주어진 변수를 확인해 보자.

1) 현재 시점까지 완료 예정인 작업에 할당된 예산은 $35,000: BAC

2) 프로젝트 진척을 확인해 보니 계획했던 작업의 45%를 완료: EV = 35,000 × 0.45 = 15,750

3) 사용한 비용은 $12,000 = AC

4) 위에서 찾은 변수들을 CV = EV − AC에 대입하면 CV = EV − AC = 15,750 − 12,000 = 3,750이다.

17 정답 A [시나리오 제시 기본]

프로젝트 상황을 파악해보면, 남은 기간 대비 비용이 부족하다는 것을 판단할 수 있다. 그리고 비용을 초과해서 사용했기 때문에 예산의 증액이 필요하다고 판단되었다. 이런 상황에서 프로젝트 관리자는 예산 증액을 위한 변경요청을 하게 되는데, 고객에게 예산 증액을 요청하기에 앞서, 예산이 초과되어 사용된 원인을 파악하여 남은 예산으로 수행이 가능할지 또는 고객에게 예산 증액을 신청해야 할지 결정부터 해야 한다.

18 정답 B [계산 풀이 기본]

계산 문제는 끝까지 읽어보고 무엇을 계산하라는 것인지 부터 확인해야 한다. 그리고 나서 해당 문제에 대한 계산식을 적어 두고, 문제를 다시 처음부터 읽

어 나가면서 시나리오에서 변수들을 찾아가야 한다.

1) 구하라는 값은 원가성과지수(CPI)이며, CPI = EV / AC이다.

2) 프로젝트 초기 예산은 $30,000의 비용이 산정 = BAC

3) 현 시점에서 업무 달성비율은 35%가 완료 = EV = BAC($30,000) × 0.35 = $10,500

4) 실제 사용한 비용을 상향식으로 집계해보니 $15,000을 사용 = AC = $15,000

5) 그러므로, CPI = EV / AC = $10,500 / $15,000 = 0.7이다.

19 정답 B [계산 풀이 응용]

일정성과지수 'SPI = EV / PV'이므로, 시나리오에서 PV를 찾아내야 한다.

1) 주어진 시나리오에서 명확하게 PV가 무엇이라고 주어지지 않았으므로 시나리오를 해석하면서 PV를 찾아내야 한다.

2) BAC는 PV의 누적분과 동일한 개념이며, 역으로 분석해보면 현재 시점에서의 PV는 초기 프로젝트 예산(BAC) 중에서 현재 시점까지 계획되었던 업무량을 누적해 보면 된다.

즉, 6개월짜리 단기 프로젝트를 수행 중이다. 2달이 지난 시점에서 계획대비 실적을 분석하는 중이므로, 프로젝트 초기 예산인 $30,000을 6개월로 균등 분할하면 한 달에 $5,000씩을 달성했으면 되는 것이다. 2달이 지났으므로 ($5,000 × 2달)은 $10,000가 달성했어야 하는 계획가치가 되는 것이다.

3) 다시 문제로 돌아가서 SPI = EV / PV = $10,500 / $10,000 = 1.05이다.

20 정답 C [용어 이해 응용]

원가 추정의 신뢰도에 대한 질문이며, 통계적으로 보았을 때, 착수 단계에서 프로젝트의 원가는 오차 범위 −25%에서 +75% 의 개략적 규모 산정치(ROM:

Rough Order of Magnitude) 책정되었다가 프로젝트 후기에 추가 정보가 확보되면서 산정치의 오차 범위가 −5%에서 +10%로 좁혀질 수 있다는 것은 이미 알고 있다.

1) 문제에서는 '프로젝트 후반기에 추가 정보가 확보'라고 제시하였으므로 결국은 예산을 기준으로 −5%에서 +10%를 적용하여 계산하라는 문제이다.

2) 프로젝트 예산($50,000)을 기준으로 하한치(−5%), 상한치(+10%)를 적용해 보면,

3) $50,000 + 50,000 \times (-0.05) <$ 원가 추정 신뢰도 $< 50,000 + 50,000 \times (0.1)$

4) $50,000 + (-2,500) <$ 원가 추정 신뢰도 $< 50,000 + (5,000) = \$47,500 \sim \$55,000$이다.

21 정답 B [계산 풀이 기본]

비용 성과지수(CPI) 구하는 공식을 알고 있는지 묻는 가장 단순한 계산 유형이다. 'CPI = EV / AC'이며, 문제에서 EV, AC만 구해서 대입하면 된다.

1) EV = 56,000, AC = 40,000이므로,

2) CPI = EV / AC = 56,000 / 40,000 = 1.4이다.

22 정답 D [계산 해석 기본]

완료시점산정치(EAC: Estimate At Completion)를 구하는 공식을 알고 있는지 묻는 계산 유형이다. EAC는 구하는 공식이 3가지가 존재하니 우선 3가지 모두를 적어 본다.

1) EAC = AC + (BAC−EV)

2) EAC = AC + (BAC−EV) / CPI

3) EAC = AC + (BAC−EV) / (CPI × SPI)

문제에서 일정성과지수(SPI), 계획 원가(PV), 완료시점예산(BAC)은 알고 있다고 했으므로, 'SPI = EV / PV'를 이용하여 EV도 계산해 낼 수 있다. 이제, AC만 찾아내면 (1)번 공식을 이용하여 EAC를 쉽게 계산 가능하다.

23 정답 B [계산 해석 기본]

완료 성과지수(TCPI: To-Complete Performance Index)는 프로젝트 목표(planned value)를 맞추기 위해서 현재 시점부터 완료 시점까지 프로젝트에서 가지고 가야 할 원가성과지수(CPI)를 말한다. 즉, 다른 말로 하자면 생산성을 의미하며, 남은 돈으로 남은 작업을 완료하는 데 필요한 생산성 지수를 의미한다.

초기에 확정한 완료 시점예산(BAC)으로 달성이 어렵다고 판단되면, 프로젝트 관리자는 신규로 추정한 완료시점산정치(EAC)를 구해야 하며, 통합 변경통제 수행을 거쳐 승인을 받아야 한다. 승인된 후에 프로젝트는 새로운 EAC 값으로 완료 시점예산(BAC)을 대체해서 진행하면 된다.

여기서 주의할 점은 프로젝트 예산은 BAC에서 EAC로 증액되었으나, 남은 작업은 같다는 것이다. 따라서 남은 비용만 변하게(증가) 되며 관련 계산식은 다음과 같다. 남은 자금이 BAC인지 EAC인지를 선택하는 것에 주의해야 한다. 따라서 답은 B이다.

- BAC 기준: TCPI = 남은 작업(BAC − EV) / 남은 자금(BAC − AC)
- EAC 기준: TCPI = 남은 작업(BAC − EV) / 남은 자금(EAC − AC)

24 정답 B [ITTO 제시 기본]

모수 산정은 프로젝트 원가를 예측하기 위해 수학적 모형을 이용하며, 비슷한 특징이 반복되면 하나의 특징에 대해 원가를 먼저 산정한 후 나머지는 수량을 곱하는 방식이다. 선례 데이터 및 프로젝트 매개변수에 기초를 두고 원가나 기간을 계산하는 알고리즘(algorithm)이 사용된다. 과거의 실적데이터(선례 자료)와 기타 변수 사이의 통계적(수학적) 관계를 사용하여 원가, 예산, 기간 등의 활동 모수 산정치를 추정한다.

25 정답 B [계산 풀이 기본]

완료성과지수(TCPI)를 구하는 문제이며, 구하는 공식이 2가지가 존재한다는 것을 우선적으로 떠올려야 한다. 하지만 문제에서는 프로젝트 초기에 설정한 완료 시점예산(BAC)으로 완료가 가능할 것으로 판

단된다고 하였으므로, 구하는 공식 선정에 대한 고민은 줄어든다.

즉, TCPI = 남은 작업 / 남은 돈 = 현재까지 완료한 작업 / 현재까지 사용한 돈 = (BAC − EV) / (BAC − AC)로 계산할 수 있다.

1) (BAC − EV) / (BAC − AC) = (120,000 − 50,000) / (120,000 − 40,000)

2) 70,000 / 80,000 = 0.875이다.

3) 한 번 더 해석해 보자면, 남은 돈에 비해서 남은 작업이 적으므로, 0.875 정도의 생산성으로 편하게 작업이 가능한 상황이다.

26 정답 C   [계산 풀이 기본]

잔여분산정치(ETC: Estimate to Complete)는 프로젝트의 특정한 시점으로부터 프로젝트 완료 시점까지 추가로 들어갈 비용에 대한 예측치이며, 통상적으로 다음과 같은 세 가지 방법을 사용한다. 문제에서는 "초기에 책정된 예산 기준으로 프로젝트를 완료할 수 있을 것이라고 굳게 믿고 있다."라는 문장이 존재하므로 아래 중에서 (1)번을 사용하면 된다.

즉, BAC − EV인데, 프로젝트 초기 예산은 $360,000라고 했으므로, BAC = 360,000이며, EV는 "2/5의 작업을 완료하였다."라는 문장에서 ($360,000 × 0.4 = $144,000)을 계산할 수 있다. 그러므로, $360,000 − $144,000 = $216,000이다.

1) 초기에 책정된 예산 기준으로 프로젝트를 완료할 수 있을 거라는 가정하에 남은 작업을 기반으로 구한다. 식에서 BAC는 전체 작업량을, EV는 현재까지 수행한 작업량을 의미한다.
ETC = BAC − EV

2) 원가성과지수(CPI)는 획득가치(EV) / 실제 원가(AC)이므로, 완료된 작업을 위해 실제로 들어간 비용을 고려해서 남은 작업도 현재와 같은 원가성과지수로 수행할 것이라는 가정하에 계산하는 것이다.
ETC = (BAC − EV) / 누적 CPI

3) 현재까지 진행된 프로젝트 일정이 향후 남은 프로젝트 완료 시점까지 추가로 들어갈 비용에 대

한 예측치에 영향을 준다는 가정하에 계산하는 것이다. 이 예측 방식에서는 원가성과지수 및 일정성과지수를 모두 고려한 효율로 잔여분산정치(ETC) 작업을 수행한다.
ETC = (BAC − EV) / (누적 CPI × 누적 SPI)

27 정답 A   [계산 해석 기본]

일정성과지수(SPI), 원가성과지수(CPI)를 해석할 수 있는지에 대한 질문이다. 일정성과지수나 원가성과지수는 모두 '1' 기준으로 판단하며, '1'보다 크다는 것은 일정은 단축되고 원가는 절감하고 있다는 의미이다. 따라서 '1'보다 크면서 산정치가 높은 프로젝트를 선택하는 것이 유리하다.

28 정답 B   [계산 해석 기본]

원가관리 영역에서 가장 간단한 결과해석 문제이다. 일정성과지수, 비용성과지수, 일정차이, 비용차이만 해석하면 쉽게 풀리는 문제이다.

 전문가의 Comment

일정차이 vs. 원가차이, 일정성과지수 vs. 원가성과지수

1) 일정차이(SV: Schedule Variance):
획득가치(EV) − 계획가치(PV)
- SV > 0: 긍정적(일정 단축, Ahead of Schedule)
- SV < 0: 부정적(일정 지연, Behind the schedule)
- SV = 0: 일정 기준선 유지(On schedule)

2) 원가차이(CV: Cost Variance):
획득가치(EV) − 실제 원가(AC)
- CV > 0: 긍정적(비용 절감, Under budget)
- CV < 0: 부정적(비용 초과, Over budget)
- CV = 0: 원가 기준선 유지(On budget)

3) 일정성과지수(SPI: Schedule Performance Index):
획득가치(EV) / 계획가치(PV)
- SPI > 1: 긍정적(일정 단축)
- SPI < 1: 부정적(일정 지연)
- SPI = 1: 일정 기준선 유지

4) 원가성과지수(CPI: Cost Performance Index):
획득가치(EV) / 실제 원가(AC)

- CPI 〉1: 긍정적(비용 절감)
- CPI 〈 1: 부정적(비용 초과)
- CPI = 1: 원가 기준선 유지

29 정답 D

[ITTO 이해 기본]

프로젝트는 [7.1 원가관리 계획수립] 프로세스를 수행 중이며, 해당 프로세스를 수행하기 위해서 참조해야 할 투입물에 대한 질문이다. (1)프로젝트 범위 기술서와 WBS는 전달받았으며(프로젝트관리 계획서), (2) 통화 환율과 시장 상황도 마케팅 담당자에게 전달 받았으며(기업 환경 요인). (3) 전체적으로 예상되는 예산에 대한 정보를 찾지 못하고 있다(프로젝트 헌장). 즉, [4.1 프로젝트 헌장] 포함 내용과 [7.1 원가관리 계획수립]의 연관성에 대한 질문이다.

30 정답 B

[ITTO 이해 기본]

담당자 A는 '유사 산정', 담당자 B는 '모수 산정'을 이용하여 원가를 산정 중이다. 원가 산정의 정확도는 '유사 산정'보다 '모수 산정'이 높다.

31 정답 D

[ITTO 이해 기본]

프로젝트는 [7.4 원가 통제] 프로세스를 수행 중이다. 계획 대비 실적을 검토하는 단계이므로 당연히 계획에 미치지 못할 때에는 '변경요청'이 발생하며, 프로젝트 수행 중에 발생하는 모든 '변경요청'은 [4.6 통합 변경통제 수행] 프로세스를 거쳐야 한다.

32 정답 C

[용어 정의 기본]

잔여분산정치(ETC: Estimate to Complete)에 대한 전반적인 질문이다. 잔여분산정치(ETC)는 프로젝트의 특정한 시점으로부터 프로젝트 완료 시점까지 추가로 들어갈 비용에 대한 예측치이며, 통상적으로 세 가지 방법을 사용하여 계산한다.

33 정답 B

[ITTO 이해 기본]

일반적인 변경요청에 대한 질문이다. 문제 앞 부분은 질문과는 상관없는 변경요청이 발생하게 된 시나리오에 대한 설명일 뿐이다. 실제 시험에서도 이처럼 답안 선택과는 불필요한 시나리오를 빠르게 필터링하는 판단력이 중요하다.

변경요청은 계획했던 사항처럼 되지 않았을 때 요청되는 행위로서 프로젝트에 참여하고 있는 모든 이해관계자가 요청 가능하다.

34 정답 C

[용어 정의 기본]

문제에서의 키워드는 '확률 분포'이다. 확률 분포를 작성하기 위해서는 한 두개의 데이터 결괏값이 아닌 상당히 많은 수의 계산된 값이 필요하며, 이것을 가능하게 하는 방법 중 하나가 '몬테카를로 시뮬레이션(Monte Carlo Simulation)' 기법이다.

35 정답 B

[계산 해석 기본]

EAC는 완료시점산정치(EAC: Estimate At Completion)로 수정 예산에 해당하며, 완료된 작업에 발생한 실제 원가(AC)에 남은 작업을 완료하는 데 필요한 잔여분산정치(ETC: Estimate to Complete)를 더하여 계산한다(즉, EAC = AC + ETC).

문제에서 AC는 제시되어 있기 때문에 ETC만 산출하면 된다. ETC(잔여분산정치, Estimate to Complete)를 구하는 방법은 다음 3가지가 존재하며, 문제에서 특별한 가정이 없기 때문에 1번 공식으로 계산하면 된다(또한, 문제에서 제시된 EV와 AC를 이용하여 CPI를 구해본다면 1보다 크기 때문에 초기 배정된 예산 내에서 프로젝트가 완료될 것이라는 것도 확인할 수 있다).

1) 초기 배정된 예산 기준으로 프로젝트를 완료할 것이라고 가정
ETC = BAC − EV

2) 현재까지 사용된 원가성과지수(CPI)가 향후에도 지속될 것이라고 가정
ETC = (BAC − EV) / 누적 CPI

3) 원가성과지수(CPI) 이외에 일정성과지수(SPI)를 고려한다고 가정

$$\text{ETC} = (\text{BAC} - \text{EV}) / (\text{누적 CPI} \times \text{누적 SPI})$$

즉, ETC = BAC(10,000) − EV(5,000)에서 ETC는 5,000이며, 이것을 EAC = AC + ETC에 대입하면 4,500 + 5,000 = 9,500임을 알 수 있다.

또한 보기에서 '최초 배정된 프로젝트 필요 예산 =BAC', '현재까지 사용된 예산을 기준으로 재산정한 프로젝트 필요 예산=EAC'임을 구분할 수 있어야 한다.

36 정답 A   [시나리오 제시 기본]

문제를 해석해 보면 [7.3 예산 결정] 프로세스를 수행 중임을 알 수 있다. 또한 산출물 중에서 원가 기준선은 완료되었다고 하고, 나머지 산출물에 대해 질문하고 있다. 원가 기준선 이외의 주요 산출물은 '프로젝트 자금 요구사항(Project funding requirements)'이며 의미는 다음과 같다.

프로젝트에서는 중요한 단계별로 자금을 승인받게 되며, 이러한 승인을 위한 기준은 되는 것이 프로젝트 자금 요구사항(Project Funding Requirements)이다. 필요한 총 자금은 원가 기준선에 포함된 자금과 그 밖의 관리 예비비를 합산한 금액이며, 진행할 작업에 대한 리스크가 존재하거나 일정 단축기법 등을 사용하기 위해서 추후 단계의 예산을 미리 편성 받는 것이 일반적이다. 그래서 원가 기준선은 S-곡선이지만 프로젝트 자금 수요는 필요 단계에서 일시적으로 승인받기 때문에 계단식으로 나타나는 비연속적인 증분값으로 표현된다.

37 정답 A   [계산 풀이 기본]

문제에서는 '프로젝트 수행에 필요한 원가를 다시 계산'을 수행하고 있다고 제시하고 있으며, 이것은 결국 완료시점산정치(EAC)를 구하는 문제이다.

완료시점산정치(EAC)를 구하는 공식 중에 대표적인 것은 'AC + ETC = AC + (BAC − EV)'이며, 문제를 해석해 보면 프로젝트 예산(1900) = BAC, 실제 원가(1700~2300) = AC이다. 남은 변수인 EV를 알면 계산이 가능하며, EV는 현재까지 수행한 작업의 예산금액이다.

B는 ETC, C는 AC, D는 BAC에 대한 설명이라는 것도 확인해 두자.

38 정답 D   [계산 풀이 기본]

주어진 변수를 이용하여 EAC를 산출해야 한다. 이 문제에서는 EAC를 구할 때, (1) 남은 예산 기반, (2) CPI 기반, (3) CPI 이외에 일정성과지수까지 고려하라는 문구가 없으므로, 주어진 변수만으로 계산이 가능한 공식을 대입해서 계산하면 된다.

1) EAC = AC + (BAC − EV) 공식으로 풀어보면, EAC = 15.50 + (15.00 − 12.00) = 15.50 + 3.00 = 18.50

2) 2번째, 3번째 공식까지는 생각할 필요도 없이 1번째 공식으로 계산한 결과를 선택하면 된다.

39 정답 B   [계산 풀이 기본]

원가차이(CV: Cost Variance)는 EV − AC로 구할 수 있다. 따라서 문제에서 제시된 변수들을 대입하고 직접 주어지지 않은 변수는 구하면 된다.

1) 'CV = EV − AC = 375 − 420 = −45'이다.

2) 즉, CV가 0보다 작으므로, 계획된 비용보다 초과하여 사용중이다.

40 정답 A   [용어 정의 기본]

획득가치 관리에서 사용되는 변수들의 의미를 이해하는지에 대한 질문이다. 질문에 해당하는 변수는 '실제 원가(AC: Actual Cost)'이다.

41 정답 B   [용어 정의 기본]

완료시점산정치(EAC)를 구하는 공식을 주고, 어떠한 가정 사항일 때를 적용하는지를 묻는 질문이다. 'EAC = AC + (BAC − EV)'는 완료시점산정치(EAC)를 구하는 가장 기본적인 계산식이며, 프로젝트에서 초기에 설정한 예산 기준으로 프로젝트를 완료할 것이라고 가정하에 계산하는 공식이다.

42 정답 D [ITTO 이해 기본]

[7.1 원가관리 계획수립(Plan cost management)] 프로세스에 필요한 투입물은 (1)프로젝트 헌장, (2)프로젝트관리 계획서, (3)기업 환경 요인, (4)조직 프로세스 자산이며, '산정 기준서(Basis of estimates)'는 [7.2 원가 산정(Estimate Costs)] 프로세스의 산출물이다.

43 정답 D [계산 해석 기본]

현재까지 사용된 원가성과지수(CPI)가 향후에도 지속될 것이라고 가정하에 잔여분산정치(ETC: Estimate to Complete)를 산정하는 공식만 알고 있다면 바로 선택이 가능하다. 'EAC = AC + (BAC − EV) / CPI'이므로, 불필요한 변수는 PV이다.

44 정답 B [시나리오 제시 기본]

원가 산정 시에 사용되는 주요 도구 및 기법의 특징, 장단점을 명확히 구분하고 있어야 응용이 가능한 문제이다. 원가를 상향식으로 산정하기 위해서는 작업 분류체계(WBS)에서 작업 패키지(Work Package) 수준까지 분할이 되어 있고, 작업 패키지를 수행하기 위한 세부적인 활동(activity)까지 식별되어 있어야 가능하다. 이러한 세부적인 작업을 수행하는 주체는 프로젝트 팀원들이며, 팀원들이 일차적인 산정치를 제시하고, 프로젝트관리자가 주체가 되어 검토 작업을 거쳐 확정하는 것이 상향식 산정의 특징이다. 상향식 산정은 프로젝트 초반에는 적용하기 불가하며, 설계단계가 마무리된 시점에 적용하는 것이 바람직하다.

45 정답 C [용어 제시 응용]

획득가치 관리에서 사용되는 변수와 변수들을 이용한 차이 분석만 이해하고 있다면 해결 가능한 문제이다. 그래프에서는 실제원가(AC)와 계획가치(PV)는 제시되어 있으나, 차이 분석을 위한 기준 변수인 획득가치(EV)가 제시되어 있지 않다 그렇기 때문에 그래프만으로는 아무런 분석을 할 수 없다.

46 정답 D [용어 이해 기본]

애자일 생애주기 사용 시, 조금은 낯선 용어들이 등장한다. PMP 시험을 위해서 다음 용어 정도는 기억하자.

1) 스프린트 기획 미팅(Sprint Planning Meeting): 스크럼 팀원 모두가 모여서 제품 백 로그 중에서 각각의 스프린트 백 로그에 포함할 사용자 스토리를 계획하는 회의이다. 이때, 사용자 스토리의 규모와 기간을 산정하는데, 주로 사용되는 기법이 플래닝 포커 게임이다.

2) 플래닝 포커(Planning Poker): 스크럼 팀원들이 모두 모여서 스프린트 백 로그에 포함된 스토리를 펼쳐 놓은 이후에 각각의 스토리를 처리하는 데 얼마만큼의 시간이 소요되는지를 예측하기 위해 수행하는 포커와 비슷한 게임을 의미한다. 스크럼 팀원들은 각자가 생각하는 규모(공수)가 적힌 카드를 동시에 제출하고 전원이 공감대를 형성할 때까지 반복적으로 수행한다.

3) 스토리 포인트(Story Point): 플래닝 포커에서 제출하는 카드에 포함된 사용자 스토리에 대한 점수이며, 해당 스토리를 처리하는 데 필요한 기간을 부여하는 것이 일반적이다. PMBOK에서 소개하고 있는 3점 산정, 유사 산정, 모수 산정처럼 기간이나 일정을 산정하는 기법으로 이해하길 바란다.

4) 속도(Velocity): 이터레이션이 완료된 이후에 완료된 작업(스토리 포인트)의 합으로 팀의 속도를 측정한다(속도 = 완료한 스토리포인트 합 / 계획한 스토리포인트 합). 번 다운 차트에서 쉽게 확인이 가능하며, 다른 말로 표현하자면 생산성(productivity)을 의미한다.

프로젝트 품질관리

PROJECT QUALITY
MANAGEMENT

CHAPTER

8

출제 유형 분석

품질관리 지식 영역은 프로세스가 3개만 존재하여 단순해 보이지만, 시험에서는 프로세스 간의 연관 관계를 묻는 질문도 상당수 존재한다. [8.1 품질관리 계획수립]의 산출물이 [8.2 품질 관리] 와 [8.3 품질 통제] 중 어떤 프로세스로 입력되는지가 품질관리를 이해하는 첫 번째 키워드이다. 또한 PMBOK 가이드에 기술된 내용 이외에도 품질에 대한 전반적인 지식을 묻는 질문이 많이 등장하기 때문에 품질 정책 기반하에 품질관리를 바라보는 식이 필요하기도 하다.

특히 수험생들이 목적이나 개념에 대해서 많이 혼동하는 품질 관리와 품질 통제 프로세스의 차이점(목적, 수행 인력, 투입물, 도구 및 기법, 산출물)은 반드시 구분해서 이해해야 하며, 각 프로세스에서 사용되는 도구 및 기법에 대해서는 관련 그림과 함께 명확하게 이해(사용 목적, 구성요소, 활용 분야)해야 높은 점수를 얻을 수 있다.

그룹	출제 항목	출제 유형	빈도	난이도
기획	8.1 품질관리 계획수립 (Plan Quality Management)	· 품질과 관련된 기본 용어(품질 vs. 등급, 정밀도 vs. 정확도) · 품질과 관련된 표준(TQC, TQM, 6시그마, JIT, PDCA Cycle) · 품질관리 계획수립의 산출물과 품질 관리 및 품질 통제 투입물과의 연관 관계 · 품질관리 계획수립에서 사용하는 도구 및 기법(브레인스토밍, 비용-편익 분석, 품질 비용, 매트릭스 다이어그램, 마인드 매핑 등)	A	B
실행	8.2 품질 관리 (Manage Quality)	· 품질 관리와 품질 통제의 차이점 비교 · 데이터 수집, 데이터 분석, 데이터 표현에 포함된 하위 기법들의 정의, 사용시기, 장/단점 · 주요 투입물 포함 내용(품질통제 측정치, 품질 지표, 리스크 보고서) · 주요 산출물 포함 내용(품질 보고서, 테스트 및 평가 문서)	A	A
감시 및 통제	8.3 품질 통제 (Control Quality)	· 품질 통제와 범위 확인 차이점 비교 · 품질 통제에서 사용하는 투입물 · 데이터 수집, 데이터 분석, 데이터 표현에 포함된 하위 기법들의 정의, 사용시기, 장/단점 · 인도물의 흐름(인도물 → 검증된 인도물)	A	B

이렇게 학습하세요

| 반드시 보아야 할 것

☐ 품질관리 계획수립에서 사용되는 T&T(벤치마킹, 비용-편익 분석, 품질 비용, 매트릭스 다이어그램 등)

☐ 품질 관리에서 사용되는 도구 및 기법(프로세스 분석, 근본원인 분석, 친화도, 인과관계도, 산점도, 감사, DFX 등)

☐ 품질 비용 유형(예방 비용, 평가 비용, 내부 실패비용, 외부 실패비용) 개요 및 사례

☐ 품질 관련 기본 용어(TQC, TQM, 6시그마, JIT, PDCA 사이클)

☐ 관리도 작성에 사용되는 주요용어(USL, UCL, LCL, LSL) 및 이상징후 파악하기

비교해 보아야 할 것

- ☐ 품질(Quality) vs. 등급(Grade)
- ☐ 정밀도(Precision) vs. 정확도(Accuracy)
- ☐ 품질 관리 vs. 품질 통제(정의, 대상, 수행 주체, 수행 시기, 산출물, 도구 및 기법)
- ☐ 품질 통제 vs. 범위 확인(정의, 수행 주체, 품질 통제 산출물과 범위 확인 투입물 관계)
- ☐ 품질 비용 유형(순응 비용, 비 순응 비용)별로 수행목적 및 사례
- ☐ 파레토 차트와 원인–결과 다이어그램 및 히스토그램과의 연관관계

흐름을 따라가 보아야 할 것

- ☐ 품질관리 계획수립의 산출물과 품질 관리 및 품질 통제 투입물과 연관관계
- ☐ 품질 통제 산출물인 검증된 인도물이 범위 확인으로 투입되어 산출되는 단계

계산해 보아야 할 것

- ☐ 관리도 해석하기(안정 상태, 불안정 상태)
- ☐ 산점도 해석하기(양의 상관관계, 음의 상관관계, 상관관계 없음)

확인해 보아야 할 용어

- ☐ 품질(Quality)과 등급(Grade)
- ☐ 정밀도(Precision)와 정확도(Accuracy)
- ☐ PDCA 사이클
- ☐ 파레토 차트
- ☐ 무결점 운동(Zero Defect)
- ☐ TQC(Total Quality Control)
- ☐ TQM(Total Quality Management)
- ☐ 6시그마
- ☐ JIT(Just-in-time)
- ☐ 비용–편익 분석(Cost-Benefit Analysis)
- ☐ 품질 비용(COQ: Cost of Quality)
- ☐ 인과 관계도, 관리도, 산점도, DFX

출제 빈도 높은 ITTO(투입물, 도구 및 기법, 산출물)

- ☐ 품질관리 계획수립의 산출물(품질관리 계획서, 품질 지표)
- ☐ 품질관리 계획수립의 도구 및 기법(브레인스토밍, 비용–편익 분석, 매트릭스 다이어그램)
- ☐ 품질 관리 도구 및 기법(프로세스 분석, 근본원인 분석, 인과관계도, 산점도, 감사 등)
- ☐ 품질 관리 및 품질 통제 프로세스의 투입물 구분하기

품질관리 계획수립
Plan Quality Management

핵심 키워드

→ 정답 263쪽

1 [품질관리 계획수립] 프로세스 정의에 대한 핵심 키워드를 완성하시오.

품질관리 계획수립은 프로젝트 및 인도물에 대한 (❶   ) 및 (❷   )을 식별하고, 프로젝트가 품질 요구사항 및 표준 준수를 입증하는 방법을 문서화하는 프로세스이다.

2 [품질관리 계획수립] 프로세스의 주요 ITTO에 대해서 다음의 힌트를 참조하여 핵심 키워드를 완성하시오.

그룹	프로세스	투입물	도구 및 기법	산출물
기획	8.1 품질관리 계획수립 (Plan Quality Management)	1. 프로젝트 헌장 (Project Charter) 2. 프로젝트관리 계획서 (Project management plan) 3. 프로젝트 문서(Project Documents) · 가정사항 기록부(Assumption Log) · 요구사항 문서 (Requirements Documentation) · ❶ · 리스크 관리대장(Risk Register) · ❷ 4. 기업 환경 요인 (Enterprise environmental factors) 5. 조직 프로세스 자산 (Organizational process assets)	1. 전문가 판단(Expert Judgment) 2. 데이터 수집(Data Gathering) · 벤치마킹(Benchmarking) · 브레인스토밍(Brainstorming) · 인터뷰(Interviews) 3. 데이터 분석(Data Analysis) · ❸ · 품질 비용(COQ: Cost Of Quality) 4. 의사결정(Decision Making) 5. 데이터 표현(Data Representation) · 흐름도(Flowcharts) · ❹ · 매트릭스 다이어그램(Matrix Diagrams) · 마인드 매핑(Mind Mapping) · 테스트 및 인스펙션 기획 (Test and Inspection Planning) 7. 회의(Meetings)	1. 품질관리 계획서 (Quality management plan) 2. ❺ 3. 프로젝트관리 계획서 업데이트 (Project Management Plan Updates) 4. 프로젝트 문서 업데이트 (Project Documents Updates)

❶ 프로젝트 요구사항이 최종 인도물로 산출되기까지의 관련 산출물이나 활동을 프로젝트 단계별로 기술한 문서이다. 각각의 단계별로 변화된 품질 요구사항을 파악할 수 있으며, 각 단계별 테스트 항목을 충족했는지에 대한 검토에 유용하다.

❷ 인수 기준을 설정하는 고객 이외에도 프로젝트 관리자, 품질 관리 담당자, 팀원, 사내 감리인력, 외부 감리인력 등 품질에 영향력을 행사하는 이해관계자들이 식별된 문서이다.

❸ 프로젝트에서는 적정 수준의 비용을 투자하여 합의된 품질 수준의 인도물을 생산해야 하며, 여러 가지 대안을 고민해야 한다. 따라서, 프로젝트 품질관리 계획시점에 투자 대비 실적분석이라고도 하는 비용–편익의 상관관계(Trade-off)를 고려해야 한다.

❹ 데이터 품질의 문제는 프로젝트 종료 이후 운영 간에 대량의 데이터가 저장되고 활용되면서 발생하는데, 단순 데이터 값의 오류보다는 데이터 구조의 잘못된 설계로 인한 원인이 대다수이다. 이러한 오류를 사전에 방지하기 위한 기법 중의 하나이다.

❺ 프로젝트에서 품질수준을 객관적인 수치로 정량화할 수 있는 수단으로 측정 항목 선정 및 측정 항목의 목표치 설정이 중요하다. 사례로는 요구사항 변경률, 공정 진척도, 예산 준수율, 교육 이행률, 결함 밀도, 결함률 등이 있다.

기출 문제

1. 프로젝트 및 인도물에 대한 품질 요구사항 및 표준을 식별하고, 프로젝트가 품질 요구사항 및 표준 준수를 입증하는 방법을 문서화하려고 한다. 프로젝트 관리자는 한정된 품질 비용을 고려하지 않을 수 없다. 그래서 문제가 되는 2가지 요소를 선택하여 행과 열에 배치한 후에, 교차점에 2가지 요소의 상관 관계 및 정도를 표시함으로써 문제 해결에 대한 아이디어를 얻어 효과적으로 품질 문제를 해결해나가는 기법을 사용하고자 한다. 어떠한 기법을 사용하는 것이 바람직한가?

A. 품질 비용(Cost Of Quality)
B. 비용─편익분석(Cost Benefit Analysis)
C. 마인드 매핑(Mind Mapping)
D. 매트릭스 다이어그램(Matrix Diagrams)

해설　품질관리 지식 영역은 프로세스 정의와 프로세스별로 사용되는 T&T의 출제 비중이 유난히 높다. 중요도 측면도 존재하지만 그것보다는 품질관리에서 소개되는 T&T가 실무적으로도 활용도가 높으며, 양적으로도 매우 풍부하기 때문이다. 소개되는 T&T를 프로세스별로 구분해서 이해하는 것이 가장 바람직하긴 하지만, 시간이 부족하거나 이해가 어려운 수험생이라면 각각의 T&T에 대한 정의, 사용시기, 사례 등을 위주로 학습하기를 권장한다. 품질관리 계획수립에서 출제 빈도가 높은 T&T는 비용-편익 분석, 품질 비용, 매트릭스 다이어그램, 마인드 매핑 등이다.

문제에서 요구하는 정답은 매트릭스 다이어그램이며, 다음과 같이 활용되고 있다.

- 매트릭스 다이어그램에서 도식화된 연관 관계의 강도를 기준으로 우선순위를 설정하고, 품질 개선 및 품질 관련 활동의 우선순위와 대처방안을 수립하는 데 사용한다.

- 행과 열에 배치될 요소로는 '목적-수단', '문제-해결방안' 등을 설정할 수 있다.

- 프로젝트의 성공에 중요한 핵심 품질 지표(Key Quality Metrics)를 쉽게 식별할 수 있다.

정답 D

→ 정답 263쪽

1 [품질 관리] 프로세스 정의에 대한 핵심 키워드를 완성하시오.

품질 관리는 조직의 품질 정책을 프로젝트에 반영하여 품질관리 계획을 실행 가능한 (❶   )
으로 변환하는 프로세스다.

2 [품질 관리] 프로세스의 주요 ITTO에 대해서 다음의 힌트를 참조하여 핵심 키워드를 완성하시오.

그룹	프로세스	투입물	도구 및 기법	산출물
❶	8.2 품질 관리 (Manage Quality)	1. 프로젝트관리 계획서 (Project Management Plan) 2. 프로젝트 문서 (Project Documents) · 교훈 관리대장 (Lessons Learned Register) · ❷ · 품질 지표(Quality Metrics) · 리스크 보고서(Risk Report) 3. 조직 프로세스 자산 (Organizational Process Assets)	1. 데이터 수집(Data Gathering) 2. 데이터 분석(Data Analysis) · 대안 분석(Alternatives Analysis) · 문서 분석(Document Analysis) · 프로세스 분석(Process Analysis) · ❸ 3. 의사결정(Decision Making) 4. 데이터 표현(Data Representation) · ❹ · 인과관계도 (Cause-and-effect Diagrams) · 흐름도(Flowcharts) · 히스토그램(Histograms) · 매트릭스 다이어그램 (Matrix Diagrams) · 산점도(Scatter Diagrams) 5. 감사(Audit) 6. Design for X 7. 문제 해결(Problem Solving) 8. 품질 개선 방법 (Quality Improvement Method)	1. 품질 보고서 (Quality Reports) 2. ❺ 3. 변경요청 (Change requests) 4. 프로젝트관리 계획서 업데이트 (Project management plan updates) 5. 프로젝트 문서 업데이트 (Project documents updates)

❶ [8.3 품질 통제] 프로세스는 감시 및 통제 프로세스 그룹에 포함되나, 품질 관리는 품질관리 계획서와
품질 통제에서 산출되는 측정치를 활용하여 프로젝트 수행 동안에 지속적으로 수행되는 프로세스 그룹
이라는 의미이다.

❷ [8.3 품질 통제] 프로세스의 대표적인 산출물로서 프로젝트 산출물이 품질관리 계획서의 기준과 고객의
요구사항을 충족했는지 파악하며, 품질 프로세스 및 인도물의 품질을 분석하고 평가하는 데 사용된다.

❸ 차이, 결함 또는 리스크를 유발하는 근본적인 이유를 판별하는 데 사용되는 분석기법이다. 품질 저하를

유발하는 문제를 식별하고, 문제를 초래하는 근본적인 원인을 확인하여 주요 개선과제 및 이행방안을 수립하는 데 효과적이다.

❹ 잠재적인 결함 발생 원인을 그룹화하여 가장 집중해야 할 영역을 보여주는 데 효과적이다. 일반적으로 브레인스토밍 이후에 수행하는 것이 효과적이며, 다량의 데이터를 유사성에 따라 분류할 때 사용한다.

❺ 품질 통제 프로세스에서 사용할 테스트 계획서 및 측정 결과를 기록하는 테스트 결과서를 의미한다. 고객과 프로젝트 팀의 합의하에 작성되어야 하며, 테스트 목적에 따라 통과 기준을 설정해야 한다.

기출 문제

1 품질 개선은 품질 통제 프로세스의 결과 및 권고사항, 품질 감사의 결과를 처리해 가는 과정을 통해서 자연스럽게 도출될 수 있다. 현장에서 가장 적용 사례가 많고 활성화된 방법으로는 PDCA(Plan-Do-Check-Act)와 6시그마(Six Sigma)가 대표적이다. 어떠한 프로세스를 진행 중인가?

A. 품질 통제   B. 품질 관리   C. 품질관리 계획수립   D. 조달 통제

해설   품질 관리에 대해서는 프로세스의 정의와 목적을 묻는 질문이 빈번히 등장한다. 품질 관리 계획수립과 품질 통제의 결괏값을 모두 사용하는 지속적인 프로세스이기 때문이며, 품질 통제와 비교되는 투입물의 차이점 및 사용되는 도구와 기법에 대해서도 질문이 많으니 충분한 시간을 들여서 품질관리 계획수립, 품질 통제 프로세스와의 차이점에 대해서 명확하게 이해해야 고득점이 가능하다.

문제에서 설명하는 기법은 품질 개선 방법(Quality Improvement Method)이며 [8.2 품질 관리] 프로세스에서 사용하는 대표적인 기법이다. PMP에서는 이처럼 기법을 주어지고 해당하는 프로세스의 정의나 목적을 묻는 질문이 종종 출제된다.

(1) **품질 통제**: 성과를 평가하고 필요한 변경 권고안을 제시하기 위해 품질 활동들의 실행 결과를 감시하고 기록하는 프로세스

(2) **품질 관리**: 품질 요구사항과 품질 통제 측정치를 감시하면서 해당하는 품질 표준과 운영상 정의를 사용하고 있는지 확인하는 프로세스

정답 B

품질 통제
Control Quality

→ 정답 263쪽

핵심 키워드

1 [품질 통제] 프로세스에 대한 핵심 키워드를 완성하시오.

품질 통제는 성과를 평가하고 (**①**   )이 완전하고 정확하며 고객 기대치를 충족시킬 수 있도록 (**②**   ) 활동의 실행 결과를 감시하고 기록하는 프로세스다.

2 [품질 통제] 프로세스의 주요 ITTO에 대해서 다음의 힌트를 참조하여 핵심 키워드를 완성하시오.

그룹	프로세스	투입물	도구 및 기법	산출물
감시 및 통제	8.3 품질 통제 (Control Quality)	1. 프로젝트관리 계획서 (Project management plan) 2. 프로젝트 문서 (Project Documents) · 교훈 관리대장 (Lessons Learned Register) · **①** · 테스트 및 평가 문서 (Test and Evaluation Documents) 3. 승인된 변경요청 (Approved change requests) 4. **②** 5. 작업성과 데이터 (Work Performance Data) 6. 기업 환경 요인 (Enterprise Environmental Factors) 7. 조직 프로세스 자산 (Organizational Process Assets)	1. 데이터 수집(Data Gathering) · 체크리스트(Checklists) · 체크시트(Check Sheets) · 통계적 표본추출(Statistical Sampling) · 설문지 및 설문조사 (Questionnaires and Surveys) 2. 데이터 분석(Data Analysis) · 성과검토(Performance Reviews) · 근본원인 분석(Root Cause Analysis) 3. 인스펙션(Inspection) 4. 테스트 및 제품 평가 (Testing / Product Evaluations) 5. 데이터 표현 (Data Representation) · **③** · 관리도(Control Charts) · 히스토그램(Histograms) · **④** 6. 회의(Meetings)	1. 품질 통제 측정치 (Quality Control Measurements) 2. **⑤** 3. 작업성과 정보 (Work performance information) 4. 변경요청 (Change requests) 5. 프로젝트관리 계획서 업데이트 (Project management plan updates) 6. 프로젝트 문서 업데이트 (Project documents updates)

① 품질의 수준을 측정하는 기준으로서, 프로젝트에서 품질수준을 객관적인 수치로 정량화할 수 있는 프로젝트 품질 통제의 기준치를 제공한다. 규정 준수율, 고객이 프로젝트 서비스 품질을 인정하는 고객 만족도, 테스트(단위, 통합, 인수) 결함도 등이 대표적인 사례이다.

❷ [4.3 프로젝트 작업 지시 및 관리] 프로세스를 통해서 산출되는 프로젝트 결과물이며, [8.3 품질 통제] 프로세스로 입력되어 품질 통제의 대상이 된다.

❸ [8.2 품질관리]에서도 사용된 기법으로 발생한 품질 결함이 프로젝트 성과에 미치는 영향을 식별하는 데 유용하다. 또한 프로젝트에서 결함이 많이 발생하는 작업에 추가 인력을 투입할 때 효과적으로 적용할 수 있는 파레토 다이어그램의 기준 데이터로 사용된다.

❹ 두 변수 사이에 상관관계가 있는지를 결정하는 데 유용하다. 예를 들어, 프로젝트 관리자는 추가 인력 투입이나 프로젝트 예산 증액 요청을 위해서 작업의 난이도 대비 결함 발생 비율 등을 도식화하여 고객이나 경영진에게 추가 인력 투입을 요청할 수도 있다.

❺ 품질 통제의 목표는 품질 계획을 기준으로 인도물의 정확도를 판별하는 것이다. 프로젝트 팀에 의해서 확인된 산출물이며, [5.5 범위 확인]을 거쳐 고객이나 스폰서에게 최종 인도된다.

기출 문제

1 **품질 통제와 품질 관리 프로세스 설명 중 잘못된 것은 무엇인가?**

A. 품질 통제는 감시 및 통제, 품질 관리는 실행 프로세스 그룹에 속한다.

B. 품질 통제 수행 프로세스의 산출물인 품질 통제 측정치는 품질 관리의 입력물로 투입된다.

C. 품질 통제와 품질 관리 프로세스는 결과물의 정확도를 확인하기 위해서 공통적으로 품질 감사 기법을 이용한다.

D. 일반적으로 품질 통제는 프로젝트 팀 자체적으로, 품질 관리는 고객에게 신뢰감을 주기 위해서 제3자에 의해서 수행된다.

해설   품질 통제는 [8.2 품질 관리]나 [5.5 범위 확인]과 비교 대상으로 자주 출제된다. 품질 통제의 대상은 인도물이기 때문에 인도물과 관련된 고객 활동인 범위 확인, 제품 품질의 결과에 영향을 주는 프로세스 품질 측면인 품질 관리 프로세스와 자주 비교되니, 정의, 목적, 대상, 시기 등에 대해서는 반드시 이해하기 바란다. (품질) 감사는 품질 관리에서만 사용하는 기법이다

정답 C

프로젝트 품질관리
전체 프로세스 흐름 파악하기

다음은 프로젝트 품질관리에 대한 전체 DFD이다. 괄호 안에 해당하는 투입물이나 산출물을 중심으로 프로세스 전체에 대한 흐름을 파악하시오.

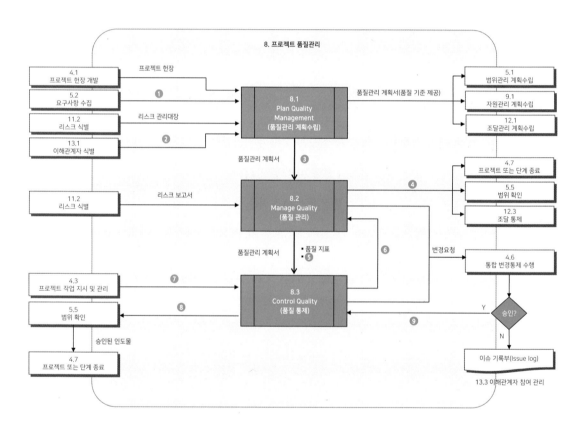

1 [8.1 품질관리 계획수립]: 프로젝트에서 요구하는 품질 요구사항 및 품질 표준을 프로젝트 헌장과 프로젝트관리 계획서를 통해서 확인하고, 품질에 관련된 상세한 요구사항은 (❶   ), 제품이나 결과물의 인수 기준을 설정하는 데 영향을 줄 수 있는 이해관계자 정보는 (❷   ), 품질에 영향을 줄 수 있는 리스크 관리대장을 참고하여 품질 수준을 달성하기 위한 문서들을 작성한다. 산출물 중에서 (❸   )는 품질 측정 기준을 의미하며, 품질 관리 및 품질 통제 프로세스에서 사용하는 평가 기준으로 활용된다.

2 [8.2 품질 관리]: 품질 정책, 절차, 지침이 포함된 품질관리 계획서와 품질 측정 기준이 정의되어 있는 품질 지표를 (❻   )와 비교한다. 이러한 활동을 위해서 (❺   )를 품질 통제 프로세스에 제공하고, 정량적인 품질 데이터가 포함된 (❹   )를 관련된 프로세스에 전달한다.

3 [8.3 품질 통제]: 요구사항대로 정확하게 (❼   )이 작성되었는지 테스트 및 제품 평가를 통해서 확인한다. 산출된 인도물의 정확성이 부족하여 변경이 필요할 때에는 통합 변경통제 수행 프로세스를 따르며, 정확성이 (❽   )은 고객의 인수를 위하여 범위 확인 프로세스로 전달된다. 또한, 변경된 산출물의 정확성 확인을 위해서 (❾   ) 항목도 통제 대상이 된다.

→ 정답 261쪽

1 품질 통제(Quality control) 프로세스를 수행 중이다. 관리도(Control Chart)에서 통제 상한치(UCL)는 35.5, 통제 하한치(LCL)는 33.5로 설정해두었다. 측정 결과 [33.7, 34.0, 35.7, 33.7]가 나왔다면 처리 방법은?

A. 안정한 상태이므로 아무런 조치를 취하지 않는다.

B. 관리도의 평균치가 잘못 설정되었다고 보고한다.

C. 관리도의 통제 상한치를 조정한다.

D. 불안정한 상태이므로 분석 후 조치를 취한다.

2 품질 비용(Cost of quality) 중 폐기, 재작업에 대한 비용은 무엇인가?

A. 내부 실패 비용(Internal Failure Cost)

B. 외부 실패 비용(External Failure Cost)

C. 예방 비용(Prevention Cost)

D. 평가 비용(Appraisal Cost)

3 일부 산출물의 품질 수준이 계획보다 낮게 측정되었다. 스폰서는 $100,000를 주면서 문제를 해결하라고 지시하였지만, 추가 금액만으로는 모든 산출물에 대한 완전한 해결이 어렵다. PM으로서 해당 문제를 처리하기 위해 팀원들에게 교육해야 할 이론적 배경이 되는 이론으로 적합한 것은?

A. Crosby

B. Deming

C. Pareto

D. Maslow

4 산점도(Scatter diagrams)는 시간 추이에 따른 변수 간의 관계를 표현한다. 산점도에 사용되는 변수는 몇 개인가?

    A. 1개   B. 2개

    C. 3개   D. 4개

5 프로젝트 팀원에게 품질(Quality)과 등급(Grade)의 차이점에 대해서 설명 중이다. 다음 중 잘못 설명하고 있는 것은?

    A. 품질이란 제품의 특성이 요구사항을 충족하는 정도이다.

    B. 등급이란 제품의 기능상 용도는 같지만, 가격이나 기술 수준은 다른 범주를 의미한다.

    C. 낮은 품질은 문제가 되지만 낮은 등급은 문제되지 않을 수도 있다.

    D. 등급과 품질은 다른 개념이지만, 등급은 결국 품질의 유형이다.

6 팀원이 인과 관계도(Cause-and-effect diagrams)를 이용하여 문제의 다양한 원인을 분석하였다. 팀원은 프로젝트 관리자와 회의하면서 문제 원인 중 우선순위가 높은 원인 순서대로 문제를 해결하기고 결정되었다. 이러한 기법은?

    A. 파레토 차트(Pareto diagrams)

    B. 실험 계획법(DOE: Design of Experiments)

    C. 히스토그램(Histograms)

    D. 이시가와 다이어그램(Ishikawa diagrams)

7 고객 참여하에 범위 확인이 마무리되었다. 인도물에 대해 승인했지만, 고객은 여전히 인도물을 마음에 들어 하지 않는 눈치이다. 어떤 점이 문제라고 생각해 볼 수 있는가?

    A. 프로젝트 산출물의 품질 수준에 대한 정의가 미흡했다.

    B. 프로젝트 일정과 비용을 고려하지 않는 고객의 과도한 요구사항이 여전히 존재한다.

    C. 프로젝트를 진행하면서 이해관계자가 자주 교체되었다.

    D. 프로젝트 참여 인력의 역량이 부족했다.

8 팀원들과 3차 스프린트(sprint)를 끝내는 중이다. 4차 스프린트에서의 업무 개선을 위해서 팀원들과 어떤 행동을 수행해야 하는가?

A. 잘 되거나 잘못된 점, 개선할 수 있는 점 등을 토론해야 한다.

B. 고객과의 오프라인 미팅 시간을 고려하여 제품 시연 준비를 한다.

C. 본사 조직에 품질 전문가를 요청하여 품질 감사 준비를 한다.

D. 팀원 개개인과 면담을 통해서 성과를 평가하고 기능 관리자에게 통보할 준비를 한다.

9 조직의 품질 정책을 프로젝트에 반영하여 품질관리 계획을 실행 가능한 품질 활동으로 변환하는 프로세스를 진행 중이다. 인도물의 검사를 위해서 프로젝트관리 오피스는 조직의 프로세스 자산을 활용하여 단계마다 확인해야 할 목록을 작성하였다. 어떠한 기법을 사용하려는 것인가?

A. 품질 지표(Quality metrics)

B. 품질 체크리스트(Quality checklists)

C. 품질 통제 측정치(Quality control measurements)

D. 리스크 관리대장(Risk register)

10 품질 통제(Control Quality)와 품질 관리(Manage Quality) 프로세스에 대한 설명 중 잘못된 것은 무엇인가?

A. 품질 통제는 감시 및 통제, 품질 관리는 실행 프로세스 그룹에 속한다.

B. 품질 통제 수행 프로세스의 산출물인 품질 통제 측정치는 품질 관리의 입력물로 투입된다.

C. 품질 통제와 품질 관리 프로세스는 공통으로 감사(Audits) 기법을 이용한다.

D. 일반적으로 품질 통제는 프로젝트 팀 자체적으로, 품질 관리는 고객에게 신뢰감을 주기 위해서 제3자에 의해서 수행된다.

2) 비 순응 비용(Non-conformance cost, 부적합 비용)

- 내부 실패 비용(internal failure):폐기, 재작업, 다운타임 등 교정조치에 투입된 비용
- 외부 실패 비용(external failure):반품, 할인비, 고객불만 처리비용 등

1 정답 D
[계산 해석 기본]

관리도에 대한 해석 문제는 반드시 출제된다. 관리도가 이상 징후가 있다고 해석하는 경우는 (1)점 1개가 통제 한계(UCL or LCL)를 초과하는 경우, (2)연속 점 7개가 평균(CL)과 통제 상한치(UCL)사이에 존재하거나, 평균(CL)과 통제 하한치(LCL) 사이에 존재하는 경우에 프로세스가 통제를 벗어난 것으로 간주한다.

문제에서는 35.7이라는 점이 통제 상한치를 벗어났으므로, 이상 징후(불안정한 상태)에 있는 것으로 판단되며, 원인 분석 작업에 착수해야 한다.

 전문가의 Comment

품질 관련된 학자들에 의하면 Hugging the centerline도 불안정한 상태라고 판단한다. Hugging the centerline이란 통제도(관리도) 상의 점이 중앙선이나 상/하한선 근처에 나타나는 현상으로서, 결과 그대로 보고하는 것이 아니라 인위적으로 조정된 것으로 판단한다.

2 정답 A
[용어 이해 기본]

품질 비용은 확실히 PMBOK 5판부터 트렌드라고 불릴 만큼 출제 비중이 높아졌다. 단순히 정의나 분류가 아닌, 사례 기반으로 해당 사례에 해당하는 품질 비용 유형을 묻는 질문이 대다수이니 반드시 사례와 함께 정의를 학습해야 한다. 폐기, 재작업, 다운타임 등 '평가비용'의 결과로 처리해야 하는 결함을 위해서 사용된 비용은 내부 실패 비용이다.

 전문가의 Comment

다음은 품질 비용의 유형이니 반드시 사례와 함께 기억하자.

1) 순응 비용(Conformance cost, 적합 비용)
- 예방 비용(prevention cost):교육/훈련비, 품질계획비용, 납품업체 조사, 프로세스 연구 및 기타 예방활동
- 평가 비용(appraisal cost)제품검사/감리/감사. 실험실 테스트, 내부 통제비용, 프로세스 통제 테스트 비용, 설계검토 비용

3 정답 C
[ITTO 용어 기본]

자주 출제되지는 않지만 주요한 품질 표준과 사상을 제시한 전문가에 대한 질문이다. 이 문제의 핵심은 제한된 예산으로 가장 많은 문제를 발생시키고 있는 핵심 원인부터 해결하려는 사상에 대한 질문이므로 파레토 법칙을 찾아야 한다. 보기에 제시된 전문가들과 연관된 품질 사상은 다음과 같다.

1) **필립 B. 크로스비(Philip Bayard. Crosby):** 데밍, 주란과 함께 품질경영의 3대 선구자로 무결점 운동(Zero Defect)의 기반을 세웠으며, 근래에 와서는 6시그마로 발전함.

2) **에드워드 데밍(W. Edwards Deming):** PDCA 사이클을 강조한 품질 전문가로서 경영자 책임과 지속적인 품질보증을 강조함.

3) **조셉 주란(Joseph M. Juran):** 품질에서 사용상의 적합성을 강조하였으며, 이탈리아 경제학자 빌프레도 파레토의 이름을 따서 파레토 차트를 개발함.

 전문가의 Comment

매슬로우(Maslow)는 [9.5 팀 관리]의 동기부여 이론에서 등장하는 전문가로서 욕구 계층제(또는 욕구 5단계) 이론을 창시한 인물이다. 욕구 5단계 이론이란 인간에게 내재한 욕구는 최하위 단계의 생리적 욕구로부터 안전, 소속과 사랑, 존경, 그리고 최상위 단계인 자아실현 욕구에 이르기까지 5계층으로 이루어져 있다는 이론이다.

4 정답 B
[ITTO 용어 기본]

[8.1 품질관리 계획수립] 프로세스에서 사용되는 도구 및 기법 중에서 가장 단순한 기법 중의 하나로 '산점도'가 존재한다. 산점도는 두 변수의 관계를 알아보기 위해서 X축에 한 변수, Y축에 다른 변수를 설정하고 각 변수의 값을 나타내는 점을 찍어 두 변수 사이의 관계를 파악할 수 있는 도표이다. 결국 필요한 변수는 2개(X, Y)뿐이다.

산점도는 변수의 상관관계에 따라 크게 3가지로 해석이 가능하다.
- 양(+)의 상관관계: 두 변수 간의 상관관계가 높다(정 비례 관계).
- 음(−)의 상관관계: 두 변수 간의 상관관계가 낮다(반 비례 관계).
- 상관관계 없음: 두 변수 간의 상관관계가 거의 없다(전체적으로 흩어져 있음).

5 정답 D   [용어 이해 기본]

[8. 프로젝트 품질관리] 지식 영역에서는 PMBOK 이외의 영역에서의 출제 비중이 높다. 이번 문제도 그런 유형의 문제이며, 품질(Quality)과 등급(Grade)의 차이점에 대해서는 정확히 이해하고 있어야 한다. (D)는 품질과 등급은 다른 개념이며, 서로 간에 부분집합의 개념은 존재하지 않는다.

6 정답 A   [용어 이해 기본]

[8. 프로젝트 품질관리] 지식 영역에서는 가장 출제 비중이 높은 기법은 '파레토 차트(Pareto diagrams)'이다. 파레토 차트의 키워드는 '우선순위'이며, 히스토그램이나 이시가와 다이어그램의 결과에 대해서 발생빈도가 높은 순서부터 낮은 순서로 정렬한 형태로 나타난다. 결국 우선순위가 높은 품질에 영향을 미치는 요소부터 해결하려는 분석이다.

파레토 법칙이란 상대적으로 적은 오류가 대부분의 오류를 발생시킨다는 이론으로, 전체 결과의 80%가 전체 원인의 20%에서 일어나는 현상을 가리킨다. 그래서 80 : 20 법칙으로 불리기도 한다. 예를 들어, 백화점 전체 매출의 80%는 20% 주요 고객에 의해서 발생하므로, VIP, VVIP 고객을 위한 정책이 필요하다는 것이다.

7 정답 A   [프로세스 정의 기본]

문제와 보기만으로 정확한 답변을 찾아내기 어려운 문제이다. 하지만 문제에서 유추해 볼 때 최소한 일정과 예산 측면에서 고객이 불만을 표현하지는 않고 있다는 것을 알 수 있다. 또한 인도물을 승인했기 때문에 범위 측면에서도 변경요청이 필요할 만한 부족한 부분은 없어 보인다. 보기에서 그나마 답이 될 수 있는 것은 (A)이다. 프로젝트 범위 기술서 작성 시에 인도물에 대한 인수기준을 명확히 설정하지 않았기 때문에 승인은 했지만 품질 수준에 대한 이해관계자 간에 합의가 이루어지지 않은 것이다.

[5.3 범위 정의] 프로세스의 주요 산출물인 '프로젝트 범위 기술서'의 포함 내용은 다음과 같다.

1) **제품 범위 명세서(Product Scope Description)**: 프로젝트 헌장과 요구사항 문서에 설명된 제품, 서비스 또는 결과의 특성을 점진적으로 구체화한다.

2) **인도물(Project Deliverables)**: 프로젝트 산출물, 프로젝트관리 보고서, 문서 등의 결과물을 포함한다.

3) **인수 기준(Product Acceptance Criteria)**: 완료된 제품, 서비스 또는 결과의 인수 프로세스와 기준을 정의한다.

4) **프로젝트 범위 제외사항(Project Exclusions)**: 프로젝트 범위를 벗어나는 항목도 향후 분쟁 방지를 위해서 문서화한다.

5) **제약 조건(Project Constraints)**: 프로젝트나 프로세스의 실행에 영향을 미치는 제한 요인으로서 계약 기준으로 프로젝트가 수행될 때는 일반적으로 계약 조항이 제약 조건이 된다.

6) **가정사항(Project Assumptions)**: 증거나 설명 없이 진실, 현실 또는 특정한 것으로 간주하는 기획 단계의 요인. 가정사항 등을 식별하여 문서화하고 유효성을 확인한다.

8 정답 A   [시나리오 이해 응용]

애자일 관련 용어와 품질 개선이 혼합된 문제이다. 문제의 요지는 어떠한 단계가 종료된 이후에 업무 개선(프로세스개선)을 하기 위해서 프로젝트 팀의 활동을 묻는 질문이다. PM으로서는 팀원들과 함께 지난 단계를 진행하는 동안 잘한 점, 개선할 점 등을 논의한 후에 다음 단계에 진입하기 전에 그러한 교훈을 반영하는 것이다. 이러한 과정을 애자일에서는 회고(retrospective)라고 부르며, 보기 중 (A)에 해당하는 활동을 수행한다.

9 정답 B   [ITTO 이해 기본]

품질 체크리스트(Quality checklists)는 조직 프로세스 자산으로부터 가장 유사한 사례를 기반으로 작성되고 활용된다. 체크리스트는 필요한 단계의 조치가 수행되었는지 확인하거나 요구사항 충족 여부를 확인하기 위해 사용되는 체계적인 도구로, 빈번하게 수행되는 작업의 일관성을 보장하기 위해 대다수의 조직이 표준화된 체크리스트를 보유 및 재사용하고 있다.

10 정답 C
[프로세스 비교 기본]

품질 통제(Control Quality)와 품질 관리(Manage Quality)에 대한 비교는 다음 표를 참조하도록 하자. 감사 기법은 [8.2 품질 관리] 프로세스에서만 사용된다.

품질관리	8.2 품질 관리	8.3 품질 통제
목적	제품 또는 서비스가 고객이 제시한 품질 요구사항을 만족시키고 있다는 것에 대한 확신을 준다.	제품 또는 서비스가 스폰서와 고객의 승인 기준을 만족시키기 위해 결과를 감시하고 시정 조치한다.
수행 시기	프로젝트 기획과 실행 단계	프로젝트 실행이나 종료 단계
대상	프로세스 절차, 표준에 대한 심사 (과정에 대한 준수에 비중)	제품, 서비스에 대한 검사 (결과에 대한 검사에 비중)
주체	품질보증 팀, 제3자	프로젝트 팀
Output	품질 보고서, 테스트 및 평가문서	품질 통제 측정치, 검증된 인도물
Input	품질통제 측정치, 품질 지표, 리스크 보고서	테스트 및 평가문서, 품질 지표, 인도물, 승인된 변경요청

프로젝트 품질관리

→ 정답 275쪽

1 JIT 생산 시스템은 고객의 주문이 들어오면 바로 생산하는 시스템으로, 재고를 쌓아 두지 않고서도 필요할 때 제품을 공급하는 생산방식이다. JIT에서 의미하는 가장 적절한 재고 수준은?

   A. 50%   B. 30%

   C. 10%   D. 0%

2 다음 중 품질에 대한 인식 중에서 가장 적합한 것은 무엇인가?

   A. 품질이란 제품의 특성이 요구사항을 충족하는 정도이다.

   B. 범위, 일정, 원가보다 강조되지는 않는다.

   C. 프로젝트의 품질 정책이 조직의 품질 정책보다 우선이다.

   D. 품질은 품질 담당자가 전적으로 책임져야 하는 전문 영역이다.

3 다음 중 내부 실패 비용(Internal Failure Cost)에 포함되지 않는 것은 무엇인가?

   A. 재작업 비용

   B. 불량품 폐기 비용

   C. 교정조치로 인해 기계 다운타임 소요 비용

   D. 고객불만 처리비용

4 파레토 차트(pareto chart)는 품질관리 이외의 영역에서도 광범위하게 사용되고 있다. 다음 중 파레토 차트와 관련 없는 것은 무엇인가?

   A. 품질 결함에 가장 영향을 많이 주는 원인을 찾고자 할 때 사용한다.

   B. 일반적으로 인과 관계도나 히스토그램 등의 기법이 선행된다.

   C. 80 대 20 법칙 이라고도 불린다.

   D. 데이터를 수집하고, 발생 빈도가 낮은 순서대로 나열한다.

5 관리도(control chart)를 점검 중이다. 연속된 7개의 점이 CL과 UCL 사이에서 발견되었다. 품질 담당자로서 수행해야 할 작업으로 올바른 것은?

A. 정상 상태이므로 아무런 행동을 하지 않는다.

B. 7개의 연속점이 발생하였으나, UCL을 넘어서는 데이터는 없으므로 모니터링만 한다.

C. 샘플링 표본이 잘못된 것이라고 판단하여 새로운 데이터를 샘플링하여 점검한다.

D. 관리도는 이상 징후 상태이므로, 원인을 밝히는 작업을 수행한다.

6 품질 통제(control quality)를 수행 중이다. 그 동안 발생한 결함 중 우선순위가 높은 결함을 선별하여 해당 결함이 발생하게 된 원인에 대해서 팀원들과 협의 중이다. 원인의 범주를 한정하지 않으면 회의가 길어질 것 같아서 인적 측면(MAN), 기계 측면(MACHINE), 자재 측면(MATERIAL)에 한정해서 원인을 찾고 있다. 어떤 기법을 사용 중인가?

A. 인과 관계도(Cause-and-Effect Diagram)   B. 흐름도(Flow Chart)

C. 파레토 차트(Pareto Chart)   D. 히스토그램(Histogram)

7 프로젝트 팀에서 고객이 요구한 품질 요구사항보다 우수한 결과물을 만들어 냈다. 하지만 그로 인해서 일정과 비용이 계획보다 증가하였고, PM은 향후에 이러한 사실을 인지했다. 어떻게 처리하는 것이 적합한가?

A. 인도물의 품질수준에 맞게 요구사항을 변경한다.

B. 팀원들을 대상으로 적절한 품질수준에 대한 교육을 한다.

C. PM 승인 없이 변경한 기능에 대해서는 변경요청을 해서 원상 복귀한다.

D. 해당 팀원에게 적절한 보상을 해주고, 팀원 전체 동기부여를 시도한다.

8 프로젝트를 수행하면서 품질 관련 활동에 소요되는 비용은 상당하다. 품질 비용은 예방 비용, 평가 비용, 내부 실패 비용, 외부 실패 비용으로 구분할 수 있는데, 효과적인 품질 비용 관리를 위한 품질 비용 사용 기법으로 맞는 것은?

A. 4개 비용에 대해서 동일하게 배분하여 사용 및 관리한다.

B. 품질 비용을 4개의 카테고리로 구분하였을 뿐이며, 효과적인 품질 비용 사용에 대한 답이 없다.

C. 실패 비용 보다는 예방 비용과 평가 비용 비중을 늘린다.

D. 내부 실패 비용보다는 외부 실패 비용의 비중을 늘려서 외부 감리나 감사를 적극 활용한다.

9 다음 달부터 1주간 외부 전문기관에서 품질 감사(quality audit)를 수행한다는 소식을 들었다. 다음 중 품질 감사에 대해서 정확히 기술하고 있는 것은?

A. 프로세스상에서의 개선 사항을 식별하는 것이다.

B. 프로젝트 활동이 조직의 프로젝트 정책, 프로세스 및 절차를 따르는지 판별하기 위하여 수행하는 체계적이며 독립적인 프로세스 활동이다.

C. 투자 대비 실적 분석이라고 하며, 비용—편익의 상관관계(trade-off)를 고려하여 품질 검토를 수행하는 것이다.

D. 품질의 수준을 측정하는 기준으로서, 프로젝트에서 품질 수준을 객관적인 수치로 정량화할 수 있는 프로젝트 품질 통제의 기준치를 제공하는 것이다.

10 다음 중 히스토그램(Histogram)과 파레토 차트(Pareto Chart)에 대해서 가장 잘 설명하고 있는 것은?

A. 히스토그램과 파레토 차트는 빈도수를 우선순위가 높은 순서대로 배열한 것이며, 파레토 차트는 그 중에서도 상위 20% 데이터만 배열한 것이다.

B. 히스토그램과 파레토 차트는 둘 다 발생 시간 순서를 고려하여 작성된다.

C. 히스토그램은 모두 다 파레토 차트로 변환되어야 한다.

D. 파레토 차트는 결국은 히스토그램의 일부로서 히스토그램의 결괏값에 대해서 발생 빈도가 높은 순부터 낮은 순으로 범주화하여 표현한 것이다.

11 프로젝트 팀원이 시간이 부족하여 발견한 결함 건수가 적다고 불평하고 있다. 프로젝트 관리자는 과거의 경험을 기반으로 적절한 시간이었다고 판단하였으나, 팀원들의 결함 발견에 대한 생산성을 높이고자 시간과 결함 발견 비율에 대해서 분석해 보라고 프로젝트관리 오피스 팀원에게 지시하였다. 프로젝트관리 오피스 팀원이 적용하기에 적당한 기법은?

A. 파레토 다이어그램(Pareto Diagram)　　　　B. 점검 기록지(Check Sheet)

C. 산점도(Scatter Diagram)　　　　D. 인과 관계도(Cause-and-Effect Diagram)

12 프로젝트 관리자는 프로젝트 및 인도물에 대한 품질 요구사항 및 표준을 식별하고, 프로젝트가 품질 요구사항 및 표준 준수를 입증하는 방법을 문서화하고 있다. 이러한 활동을 하기 위해 필요한 선행 작업이 아닌 것은?

A. 프로젝트 헌장 개발(Develop Project Charter)

B. 이해관계자 식별(Identify Stakeholders)

C. 요구사항 수집(Collect Requirements)

D. 자원 확보(Acquire Resources)

13 품질 관리 프로세스를 진행 중이고 발견된 이슈의 처리방안에 대해 논의 중이다. 발생한 여러 가지 이슈 중에서 품질 저하를 유발하는 문제를 식별하고, 문제를 초래하는 근본적인 원인을 확인하여 주요 개선과제 및 이행방안을 수립하는 데 효과적인 기법은 무엇인가?

A. 근본원인 분석(RCA : Root Cause Analysis)

B. 인과관계도(Cause-and-effect Diagrams)

C. 매트릭스 다이어그램(Matrix diagrams)

D. 친화도(Affinity diagrams)

14 품질은 투자한 비용 대비 눈에 띄는 성과를 달성하기 어려운 영역이다. 그렇기 때문에 프로젝트 품질관리 계획수립에서는 다양한 데이터 수집 및 비용분석과 관련된 다양한 표현 기법들이 사용된다. 다음 중 기업들이 특정 분야에서 뛰어난 업체나 상품, 기술, 경쟁 방식 등을 배워 자사의 경영과 생산에 합법적으로 응용하는 것으로서, 단순한 모방과는 달리 우수한 기업이나 성공한 상품, 기술, 경영 방식 등의 장점을 충분히 배우고 익힌 이후 자사의 환경에 맞추어 재창조하는 기법은 무엇인가?

A. 친화도(Affinity Diagrams)

B. 벤치마킹(Benchmarking)

C. 브레인스토밍(Brainstorming)

D. 비용-편익 분석(Cost Benefit Analysis)

15 고객과 합의된 품질 수준을 유지하기 위해서 프로젝트에서는 품질 개선 및 품질 관련 활동의 우선순위와 대처방안을 수립하는 데 많은 시간을 사용하게 된다. 문제가 되는 2가지 요소를 선택하여 행과 열에 배치한 후에, 교차점에 2가지 요소의 상관관계 및 정도를 표시함으로써 문제 해결에 대한 아이디어를 얻어 효과적으로 문제를 해결해나가는 기법은 무엇인가?

A. 우선순위 매트릭스(Prioritization Matrices)

B. 매트릭스 다이어그램(Matrix Diagrams)

C. 프로세스 분석(Process Analysis)

D. 산점도(Scatter Diagrams)

16 다음 품질관리 계획수립(Plan Quality Management) 기법 중 시간의 흐름을 고려하여 작성되어야 하는 기법은 무엇인가?

    A. 파레토 차트(Pareto Chart)   B. 체크 시트(Check Sheet)

    C. 관리도(Control Chart)   D. 히스토그램(Histogram)

17 품질 담당자는 품질관리에서 사용되는 대표적인 기법인 관리도에 대해서 팀원들에게 설명 중이다. 팀원이 최고사양한계(USL: Upper Specification Limit)에 대해서 질문을 하였다. 가장 바람직한 답변은 무엇인가?

    A. 통상적으로 +3 시그마로 설정한다.

    B. 프로세스의 수용 가능한 변이의 중간으로서 모든 데이터들의 평균 값이다.

    C. 프로젝트 관리자가 이해관계자의 사양 한계 초과를 방지하기 위해서 설정한 통제 한계선이다.

    D. 외부 실패 비용 발생 기준이 된다.

18 품질 담당자로서 관리도를 이용한 품질 통제 프로세스를 수행 중이다. 관리도 통제 상한치(UCL)는 40, 통제 하한치(LCL)는 35이며, 평균은 37.50이다. 다음 중 정상적인 측정치로만 구성되어 있는 측정결과는?

    A. 측정치 10개 값이 모두 상한치와 하한치 안에 포함되어 있다.

    B. 측정치 값 중에서 7개 값이 연속으로 평균과 상한치 내에 존재한다.

    C. 측정치 10개 값 중에서 5개는 평균값 근처, 5개 값은 평균과 하한치 이내에 존재한다.

    D. 측정치 중 1개 값만 근소한 차이로 상한치를 벗어나서 존재한다.

19 품질 관련 교육이나 훈련비, 품질계획수립 비용 등은 품질 비용의 어떠한 카테고리로 수집되고 분석되어야 하는가?

    A. 예방 비용(Prevention Cost)

    B. 평가 비용(Appraisal Cost)

    C. 내부 실패 비용(Internal Failure Cost)

    D. 외부 실패 비용(External Failure Cost)

20 프로젝트 종료를 2달 정도 남겨둔 상태이다. 프로젝트 관리자는 다음 주부터 시작하는 고객 인수를 위해 산출물을 검토 중이다. 어떤 프로세스의 결과물들을 집중적으로 점검하는 것이 시간 대비 효율적이겠는가?

    A. 팀 관리(Manage team)

    B. 일정 개발(Develop schedule)

    C. 범위 확인(Validate scope)

    D. 품질 통제(Control quality)

21 프로젝트에서는 인스펙션(Inspection)을 통해서 인도물의 요구사항 준수 여부를 확인하였다. 이러한 프로세스의 주요 산출물 중에서 품질통제 측정치(Quality control measurements)는 [8.2 품질 관리] 프로세스로 투입된다. 또 다른 주요 산출물인 검증된 인도물(Verified deliverables)은 어느 프로세스로 투입되는가?

    A. 범위 통제(Control Scope)   B. 범위 확인(Validate Scope)

    C. 품질 통제(Control Quality)   D. 조달 통제(Control Procurement)

22 품질관리 계획서를 작성하고 있으며, 과거 유사한 프로젝트에서 수행한 이력을 참조하고 있다. 해당 프로젝트에서는 여러 가지 결함이 발생하였으며, 프로젝트의 오픈 일자에 영향을 준 것을 발견하였다. 이번 프로젝트에서의 재발을 방지하고자 결함이 발생한 결과를 발생시킨 원인들을 찾아서 연결하고 있다. 어떠한 기법을 사용 중인가?

    A. 프로세스 분석(Process Analysis)

    B. 인과 관계도(Cause-and-Effect Diagram)

    C. 흐름도(Flowcharts)

    D. 파레토 차트(Pareto Chart)

23 품질관리 계획서(Quality management plan)와 품질 통제 측정치(Quality control measurements)를 비교해 가면서 품질 정책이나 절차를 준수하고 있는지 검토 중이다. 다음 중 이러한 검토에 적합한 도구 및 기법이 아닌 것은?

    A. 품질 감사(Quality Audits)   B. 프로세스 분석(Process Analysis)

    C. DfX(Design for X)   D. 인스펙션(Inspection)

24 품질 수준이 예상 결과보다 낮게 나와서 외부에서 품질 전문가를 충원하려고 한다. 하지만 예산이 부족하기 때문에 낮은 품질 항목 중에서 결함 발생 수가 높은 영역에 인력을 투입하고자 한다. 고려해야 하는 기법은?

    A. 파레토 다이어그램(Pareto Diagram)

    B. 이시가와 다이어그램(Ishikawa Diagram)

    C. 관리도(Control Chart)

    D. 산점도(Scatter Diagram)

25 다음 중 품질 감사의 결과로 기대할 수 없는 산출물은 무엇인가?

    A. 품질 보고서(Quality Reports)

    B. 테스트 및 평가 문서(Test and Evaluation Documents)

    C. 변경요청(Change Requests)

    D. 검증된 인도물(Verified Deliverables)

26 XYZ 프로젝트가 예상 일자에 맞추어 종료되었으며, 현재는 안정화 기간이다. 프로젝트 관리자는 오픈 일자부터 현재까지 발생한 오류에 대해서 히스토그램이 아닌 파레토 차트로 보고하길 원하고 있다. 파레토 차트로 보고해야 하는 이유는 무엇인가?

    A. 향후 발생할 오류를 예상하기 위해서

    B. 원인-결과 그래프로 변경하기 위해서

    C. 핵심적인 오류 발생 원인을 발견하기 위해서

    D. 오류가 발생하는 시점을 확인하기 위해서

27 수행 조직에서 올해의 슬로건으로 '재작업 비율 10%절감'이라는 품질 목표를 선언하였다. 이러한 내용이 포함되는 것으로서 가장 적절한 것은 무엇인가?

    A. 품질관리 계획서(Quality management plan)

    B. 품질 정책(Quality policy)

    C. 품질 지표(Quality metrics)

    D. 프로젝트관리 계획서(Project management plan)

28 프로젝트 현장에서는 생산성에 대한 강조로 품질에 대한 인식 및 투자는 전반적으로 인색한 편이다. 고객이나 스폰서도 일정이나 원가에 대한 현황에 대한 관심은 높으나 품질에 대한 인식은 낮은 편이다. 다음 중 프로젝트 관리자가 바라보는 품질의 중요성으로서 바람직한 것은 무엇인가?

A. 품질은 양보할 수 없는 것으로서 일정, 원가에 선행한다.

B. 일정, 원가가 품질보다 우선시 되어야 한다.

C. 품질, 원가, 일정 순으로 중요시 되어야 한다.

D. 프로젝트의 결과물로 제출할 제품이나 서비스의 특징에 따라 상이하다.

29 프로젝트는 개발 단계이다. 매주 실시하는 주간 회의에서 팀원이 앞으로의 제품 성능을 향상할 방법을 제안하였다. PM 및 프로젝트 팀은 이러한 의견에 동의하며, 변경 요청을 진행하려고 한다. 어떠한 조치인가?

A. 예방 조치   B. 시정 조치

C. 결함 수정   D. 업데이트

30 리스크 분류체계(Risk Breakdown Structure)는 리스크를 식별하거나 식별된 리스크를 분류하는 수단을 제공한다. 다음 중 품질이 포함되는 리스크 범주는?

A. 기술적 리스크(Technical Risk)

B. 관리 리스크(Management Risk)

C. 상업 리스크(Commercial Risk)

D. 외부 리스크(External Risk)

31 오른쪽 그림의 정밀도와 정확도는 어떠한가?

A. 높은 정확도 & 높은 정밀도

B. 높은 정확도 & 낮은 정밀도

C. 낮은 정확도 & 높은 정밀도

D. 낮은 정확도 & 낮은 정밀도

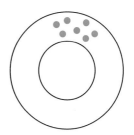

32 테스트를 진행하면서 일부 공통 영역에 대한 테스트 시나리오 작성을 누락하였다. 이러한 누락을 방지하기 위해서 사전에 무엇에 더욱 신경 썼어야 했는가?

    A. 점검 목록(Checklists)

    B. 대안 분석(Alternatives Analysis)

    C. 원인 분석(Cause Analysis)

    D. 설문지 및 설문조사(Questionnaires and Surveys)

33 PM은 팀원들과 주요 인도물에 대한 검토를 진행 중 일부 산출물에서 결함을 발견하였다. 어떠한 프로세스를 수행 중인가?

    A. 범위 통제(Control Scope)

    B. 범위 확인(Validate Scope)

    C. 품질 통제(Control Quality)

    D. 조달 통제(Control Procurement)

34 기존 소프트웨어 개발에 적용한 프로세스가 제품 생산성에 도움이 되지 못한다고 판단하고 있다. 프로젝트 관리자는 소프트웨어 개발 기간에 프로세스 개선을 하고자 한다. 이러한 사항은 어디에 기록되어야 하는가?

    A. 품질관리 계획서(Quality management plan)

    B. 품질 지표(Quality metrics)

    C. 체크리스트(Checklists)

    D. 품질 보고서(Quality Reports)

35 현재 대규모 IT 제품 개발 프로젝트를 진행 중이다. 총 100건 이상의 문제점을 발견하였는데 특정 모듈에 집중되어 있음을 발견하였다. 해당 분야 전문가는 원인으로 과도한 온도 상승을 지목하였다. 정확한 문제 파악을 위해 어떤 기법을 사용해야 하는가?

    A. 이시가와 다이어그램   B. 산점도

    C. 파레토 차트   D. 관리도

36 범위, 일정, 원가를 준수하면서 고객을 만족시키는 고품질의 인도물(deliverables) 생산은 어려운 것이 현실이다. 고객에게 고품질의 인도물을 전달하고 싶지만, 프로젝트 관리자는 적정 수준의 비용을 투자하여 고객이 원하는 품질의 인도물을 생산하기 위해 항상 고민해야 한다. 프로젝트 관리자가 사용하게 될 기법은 무엇인가?

A. 품질 비용(COQ : Cost of Quality) 분석

B. 품질 지표 작성

C. 품질 점검 항목 작성

D. 비용-편익 분석(Cost-Benefit Analysis)

37 품질 통제 프로세스를 수행하면 다양한 통계치 산출이 가능하다. 다음은 무엇에 대한 설명인가?

결과의 일치 또는 불일치 확인을 목적으로 각각의 단위에 맞는 표준을 기록해 두고, 측정된 속성값이 기준에 부합하는지를 판단(합격이나 불합격)하는 기법이다. 'Stop or Go' 표본이라고도 한다.

A. 속성표본추출(Attribute Sampling)

B. 변수표본추출(Variables Sampling)

C. 허용 한도(Tolerances)

D. 통계적 샘플링(Statistical Sampling)

38 이번 주에 고객 참여하에 범위 확인이 마무리 되었다. 인도물에 대한 승인은 했지만 고객은 여전히 인도물을 마음에 들어 하지 않는다. 어떤 것이 문제라고 생각해 볼 수 있는가?

A. 고객과 프로젝트 산출물의 품질 수준에 대한 정의 미흡

B. 프로젝트 일정과 비용을 고려하지 않는 고객의 과도한 요구사항

C. 산출물에 대한 프로젝트 팀의 품질관리 활동 미흡

D. 프로젝트 참여 인력의 역량 부족

39 프로젝트에서는 품질 감사를 통해서 조직의 품질 프로세스 및 절차를 준수하고 있는지를 확인 중이다. 다음 중 품질 감사의 목표를 잘못 이해하고 있는 이해관계자는 누구인가?

A. 엔지니어: 업데이트, 시정조치, 결함수정, 예방조치를 포함하여 승인된 변경요청의 구현을 확인

B. 프로젝트관리 오피스: 수행 중인 우수한/모범적 실무 관행 식별

C. 고객: 스폰서나 고객의 프로젝트 요구사항 준수 여부 확인

D. 설계자: 결함의 지속적 시정 작업으로 품질 비용을 감축

40 품질 지표(Quality Metrics)와 테스트 및 평가 문서(Test and Evaluation Documents) 작성은 완료되었다. 프로젝트 관리자는 테스트 및 제품 평가(Testing / Product Evaluations)를 이용하여 프로젝트 인도물이 요구사항에 부합하는지를 테스트 중이다. 테스트와 관련된 사항 중 잘못된 것은 무엇인가?

A. 테스트 인력과 개발 인력은 분리되어야 하며, 독립적인 권한을 부여해야 한다.

B. 요구사항 수집 단계부터 테스트 가능 여부가 판단되고 테스트 계획이 도출되어야 한다.

C. 테스트 수행 조직에 적극적으로 협조해야 하며, 테스트 결과를 왜곡해서는 안 된다.

D. 처음부터 고객을 참여시켜서 요구사항 적합성 여부를 직접 확인해야 한다.

41 프로젝트 활동이 수행 조직의 프로젝트 정책, 프로세스 및 절차를 따르는지 확인하는 기법을 사용 중이다. 또한 이러한 활동을 통해서 수행 중인 우수하거나 모범적인 실무관행도 식별하고자 한다. 이를 수행하려면 필요한 것은 무엇인가?

A. 인도물(Deliverables)

B. 요구사항 문서(Requirements documentation)

C. 품질통제 측정치(Quality control measurements)

D. 테스트 및 평가 문서(Test and evaluation documents)

42 이해관계자들이 완성된 일부 인도물에 대한 품질 수준에 문제를 제기하였다. PM은 고객의 프로젝트 제품 인수율 향상을 위해서 외부 컨설팅 업체와 계약해서 외부 감사를 수행하기로 하였다. 현재 진행하고 있는 프로세스는 무엇인가?

A. 팀 관리(Manage team)　　　　　　B. 품질 관리(Manage quality)

C. 범위 확인(Validate scope)　　　　　D. 품질 통제(Control quality)

1 정답 D [용어 이해 기본]

JIT는 'Just-in-time'의 약어로 '즉시'라는 뜻이다. JIT 생산 시스템은 고객의 주문이 들어오면 바로 생산되는 시스템으로, 재고를 쌓아두지 않고(결국 '0') 필요할 때 제품을 공급하는 생산방식이다.

전문가의 Comment

후행 공정이 선행 공정으로 필요할 때에 필요한 물품을 필요한 양만큼 인수하러 가고, 앞 공정은 그 인수한 만큼 만들어 보충한다면 생산현장의 불필요, 불균형, 불합리를 없애 생산성을 향상시킬 수 있다는 방식이다.

2 정답 A [용어 이해 기본]

품질에 대한 전반적인 이해도를 측정하는 문제이다. 이러한 문제는 PMBOK에서는 언급되어 있지는 않지만, 프로젝트를 수행하는 프로젝트 관리자나 프로젝트 팀원이라면 기본으로 갖추어야 하는 소양으로 판단하고 문제에 출제되고 있다. (A)는 품질에 대한 정의로서 '등급'과 비교할 때 자주 사용되는 정확한 품질에 대한 개념이다.

오답 확인

B. 강조되는 정도는 프로젝트 특징이나 상황에 따라 다르다.

C. 조직의 품질 정책이 프로젝트 보다는 우선이며, 프로젝트에서는 '품질관리 계획서' 작성 시에도 조직의 품질 관련된 계획서를 우선적으로 반영해서 작성하도록 안내하고 있다.

D. 품질은 프로젝트 관리자나 품질 담당자가 아닌 프로젝트 팀원 모두가 책임져야 하는 공통 영역으로 제시하고 있다.

3 정답 D [용어 이해 기본]

품질 비용에 대한 질문은 특히나 PMBOK 5판부터 비중이 확대되었다. 내부 실패 비용은 평가 비용에 포함된 활동으로 인해 발생한 결함을 처리하는 데 소요되는 비용이며, 고객에게 이관 이전에 발생하는 비용이다. 다음은 내부 실패 비용과 외부 실패 비용에 대한 사례이다.

- **내부 실패 비용(internal failure)**: 폐기, 재작업, 다운타임 등 교정조치에 투입된 비용
- **외부 실패 비용(external failure)**: 반품, 할인비, 고객불만 처리비용 등

4 정답 D [ITTO 용어 기본]

파레토 법칙이란 상대적으로 적은 오류가 대부분의 오류를 발생시킨다는 이론으로, 전체 결과의 80%가 전체 원인의 20%에서 일어나는 현상을 가리킨다. 이탈리아 경제학자 빌프레도 파레토(Vilfredo Pareto)가 제창해서 파레토 법칙 또는 80 대 20 법칙이라고도 불린다. 이 법칙은 가장 중요한 것을 먼저 해결하고, 덜 중요한 것은 나중에 해결하고자 하는 것이다. D에서 발생 빈도가 낮은 순서부터가 아니라, 높은 순서부터 낮은 순서대로 배열해 두어 우선순위별로 품질에 영향을 주는 원인을 제거해 나가고자 하는 것이 목적이다.

전문가의 Comment

파레토 차트는 다른 품질 관련 도구 이용 이후에 사용되는 경향이 있기 때문에 다른 품질 관련 도구와도 연계되어 출제되는 비중이 높으며, 특히나 정의에 대한 질문도 많다.

5 정답 D [ITTO 용어 기본]

관리도 이상 징후 현상을 이해하고 있는지를 묻고 있다. 관리도 이상 징후 현상은 다음과 같으며, 관리

도가 이상 징후를 보이는 시점에는 제품의 생산을 중단하고 원인 분석 및 해결 이후에 제품의 생산을 시도하는 것이 정석이다. 관리도를 해석하는 방법은 다음 두 가지이다.

- **Stable(안정적인 상태)**: 표본 데이터 모두가 UCL과 LCL 사이에 있다.
- **Unstable(불안정한 상태)**: 표본 데이터 중에 하나라도 UCL이나 LCL을 벗어나서 존재하거나, 연속된 7개의 점이 CL과 UCL, 또는 CL과 LCL 사이에 존재하면 프로세스가 불안정하다고 판단한다

6 정답 A   [시나리오 제시 기본]

문제의 초반만 읽고 성급하게 답을 선택하면 파레토 차트(파레토 다이어그램)라고 하기 십상이다. 하지만 문제를 끝까지 읽어보면, 결과에 대한 원인을 인적 측면(MAN), 기계 측면(MACHINE), 자재 측면(MATERIAL)을 기준으로 찾아나가는 중이므로 '인과 관계도(Cause-and-Effect Diagram)'를 선택해야 한다. 인과 관계도에서 말하는 4M(원인을 찾아나가는 기본 분류 기준)으로는 추가적으로 방법(METHOD)도 존재한다.

7 정답 B   [시나리오 제시 기본]

요구사항보다 더 우수한 결과물을 작성했으므로 결과론적으로 보면 더할 나위 없이 좋은 상황이다. 하지만 그로 인해서 일정과 비용이 증가하였고, 이와 유사하게 수행되는 작업이 있다면 결국은 프로젝트의 정상적인 종료를 방해하는 요인이 될 수 밖에 없다. 승인 없이 진행된 기능에 대해서 원복하는 것도 틀리다고 할 수는 없지만, 진행 중인 다른 작업이나 팀원들의 인식을 바로잡기 위해서 품질관련된 교육을 진행하는 것이 우선이다.

8 정답 C   [시나리오 제시 기본]

품질 비용에서 설명하는 이론과 문제에서 설명하는 변경 및 오류 정정 비용이 반드시 일치하는 것은 아니지만 기본적인 맥락은 동일하다. 프로젝트 초반보다 후반기로 넘어갈수록 변경이나 오류를 정정하는 데 소요되는 비용은 기하 급수적으로 증가하며, 품

질 비용에서도 제품이나 서비스에 대한 구현 비중이 낮은 초반에 수행되는 순응 비용(예방 비용, 평가 비용)이 구현 비중이 높은 후반기에 수행되는 비순응 비용(내부 실패 비용, 외부 실패 비용)보다 낮기 때문에 초반에 조금 더 투자하는 것이 후반기의 비용을 줄일 수 있다고 판단하고 실제적으로 통계치에서도 동일하게 산정되고 있다.

9 정답 B   [ITTO 용어 기본]

[8.2 품질 관리]의 대표적인 기법인 '(품질)감사'에 대해서 알고 있는지에 대한 질문이다. 품질 관리는 제품 또는 서비스가 고객이 제시한 품질 요구사항을 만족시키고 있다는 것에 대한 확신을 주려는 프로세스이기 때문에 비용이 소요되더라도, 외부나 내부에서 프로젝트와는 무관한 제3자에 의해서 수행되는 체계적이며 독립적인 프로세스 활동이 필요하다. 즉, 프로세스 품질을 지속해서 감사하고 확인함으로써 이렇게 진행되어 가고 있으니 최종적으로 제공된 제품 품질도 믿을 수 있다는 신뢰감을 주는 기법이다.

10 정답 D   [ITTO 용어 기본]

히스토그램(Histogram)은 데이터 분포를 그래프로 표현한 것이며, 수직 막대는 문제의 특징을 나타낸다. X축은 문제나 원인을 나열하며, Y축은 X축에 나열한 문제의 확률이나 빈도수를 보여준다. 관리도와 가장 큰 차이점은 히스토그램은 발생 시간 순서를 고려하지 않고 작성된다는 것이다.

또한, 파레토 차트는 일반적으로 히스토그램으로 일차적으로 도식된 데이터를 발생 빈도가 높은 순서대로 배열한다는 점에서 순서상의 차이점도 존재한다.

11 정답 C   [ITTO 용어 기본]

문제에서 팀원들은 시간이 충분하였다면 결함을 다수 발견할 수 있다고 역설적으로 말하고 있는 것이며, 프로젝트 관리자는 시간과 결함 발견과의 상관관계가 존재하는 지에 대해서 PMO에게 분석해 보라고 지시한 것이다. 즉, 2가지 변수 사이의 상관관계에 대해서 분석해 보는 기법은 'Scatter Diagram(산점도)'

이다.

산점도는 비례 관계(X가 증가하면 Y도 증가), 반비례 관계(X가 증가하면 Y는 감소), 상관관계 없음(X와 Y 간에 뚜렷한 추세 없음)으로 분석된다.

12 정답 D   [ITTO 이해 기본]

난이도가 좀 있는 문제이다. 프로젝트 관리자가 수행하고 있는 프로세스는 [8.1 품질관리 계획수립]이다. 문제에서 '이러한 활동을 하기 위해 필요한 선행 작업이 아닌 것은'이라는 질문은 결국은 투입물을 묻는 것이다. 결국 프로세스 정의를 제시하고 해당 프로세스의 투입물에 대한 단순한 질문을 2~3번 돌려서 묻고 있는 것이다. 문제를 풀기 위해서는 [8.1 품질관리 계획수립]의 정의 → 사용되는 투입물 → 투입물이 산출되는 프로세스를 알아야 가능하다.

전문가의 Comment

[8.1 품질관리 계획수립] 프로세스에서 사용되는 주요 투입물과 해당 프로세스는 다음과 같다.

1) 프로젝트 헌장(Project Charter) – [4.1 프로젝트 헌장 개발]

2) 프로젝트관리 계획서 (Project management plan) – [4.2 프로젝트관리 계획서 개발]

3) 이해관계자 관리대장(Stakeholder register) – [13.1 이해관계자 식별]

4) 리스크 관리대장(Risk register) – [11.2 리스크 식별]

5) 요구사항 문서(Requirements documentation) – [5.2 요구사항 수집]

6) 요구사항 추적 매트릭스(Requirements traceability matrix) – [5.2 요구사항 수집]

7) 가정사항 기록부(Assumption log) – [4.1 프로젝트 헌장 개발]

13 정답 A   [ITTO 이해 기본]

품질 관련된 도구 및 기법에 대한 문제는 끝까지 읽고 답을 선택하는 습관이 필요하다. 품질관리 지식 영역에서는 워낙 많은 도구 및 기법이 등장하고 문제의 마지막 문장에서 질문하는 주요 내용을 제시하기 때문이다. 위 문제에서의 키워드는 '근본적인 원

인'과 '개선과제 수립'이며, 이것을 가능하게 하는 기법은 근본 원인 분석이다.

전문가의 Comment

1) 인과관계도(Cause–and–effect Diagrams): 결과(특성)에 어떠한 원인(요인)이 있고, 서로 어떻게 관계되고 영향을 미치는지를 한눈에 알 수 있게 물고기 뼈나 나뭇가지 모양으로 나타낸 기법이다.

2) 매트릭스 다이어그램(Matrix Diagrams): 매트릭스를 구성하는 행과 열 사이에 존재하는 다양한 원인 및 목표 간 관계의 강도(예: Strong, Medium, Weak 등)를 보여주는 데 사용된다. 품질 목표 달성을 위한 품질 관련 활동의 우선순위와 발생한 결함에 대한 처리방안을 수립하는 데 유용하다.

3) 친화도(Affinity Diagrams): 잠재적인 결함 발생 원인을 그룹화하여 가장 집중해야 할 영역을 보여준다.

14 정답 B   [ITTO 제시 기본]

PMBOK 6판에서는 품질관리 지식 영역에서 대다수 도구 및 기법을 변경하였다. 5판에서 기존 제조산업에 한정되었던 기법들을 다양한 산업 분야에서 사용하고 있는 실질적인 기법들로 변경한 것으로 이해하면 된다. 벤치마킹은 모범 사례를 식별하여 관련된 자료를 조사하고, 조사된 자료를 바탕으로 분석하고, 그 내용을 토대로 개선 전략을 수립하고 현실화하는 과정을 거친다.

전문가의 Comment

[8.1 품질관리 계획수립]에서 사용하는 대표적인 도구 및 기법은 다음과 같다.

1) 데이터 수집: 벤치마킹, 브레인스토밍, 인터뷰

2) 데이터 분석: 비용–편익분석, 품질 비용

3) 데이터 표현: 흐름도, 논리 데이터 모델, 매트릭스 다이어그램, 마인드 매핑

15 정답 B   [ITTO 이해 기본]

문제 14와 유사하게 PMBOK 6판에서 자주 등장하는 품질 관련 기법 중 하나다. 행과 열에 '목적-수단' 등을 배치하고, 요소의 교차점에 관련성이나 정도

(강, 중, 하)를 기재하여, 교차점을 해결할 안이나 개선책의 우선순위를 설정하는 기법이다.

우선순위 매트릭스는 5판에서 종종 출제되었던 기법이다. 우선순위 매트릭스는 품질 저하를 유발할 수 있는 모든 원인과 대응 방안을 구현할 수는 없으므로 해당 이슈의 중요도와 긴급도에 따라서 우선순위를 부여하고, 발생된 품질 관련 이슈에 대해서 긴급성이나 중요도에 따라서 프로젝트에서 처리할 우선순위를 결정하는 데 사용되는 기법이다.

16 정답 C [ITTO 이해 기본]

관리도(Control Chart)는 표본 통계치를 시간 순서대로 배열한 통계 차트로서 평균으로부터의 편차에 대해서 반복적인 품질 프로세스를 감시함으로써 비즈니스 프로세스가 통제 상태(state of control)에 있는지를 검증하며, 성과 예측이 가능한지를 판단하는 데 사용된다. 시간에 따른 품질 지표의 변동을 분석하여, 제품과 프로세스의 안정 여부를 판별하는 데 사용한다.

17 정답 D [ITTO 용어 기본]

관리도(Control Chart)를 도식할 때 사용되는 용어들의 의미를 이해하고 있는지에 대한 질문이다. 다음은 관리도에서 사용하는 주요 용어이니 명확하게 이해하기 바란다.

USL (Upper Specification Limit) 최고 사양 한계	프로젝트 품질 및 성과를 위한 고객의 기대사항 또는 계약 요 구사항 상한선
LSL (Lower Specification Limit) 최저 사양 한계	프로젝트 품질 및 성과를 위한 고객의 기대사항 또는 계약 요 구사항 하한선
Mean 평균	관리도의 중앙선
UCL (Upper Control Limit) 수행 조직의 통제 상한선	USL은 고객의 기대치이며, UCL 은 프로젝트에서 설정하는 품 질 상한치
LCL (Lower Control Limit) 수행 조직의 통제 하한선	LSL은 고객의 기대치이며, LCL 은 프로젝트에서 설정하는 품 질 하한치

18 정답 A [ITTO 이해 기본]

관리도(Control Chart) 해석에 대한 질문이다. 즉, 정상 상태와 비정상 상태에 대해서 알고있는지를 묻는 것이다.

오답 확인

B는 'Rule of seven'에 대한 설명이며, C는 'Hugging the centerline', D는 'Out Of Control'에 대한 설명으로서 모두 이상 징후를 나타내는 현상이다.

19 정답 A [용어 이해 기본]

품질 비용의 유형에 대해서 알고 있다면 간단하게 선택 가능한 문제이다. 품질을 향상하거나 유지하기 위해서 사전에 프로젝트에서 계획하거나 준비하는 활동들이며, 예방 비용에 포함된다.

20 정답 D [시나리오 제시 기본]

문제에 해당하는 프로세스를 먼저 찾아야 한다. '다음 주부터 시작하는 고객 인수를 위해'는 결국 [5.5 범위 확인]을 의미한다. 또한 산출물을 검토한다는 문장에서 [8.3 품질 통제] 프로세스임을 찾아낼 수 있다.

21 정답 B [ITTO 이해 기본]

PMBOK에서 등장하는 인도물의 주요 흐름에 대한 질문이다. [4.3 프로젝트 작업 지시 및 관리]에서 '인도물'이 산출되고, [8.3 품질 통제]를 통해서 프로젝트 팀에 의한 테스트가 완료된 '검증된 인도물'이 되며, 고객 검수를 위해서 [5.5 범위 확인] 프로세스로 투입된다. 고객 검수가 완료된 '승인된 인도물'은 [4.7 프로젝트 또는 단계 종료] 프로세스로 최종적으로 투입되고 운영 조직으로 이관된다.

22 정답 B [시나리오 제시 기본]

문제를 해석해 보면, 결함이 발생한 결과를 발생시킨 원인들을 찾아서 연결하고 있으므로 결과는 알고 있고, 결과를 유발한 원인을 찾고자 수행하는 기법에 대한 질문이다. '인과 관계도(Cause-and-Effect Diagram)'를 사용 중인 것이며, 인과 관계도는 결과(특성)에 어떠한 원인(요인)이 있고, 서로 어떻게 관계되고 영향을 미치는지를 한눈에 알 수 있게 물고기 뼈나 나뭇가지 모양으로 나타낸 기법이다. 일본의 품질전문가인 이시가와 박사에 의해 개발되어 '이시가와 다이어그램(Ishikawa diagrams)'이라고도 불리며, 생선의 뼈 모양을 닮았다고 해서 일명 '피시본 다이어그램(fishbone diagrams)'이라고도 불린다.

23 정답 D [ITTO 제시 기본]

투입물과 해당 프로세스의 주요 활동을 제시하면서 프로세스를 찾고, 해당 프로세스에서 사용하는 기법을 찾는 문제이다. 문제에서 설명하는 것은 [8.2 품질 관리]이며, (D)는 [8.3 품질 통제]에서 사용하는 기법이다.

 전문가의 Comment

품질 관리 프로세스에서 사용되는 추가적인 주요 도구 및 기법은 다음과 같다.

1) **프로세스 분석(Process Analysis):** 프로세스 개선 기회를 파악하고, 프로세스 중에 발생하는 문제, 제약사항 및 부가가치가 없는 활동을 검사하는 데에도 유용하다.

2) **근본 원인 분석(RCA: Root Cause Analysis):** 차이, 결함 또는 리스크를 유발하는 근본적인 이유를 판별하는 데 사용되는 분석기법이다.

3) **인과관계도(Cause-and-effect Diagrams):** 결과(특성)에 어떠한 원인(요인)이 있고, 서로 어떻게 관계되고 영향을 미치는지를 한눈에 알 수 있게 물고기 뼈나 나뭇가지 모양으로 나타낸 기법이다.

4) **DfX(Design for X):** Design for Excellence(탁월함을 위한 설계) 라고도 불리는 DfX는 공학 분야에서 일반적으로 사용되는 최종 사용자 경험을 적극적으로 포함하기 위한 설계 사상이자 설계 기술이다.

5) **품질 개선 방법(Quality Improvement Method):** 품질 통제 프로세스의 결과 및 권고사항, 품질 감사의 결과를 처리해 가는 과정을 통해서 자연스럽게 도출될 수 있으며, 가장 적용 사례가 많고 활성화된 품질 개선 방법으로는 PDCA(Plan-Do-Check-Act)와 6시그마(Six Sigma)가 대표적으로 사용된다.

24 정답 A [시나리오 제시 기본]

품질 문제 해결을 위해 처리 우선순위가 가장 높은 것부터 처리하고자 하므로, 파레토 다이어그램(Pareto Diagram)으로 작성하여 원인 분석을 이후에 해당 인력들을 투입해야 한다. 파레토 다이어그램(파레토 법칙)은 품질 영역 이외에도 범위, 일정, 원가, 조달에서도 자주 출제되는 기법이다.

파레토 법칙이란 상대적으로 적은 수의 오류가 대다수의 오류를 발생시킨다는 이론으로, 전체 결과의 80%가 전체 원인의 20%에서 일어나는 현상을 가리킨다. 이 법칙을 적용하는 이유는 가장 중요한 것을 먼저 해결하고, 덜 중요한 것은 나중에 해결하고자 하는 것이다.

25 정답 D [시나리오 제시 기본]

품질 감사 기법을 사용하는 프로세스는 [8.2 품질 관리]이며, [8.2 품질 관리] 프로세스의 산출물이 아닌 보기를 찾으면 된다. D 검증된 인도물은 [8.3 품질 통제]의 대표적인 산출물이다.

26 정답 C [시나리오 제시 기본]

문제 25번과 유사한 문제로서, 파레토 차트는 이러한 유형으로 여러 가지 문제가 출제된다. 파레토 차트에서 기억할 키워드는 '발생 빈도', '우선순위' 등이며, 품질 문제 해결을 위해 결함 발생 빈도가 가장 높은 것부터 우선순위를 배열하고 있으므로, 파레토 다이어그램(Pareto Diagram)으로 작성하여 원인 분석 작업을 수행해야 한다.

27 정답 B [시나리오 제시 기본]

PMBOK에서 구체적으로 언급되지 않은 문제이나, 프로젝트에서 작성되는 '품질관리 계획서'는 조직에서 제시하는 '품질 정책', '품질 비전' 등을 참고하여 작성해야 한다고 소개하고 있다. 수행 조직에서 올해의 품질 기준으로 세워둔 '재작업 비율 10% 절감'은 결국은 품질에 대해서 조직이 생각하고 있는 정책 또는 비전이다.

28 정답 D   [시나리오 제시 기본]

품질관리 계획수립 시에는 반드시 프로젝트 생산성과의 상관관계를 고려해야 한다. 품질기준과 결과는 높을수록 고객의 입장에서는 환영할 일이지만, 높은 품질을 달성하려면 비용과 인력이 투입되어야 하며, 이는 프로젝트 생산성 저하로 이어질 가능성이 높기 때문이다.

물론 이전부터 프로젝트 3중 제약(범위, 일정, 원가)에 대해서 우선적으로 강조하는 경향이 많지만, 품질은 이러한 3중 제약과 직접적인 비교는 어려운 것이며, 프로젝트 특징 및 이해관계자들이 느끼는 인식과 중요도에 따라 다르게 설정된다.

29 정답 A   [용어 이해 응용]

현재 결함이 발생하거나 조치가 필요한 문제가 발생한 것은 아니며, 미래의 성과를 프로젝트관리 계획서 수준으로 유지하거나 계획서보다 높게 유지하려는 것이므로 '예방 조치'에 해당한다. 변경 요청 발생 사유 및 사례는 응용되어 시험에 출제되니 ≪PMP PRIDE 해설서≫ 157페이지를 확인하길 바란다.

30 정답 B   [용어 이해 응용]

PMP시험에서는 PMBOK에 제시된 그림이나 표에 대한 응용문제가 종종 출제된다. 최근에 자주 출제되는 문제 중에 리스크분류체계(RBS)가 있다. 문제에서는 PMBOK에서 다루는 9개의 지식 영역 중에서 [8. 품질관리]와 관련된 사항임을 알 수 있다. PMBOK 406페이지에 있는 그림이 부족하긴 하지만 제시하는 리스크가 기술, 관리, 상용, 외부 중에서 어떤 범주에 포함되는지를 구분할 수 있어야 한다. 추가적인 리스크 범주에 대해서는 ≪PMP PRIDE 해설서≫를 참고하길 바란다.

31 정답 C   [용어 이해 기본]

정밀도(Precision)와 정확도(Accuracy)는 품질에서는 다른 의미로 사용되며, 흔히 양궁의 과녁판에 비유된다.

정밀도: 반복적으로 측정된 값들이 밀집된 정도이며, 재현성이라고도 한다.

정확도: 측정치가 얼마만큼 참(True)에 가까운가를 나타내는 정도이며, 신뢰 수준을 나타낸다.

즉, 정확도는 요구하는 품질 수준에 어느 정도 근접해 있는지에 대한 값이고, 정밀도는 요구하는 품질 수준의 접근과는 무관하게 산점된 점들이 얼마나 군집되어 있는가에 대한 값이다.

32 정답 A   [용어 이해 응용]

체크리스트(점검 목록)에 대한 질문이며 다양한 지식 영역에서 고르게 출제되고 있다. 품질이나 범위에서는 유독 도구 및 기법에 대한 질문이 많은데, 각 기법이 어떠한 프로세스에 사용되는지가 중요한 것이 아니라 각각의 도구 및 기법의 정의, 장/단점, 사례 등을 이해하는 것이 합격으로 가기 위한 지름길이다. 프로젝트 팀에서 계획하거나 실행한 항목을 보조할 수 있는 수단을 묻는 문제고, 조직 프로세스 자산에 포함된 이전 프로젝트의 파일 중에서 체크리스트를 작성해서 활용하는 방법을 알고 있는지에 대한 답을 원하는 것이다.

33 정답 C   [프로세스 정의 응용]

품질관리 지식 영역에서는 시험에 대비하는 우선적인 방법으로 3개 프로세스에 대한 정확한 정의를 이해하고 차이점을 알아야 한다. 특히나 [8.2 품질 관리]와 [8.3 품질 통제] 프로세스는 유사하기 때문에 시험에 출제하는 비중도 크다. 문제의 '주요 인도물에 대한 검토', '산출물에서 결함을 발견'에서 보이듯이 현재 프로세스는 '품질 통제'임을 확인할 수 있다. 추가로 문제에서 조달한 품목이나 협력업체로 대상을 변경하면 '조달 통제'를 선택하면 된다. 다음 3개 프로세스에 대한 정의를 다시 한번 확인하자.

1) **[8.1 품질관리 계획수립]:** 프로젝트 및 제품에 대한 품질 요구사항 및 표준을 식별하고, 프로젝트가 품질 요구사항과 관련된 준수를 입증하는 방법을 문서화

2) **[8.2 품질 관리]:** 품질관리 계획서를 조직의 품질

정책을 프로젝트에 구체화하는 실행 가능한 품질 활동으로 변환

3) [8.3 품질 통제]: 품질 활동의 실행 결과를 감시하고 기록하면서 성과를 평가하고 필요한 변경 권고안을 제시

34 정답 D

[시나리오 제시 기본]

[8.2 품질 관리] 프로세스의 도구 및 기법 중에서 '품질 개선 방법(Quality Improvement Method)'에 관련된 문제이다. 품질 개선은 품질 통제 프로세스의 결과 및 권고사항, 품질 감사 결과를 처리해 가는 과정을 통해서 자연스럽게 도출될 수 있다. 이러한 처리 과정에는 조직 내부의 교훈을 적용하는 것은 물론 선진 기업의 유사한 문제 해결 사례를 벤치마킹하는 절차가 필연적으로 따라오기도 한다.

이러한 기법의 사용 결과는 '품질 보고서(Quality Reports)'에 포함되며, 주요 포함 항목은 다음과 같다.

1) 프로젝트 팀에 의해 제기된 모든 품질관리 이슈

2) 프로세스, 프로젝트 및 제품 개선을 위한 권장 사항

3) 프로젝트 기간 내에 처리해야 하는 시정조치 사항(재작업, 결함/버그 수정, 전수 검사 등)

4) 품질 통제 프로세스의 결과 요약 및 품질 감사 보고서

35 정답 B

[ITTO 제시 기본]

온도 상승과 문제점이라는 2가지 변수의 상관관계를 설명하고 있는 문제이다. '특정 모듈에 집중되어 있음을 발견하였다'라는 문장을 보고 파레토 차트를 선택하면 안 된다.

36 정답 D

[ITTO 이해 기본]

품질 수준은 높을수록 좋지만 높은 수준의 품질을 생산하고 유지하기 위해서는 비용이 소요되기 마련

이다. 문제에서도 결국은 품질과 비용과의 관계를 고려해야 한다는 것이고, 이러한 적정한 품질 수준을 고려하기 위해서는 투자 대비 실적을 고민해야 한다는 것이다.

품질관리 계획 시점에, 투자 대비 실적분석이라고도 하는 원가(비용)-편익의 상관관계(trade-off)를 고려해야 한다. 일반적으로 말하는 프로젝트의 3중 제약 조건(범위, 일정, 원가)을 준수하면서 고객을 만족하게 하는 고품질의 인도물을 생산하기는 어려운 작업이다. 따라서 프로젝트에서는 적정 수준의 비용을 투자하여 최대 품질의 인도물을 생산해야 한다.

37 정답 A

[ITTO 이해 기본]

속성표본추출은 계수형 샘플링 검사(Sampling Inspection by Attributes)라고도 하며 검사하는 제품에 대해서 단순히 불량품의 개수 또는 결점 수를 적용하여 합격판정, 불합격판정을 하는 검사 기법이다. 반면에 변수표본추출은 계량형 샘플링 검사(Sampling Inspection by Variables)라고도 하며 제품 특성값(무게, 강도, 길이 등)이 연속적인 값을 나타내는 경우에 평균값에 따라 합격 판정, 불합격 판정을 하는 검사 기법이다.

 전문가의 Comment

1) 통계적 샘플링(Statistical sampling): 품질 점검 시에 모든 제품을 전수 검사한다는 것은 시간이나 비용 측면에서 거의 불가능하다. 그렇기 때문에 샘플을 선별하여 검사하고 그 결과로 모든 제품의 품질 수준을 평가하는 기법이다.

2) 허용 한도(Tolerances): 명시된 허용 결과 범위로서, 규정된 최댓값과 최솟값의 차이를 의미한다. 예를 들어, 기준 값으로서 지름 50.00mm인 원통을 제작하는 경우, 49.98mm 및 50.04mm를 한곗값으로 하여 그 범위 내의 치수이면 허용된다고 할 때, 0.06mm를 허용 오차라고 한다.

38 정답 A

[시나리오 제시 응용]

모든 보기가 답이 될 수 있는 전형적인 PMP 시험 유형이다. 안타까운 것은 이러한 문제의 출제 비중이 높아지고 있다는 것이다. 범위 확인이 완료되었고 고객이 승인까지 했다는 것은 요구사항에 맞는 제품을

산출해 냈다는 의미로 해석된다. 하지만 고객이 여전히 인도물을 마음에 들지 않는 다는 것은 단지 눈으로 보이는 결과물의 상태(기능 요구사항) 이외에 눈에 보이지 않는(비 기능 요구사항) 결과물 상태에 대한 의구심이 있다는 것이고, 그것의 대표적인 것이 오픈 이후에 문제로 대두되는 품질과 관련된 사항이다. 따라서 (A)가 가장 적합하다고 볼 수 있다.

39 정답 C   [ITTO 이해 기본]

품질 감사는 사용되는 프로세스, 정의, 목표 등이 지속해서 출제되는 기법이므로 꼼꼼한 학습이 필요하다. (C)는 '스폰서나 고객의 프로젝트 제품 인수율 향상'으로 변경되어야 한다. 그 밖에 품질 감사의 목표는 다음과 같다.

1) 모든 격차/결점 식별

2) 조직이나 산업 내 유사 프로젝트에서 도입 또는 구현한 모범적 실무 관행을 공유

3) 팀의 생산성 향상에 도움이 되도록 프로세스 구현을 개선하는 방식으로 지원 제공

4) 조직의 습득한 교훈 저장소에 각 감사의 기여도 명시

40 정답 D   [시나리오 제시 기본]

품질 통제의 주체는 프로젝트 팀이다. (D)는 보통 사용자 테스트(또는 인수 테스트)라고 하며, PMBOK에서는 이것을 [5.5 범위 확인] 프로세스로 설명하고 있다.

41 정답 C   [ITTO 이해 응용]

문제가 의미하는 프로세스를 식별하는 것이 우선이다. 문제에 해당하는 프로세스는 [8.2 품질 관리]이다. 이를 수행하려면 필요한 것은 결국 투입물에 대한 질문이며, [8.2 품질 관리]에서 사용되는 투입물은 품질관리 계획서, 교훈 관리대장, 품질통제 측정치, 품질 지표, 리스크 보고서 등이다.

(A) 인도물은 [8.3 품질 통제]를 위한 주요 투입물이고, (D) 테스트 및 평가 문서(Test and evaluation documents)는 [8.2 품질 관리]의 주요한 산출물에 해당한다.

42 정답 B   [프로세스 이해 응용]

문제에서의 키워드는 '외부 감사'이다. PMBOK에서는 [8.2 품질 관리(Manage Quality)], [11.7 리스크 감시(Monitor Risks)], [12.3 조달 통제(Control Procurements)]에서 감사(Audit) 기법이 등장한다. 해당 문제에서는 품질수준에 대한 확인을 위해 외부 컨설팅 업체를 통한 감사를 시도하고 있으므로 품질 감사 기법을 사용하고 있는 것이며, 품질 감사가 사용되는 프로세스는 [8.2 품질 관리]이다.

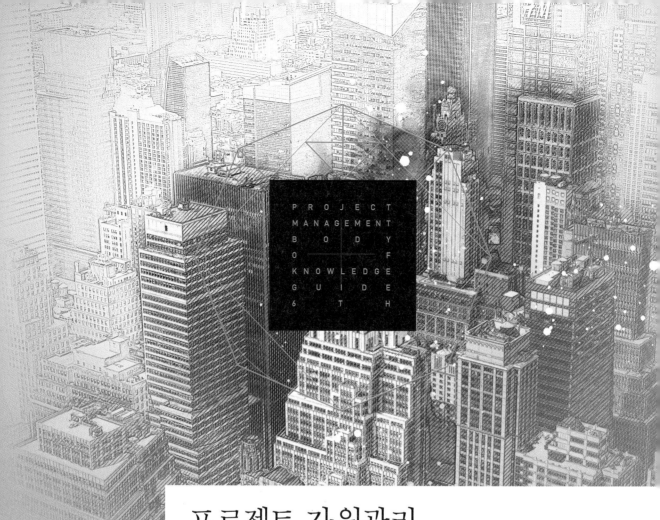

PROJECT
MANAGEMENT
BODY
OF
KNOWLEDGE
GUIDE
6TH

프로젝트 자원관리

PROJECT RESOURCE
MANAGEMENT

출제 유형 분석

자원관리 지식 영역은 기본적인 프로세스 흐름보다는 도구 및 기법에 소개되는 용어를 묻는 질문이 상당수 출제된다. 6판부터는 인적 자원 이외에 물적 자원이 추가되었으나, 물적 자원 관련된 문제 비중은 낮은 편이다. 자원관리의 핵심은 프로젝트 팀원을 확보하고, 육성하고, 유지하는 방안이며 이와 관련된 협상 문제가 시나리오 유형으로 출제된다. 또한, PMBOK 범위를 넘어서는 영역에서도 출제 비중이 높으니, 대인관계 기술, 리더십, 동기부여 이론 등까지 폭넓게 학습해야 한다.

그룹	출제 항목	출제 유형	빈도	난이도
기획	9.1 자원관리 계획수립 (Plan Resource Management)	· 수행 조직의 유형(계층 구조 vs. 매트릭스 vs. 텍스트)을 분류한 데이터 표현의 장단점 · 매트릭스 형식의 대표적인 표현 방법인 RACI 차트 · 자원관리 계획서 포함 내용 · 팀 헌장 작성목적 및 포함 내용	B	B
기획	9.2 활동 자원산정 (Estimate Activity Resources)	· 프로세스 정의 · 주요 T&T 장단점(상향식 산정, 유사 산정, 모수 산정) · 주요 산출물 포함 내용(자원 요구사항, 산정 기준서, RBS)	B	C
실행	9.3 자원 확보 (Acquire Resources)	· 주요 투입문서(자원 달력, 자원 요구사항, 이해관계자 관리대장) · 대인 관계 및 팀 기술(협상 대상자, 팀원 확보 순서) · 사전 배정 정의 및 일반적인 사례 · 가상 팀 정의 및 장단점 · 산출물 비교(물적 자원 배정표 vs. 프로젝트 팀 배정표)	A	B
실행	9.4 팀 개발 (Develop Team)	· 동일장소 배치 vs. 가상 팀 장단점 · 팀 구축 활동 및 대표모델인 터크만 사다리 모델 이해 · 인정과 보상 관련 적합한 시기 및 원칙 · 팀 성과 평가치 포함 내용 및 작성 목적	A	B
실행	9.5 팀 관리 (Manage Team)	· 프로세스 정의 비교(팀 개발 vs. 팀 관리) · 갈등 유형 및 해결 기법(개요, 적합한 상황, 해결책) · 동기부여 이론 중에서 내용 이론 종류(욕구 5단계, 동기·위생 이론, X·Y 이론) 및 차이점	A	B
감시 및 통제	9.6 자원 통제 (Control Resources)	· 주요 투입물(협약서, 물적 자원 배정표, 이슈 기록부) · 데이터 분석 비교(대안 분석, 비용-편익 분석, 성과 검토추세 분석) · 대인관계 및 팀 기술(협상 vs. 영향력 행사) 비교	C	C

이렇게 학습하세요

반드시 보아야 할 것

☐ 자원관리 계획서 포함내용(자원 식별, 자원 확보, 역할 및 책임 사항, 프로젝트 조직도, 교육 등)

☐ 활동 자원산정 목적 및 주요 기법(유사 산정, 모수 산정, 상향식 산정 등)

☐ RACI 차트(정의, 중요성, 구성요소, 작성 원칙)

- ☐ 자원 확보 T&T(사전 배정, 협상, 다기준 의사결정 분석, 가상 팀)
- ☐ 자원 확보 방안 중에서 사전배정이 필요한 경우
- ☐ 가상 팀 정의, 사용되는 매체, 구성의 장단점
- ☐ 팀 개발 활동 및 대표 모델인 터크만 사다리 모델 이해
- ☐ 인정과 보상 원칙 및 상황별 적용 사례
- ☐ 글로벌 프로젝트 환경에서 프로젝트 관리자의 고려사항

│ 비교해 보아야 할 것

- ☐ 조직도 유형(계층구조형, 매트릭스형, 텍스트형) 및 장단점
- ☐ 터크만 사다리 모델에서 단계별 상황, 프로젝트 팀원 활동 정의
- ☐ 갈등 유형 및 해결 기법(개요, 적합한 상황, 해결책)
- ☐ 리더십 유형(거래적 리더십, 변혁적 리더십, 카리스마)
- ☐ 프로젝트 관리자의 권력(직위 권력 vs. 전문적 권력)
- ☐ 팀 개발과 팀 관리의 목적 및 사용되는 기법
- ☐ 허츠버그의 위생요인 vs. 동기요인(정의, 구성, 사례)

│ 흐름을 따라가 보아야 할 것

- ☐ 자원관리 계획수립부터 팀 관리에 대한 전반적인 흐름

│ 계산해 보아야 할 것

- ☐ 계산 문제 없음

│ 확인해 보아야 할 용어

- ☐ RACI(Responsible, Accountable, Consulted, Informed) 차트
- ☐ 사전 배정(Pre-Assignment)
- ☐ 가상 팀(Virtual Teams)
- ☐ 팀 구축(Team-Building)
- ☐ 킥오프(Kick-Off) 미팅
- ☐ 터크만 사다리 모델(Tuckman Ladder Model)
- ☐ 팀 헌장(Team Charter)
- ☐ 동일장소 배치(Colocation)

│ 출제 빈도 높은 ITTO(투입물, 도구 및 기법, 산출물)

- ☐ [9.1 자원관리 계획수립] 산출물(자원관리 계획서 포함내용)
- ☐ [9.3 자원 확보]에서 사용하는 T&T(사전 배정, 협상, 가상 팀)
- ☐ [9.4 팀 개발]에서 사용하는 T&T(동일장소 배치, 가상 팀, 인정과 보상, 훈련)

자원관리 계획수립
Plan Resource Management

→ 정답 308쪽

핵심 키워드

1 [자원관리 계획수립] 프로세스 정의에 대한 핵심 키워드를 완성하시오.

자원관리 계획수립은 (❶   )과 (❷   )을 산정, 확보, 관리하고 사용하는 방법을 정의하는 프로세스다.

2 [자원관리 계획수립] 프로세스의 주요 ITTO에 대해서 다음의 힌트를 참조하여 핵심 키워드를 완성하시오.

그룹	프로세스	투입물	도구 및 기법	산출물
기획	9.1 자원관리 계획수립 (Plan Resource Management)	1. 프로젝트 헌장(Project charter)	1. 전문가 판단 (Expert judgment)	1. ❷
		2. 프로젝트관리 계획서 (Project management plan)	2. 데이터 표현 (Data representation) ・ 계층구조형 도표 (Hierarchical charts) ・ ❶ ・ 텍스트형 도표 (Text-oriented formats)	2. 팀 헌장 (Team charter) 3. 프로젝트 문서 업데이트 (Project documents updates) ・ 가정사항 기록부 (Assumption log) ・ 리스크 관리대장 (Risk register)
		3. 프로젝트 문서 (Project documents)		
		4. 기업 환경 요인 (Enterprise environmental factors)	3. 조직 이론 (Organizational theory) 4. 회의 (Meetings)	
		5. 조직 프로세스 자산 (Organizational process assets)		

❶ RAM 혹은 RACI 차트라고도 불리며 가로축에는 담당자, 세로축에는 작업 패키지(또는 활동) 그리고 교차하는 영역에는 역할이나 책임을 기술한다.

❷ 프로젝트 자원을 분류, 할당, 관리 및 해제하는 방법에 대한 지침을 제공하며, 역할 및 책임 사항, 조직도, 프로젝트 팀 자원관리 등이 포함되어 있다.

1 RAM의 한 가지 예는 RACI(Responsible, Accountable, Consult, Inform) 도표이다. RACI는 커뮤니케이션 매트릭스(Communication matrix)라고 하며, 주된 목적으로 프로젝트에 대한 역할과 책임에 대한 소재를 분명히 하기 위한 매트릭스이다. RACI 중 '활동의 실행을 승인하거나 수락하는 권위를 지닌 사람'은 어떠한 역할인가?

A. 실무 담당자(Responsible)

B. 의사결정권자(Accountable)

C. 업무수행 조언자(Consult)

D. 결과보고 대상자(Inform)

해설 조직도는 계층구조형(hierarchical), 매트릭스형(matrix), 텍스트형(text-oriented) 세 가지 유형으로 분류하는데, 그중에서도 출제 비중이 높은 것은 매트릭스형 역할표(Matrix-based charts, RAM)이다. RAM은 일반적으로 RACI 차트로 대다수 표현되며, RACI 작성원칙까지 확인하고 표로도 도식화해보길 권한다.

다음은 RACI 각각의 역할에 대한 설명이다.

R: 활동이 성공적으로 완수되도록 보증해야 하는 사람

A: 활동의 실행을 승인하거나 수락하는 권위를 지닌 사람

C: 활동에 대해서 자신의 의견이 요구되는 사람, 의사결정 이전에 보고되어야 함

I: 활동의 진행에 대해서 최신상태를 파악하고 있어야 하고, 의사결정 이후 통보되어야 하는 사람

정답 B

활동 자원산정
Estimate Activity Resources

핵심 키워드

→ 정답 308쪽

1 [활동 자원산정] 프로세스 정의에 대한 핵심 키워드를 완성하시오.

활동 자원산정은 프로젝트 작업을 수행하는 데 필요한 팀 자원과 자재, 장비, 공급품의 (❶   )
과 (❷   )을 산정하는 프로세스이다.

2 [활동 자원산정] 프로세스의 주요 ITTO에 대해서 다음의 힌트를 참조하여 핵심 키워드를 완성하
시오.

그룹	프로세스	투입물	도구 및 기법	산출물
기획	9.2 활동 자원산정 (Estimate Activity Resources)	1. 프로젝트관리 계획서 (Project management plan)	1. 전문가 판단 (Expert judgment) 2. ❶ 3. ❷ 4. 모수 산정 (Parametric estimating)	1. 자원 요구사항 (Resource requirements) 2. ❸ 3. ❹ 4. 프로젝트 문서 업데이트 (Project documents updates)
		2. 프로젝트 문서 (Project documents)	5. 데이터 분석 (Data analysis)	
		3. 기업 환경 요인 (Enterprise environmental factors)	6. 프로젝트관리 정보시스템 (Project management information system)	
		4. 조직 프로세스 자산 (Organizational process assets)	7. 회의(Meetings)	

❶ 활동을 수행하기 위한 자원산정 방법 중에서 작업 패키지를 완료하는 데 필요한 활동들을 식별하고, 해당 활동들을 수행하는 데 필요한 자원을 할당하여 WBS 최상위 레벨까지 집계하는 방식이다.

❷ 과거 유사한 프로젝트의 기간, 예산, 규모, 가중치, 복잡성과 같은 선례 정보를 활용하여 현재 및 미래의 프로젝트에 대해 빠르게 산정하는 기법이다.

❸ 활동을 수행하기 위해서 선정된 자원에 대한 객관적인 자료 증빙을 위하여 자원을 산정한 근거를 명확하고 정확하게 문서화한 것이다.

❹ 자원 범주(Category)와 유형(Type)별로 식별된 자원의 계층 구조도이다. 인적 정보에는 프로젝트 수행을 위해 필요한 역량 수준, 등급 수준, 필요한 인증 정보 등이 포함될 수 있다.

1 다음 중 활동 자원산정에 적합하지 않은 투입물은 무엇인가?

A. 활동 목록(Activity List)

B. 활동 속성(Activity Attributes)

C. 마일스톤 목록(Milestone List)

D. 원가 산정치(Cost Estimates)

해설 마일스톤의 정의만 알고 있으며 활동 자원산정에 필요한 투입물을 외우지 않더라도 유추해 낼 수 있는 문제이다. 마일스톤은 duration='0'인 활동이기 때문에 활동 자원산정이나 활동 기간산정에는 사용되지 않는다.

이 밖에 필요한 투입물로는 가정사항 기록부(Assumption Log), 자원 달력(Resource Calendars), 리스크 관리대장(Risk Register) 등이 대표적이다.

정답 C

자원 확보
Acquire Resources

핵심 키워드

→ 정답 308쪽

1 [자원 확보] 프로세스에 대한 핵심 키워드를 완성하시오.

자원 확보는 프로젝트 작업을 완료하는 데 필요한 (**❶**　　　　　　　), 설비, 장비, 재료, 공급품
및 기타 자원 등을 확보하는 프로세스이다.

2 [자원 확보] 프로세스의 주요 ITTO에 대해서 다음의 힌트를 참조하여 핵심 키워드를 완성하시오.

그룹	프로세스	투입물	도구 및 기법	산출물
실행	9.3 자원 확보 (Acquire Resources)	1. 프로젝트관리 계획서 (Project management plan)	1. 의사결정 (Decision making) · 다기준 의사결정 분석 (Multicriteria decision analysis)	1. 물적 자원 배정표 (Physical resource assignments) 2. ❸ 3. ❹ 4. 변경요청(Change requests)
		2. 프로젝트 문서 (Project documents)	2. 대인관계 및 팀 기술 (Interpersonal and team skills) · ❶	5. 프로젝트관리 계획서 업데이트 (Project management plan updates) 6. 프로젝트 문서 업데이트 (Project documents updates)
		3. 기업 환경 요인 (Enterprise environmental factors)	3. 사전 배정 (Pre-assignment) 4. ❷	7. 기업 환경 요인 업데이트 (Enterprise environmental factors updates)
		4. 조직 프로세스 자산 (Organizational Process Assets)		8. 조직 프로세스 자산 업데이트 (Organizational process assets updates)

❶ 프로젝트에서 필요 인력을 필요 시점에 투입하기 위해서 조직 내부에서는 기능 조직의 팀장이나 다른
프로젝트 관리자, 그리고 조직 외부에서는 조달 업체 인사 담당자와 함께 인력 투입 및 해제 시점에 대
해 필요한 대인관계 및 팀 기술의 대표적인 유형이다.

❷ 공동의 목표를 가지고 배정된 역할을 충실히 이행하는 데 직접적인 대면 회의를 가질 시간이 거의 없거
나 전혀 없는 사람들로 구성된 그룹을 의미한다. 즉 한 장소에 모여서 프로젝트를 수행하는 것이 아니라
원격으로 떨어져서 전자우편이나 화상회의 등을 통해 프로젝트를 수행하는 팀을 말한다.

❸ 프로젝트 특징, 해당 인력의 과거 수행 경험이나 보유 역량, 현재 프로젝트에서 수행해야 할 업무 성격을 고려하여 팀원을 적절한 업무에 배정한 문서를 의미한다.

❹ 프로젝트에 투입되는 자원의 시기와 기간이 기록되어 있다. 자원에 대한 가용성을 확인할 수 있으며, 개개인의 휴가, 교육, 훈련 등이 포함된다. 투입 자원의 일정에 대한 제약사항을 반드시 고려하여야 한다.

기출 문제

1 자원관리 계획서에 의거하여 프로젝트 팀원을 확보하고자 한다. 하지만 때로는 자원 확보 프로세스 이전에 프로젝트에 필요한 자원이 사전 배정되는 경우가 있다. 공급사의 특정한 업무나 기술적인 이슈일 수도 있고, 고객의 요청에 의해 이루어 질 수도 있다. 이러한 기법을 일컫는 용어는 무엇인가?

A. 사전 배정(Pre-assignment)

B. 협상(Negotiation)

C. 확보(Acquisition)

D. 가상 팀(Virtual teams)

해설

사전 배정은 프로젝트 헌장 개발 프로세스와도 연관되어 자주 출제된다. 또한, 사전배정 시점에 수행 조직의 유형에 따라서 기능 관리자와 어떻게 협상을 진행해야 하는지에 대해서도 지속적으로 출제되고 있으므로, 연관 학습이 필요한 영역이다.

사전 배정의 일반적인 사례는 다음과 같다.

· 프로젝트가 경쟁 제안 방식으로 특정 직원의 배정이 제안서에 포함되는 경우
· 프로젝트가 특정 직원의 전문성에 의존하는 경우
· 일부 직원 배정이 프로젝트 헌장에 정의된 경우

정답 A

팀 개발
Develop Team

→ 정답 308쪽

핵심 키워드

1 [팀 개발] 프로세스 정의에 대한 핵심 키워드를 완성하시오.

팀 개발은 프로젝트 성과 향상을 위해 팀원들의 역량과 팀원 간의 협력, 전반적인 (**❶**   )
를 개선하는 프로세스이다.

2 [팀 개발] 프로세스의 주요 ITTO에 대해서 다음의 힌트를 참조하여 핵심 키워드를 완성하시오.

그룹	프로세스	투입물	도구 및 기법	산출물
실행	9.4 팀 개발 (Develop Team)	1. 프로젝트관리 계획서 (Project management plan)	1. ❶ 2. 가상 팀(Virtual teams) 3. 의사소통 기술 (Communication technology) 4. 대인관계 및 팀 기술 (Interpersonal and team skills) · 갈등 관리 (Conflict management) · 영향력 행사(Influencing) · 동기부여(Motivation) · 협상(Negotiation) · ❷ 5. ❸ 6. 훈련(Training) 7. 개인 및 팀 평가 (Individual and team assessments) 8. 회의(Meetings)	1. ❹ 2. 변경요청 (Change requests) 3. 프로젝트관리 계획서 업데이트 (Project management plan updates) 4. 프로젝트 문서 업데이트 (Project documents updates) 5. 기업 환경 요인 업데이트 (Enterprise environmental factors updates) 6. 조직 프로세스 자산 업데이트 (Organizational process assets updates)
		2. 프로젝트 문서 (Project documents)		
		3. 기업 환경 요인 (Enterprise environmental factors)		
		4. 조직 프로세스 자산 (Organizational process assets)		

❶ '상황실(War Room)'이라고도 하며, 활동 중인 프로젝트 팀원들의 대부분 또는 전원을 물리적으로 동일
공간에 배치함으로써 업무의 생산성을 높이는 방식이다.

❷ 팀원 간에 효과적인 협력을 이루어내는 것이 목표이며, 원격지에서 작업하는 환경에서 가치를 발휘한다.
대표적인 모델로는 터크만 사다리 모델(Tuckman ladder model)이 있다.

❸ 팀 개발 프로세스의 일환으로 모범적 행동을 인정하고 보상하는 체제를 마련해야 한다. 프로젝트 종료
시점에 부여하는 것이 아니라 프로젝트 생애주기 동안에 주기적으로 보상하여 팀 분위기를 활성화하
는 것이 바람직하다.

❸ 팀 개발의 도구 및 기법을 적용한 다음에는 프로젝트 팀의 효율에 대한 비공식적 또는 공식적 평가를 수행할 수 있다. 포함되는 척도로는 개인 능력 향상, 팀 워크 향상, 이직률 감소 등이 있다.

기출 문제

1 팀이 모여서 프로젝트 자체, 각자의 공식적인 역할, 책임사항에 대해 파악하는 단계로서 팀원들은 무엇을 해야 할지 몰라서 혼란스러워 한다. 팀 역량 개발 모델 중에서 어떠한 단계인가?

A. 형성(Forming)

B. 스토밍(Storming)

C. 표준화(Norming)

D. 해산(Adjourning)

해설   터크만 사다리 모델 중에서 탐색기 단계로서, 팀원들은 독자적이며 개방적이지 않은 경향을 지니고 있으며 협력보다는 서로 견제하면서 파악하는 경향이 강하다.

다음은 터크만 사다리 모델 5단계이며, 자세한 사항은 해설서를 참조하기 바란다.

(1) 형성(Forming): 탐색기(프로젝트 팀 개시 단계)
팀원 개개인의 역할이나 책임 역시 불분명하고 함께 일하는 방법이나 프로세스도 정립되어 있지 않다. 서로에 대한 이해가 낮아서 독립적으로 행동한다.

(2) 스토밍(Storming): 갈등기
팀원들이 다른 사고와 관점에 협조적, 개방적이지 않으면 파괴적인 환경이 조성될 수 있다.

(3) 표준화(Norming): 규범기
팀원들은 서로 친해지고 결속력이 강화되어, 공동의 목표에 대해 공감대가 형성되고 이를 달성하고자 하는 의지가 높다.

(4) 수행(Performing): 성취기
팀원들이 상호의존적이며, 원활하고 효과적으로 문제를 해결한다. 팀원 간의 소통이 매우 활발해지며 서로에 대한 신뢰도 강해진다.

(5) 해산(Adjourning): 해산기
미래에 대한 불확실성이 나타나기 시작하면 팀원들의 동기부여 수준은 떨어질 수 있다.

정답 A

팀 관리
Manage Team

→ 정답 308쪽

1 [팀 관리] 프로세스 정의에 대한 핵심 키워드를 완성하시오.

팀 관리는 프로젝트 성과를 최적화하기 위하여 팀원의 성과를 추적하고, (❶   )을 제공하며, (❷   )를 해결하고, (❸   )을 관리하는 프로세스이다.

2 [팀 관리] 프로세스의 주요 ITTO에 대해서 다음의 힌트를 참조하여 핵심 키워드를 완성하시오.

그룹	프로세스	투입물	도구 및 기법	산출물
실행	9.5 팀 관리 (Manage Team)	1. 프로젝트관리 계획서 (Project management plan)	1. 대인관계 및 팀 기술 (Interpersonal and team skills)	1. 변경요청 (Change requests)
		2. 프로젝트 문서(Project documents) · ❶ · 교훈 관리대장 (Lessons Learned Register) · 프로젝트 팀 배정표 (Project Team Assignments) · 팀 헌장(Team Charter)	· ❷ · 의사결정(Decision making) · 감성 지능 (Emotional intelligence) · 영향력 행사(Influencing) · 리더십(Leadership) 2. 프로젝트관리 정보시스템 (Project management information system)	2. 프로젝트관리 계획서 업데이트 (Project management plan updates) 3. 프로젝트 문서 업데이트 (Project documents updates) 4. 기업 환경 요인 업데이트 (Enterprise environmental factors updates)
		3. 작업성과 보고서 (Work Performance Reports)		
		4. 팀 성과 평가치 (Team performance assessments)		
		5. 기업 환경 요인 (Enterprise environmental factors)		
		6. 조직 프로세스 자산 (Organizational Process Assets)		

❶ 프로젝트 관리자는 눈에 보이지 않는 이슈까지도 찾아내고 해결하는 데 주력을 다해야 한다. 프로젝트 수행 도중에 업무적으로든 업무 외적으로든 팀원 간의 이슈가 발생하며, 발생한 이슈를 처리하는 과정에서 갈등이 발생하기 때문에 팀 관리에서 필수 투입물이다.

❷ 조직의 상호작용 결과 발생하는 것으로서 절대적으로 피할 수는 없으며, 어느 정도 발생하는 것은 이로울 수도 있다고 생각되는 것이다. 가장 효과적이고 지속적인 방법은 '협력/문제 해결(Collaborate/ Problem Solve)'이다.

기출 문제

1. 프로젝트에서 중요한 서버를 도입해야 하는 회의를 진행 중이다. 이해관계자별로 개인의 이해득실을 고려하여 다양한 의견을 제시하고 있으며, 회의 시간만 길어지고 있다. 프로젝트 관리자는 다른 안건을 위해서 해당 안건에 대해서 직접 결정을 내리고자 한다. PM이 사용하기에 가장 바람직한 갈등 해결방법은?

   A. 강요/지시(Force/Direct)

   B. 철회/회피(Withdraw/Avoid)

   C. 원만한 해결/수용(Smooth/Accommodate)

   D. 타협/화해(Compromise/Reconcile)

해설 강요는 Win-Lose 상황을 발생시키는 갈등 해결 방법으로서, 갈등 해결 방법으로서는 가장 안 좋은 방법이긴 하나, 긴급하게 결정해야 할 사안이나 중요도가 낮은 사안을 결정할 때 적절한 방법이다. 이같은 문제는 끝까지 읽어보지 않는다면 성급하게 'D'를 선택할 수도 있으니 반드시 보기와 문제를 끝까지 읽는 습관을 들여야 한다.

정답 A

9-6

자원 통제
Control Resources

핵심 키워드

→ 정답 308쪽

1 [자원 통제] 프로세스 정의에 대한 핵심 키워드를 완성하시오.

자원 통제는 프로젝트에 배정되고 할당된 (❶   )을 계획대로 사용할 수 있도록 보장하는 동시에 계획 대비 자원의 실제 (❷   )를 감시하고, 필요에 따라 시정조치를 취하는 프로세스이다.

2 [자원 통제] 프로세스의 주요 ITTO에 대해서 다음의 힌트를 참조하여 핵심 키워드를 완성하시오.

그룹	프로세스	투입물	도구 및 기법	산출물
감시 및 통제	9.6 자원 통제 (Control Resources)	1. 프로젝트관리 계획서 (Project management plan)	1. 데이터 분석(Data analysis) · 대안 분석(Alternatives analysis) · 비용-편익 분석(Cost-benefit analysis) · 성과 검토(Performance reviews) · ❸	1. 작업성과 정보 (Work performance information)
		2. 프로젝트 문서 (Project documents) · 이슈 기록부(Issue log) · 교훈 관리대장 (Lessons learned register) · ❶ · 프로젝트 일정 (Project schedule) · 자원분류체계 (Resource breakdown structure) · 자원 요구사항 (Resource requirements) · 리스크 관리대장 (Risk register)	2. 문제 해결 (Problem solving) 3. 대인관계 및 팀 기술 (Interpersonal and team skills) · 협상(Negotiation) · 영향력 행사(Influencing) 4. ❹	2. 변경요청 (Change requests) 3. 프로젝트관리 계획서 업데이트 (Project management plan updates) 4. 프로젝트 문서 업데이트 (Project documents updates)
		3. 작업성과 데이터 (Work performance data)		
		4. ❷		
		5. 조직 프로세스 자산 (Organizational Process Assets)		

❶ 유형, 수량, 위치를 포함하는 예상되는 자원 활용도와 자원이 조직 내부에서 공급되는지 조직 외부에서 공급되는지가 포함되어 있으며, 특히나 외부 공급 자원에 대해서는 지속적인 점검을 위해 필요한 문서이다.

❷ 조직 외부로부터의 자원 획득에 대한 기준 문서가 된다. 기존 자원으로 인한 문제 발생 시의 처리 절차가 포함되어 있으며, 신규 또는 계획되지 않은 자원이 필요할 때에는 추가 또는 수정 계약이 필요할 수도 있다.

❸ 데이터 분석 기법 중에서 시간 경과에 따른 프로젝트 성과를 분석하며 성능이 개선되고 있는지 또는 악화되고 있는지를 판단하는 데 사용 가능한 기법이다.

❹ 자원관리 또는 일정계획 시스템을 활용하여 자원 활용 현황을 감시하고, 적절한 자원이 적절한 시간과 장소에서 적절한 작업을 처리하도록 시뮬레이션할 수 있는 도구이다.

기출 문제

1 **자원 통제 프로세스의 목적은 물적 자원이 계획대로 사용되었고, 물적 자원의 공급 지연이나 물가 상승으로 일정이나 비용에 대한 영향이 없도록 추가적으로 필요한 자원을 적시에 공급하고자 하는 것이다. 다음 중 자원 통제의 주요한 활동이 아닌 것은?**

A. 철수 시점이 도래하는 인원에 대해 기능관리자와 협상

B. 계획과 프로젝트 요구사항에 맞게 자원이 사용되고 배포된다는 것을 보증

C. 자원 소비 현황 모니터링

D. 관련 자원에 문제가 발생한 경우 해당 이해관계자에게 전달

해설　　[9.6 자원 통제]는 6판에서 추가된 프로세스이다. 5판까지는 인적 자원으로만 한정되었으나 6판에서는 인적 자원 이외에 물적 자원까지 추가되었으며, 자원 통제의 대상은 물적 자원이다. A는 인적 자원에 해당하는 사항이며, 협상이 대표적으로 사용되는 프로세스는 [9.3 자원 확보]이다.

정답 A

프로젝트 자원관리
전체 프로세스 흐름 파악하기

9

다음은 프로젝트 인적자원관리에 대한 전체 DFD이다. 괄호 안에 해당하는 투입물이나 산출물을 중심으로 프로세스 전체에 대한 흐름을 파악하시오.

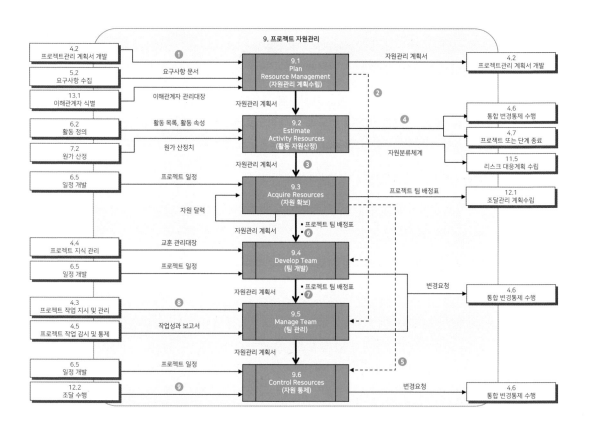

1   [9.1 자원관리 계획수립]: 프로젝트 헌장과 관련된 프로젝트 문서를 참고하여 프로젝트에 투입될 물적 자원 및 인적 자원의 수준과 기준을 개발한다. 이때 정의된 품질 수준을 달성하고 유지하는 데 필요한 자원의 역량 수준을 정의하기 위한 정보를 제공하는

(❶   )도 확인해야 한다. 주요 산출물인 자원관리 계획서는 프로젝트 팀 자원 유형에 따라 팀 관리 계획서와 물적 자원관리 계획서로 나눌 수 있으며, 프로젝트 팀원들에게 허용되는 행동에 대한 명확한 기대사항을 규정하는 (❷   )이 작성된다.

2   [9.2 활동 자원산정]: 주요 산출물로는 활동을 완료하기 위해 필요한 자원의 종류 및 수량이 포함된 (❸   ), 선정된 자원에 대한 객관적인 자료 증빙을 위하여 자원을 산정한 근거가 기록된 (❹   ), 자원 범주와 유형별로 식별된 자원을 계층 구조도로 표현한 자원 분류체계가 작성된다.

3   [9.3 자원 확보]: 프로젝트 작업을 완료하는 데 필요한 팀원, 설비, 장비, 재료, 공급품 및 기타 자원 등을 확보하는 프로세스이다. 프로젝트 수행 기간 동안 사용되는 물적 자원에 대한 정보를 기록한 (❺   )와 팀원 목록, 역할 및 책임, 팀원에게 전하는 메모 등이 포함된 프로젝트 팀 배정표가 주요 산출물이다. 또한, 프로젝트에 투입되는 자원의 시기와 기간이 기록되어 있는 (❻   )이 작성된다.

4   [9.4 팀 개발]: 배정된 프로젝트 팀원과 자원에 대한 가용성이 포함된 자원 달력을 활용하여 팀원의 지식과 역량을 향상하고 조직력을 개선하는 프로세스이다. 프로젝트관리 팀에서는 팀 개발 이전과 이후에 작성된 (❼   )를 비교해 가면서 팀의 성과를 향상시키는 데 필요한 특정 교육, 코칭, 멘토링, 지원 또는 변경 사항 등을 파악할 수 있다.

5   [9.5 팀 관리]: 프로젝트 팀에 배정된 팀원들의 성과와 역량을 지속해서 유지하기 위해서 실적과 비교하며, 필요 시에는 변경요청을 수행하고, (❽   )에 기록되어 있는 이슈나 갈등을 해결하는 활동이 포함된다. 장기간 수행되는 프로젝트에서는 단계별 필요 인력에 대한 관리로 프로젝트 일정이 지연되는 원인을 사전에 제거해야 한다.

6   [9.6 자원 통제]: 배정된 자원이 필요한 작업에 적시에 사용되고 있는지 자원관리 계획서와 일정 및 원가 작업성과 데이터와 비교한다. 이때 조직 외부로부터 획득한 자원 관련해서는 (❾   )를 확인해야 하며, 신규 또는 계획되지 않은 자원이 필요할 때에는 추가 또는 수정 계약이 필요할 수도 있다.

→ 정답 305쪽

1   프로젝트 관리자가 프로젝트 팀원에게 프로젝트 목적과 관련 정보를 설명하고 팀원들을 고무시켰다면 어떤 유형(style)에 해당하는가?

　　A. 거래적 리더십(Transactional leadership)

　　B. 변혁적 리더십(Transformational leadership)

　　C. 지시적 리더십(Directive leadership)

　　D. 카리스마 리더십 (Charisma leadership)

2   프로젝트 팀원 중 한 명이 힘든 프로젝트인 만큼 보상과 인정이 있을 것으로 생각해서 지원했는데, 기대치와는 다른 보상 정책에 불만족을 느낀 나머지 퇴사하였다. 이와 관련 있는 이론은?

　　A. 동기 요인(Motivation Factor)　　　　　　B. 위생 요인(Hygiene Factor)

　　C. ERG 이론　　　　　　　　　　　　　　　D. X 이론

3   협상이 더는 진행이 안 되어서 일단 중단하고 나중에 다시 하기로 회의 날짜를 잡았다. 갈등해결 기법 중 무엇인가?

　　A. 철회/회피(Withdrawing/Avoiding)

　　B. 원만한 해결/수용(Smoothing/Accommodating)

　　C. 절충/타협(Compromising)

　　D. 강요(Forcing)

4   컨소시엄으로 계약된 프로젝트이며 컨소시엄 업체별로 다양한 협력업체로 구성되어 있다. 후반기로 진입하면서 프로젝트 팀은 각자의 역할에 대한 불만이 많다. 다음 중에서 내부 자원과 외부 자원에 대한 역할과 책임(Role & Responsibility)을 확인하기에 가장 적합한 것은?

A. 자원관리 계획서(Resource Management Plan)

B. 프로젝트 팀 배정표(Project Team Assignments)

C. 자원 달력(Resource Calendars)

D. RACI 차트(RACI Chart)

5 자원관리 계획서(Resource management plan)에 따라 프로젝트 팀원을 확보하고자 한다. 하지만 때로는 자원 확보 프로세스 이전에 프로젝트 팀원이 사전 배정되는 경우가 있다. 이러한 기법을 일컫는 용어는 무엇인가?

A. 사전 배정(Pre-assignment)   B. 협상(Negotiation)

C. 확보(Acquisition)   D. 가상 팀(Virtual teams)

6 프로젝트 관리자가 프로젝트 팀원들의 경험과 교육 이력을 확인 중이다. 프로젝트 팀 개발 차원에서 교육이 필요한 인원이 존재하지만, 팀원들이 협력하고 팀원 간에 신뢰가 쌓이기 시작하는 단계에 실행하는 것을 고려 중이다. 팀 구축 단계 중 어떠한 단계에 해당하는가?

A. 형성(Forming)   B. 스토밍(Storming)

C. 표준화(Norming)   D. 해산(Adjourning)

7 장기간 프로젝트를 진행 중이며, 프로젝트 관리자는 프로젝트 성과를 향상시키기 위해 팀원들의 역량과 팀원 간 협력, 전반적인 팀 분위기를 개선하고자 한다. 프로젝트 팀원 중에 업무처리에 대해서 명확하고 고객에게도 인정받는 팀원이 존재할 때 프로젝트 관리자로서 가장 바람직한 선택은?

A. 조용히 불러서 칭찬을 하고 격려한다.

B. 프로젝트 종료 이후에 모범적인 팀원들을 선별하여 인센티브를 지급한다.

C. 프로젝트 중간중간 뛰어난 성과를 인정 및 보상하여 팀에 지속적으로 동기를 부여한다.

D. 팀 개발의 도구 및 기법 중에서 개인 및 팀 평가 도구를 사용 중이다.

8 프로젝트 팀원에게 형상관리 역할을 부여했으나 팀원은 해당 역할이 무엇인지, 어떠한 권한과 책임이 부여되는지를 궁금해하고 있다. 어떠한 문서를 보도록 해야 하는가?

A. 프로젝트 조직도(Project Organization Charts)

B. 자원관리 계획서(Resource Management Plan)

C. 팀 헌장(Team Charter)

D. 의사소통관리 계획서(Communications Management Plan)

9 프로젝트 관리자가 팀원들이 작성한 RACI 차트를 확인하고 있다. 다음 중 RACI 원칙에 위배되어 작성된 것은 무엇인가?

A. 디자인 업무에 대해서 R(실무 담당자), A(의사결정권자)가 반드시 존재한다.

B. 디자인 검토 업무에 A(의사결정권자)가 2명의 수행주체에게 할당되어 있다.

C. 디자인 업무에 대해서 C(업무수행 조언자), I(결과보고 대상자)는 존재하지 않는다는 것을 발견하였다.

D. 디자인 리뷰 업무에 동일한 수행주체에게 R/A가 동시에 할당되어 있는 것을 발견하였다.

10 다음 중 가상 팀(Virtual Team)에 대해서 올바르지 <u>않은</u> 것은 무엇인가?

A. 자원 확보의 대표적인 기법이다.

B. 작업의 생산성 측면에서는 동일한 장소가 선호되지만, 프로젝트 특징으로 인해 선택되기도 한다.

C. 가상 팀은 실질적으로 존재하지는 않고 필요에 따라 임시로 생성되는 팀이다.

D. 화상회의, 이 메일, 메신저 등의 기술적인 의사소통 기술이 선행되어야 가능하다.

1 정답 B [용어 정의 기본]

[9. 프로젝트 자원관리] 지식 영역에서는 PMBOK에 소개되지 않은 영역에 대한 시험이 출제되며, 이와 같은 문제는 대인관계 기술 중에서 '리더십(leadership)'에 대한 문제이다. 흔히들 수험생들은 상기 문제의 답을 '카리스마 리더십(Charisma leadership)'으로 잘못 알고 있는 경우가 많은데, '변혁적 리더십(Transformational leadership)'을 선택해야 한다(리더십에 대한 자세한 설명은 PMP PRIDE 해설서 참조).

오답 확인

A. 거래적 리더십(Transactional leadership): 지도자가 팀원에게 일정한 거래조건을 제시하는 방법으로 팀원에게 동기를 부여하는 방식의 지도력이다.

C. 지시적 리더십(Directive leadership): 조직 구성원(부하)에게 해야 할 일과 따라야 할 일을 지시하는 유형의 리더십이다.

D. 카리스마 지도력(Charisma leadership): 지도자가 가지고 있는 신비한 매력(인간적 매력, 외모, 분위기 등)을 가지고 부하를 복종시키는 방법으로 통솔하는 지도력이다.

2 정답 B [시나리오 제시 기본]

[9. 프로젝트 자원관리] 지식 영역에서 리더십 이외에 종종 출제되는 '동기 부여' 이론 문제이며, 동기 부여 이론 중에서도 내용 이론(content theory)이 주로 출제된다. 문제에서는 인정과 보상이 부족하다고 느껴서 퇴사한 인원에게 불만을 유발하는 요인을 해결해 주더라도 만족을 느끼지 못한다는 상황을 제시하고 있으므로, '허츠버그(F. Herzberg)의 동기·위생요인 이론' 중에서도 '위생 요인(Hygiene Factor)'을 선택하면 된다(동기 부여에 대한 자세한 설명은 ≪PMP PRIDE 해설서≫ 참고). 위생 요인(불만 요인)의 사례로는 급여, 작업 조건, 직장 안정성, 회사정책과 행정, 인간관계, 직위 등이 존재한다.

오답 확인

A. 동기 요인(Motivation Factor): '허츠버그(F. Herzberg)의 동기·위생요인 이론'의 구성 요소이며, 만족을 발생시키는 요인에 대한 설명으로서 만일 충족하지 못하더라도 불만을 유발하지는 않는 요인이다.

C. ERG 이론: 앨더퍼(C.P. Alderfer)가 제창한 이론으로써, 인간의 욕구를 생존(existence) 관계(related), 성장(growth)의 3단계로 구분하기 때문에 이 세 욕구의 영문 머리글자를 따서 'ERG 이론'이라 부르고 있다.

D. X 이론: 조직 내 인간을 X나 Y라는 두 가지 중 하나로 가정하여, 전통적 인간관을 X 이론으로, 새로운 인간관을 Y 이론으로 지칭하였다.

3 정답 A [시나리오 제시 기본]

[9.4 팀 개발(Develop Team)] 또는 [9.5 팀 관리(Manage Team)] 프로세스에서 최소한 3문제 이상씩 출제되고 있는 '갈등관리(Conflict management)'에 대한 질문이며, 프로젝트의 상황을 묘사하는 사례 기반이기 때문에 기법의 정의와 대표적인 사례는 반드시 학습해야 한다. 문제에서는 해결이 나지 않고 지지부진한 상황에 대해서 잠시 시간적 여유를 두었다가 해결을 시도하려는 것이므로, '철회/회피(Withdrawing/Avoiding)' 기법에 사용된다(갈등 관리에 대한 자세한 설명은 PMP PRIDE 해설서 참조).

오답 확인

B. 원만한 해결/수용(Smoothing/Accommodating): 차이를 보이는 영역보다는 일치 영역을 강조하지만 궁극적인 해결책은 아니다.

C. 절충/타협(Compromising): 보통은 화해라는 뜻으로 쓰이며, 중간 정도의 'Win-Win' 상황 발생, 모든 관련 당사자가 일정 수준 만족하는 해결책을 모색한다.

D. 강요(Forcing): 한 사람의 견해만 관철하고 다른 사람을 희생시키는 'Win-Lose' 해결책만을 제시하는 갈등해결 방법으로서는 가장 안 좋은 방법이다.

4 정답 D [ITTO 용어 심화]

6판으로 변경된 후, 9장에서는 다음과 같은 용어가 보기에 자주 등장하고 있다. 자원관리 계획서, 프로젝트 팀 배정표, 자원 달력, RACI 차트, 프로젝트 조직도 등이 대표적이다. 각각의 용어가 유사한 목적으로 작성되고 유사한 내용을 포함하고 있다 보니 시험에서 접했을 때 답을 선택하기 여간 어렵다. 이러한 문제에 대처하는 별다른 방법이 있는 것은 아니다. 해설서나 PMBOK에서 명확한 차이점을 비교해가면서 학습하는 방법 이외에는 없다. 문제 중반까지만 보면 프로젝트 팀 배정표를 선택할 수도 있는데, PMBOK에서도 강조하고 있듯이 조직 내/외부에 대한 R&R을 명확하게 구분하기 위해서는 RACI 차트가 효과적이다.

 전문가의 Comment

[9.1 자원관리 계획수립] 프로세스의 도구 및 기법 중에서 '데이터 표현(Data representation)'에서 다루고 있는 조직도(Organization Charts) 유형은 반드시 기억하자.

1) **계층구조형 조직도(Hierarchical-type charts):** 직위와 관계를 상하 도식으로 보여주는 가장 전통적인 형태로서 이해하기 쉽다.

2) **매트릭스형 역할표(Matrix-based charts, RAM):** 이해관계자들의 책임과 역할을 명확히 설정하여 의사결정 지연방지, 불분명한 역할배정에 따른 문제 제거를 위해 RACI 차트로 표현한다.

3) **텍스트형(text-oriented):** '계층구조형 조직도'나 '매트릭스형 역할표'를 설명하는 보조 용도로 주로 사용되며, 가시성은 떨어진다.

5 정답 A [ITTO 용어 기본]

[9.3 자원 확보(Acquire Resources)] 프로세스의 대표적인 기법이다. 사전 배정이라는 의미는 '프로젝트 팀 확보' 프로세스 이전에 미리 팀원을 프로젝트에 배정받을 수 있다는 의미이며, 프로젝트 헌장과 연계되어 자주 출제된다.

 전문가의 Comment

다음은 사전 배정의 일반적인 사례이며, 시험에서의 출제비중도 높다.

- 프로젝트가 경쟁 제안 방식으로 특정 직원의 배정이 제안서에 포함되는 경우
- 프로젝트가 특정 직원의 전문성에 의존하는 경우
- 일부 직원 배정이 프로젝트 헌장에 정의된 경우

6 정답 C [시나리오 제시 기본]

[9.4 팀 개발(Develop Team] 프로세스의 대표적인 기법(팀 빌딩 활동)으로서 시험에 반드시 출제된다. 팀원들이 개별적으로 활동하는 것이 아니라 서서히 서로를 알아가고 신뢰를 쌓아가는 단계이므로, '표준화(Norming)'이며, PMBOK에서는 '터크만 사다리 모델(Tuckman ladder model)'로 제시하고 있다(터크만 사다리 모델에 대한 자세한 설명은 PMP PRIDE 해설서 참조).

7 정답 C [시나리오 제시 기본]

문제에서 설명하고 있는 프로세스는 [9.4 팀 개발(Develop Team)]이며, 인정받는 팀원에 대한 보상 방법을 설명하고 있으므로 '인정과 보상(Recognition and rewards)' 기법에 대해서 질문하고 있다. 보상의 원칙은 공정하게 하되, 마지막에 크게 한번이 아닌 프로젝트 진행 도중에 수시로 해야 효과적이라는 것이다.

 전문가의 Comment

다음은 일반적인 인정과 보상에 대한 방법이다.

1) 반드시 모범적 행동에 대해서만 포상해야 한다.
2) 일부가 아닌 다수의 팀원을 대상으로 보상해야 한다.
3) 유형과 무형의 적절한 조합을 고려해야 한다.
4) 프로젝트 생애주기 동안에 수행해야 성과를 높일 수 있다.

8 정답 B [시나리오 제시 기본]

프로젝트 팀의 R&R(역할과 책임 사항)이 명시되어 있는 문서를 찾는 문제로써, 자원관리 계획서에 포함되어 있는 내용을 알고 있는지를 묻는 질문이다. 자원관리 계획서에 포함된 주요 내용은 다음과 같다.

1) **자원 식별(Identification of Resources):** 필요한 팀 자원과 물적 자원을 식별하고 정량화하는 방법

2) **자원 확보(Acquiring Resources):** 프로젝트에 필요한 팀 자원과 물적 자원을 확보하는 방법에 대한 지침

3) 역할 및 책임 사항(Roles and responsibilities): 역할, 권한, 책임 사항, 역량 등

4) 프로젝트 조직도(Project organization charts): 계층 구조형, 매트릭스형, 텍스트형

5) 자원관리(Resource Management): 프로젝트 팀 자원관리, 교육, 인정과 보상, 자원 통제 방법 등

 전문가의 Comment

역할과 책임사항(R&R : Role and Responsibility)에 대해서 더 알아보자.

1) 역할(Role): 프로젝트 팀원(PM, PMO, 분석/설계자, 개발자)이 프로젝트 착수부터 종료까지 단계별로 담당하는 프로젝트 영역을 설명하며, 역할별로 권한을 준다.

2) 책임사항(Responsibility): 프로젝트 활동을 완료하기 위해 프로젝트 팀원에게 수행하도록 배정되는 작업으로서, 역할별 권한을 주며, 권한을 수행하는 데 수반되는 책임을 말한다.

이러한 R&R을 시각적으로 표현하기 위해 책임배정 매트릭스(RAM, Responsibility Assignment Matrix)가 흔히 사용된다.

9 정답 B   [용어 이해 기본]

프로젝트 조직도의 유형인 매트릭스형 역할표에 대한 질문이다. 매트릭스형 역할표의 대표적인 사례가 RACI 차트이며, 시험에서 항상 출제되고 있다. RACI 차트에 대해서는 정의, 표현 원칙, 또한, 차트를 보면서 문제점을 찾는 것도 출제되니 작성 원칙에 대한 이해는 반드시 필요하다.

 전문가의 Comment

RACI 차트 작성 원칙은 다음과 같다.

1) 한 업무에 대해서 R(실무 담당자), A(의사결정권자)는 반드시 존재해야 한다

2) 한 업무에 대해서 A(의사결정권자)는 한명의 수행주체에게 할당해야 한다.

3) 한 업무에 대해서 C(업무수행 조언자), I(결과보고 대상자)는 반드시 존재할 필요는 없다.

4) R/A와 C/I는 한 수행주체에게 동시에 할당할 수 있다.

10 정답 C   [ITTO 용어 기본]

'가상 팀'은 [9.3 자원 확보(Acquire Resources)] 프로세스에서 사용되는 기법으로서 정의부터 정확하게 이해해야 한다. 흔히들 요즘에 많이 사용되는 용어인 '가상 현실', '증강 현실'과 비슷하다 보니 실체는 없는데 임시 또는 가상으로 꾸며진 팀이라고 오해하는 수험생이 많다. 가상 팀이란 한 장소에 모여서 프로젝트를 수행하는 것이 아니라 원격으로 떨어져서 전자우편이나 화상회의 등을 통해 프로젝트를 수행하는 팀을 말한다.

 전문가의 Comment

다음은 가상 팀의 장단점에 대한 부연 설명이다.

1) 장점
- 출장비, 아웃소싱을 통한 인건비 절약
- 지리적 한계를 극복한 전문가 참여도 향상
- 장소 제약 없이 유연성 확보

2) 단점
- 프로젝트 관리자에 의한 직접적인 통제 어려움
- 원격 의사소통으로 다양한 문제발생 가능
- 원격으로 미팅이 가능한 기술 구현에 따른 비용 발생

9-1 자원관리 계획수립

1   ① 팀 자원   ② 물적 자원

2   ① 책임배정 매트릭스

       ② 자원관리 계획서

9-2 활동 자원산정

1   ① 유형   ② 수량

2   ① 상향식 산정   ② 유사 산정

       ③ 산정 기준서   ④ 자원분류체계

9-3 자원 확보

1   ① 팀원

2   ① 협상

       ② 가상 팀   ③ 프로젝트 팀 배정

       ④ 자원달력

9-4 팀 개발

1   ① 팀 분위기

2   ① 동일장소 배치   ② 팀 빌딩

       ③ 인정과 보상

       ④ 팀 성과 평가치

9-5 팀 관리

1   ① 피드백   ② 이슈

       ③ 팀 변경

2   ① 이슈 기록부   ② 갈등관리

9-6 자원 통제

1   ① 물적 자원   ② 활용도

2   ① 물적 자원 배정표

       ② 협약서   ③ 추세 분석

       ④ 프로젝트관리 정보시스템

① 품질관리 계획서

② 팀 헌장

③ 자원 요구사항

④ 산정 기준서

⑤ 물적 자원 배정표

⑥ 자원 달력

⑦ 팀 성과 평가치

⑧ 이슈 기록부

⑨ 협약서

프로젝트 자원관리

→ 정답 320쪽

1   프로젝트 팀에서는 작업 패키지별로 실무 담당자와 의사결정권자를 명확히 배정하여 불분명한 역할 배정에 따른 문제 및 의사결정 지연을 방지하고자 한다. 어떠한 기법을 사용하도록 가이드하는 것이 바람직한가?

    A. 동일장소 배치(Colocation)

    B. 자원분류체계(RBS)

    C. 작업분류체계(WBS)

    D. 책임배정 매트릭스(RAM)

2   프로젝트 관리자는 직위와 관계없이 전문가적인 지식이나 개성에 의해 갖게 되는 권력을 행사할 수 있다. 다음 중 프로젝트 관리자의 성품이나 인격을 팀원들이 따르고 존경하는 데에서 발생하는 권력으로서, 능력이 부족한 팀원도 포용 가능한 권력은 무엇인가?

    A. 준거적 권력(Referent power)

    B. 전문적 권력(Expert power)

    C. 인적 네트워크 권력(Connection power)

    D. 합법적 권력(Formal power)

3   프로젝트 관리자는 물적 자원 배정표(Physical Resource Assignments)와 프로젝트 팀 배정표(Project Team Assignments) 작성을 완료하였다. 또한, 확보한 자원별로 가용성을 확인하기 위한 자원 달력도 작성을 완료하였다. 이러한 작업을 위해 사용한 도구 및 기법이 아닌 것은 무엇인가?

    A. 사전 배정(Pre-assignment)

    B. 협상(Negotiation)

    C. 확보(Acquisition)

    D. 훈련(Training)

4   PM은 자원관리 계획서를 확인하면서 인적 자원 교육을 수행하고 있다. 개발 단계로 진입하기에 앞서서 현재까지 작성된 프로젝트 팀 성과 평가를 분석하려고 한다. 어떠한 프로세스에서 수행하는 것이 적합한가?

    A. 프로젝트 작업 지시 및 관리

    B. 팀 개발

    C. 팀 관리

    D. 자원 통제

5 수주된 프로젝트 계약에서 발주자는 중요한 멤버의 참여를 요청하였다. 그는 이번 계약 관련 업무의 탁월한 능력이 있기 때문이다. 하지만 기능 관리자는 해당 중요한 자원을 회사 내 우선순위가 높은 프로젝트에 이미 투입하였다. 당신이 PM이라면 어떻게 할 것인가?

   A. 기능 관리자에게 지속해서 배정해 달라고 요구한다.

   B. 수행 조직 내에 다른 프로젝트관리팀과 해당 인력의 투입 가능성에 대해서 협상한다.

   C. 발주자에게 해당 중요한 자원의 참여가 불가능하므로 대체 인력 사용을 승인받는다.

   D. 이미 다른 프로젝트에 투입되었으므로 고객에게 포기하라고 권한다.

6 팀원들이 다른 사고와 관점에 협조적, 개방적이지 않으면 파괴적인 환경이 조성될 수 있기 때문에 프로젝트 관리자는 코칭 스타일(coaching style)이 적합하며 각 팀원 및 그들의 차이에 대한 포용력을 강조할 필요가 있다. 터크만 사다리 모델(Tuckman ladder model) 중에서 어떠한 단계에 대한 설명인가?

   A. 형성(Forming)   B. 스토밍(Storming)

   C. 표준화(Norming)   D. 수행(Performing)

7 매슬로우 욕구 5단계의 순서로 올바른 것은?

   A. 생리적 욕구 → 안전 욕구 → 존경의 욕구 → 사회적 욕구 → 자아실현의 욕구

   B. 생리적 욕구 → 안전 욕구 → 사회적 욕구 → 존경의 욕구 → 자아실현의 욕구

   C. 생리적 욕구 → 사회적 욕구 → 안전 욕구 → 존경의 욕구 → 자아실현의 욕구

   D. 생리적 욕구 → 안전 욕구 → 사회적 욕구 → 자아실현의 욕구 → 존경의 욕구

8 요구되는 역량 대비 기술적인 역량이 부족한 팀원들로 프로젝트가 구성되어 있다. PM은 팀원의 기술적인 역량 개발을 위해 중장기적인 교육 계획을 수립 중이다. 이러한 것은 향후 어떠한 비용으로 고려되어야 하는가?

   A. 예방 비용   B. 평가 비용

   C. 결함 비용   D. 실패 비용

9 '그라운드 룰(Ground Rule)'이라고도 불리는 '팀 헌장(Team Charter)'은 프로젝트 팀원들이 프로젝트 수행 환경에서 준수해야 하는 행동과 관련된 명확한 규칙을 설정하는 것이다. 다음 작성 원칙 중 피해야 할 항목은 무엇인가?

A. 모든 팀원이 참여하여 결정해야 한다.   B. 항목은 많을수록 좋다.

C. 구체적이고 명확해야 한다.   D. 그라운드 룰은 주기적으로 강조돼야 한다.

10 특정 팀원의 SPI가 0.89이다. 프로젝트 관리자라면 어떻게 하는 것이 바람직한가?

A. 기능 관리자에게 보고하고 대책을 논의한다.

B. 해당 작업에 적합한 인력으로 교체한다.

C. 팀원들과 미팅하고 대책을 논의한다.

D. 해당 팀원을 코칭하여 역량을 향상시킨다.

11 당신은 개발도상국의 상수도 구축 프로젝트의 PM으로 임명되었다. 해당 프로젝트는 기술적인 리스크로 인해서 다국적 인력이 모여서 진행 중이다. PM인 당신은 성과가 우수한 팀원에게 보상을 해주려고 한다. 이때 가장 먼저 고려해야 하는 것은 무엇인가?

A. 인정과 보상 원칙을 프로젝트 상황에 따라 주기적으로 변경한다.

B. 수시로 팀원들의 평가를 수행하고 근거를 유지한다.

C. 글로벌 문화적 차이점을 인식하고 그에 따른 보상 원칙을 수립한다.

D. 프로젝트에 참여한 고객의 평가를 보상 기준에 포함한다.

12 프로젝트 수행 중에 중요한 인력의 투입 시점이 예정보다 늦어지고 있다. 프로젝트 관리자는 기능 관리자를 만나서 해당 인력에 대한 투입 시기를 결정하기 위한 계획을 세웠다. 어떠한 프로세스를 진행 중인가?

A. 자원관리 계획수립(Plan Resource Management)

B. 자원 확보(Acquire Resources)

C. 팀 개발(Develop Team)

D. 팀 관리(Manage Team)

13 팀 관리 계획서(Team Management Plan)를 확인하면서 투입된 인력들에 대한 안전 교육을 진행 중이다. 다음 중 이러한 활동을 수행하는 프로세스에서 사용되지 않는 기법은?

A. 갈등관리(Conflict management)   B. 감성 지능(Emotional intelligence)

C. 가상 팀(Virtual teams)   D. 영향력 행사(Influencing)

14 다음에 해당하는 리더십 유형(leadership style)은 무엇인가?

프로젝트 팀원들은 업무능력에 대한 보상을 받고, 리더들은 일의 완성으로 이익을 얻는 목적으로 일정한 거래조건을 제시하는 방법으로 팀원에게 동기를 부여하는 방식의 지도력을 의미한다.

A. 거래적 리더십(Transactional leadership)

B. 변혁적 리더십(Transformational leadership)

C. 카리스마 지도력(Charisma leadership)

D. 서번트 리더십(Servant leadership)

15 지난주에 프로젝트 팀원 3명이 충원되었다. 하지만 추천서와는 달리 역량이 미치지 못하는 것을 발견하였다. 이때 PM이 참고해야 하는 문서는 무엇인가?

A. 자원관리 계획서(Human Resource Management Plan)

B. 이해관계자 참여 계획서(Stakeholder Engagement Plan)

C. 의사소통관리 계획서(Communication Management Plan)

D. 일정관리 계획서(Schedule Management Plan)

16 해외 프로젝트가 수주되었으며, 6개월 정도 해외에서 근무할 인원들을 선정 중이다. 하지만 해당 지역은 위험 지역으로서 인력 확보가 쉽지 않은 상황이다. 연락을 받은 인원들은 기본적인 안전이 보장되지 않는 이상은 프로젝트 팀에 대한 소속감을 느끼지 못할 것이라는 조사 결과가 취합되었다. 어떠한 동기 부여 이론에 해당하는가?

A. 앨더퍼(Alderfer)의 ERG 이론   B. 허츠버그(Herzberg)의 동기 · 위생요인 이론

C. 매슬로우(Maslow)의 욕구계층제 이론   D. 맥클랜드(McClelland)의 성취동기 이론

17 프로젝트 팀원들이 근무환경에 대해서 극심한 불만을 제기하고 있다. 프로젝트 관리자는 예산증액을 요청하였으며, 스폰서로부터 승인을 받아 내었다. 하지만 이러한 결과로 프로젝트 팀의 불만은 줄어들었지만, 만족도 조사 결과 원하는 만큼의 결과는 얻어내지 못했다. 어떠한 이론을 보아야 했는가?

   A. 허츠버그(Herzberg)의 동기 · 위생요인 이론

   B. 매슬로우(Maslow)의 욕구계층제 이론

   C. 맥클랜드(McClelland)의 성취동기 이론

   D. 앨더퍼(Alderfer)의 ERG 이론

18 프로젝트 진행 중에 특정 업무에 대한 개발 산출물이 잘못되어 있다는 것을 확인하였다. 이에 프로젝트 관리자는 해당 업무 담당자를 확인하고자 한다. 무엇을 확인해야 하나?

   A. 기본 규칙(Ground Rules)

   B. 책임배정 매트릭스(RACI)

   C. 자원 달력(Resource Calendars)

   D. 자원관리 계획서(Resource Management Plan)

19 프로젝트에서 외부 컨설팅 업체를 아웃소싱하였다. 해당 업체는 프로젝트의 프로세스를 따르지 않고 업체의 프로세스대로 처리하기를 희망하고 있다. 프로젝트 관리자는 이러한 사항을 검토 후에 그렇게 하지 말도록 전달할 예정이다. 프로젝트 관리자가 사용할 갈등 관리 기법은 무엇이겠는가?

   A. 협상(Negotiation)   B. 절충(Compromise)

   C. 회피(Avoid)   D. 강요(Force)

20 기능 관리자들과의 협상을 통해 원하는 팀원 구성을 마쳤다. 그런데 작업성과를 확인하던 중 2인으로 구성된 특정 파트의 성과 평가치가 좋지 않았고, 확인 결과 해당 팀원들이 이전에 했던 프로젝트에서 좋지 않은 일이 있어 관계가 좋지 않음을 확인하였다. 이에 PM은 2명을 프로젝트에서 철수시키고 팀을 재구성했다. 어떠한 갈등관리 전략을 사용한 것인가?

   A. 회피(Avoid)   B. 수용(Accommodate)

   C. 문제 해결(Problem Solve)   D. 타협(Compromise)

21 당신은 신공항 건설 프로젝트의 PM으로 투입되었다. 10조 원 이상의 예산이 투입되는 대규모 공사이다 보니 투입된 인력들도 많고 참여한 회사들도 다양하다. 투입된 팀원 간의 관계를 확인하기 위해서는 무엇을 확인해야 하는가?

A. 이해관계자 관리대장　　　　　　　　B. 자원관리 계획서

C. 조직도　　　　　　　　　　　　　　　D. 의사소통관리 계획서

22 프로젝트 작업을 수행하는 데 필요한 팀 자원과 자재, 장비 등의 유형과 수량 산정을 통해서 기대할 수 없는 것은 무엇인가?

A. 자원 요구사항(Resource requirements)

B. 자원 달력(Resource calendars)

C. 산정 기준서(Basis of estimates)

D. 자원분류체계(Resource breakdown structure)

23 프로젝트 역할, 책임, 필요한 기량, 보고 관계를 식별하여 문서화하는 프로세스(Process)를 진행 중이다. 다음 중 올바른 투입물로 묶인 것은?

A. 품질관리 계획서, 범위 기준선, 프로젝트 일정, 리스크 관리대장

B. 품질관리 계획서, 범위 기준선, 이해관계자 관리대장, 팀 헌장

C. 범위 기준선, 요구사항 문서, 자원관리 계획서, 팀 헌장

D. 범위 기준선, 요구사항 문서, 자원 요구사항, 기업 환경 요인

24 당신은 인공지능을 적용한 콜 센터 전환 프로젝트의 프로젝트 관리자로 임명되었다. 지금까지 스마트 팩토리(smart factory) 구축 경험도 많고 해당 분야의 경력을 유지하고 싶어서 지원한 프로젝트가 따로 있었지만, 포트폴리오 관리자는 콜 센터 전환 프로젝트 헌장에 이미 이름이 포함되어 있어 다른 프로젝트로 변경이 어렵다는 답변을 건네왔다. 자원 확보(Acquire Resources) 중 무엇에 해당하는가?

A. 사전 배정(Pre-Assignment)　　　　　B. 협상(Negotiation)

C. 확보(Acquisition)　　　　　　　　　D. 가상 팀(Virtual Teams)

25 프로젝트 팀원에게 부여할 역할과 책임사항을 문서화하고 있다. 프로젝트 관리자는 조직도를 작성하고 있으며, 계층구조형(hierarchical), 매트릭스형(matrix), 텍스트형(text-oriented)에 대해서 프로젝트 팀원 및 규모를 고려하여 어떤 유형으로 작성할지 고민 중이다. 프로젝트 관리자가 수행하고 있는 프로세스는?

A. 자원관리 계획수립(Plan Resource Management)

B. 팀 확보(Acquire Team)

C. 팀 개발(Develop Team)

D. 의사소통관리 계획수립(Plan Communications Management)

26 프로젝트 관리자는 자원 통제(Control resource)를 진행 중이다. 자원을 활용하면서 계획 대비 실적의 차이를 극복하기 위해서 대안 분석을 사용하였고, 계획된 자원 활용도를 측정하여 실제 자원 활용도와 비교 및 분석한 성과 검토도 진행하였다. 다음 중 자원 통제의 주요한 활동으로 적합하지 않은 것은 무엇인가?

A. 자원 소비 현황을 모니터링한다.

B. 자원 과부족 문제를 적시에 식별 및 처리한다.

C. 팀 생산성에 도움이 되지 않는 팀원을 식별하고 외부 우수한 자원과 교체한다.

D. 관련 자원에 문제가 발생한 경우 해당 이해관계자에게 전달한다.

27 프로젝트가 종료 단계이다. 팀원 한 명이 건강상의 이유로 계획된 일정보다 빨리 철수를 요청했다. 프로젝트 진척현황을 확인해보니 일정은 계획대로 진행이라서 별도의 인력 충원 없이도 가능할 것으로 보인다. 프로젝트 관리자가 해야 할 다음 작업은?

A. 프로젝트에 미치는 영향을 분석 후 분석 결과를 고객에게 보고하고 지시를 기다린다.

B. 프로젝트 팀원에게 철수 관련된 교육을 하고 요청대로 처리한다.

C. 계약서를 근거로 해당 인원에게 불가 통보를 한다.

D. 프로젝트 일정에 지장이 없으므로 계획대로 진행하고, 다음 주간 회의에서 고객에게 보고한다.

28 건축 설계서에서 심각한 결함이 발견되었으며, 관련된 두 파트에서 서로의 문제가 아니라며 심한 갈등을 발생하고 있다. 프로젝트 관리자로서 가장 바람직한 대응방안은 무엇인가?

A. 당사자 간의 문제이므로 스스로 해결되기를 기다린다.

B. 고객이나 스폰서에게 알리고 사유서를 작성하게 한다.

C. 담당자를 교체하고 팀원들에게 이러한 문제로 갈등을 유발하지 않게 교육한다.

D. 일단은 두 파트가 협의하여 해결하도록 하고, 갈등이 심해지면 프로젝트 관리자의 권한을 사용한다.

29 프로젝트 팀원이 업무에 대해서 고민 중이며, 그러한 고민의 원인은 A부서와의 원활한 의사소통의 부재라는 것을 알았다. 프로젝트 관리자는 풍부한 인맥관계를 활용하여 A부서에 적절한 담당자를 지정해 주었다. 이러한 상황에 적합한 프로젝트 관리자의 권력은?

A. 공식적 권력(Formal Power)

B. 네트워크 권력(Connection Power)

C. 전문적 권력(Expert Power)

D. 강제적 권력(Coercive Power)

30 해외 프로젝트를 수행 중인데 해당 국가 공공기관과의 행정처리에 있어서 어려움을 겪고 있다. 프로젝트에서는 해당 업무에 유능한 현지 전문가를 T&M 계약으로 프로젝트 팀원으로 합류시켰다. PM은 무엇부터 해야 하는가?

A. 계약 기간이 장기화될 수도 있으므로 고정가 계약으로 변경할 준비를 한다.

B. 프로젝트 팀원들을 대상으로 다 문화 교육을 하는 팀 빌딩 활동을 수행한다.

C. 업무 파악을 위해서 프로젝트관리 계획서를 교육한다.

D. 팀에서 지켜야 할 그라운드 룰에 대한 교육을 한다.

31 다음 중 팀 관리(Manage Team)의 정의로 맞는 것은?

A. 프로젝트 역할, 책임 사항, 필요한 기량, 보고 관계를 식별하여 문서화하고 자원관리 계획서를 작성

B. 가용한 자원을 확인하여 프로젝트 배정을 완료하는 데 필요한 팀을 구성

C. 프로젝트 성과를 향상시키기 위해 팀원들의 역량과 팀원 간 협력, 전반적인 팀 분위기를 개선

D. 프로젝트 성과를 최적화하기 위하여 팀원의 성과를 추적하고, 피드백을 제공

32 프로젝트를 착수한 지 12개월 정도가 지나가고 있다. 인적 자원 투입 계획에 따라 프로젝트를 철수했던 인원에 대해서 PM이 원복을 시도하고 있으나 기능 관리자는 이미 해당 멤버를 다른 중요한 프로젝트에 투입한 상태이다. PM은 지난번 회의에서 해당 인원의 원복을 기능 관리자에게 요청했으나 거절을 당했다. 프로젝트 관리자로서 해야 할 행동은?

A. 스폰서에게 해당 상황을 알리고 도움을 요청한다.

B. 해당 멤버를 투입 가능할 때까지 기능 관리자와 재협상 한다.

C. PMO에게 해당 상황을 알리고 조정을 요청한다.

D. 해당 기능 관리자의 인력을 프로젝트에서 철수시킨다.

33 프로젝트 관리자는 매트릭스 조직 환경에서 팀 구성원의 인사 정책에 대한 직접적인 권한이 거의 혹은 전혀 없기 때문에, 적절한 시점에 관련 이해관계자에게 영향을 주거나 관련된 이해관계자들을 움직이는 능력이 필요하다. 대인관계 및 팀 기술 중에서 어떤 기법에 해당하는가?

A. 영향력 행사(Influencing)   B. 리더십(Leadership)

C. 감성 지능(Emotional Intelligence)   D. 갈등 관리(Conflict Management)

34 갈등은 팀원 간, 팀원과 고객 간, 팀원과 프로젝트 관리자 간에도 발생하지만, 해결할 책임은 일차적으로 갈등을 유발한 당사자에게 있다. 프로젝트 관리자의 갈등 처리 시 중점 파악요소로 잘못된 것은?

A. 갈등은 자연스러운 것이며, 대안 모색을 촉진한다.

B. 갈등은 팀 이슈이다.

C. 갈등해결에서는 갈등을 유발한 개개인에 초점을 맞춰야 한다.

D. 갈등해결에서는 과거가 아니라 현재에 초점을 맞춰야 한다.

35 핵심 경로를 재산정하던 중에 중요한 인력이 1년 후에 계약이 종료되어 떠나는 걸로 되어 있다. 프로젝트 관리자는 이러한 사항을 어디에 기록해야 하는가?

A. 자원 요구사항(Resource Requirements)

B. RACI 차트(RACI Chart)

C. 자원 달력(Resource Calendars)

D. 프로젝트 조직도(Project Organization Charts)

36 프로젝트관리자는 PMO와 함께 프로젝트 기간별 필요한 역할별 수요를 파악하고 있다. 이러한 결과물은 최종적으로 팀원관리 계획서에 추가할 예정이다. 어떠한 기법이 적합하겠는가?

A. 책임배정 매트릭스(RAM)

B. 작업분류체계(WBS)

C. 자원 히스토그램(Resource Histogram)

D. 다기준 의사결정 분석(Multi-criteria decision analysis)

37 다음 중 그라운드 룰(Ground Rule)에 대해서 가장 적절치 않은 것은?

A. 프로젝트에 투입된 팀원들과 사전 공감대가 형성되어야 한다.

B. 권한과 역할에 상관 없이 공평하게 적용되어야 한다.

C. 텍스트뿐만 아니라 그림으로도 가능하다.

D. 성공한 프로젝트의 그라운드 룰은 가급적 변경하지 않고 사용한다.

38 대규모 프로젝트를 수주하였으나 수행 조직의 역량만으로는 진행이 불가하다는 결론에 도달하였다. 프로젝트 관리자로서 고려해야 할 문제 해결 방안으로서 가장 우선시해야 하는 것은?

A. 착수

B. 기획

C. 실행

D. 감시 및 통제

39 프로젝트 성과를 최적화하기 위하여 팀원의 성과를 추적하고, 피드백을 제공하며, 이슈를 해결하고, 팀 변경을 관리하고 있다. 또한 프로젝트 성과를 평가한 결과가 기대에 미치지 못할 때에는 변경요청이 발생하기도 한다. 이러한 프로세스가 포함되어 있는 프로세스 그룹은?

A. 워크숍 내에서 해결하기 위해 노력한다.

B. 기술에 대한 세부화를 위한 또 다른 워크숍을 연다.

C. 경험이 가장 많은 팀원의 말을 따른다.

D. 해당 이슈는 워크숍 주제가 아니라며 무시한다.

40 기술 워크숍을 실시 중이다. 팀원 간 이견이 발생하였으며 A팀원은 신기술 도입을, B팀원은 기존 기술 업그레이드를 선호한다. 이 이슈는 신속한 의사결정이 요구된다. PM이 할 일은?

A. 워크숍 내에서 해결하기 위해 노력한다.

B. 기술 세부화를 위한 또 다른 워크숍을 연다.

C. 경험이 가장 많은 팀원의 말을 따른다.

D. 해당 이슈는 워크숍 주제가 아니라며 무시한다.

41 다수의 프로젝트를 동시에 지원하는 아키텍트(architect)가 있다. 투입 기간이 길지 않고 수행 조직 내에서 해당 인력만큼 작업을 처리할 만한 역량을 보유한 인력도 부족해서 파트타임으로 작업을 수행하고 있다. 다른 프로젝트의 워크숍에 참석하느라 이번 주에 예정되어 있던 중요한 회의에 불참하게 되었고 고객은 이에 대해서 강하게 클레임을 제기하고 있다. 이러한 상황을 방지하기 위해서 PM은 무엇을 확인하고 회의 일정을 수립해야 했는가?

A. 팀 헌장   B. 자원관리 계획서

C. 자원 달력   D. 자원 요구사항

42 프로젝트 관리자는 팀원 개개인의 역할이나 책임 역시 불분명하고 함께 일하는 방법이나 프로세스도 정립되어 있지 않아 생산성이 올라가지 않는 것에 대해서 고민하고 있다. 하지만 지난 주부터 팀원 간의 상호작용이 본격화 되면서 서로의 생각과 생활 방식의 차이로 갈등과 혼란이 빈번하게 발생하고 있다. 관련 단계로 맞는 것은?

A. 형성(Forming) – 스토밍(Storming)

B. 스토밍(Storming) – 표준화(Norming)

C. 표준화(Norming) – 수행(Performing)

D. 수행(Performing) – 해산(Adjourning)

43 다국적 인원으로 프로젝트를 수행 중이다. 지연된 일정을 만회하기 위해서 힘든 상황이고, 팀원 간의 협력도 원활하지 않은 상태이다. 이러한 상황에서 프로젝트 성과를 극대화하기 위해 PM이 가장 우선순위로 해야 할 일은?

A. 갈등 관리   B. 팀 개발

C. 동일장소 배치   D. 인정과 보상

1 정답 D [시나리오 제시 기본]

자원관리 계획수립에서 사용되는 대표적인 기법인 조직도와 관련된 문제이며, 책임배정 매트릭스(Responsibility Assignment Matrix) 혹은 RACI(Responsible, Accountable, Consult, Inform) 차트라고도 하는 매트릭스 형태의 조직도를 선택하면 된다. 작성 방법으로는 가로축에는 담당자, 세로축에는 작업 패키지(또는 활동) 그리고 교차하는 영역에는 역할이나 책임을 기술한다.

전문가의 Comment

RACI 차트는 PMP 시험에서 매우 중요하다. RACI 차트는 누가 어떠한 일에 대해서 어떠한 책임과 권한을 가지는지를 명확하게 정함으로써, 구성원 간의 유기적인 협력체계를 구축하여 효율적인 업무수행을 가능하게 한다. 역할과 기대사항을 명확하게 구분하고자 내부 인원과 외부 인원으로 팀을 구성할 때 특히 중요하다.

2 정답 A [용어 이해 기본]

프로젝트 관리자의 권력(Power)에 대한 질문이다. 프로젝트 관리자는 팀을 효과적이고 효율적으로 운영하기 위해서 갖추어야 할 대인 기술이 존재하는데, 그중에서도 시험에 특히나 자주 출제되는 대인 기술 사례이다.

프로젝트 관리자가 직무를 수행하기 위해 가지는 힘에는 직위로 인해 갖는 '직위 권력(Position Power)'과 직위와 관계없이 전문가적인 지식이나 기술의 전문성 덕분에 갖는 '전문적 권력(Expert Power)'이 있다. 프로젝트 관리자는 상황에 따라 적합한 권력을 사용하는 것이 중요하다. 문제에서는 팀원들이 프로젝트 관리자의 인품을 믿고 따르는 것이므로 '개인의 고유한 권력(Personal Power)' 중에서도 '준거적 권력(Referent Power)'에 해당한다.

전문가의 Comment

다음은 직위와 관계없이 전문가적인 지식이나 개성에 의해 갖게 되는 권력인 개인의 고유한 권력(Personal Power, 전문적 권력)의 유형이다.

1) 준거적 권력(Referent power): 경영진의 임명에 따라 부여되는 힘으로서 성품이나 인격을 팀원들이 따르고 존경하는 데에서 발생하는 권력을 말한다.

2) 전문적 권력(Expert power): 업종 및 기술 전문성에서 발생하는 권력을 말한다.

3) 네트워크 권력(Connection power): 업무수행에 필요한 인적 네트워크를 연결해주는 데서 발생하는 권력을 말한다.

3 정답 D [ITTO 용어 기본]

자원 확보는 프로젝트에 필요한 자원(인적, 물적)을 확보하여 관련 문서(물적 자원 배정표, 프로젝트 팀 배정표)에 포함하는 작업을 의미하며, 프로젝트에 투입해서 조직도에 포함하는 과정까지를 의미한다. (D)는 [9.4 팀 개발(Develop Team)]의 주요 기법이다. 프로젝트 팀 확보(Acquire Project Team)에서 사용하는 다른 기법으로는 (1) 가상 팀(Virtual teams), (2) 다기준 의사결정 분석(Multi-criteria decision analysis)이 추가로 존재한다.

4 정답 C [프로세스 이해 기본]

문제에서 말하는 분석의 대상은 '팀 성과 평가치'이며 팀 성과 평가치는 팀 개발의 산출물이다. 팀 개발을 통해 기록된 '팀 성과 평가치'를 분석하여 업무에 할당할 수 있고, 개발에도 발전 없는 팀원에 대해서는 교체도 고려해야 한다. 팀 효율 평가 시에 포함되는 척도에 있는 '개인 능력 향상, 팀 워크 향상, 이직률 감소, 팀 능력 개선'도 기억하자.

5 정답 C   [시나리오 제시 기본]

해당 인원은 이미 조직의 포트폴리오 차원에서 중요한 프로젝트에 투입되어 있기 때문에 기능 관리자의 권한을 벗어나는 상황이다. 유사한 역량을 지닌 인력을 조직 내에서 대체할 수 있다면 차선책이 될 수는 있지만 보기 중에 (B)는 해당 인력이기 때문에 답에서는 멀어지고, (C)가 현실적인 대안이다.

6 정답 B   [시나리오 제시 기본]

문제에서의 키워드는 '협조적, 개방적이지 않으면 파괴적인 환경'이다. 즉, 초반의 어색한 분위기가 지나고 어느 정도 참여자들의 성향이나 경험을 파악했기 때문에 본격적인 갈등이 시작되는 단계인 것이다. 이러한 단계에서는 차라리 개별적으로 작업하는 것이 효율적이라고 설명하고 있다.

7 정답 B   [용어 이해 기본]

피라미드 형태로 이해하는 것이 기억에 오래 남으며, 인간은 기본적인 의식주가 해결되면, 안전해 지고 싶은 욕구가 발생하며, 남들과 함께 생활하는 속에서 존경을 받기를 기대하고, 궁극적으로는 본인이 하고 싶은 일에 만족을 느끼는 자아실현 욕구로 발전한다는 이론이다.

8 정답 A   [용어 이해 기본]

품질관리와 자원관리가 혼합된 문제이다. 품질 비용의 순응 비용(Conformance Cost)에는 예방 비용과 평가 비용이 존재한다. 예방 비용(Prevention Cost)은 고객 요구사항 만족시키기 위한 비용으로 교육/훈련비, 품질계획 비용, 납품업체 조사, 프로세스 연구 및 기타 예방 활동 등이 해당한다.

9 정답 B   [용어 이해 기본]

그라운드 룰은 지키지 않는다고 법적인 제제가 가해지는 것은 아니지만 프로젝트 팀이라는 공동체에서 활동하기 위해 지켜야 하는 최소한의 습관인 셈

이다. 그러한 습관을 유지하기 위한 항목은 적을수록 좋으며, 그렇기 때문에 대다수의 팀원들이 공감할 수 있는 주요 항목에 대해서만 제시하는 것이 바람직하다.

10 정답 D   [시나리오 제시 기본]

역량이 떨어지는 팀원에 대한 관리 방안을 묻는 질문이다. PMBOK 에서는 역량이 부족한 팀원에 대해서 명확하지는 않지만 다음과 같은 가이드를 제시하고 있다.

1) 프로젝트 팀 분위기를 흐리지 않는 정도로 역량 부족:
   PM이나 리더가 코칭하여 역량 향상 시도

2) 프로젝트 팀 분위기를 흐릴 정도의 역량 부족:
   기능관리자에게 요청하여 다른 인력으로 교체 고려

11 정답 C   [시나리오 제시 기본]

글로벌 프로젝트 환경에서 프로젝트 관리자의 행동 방식을 묻는 문제다. 다국적 인력들은 살아온 환경이나 수행해온 프로젝트의 과정이나 방식이 다르기 때문에 통일된 방식으로 일관화해서 지시하면 부작용만 발생한다. 프로젝트 관리자는 인정과 보상에 앞서서 기본적으로 인력들의 문화적 차이를 인정하고, 그에 적합한 기준을 수립해야 한다.

12 정답 B   [시나리오 제시 기본]

프로젝트 수행을 위해서 필요한 자원(인적 또는 물적)을 프로젝트에 투입하고자 하는 상황이다. 이러한 과정은 [9.3 자원 확보] 프로세스이다.

13 정답 B   [시나리오 제시 기본]

자원관리에서는 문제에 해당하는 프로세스가 어떤 것인지를 파악하는 연습이 매우 중요하다. 프로젝트 팀원들에게 안전 교육을 수행한다는 의미는 프로젝트의 원활한 수행을 위해서 프로젝트 팀을 개발하는 단계라고 볼 수 있다. (B) 감성 지능은 [9.5 팀 관

리] 프로세스의 T&T(대인관계 및 팀 기술)의 일부 기법이다.

14 정답 A [시나리오 제시 기본]

프로젝트 관리자와 프로젝트 팀원 간에 'Win-Win' 하기 위해서 서로 주고받은 조건하에 업무를 진행하는 유형이다. 서번트 리더십(Servant leadership)은 직역하면 '하인의 리더십'이지만 국내에서는 '섬기는 리더십'으로 알려져 있다. 미국 학자 로버트 그린 리프가 1970년대 처음 주창한 이론으로 다른 사람의 요구에 귀를 기울이는 하인이 결국은 모두를 이끄는 리더가 된다는 것이 핵심이다. 즉, 서번트 리더십은 인간존중을 바탕으로, 구성원들이 잠재력을 발휘할 수 있도록 앞에서 이끌어주는 리더십이라 할 수 있다.

15 정답 A [ITTO 제시 기본]

프로젝트에 참여하는 인력의 투입 시기 및 철수 시기, 그리고 R&R은 자원관리 계획서에 포함되어 있다. PM은 해당 인력의 교체를 고려하든지 아니면 해당 인력의 역량에 해당하는 작업에 투입을 고려하든지 아니면 역량 향상을 위한 교육 계획을 수립해야 한다. PMBOK에서는 PM의 역량 중에 팀원 육성도 강조하고 있기 때문에 프로젝트 팀에 합류한 인력에 대해서는 우선적으로 해당 역할을 수행할 수 있도록 역량을 향상시키는 책임도 강조하고 있다.

16 정답 C [시나리오 제시 기본]

문제에서 기본적인 안전 욕구가 충족되어야 프로젝트 팀에서 소속감(사회적 욕구)이 발생할수 있다는 이론이므로 매슬로우의 욕구계층제에 대한 설명임을 알 수 있다. 매슬로우(Abraham H. Maslow)의 욕구계층제 이론에서 반드시 기억할 것으로는, 하위 단계의 욕구가 어느 정도 충족되어야 다음 단계의 욕구를 추구하게 되는데, 이미 충족된 욕구는 동기유발의 요인이 될 수 없다는 논리이다.

17 정답 A [시나리오 제시 기본]

문제에서 불만은 줄어들었지만, 만족도는 눈에 띄게 향상되지 않았다는 것이 키워드이다. 내용 이론 중에서 '허츠버그(Herzberg)의 동기·위생요인 이론'에 대한 설명이다. 허츠버그(F. Herzberg)의 동기·위생요인 이론은 조직 구성원에게 직무에 불만을 주는 요인과 만족을 주는 요인이 별개의 차원이라는 사실을 전제로 하며, 만족과 불만을 주는 2개의 요인이 있다는 데서 일명 'two factor' 이론이라고도 부른다.

불만을 주는 요인을 위생요인(Hygiene Factor), 만족을 주는 요인을 동기요인(Motivation Factor)이라고 하고, 조직 내의 사람들에게 동기를 부여하기 위해서는 먼저 위생요인을 어느 정도 충족시킨 후에 동기요인에 관심을 갖게 하는 것이 효과적이라는 이론이다.

18 정답 B [용어 이해 기본]

책임배정 매트릭스는 최근에 출제 비중이 증가했으니 반드시 적용규칙을 포함해서 이해하고 있어야 한다. 산출물에 대한 담당자 및 권한을 확인하고 싶은 것이기 때문에 RACI 차트를 선택하면 된다.

19 정답 D [용어 이해 기본]

프로젝트에서는 동일한 시스템이나 프로세스로 작업을 진행해야 정확한 의사소통이 가능하다. 해당 업체에서 업체의 프로세스를 사용하기를 희망하지만 프로젝트 관리자로서는 프로젝트에서 지정한 프로세스에 따르도록 강요해야 하고, 끝까지 사용을 거부한다면 업체 변경까지 고려해 보아야 한다.

20 정답 C [시나리오 제시 기본]

갈등 해결 방법을 묻는 문제이며, 선택이 쉽지는 않다. 어느 한쪽에만 혜택을 주는 것도 아니고 중간 정도 타협도 아니다. 팀 해체 후 다시 구성했다는 것은 그만큼 시간과 정성을 쏟아야 하는 것이므로 문제해결이 가장 적합하다.

다음은 타협/화해(Compromise/Reconcile)에 대한 설명이다.

1) **개요:** 보통은 화해라는 뜻으로 쓰이며, 중간 정도의 'Win-Win' 상황 발생. 모든 관련 당사자가 일정 수준 만족하는 해결책을 모색한다.

2) **목적:** 그룹들이 서로 양보하여 분쟁을 중단할 것임을 약속함으로써 모든 관련 당사자가 일정 수준 만족하는 해결책을 모색한다.

3) **적합한 상황:**

- 사안은 중요하나 더는 설득이나 주장이 어렵다고 판단될 때
- 그룹들이 대등한 권한과 의사결정 권한이 있을 때
- 복잡한 문제에 대한 잠정적인 해결책을 찾고자 할 때
- 충분한 시간이 없을 때

21 정답 C [시나리오 제시 기본]

문제에서의 키워드는 인력 간의 상하 관계를 파악하는 것이다. 조직도 이외는 계층구조 없이 작성된 문서임을 기억하자.

22 정답 B [시나리오 제시 기본]

문제에서 설명하는 프로세스는 [9.2 활동 자원산정]이다. (B)는 [9.3 자원 확보] 프로세스의 주요 산출물이며, 9장에서는 프로세스별로 T&T 및 산출물을 구분하는 문제가 자주 출제된다.

23 정답 A [ITTO 제시 심화]

문제에서 제시하는 프로세스는 [9.1 자원관리 계획수립]이다. 이러한 문제는 지식 영역 간을 넘나들기보다는 동일한 프로세스에서 투입물과 산출물을 함께 제시하거나, 동일한 지식 영역 내에서 다른 프로세스의 투입물이나 산출물을 함께 제시하는 경우가 대부분이다. 프로세스마다 투입물을 기억하거나 암기하는 것은 어려우므로, 차라리 프로세스별로 중요산출물에 대해서 암기하는 방향이 합격을 위해서는 효과적이다.

24 정답 A [시나리오 제시 기본]

문제 상황은 본인의 의지와는 무관하게 이미 해당 프로젝트에 투입되는 상황을 설명하고 있다. 이렇게 [9.3 자원 확보(Acquire Resources)] 프로세스 이전에 해당 프로젝트에 이미 투입되기로 결정된 것을 사전 배정이라고 말하며, 사전 배정의 다른 사례에 대해서는 반드시 기억하자.

사전 배정의 일반적인 사례는 다음과 같다.

- 프로젝트가 경쟁 제안 방식으로 특정 직원의 배정이 제안서에 포함되는 경우
- 프로젝트가 특정 직원의 전문성에 의존하는 경우
- 일부 직원 배정이 프로젝트 헌장에 정의된 경우

25 정답 A [시나리오 제시 기본]

프로젝트에 필요한 팀원들을 선정하기 전에 수행하는 계획에 관련된 문제이다. 조직도는 [9.1 자원관리 계획수립(Plan Resource Management)] 프로세스에서 사용되는 대표적인 기법이며, 조직도의 대표적인 3가지 유형에 대해서도 이미지 기반의 학습으로 구분해서 이해하고 있어야 한다.

1) **계층구조형 조직도(Hierarchical-type charts):** 프로젝트 실무에서 가장 많이 활용되는 전통적 조직도 구조 형태로서, 직위와 관계를 상하 도식으로 보여주는 데 사용할 수 있다. 계층구조형 조직도의 장점은 보고 체계를 함께 볼 수 있고 시각적으로 이해하기 쉬운 장점이 있으며, 조직분류체계(OBS : Organizational Breakdown Structure)라고도 한다.

2) **매트릭스형 역할표(Matrix-based charts, RAM):** 책임 배정 매트릭스(Responsibility Assignment Matrix) 혹은 RACI(Responsible, Accountable, Consult, Inform) 차트라고도 하는 매트릭스 형태로, 가로축에는 사람과 세로축에는 활동을 나열하고, 교차하는 부분에 역할이나 책임을 기술한다.

3) **텍스트형(text-oriented):** 일반적으로 독립적으로 존재하기 보다는 계층구조형 조직도나 매트릭스형 역할표의 보조로 사용되며, 구체적인 사항을 기록할 수 있는 장점은 있으나, 시각적으로 한눈에 볼 수 없다는 단점이 존재한다.

26 정답 C

[9.6 자원 통제(Control Resource)] 프로세스는 6판에서 추가된 프로세스이고, 물적 자원으로만 한정하고 있다. 자원 통제 프로세스의 목적은 물적 자원이 계획대로 사용되었고, 물적 자원의 공급 지연이나 물가 상승으로 일정이나 비용에 대한 영향이 없도록 추가로 필요한 자원을 적시에 공급하고자 하는 것이다. 다음은 추가적인 자원 통제의 주요한 활동이니 함께 기억하자.

- 계획과 프로젝트 요구사항에 맞게 자원이 사용되고 배포된다는 것을 보증
- 자원 활용률 변화를 일으킬 수 있는 요소에 영향을 줌
- 발생하는 실제 변경 사항 관리

27 정답 A

[시나리오 제시 기본]

정답을 선택하기 어려운 문제이다. 프로젝트 특징이나 프로젝트가 수행되는 환경에 따라서 고객의 견해 차이가 발생할 수 있는 문제이기 때문이다. 특정한 프로젝트에서는 계약서에 포함된 자원 투입량이 중요하기 때문에 불가한 경우도 존재하지만, 프로젝트에 미치는 영향이 없고 프로젝트 관리자가 책임지겠다는 전제하에 고객이 승인하는 경우가 일반적이다 (물적 자원에서는 불가하지만, 인적 자원에서는 가능함에 유의하자).

전문가의 Comment

다음은 협력/문제 해결(Collaborate/Problem Solve)에 대한 요약 설명이다.

1) 개요: 시간이 오래 걸리는 단점이 있지만 근본적인 갈등해결 방법으로서 'Win-Win' 상황이 발생한다.

2) 해결책: 갈등이란 대안을 검토하여 해결할 문제로서 주고받는(give and take) 태도와 솔직한 대화가 필요한 것으로 간주한다.

3) 적합한 상황

- 매우 중요한 통일된 사안을 해결할 때
- 다른 그룹의 의견을 들을 필요가 있을 때
- 공감대 형성 및 지속적인 관계유지가 필요할 때

28 정답 D

[시나리오 제시 기본]

갈등해결 원칙에서 프로젝트 관리자의 역할에 대한 질문이다. 프로젝트 관리자는 갈등해결 과정에 있어서 주체는 아니며 중재자가 되어야 한다. 당사자들 간에 발생한 갈등에 대해서 프로젝트 관리자가 일방적인 의사결정을 하게 되면, 해당 갈등은 해결되는 것이 아니라 잠시 소강 상태에 머물고 있을 뿐이다.

갈등은 팀원 간, 팀원과 고객 간, 팀원과 프로젝트 관리자 간에도 발생하지만, 해결할 책임은 일차적으로 갈등을 유발한 당사자에게 있다. 하지만 팀원 간 갈등이 고조되면 팀원만의 노력만으로는 해결이 어려우며, 프로젝트 관리자는 만족스러운 해결책을 찾도록 지원해야 한다. 또한, 파괴적인 갈등이 계속되면, 징계 처분 등의 공식적인 절차를 따를 수도 있다.

29 정답 B

[시나리오 제시 기본]

문제의 상황은 다른 부서와 협력하여 해결되어야 할 작업이 원활하게 진행되지 않는 상황이라는 것을 알 수 있다. 이럴 때 팀원들이 필요한 것은 프로젝트 관리자가 해당 부서와 업무를 진행할 수 있도록 업무 당사자가 시작의 물꼬를 트여 주길 바라고 있을 것이다. 이러한 것은 프로젝트 관리자의 권력 중에서도 '전문적 권력(Expert power)'에 해당되며, 그 중에서도 네트워크 권력(Connection power)이다.

30 정답 B

[시나리오 제시 기본]

이 문제는 T&M 계약이라는 단어를 등장시켜, 수험생을 혼동케 하려는 문제이다. 하지만 문제에서 주의 깊게 보아야 하는 문구는 '해당 업무에 유능한 현지 전문가'이다. 현지에서 프로젝트 업무에 유능한 전문가를 채용한 것이기 때문에, 다른 무엇보다 팀원의 정치적/경제적 특성을 이해하면서 글로벌 문화의 차이점을 팀원들에게 교육하여, 작업 이외의 근무환경 아래에서 불협화음이 발생하지 않게 해야 한다.

31 정답 D [시나리오 제시 기본]

자원관리에서는 프로세스의 정의를 묻는 문제가 자주 등장한다. 특히나 [9.4 팀 개발]과 [9.5 팀 관리] 프로세스는 혼동하기 쉬우니 반복해서 학습해야 한다. (A)는 [9.1 자원관리 계획수립], (B)는 [9.3 자원확보], (C)는 [9.4 팀 개발]에 관한 설명이다.

32 정답 C [시나리오 제시 기본]

자원 확보에서 협상과 관련된 문제이다. 협상에서 정해진 답은 없지만 PMBOK에서 말하는 원칙을 따라가다 보면 가장 근접한 보기 선택은 가능하다. PMBOK에서 제시하는 인적 자원 확보 가이드의 우선순위는 다음과 같다.

1) 필요한 역량을 지닌 인력이 조직 내부에 있다면 외부 인력보다 우선한다.

2) 조직 내부에 있는 인력에 대해서는 기능 관리자와 협상을 하여 확보한다.

3) 기능 관리자와 협상이 결렬되면, 기능 관리자보다 상위 권한을 지닌 PMO나 프로그램 관리자 등에게 도움을 요청한다.

4) 다른 프로젝트에 투입이 결정되어 있으나, 아직 투입 전이라면 해당 프로젝트 관리자와 협상을 시도한다.

5) 이미 다른 프로젝트에 투입된 경우라면 대체 인력을 찾아야 하며 조직 내의 인력을 먼저 확보하기 위한 노력을 해야 한다.

33 정답 A [ITTO 제시 기본]

팀 관리 프로세스에서 중요한 것은 팀원들의 역량을 유지하는 것이고, 교육이나 프로젝트 작업을 통해서도 역량에 미치지 못하는 인원에 대한 시기적절한 교체를 하는 것이다. 프로젝트 관리자는 관련된 이해관계자들에게 어느 정도 영향력을 행사하여 원하는 인력을 교체할 수 있도록 노력해야 한다.

 전문가의 Comment

다음은 대표적인 영향력 행사 사례이다.

- 설득 능력
- 핵심과 입장을 명확히 밝히는 능력
- 능동적이며 효과적인 경청 역량
- 모든 상황에서 다양한 관점에 대한 인식과 고려

34 정답 C [시나리오 제시 기본]

프로젝트 관리자의 갈등 처리 시 중점 파악요소에 대한 질문이다. 갈등해결에서는 '개인'이 아니라 '이슈'에 초점을 맞춰야 한다.

35 정답 B [시나리오 제시 기본]

특정 자원의 투입이나 철수 시기에 대한 것이므로 자원 달력에 기록해야 한다. 자원 요구사항은 작업별로 필요한 자원이 포함되어 있으나, 해당 작업을 수행할 인원 명칭이 포함되어 있지는 않다. 또한 RACI 차트에는 작업별로 R, A, C, I만 포함되어 있고 해당 작업을 완료하기 위한 기간에 대해서는 포함하고 있지 않다.

36 정답 C [ITTO 제시 기본]

프로젝트를 수행하는 데 필요한 인력에 대한 계획을 수립하는 단계이다. 프로젝트는 비용과 기간이 한정되어 있기 때문에 필요한 인력을 필요한 시기에 투입하고 해제하는 것은 매우 중요하다. 또한, 계획 대비 필요한 인력이 투입되었는지에 대한 검토도 필요한데, 이러한 것을 가능하게 하는 것은 자원 히스토그램이다.

37 정답 D [용어 이해 기본]

그라운드 룰 적용 원칙에 대한 질문이다. 그라운드 룰은 6판에서는 9장에서 13장으로 자리를 이동하였다. 9장에서는 [9.1 자원관리 계획수립]의 산출물인 '팀 헌장(Team Charter)'의 구성요소로 다루고 있으며, [13.3 이해관계자 참여 관리] 프로세스에서는 별도의 기법으로 소개하고 있다. 그러면서 다른 이해관계자뿐만 아니라 프로젝트 팀원들에게 기대되는 행동 규범으로 정의하고 있다.

(D)에서 그라운드 룰은 프로젝트의 특징이나 환경을 고려하여 설정하는 '기본 규칙'이기 때문에 성공한 것을 그대로 가져다 사용하는 것이 아니라 프로젝트에 맞게 프로젝트 팀원들의 동의로 작성하는 것이 바람직하다.

 전문가의 Comment

팀의 그라운드 룰을 만들고 실행할 때에는 다음과 같은 점을 고려하는 것이 바람직하다.

1) 모든 팀원이 참여하여 결정해야 한다.

2) 항목은 적을수록 좋다.

3) 구체적이고 명확해야 한다.

4) 일단 정해진 그라운드 룰은 예외 없이 엄격하게 적용해야 한다.

5) 그라운드 룰은 주기적으로 강조돼야 한다.

38 정답 C [시나리오 제시 기본]

실무에서 흔히 마주치게 되는 상황이며, 프로젝트 관리자의 의사보다는 수행 조직 내/외부 이해관계자에 따라 선택지가 달라지는 경우가 대다수이다. 이러한 문제는 PMBOK에서 제시하는 인력 확보 원칙과 프로젝트 관리자의 책임을 함께 고려해야 한다. 프로젝트 관리자의 책임 중에는 팀원 육성(수행 조직 인력 우선 확보 및 확보된 인력에 대한 역량 향상)이 존재하지만, 팀원 육성보다 앞서는 프로젝트 목표 및 수익 달성이 존재한다. 그렇기 때문에 조직 내부 인력과 외부 인력 확보 시에 예상되는 비용-편익 분석이 선행되어야 한다.

39 정답 C [프로세스 정의 기본]

[9.5 팀 관리(Manage Team)] 프로세스에 대한 정의임을 알 수 있다. 자원관리 지식 영역은 인적 자원과 물적 자원을 포함하고 있으며, 프로세스별로 포함하고 있는 대상이 다름에 유의해야 한다. 이 문제는 인적 자원에 한정되어 있으며 내용 자체는 감시 및 통제 프로세스 그룹에 포함되나, 인적 자원은 통제의 대상이 아닌 지속적인 개발과 육성의 대상이고 통제하려고 해도 되지 않는 특성을 고려하여 '실행' 프로세스 그룹에 포함되어 있다.

 전문가의 Comment

9장의 프로세스별로 인적 자원과 물적 자원의 포함 여부를 정리하면 다음과 같으며, 이해하기 쉬운 방법 중 하나는 산출물 명칭 및 포함 내용을 확인해 보길 바란다.

- [9.1 자원관리 계획수립]: 인적 자원 + 물적 자원
- [9.2 활동 자원산정]: 인적 자원 + 물적 자원
- [9.3 자원 확보]: 인적 자원 + 물적 자원
- [9.4 팀 개발] ~ [9.5 팀 관리]: 인적 자원
- [9.6 자원 통제]: 물적 자원

40 정답 A [시나리오 제시 기본]

팀원 간의 갈등 해결에 대한 시나리오 유형 문제이다. 현재 워크숍을 진행 중이며, 공통 영역이나 미해결 이슈에 대한 논의가 발생하는 것은 자연스러운 현상이다. 워크숍은 프로젝트 수행 중에 여러 번 수행하기는 어렵고, 프로젝트의 이해관계자들이 한자리에 모일 수 있는 자리도 마련하기 어렵기 때문에 해당 워크숍에서 처리하는 것이 프로젝트관리자의 역할이다.

41 정답 C [용어 이해 기본]

투입 인적 자원(또는 물적 자원)의 가용한 일정이 기록되어 있는 관련 문서를 확인했어야 하며, 보기 중에서 이러한 일정을 확인하기에 가장 적합한 문서는 자원 달력이다. 프로젝트 달력과는 달리 자원 달력은 자원별로 작성되며, 자원의 투입/철수 시점뿐만 아니라 투입 기간 내에 가용한 일정이 기록되어 있다.

42 정답 A

터크만 사다리 모델은 특정한 단계에 대한 질문 이
외에 이렇게 단계–단계를 연관지어 묻는질문도 상
당수 출제된다. 문제에서는 초기에 R&R에 대한 정
립도 없이 서로에 대한 이해도가 낮아서 독립적으로
행동하는 '형성' 단계에서 갈등과 혼란이 빈번하게
발생하는 '갈등' 단계로 변화되고 있음을 설명하고
있다.

43 정답 A

정답을 선택하기 어려운 문제이다. 문제에서의 키워
드는 '팀원 간의 협력도 원활하지 않다'이고, 이것을
근거로 선택 가능한 보기는 (A)나 (B)가 적합하다.
하지만 문제 의도 상 현재 프로세스는 [9.4 팀 개발]
보다는 [9.5 팀 관리]에 가까우며, "프로젝트 성과를
극대화"라는 문장은 [9.5 팀 관리] 프로세스 정의의
주요한 키워드이기도 하다. 이러한 문제는 실전에서
도 많이 등장하지만, 출제자의 의도에 따라서 정답
이 달라질 수 있기 때문에 많은 시간을 할애해서는
안 되는 문제 유형이다.

프로젝트 의사소통관리

PROJECT COMMUNICATIONS
MANAGEMENT

출제 유형 분석

의사소통관리 지식 영역은 학습은 용이하나, 다른 지식 영역과 연계되어 출제되는 경향이 많기 때문에 결코 쉬운 영역은 아니다. 시험장에서 명확하게 의사소통관리로 인식되는 문제는 많지 않으며, 실무 경험이나 글로벌 문화를 고려하면서 풀어야 하는 영역임에 유의하자.

그룹	출제 항목	출제 유형	빈도	난이도
기획	10.1 의사소통관리 계획수립 (Plan Communications Management)	· 의사소통 모델 및 구성요소 · 다문화 커뮤니케이션 고려사항 · 의사소통관리 계획서 포함 내용	A	C
실행	10.2 의사소통 관리 (Manage Communications)	· 의사소통 관리 프로세스 정의 · 주요 투입물 포함내용(변경 기록부, 이슈 기록부, 품질 보고서, 리스크 보고서 등) · 의사소통 스킬 종류 및 정의(의사소통 역량, 피드백, 비언어적, 프레젠테이션) · 의사소통 방법(대화식, 전달식, 유인식)의 종류 및 장단점 비교	A	B
감시 및 통제	10.3 의사소통 감시 (Monitor Communications)	· 의사소통 감시 프로세스 정의 · 의사소통 방해요소 및 해결방안 · 대인관계 및 팀 기술(관찰 및 대화)	B	C

이렇게 학습하세요

반드시 보아야 할 것

☐ 의사소통관리 계획서 포함 내용(전달할 정보, 배포 사유, 배포 주기, 정보 수신)

☐ 의사소통관리 계획수립 T&T(의사소통 모델, 의사소통 방법)

☐ 의사소통 관리 프로세스 정의 및 주요 투입물(변경사항 기록부, 이슈 기록부, 품질 보고서, 리스크 보고서 등)

☐ 의사소통 모델 유형 및 구성요소(발신자, 수신자, 메시지 및 피드백, 암호화, 복호화 등)

비교해 보아야 할 것

☐ 의사소통 방법(대화식, 전달식, 유인식) 개요, 사례, 장단점

☐ 의사소통관리 계획서와 이해관계자 참여 계획서 포함 내용

흐름을 따라가 보아야 할 것

☐ 해당 사항 없음

| 계산해 보아야 할 것

☐ 의사소통 채널 수 계산하기(의사소통의 복잡성을 나타내는 척도)

| 확인해 보아야 할 용어

☐ 의사소통 방법(대인, 소그룹, 대중, 매스, 네트워크 및 소셜 컴퓨팅)

☐ 의사소통 모델 구성요소(메시지, 피드백, 암호화, 복호화, 수신확인, 응답)

☐ 성과측정 기준선(Performance Measurement Baseline)

| 출제 빈도 높은 ITTO(투입물, 도구 및 기법, 산출물)

☐ 의사소통관리 계획수립 도구 및 기법(의사소통 모델, 의사소통 방법)

☐ 의사소통관리 투입물(이슈 기록부, 변경 기록부, 작업성과 보고서 등)

의사소통관리 계획수립
Plan Communications Management

→ 정답 345쪽

1 [의사소통관리 계획수립] 프로세스 정의에 대한 핵심 키워드를 완성하시오.

의사소통관리 계획수립은 이해관계자 개인 또는 그룹의 정보 (❶   ), 사용 가능한 (❷   ) 및 (❸   )을 기반으로 프로젝트 의사소통 활동을 위한 적절한 접근 방법과 계획을 개발하는 프로세스이다.

2 [의사소통관리 계획수립] 프로세스의 주요 ITTO에 대해서 다음의 힌트를 참조하여 핵심 키워드를 완성하시오.

그룹	프로세스	투입물	도구 및 기법	산출물
기획	10.1 의사소통관리 계획수립 (Plan Communications Management)	1. 프로젝트 헌장 (Project charter) 2. 프로젝트관리 계획서 (Project management plan) 3. 프로젝트 문서 (Project documents) · 요구사항 문서 (Requirements documentation) · ❶ 4. 기업 환경 요인 (Enterprise environmental factors) 5. 조직 프로세스 자산 (Organizational process assets)	1. 전문가 판단(Expert judgment) 2. 의사소통 요구사항 분석 (Communication requirements analysis) 3. 의사소통 기술 (Communication technology) 4. ❷ 5. 의사소통 방법 (Communication methods) 6. 대인관계 및 팀 기술 (Interpersonal and team skills) · ❸ · 정치적 인식(Political awareness) · 문화적 인식(Cultural awareness) 7. 데이터 표현(Data representation) · 이해관계자 참여평가 매트릭스 (Stakeholder engagement assessment matrix) 8. 회의(Meetings)	1. ❹ 2. 프로젝트관리 계획서 업데이트 (Project management plan updates) 3. 프로젝트 문서 업데이트 (Project documents updates)

❶ 이해관계자 목록, 상세 정보를 포함하고 있으며, 프로젝트 이해관계자와의 의사소통 계획을 수립하는 데 필요한 개인 정보를 제공하는 문서이다.

❷ 프로젝트마다 다를 수는 있으나 기본적으로 발신자, 수신자, 메시지 및 피드백, 암호화, 복호화, 전달 매체로 구성되어 있다. 다문화 커뮤니케이션을 위해서는 앞 구성요소 이외에 상대방 국가의 관습, 전통, 몸짓 등도 이해해야 향후 발생 가능한 문제나 오해의 소지를 줄일 수 있다.

❸ 효과적인 의사소통을 위한 대인관계 및 팀 기술이며, 계획된 의사소통 활동을 위해 각각의 이해관계자 별로 선호되는 의사소통 방법, 형식, 그리고 내용을 식별하는 데 사용하는 기술이다.

❹ 프로젝트 의사소통을 계획하고 구조화하며, 효과성에 대해서 어떻게 모니터링해야 하는지를 설명하는 문서이다. 프로젝트관리 계획서에 포함되거나 별도의 보조관리 계획서로 존재한다.

기출 문제

1 이해관계자 A는 성과 보고서에 포함되는 정보가 너무 많아서 보기 어렵다고 하고, 이해관계자 B는 오히려 너무 적어서 보고 싶은 내용이 포함되어 있지 않다고 불평하고 있다. 프로젝트 관리자로서 어떻게 해야 하나?

A. 이슈 기록부에 등록한다.

B. 프로젝트관리 계획서를 점검하고 필요시 변경한다.

C. 이해관계자관리 전략을 점검한다.

D. 의사소통관리 계획서를 변경한다.

해설

의사소통관리 계획서에는 이해관계자 의사소통 요구사항, 언어, 형식, 내용, 상세 수준 등 이 포함되며, 의사소통관리 계획서는 프로젝트관리 계획서의 구성 요소이다. (D)번이 답이 아닌 이유에 대한 질문이 있을 수 있는데, (B)는 검토 후 필요 시 변경이고, (D)는 영향도 검토 없이 무조건 변경부터 한다는 의미이기 때문에 (B)를 답으로 선택해야 한다.

다음은 의사소통관리 계획서의 포함 내용이며, 다음 정도는 반드시 이해하고 있어야 한다.

· 이해관계자 의사소통 요구사항
· 언어, 형식, 내용, 상세 수준을 포함하여 전달할 정보
· 정보의 배포 사유
· 필요한 정보의 배포 시간대 및 주기
· 정보 전달을 책임지는 담당자
· 기밀 정보 공개의 승인을 담당하는 책임자
· 정보를 수신할 개인이나 그룹
· 메모, 이메일, 보도 자료 등과 같이 정보를 전달하는 데 사용되는 방법이나 기술
· 시간과 예산을 포함하여 의사소통 활동에 할당된 자원

정답 B

의사소통 관리
Manage Communications

10-2

핵심 키워드

→ 정답 345쪽

1 [의사소통 관리] 프로세스 정의에 대한 핵심 키워드를 완성하시오.

의사소통 관리는 프로젝트 정보를 (❶   )에 (❷   ) 방식으로 수집, 생성, 배포, 저장, 검색, 관리 그리고 최종 처리하는 것을 보증하는 프로세스이다.

2 [의사소통 관리] 프로세스의 주요 ITTO에 대해서 다음의 힌트를 참조하여 핵심 키워드를 완성하시오.

그룹	프로세스	투입물	도구 및 기법	산출물
실행	10.2 의사소통 관리 (Manage Communications)	1. 프로젝트관리 계획서 (Project management plan) 2. 프로젝트 문서 (Project documents) · 변경 기록부(Change log) · ❶ · 교훈 관리대장 (Lessons learned register) · 품질 보고서 (Quality report) · 리스크 보고서 (Risk report) · 이해관계자 관리대장 (Stakeholder register) 3. 작업성과 보고서 (Work performance reports) 4. 기업 환경 요인 (Enterprise environmental factors) 5. 조직 프로세스 자산 (Organizational process assets)	1. 의사소통 기술 (Communication technology) 2. 의사소통 방법 (Communication methods) 3. 의사소통 스킬 (Communication skills) · 의사소통 역량 (Communication competence) · 피드백(Feedback) · 비 언어적(Nonverbal) · ❷ 4. 프로젝트관리 정보시스템 (Project management information system) 5. 프로젝트 보고(Project reporting) 6. 대인관계 및 팀 기술 (Interpersonal and team skills) · 적극적인 청취(Active listening) · 갈등 관리(Conflict management) · 문화적 인식(Cultural awareness) · 회의 관리(Meeting management) · 네트워킹(Networking) · 정치적 인식(Political awareness) 7. 회의(Meetings)	1. 프로젝트 의사소통 (Project communications) 2. 프로젝트관리 계획서 업데이트 (Project management plan updates) 3. 프로젝트 문서 업데이트 (Project documents updates) 4. 조직 프로세스 자산 업데이트 (Organizational process assets updates)

❶ 의사소통에서 중요한 문서로 프로젝트 작업 중에 발생한 이슈가 포함되어 있으며, 발생된 이슈는 지체 없이 관련 이해관계자에게 전달되고 빠른 의사결정으로 이어져야 한다.

❷ 프로젝트 정보 또는 문서의 공식적인 전달 수단이며, 프로젝트의 작업과 목적에 대한 이해도와 지원 증 진에 효과적인 의사소통 스킬이다.

기출 문제

1 고객이 프로젝트 현황 보고서, 진행 측정치, 예측치 등을 포함한 성과 정보를 요구하고 있다. 프로젝 트 팀은 어떠한 방법을 통해서 고객에게 통보하는 것이 가장 바람직한가?

A. 의사소통 감시(Monitor Communications)

B. 의사소통 관리(Manage Communications)

C. 이해관계자 참여 관리(Manage Stakeholder Engagement)

D. 이해관계자 식별(Identify Stakeholders)

해설 의사소통 관리는 의사소통관리 계획서에 따라서 프로젝트 정보를 생성, 수집, 배포, 저장, 검색 그리고 최종 처리하는 프로세스이다. 문제가 의미하는 것은 성과 보고서에 포함되어 있는 정보이며, 이러한 정보는 의사소통 관리의 '프로젝트 보고'라는 행위를 통해서 주요 이 해관계자들에게 배포된다.

정답 B

의사소통 감시
Monitor Communications

→ 정답 345쪽

1 [의사소통 감시] 프로세스에 대한 핵심 키워드를 완성하시오.

의사소통 감시는 프로젝트 및 이해관계자의 (❶   )를 충족시킨다는 것을 보증하는 프로세스이다.

2 [의사소통 감시] 프로세스의 주요 ITTO에 대해서 다음의 힌트를 참조하여 핵심 키워드를 완성하시오.

그룹	프로세스	투입물	도구 및 기법	산출물
감시 및 통제	10.3 의사소통 감시 (Monitor Communications)	1. 프로젝트관리 계획서 (Project management plan) 2. 프로젝트 문서 (Project documents) 3. 작업성과 데이터 (Work performance data) 4. 기업 환경 요인 (Enterprise environmental factors) 5. 조직 프로세스 자산 (Organizational Process Assets)	1. 전문가 판단 (Expert judgment) 2. 프로젝트관리 정보시스템 (Project management information system) 3. 데이터 분석 (Data analysis) · ❶ 4. 대인관계 및 팀 기술 (Interpersonal and team skills) · ❷ 5. 회의(Meetings)	1. 작업성과 정보 (Work performance information) 2. 변경요청 (Change requests) 3. 프로젝트관리 계획서 업데이트 (Project management plan updates) 4. 프로젝트 문서 업데이트 (Project documents updates)

❶ 프로젝트 관리자는 이러한 데이터 분석을 통해서 이해관계자 참여 수준의 변경을 추적하고 감시한다. 이러한 활동은 프로젝트 수행 동안 수시로 진행해야 하고, 의사소통 활동의 효과 측정 및 필요하다면 의사소통관리 계획 및 활동을 조정한다.

❷ 프로젝트 관리자가 팀 내부 문제, 팀원 간의 갈등 또는 개인별 성과 이슈를 식별하여 의사소통 문제에 사용할 수 있는 대인관계 및 팀 기술로서, 관련된 이해관계자를 지속적으로 관찰하면서 문제점을 파악하고 대화를 통해서 문제를 해결하는 기법이다.

1 프로젝트 관리자는 이해관계자가 필요한 시점에 필요한 정보를 확인할 수 있도록 항상 최적의 정보 흐름을 보장해야 한다. 관련된 결과를 수시로 검토하면서 계획된 의사소통 절차와 활동이 이해관계자의 지지를 증가시키거나 유지하는 데 효과가 있는지를 결정하고, 필요하면 관련된 계획서와 활동을 변경해야 한다. 이러한 활동을 위해 사용되는 기법으로서 적합하지 않은 것은?

A. 프로젝트관리 정보시스템(Project Management Information Systems)

B. 이해관계자 참여평가 매트릭스(Stakeholder Engagement Assessment Matrix)

C. 관찰 및 대화(Observation/Conversation)

D. 프로젝트 보고(Project Reporting)

해설 문제에서 수행하는 프로세스부터 파악해야 한다. PMP 시험에서는 49개의 프로세스를 명확하게 제시하는 문제보다는 해당 프로세스를 유추할 수 있는 문장을 주어지고 그와 관련된 ITTO를 찾는 문제 비중이 높다. 이 문제는 [10.3 의사소통 감시] 프로세스에 대한 설명이며, 해당 프로세스에서 사용되지 않는 기법을 찾는 문제이다. D는 [10.2 의사소통 관리]에서 사용되는 주요 기법이다.

정답 D

10 프로젝트 의사소통관리
전체 프로세스 흐름 파악하기

다음은 프로젝트 의사소통관리에 대한 전체 DFD이다. 괄호 안에 해당하는 투입물이나 산출물을 중심으로 프로세스 전체에 대한 흐름을 파악하시오.

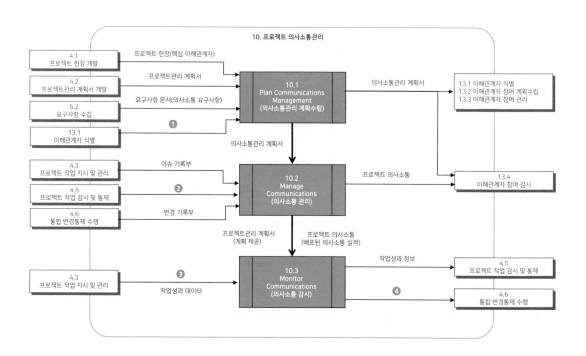

1   [10.1 의사소통관리 계획수립]: 의사소통 대상인 이해관계자 목록은 (❶   )
에서, 의사소통 요구사항 및 방법은 요구사항 문서에서 확인하고, 이해관계자 참여 계
획서를 참고하여 의사소통관리 계획서를 작성한다.

2   [10.2 의사소통 관리]: 프로젝트 성과와 상태 정보가 수집된 문서로서 토론을 촉진하
고 의사소통을 생성하며 최신 정보가 포함된 (❷   )를 의사소통
관리 계획서에서 정의한 보고 대상자, 형식, 주기에 맞게 배포한다. 이때 이해관계자들
의 관심 영역에 따라서 품질 보고서와 리스크 보고서를 포함하면 효과적이다. 정보 배
포의 결과로 프로젝트 이해관계자들 사이에 의사소통이 발생한다.

3   [10.3 의사소통 감시]: 의사소통 감시의 실적 기준인 작업성과 데이터를 계획 기준인
프로젝트 의사소통, 이해관계자 참여 사이에 발생한 이슈가 기록되어 있는 (❸   )
와 비교해 가면서 의사소통관리 계획서를 추적하고 감시한다. 감시 및 통제 결과
(❹   )이 발생할 수 있다.

→ 정답 343쪽

1 당신은 진행 중인 프로젝트에 새로운 PM으로 투입되었다. 주간 회의는 필요할 때에 수시로 열리고 있었으며, 프로젝트 팀과 고객들 간에는 의견들이 상충되는 모습들이 자주 감지되었다. 프로젝트 관리자로서 가장 먼저 해야 할 것은?

  A. 고객을 포함하여 킥오프 미팅(Kick-off meeting) 일정을 공지한다.

  B. 성과 보고서(Performance reports)를 확인한다

  C. 새로운 이해관계자 관리대장(Stakeholder register)을 작성한다.

  D. 의사소통관리 계획서(Communications management plan)를 확인하고 없다면 작성한다.

2 범위 기준선, 일정 기준선, 원가 기준선을 통합하여 승인된 계획으로 프로젝트 성과를 측정하고 관리하는 데 있어 비교 기준이 되는 것은 무엇인가?

  A. 획득가치 관리(EVM : Earned Value Management)

  B. 완료 시점 예산(BAC : Budget At Completion)

  C. 성과측정 기준선(Performance measurement baseline)

  D. 원가 기준선(Cost baseline)

3 PM이 4명의 업무 분석가, 1명의 개발자와 작업을 수행 중에 2명이 전임제로 외부 지원 나가고 1명이 파트타임으로 들어왔다. 이 조직의 의사소통 채널 수를 구하시오.

  A. 6   B. 10   C. 13   D. 17

4 프로젝트 팀원이 주간 보고서를 작성하며 대형 이슈를 제기하였다. 전문 영역이라 프로젝트 관리자만으로는 검토가 어려우며, 프로젝트 내에서는 다른 전문가는 없는 실정이다. 고객 보고가 얼마 남지 않는 상황에서 프로젝트 관리자가 취해야 할 바람직한 행동은?

  A. 프로젝트 팀원을 믿고 고객 보고서에 포함한다.

B. 프로젝트 팀원을 모아 브레인스토밍을 실시한다.

C. 전문 기관에 검토를 맡겨 외부 검토 결과에 따라 고객 보고서에 포함한다.

D. 고객이 관심 없는 사항이므로 보고서에 포함하지 않는다.

5 대규모 프로젝트를 수행 중이며 프로젝트 특성상 지역적으로 떨어져서 작업을 수행 중이다. 또한 프로젝트에 참여하는 이해관계자가 무려 500여 명이며, 다행히 인트라넷은 구축되어 있다. 프로젝트에서 사용하기에 적합한 의사소통 방법은 무엇인가?

A. 대화식 의사소통(Interactive communication)

B. 전달식 의사소통(Push communication)

C. 유인식 의사소통(Pull communication)

D. 대중 의사소통(Public Communication)

6 프로젝트에는 다양한 이해관계자가 참여하며, 이해관계자들의 영향도와 참여도는 다르다. 프로젝트 의사결정 사항이나 성과에 대해 이해관계자에게 필요한 정보를 제공하는 적절한 방법은?

A. 스폰서에 의해서 확인된 사항에 대해서만 중요 이해관계자에게 전달

B. 고객과 프로젝트 팀원간에 정기적인 회의를 개최하여 워크숍으로 진행

C. 사전에 정의된 의사소통 방법에 따른 정보 배포

D. 주기적으로 발송되는 성과 보고서에 작성해서 보고

7 프로젝트 진척 현황을 검토 중이다. 일정은 계획 대비 2주 지연되고 있으며, 비용은 계획 대비 10% 초과되고 있다. 고객에게 이러한 상황을 보고하기에 적합한 의사소통 유형은 무엇인가?

A. 공식적 문서 의사소통(Formal written communication)

B. 비공식적 문서 의사소통(Informal written communication)

C. 공식적 구두 의사소통(Formal verbal communication)

D. 비공식적 구두 의사소통(Informal verbal communication)

8 획득가치 관리(EVM) 기법을 이용하여 원가 차이(CV), 일정차이(SV)를 산출하였다. 다음 중 이러한 산정치를 가장 많이 활용하는 프로세스로 적합한 것은?

A. 의사소통관리 계획수립(Plan communication management)

B. 의사소통 관리(Manage communication)

C. 의사소통 감시(Monitor communication)

D. 원가 통제(Control cost)

9 프로젝트 수행 도중 급격한 환율 변동으로 예상치도 못했던 일부 자재의 제작 원가가 13% 상승하였다. 이에 스폰서는 사전에 보고하지 않은 이유에 대해서 질책을 하고 있다. 프로젝트 관리자로서 어떻게 해야 했는가?

A. 이런 상황을 고려하여 사전에 우발사태 예비비를 편성했어야 한다.

B. 관련된 이해관계자들을 프로젝트 현황 회의에 계속 참여시켰어야 했다.

C. 추세 분석 및 차이 분석한 결과를 중간중간 스폰서에게 보고하고 대책을 논의했어야 했다.

D. 문제 발생 시점에 미리 프로젝트 중단이나 연기를 고려했어야 했다.

10 주요 이해관계자들이 프로젝트 진척과 관련된 필요한 정보가 제대로 제공되지 못하는 상황에 불평이 많았다. 지난주 월간회의 결과, 프로젝트 관리자가 교체되었다. 신규 프로젝트 관리자는 무엇부터 확인해야 하는가?

A. 자원관리 계획서(Human Resource Management Plan)

B. 이해관계자 참여 계획서(Stakeholder Engagement Plan)

C. 의사소통관리 계획서(Communication Management Plan)

D. 일정관리 계획서(Schedule Management Plan)

시험에 대비하는 핵심 문제 답&해설

1 정답 D   [시나리오 제시 기본]

시나리오를 해석해 보면 결국은 고객들과 프로젝트 팀원 간에 의사소통을 하고 있는 것이다. 회의 중에 이슈가 발생했었을 수도 있고, 적합한 인원이 참가하지 않았을 수도 있고, 부적절한 정보가 배포되어 이슈가 발생했었을 수도 있다. (B)도 답안이 될 수는 있지만, 이러한 상황에서 프로젝트 관리자는 '의사소통관리 계획서(Communications management plan)'를 확인하여 원칙에 따라 처리하는 것이 바람직하다. 또한 의사소통관리 계획서가 없다면 작성하고 변경할 사항이 있다면 갱신하는 것이 바람직하다.

  전문가의 Comment

의사소통관리 계획서에 포함된 항목은 시험 출제 비중이 높으니 여러 번 읽어서 기본적인 사항이더라도 이해하고 있어야 한다.

- 이해관계자 의사소통 요구사항
- 언어, 형식, 내용, 상세 수준을 포함하여 전달할 정보
- 정보의 배포 사유
- 필요한 정보의 배포 시간대 및 주기
- 정보 전달을 책임지는 담당자
- 기밀 정보 공개의 승인을 담당하는 책임자
- 요구 사항 및 기대치에 대한 정보를 포함하여 정보를 수신할 개인이나 그룹
- 메모, 이메일, 보도 자료 등과 같이 정보를 전달하는 데 사용되는 방법이나 기술
- 시간과 예산을 포함하여 의사소통 활동에 할당된 자원
- 하부 직급에서는 해결할 수 없는 이슈의 상부 보고 프로세스
- 프로젝트가 진행되고 전개됨에 따라 의사소통관리 계획서를 업데이트 및 정제하는 방법
- 일반적인 용어집

2 정답 C   [용어 정의 기본]

단순하면서도 시험에 꾸준히 출제되는 문제이다.

PMBOK에서 소개되는 기준선은 4개 정도이다. 범위 기준선, 일정 기준선, 원가 기준선은 수험생이라면 누구나 기억하고 있을 것이고, 거기에 추가로 '성과측정 기준선(Performance measurement baseline)'이라는 것이 존재한다. 범위, 일정, 원가를 따로따로 보고하면 이해도나 연관관계에 대한 전달력이 떨어지기 때문에, 성과측정 기준선이라는 통합된 형태로 제공하는 것이다.

  전문가의 Comment

성과 측정 기준선에 대해서 PMBOK에서 제시한 정의를 다시 한번 확인하자.

성과측정 기준선은 프로젝트 작업에 대해 승인된 계획으로 프로젝트 실행과 비교되며, 관리 통제를 위해 편차가 측정된다. 성과측정 기준선은 프로젝트의 범위, 일정 및 원가를 통합하는 것이 일반적이지만 때로 기술 및 품질 매개변수를 포함하기도 한다.

3 정답 B   [계산 풀이 기본]

[10장. 프로젝트 의사소통관리] 지식 영역에서도 계산 문제가 출제되기도 하는데, 바로 의사소통 채널 수를 구하는 문제이다. 6판에서는 거의 출제되고 있지는 않지만, 의사소통 기술/모델/방법 등을 선택하는 데 있어서 기초 정보를 제공하는 역할을 한다. 계산 시 핵심은 주어진 문제에서 채널 수를 구하기 위해 필요한 변수인 N(이해관계자 수)에 프로젝트 관리자가 포함되어 있는지에 대한 여부이다. 의사소통 채널 수를 구할 때는 당연히 프로젝트에 참여하고 있는 모든 이해관계자를 포함해야 하므로, 프로젝트 관리자를 반드시 포함해서 계산하도록 하자.

  전문가의 Comment

의사소통 채널 수를 구하는 공식은 'n(n − 1) / 2'이며, n은 이해관계자 수이다.

4 정답 C   [시나리오 제시 문제]

문제에 대한 상황 판단을 해야 하는 문제이다. 전문 영역이고 팀 내에 전문가가 없다면 당연히 외부 전문가를 활용하여 검토를 해야겠지만, 문제에서는 시간

적인 여유가 없다는 제약사항을 포함하고 있다. (A)와 (D)는 당연히 답안에서 제외되어야 하고, 일반적으로 프로젝트에서는 (B)를 통해 의사결정을 시도하는 것이 현실이지만, PMBOK에서는 원칙에 대한 강조가 많으므로, 시간이 부족하더라도 외부 전문가를 통한 검토 결과를 입력하여 신뢰성과 정확도를 높이는 것이 바람직한 행위라고 판단하고 있다.

5 정답 C   [시나리오 제시 기본]

[10.1 의사소통관리 계획수립(Plan Communications Management)]과 [10.2 의사소통 관리(Manage Communications)]에서 공통으로 사용되는 '의사소통 방법(Communication methods)'에 대한 질문이다. 질문에서의 키워드는 '지리적인 제약사항', '대규모 인원'이며, 이러한 프로젝트 특징에서 가장 유용한 의사소통 방법은 이해관계자들이 직접적으로 해당 게시물에 접근하게 하는 '유인식 의사소통(Pull communication)'이다.

전문가의 Comment

'의사소통 방법(Communication Methods)'의 대표적인 유형은 다음과 같으며 기존 대화식/전달식/유인식 이외에 6판에서는 다양한 의사소통 방법이 추가되었다.

1) **대화식(Interactive) 의사소통:** 둘 이상의 대화 당사자가 여러 방향으로 정보 교환을 수행하는 방법으로서 미팅, 전화통화, 화상 회의, SNS, 인스턴트 메시지 등을 이용한다.

2) **전달식(Push) 의사소통:** 정보를 알 필요가 있는 특정 수신자들에게 전송하는 방식으로서, 편지, 메모, 보고서, 이메일, 팩스, 음성 메일, 블로그, 보도 자료 등을 활용한다.

3) **유인식(Pull) 의사소통:** 대용량 정보 또는 대규모 수신자 그룹에 사용하는 방식으로서, 인트라넷 사이트, 온라인 학습, 교훈 데이터베이스 및 지식 저장소 등을 활용한다.

4) **대인(Interpersonal) 의사소통:** 일반적으로 두 명의 당사자가 서로 대면하는 Face-to-Face 상황에서 발생하며, 친밀감을 강하게 형성하고 원활한 피드백이 가능하다.

5) **대중(Public) 의사소통:** 한 사람이 청중을 대상으로 연설하는 방식으로 진행되어, '대중 연설'이라고도 부른다.

6) **매스(Mass) 의사소통:** 대중 의사소통과 같이 화자와 청자가 구분되지만, 같은 공간을 사용하지 않는다는 점에서 다르다.

7) **네트워크 및 소셜 컴퓨팅(Networks and Social Computing) 의사소통:** 소셜 컴퓨팅 기술과 미디어를 사용하여 다:다 의사소통 트렌드를 지원하는 방식이다.

6 정답 C   [시나리오 제시 기본]

[10.1 의사소통관리 계획수립(Plan Communications Management)]의 산출물인 의사소통관리 계획서에 대한 질문이다. 의사소통을 위한 정보 배포 시에 어떠한 정보를 포함해서 어떠한 이해관계자에게 어떠한 주기로 배포해야 할지에 대한 정보는 의사소통관리 계획서에 포함되어 있다.

7 정답 A   [시나리오 제시 기본]

의사소통 방법은 구분하는 기준에 따라서 여러 가지로 분류가 가능하다. PMBOK에 명시적으로 표현하고 있지는 않지만, 기본적으로 공식 의사소통인지 비공식 의사소통인지에 대한 분류가 있으며, 또한 문서로 전달해야 하는지, 구두상으로 표현해야 하는지에 대해서도 분류가 가능하다. 문제에서는 프로젝트 진척상황에 대해서 공식적인 의사결정이 이루어져야 하는 상황이므로, 공식적&문서화된 의사소통이 정답이다.

8 정답 B   [시나리오 제시 기본]

문제와 같이 산정치를 가장 많이 활용하는 것은 당연히 주간보고와 같은 회의나, 주요 이해관계자들에게 주간 혹은 월간 프로젝트 진척에 대한 메일 등의 보고 시점이다. 보고 시에는 이력관리와 의사결정이 필요하기 때문에 보고서 형식으로 작성되어야 하며, PMBOK에서는 이것을 '성과 보고서'라고 표현하고 있다. 성과 보고서를 작성해서 배포하는 기법은 [10.2 의사소통 관리(Manage Communications)] 프로세스에서 사용하는 '프로젝트 보고(Project reporting)'이다.

전문가의 Comment

의사소통 관리에 대한 정의를 묻는 문제도 자주 출제되므로 정확하게 이해하도록 하자.

"Manage Communications is the process of ensuring timely and appropriate collection, creation, distribution, storage, retrieval, management, monitoring, and the ultimate disposition of project information."

의사소통 관리는 프로젝트 정보를 적시에 적합한 방식으로 수집, 생성, 배포, 저장, 검색, 관리 그리고 최종 처리하는 것을 보증하는 프로세스이다. 즉, 의사소통을 하기 위해서 관련된 정보의 생애주기를 관리하는 프로세스라고 이해하자.

9 정답 C [시나리오 제시 기본]

이해관계자 참여 관리와 의사소통 관리가 혼합된 문제이다. 모든 이해관계자가 매번 회의에 참석할 수는 없다. 참석 대상이 일반적인 이해관계자라면 진척 회의에 지속해서 참여시키는 방향이 맞으나, 보기에서 대상이 스폰서이고 환율 변동이라는 중요한 리스크이기 때문에 오프라인 자리를 통해서 직접적인 보고를 하는 것이 적합하다.

10 정답 C [시나리오 제시 응용]

결과의 발생 원인을 찾으라는 문제이다. 프로젝트 관리자가 교체된 이유는 적시에 적합한 정보를 관련 이해관계자에게 제대로 공유하지 못했기 때문이다. 당신이 새로운 프로젝트 관리자라면 현재 프로젝트의 의사소통 기준부터 확인해야 하며, 이러한 정보는 의사소통관리 계획서에 포함되어 있다.

[핵심 키워드 정답]

10-1 의사소통관리 계획수립

1 ① 요구사항　　② 조직 자산

   ③ 프로젝트 요구사항

2 ① 이해관계자 관리대장

   ② 의사소통 모델

   ③ 의사소통 스타일 평가

   ④ 의사소통관리 계획서

10-2 의사소통 관리

1 ① 적시　　② 적합한

2 ① 이슈 기록부　　② 프레젠테이션

10-3 의사소통 감시

1 ① 정보 요구

2 ① 이해관계자 참여평가 매트릭스

   ② 관찰/대화

[전체 프로세스 정답]

① 이해관계자 관리대장

② 작업성과 보고서

③ 이슈 기록부

④ 변경요청

프로젝트 의사소통관리

→ 정답 355쪽

1. 글로벌 프로젝트를 진행 중이다. 국가마다 파견된 프로젝트 팀원들은 근무 시간이 다르기 때문에 중요한 이슈 발생 시에는 누락하는 상황이 발생하고 있다. 이러한 누락을 방지하기 위해서 중요한 이슈에 대해서는 문자를 통한 알람(alarm) 서비스를 팀원이 제기하였다. 이러한 의사소통 방법은 어디에 기록해 두어야 하는가?

   A. 의사소통관리 계획서(Communications management plan)

   B. 인적자원관리 계획서(Human resource management plan)

   C. 리스크관리 계획서(Plan Risk management)

   D. 변경 기록부(change log)

2. 당신은 해외 프로젝트 팀원과의 원활한 업무 협조를 위하여 의사소통 기술(Communication technology)을 고민하고 있다. 다음 중 프로젝트 의사소통 기술결정에 영향을 미치는 요소로 가장 부적합한 것은 무엇인가?

   A. 정보의 민감성(sensitivity)과 기밀성(confidentiality)

   B. 프로젝트 기간(duration)

   C. 기술의 가용성(availability)

   D. 기술의 최신성(latest)

3. 정보에 따라 영향을 받는 이해관계자에게 전달할 변경 사항, 승인된 요청, 지연된 요청 및 거부된 변경요청 등이 포함된 문서로서 의사소통 관리(Manage Communications) 및 이해관계자 참여 관리(Manage Stakeholder Engagement) 프로세스에서 공통으로 참고하는 투입물은?

   A. 변경 기록부(Change log)

   B. 이슈 기록부(Issue log)

   C. 교훈 관리대장(Lessons learned register)

   D. 작업성과 보고서(Work performance reports)

4 현재 진행 중인 프로젝트가 곧 종료될 예정이고, 팀원들은 다른 프로젝트에 참여하게 될 것이라고 신규로 투입된 팀원이 프로젝트 관리자에게 알려주었다. 프로젝트 관리자는 무엇을 해야 하는가?

A. 프로젝트 팀원들을 불러 상황을 설명하고, 진행 중인 작업을 즉시 중단하고 교훈 작성을 지시한다.

B. 팀원의 말을 무시하고 프로젝트 계획대로 진행한다.

C. 신규 투입된 팀원에게 의사소통 방법에 대해 교육하고, 확인되지 않은 사안에 대해서는 더 떠들고 다니지 말라고 한다.

D. 프로젝트 스폰서에게 사실 여부를 확인하고 의사소통관리 계획서에 따라서 관련된 이해관계자들에게 전달한다.

5 다음 주부터 프로세스개선 컨설팅을 위해서 지리적으로 떨어진 가상 팀과 협업을 진행하게 되었다. 다음 중에서 가상 팀과 의사소통을 위해 적합한 방식은 무엇인가?

A. 대화식(Interactive)

B. 전달식(Push)

C. 유인식(Pull)

D. 네트워크 및 소셜 컴퓨팅 의사소통(Networks and Social Computing Communication)

6 프로젝트 관리자가 의사소통관리 계획서(Communications management plan)를 포함한 프로젝트 관리 계획서를 작성 중이다. 의사소통관리 계획서 작성 시 적합하지 않은 기법은 무엇인가?

A. 의사소통 요구사항 분석(Communication requirement analysis)

B. 의사소통 기술(Communication technology)

C. 의사소통 모델(Communication models)

D. 촉진(Facilitation)

7 당신은 대규모 프로젝트를 진행 중이다. 지역과 시간적으로 상이한 원격지 프로젝트 팀원으로부터 의견을 모으기 위해 사용되는 가장 적절한 방법은?

A. 서베이 시스템을 이용한다.   B. 이메일을 통해 의견을 전달하고 전달받는다.

C. 전화로 팀원마다 의견을 구한다.   D. 프로젝트 리더들에게 이메일을 전달하고 취합한다.

8 프로젝트 성과를 이해관계자별로 요약하고 정리한 작업성과 보고서를 의사소통관리 계획서를 참조하여 관련된 이해관계자에게 전송하고 있다. 성과 보고서에는 현황 보고서, 진행 측정치, 예측치 등이 포함될 것이다. 어떠한 프로세스를 수행 중인가?

A. 이해관계자 참여 관리(Manage Stakeholder Engagement)

B. 팀 관리(Manage Team)

C. 의사소통 감시(Monitor Communications)

D. 의사소통 관리(Manage Communications)

9 프로젝트 진행 중에 산출되는 중간 결과물에 문제가 발생하였다. PM은 현재 상황을 매우 심각하게 생각하고 있으며 문제를 분석하고 해결방안을 포함하여 고객에게 중간보고할 예정이다. 어떠한 기법이 적합하겠는가?

A. 근본원인 분석(Root Cause Analysis)

B. 파레토 차트(Pareto Chart)

C. 인과관계도(Cause-and-effect Diagrams)

D. 관리도(Control Charts)

10 프로젝트 주간보고 중이다. 고객 중에서 일부가 이번 주에 보고된 내용 중에 고객사의 중요한 정보가 사전 검토 없이 보고되었다고 강하게 클레임을 걸고 있다. 하지만 프로젝트 관리자는 기밀 정보를 담당하는 담당자의 승인을 받았다고 이야기하고 있다. 다음 중 어떠한 문서를 확인해 보는 것이 우선인가?

A. 프로젝트 조직도(Project organization charts)

B. 팀원관리 계획서(Staffing management plan)

C. 의사소통관리 계획서(Communications management plan)

D. 이해관계자 관리대장(Stakeholder register)

11 샘플 기본 발신자/수신자 의사소통 모델(Sample Basic Sender/Receiver Communication Model)을 구성하는 요소로서 설명이 부적절한 것은 무엇인가?

A. 발신자(Sender)는 정보를 전달하는 주체이다.

B. 수신자(Receiver)는 정보를 전달받거나 요청한 주체이다.

C. 전달 매체(Transmission media)는 메시지 전달에 사용되는 방법으로서 구두, 문서, 몸짓, 이메일, 화상회의 등의 매체를 말한다.

D. 복호화(decoding)는 전달하려는 정보나 그에 대한 답변이다.

12 다음 중 글로벌 이해관계자들에게 프로젝트 주요 일정을 공지하고자 한다. 프로젝트 관리자는 프로젝트관리 정보시스템에 있는 대시보드를 통해서 공지하기로 결정하였다. 이때 의사소통 방법은 무엇인가?

A. 대화식

B. 유인식

C. 전달식

D. 네트워크 및 소셜 컴퓨팅

13 다음 중 의사소통 관리(Manage Communications) 프로세스에 대해 올바르게 이해하고 있는 것은?

A. 이해관계자 개인 또는 그룹의 정보 요구사항, 사용 가능한 조직 자산 및 프로젝트 요구사항을 기반으로 프로젝트 의사소통 활동을 위한 적절한 접근 방법과 계획을 개발하는 프로세스이다.

B. 프로젝트 정보를 적시에 적합한 방식으로 수집, 생성, 배포, 저장, 검색, 관리 그리고 최종 처리하는 것을 보증하는 프로세스이다.

C. 프로젝트 및 이해관계자의 정보 요구를 충족시킨다는 것을 보증하는 프로세스이다.

D. 이해관계자들과 의사소통하고 협력하면서 요구사항 및 기대사항을 충족시키고, 이슈를 해결하며, 적절한 이해관계자 참여를 촉진하는 프로세스이다.

14 프로젝트 성과 보고 이후에 진척도가 왜곡되어 보고된 것을 확인하였다. 프로젝트 관리자는 매우 중요한 사항이므로 고객에게 이러한 사실을 전달하고자 한다. 가장 적합한 의사소통 방법은 무엇인가?

A. 진척도가 잘못 보고된 사유에 대해서 이메일을 보낸다.

B. 이미 보고된 것이고, 고객이 알지 못하므로 별도로 보고하지 않는다.

C. 면대면 보고를 시도한다.

D. 전화를 걸어 해당 사항을 상세하게 설명한다.

15 프로젝트 보고(Project Reporting)는 프로젝트 정보를 수집하고 배포하는 활동으로서, 프로젝트 진행 및 성과를 이해하고 프로젝트 결과를 예측하기 위해 기준선과 비교한 실제 데이터를 주기적으로 수집하고 분석하는 일을 수반한다. 다음 중 프로젝트 보고에 대한 설명 중에서 잘못된 것은?

A. 배포되는 이해관계자 관심 사항이나 목적에 따라 임시 보고서, 프레젠테이션, 블로그 및 기타 유형의 의사소통 수단을 쓰기도 한다.

B. 보고 양식은 다양해도 무방하지만 보고에 포함되는 내용은 정확하고 일관성을 유지해야 한다.

C. 이해관계자들의 혼동과 오해를 방지하기 위해서 동일한 형식과 정보를 포함해서 작성해야 한다.

D. 작업성과 보고서(Work performance reports), 의사소통관리 계획서(Communications management plan), 이해관계자 참여 계획서(Stakeholder engagement plan) 등을 참고해야 한다.

16 이메일, 오디오 회의, 웹 기반 미팅, 화상 회의와 같은 전자 방식 의사소통 수단을 쓰기에 적합한 조직 구조는?

A. 가상 팀(Virtual team)

B. 매트릭스 조직(Matrix organization)

C. 기능 조직(Functional organization)

D. 복합 조직(Composite organization)

17 PM은 중요한 인도물 완성이 2주 정도 지연될 것으로 판단하고 있다. 무엇부터 진행해야 하는가?

A. 의사소통관리 계획서를 확인해서 관련된 이해관계자들에게 공지한다.

B. 공식적인 변경 요청서를 등록하고 변경관리 절차에 따른다.

C. 리스크 관리대장을 확인해서 지연에 따른 영향과 대응 방법을 확인한다.

D. 외부에서 인력을 충원하여 정해진 일정에 맞추기 위한 일정 단축 기법을 계획한다.

18 다음 중 프로젝트 관리자가 팀원과 공유할 사항으로 가장 부적합한 것은?

A. 프로젝트 팀의 비전   B. 프로젝트 진척상태

C. 문제에 대한 해결책   D. 프로젝트 성과에 대한 책임

19 프로젝트 팀원 간에 업무상 오해가 발생하였다. 프로젝트 관리자가 담당자를 불러 확인해보니 당사자 간에 전달받은 업무 내용이 시점 차이가 있는 것을 발견하였다. 무엇부터 확인해 보아야 하나?

A. 자원관리 계획서　　　　　　　　　B. 의사소통관리 계획서

C. 이해관계자 참여 계획서　　　　　　D. 요구사항 문서

20 회사의 사업 영역을 확장하면서 다수의 부서를 신설하였고, 부서를 운영할 경력 직원들을 채용하였다. 변화하는 산업 환경과 글로벌 환경에 탄력적으로 대응하기 위해서 매트릭스 조직(Matrix organization)을 계획 중이다. 예상되는 의사소통 측면의 문제점은 무엇이겠는가?

A. 정보가 특정 개인에 의해서 좌지우지될 수 있다.

B. 정보 흐름이 개방되어 있고, 명확하며 정확하다.

C. 정보 흐름은 단순하나, 프로젝트 관리자에 의해서 단방향으로 진행될 가능성이 있다.

D. 정보 흐름이 복잡하고 의사결정이 지연될 수 있다.

21 의사소통이란 개인과 개인, 또는 개인과 집단, 집단과 집단 사이에 언어, 비언어적 기호를 사용하여 정보를 전달하는 소통 행위이다. 다음 중 프로젝트 의사소통관리에 대해서 맞게 설명한 것은 무엇인가?

A. 의사소통관리 계획수립 이후에 의사소통의 당사자인 이해관계자를 식별한다.

B. 의사소통 모델은 발신자(sender), 수신자(receiver), 중재자(facilitator)로 구성된다.

C. 둘 이상의 대화 당사자가 여러 방향으로 정보 교환을 수행하기에 가장 적합한 의사소통 방법은 전달식이다.

D. 의사소통관리 프로세스는 실행 프로세스에 속한다.

22 의사소통은 그 목적에 따라 정보를 전달하기 위한 것, 설득을 위한 것, 친교나 정서를 표현하기 위한 것으로 나눌 수 있다. 당신은 프로젝트 관리자로서 프로젝트 팀원 간에 업무의 효율성을 위하여 어떠한 유형을 권장하는 것이 적절한가?

A. 공식적인 의사소통　　　　　　　　B. 비공식적인 의사소통

C. 수직적인 의사소통　　　　　　　　D. 수평적인 의사소통

23 다음 중 의사소통관리 계획수립(Plan Communications Management)의 기법으로서 적절하지 않은 것은?

A. 의사소통 요구사항 분석(Communication requirements analysis)

B. 의사소통 기술(Communication technology)

C. 관찰/대화(Observation/Conversation)

D. 의사소통 방법(Communication methods)

24 조직에서는 매출구조의 포트폴리오 다양화 측면에서 글로벌 프로젝트 참여 비율을 높이기로 하였다. 조직 내에는 글로벌 프로젝트를 수행한 인력이 충분하지 않기 때문에 해외 인력 투입이 필요하고, 국내와는 다른 문화로 인해서 어느 정도의 어려움이 있을 거라고 예상한다. 문화적 배경이 서로 다른 사람과 사람 사이에 발생하는 상호작용을 의미하며 국가별 상이한 언어, 감정 상태, 문화적 특징까지 고려해야 하는 것을 무엇이라고 하는가?

A. 의사소통 요구사항 분석(Communication Requirements Analysis)

B. 다문화 커뮤니케이션(Cross-cultural Communication)

C. 샘플 대화식 의사소통 모델(Sample Interactive Communication Model)

D. 의사소통 네트워크(Communication Network)

25 이해관계자가 프로젝트 관련 정보가 중복돼서 발송되고 있다고 불평을 하고 있다. 무엇이 문제인가?

A. 의사소통관리 계획서를 확인한다.　　　B. 의사소통관리 프로세스가 잘못되었다.

C. 중복되게 발송한 담당자를 문책한다.　　D. 새로운 정보배포 모델을 개발한다.

26 프로젝트는 원격으로 떨어진 프로젝트 팀과 화상 회의 중이다. 가상 팀의 팀원 한 명이 자꾸 다른 팀원의 말을 가로채고 있어 회의가 지연되고 있다. 프로젝트 관리자로서 가장 바람직한 행동은 무엇인가?

A. 팀원의 말을 가로채지 말라고 화상 회의 도중에 이야기하여 주의를 준다.

B. 모든 이해관계자의 의견을 중시해야 하므로 그대로 둔다.

C. 프로젝트 관리자는 경청이 중요하므로, 두 명이 해결할 때까지 기다려 준다.

D. 회의를 종료 이후에 개별적으로 전화를 걸어 향후 지켜야 할 회의 문화를 이야기해 준다.

27 프로젝트 진행 중 일정 지연이 예상되지만 스폰서는 이해관계자에게 전달하지 말고 계속 진행하라고 한다. PM으로서 올바른 대처 방안은 무엇인가?

A. 스폰서가 책임진다고 하니 스폰서 의지대로 따라간다.

B. 스폰서 몰래 이해관계자에게 일정 지연을 보고한다.

C. 관련 자료를 기반으로 이해관계자에게 알려야 한다고 지속적으로 이야기 한다.

D. 팀원들에게 이러한 상황을 전달하고 해결안을 모색한다.

28 프로젝트 관리자는 적절한 기술을 이용하여 효과적인 의사소통을 하고 갈등을 해결하며, 프로젝트의 목표를 향해 합의를 촉진하는 노력을 지속해야 한다. 이러한 의사소통의 목적을 달성하기 위해서 필수적으로 요구되는 것은 대인관계 및 팀 기술이다. 다음 중 [10.1 의사소통관리 계획수립]에서 사용하기에 적합한 대인관계 및 팀 기술과 거리가 먼 것은 무엇인가?

A. 의사소통 스타일 평가(Communication Styles Assessment)

B. 정치적 인식(Political Awareness)

C. 문화적 인식(Cultural Awareness)

D. 팀 빌딩(Team Building)

29 지역별로 흩어져서 진행되는 프로젝트에서 지역별 리더(Leader)에게 권한 위임하는 가장 적절한 방법은 무엇인가?

A. 권한 위임 시스템을 통해 위임하고, 프로젝트 팀원에게 공지한다.

B. 이메일을 통해 위임하고, 프로젝트 팀원에게 공지한다.

C. 전화로 위임하고, 프로젝트 팀원에게 공지한다.

D. 화상 회의에서 이야기하고, 주요 이해관계자에게만 공지한다.

30 프로젝트 관리자는 이해관계자들이 의사소통을 진행할 때 방해되는 장애물을 제거하여, 정보가 적절한 시기에 적절한 이해관계자에게 막힘없이 흐를 수 있도록 추적하고 관리해야 하는 책임이 있다. 프로젝트 주요 단계별로 이해관계자 참여 평가 매트릭스(Stakeholder Engagement Assessment Matrix)를 확인하면서 주요 이해관계자에 대해서는 참여 수준의 변경을 추적하고 감시하고 있다. 다음 중 팀 내부 문제, 팀원 간의 갈등, 개인별 이슈를 파악하기에 권장할만한 기법은 무엇이겠는가?

A. 공식적(Formal) 의사소통　　　　B. 관찰 및 대화(Observation/Conversation)

C. 적극적인 청취(Active listening)　　　D. 피드백(Feedback)

31 고객 사이트에서 프로젝트 수행 시 이익 관련 논쟁이 될 수 있는 주요 고객 정보를 획득했다. 프로젝트 관리자로서 바람직한 행동은 무엇인가?

A. 프로젝트 관리자는 상관과 고객의 주요 정보에 관해 의견을 나눈다.

B. 새로 알게 된 사실을 비밀로 하고 계속 프로젝트를 진행한다.

C. 고객에게 알리고, 취득 경로 및 대응방안에 관해 논의한다.

D. 고객의 정보를 획득했기 때문에 프로젝트에서 철수한다.

32 글로벌 프로젝트가 있는데 스폰서는 이전 경험에 근거하여 반드시 화상 회의를 해야 한다고 한다. 프로젝트 관리자가 화상회의 관련된 시스템에 대해 검토한 결과 도입할 경우 일정도 지연되고 예산도 초과한다. 어떻게 해야 하는가?

A. 스폰서에게 부적절하다고 설득하고 도입하지 않는다.

B. CCB에 해당 사항을 넘긴다.

C. 스폰서의 지시사항이기 때문에 별다른 거절 없이 도입한다.

D. 팀원들을 모아서 다른 비용이나 일정 절감 방안이 없는지 논의한다.

33 스폰서로부터 프로젝트와 관련된 주요한 의사결정 내용을 인스턴트 메시지로 통보받았다. 급하게 처리해야 할 사안이었고 이상 없이 처리되었으나, 전달받았던 내용은 기록되지 않고 삭제된 상태이다. 지난주에 수행 조직에서 최근 3개월 이내에 변경 처리한 작업에 대한 근거를 제공하라는 지시를 받았으며 스폰서에게 다시 인스턴트 메시지를 보내달라기에는 난감한 상태이다. 이러한 상황을 방지하기 위해 PM은 어떻게 했어야 하나?

A. 의사소통관리 계획서에 의사소통 수단으로 인스턴트 메시지를 포함했어야 한다.

B. 다음 주간회의나 월간회의 시에 회의록에 남기고 관련 이해관계자들의 서명을 받았어야 한다.

C. 인스턴트 메시지로 받은 즉시 근거 유지를 위해서 문서화하고 관련 이해관계자들과 공유했어야 한다.

D. 인스턴트 메시지로 받았기 때문에 해당 결정사항은 무시했어야 한다.

1 정답 A [시나리오 제시 응용]

프로젝트 팀원들이 요구하는 것은 '정보를 전달하는 데 사용되는 방법이나 기술'에 대한 것이다. 의사소통 영역은 이전에도 소개했듯이 '의사소통관리 계획서'에 대한 질문이 많다. 왜냐하면 의사소통관리 계획서에 다양한 정보들이 포함되어 있기 때문이다.

2 정답 D [시나리오 제시 응용]

의사소통 기술 선택에 영향을 미치는 가장 부적합한 사항을 찾는 것이다. 즉, 역으로 생각하면 모든 것은 의사소통 기술 선택 시에 결정 기준이 될 수는 있다는 것이다. 보기 중에서 우선순위로 보자면 (D)가 가장 낮다. 기술이 최신이라고 해서 반드시 해당 프로젝트에 적합한 것은 아니기 때문이다. 또한 글로벌 프로젝트이기 때문에 나라마다 적용 가능한 기술에 격차가 존재한다.

 전문가의 Comment

출제 비중이 낮긴 하나, 프로젝트 의사소통 기술 결정에 영향을 미치는 요소는 다음과 같다.

- 정보 요구의 긴급성(Urgency)
- 기술의 가용성(Availability) 및 신뢰성(Reliability)
- 사용 편의성(Ease)
- 예상 프로젝트 팀원
- 프로젝트 기간
- 프로젝트 환경(Project Environment)
- 정보의 민감성(Sensitivity)과 기밀성(Confidentiality)

3 정답 A [ITTO 이해 기본]

의사소통 관리는 프로젝트 정보를 적시에 적합한 이해관계자에게 전달하는 것이 주요 목적이고, 그러한 활동의 결과가 이해관계자 참여 관리 향상으로 이어

진다고 생각하자. 이해관계자 참여율과 관심도를 향상하기 위해서는 그들이 궁금해하는 정보를 제공해야 하며, 그러한 정보 중에서 보기에서 설명하는 것은 변경 기록부이다. 참고로 변경 기록부는 [4.6 통합 변경통제 수행]의 대표적인 산출물이다.

4 정답 D [프로세스 이해 기본]

정답을 선택하기 어려운 문제이다. 기존의 유사한 문제 유형을 분석해 본다면 (C)가 맞지만, 위 문제에서는 '프로젝트 종료'라는 스폰서의 의사 결정 사안이 포함되어 있음에 유의해야 한다. 프로젝트의 Stop or Go와 관련된 중대 사안이기 때문에 스폰서 또는 그에 상응하는 권력을 보유한 이해관계자에게 사실 여부를 확인 후에 다음 절차를 진행하는 것이 맞다.

5 정답 A [시나리오 이해 기본]

지역적으로 떨어져 있지만 협업을 진행하기 위해서 가장 적합한 방법은 '대화식 의사소통'이다. 최근 가상 팀에 대한 시나리오가 증가하고 있으며, 가상 팀이라고 해도 물리적으로 실제로 존재하고, 화상회의라는 실시간 의사소통이 가능하기 때문이다. (D)의 사례로는 SNS가 있다.

 전문가의 Comment

의사소통 방법(Communication Methods)에서 출제 비중이 가장 높은 것은 '유인식(Pull) 의사소통'이다. 다음은 유인식 의사소통의 주요 키워드이니 반드시 기억하자.

1) 개요: 대용량 정보 또는 대규모 수신자 그룹에 사용하는 방식

2) 사례: 인트라넷 사이트, 온라인 학습, 게시판, 교훈 데이터베이스 및 지식 저장소 등

3) 특징: 수신자들이 의사소통 내용에 대해 자기 자신의 재량으로 접근해야 함

6 정답 D [ITTO 용어 기본]

촉진 기법은 미팅이 효과적이고 생산성 있게 수행되도록 지원해주는 기법으로서 대표적인 기법에는 브레인스토밍, 델파이 기법, 경청 등이 있다. PMBOK에서는 대인관계 및 팀 기술(Interpersonal and team skills)의 대표적인 유형으로 촉진 기법을 소개하고 있으며 4장, 5장, 11장 등과 같이 빠른 의사결정이나 다수의 이해관계자가 참여하는 프로세스에서 주로 사용을 권장하고 있다.

7 정답 A [ITTO 용어 기본]

의사소통 방법에 해당하는 문제이긴 하지만 요구사항 수집에 더 가까운 문제이기도 하다. PMBOK에서는 대규모이면서 지리적으로 떨어져 있는 프로젝트 팀원 간의 의사소통 방법으로는 '유인식 의사소통'을 제시하고 있으며, 대표적인 활용 사례로는 '인트라넷 사이트, 온라인 학습, 교훈 데이터베이스 및 지식 저장소' 등을 사례로 들고 있다. 문제에서는 일방적인 게시만이 아닌 대상자로부터 의견을 수집하는 목적이 강하므로, [5.2 요구사항 수집] 프로세스에 설명된 '설문지 및 설문조사' 기법을 활용하는 것이 정답이다.

8 정답 D [ITTO 용어 기본]

프로세스에 대한 설명이며, '의사소통 관리' 프로세스의 정의 및 목적을 알고 있는지에 대한 질문이다. 작업성과 보고서를 입력받아, 이해관계자들에게 성과 보고하고 있으므로 실행 프로세스 그룹에 포함된 '의사소통 관리'를 수행 중인 것이다.

 전문가의 Comment

다음은 [10. 의사소통 관리] 지식 영역의 프로세스 흐름도이다.

[10.1 의사소통관리 계획수립] → [10.2 의사소통 관리] → [10.3 의사소통 감시]

9 정답 A [시나리오 제시 기본]

품질관리와 의사소통이 혼합된 문제이다. (A)와 (C) 모두 답으로 선택이 가능한데, 인과관계도는 문제가 발생한 다양한 원인을 찾아내는 것에 적합하고, 근본원인 분석은 다양한 문제를 발생시킨 가장 근본적인 이유를 찾아서 해결방안을 포함한 보고용까지 가능하다.

10 정답 C [시나리오 제시 기본]

결국 계획했던 사항대로 보고 하였는지에 대한 문제이다. 프로젝트 의사소통에 필요한 방법 및 가이드에 대해서 설명하고 있는 문서는 '의사소통관리 계획서'이다. 의사소통관리 계획서에 포함된 내용 중에서 문제에 해당하는 것은 (1)기밀 정보 공개의 승인을 담당하는 책임자, (2)정보 전달을 책임지는 담당자 등이다.

11 정답 D [ITTO 용어 기본]

의사소통 모델과 구성요소의 정의를 묻는 문제다. PMBOK에서는 의사소통 모델로 (1) 샘플 기본 발신자/수신자 의사소통 모델(Sample Basic Sender/Receiver Communication Model)과 (2) 샘플 대화식 의사소통 모델(Sample Interactive Communication Model)을 제시하고 있다.

(1)번의 구성요소는 발신자, 수신자, 메시지, 암호화, 복호화, 전달 매체 등이며, (2)번에는 수신확인(Acknowledge)과 피드백/응답(Feedback/Response)이 추가된다. (D)복호화는 수신받은 메일 내용에 대해서 수신자의 인증을 거쳐 암호화를 제거하는 것이다. 정보나 그에 대한 답변은 피드백(Feedback)을 의미한다.

12 정답 B [ITTO 용어 기본]

문제에서의 키워드는 '대시보드(dashboard)'이다. 대시보드는 결국 수행 조직에서 사용하는 포털(portal) 시스템의 일부이며, 시스템을 통해서 다수의 인력에게 공지하거나 문서를 공유하는 의사소통 방법은 유인식이다.

13 정답 B [ITTO 용어 기본]

[10.2 의사소통 관리] 프로세스에 대한 정의만 알면 접근 가능한 질문이다. [10.2 의사소통 관리]는 의사소통을 위해 필요한 정보의 생애주기를 포함하고 있다.

(A)는 [10.1 의사소통관리 계획수립]에 대한 정의이며, (C)는 [10.3 의사소통 감시]의 정의, (D)는 [13.3 이해관계자 참여 관리]에 대한 정의이다. (D)에서 보듯이 시험에서 막상 접하면 이해관계자 관리와 의사소통 관리는 혼동할 수 있으므로 정확하게 정의를 파악해 두어야 한다.

14 정답 C [ITTO 이해 기본]

프로젝트 진척도는 매우 중요한 사항이므로, 직접 해당되는 이해관계자를 만나서 처리해야한다. 왜냐하면 진척도에 따라서 구매자는 공급자에게 비용을 지급하는 기준이 되며, 공급자는 계약 기반하에 어느 정도의 성과를 달성하고 프로젝트 팀을 관리해 나가야 할지에 대한 기준으로 삼기 때문이다.

15 정답 C [ITTO 용어 기본]

프로젝트 보고는 [10.2 의사소통 관리(Manage Communications)]를 위한 중요한 기법으로서 프로젝트의 전반적인 상황에 대해서 주간 회의나, 혹은 보고 매체(이메일, 전화, 대면 보고)를 통해서 전달하는 행위를 말한다. 성과를 보고할 때 중요한 것은 모든 이해관계자에게 같은 형식이나 내용이 아닌 이해관계자에게 적합한 수준으로 정보를 제공해야 한다는 것이다.

16 정답 A [ITTO 용어 기본]

이메일, 오디오 회의, 웹 기반 미팅, 화상 회의와 같은 전자 방식 의사소통 방식을 사용해야 하는 프로젝트 특징이나 환경을 생각하면 된다. 이러한 의사소통 방식은 지역적으로 멀리 떨어져 있거나 프로젝트 근무 시간이 상이한 글로벌 환경에서 일반적으로 사용되는 기법이다. 이러한 상황에 적합한 조직 구조(조직 구조라고 부르기에는 적합하지 않을 수도 있지만)는 가상 팀이다.

 전문가의 Comment

가상 팀(Virtual Teams)은 [9장 프로젝트 자원관리]의 프로젝트 팀 확보나 개발 프로세스에서 등장하는 기법이긴 하지만 다시 한번 주요 사항에 관해서는 확인하고 넘어가자.

1) **정의:** 가상 팀은 공동의 목표를 가지고 배정된 역할을 충실히 이행하는 데 직접적인 대면 회의를 할 시간이 거의 없거나 전혀 없는 사람들로 구성된 그룹을 의미한다. 즉 한 장소에 모여서 프로젝트를 수행하는 것이 아니라 원격으로 떨어져서 전자우편이나 화상회의 등을 통해 프로젝트를 수행하는 팀을 말한다.

2) **장점**
 ▪ 출장비, 아웃소싱을 통한 인건비 절약
 ▪ 지리적 한계를 극복한 전문가 참여도 향상
 ▪ 장소 제약 없이 유연성 확보

3) **단점**
 ▪ 프로젝트 관리자에 의한 직접적인 통제 어려움
 ▪ 원격 의사소통으로 다양한 문제 발생 가능
 ▪ 원격으로 미팅이 가능한 기술 구현에 따른 비용 발생

4) **활용 매체**
 ▪ 이메일(e-mail)
 ▪ 오디오 회의(audio conferencing)
 ▪ 소셜 미디어(social media)
 ▪ 웹 기반 미팅(web-based meetings)
 ▪ 화상 회의(video conferencing)

17 정답 A [시나리오 제시 기본]

모든 보기가 정답이 될 수 있는 문제이며, PM으로서 해당 이슈를 가장 부드럽게 처리할 방안을 마련하라는 문제이다. 문제의 출제 의도를 보면 '중요한 인도물 완성이 2주 지연 예상'이고, 추측건대 이러한 지연은 다양한 이슈를 발생시킬 소지가 있어 보인다. 그렇기 때문에 일방적인 변경 요청이나 외부에서 인력을 충원하기보다는 관련 이해관계자들에게 사정을 충분히 설명하고 대응 방안도 설명하는 것이 적합하다.

18 정답 D   [시나리오 이해 기본]

프로젝트의 성공을 위해서 대부분의 프로젝트 현황을 공유하는 것이 바람직하다. 하지만 D는 결국 문제가 발생한 사항에 대한 책임에 대해서 문책하겠다는 의미이며, 이러한 사항에 대해서는 관련자들만 모여서 해결책을 논의하는 것이 바람직하다. 프로젝트 팀의 사기를 저하시킬 수 있는 사항들까지 모든 프로젝트 팀원들과 공유할 필요는 없다.

19 정답 B   [시나리오 제시 기본]

전달받은 문서의 시점 차이로 인해서 업무상 오류가 발생한 것이기 때문에 의사소통관리 계획서를 확인하는 것이 우선이다. 의사소통관리 계획서 중에서 (1) 언어, 형식, 내용, 상세 수준을 포함해서 전달되어야 하는 정보 유형, (2) 정보 배포 주기 및 기간, 수신확인 또는 알람, (3) 정보 전달을 책임지는 담당자 등을 확인하고 필요 시 개정해야 한다.

20 정답 D   [시나리오 제시 기본]

매트릭스 조직에서 발생 가능한 의사소통 특징에 대한 질문이다. 매트릭스 조직의 특징을 살펴보면 쉽게 해결할 수 있으며, 특히나 프로젝트 관리자와 기능 관리자의 권한에 대해서 파악하고 있다면 정확한 답을 선택할 수 있다. 강한 매트릭스 조직은 해당하지 않는 경우이지만, 약한 매트릭스 조직이나 균형 매트릭스 조직에서 프로젝트 관리자의 권한은 약하거나 중간이며, 이것은 결국 기능 관리자와의 협의가 이루어져야 하는 경우가 많다는 것이다.

또한 흔히 알려져 있듯이 1 Man 2 Boss이기 때문에 프로젝트 팀원은 프로젝트 관리자와 기능 관리자에게 모두 보고해야 하는 등 정보 흐름이 복잡한 구조이다.

21 정답 D   [시나리오 제시 기본]

[10.2 의사소통 관리] 프로세스는 실행 프로세스 그룹에 속해 있으므로 정답은 (D)이다.

오답 확인

A에서 이해관계자 식별은 [4.1 프로젝트 헌장 개발] 이후에 바로 수행해야 하는 활동이며, B에서 중재자는 존재하지 않는다. C는 결국 직접적인 의사소통 방법이므로 대화식이다.

22 정답 D   [시나리오 제시 기본]

업무의 효율을 위해서는 공식적인 또는 비공식적인 의사소통이 필요하다. 하지만 여기서 말하는 문제의 핵심은 프로젝트 팀원들 간에 계층구조 없이 업무를 수행하는 것이 가장 효율적이라는 의미이며, 수평적인 의사소통이 가장 업무의 효율성을 높일 수 있는 수단이다.

23 정답 C   [ITTO 용어 기본]

이해관계자 참여평가 매트릭스는 [13.2 이해관계자 참여 계획수립]에서 사용하는 T&T로서 이해관계자의 현재 프로젝트 참여 수준 및 미래에 기대되는 참여 수준을 문서화한 것이다. 10장에서는 [10.3 의사소통 감시] 프로세스에서 사용된다.

24 정답 B   [ITTO 용어 기본]

[10.1 의사소통관리 계획수립]에서 비중을 늘린 '다문화 커뮤니케이션(Cross-cultural Communication)'에 관한 문제이다. 글로벌 프로젝트 진행 시에 이해관계자 간의 효과적인 의사소통을 위해서는 합의된 문서 이외에 상대방 국가의 관습, 전통, 몸짓 등도 이해해야 향후 발생 가능한 문제나 오해의 소지를 줄일 수 있다고 제시하고 있다. 즉, 눈으로 보이는 문장 이외에 메시지 작성 시점의 이해관계자 간의 감정 상태와 문화적 특성(세대, 국가, 전문 분야, 성별, 성격 등)이라는 변수가 포함되어 있음을 고려해야 한다는 점을 강조하고 있다.

25 정답 A   [시나리오 제시 기본]

배포되고 있는 정보에 대해서 기준으로 세워둔 '의사소통관리 계획서'를 확인하는 것이 우선순위이다.

즉, '언어, 형식, 내용, 상세 수준을 포함하여 전달할 정보'가 잘못 계획되어 있는지 확인해 보아야 한다.

26 정답 A · [시나리오 제시 기본]

원격으로 떨어져 있는 가상 팀과 회의하는 목적을 생각해 보아야 한다. 근무 시간대가 다르고, 직접적으로 대면하여 진행하는 회의가 아니므로, 불필요한 언쟁과 오해가 발생할 수 있다. 그렇기 때문에 원활한 회의 진행을 위해서는 해당 팀원에게 그 자리에서 어느 정도 주의를 주어 신속한 회의가 진행될 수 있도록 조치하는 것이 바람직하다.

27 정답 C · [시나리오 제시 기본]

프로젝트 성공 여부는 결과적으로 프로젝트 관리자가 책임져야 한다. 스폰서가 최상위 의사 결정 담당자이긴 하지만, 중요한 순간에 스폰서가 어느 정도 책임을 감수할지는 모르는 것이며, 그러한 가정을 떠나서 프로젝트 관리자는 중요한 프로젝트 현황에 대해서는 동일한 정보를 동일한 기준으로 전달해야 할 책임이 있다.

28 정답 D · [시나리오 제시 기본]

팀 빌딩은 [9.4 팀 개발] 프로세스의 대표적인 대인관계 및 팀 기술이다. 팀 빌딩도 출제 비중이 높으니 반드시 학습하기 바란다.

29 정답 A · [시나리오 제시 기본]

권한 위임은 특정한 항목에 대해서 프로젝트 관리자를 대신하여 의사결정과 업무 지시를 내릴 수 있는 중요한 것이다. 그렇기 때문에 작업 흐름(Workflow)이 포함된 시스템을 통해서 이력을 관리할 수 있어야 하며, 이러한 결정 사항은 프로젝트 팀원들에게 공지되어야 한다.

30 정답 B · [시나리오 제시 기본]

문제에서 제시하는 프로세스를 찾아내는 것이 우선이다. 프로젝트 관리자가 수행하고 있는 프로세스는 [10.3 의사소통 감시]이다. 그런 다음에 도구 및 기법을 찾아야 하며, 공식적인 면담이나 문서를 통해서는 발견하기 어려운 문제나 갈등을 해결하기에 적합한 방법은 '관찰 및 대화'이다. 이 방법은 팀원들의 일상을 관찰하고 분석하면서 문제점을 찾아내고 개별적인 면담을 통해서 문제점을 해결해 나가는 방법이다.

31 정답 C · [시나리오 제시 기본]

오해의 소지가 될 만한 사항에 대해서는 구매자(고객)에게 알리고, 고객과의 회의와 의사결정 절차를 진행하고, 결과에 대해서는 이력을 남겨 관리하는 것이 가장 바람직하다. 대수롭지 않게 지나친 정보 유출로 인해서 프로젝트 계약이 파기되는 경우도 있다.

32 정답 B · [시나리오 제시 기본]

의사소통과 관련된 변경요청에 대한 질문이다. '프로젝트 관리자가 화상회의 관련된 시스템에 대해 검토한 결과 ~ 예산도 초과된다'에서 제시한 바와 같이 이미 프로젝트 팀 내에서의 영향도 분석은 끝난 것으로 판단해야 한다. 하지만 스폰서의 지시사항이라서 독단적으로 판단하기는 어려운 상황(권한을 넘어서는 상황)이므로, CCB(변경통제 위원회)를 소집하여 의사결정 권한을 위임하는 것이 바람직하다.

33 정답 C · [시나리오 제시 기본]

문제가 되는 것은 전달받은 기록이 남아 있지 않은 것이지, 의사소통관리 계획서에 의사소통수단으로 포함되어 있었는지에 대한 여부를 묻는 것이 아니다. 이 문제는 의사소통의 효과성과 효율성 측면을 강조한 문제이며, 프로젝트에 영향을 미치는 의사결정 사항에 대해서는 문서화하고 이력을 유지해야 한다는 것이 핵심이다.

프로젝트 리스크관리

PROJECT RISK
MANAGEMENT

출제 유형 분석

리스크관리 지식 영역은 포함하고 있는 프로세스도 다양하고, 시험에서의 출제 비중도 높다. 그나마 다행인 것은 다른 지식 영역과의 연관문제는 드물다는 것이다. 11장에서 소개하고 있는 7개 프로세스의 전반적인 흐름보다는 프로세스에서 사용되는 각각의 도구 및 기법을 구분하고 정의와 사용목적을 파악하는 것이 중요하다.

[11.5 리스크 대응 계획수립] 프로세스의 부정적(위협) 리스크에 대한 대응방안, 긍정적(기회) 리스크에 대한 대응방안은 사례기반의 문제가 매번 출제되며, 정성적 리스크 분석수행과 정량적 리스크 분석수행의 차이점 및 정량적 리스크 분석수행에서 사용되는 도구 및 기법 관련 문제도 자주 출제된다. 또한, 리스크와 관련된 기본적인 용어에 대한 질문이 많으니 유사한 용어들에 대해서 명확하게 차이점을 이해해야 한다.

그룹	출제 항목	출제 유형	빈도	난이도
기획	11.1 리스크관리 계획수립 (Plan Risk Management)	· 리스크 범주 비교 (Unknown - Unknown vs. Known - Unknown) · 이해관계자의 위험에 대한 인식 · 리스크관리 계획서 포함내용	C	C
	11.2 리스크 식별 (Identify Risks)	· 리스크 식별 주요 기법(브레인스토밍, 체크리스트, 근본원인 분석, SWOT 분석 등) · 리스크 관리대장 작성시점 및 포함내용	A	C
	11.3 정성적 리스크분석 수행 (Perform Qualitative Risk Analysis)	· 정성적 리스크분석 vs. 정량적 리스크분석 · 확률-영향 매트릭스 개요 및 작성 방법	B	B
	11.4 정량적 리스크분석 수행 (Perform Quantitative Risk Analysis)	· 정량적 리스크분석에서 사용되는 도구 및 기법(시뮬레이션, 민감도 분석, 의사결정나무 분석)	B	B
	11.5 리스크 대응계획 수립 (Plan Risk Responses)	· 부정적 리스크와 긍정적 리스크 대응전략의 유형 및 사례 기반 차이점 · 리스크와 관련된 용어(대체 계획, 2차 리스크, 잔여 리스크, 감시 목록 등)	A	A
실행	11.6 리스크 대응 실행 (Implement Risk Responses)	· 주요 도구 및 기법(영향력 행사, 프로젝트관리 정보시스템)	C	C
감시 및 통제	11.7 리스크 감시 (Monitor Risks)	· 리스크 감시 프로세스 정의 및 목적 · 도구 및 기법에 대한 정의 및 차이점(감사, 회의)	B	C

이렇게 학습하세요

반드시 보아야 할 것

☐ 리스크의 정의(긍정적 영향, 부정적 영향 모두 포함)

☐ 리스크 식별 주요 기법(브레인스토밍, 체크리스트, SWOT 분석, 프롬프트 리스트 등)

☐ 확률-영향 매트릭스 개요 및 해석방법

☐ 리스크와 관련된 용어(감시목록, 대체 계획, 이차 리스크, 임기응변, 잔여 리스크 등)

- 조직이나 개인의 성향에 따라 위험을 바라보는 허용 수준(추구, 중립, 회피)
- 정량적 리스크분석 수행 T&T(민감도 분석, 의사결정나무 분석) 정의, 사례
- 부정적 리스크(위협)에 대한 대응전략 종류 및 사례 기반으로 이해하기
- 긍정적 리스크(기회)에 대한 대응전략 종류 및 사례 기반으로 이해하기
- 리스크 감시에서 사용되는 기법 중에서 감사와 회의 정의, 목적

비교해 보아야 할 것

- 정성적 리스크분석 수행 vs 정량적 리스크분석 수행(T&T, 선후 관계, 투입물)
- 리스크 인지 여부와 발생 시점(unknown risk, known risk)을 기준으로 리스크 분류하기
- 리스크 식별 정보수집 기법 중에서 브레인스토밍 vs. 델파이 기법(목표, 절차, 특징)
- 부정적 리스크(위협)에 대한 대응전략 vs. 긍정적 리스크(기회)에 대한 대응 전략

흐름을 따라가 보아야 할 것

- 리스크관리 계획수립부터 리스크 감시까지 리스크 관리대장 변화(기획, 감시 및 통제)

계산해 보아야 할 것

- 확률-영향 매트릭스에서 리스크의 우선순위 구하기
- 의사결정나무 분석에서 의사결정 과정 계산하기

확인해 보아야 할 용어

- 리스크 범주(Unknown - Unknown vs. Known - Unknown)
- 임시방편(Work around)
- 리스크 허용한도(Risk tolerance)
- 효용 이론(Risk seeker, Risk neutral, Risk avoider)
- 리스크 분류체계(RBS: Risk Breakdown Structure)
- SWOT 분석(SWOT Analysis)
- 감시 목록(Watch list)
- 민감도 분석(Sensitivity analysis)
- 대체 계획(Fallback Plan, Backup Plan)
- 이차 리스크(Secondary Risk)
- 잔여 리스크(Residual Risk)
- 리스크 징후(Risk symptom)

출제 빈도 높은 ITTO(투입물, 도구 및 기법, 산출물)

- [11.2 리스크 식별]의 도구 및 기법
- [11.5 리스크 대응 계획수립]의 도구 및 기법

리스크관리 계획수립
Plan Risk Management

핵심 키워드

→ 정답 386쪽

1 [리스크관리 계획수립] 프로세스 정의에 대한 핵심 키워드를 완성하시오.

리스크관리 계획수립은 프로젝트에 대한 (❶) 활동의 수행 방법을 정의하는 프로세스이다.

2 [리스크관리 계획수립] 프로세스의 ITTO에 대해서 다음의 힌트를 참조하여 핵심 키워드를 완성하시오.

그룹	프로세스	투입물	도구 및 기법	산출물
기획	11.1 리스크관리 계획수립 (Plan Risk Management)	1. ❶	1. 전문가 판단 (Expert judgment)	1. 리스크관리 계획서 (Risk management plan)
		2. 프로젝트관리 계획서 (Project management plan)	2. 데이터 분석 (Data analysis) · 이해관계자 분석 (Stakeholder analysis)	
		3. 프로젝트 문서 (Project documents)	3. 회의(Meetings)	
		4. 기업 환경 요인 (Enterprise environmental factors)		
		5. 조직 프로세스 자산 (Organizational process assets)		

❶ 상위수준의 리스크가 기술되어 있으며, 상위수준의 프로젝트 설명과 요구사항을 고려하여 리스크관리 계획 수립에 참고해야 하는 문서이다.

1 다음 중 리스크에 대한 설명으로 올바른 것은 무엇인가?

A. 개별 리스크의 총합은 전체 리스크와 같다.

B. 긍정적 리스크와 부정적 리스크를 모두 위협이라고 한다.

C. 프로젝트 성공에 긍정적 또는 부정적 영향을 주는 항목을 리스크라고 한다.

D. 프로젝트 성공에 부정적인 영향을 주는 항목을 리스크라고 한다.

해설   리스크관리에서는 리스크 정의에 대해서 묻는 단순한 질문도 많다. 이러한 유형은 이해관계자에 대한 질문에도 등장하므로, PMBOK에서 소개하는 용어에 대해서는 정의부터 확실하게 이해해야 한다. 프로젝트 성공에 긍정적이거나 부정적인 영향을 주는 불확실한 사건이나 이벤트를 리스크라고 한다. 리스크는 발생 시에 하나 이상의 결과물과 다른 리스크에도 영향을 미칠 수 있으므로, 개별 리스크의 단순한 총합보다 전체 프로젝트 리스크가 커지게 된다.

정답 C

리스크 식별

Identify Risks

11-2

→ 정답 386쪽

1 [리스크 식별] 프로세스 정의에 대한 핵심 키워드를 완성하시오.

리스크 식별은 (**①**　　　　) 프로젝트 리스크의 원천뿐만 아니라 (**②**　　　　　) 프로젝트 리스크를 식별하고, 특성을 문서화하는 프로세스이다.

2 [리스크 식별] 프로세스의 주요 ITTO에 대해서 다음의 힌트를 참조하여 핵심 키워드를 완성하시오.

그룹	프로세스	투입물	도구 및 기법	산출물
기획	11.2 리스크 식별 (Identify Risks)	1. 프로젝트관리 계획서 (Project management plan)	1. 전문가 판단(Expert judgment) 2. 데이터 수집(Data gathering) · **①** · 체크리스트(Checklists) · 인터뷰(Interviews)	1. **③** 2. 리스크 보고서 (Risk report) 3. 프로젝트 문서 업데이트 (Project documents updates)
		2. 프로젝트 문서 (Project documents)	3. 데이터 분석(Data analysis) · 근본원인 분석(Root cause analysis) · 가정 및 제약사항 분석 (Assumption and constraint analysis)	
		3. 협약서 (Agreements)		
		4. 조달 문서 (Procurement documentation)	· **②** · 문서 분석(Document analysis)	
		5. 기업 환경 요인 (Enterprise environmental factors)	4. 대인관계 및 팀 기술 (Interpersonal and team skills) · 촉진(Facilitation)	
		6. 조직 프로세스 자산 (Organizational process assets)	5. 프롬프트 리스트(Prompt lists) 6. 회의(Meetings)	

① 질보다는 양을 중시하는 정보수집 기법으로서, 개별 프로젝트 리스크와 전체 프로젝트 리스크가 포함된 종합적인 프로젝트 리스크 목록 작성에 효과적인 데이터 수집 기법이다.

② 내부적으로 발생한 리스크를 포함해서 식별된 리스크의 범위를 확장할 수 있도록 강점, 약점, 기회, 위협(SWOT)의 각 측면에서 프로젝트를 검토하는 기법이다.

③ 식별된 리스크가 등록되는 문서이며, 정성적 리스크분석, 정량적 리스크분석, 대응 계획수립 프로세스를 수행하며 지속해서 업데이트된다.

1 프로젝트 관리자인 당신은 프로젝트 팀원들을 소집하여 리스크 식별을 위한 회의를 진행 중이다. 회의의 목적을 효과적으로 달성하기 위해서 조정자(Facilitator)를 선정하였으며, 가능한 많은 리스크 목록을 작성해 보라고 지시하였다. 어떠한 기법인가?

A. 브레인스토밍(Brainstorming)

B. 델파이 기법(Delphi Technique)

C. 근본원인 분석(Root Cause Analysis)

D. 체크리스트(Checklist)

해설   리스크 식별 기법에는 데이터 수집(브레인스토밍, 체크리스트, 인터뷰), 데이터 분석(근본원인분석, 가정 및 제약사항 분석, SWOT 분석, 문서 분석), 대인관계 및 팀 기술(촉진), 프롬프트 리스트 등이 사용된다. 조정자라는 단어 때문에 델파이 기법으로 오해할 수도 있으나, 문제에서의 핵심 키워드는 가능한 많은 리스트 목록이다. 브레인스토밍은 질보다는 양을 중시하는 정보수집 기법이므로 종합적인 프로젝트 리스크 목록을 작성하기에 적합하다.

정답 A

정성적 리스크분석 수행
Perform Qualitative Risk Analysis

핵심 키워드

→ 정답 386쪽

1 [정성적 리스크분석 수행] 프로세스에 대한 핵심 키워드를 완성하시오.

정성적 리스크분석 수행은 리스크의 (❶   )과 (❷   )을 평가하고 통합함으로써,
추가적인 분석이나 조치에 유용하도록 리스크의 (❸   )를 지정하는 프로세스이다.

2 [정성적 리스크분석 수행] 프로세스의 주요 ITTO에 대해서 다음의 힌트를 참조하여 핵심 키워드를
완성하시오.

그룹	프로세스	투입물	도구 및 기법	산출물
기획	11.3 정성적 리스크분석 수행 (Perform Qualitative Risk Analysis)	1. 프로젝트관리 계획서 (Project management plan)	1. 전문가 판단(Expert judgment) 2. 데이터 수집(Data gathering) · 인터뷰(Interviews)	1. 프로젝트 문서 업데이트 (Project documents updates)
		2. 프로젝트 문서 (Project documents) · ❶ · 리스크 관리대장 (Risk register) · 이해관계자 관리대장 (Stakeholder register)	3. 데이터 분석(Data analysis) · 리스크 데이터 품질평가 (Risk data quality assessment) · 리스크 확률-영향 평가 (Risk probability and impact assessment) · 기타 리스크 변수 평가 (Assessment of other risk parameters)	
		3. 기업 환경 요인 (Enterprise environmental factors)	4. 대인관계 및 팀 기술 (Interpersonal and team skills) · 촉진(Facilitation) 5. ❷	
		4. 조직 프로세스 자산 (Organizational process assets)	6. 데이터 표현 (Data representation) · ❸ · 계층적 차트(Hierarchical charts) 7. 회의(Meetings)	

❶ 프로젝트에서 설정한 가정사항 및 제약사항이 포함되어 있는 문서로서, 가정이나 제약사항은 계획대로
진행되지 못할 때 프로젝트 목표에 영향을 줄 수 있으므로 리스크로 식별되어야 한다.

❷ 리스크 분류 체계로서 그룹화된 리스크는 대응방안 수립과 감시 및 통제를 위해서도 효과적이다.

❸ 식별된 리스크의 발생확률과 영향을 분석하는 대표적인 기법으로 흔히 'PI 매트릭스' 라고도 불리며, 처리 우선순위를 정할 수 있다.

기출 문제

1 식별되고 분류된 리스크는 프로젝트를 수행하면서 중요하지 않은 항목이 없으나, 일정·비용·자원의 제약하에서 모든 리스크를 관리하고 통제한다는 것은 사실상 불가능한 일이다. 프로젝트 관리자는 프로젝트에서 집중할 리스크 관리 우선순위를 결정하고자 한다. 다음 중 가장 적절한 기법은 무엇인가?

A. 델파이 기법(Delphi Technique)

B. 몬테카를로(Monte Carlo) 기법

C. 확률-영향 매트릭스(Probability-Impact Matrix)

D. SWOT 분석

해설 문제의 키워드는 리스크의 우선순위를 결정하는 기법을 묻는 것이다. 리스크 우선순위를 결정하는 프로세스는 [11.3 정성적 리스크분석 수행] 프로세스이며, 정성적 리스크분석 수행의 대표적인 기법이 확률-영향 매트릭스이다. 확률-영향 평가는 식별된 리스크에 대해서 정성적 리스크 분석을 함으로써, 리스크가 발생할 확률 및 발생 시의 영향력을 판단하여 우선순위 부여 및 리스크 대응 방안을 마련하는 기법이다.

정답 C

정량적 리스크분석 수행
Perform Quantitative Risk Analysis

핵심 키워드

→ 정답 386쪽

1 [정량적 리스크분석 수행] 프로세스 정의에 대한 핵심 키워드를 완성하시오.

정량적 리스크분석 수행은 식별된 (❶   ) 프로젝트 리스크와 기타 불확실성의 원인의 조합이 (❷   ) 프로젝트 목표에 미치는 영향을 (❸   )로 분석하는 프로세스이다.

2 [정량적 리스크분석 수행] 프로세스의 주요 ITTO에 대해서 다음의 힌트를 참조하여 핵심 키워드를 완성하시오.

그룹	프로세스	투입물	도구 및 기법	산출물
기획	11.4 정량적 리스크분석 수행 (Perform Quantitative Risk Analysis)	1. 프로젝트관리 계획서 (Project management plan)	1. 전문가 판단 (Expert judgment)	1. 프로젝트 문서 업데이트 (Project documents updates) · ❹
		2. 프로젝트 문서 (Project documents) · ❶	2. 데이터 수집(Data gathering) · 인터뷰(Interviews) 3. 대인관계 및 팀 기술 (Interpersonal and team skills) · 촉진(Facilitation)	
		3. 기업 환경 요인 (Enterprise Environmental Factors)	4. 불확실성의 표현 (Representations of uncertainty) 5. 데이터 분석(Data analysis) · 시뮬레이션(Simulations)	
		4. 조직 프로세스 자산 (Organizational Process Assets)	· ❷ · ❸ · 영향도(Influence diagrams)	

❶ 원가나 예산에 대한 추정치와 통제 방법은 정량적 리스크분석 수행 시 재무적 측정 방법(민감도 분석, 의사결정나무 분석)에 영향을 주는 중요한 투입물이다.

❷ 정성적으로 분석된 리스크 중에서 프로젝트 결과에 가장 큰 리스크를 결정하는 데 유용한 분석 기법이다. 전형적인 표시 방법의 하나는 토네이도 다이어그램(Tornado Diagram)으로, 불확실성이 높은 변수의 상대적 중요도 및 영향을 안정적인 변수와 비교하는 데 유용하다.

❸ 불확실성을 전제로 한 분석으로서, 미래에 발생 여부를 알 수 없는 시나리오가 수반될 때 평균적인 결과를 산출하는 통계적 개념이다. 예상 결괏값에 발생 확률을 곱한 후 구해진 값들을 합산하여 계산하며,

일반적으로 기회에 대한 금전적 기댓값(EMV)은 양수 값(+)으로, 위협에 대한 금전적 기댓값(EMV)은 음수 값(−)으로 표시한다.

❹ 정량적 리스크분석 수행의 결과물로 전체 프로젝트 리스크 노출도 평가, 프로젝트의 상세한 확률 분석, 개별 프로젝트 리스크 우선순위 목록, 정량적 리스크분석 결과의 추세 등이 포함된 문서이다.

1 식별된 위험이 프로젝트의 일정, 원가에 미치는 영향을 수치화하여 리스크가 전체 프로젝트 목표에 미치는 영향을 분석하고 리스크 대응계획을 수립할 수 있는 객관적인 근거를 제공해주는 프로세스를 진행 중이다. 다음 중에서 사용하기에 적합한 기법이 아닌 것은 무엇인가?

A. 리스크 분류

B. 민감도 분석

C. 의사결정나무 분석

D. 인터뷰

해설   해당하는 프로세스는 정량적 리스크분석 수행이다. 정량적 리스크분석은 정성적 리스크분석 수행 이후에 일정 또는 원가에 미치는 영향을 프로젝트 전체적인 관점에서 수치화하는 프로세스이다. 정량적 리스크분석을 수행함으로써 프로젝트관리자는 다음과 같은 이점을 얻을 수 있다.

① 식별된 리스크들은 개별적 뿐만 아니라 상호작용을 통해서도 프로젝트 목표(특히, 납기와 원가)에 영향을 주기 때문에 리스크에 대한 종합적인 평가를 수행할 수 있다.
② 리스크에 수치화된 값을 부여함으로써 프로젝트 리스크가 만족스러운 수준으로 감소하였는지 추가적인 대응 계획수립이 필요한지를 확인하기 편리하다.
③ 일정과 원가에 대한 예비비를 산정하기 위해서는 고객이나 스폰서의 의사결정이 필요하며, 의사결정에 필요한 시각적인 수치를 제공한다.

보기에서 A. 리스크 분류는 [11.3 정성적 리스크분석 수행]에서 사용하는 기법이다.

정답 A

리스크 대응 계획수립
Plan Risk Responses

핵심 키워드

→ 정답 386쪽

1 [리스크 대응 계획수립] 프로세스 정의에 대한 핵심 키워드를 완성하시오.

리스크 대응 계획수립은 (❶　　　) 프로젝트 리스크의 처리뿐 아니라 (❷　　) 프로젝트 리스크의 노출을 처리하기 위한 선택 사항을 개발하고, 전략을 선택하며, (❸　　　　　　)에 합의하는 프로세스이다.

2 [리스크 대응 계획수립] 프로세스의 주요 ITTO에 대해서 다음의 힌트를 참조하여 핵심 키워드를 완성하시오.

그룹	프로세스	투입물	도구 및 기법	산출물
기획	11.5 리스크 대응 계획수립 (Plan Risk Responses)	1. 프로젝트관리 계획서 (Project management plan)	1. 전문가 판단(Expert judgment) 2. 데이터 수집(Data gathering) · 인터뷰(Interviews) 3. 대인관계 및 팀 기술 (Interpersonal and team skills) · 촉진(Facilitation) 4. 위협에 대한 대응전략 (Strategies for threats) 5. 기회에 대한 대응전략 (Strategies for opportunities)	1. 변경요청 (Change requests) 2. 프로젝트관리 계획서 업데이트 (Project management plan updates) 3. 프로젝트 문서 업데이트 (Project documents updates)
		2. 프로젝트 문서 (Project documents)		
		3. 기업 환경 요인 (Enterprise environmental factors)	6. ❶ 7. 전체 프로젝트 리스크 대응전략 (Strategies for overall project risk) 8. 데이터 분석(Data analysis) · 대안 분석(Alternatives analysis) · ❷ 9. 의사결정(Decision making) · 다기준 의사결정 분석 (Multicriteria decision analysis)	
		4. 조직 프로세스 자산 (Organizational process assets)		

❶ 프로젝트에서는 전례가 없거나 계획하지 않은 리스크가 발생하기도 하는데, 이에 대해서는 임기응변 (Work Around)이라는 대응전략으로 처리해야 하며, 사전에 식별되지 않았던 리스크에 대한 대응이므로 관리 예비비(Management Reserve)를 통해서 처리하게 되는 대응 전략이다.

❷ 리스크는 프로젝트나 주변 상황에 따라 변할 수 있으므로 리스크 처리에 있어서 완전하게 제거하거나 대응할 수 있는 것이 아니기 때문에 다양한 리스크 대응 전략을 고려해야 한다. 이러한 데이터 분석 기법 중에서 대체 리스크 대응전략의 비용 효율성을 결정할 수 있는 기법을 말한다.

1 다음에서 설명하는 리스크 대응전략은 무엇인가?

프로젝트에서 모든 위협을 제거하는 것이 절대적으로 불가능할 때 채택되는 최후의 전략이다. 이 전략은 수동적 또는 능동적일 수 있으며, 수동적 수용에는 전략을 문서화하는 일 외에 어떠한 조치도 하지 않는 대응전략이다.

A. 회피(Avoid)   B. 전가(Transfer)

C. 완화(Mitigate)   D. 수용(Accept)

해설   부정적 리스크 또는 위협에 대한 대응전략을 묻는 질문이다. 능동적 전략은 우발사태 예비비를 설정해 두는 것이며, 수동적 대응전략은 발생에 대한 아무런 사전 조치가 없는 전략이다. 또한, 수용은 긍정적 또는 기회에 대한 대응전략에서도 등장하는 용어이다.

다음은 부정적 리스크 또는 위협에 대한 대응방안이다.

(1) **회피(Avoid)**: 예상되는 리스크(위협)의 원인을 완전히 제거하기 위해 프로젝트관리 계획서(계획 변경)를 변경하는 수준의 조치를 의미한다.

(2) **완화(Mitigate)**: 리스크 사건의 확률 또는 영향을 프로젝트에서 수용 가능한 수준으로 낮추는 활동을 의미한다.

(3) **전가(Transfer)**: 위협으로 인한 부정적 영향의 일부 또는 전부를 리스크 대응의 소유권과 함께 제삼자에게 이전하는 방안으로서 보험활용, 이행 보증 등이 대표적이다.

(4) **수용(Accept)**: 프로젝트에서 모든 위협을 제거하는 것은 절대적으로 불가능하기 때문에 채택되는 전략이다. 수용에는 적극적 수용과 소극적 수용이 있다.

(5) **에스컬레이션(Escalate)**: 일반적인 절차나 현재 권한 수준으로 해결이 어려운 문제가 발생했을 경우에 상급자나 상급부서에 해당 안건에 대한 처리 권한을 위임하는 것을 의미한다. 리스크 처리 시에 선호되는 선택은 아니지만 문제나 이슈 발생 시에 신속한 처리를 위해서 프로젝트 관리자는 경영진과 함께 에스컬레이션이 필요한 영역, 시기, 에스컬레이션 절차에 대한 명확한 방향을 정해야 한다.

정답 D

리스크 대응 실행
Implement Risk Responses

→ 정답 386쪽

핵심 키워드

1   [리스크 대응 실행] 프로세스 정의에 대한 핵심 키워드를 완성하시오.

리스크 대응 실행은 합의된 리스크 대응계획을 (❶   )하는 프로세스이다.

2   [리스크 대응 실행] 프로세스의 주요 ITTO에 대해서 다음의 힌트를 참조하여 핵심 키워드를 완성하시오.

그룹	프로세스	투입물	도구 및 기법	산출물
실행	11.6 리스크 대응 실행 (Implement Risk Responses)	1. 프로젝트관리 계획서 (Project management plan)	1. 전문가 판단 (Expert judgment) 2. 대인관계 및 팀 기술 (Interpersonal and team skills) 3. ❶	1. 변경요청 (Change requests) 2. 프로젝트 문서 업데이트 (Project documents updates)
		2. 프로젝트 문서 (Project documents)		
		3. 조직 프로세스 자산 (Organizational process assets)		

❶ 리스크 대응 결과로 영향을 받을 수 있는 프로젝트 일정, 비용, 자원 등에 대한 시뮬레이션을 해볼 수 있으며, 대응 결과를 관련된 이해관계자들에게 투명하고 신속하게 공유하기에 효과적인 도구이다.

1 식별된 리스크들을 지속적으로 감시하면서 리스크 발생 시에 리스크관리 계획서 및 리스크 관리대장에 기록되어 있는 대응전략에 따라 처리 중이다. 프로젝트 관리자는 일부 리스크가 프로젝트 팀 외부나 다른 리스크 담당자로 지정되어 있다는 것을 발견하였다. 이러한 경우에 적시에 리스크를 처리하기 위해서 요구되는 대인관계 및 팀 기술은 무엇인가?

A. 영향력 행사

B. 촉진

C. 협상

D. 관찰 및 대화

해설   리스크는 대응 계획수립도 중요하지만 발생 시 즉각적인 처리가 더욱 중요하다. 리스크는 개별 또는 프로젝트 전체에 영향을 줄 수 있기 때문에 관련된 지식 영역과의 영향도를 파악하여 처리해야 한다. 프로젝트 팀 외부의 리스크 처리 전문가를 우선적으로 투입시켜 처리하는 데 필요한 대인관계 기술이므로 영향력 행사가 적합하다.

정답 A

리스크 감시
Monitor Risks

핵심 키워드

→ 정답 386쪽

1 [리스크 감시] 프로세스 정의에 대한 핵심 키워드를 완성하시오.

리스크 감시는 프로젝트 전반에서 리스크 대응 계획의 구현여부를 (❶   )하고, 식별된 리스크를 (❷   )하고, 신규 리스크를 (❸   ) 및 분석하며, 리스크 프로세스의 효과를 (❹   )하는 프로세스이다.

2 [리스크 감시] 프로세스의 주요 ITTO에 대해서 다음의 힌트를 참조하여 핵심 키워드를 완성하시오.

그룹	프로세스	투입물	도구 및 기법	산출물
감시 및 통제	11.7 리스크 감시 (Control Risks)	1. 프로젝트관리 계획서 (Project management plan) 2. 프로젝트 문서 (Project documents) 3. 작업성과 데이터 (Work performance data) 4. 작업성과 보고서 (Work performance reports)	1. 데이터 분석 (Data analysis) · 기술적 성과 분석 (Technical performance analysis) · 예비 분석 (Reserve analysis) 2. ❶ 3. ❷	1. 작업성과 정보 (Work performance information) 2. 변경요청 (Change requests) 3. 프로젝트관리 계획서 업데이트 (Project management plan updates) 4. 프로젝트 문서 업데이트 (Project documents updates) 5. 조직 프로세스 자산 업데이트 (Organizational process assets updates)

❶ 프로젝트 활동 성과는 독립적인 외부 기관이 필요할 때 정기적으로 수행하는 감사 활동으로서, 감사를 통해 리스크 대응 조치가 효과적이었는지, 리스크관리 계획서대로 처리했는지 평가하고 문서화하는 기법이다.

❷ 리스크관리 현황은 주간 회의나 월간 회의의 안건으로 포함되거나 별도의 리스크 검토회의 등을 통해서 정기적으로 진행되고 보고되어야 한다. 이러한 리스크에 대한 검토 및 평가 활동을 통해서 신규 리스크 식별, 현재 리스크 재평가, 시기가 지난 리스크 종결, 리스크의 결과로 발생한 이슈 현황, 현재 프로젝트 또는 향후 유사한 프로젝트에서 진행 중인 단계의 구현을 위해 배워야 할 교훈 등을 식별할 수 있는 기법이다.

1   프로젝트에서는 리스크 대응 조치가 효과적이었는지, 리스크관리 계획서대로 처리했는지 평가하여
    문서화하고 있다. 이러한 활동의 중점으로는 개별적인 프로젝트 리스크관리보다는 전체 프로젝트
    리스크관리에 집중하며, 계획 대비 리스크 처리 현황에 대한 독립적이고 객관적인 데이터를 제공하
    는 것이다. 다음 중에서 이러한 활동을 위해서 적합한 기법은 무엇인가?

    A. 예비 분석(Reserve Analysis)

    B. 리스크 감사(Risk Audits)

    C. 차이 및 추세 분석(Variance and Trend Analysis)

    D. SWOT 분석(SWOT Analysis)

해설   리스크 감사에 대한 단순한 ITTO 유형의 문제이다. 리스크 감사는 리스크 감시 프로세스 정
의와 더불어 시험에 출제 비중이 높은 기법이다. [11.7 리스크 감시]는 5판과 비교해서 도
구 및 기법에 있어서 변화를 시도하였다.

특히, 다른 지식 영역과는 다르게 '회의'에서 신규 리스크 식별, 현재 리스크 재평가, 시기가
지난 리스크 종결, 리스크의 결과로 발생한 이슈 현황, 현재 프로젝트 또는 향후 유사한 프
로젝트에서 진행 중인 단계에서 구현을 위해 배워야 할 교훈 등을 식별하는 활동을 수행하
고 있음에도 유의하자.

정답 B

11

프로젝트 리스크관리
전체 프로세스 흐름 파악하기

다음은 프로젝트 리스크관리에 대한 전체 DFD이다. 괄호 안에 해당하는 투입물이나 산출물을 중심으로 프로세스 전체에 대한 흐름을 파악하시오.

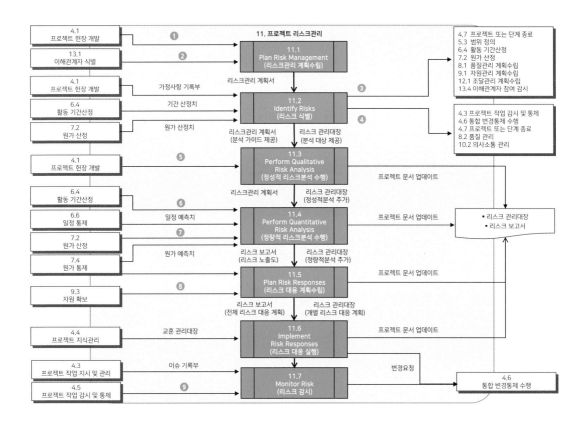

1 [11.1 리스크관리 계획수립]: 상위수준 리스크가 기록되어 있는 (❶   ), 처리 담당자와 이해관계자의 리스크 허용한도를 파악하기 위한 (❷   )를 기반으로 리스크관리 계획서를 작성한다.

2 [11.2 리스크 식별]: 리스크관리 계획서와 관련된 프로젝트 문서를 참고하여 프로젝트에서 발생할 수 있는 개별 리스크를 식별하여 (❸   )에 기록하고, 개별 프로젝트 리스크에 대한 요약 정보와 함께 전체 프로젝트 리스크의 출처에 대한 정보는 (❹   )에 기록한다.

3 [11.3 정성적 리스크분석 수행]: 리스크 관리대장에 등록된 리스크에 대해서 정성적 리스크분석을 수행한다. 리스크가 발생할 확률, 발생 시의 영향을 파악하고 최종적으로 우선순위를 지정하기 위해서 확률–영향 평가 및 확률–영향 매트릭스 등의 기법을 사용한다. 프로젝트에서 설정한 가정 및 제약사항은 계획대로 관리되지 못할 때 프로젝트 목표에 영향을 줄 수 있으므로 (❺   )도 확인해야 한다.

4 [11.4 정량적 리스크분석 수행]: 정성적 리스크분석 결과는 프로젝트 목표(특히 납기와 원가준수)에 미치는 영향을 수치로 보여주지 못하고, 리스크가 상호작용하여 발생할 수 있는 영향을 평가하기에는 한계가 존재하기 때문에 필요에 따라서는 정량적 리스크분석을 수행해야 한다. 이때 리스크가 일정지연이나 원가상승에 미치는 영향을 파악하기 위해서 (❻   )와 (❼   )를 참고한다.

5 [11.5 리스크 대응 계획수립]: 정성적, 정량적 리스크 분석수행 결과를 기준으로 리스크관리 계획서에서 제시하는 가이드에 따라서 긍정적인 리스크는 증가시키고, 부정적인 리스크는 감소시키는 리스크 대응전략을 개발한다. 리스크 처리 담당자를 선정하기 위해서 (❽   )를 확인하고, 처리 담당자의 적시 투입과 해제를 위해서 자원 달력도 확인한다.

6 [11.6 리스크 대응 실행]: 합의된 리스크 대응 계획은 리스크 대응 실행을 통해서 처리된다. 리스크 대응 계획을 실행하면서 원가 기준선, 일정 기준선 및 프로젝트관리 계획서의 다른 구성요소에 대한 변경요청이 발생할 수 있다.

7 [11.7 리스크 감시]: 리스크관리 계획서와 리스크 관리대장 등을 (❾   )와 비교하고 분석하면서 리스크 처리 프로세스에 대한 효과 평가와 개선사항을 발굴하고, 식별된 리스크에 대한 추적과 지속적인 신규 리스크를 식별하는 활동을 수행한다.

1   일정성과지수(SPI) = 0.7, 원가성과지수(CPI) = 1.7 인 상황이다. 프로젝트 관리자는 일정을 준수하기 위해서 외부 업체 인력을 조달하고자 계획하고 있다. 어떠한 리스크 대응 기법인가?

     A. 회피(Avoid)   B. 전가(Transfer)

     C. 완화(Mitigate)   D. 수용(Accept)

2   프로젝트 PM을 수행 중인데, H/W 계약 시 환율 인상으로 더 많은 비용을 추가하여 계약하였다. 그로 인해 S/W를 적격 판매자 목록 중에서 우선순위가 낮은 업체와 계약해야 한다. 이러한 상황에 고려해야 하는 리스크는 무엇인가?

     A. Internal Risk   B. External Risk

     C. Secondary Risk   D. Residual Risk

3   다음 중 리스크 감시(Monitor risk)에서 사용되는 도구 및 기법이 아닌 것은?

     A. 리스크 검토회의(Risk review meetings)   B. 감사(Audits)

     C. 예비 분석(Reserve analysis)   D. SWOT 분석(SWOT Analysis)

4   다음 PI 매트릭스를 보고 질문에 답하시오.

     프로젝트에서는 일정보다는 원가 영향이 중요하다고 판단하였다. 프로젝트에서 고려해야 할 리스크 우선순위로 맞는 것은?

활동	발생확률	일정영향	원가영향	성과영향
A	0.8	150	55	20
B	0.1	250	35	30
C	0.8	100	100	70
D	0.5	50	20	50

A. A→B→C→D
B. A→C→D→B

C. B→D→A→C
D. C→A→D→B

5   건축 업계의 호황으로 신도시 건축 설계가 진행 중이다. A구역에 대해서는 70%의 확률로 10억 원의 강한 이익이 예상되며, B구역에 대해서는 30%의 확률로 3억 원의 손해가 예상된다. 이러한 상황에서 금전적 기댓값(EMV)은 얼마인가?

A. 10억 원
B. 3억 원

C. 7.9억 원
D. 6.1억 원

6   리스크 인지 여부와 발생 시점에 따라 리스크 유형을 구분할 수 있다. 다음 중 식별되지 않은 리스크와 식별된 리스크에 대한 설명으로서 제대로 이해하고 있는 것은 무엇인가?

A. 식별되지 않은 리스크에 대해서는 사전에 예측이 불가능하므로 예비비를 설정할 필요가 없다.

B. 식별된 리스크에 대해서는 사전에 예측할 수 있으므로 우발사태 예비비(contingency reserve)에 포함한다.

C. 식별되지 않은 리스크에 대해서는 고객도 인지하지 못한 금액이므로 PM 재량으로 사용할 수 있다.

D. 식별된 리스크는 unknown-unknown 리스크라고도 불린다.

7   식별된 리스크에 대해서 고객이나 프로젝트 팀원에게 발생확률과 영향도에 대한 결과를 공유하였다. 하지만 고객은 식별된 리스크가 재무적인 측면(원가)이나 납기(일정) 준수에 미치는 영향력을 수치로 판단해서 보고해 달라고 요청하고 있다. 프로젝트 관리자로서 수행해야 할 프로세스는 무엇인가?

A. 리스크 식별(Identify Risks)

B. 정성적 리스크분석 수행(Perform Qualitative Risk Analysis)

C. 정량적 리스크분석 수행(Perform Quantitative Risk Analysis)

D. 리스크 감시(Monitor Risks)

8 다음 중 리스크 관리대장과 리스크 보고서에 대한 설명으로 잘못된 것은 무엇인가?

A. 리스크 식별 프로세스부터 작성되고 관리되어야 하는 문서이다.

B. 리스크 관리대장은 개별 리스크 파악에, 리스크 보고서는 프로젝트 전체 리스크의 현황 파악에 유용하다.

C. 정성적 리스크 분석 시에는 리스크 관리대장, 정량적 리스크 분석 시에는 모두 필요하다.

D. 리스크 대응 계획수립은 개별 리스크에 대해서만 작성되므로 리스크 보고서는 확인이 불필요하다.

9 리스크관리 계획서, 가정사항 기록부, 리스크 관리대장 등을 참조하여 정성적인 리스크분석 수행을 진행 중이다. 리스크 전문가와 함께 리스크의 발생 확률과 발생 시 영향도에 대한 분석은 완료되었다. 다음으로 프로젝트 관리자가 수행해야 할 작업은 무엇인가?

A. 정량적 리스크분석 수행(Perform Quantitative Risk Analysis)

B. 가정사항 분석(Assumptions analysis)

C. 리스크 우선순위(Risk order of priority) 결정

D. 부정적 리스크 또는 위협에 대한 전략(Strategies for negative risks or threats) 수립

10 정성적 리스크분석 수행(Perform qualitative risk analysis) 프로세스를 진행 중이다. 프로젝트 팀원이 우선순위가 낮은 목록은 어떻게 관리해야 하는지를 문의하였다. 프로젝트 팀원에게 어떻게 대답해야 하는가?

A. 잔여 리스크(Residual risk)로 분류하라고 한다.

B. 리스크 관리대장(Risk register)에 별도의 색상으로 표시하라고 한다.

C. 감시목록(Watch list)에 별도로 관리하라고 한다.

D. 우선순위가 낮으므로 리스크 관리대장에 등록할 필요가 없다고 한다.

1 정답 B [시나리오 제시 기본]

시나리오를 해석해 보자면, 프로젝트는 현재 일정 지연이고 비용은 절감되고 있는 상황이다. 현재와 같은 상황이라면 일정 지연이 우려되기 때문에 일정 지연에 대한 리스크를 감소하기 위해서 아웃소싱을 계획중인 것이다. '부정적 리스크 대응전략' 중에서 전가를 고려하고 있는 것이다. 아웃소싱을 활용하는 문제에 있어서 '전가'와 '완화'가 혼동될 수는 있는데, 완화는 이미 아웃소싱하고 있는 상황에서 품질이나 생산성 측면에서 더 나은 업체로 변경하는 상황임을 유의하자.

전문가의 Comment

[11.5 리스크 대응 계획수립(Plan Risk Responses)] 프로세스에서 사용되는 기법(부정적, 긍정적)은 무조건 출제되는 영역이며 출제 비중도 높다. 이전에는 부정적 리스크에 대한 대응전략이 주를 이루었다면 현재는 긍정적 리스크에 대한 대응방안의 출제 비중이 높으니 어느 것 하나 소홀히 하면 안 된다. 특히, 부정적 리스크 대응방안에서 제시하고 있는 사례는 다양하며, 사례 기반으로 문제가 출제되므로 사례까지 반드시 학습해야 한다.

특히나 '완화(Mitigate)'는 자주 출제되므로 다음 사례를 반드시 기억하자.

- 단순한 프로세스 채택
- 더 많은 실험(테스트) 수행
- 안정적인 공급업체 선정
- 시제품(프로토타입) 개발
- 시스템 중복설계(지진, 해일 등에 대비)

2 정답 C [시나리오 제시 기본]

[11. 프로젝트 리스크관리] 지식 영역에서는 리스크에 대한 상식적인 수준의 용어들이 많이 출제된다. 물론 현장에서 빈번하게 사용되는 용어가 아니다 보니 처음에는 혼동스러울 수 있지만, 시험을 위해서라도 반드시 구분해야 하는 용어들이다.

'이차 리스크(Secondary Risk)'는 1차적으로 작성된 리스크 대응계획이나 대체 계획(fallback plan)에 의해 처리한 리스크의 결과가 유발할 수 있는 신규 리스크를 의미하며 파생 리스크라고도 한다. 즉, 리스크를 회피하기 위해 수립한 대응 계획 때문에 발생하는 또 다른 리스크라는 의미이다.

전문가의 Comment

(A) Internal Risk와 (B) External Risk는 리스크를 프로젝트 외부와 내부로 구분한 리스크 분류체계이므로 해당사항이 없고, (D) Residual Risk의 개요는 조직이나 프로젝트에서 받아들일 수 있을 만큼의 수준으로 리스크를 감소시키기 위해 대응전략을 구현하고 나서 남아 있는 리스크를 말한다.

3 정답 D [시나리오 제시 기본]

리스크 감시에 대해서는 PMBOK에서 소개한 정의를 반드시 이해해야 한다. 정의 안에 리스크 감시에서 수행하는 각종 활동이 소개되어 있다. 다음은 PMBOK에 정의된 리스크 감시의 정의이다.

리스크 감시는 (1)프로젝트 전반에서 리스크 대응 계획의 구현 여부를 감시하고, (2)식별된 리스크를 추적하고, 신규 리스크를 식별 및 분석하며, (3)리스크 프로세스의 효과를 평가하는 프로세스이다. 그리고 위와 같은 목적을 달성하기 위한 수단으로는 '데이터 분석(기술적 성과 분석, 예비 분석)', '감사', '회의' 기법을 활용한다. (D) SWOT 분석은 [11.2 리스크 식별(Identify Risks)]에서 사용하는 기법이며 출제 비중이 높으니 함께 학습하자.

4 정답 D [계산 해석 기본]

식별된 리스크에 확률과 영향도를 부여하고, 최종적으로 분석이나 대응 계획을 수립하기 위한 우선순위를 결정하는 프로세스에 대한 질문이며, 우선순위를 정하는 방법을 아는지에 대해서 실습형으로 묻는 질문이다.

문제에서 '일정보다는 원가 영향이 중요하다고 판단'하고 있으므로, 확률은 고정되어 있는 값이고, 영향도를 곱하는 부분에서 일정이 아닌 원가를 적용하면 된다. 그렇게 계산했을 때, 값이 높은 것이 우선순위가 높은 것이다.

PI 매트릭스는 [11.3 정성적 리스크분석 수행(Perform Quali-tative Risk Analysis)] 프로세스의 기법인 '확률 및 영향도 매트릭스(Probability and impact matrix)'의 별칭이다. 리스크의 우선순위는 'P(Probability, 발생확률) × I(Impact, 발생 시 영향도)'로 구할 수 있으며, 값이 클수록 우선순위가 높은 리스크로 판단한다.

만일 해당 프로젝트가 원가에 대한 영향을 중시한다면 '발생확률 × 원가영향'을 구하면 되고, 일정에 대한 영향을 중시한다면 '발생확률 × 일정영향'을 구하여 점수가 가장 높은 것이 우선순위가 높은 리스크인 것이다.

5 정답 D   [계산 풀이 기본]

금전적 기댓값(EMV) 분석은 [11.4 정량적 리스크분석 수행(Perform Quantitative Risk Analysis)] 프로세스의 대표적인 기법인 의사결정나무 분석(Decision Tree Analysis)과 동일한 기법이다. PMBOK 5판에서는 금전적 기댓값(Expected Monetary Value) 분석이 있었으나, 6판에서는 실무에서 주로 사용되는 용어인 의사결정나무 분석으로 변경되었다. 주로 정의를 묻는 문제가 대다수이나 가끔 간단한 계산 문제를 수반하기도 한다.

의사결정나무 분석은 불확실성을 전제로 한 분석으로서, 미래에 발생 여부를 알 수 없는 시나리오가 수반될 때 평균적인 결과를 산출하는 통계적 개념이다. 일반적으로 기회에 대한 EMV는 양수 값(+)으로, 위협에 대한 EMV는 음수 값(−)으로 표시한다. 결국 리스크를 금전적인 개념으로 환산하여 리스크에 대한 대응 방안을 마련하겠다는 것이다.

1) A구역에 대해서는 70%의 확률로 10억 원의 강한 이익: 결국 이익이 발생한다는 것이므로 (+) 값이고, 0.7 × 10억 = (+)7억 원이다.

2) B구역에 대해서는 30%의 확률로 3억 원의 손해: 결국 손해가 발생한다는 것이므로 (−) 값이고, 0.3 × 3억원 = (−)0.9억 원

3) 두 가지 경우를 합산하면, 6.1억 원이며, 이것이 바로 기대되는 금전적인 값이다.

PMBOK에 사례로 제시되어 있는 공장 증축 또는 공장 신축에 대한 문제도 풀어보기를 권장한다. 강한 수요와 약한 수요라는 용어가 발생하는데: 둘 다 이익(+)이라는 의미이고, 얼마를 투자했다는 것은 (−)로 인식해서 해결하면 된다.

6 정답 B   [용어 해석 기본]

리스크는 인지 여부와 발생 시점에 따라서 2가지 유형으로 구분되며, PMBOK에서는 식별되지 않은 리스크(Unknown − Unknown)와 식별된 리스크로 설명하고 있다. 여기서 전자는 리스크 발생 여부에 대해서 사전에 알고 있는지에 대한 것이고, 후자는 리스크 발생 시점에 대해서 알고 있는지를 표현한 것이다. 또한 리스크 유형에 따라 관련된 예비비(우발사태 예비비, 관리 예비비)가 다르니 예비비의 유형에 대한 명확한 이해도 필요하다.

오답 확인

A. 식별되지 않은 리스크에 대해서는 사전에 예측은 불가능하나, 발생 시에 처리해야 할 비용이 필요하므로 '관리 예비비(Management Reserve)'로 설정해 두어야 한다.

C. 식별되지 않은 리스크에 대해서는 '관리 예비비(Management Reserve)'로 설정해서 프로젝트 예산에 포함시켜야 하며, 고객이나 스폰서의 동의하에서만 사용 가능하다.

D. 식별된 리스크는 known(인지 여부)-unknown(발생 시점) 리스크 라고도 부른다.

7 정답 C   [시나리오 제시 기본]

현재 상황은 리스크를 식별하였고, 정성적 리스크분석까지 완료한 상태이다. 정성적 리스크분석 수행 이후 필수 단계는 아니지만, 리스크가 일정과 원가에 미치는 영향에 대해서 수치화하고자 하는 것이 [11.4 정량적 리스크분석 수행(Perform Quantitative Risk Analysis)] 프로세스의 목적이다. 결국 정량적 리스크분석은 정성적 리스크분석에 일정&원가 영향을 합산한 데이터이다.

정량적 리스크분석을 위해서는 비용과 시간이 소요되기 때문에 프로젝트에서 필수로 수행하지는 않지만 다음과 같은 목적으로 수행되곤 한다.

1) 식별된 리스크들은 개별적으로뿐만 아니라 상호작용을 통해서도 프로젝트 목표(특히, 납기와 원가)에 영향을 주기 때문에 리스크에 대한 종합적인 평가를 수행할 수 있다.

2) 리스크에 대해서 수치화된 값을 부여함으로써 프로젝트 리스크가 만족스러운 수준으로 감소하였는지 추가적인 대응 계획수립이 필요한지를 확인하기 편리하다.

3) 일정과 원가에 대한 예비비를 산정하기 위해서는 고객이나 스폰서의 의사결정이 필요하며, 의사결정에 필요한 시각적인 수치를 제공한다.

8 정답 D   [ITTO 용어 기본]

리스크 보고서는 6판에서 추가된 산출물이다. (D)번에서 리스크 대응계획은 개별적인 리스크뿐만 아니라 개별 리스크 간의 상호작용으로 발생하는 전체 프로젝트 리스크도 고려해야 한다. 리스크 보고서는 개별 프로젝트 리스크에 대한 요약 정보와 함께 전체 프로젝트 리스크의 출처에 대한 정보를 제공한다.

9 정답 C   [프로세스 이해 기본]

[11.3 정성적 리스크분석 수행(Perform Qualitative Risk Analysis)] 프로세스의 정의만 알고 있다면 대응이 가능한 문제이다. 지속해서 프로세스의 정의에 대해서 강조하는 이유가 여기에 있다. 문제의 대부분은 프로세스에 대한 설명을 조금씩 돌려서 설명하고 있기 때문에, 프로세스에 대한 정의만 확실히 알고 있다면 문제가 적어도 어떤 프로세스에 대한 설명인지 파악할 수 있다. 문제에서 당신은 정성적 리스크분석을 수행 중이며, 식별된 리스크에 대해서 개별적인 확률과 영향도를 부여했다는 것이다. 그다음에 해야 할 작업을 묻는 것이며, 정성적 리스크분석 수행의 최종 목표는 개별적인 리스크에 대한 '우선 순위'를 결정하는 것이다.

다음은 PMBOK에 있는 정성적 리스크분석 수행의 정의이다.

"Perform Qualitative Risk Analysis is the process of prioritizing risks for further analysis or action by assessing and combining their probability of occurrence and impact."

정성적 리스크분석 수행은 리스크의 발생 확률과 영향을 평가하고 통합함으로써, 추가적인 분석이나 조치에 유용하도록 리스크의 우선순위를 지정하는 프로세스이다.

10 정답 C   [시나리오 제시 기본]

문제야 길지만 결국 묻는 것은 문제의 가장 뒷부분에 있다. '우선순위가 낮은 목록'을 어떻게 처리해야 하는지에 대한 질문이며, 이러한 목록은 무시하거나 기록에서 제외하는 것이 아니라 '감시 목록(Watch list)'에 포함해서 관리되어야 한다.

리스크는 프로젝트 특징이나 환경에 따라서 우선순위, 긴급도, 대응 방법 등이 변경 가능하기 때문에 감시 목록에 등록하고 주기적으로 분석하여 다시 목록화해야 한다. 일부에서는 리스크 관리대장에 포함해서 관리하기도 하지만, PMBOK에서는 '감시 목록'이라는 별도의 문서로 관리하라고 안내하고 있다.

11-1 리스크관리 계획수립

1   ① 리스크관리

2   ① 프로젝트 헌장

11-2 리스크 식별

1   ① 전체

    ② 개별

2   ① 브레인스토밍

    ② SWOT 분석

    ③ 리스크 관리대장

11-3 정성적 리스크분석 수행

1   ① 발생 확률

    ② 영향

    ③ 우선순위

2   ① 가정사항 기록부

    ② 리스크 범주

    ③ 확률-영향 평가 매트릭스

11-4 정량적 리스크분석 수행

1   ① 개별   ② 전체

    ③ 수치

2   ① 원가 예측치

    ② 민감도 분석

    ③ 의사결정나무 분석

    ④ 리스크 보고서

11-5 리스크 대응 계획수립

1   ① 개별

    ② 전체

    ③ 해결 조치

2   ① 우발사태 대응전략

    ② 비용-편익 분석

11-6 리스크 대응 실행

1   ① 구현

2   ① 프로젝트관리 정보시스템

11-7 리스크 감시

1   ① 감시   ② 추적

    ③ 식별   ④ 평가

2   ① 감사   ② 회의

[전체 프로세스 정답]

① 프로젝트 헌장

② 이해관계자 관리대장

③ 리스크 관리대장

④ 리스크 보고서

⑤ 가정사항 기록부

⑥ 기간 산정치

⑦ 원가 산정치

⑧ 프로젝트 팀 배정표

⑨ 작업성과 보고서

프로젝트 리스크관리
→ 정답 396쪽

1   조직 프로세스 자산을 이용하여 진행 중인 프로젝트에서 발생 가능한 리스크 목록을 식별하였다. 그중에서 5% 정도는 프로젝트가 종료될 시점까지 발생확률이나 영향력이 없다고 판단하여 사전 대응계획을 세워두지는 않았다. 하지만 프로젝트 진행 도중에 국제 환경의 변화로 리스크가 발생하였으며 결국은 사후 대응을 수행해야 한다. 이렇게 사전에 아무런 대응계획을 세워두지 않고 리스크 발생 시 즉각적으로 처리하는 용어로 올바른 것은?

A. 임기응변(work around)

B. 긍정적 리스크(기회) 대응전략(Strategies for Positive Risks or Opportunities)

C. 부정적 리스크(위협) 대응전략(Strategies for Negative Risks or Threats)

D. 사전 대응(Beforehand correspondence)

2   식별된 리스크에 대한 대응전략을 수립 중이다. 도입하려는 서버는 글로벌 성공사례가 부족한 서버이지만 구매자가 강력한 도입의사를 밝히고 있다. 프로젝트 관리자는 고객에게 서버 결함에 대비해서 보험을 체결해 둘 것을 권유하고 있다. 프로젝트 관리자가 사용하려는 대응전략은 무엇인가?

A. 전가(Transfer)

B. 수용(Accept)

C. 완화(Mitigate)

D. 활용(Exploit)

3   감시 목록(Watch list)에 등록한 리스크는 어떻게 관리해야 하는가?

A. 등록 시점으로부터 한 달 후에도 우선순위가 낮다면 삭제한다.

B. 우선순위는 프로젝트 특징에 따라 변경 가능하므로, 프로젝트 진행 동안 주기적으로 검토한다.

C. 프로젝트관리 오피스 인원에게 위임하고 프로젝트 팀에서는 관심 두지 않는다.

D. 우선순위가 변경될 수 있기 때문에 정량적분석까지 수행해서 문서화한다.

4   3년 짜리 프로젝트 진행 중간에 신규 프로젝트 관리자가 임명되었다. 프로젝트 관리자는 프로젝트의 리스크를 식별하던 중 홍수가 중요한 장비에 중대한 영향을 미칠 수 있음을 알게 되었다. 그다음으로 프로젝트 관리자가 할 일은?

A. PI(Probability–Impact) 매트릭스를 작성한다.

B. 리스크 평가(Risk Assessment)를 위해 현장을 방문한다.

C. 스폰서에게 이야기하여 우발사태 예비비 편성을 건의한다.

D. 스폰서에게 이야기하여 관리 예비비 편성을 건의한다.

5   식별된 리스크들은 개별적 뿐만 아니라 상호작용을 통해서도 프로젝트 목표에 영향을 주기 때문에 리스크에 대한 종합적인 평가를 수행하고자 한다. 다음 중 이러한 수행을 위해서 사용하는 대표적인 기법이 아닌 것은?

A. 인터뷰(Interviews)

B. 민감도 분석(Sensitivity analysis)

C. 의사결정나무 분석(Decision tree analysis)

D. 리스크 확률–영향 평가(Risk probability and impact assessment)

6   프로젝트 파트 리더들과 함께 리스크 감시(Monitor Risk) 활동을 수행 중이다. 이때 기존에 식별되지 않았던 신규 리스크가 발견되었다. 프로젝트 관리자가 취해야 할 행동은 무엇인가?

A. 외부에서 리스크 감사가 예정되어 있으므로 감사 결과에 따른다.

B. 리스크 관리대장에 신규로 등록하고, 정성적인 리스크분석을 수행한다.

C. 초기에 식별되지 않았던 리스크이므로 무시한다.

D. 고객이나 스폰서와 회의를 소집하고 대응방안을 논의한다.

7   리스크 재평가(Risk reassessment) 시에 리스크 전문가가 토네이도 다이어그램(tornado diagram)으로 분석한 결과라며 팀원들에게 소개하고 있다. 어떠한 프로세스를 수행하고 있는 것인가?

A. 리스크 감시   B. 정성적 리스크분석 수행

C. 정량적 리스크분석 수행   D. 리스크 대응 계획수립

8 프로젝트 팀원들과 리스크 대응 계획수립을 끝냈다. 다음 중 그다음 프로세스에서 사용하게 될 도구 및 기법으로 알맞은 것은?

  A. 발생한 리스크를 처리하기 위해서 지정된 리스크 담당자가 필요한 조치를 수행하도록 '영향력 행사(Influencing)'를 할 수 있다.

  B. 현재 리스크를 재평가하고, 신규 리스크를 지속해서 식별한다.

  C. 리스크 처리 프로세스가 적합한지 주기적으로 검토한다.

  D. 리스크 처리를 위해 필요한 기간, 비용 또는 자원 요구사항이 불확실한 경우 가능한 값의 범위를 확률분포로 나타낸다.

9 프로젝트에서는 협력업체 A의 부품을 사용 중이다. 하지만 부품에서 불량률이 프로젝트에서 설정한 한계선을 넘어섰으며 프로젝트에서는 세계적으로 인정된 협력업체 B의 부품을 사용하기로 결정하였다. 어떠한 리스크 대응전략을 사용하려는 것인가?

  A. 회피(Avoid)   B. 전가(Transfer)   C. 완화(Mitigate)   D. 수용(Accept)

10 프로젝트 관리자는 리스크에 대해서 프로젝트 팀원에게 설명 중이다. 다음 중 리스크에 대한 설명으로 올바르지 않은 것은?

  A. 프로젝트 리스크는 초반에 가장 크므로, 초반부터 리스크 식별에 유의하라고 한다.

  B. 리스크는 프로젝트에 긍정적 또는 부정적 영향을 줄 수 있는 사건이므로 긍정적인 리스크도 식별하라고 한다.

  C. 식별된 리스크에 대해서는 대응계획까지 수립하는 것이 리스크 기획자의 책임이라고 설명한다.

  D. 리스크는 초기에 빨리 식별할수록 좋으니 리스크 식별 후에 리스크관리 계획서를 작성하도록 한다.

11 현재 프로젝트가 IT 부서의 자원 배정 문제로 인하여 2주가량 지연이 되고 있다. 주말까지 정리가 안 되면 프로젝트가 보류되어야 할 상황이다. 2주 전부터 IT 부서의 기능 관리자와 대책을 논의하고, 그에 대한 리스크 등급도 상향하여 관리하고 있었다. 이 상황에서 프로젝트 관리자는 어떤 점을 더 지원해 줄 수 있는가?

  A. 관리 예비비를 사용하여 자원 배정에 관련된 비용 문제를 해결한다.

  B. 의사소통관리 계획서에 포함된 해결 절차에 따라 상위 부서에 보고한다.

  C. 스폰서에게 이러한 상황을 알리고 지원 요청한다.

  D. 프로젝트가 지연될 것이라고 핵심 이해관계자에게 통보한다.

12 조직과 이해관계자들의 리스크에 대한 태도에 따라 동일한 리스크라도 수용되거나 기각될 수 있다. 기업이 비즈니스 목적(Business objective)이나 보상(reward)을 내다보고 리스크를 기꺼이 받아들이는 불확실성의 정도와 유형은 무엇인가?

A. 관리 예비비(Management reserve)

B. 리스크 수용범위(Risk appetite)

C. 리스크 허용 한도(Risk tolerance)

D. 리스크 한계선(Risk threshold)

13 식별한 리스크에 대한 확률과 영향력이 정의되고 이러한 결괏값이 실제로 사용되는 프로세스는?

A. 리스크 대응 계획수립(Plan Risk Responses)

B. 정성적 리스크 분석 수행(Perform Qualitative Risk Analysis)

C. 정량적 리스크 분석 수행(Perform Quantitative Risk Analysis)

D. 리스크 감시(Monitor Risks)

14 SPI=0.8, CPI=1.6이다. PM은 지연된 일정을 만회하기 위해서 전문 외주업체와 계약을 맺고 추가 인력을 조달하고자 한다. 어떤 리스크 대응 기법을 사용하려는 것인가?

A. 회피(Avoid)   B. 전가(Transfer)

C. 에스컬레이션(Escalate)   D. 완화(Mitigate)

15 시스템 개발 프로젝트에서 최종 오픈 테스트 이후에 고객에게 배포하였으나 정상적으로 작동하지 않았다. 프로젝트에서는 그러한 결함을 빠르게 인지하였고, 그나마 빠른 기간 내에 테크니컬 엔지니어(Technical Engineer)가 해결책을 찾아 제대로 작동하게 되었다. 이러한 사항은 어디에 기록되어야 하는가?

A. 이슈 기록부(Issue Log)

B. 교훈(Lessons Learned)

C. 리스크 관리대장(Risk Register)

D. 프로젝트관리 계획서(Project Management Plan)

16 정성적 리스크분석(Qualitative Risk Analysis)을 수행 중이다. 이때 담당자가 긍정적 리스크에 대한 영향도가 정의되어 있지 않다며 작성에 어려움을 호소하고 있다. 어떠한 문서를 참조하라고 말해 주어야 하나?

A. 리스크 관리대장(Risk register)

B. 리스크 감사 보고서(Risk audits reports)

C. 가정사항 기록부(Assumptions log)

D. 리스크관리 계획서(Risk management plan)

17 고려 중인 의사결정과 가능한 대안 선정에 함축된 의미를 설명하는 도표로 확률 및 이벤트의 발생 가능성을 고려한 가치를 계산하여 위험 대응방안을 결정하고 있다. 일반적으로 기회에 대한 기댓값은 양수 값(+)으로, 위협에 대한 기댓값은 음수 값(−)으로 표시하는 도구는?

A. 시뮬레이션(Simulation) 기법

B. 민감도 분석(Sensitivity Analysis)

C. 의사결정나무 분석(Decision Tree Analysis)

D. 비용−편익 분석(Cost−benefit Analysis)

18 고객과 함께 프로젝트 리스크를 식별 중이다. 고객은 과거 프로젝트에서 원가의 산정치가 높은 활동이 이슈가 되었던 사례를 소개하고 있다. 그러면서 활동에 대해서 산정한 원가 산정치가 정확한지에 대한 검증이 우선이 되어야 한다고 강조한다. 프로젝트 관리자가 더욱 신경 써야 하는 프로세스는?

A. 활동 정의(Define Activities)   B. 활동 자원산정(Estimate Activity Resources)

C. 원가 산정(Estimate Costs)   D. 예산 결정(Determine Budget)

19 리스크 식별(Identify Risks) 프로세스를 수행 중이다. 일반적으로 브레인스토밍 이후에 수행되며, 중요하거나 리스크 대상으로 선정하기에 모호한 리스크에 대해서 전문가들에게 메일을 발송하여 합의를 이끌어가고 있다. 사용 중인 기법은 무엇인가?

A. 인터뷰(Interviewing)   B. 근본 원인 분석(Root Cause Analysis)

C. 체크리스트 분석(Checklist Analysis)   D. 델파이 기법(Delphi Technique)

20 다음이 설명하는 리스크 식별(Identify Risks) 기법은 무엇인가?

내부적으로 발생한 리스크를 포함해서 식별된 리스크의 범위를 확장할 수 있도록 강점, 약점, 기회, 위협의 각 측면에서 프로젝트를 검토하는 기법을 의미한다. 조직의 강점에서 비롯되는 모든 프로젝트 기회를 식별하고, 조직의 약점에서 기인하는 모든 위협을 식별하여 효과적인 리스크관리를 위해 수행한다.

A. 전문가 판단(Expert Judgment)

B. 체크리스트(Checklists)

C. SWOT 분석(SWOT Analysis)

D. 가정 및 제약사항 분석(Assumption and constraint analysis)

21 정성적 리스크분석 수행(Perform Qualitative Risk Analysis)의 장단점이 아닌 것은 무엇인가?

A. 리스크 대응 계획수립을 위한 신속하고도 비용 효율이 높은 우선순위 결정 수단이다.

B. 필요에 따라 정량적 리스크분석을 수행하기 위한 기초를 마련한다.

C. 리스크에 대한 발생확률과 영향도 판단에 이해관계자의 주관적 편견 가능성이 있다.

D. 정성적 리스크분석은 옵션이지만 정량적 리스크분석은 필수이다.

22 해외 건설 프로젝트 진행 중이며 상수도 건설 단계이다. 사전 조사 결과와는 다르게 일부 지역은 지반이 약해서 배관 설치 1주일 후에 후속 작업이 가능하다는 리스크가 식별되었다. 여기서 1주일이 의미하는 것은 무엇인가?

A. 자유 여유(Free Float) 　　　　B. 지연(Lag)

C. 선도(Lead) 　　　　　　　　　D. 위협(Threat)

23 데이터 센터 구축 프로젝트를 진행 중이다. 그런데 환경 당국으로부터 기준치 이상의 전자파 발생 가능성 보고서를 근거로 프로젝트 중단을 통보받았다. 사전에 무엇을 했어야 이러한 상황을 방지할 수 있었나?

A. 사전에 주민과의 공청회를 통해서 전자파 위험에 대한 불안감을 해소해야 했다.

B. 환경 요인 리스크 식별을 철저히 해야 했다.

C. 프로젝트 주요 단계별 변경관리를 철저히 해야 했다.

D. 이해관계자들이 모두 이해 가능한 수준으로 WBS를 상세히 작성했어야 한다.

24 프로젝트 종료 단계이며 프로젝트 수행 중 식별하고 추적하였던 리스크를 팀원들과 검토 중이다. 현재까지 발생하지 않은 몇 개의 중요한 리스크를 선정하였고, 운영 중에도 환경 변화에 따라서 발생 가능한 리스크이기 때문에 프로젝트 관리자는 최종적으로 관련 문서에 등록하고자 한다. 어디에 기록되어야 하는가?

A. 이슈 기록부(Issue log)

B. 리스크 관리대장(Risk register)

C. 교훈(Lessons learned)

D. 리스크 보고서(Risk report)

25 식별되고 정성적으로 분석된 리스크 중에서 프로젝트 결과에 가장 큰 리스크를 결정하고자 한다. 영향력이 가장 큰 요소부터 위쪽으로 배치해서 마치 토네이도와 비슷하다고 하여 '토네이도 다이어그램(Tornado Diagram)'이라고도 불리는 이것은 무엇인가?

A. 민감도 분석(Sensitivity Analysis)

B. 의사결정나무 분석(Decision Tree Analysis)

C. 획득가치 관리(EVM)

D. 몬테카를로(Monte Carlo) 기법

26 식별된 리스크에 대해서 리스크 대응 계획(Plan Risk Responses)을 수립하였다. 하지만 리스크 대응전략을 적용한 후에도 남아 있는 리스크는 존재하기 마련이다. 조직이나 프로젝트에서 받아들일 수 있을 만큼의 수준으로 리스크를 감소시키기 위한 대응전략을 구현하고 나서도 남아 있는 리스크는 무엇인가?

A. 이차 리스크(Secondary Risk)

B. 잔여 리스크(Residual Risk)

C. 리스크 징후(Risk Symptom)

D. 관리 예비비(Management Reserve)

27 신규 리스크를 식별하는 데 도움을 줄 수 있는 리스크 범주의 사전 정의된 구조화된 질문 목록이다. 대표적인 유형으로는 PESTLE, TECOP, VUCA 등이 존재하며, 프로젝트 팀원의 경험과 판단을 사용하여 이 목록의 범위 밖에 있을 수 있는 다른 위험을 생각해 내야 하고, 여기에 포함된 리스트 자체가 완벽한 것으로 간주해서는 안 된다. 이것은 무엇에 대한 설명인가?

A. 프롬프트 리스트(Prompt List)

B. 문서 분석(Document Analysis)

C. 근본 원인 분석(Root Cause Analysis)

D. 체크리스트(Checklist)

28 프로젝트 목표에 대한 기회는 증대시키고 위협은 줄이기 위한 대안과 조치를 개발하는 프로세스를 수행 중이다. 어떠한 프로세스 그룹에서 수행되어야 하는가?

A. 기획(Planning)

B. 실행(Executing)

C. 감시 및 통제(Monitoring and Controlling)

D. 종료(Close)

29 프로젝트에서는 2주 간격으로 신규 리스크를 식별하고, 현재 리스크에 대한 재평가하는 회의를 진행 중이다. 또한, 시기가 지나고 업데이트되지 않은 리스크에 대해서도 상태를 변경하고 있다. 어떠한 프로세스를 수행 중인가?

    A. 리스크 감시   B. 리스크 대응 실행

    C. 리스크 식별   D. 리스크 대응 계획수립

30 조직에서는 리스크 방지를 위해 예상되는 발생 가능한 모든 리스크를 확인하고 보고하라는 지시를 내렸다. PM은 어떤 기법을 사용해야 하나?

    A. 산점도   B. 토네이도 다이어그램

    C. 브레인스토밍   D. 인과 관계도

31 프로젝트 수행은 프로젝트 팀에서 테스트 작업 중 일부는 외주 처리하기로 결정되었다. 조직에서는 프로젝트 팀이 주요 작업에 집중하라는 배려이긴 하지만, PM 입장에서는 외주 업체의 업무 처리 시 발생 가능한 리스크에 대한 주기적인 검토 이외에는 사전에 취할 조치도 없다. 테스트 전문 업체이긴 하지만 혹시라도 파산하게 되면 다른 대안도 없어 걱정스럽다. 어떤 리스크 대응 방법인가?

    A. 회피(Avoid)   B. 전가(Transfer)

    C. 완화(Mitigate)   D. 수용(Accept)

32 리스크 감시 활동을 통해서 처리된 리스크가 계획과 절차상 문제가 없었는지 관련된 이해관계자를 참여시켜서 확인 중이다. 리스크관리 계획서를 기준으로 리스크 관리대장과 리스크 보고서에 기록된 리스크 대응 방안대로 처리하는 프로세스는 무엇인가?

    A. 리스크 대응 계획수립   B. 리스크 대응 실행

    C. 리스크 감시   D. 이해관계자 참여 관리

33 지연되고 있는 활동 A에 자원을 투입하면 프로젝트를 조기 종료할 확률이 증가할 것이라는 회의 결과를 얻었다. 하지만 조기 종료 시에 프로젝트 팀에게 주어지는 보상은 거의 없고, 시도하다가 실패하면 부정적 리스크로 전환될 확률이 너무 높아서 고민 중이다. 어떠한 대응전략에 대해서 고민 중인가?

    A. 수용(Accept)   B. 증대(Enhance)

    C. 공유(Share)   D. 활용(Exploit)

34 프로젝트 리스크 검토 회의 중이다. 주기적으로 진행되는 회의이지만 몇몇 리스크에 대해서는 고객과 공감대를 형성하지 못하고 있다. PM 입장에서는 향후 일정이 지연될 수도 있고, 고객 입장에서는 프로젝트 예산이 증가할 수도 있는 항목들이다. 시간이 소요되더라도 이해관계자들은 완전한 해결책을 모색하고자 한다. 어떠한 갈등관리 방안이 필요한가?

A. 문제해결   B. 지시

C. 완화   D. 절충

35 팀원들과 리스크관리 계획서를 검토 중이다. 다음 포함 내용 중 잘못 이해하고 있는 항목은 무엇인가?

A. 방법론(Methodology): 리스크관리를 수행하는 데 필요한 접근 방식, 도구, 자료의 출처를 정의

B. 자금 조달(Funding): 프로젝트 리스크관리와 관련된 활동을 수행하는 데 필요한 자금을 식별하고, 우발사태예비비 및 관리 예비비의 사용 규약을 제정

C. 리스크 범주(Risk Categories): 리스크 식별 프로세스의 효과와 수준을 높이고 일관된 상세 수준을 유지하도록 리스크를 체계적으로 식별하는 종합적인 프로세스가 될 수 있는 구조를 제공

D. 확률-영향 매트릭스(Probability and Impact Matrix): 정성적 리스크분석 수행 프로세스의 정확성과 신뢰도를 확보하기 위해서는 리스크의 발생 확률과 영향의 수준을 정의

36 더 많은 수의 실험 수행 또는 제품을 개발하기 전에 선행하는 프로토타입(prototype)은 부정적 리스크 대응방안 중에서 무엇에 해당하는가?

A. 회피(Avoid)   B. 전가(Transfer)

C. 완화(Mitigate)   D. 수용(Accept)

37 프로젝트 진행 중에 이전에 발생했던 리스크가 재발하였다. 프로젝트에서 어떠한 조치를 취했어야 하는가?

A. 리스크 관리대장을 갱신했어야 한다.

B. 리스크관리 계획서를 갱신했어야 한다.

C. 잔여 리스크를 제로화 했어야 한다.

D. 지속적으로 경영 회의에 보고했어야 한다.

1 정답 A [시나리오 제시 기본]

문제를 해석해 보면 사전 대응을 세워두지 않았던 항목에 리스크가 발생하여 즉시 대응해야 하는 리스크에 대한 대응전략을 물어보고 있다. 우발사태 대응전략은 이미 식별된 리스크에 대한 처리절차이므로, 적어도 리스크가 식별되어 있고, 우발사태 예비비도 설정되어 있다는 것이다.

이에 반해, 프로젝트에서는 전례가 없거나 계획하지 않은 리스크가 발생하기도 하는데, 이에 대해서는 임기응변(work around)이라는 대응전략으로 처리해야 하며, 사전에 식별되지 않았던 리스크에 대한 대응이므로 관리 예비비(management reserve)를 통해서 처리하게 된다.

2 정답 A [시나리오 제시 기본]

아직은 검증되지 않은 서버 도입에 따른 부정적 리스크(위협) 대응전략(Strategies for Negative Risks or Threats)을 수립하는 중임을 파악할 수 있다. 프로젝트 관리자가 고객에게 추천하는 것은 리스크 대응방안 중에서 발생 시에 보험을 들어 둔 업체에 위임하려는 것이기 때문에 전가이다.

 전문가의 Comment

리스크 전가는 위협으로 인한 부정적 영향의 일부 또는 전부를 리스크 대응의 소유권과 함께 제삼자에게 이전하는 방안으로서 당연히 비용이 든다. 단순히 책임을 제삼자에게 넘기는 것일 뿐, 리스크를 제거하는 활동은 아니다.

3 정답 B [용어 이해 기본]

감시 목록이라는 정의 이외에 리스크의 특징을 파악하고 있어야 접근이 가능한 문제이다. [11.3 정성적 리스크분석 수행]에서는 리스크에 대한 확률과 영향도를 파악하여 결과적으로 리스크에 대한 우선순위를 결정하는 것이다. 프로젝트에서 관심 있고, 우선으로 분석 및 대응방안을 수립해야 하는 것은 물론 리스크 발생 확률 및 영향도가 높은 리스크이지만, 확률-영향 등급이 낮은 리스크라도 리스크 관리대장에 기록하여야 한다.

프로젝트의 진행 상황에 따라서 리스크의 영향과 발생확률은 변화되기 때문에 향후 감시를 위해 리스크 관리대장에 포함하고 추적해야 한다.

4 정답 A [시나리오 제시 기본]

현재 리스크로 식별될 만한 항목을 식별했으며, 이것을 리스크로 인식할지에 대한 여부는 결정이 되지 않은 상황이다. 가장 우선적으로 해야 할 일은 식별된 항목을 '리스크 관리대장'에 등록여부를 결정해야 하며, 그 다음으로는 정성적분석 단계로 진행해야 한다. 보기상에서는 리스크 관리대장에 대한 사항이 없으므로 (A)가 가장 적합하다.

5 정답 D [ITTO 용어 기본]

문제에서 제시하는 프로세스는 정량적 리스크분석 수행이다. 정량적 리스크분석과 정성적 리스크분석은 종종 도구 및 기법을 구분하는 문제가 출제된다. 문제에 대한 접근이 어렵다면 정성적 리스크분석의 키워드는 확률, 영향도, 우선 순위라는 것을 기억하자. (D)는 당연히 '정성적 리스크분석 수행'에서 사용하는 기법이다.

 전문가의 Comment

추가로 다음은 정성적 리스크분석 수행에서 가장 출제 빈도수가 높은 확률-영향 매트릭스(PI 매트릭스)의 사례이다(리스크 수준을 회색 음영으로만 표시하기 때문에 PMBOK에서는 흑백 매트릭스라고도 한다).

확률	위험(Threats)					기회(Opportunities)				
0.90	0.05	0.09	0.18	0.36	0.72	0.72	0.36	0.18	0.09	0.05
0.70	0.04	0.07	0.14	0.28	0.56	0.56	0.28	0.14	0.07	0.04
0.50	0.03	0.05	0.10	0.20	0.40	0.40	0.20	0.10	0.05	0.03
0.30	0.02	0.03	0.06	0.12	0.24	0.24	0.12	0.06	0.03	0.02
0.10	0.01	0.01	0.02	0.04	0.08	0.08	0.04	0.02	0.01	0.01
영향도	0.05	0.10	0.20	0.40	0.80	0.80	0.40	0.20	0.10	0.05

 ■ 높은 수준 리스크　■ 보통 수준 리스크　▧ 낮은 수준 리스크

검은색 부분은 높은(high) 수준 리스크를, 중간 회색 부분은 보통(moderate) 수준 리스크를, 옅은 회색 부분은 낮은(low) 수준의 리스크를 각각 나타낸다.

6 정답 B [ITTO 용어 기본]

리스크 감시에서 주요한 활동 중 하나가 '신규 리스크 식별'이다. 식별된 신규 리스크는 '리스크 관리대장'에 등록되어야 하며, 대응 계획수립을 위해서 분석되고, 대응 방안까지 수립되어야 한다. 당연한 소리이지만 리스크는 프로젝트 착수부터 종료에 이르기까지 지속해서 갱신되어야 한다.

7 정답 A [ITTO 용어 기본]

문제 중간에 있는 '토네이도 다이어그램(tornado diagram)'이라는 단어만 보고 [11.4 정량적 리스크분석 수행(Perform Quantitative Risk Analysis)]을 선택하면 틀리는 문제이다. 문제에서는 결국 '리스크 재평가(Risk reassessment)'를 수행하고 있다는 것이므로, [11.7 리스크 감시] 프로세스를 수행하고 있다.

 전문가의 Comment

민감도 분석의 전형적인 표시 방법의 하나는 '토네이도 다이어그램(Tornado Diagram)'으로, 불확실성이 높은 변수의 상대적 중요도 및 영향을 안정적인 변수와 비교하는 데 유용하다. 영향력이 가장 큰 요소부터 위쪽으로 배치해서 마치 토네이도와 비슷하다고 하여 붙여진 다이어그램이다.

8 정답 A [ITTO 이해 기본]

리스크 대응 계획수립을 이미 끝낸 상황이므로, 리스크 발생 시 대응계획을 구현하는 [11.6 리스크 대응 실행] 프로세스에 해당하는 기법을 찾으면 된다. 만약에 보기 중 [11.6 리스크 대응 실행] 프로세스가 없다면 [11.7 리스크 감시] 프로세스에 해당하

는 기법을 찾으면 된다. (B)와 (C)는 [11.7 리스크 감시], (D)는 [11.4 정량적 리스크분석 수행]의 '불확실성의 표현(Presentations of Uncertainty)' 기법에 해당한다.

9 정답 C [ITTO 이해 기본]

리스크를 완전히 해결하는 것은 불가능하므로 사용되는 기법이며, 완화에 대한 설명이다. 적어도 A 회사보다는 B 회사가 불량률이 적다는 판단하에 리스크 사건의 확률 또는 영향을 프로젝트에서 수용 가능한 수준으로 낮추는 활동을 계획하고 있기 때문이다.

 전문가의 Comment

가끔씩 완화와 전가를 혼동하는 수험생이 많은데, 완화도 결국은 비용을 수반하기 때문이다. 하지만 전가는 리스크 대응의 소유권과 함께 제삼자에게 이전하는 방안으로서 대표적인 사례로, '보험활용, 이행 보증, 각종 계약 및 보증' 등을 사용하는 것이며, 완화는 비용은 들지만 사례에서 확실한 차이점을 보인다.

완화의 대표적인 사례를 다시 한 번 확인하자.

- 단순한 프로세스 채택
- 더 많은 실험(테스트) 수행
- 안정적인 공급업체 선정
- 시제품(프로토타입) 개발

10 정답 D [용어 이해 기본]

리스크의 식별은 빠르면 빠를수록 효과적이며, 부정적인 리스크 뿐만 아니라 긍정적인 리스크도 식별하여야 한다. 또한, [11.1 리스크관리 계획수립] 프로세스부터 [11.5 리스크 대응 계획수립] 프로세스까지는 '기획 프로세스 그룹'에 속하기 때문에 리스크에 대한 기본적인 대응 계획까지 수립해 두는 것이 리스크 기획자의 책임인 것이다.

(D)에서 리스크 식별은 빠를수록 좋긴 하지만, 식별된 리스크에 대해서 분석이나 대응 계획을 수립하기 위해서는 시간과 비용이 소요되고, 프로젝트 초반에 리스크를 식별하지 못했다고 해당 리스크가 시작 초기부터 발생하거나 프로젝트 작업을 수행하지 못하

는 것은 아니기 때문에 '리스크관리 계획수립'부터 수립하는 것이 올바른 순서이다.

11 정답 B
[시나리오 제시 기본]

문제의 상황을 보면 IT 부서 기능 관리자의 권한을 넘어서는 상황으로 인해서, 기능 관리자가 적극적으로 협조하지 못하고 있다는 것을 판단할 수 있다. 이러한 상황에서는 기능 관리자보다 상위 관리자에게 도움을 요청하여 문제를 풀어가야 한다. PMBOK에서는 '위협에 대한 대응전략(Strategies for Threats)' 중 '에스컬레이션(Escalate)'에 해당한다.

 전문가의 Comment

(A)에서 프로젝트 관리자의 권한으로 사용할 수 있는 예비비는 우발사태 예비비이며, 우발사태 예비비는 식별되고 분석한 리스크에 사용하는 예비비이다.

(C)는 무책임한 행동의 대표적인 사례이다. 이미 프로젝트 수행에 전권을 보유하고 있는 프로젝트 관리자가 별다른 노력 없이 스폰서에게 요청하는 것은 PMBOK 사상에 맞지 않는다.

(D)와 같은 행동은 자제해야 한다. 정확한 사실 없이 추정이나 확인되지 않은 정보를 관련된 이해관계자에게 전달하는 것은 프로젝트에 대한 우려와 불신만 안겨주게 된다.

12 정답 B
[용어 이해 기본]

PMBOK 5판부터 소개된 리스크와 관련된 용어에 대한 질문이다. 리스크 수용 범위는 수행 조직 차원에서 설정한 리스크의 한도이며, 리스크 허용 한도는 프로젝트 차원에서 설정한 리스크 한도라고 이해하는 것이 바람직하다.

 전문가의 Comment

조직과 이해관계자들의 리스크에 대한 태도에 따라 같은 리스크라도 수용되거나 기각될 수 있다. 다음과 같은 3가지 요인이 리스크에 대해 어떠한 대처를 취할지를 결정하는 기준으로 작용한다.

1) **리스크 수용범위(Risk appetite):** 리스크 수용범위는 '리스크 선호도' 또는 '리스크 성향'이라고도 불리며, 기업이 비즈니스 목적(objective)이나 보상(reward)을 내다보고 기꺼이

리스크를 받아들이는 불확실성의 정도와 유형을 의미한다. 수용범위는 일반적으로 범위로 표현하며, 리스크 수준이 기업의 리스크 수용범위를 초과하면 조치하기가 더욱 민감해진다.

2) **리스크 허용 한도(Risk tolerance):** 리스크 허용 한도는 '리스크 민감도'라고도 불리며, 각각의 관련된 리스크에 대해서 조직이나 개인이 감당할 수 있는 리스크의 정도, 양 또는 크기(볼륨)를 의미한다. 즉, 리스크 수용 범위를 벗어나서 수용 가능한 리스크 허용 편차를 의미하며, 상위 허용 한도와 하위 허용 한도로 나타낸다.

3) **리스크 한계선(Risk threshold):** 리스크 한계선은 '리스크 허용치'라고도 불린다. 불확실성의 수준이나 이해관계자가 특정 이해관계에 미칠 수 있는 영향력의 수준을 정량적인 수치로 측정하는 것을 나타낸다. 즉, 리스크 허용 한도는 리스크 수용범위와 비교해서 상·하위 몇 퍼센트 정도라는 범위로 나타내었다면 리스크 한계선은 리스크 허용 한도를 특정한 수치로 지정한 것을 의미한다.

13 정답 B
[프로세스 정의 기본]

문제를 두 단락으로 구분해서 분석하면 답이 보이는 문제이다. (1) '식별한 리스크에 대한 확률과 영향력이 정의'는 리스크에 대한 확률과 영향력을 평가하는 것이고, (2) '이러한 결괏값이 실제로 사용'은 발생 확률 x 영향력에 따른 우선순위를 결정하는 것이다. 따라서 정성적 리스크 분석 수행이다.

14 정답 B
[ITTO 제시 기본]

리스크 대응 방법(긍정적 또는 부정적)은 시험마다 3~5문제 정도 꾸준히 출제되고 있다. 특히나 외주업체와 계약에 대해서는 다음을 유의해야 한다. 외주업체가 등장하는 사례를 보면 전가(Transfer)에서는 각종 계약 및 보증을 통해 제3자에게 리스크를 이전하고 보수를 지급하는 것이고, 완화(Mitigate)에서는 안정적인 공급업체 선정을 제시하고 있다. 문제는 일정을 만회하기 위해서 외주 업체와 계약 맺는 행위 자체를 말하고 있으므로 '전가'에 해당한다.

15 정답 A [시나리오 제시 심화]

최근에 교훈(Lessons Learned)에 대한 출제 비중이 증가하다보니 이러한 문제에 대해서 교훈으로 선택하는 수험생이 많다. 프로젝트에서 발생한 문제이기 때문에 우선적으로는 이슈 기록부에 기록이 되어야 한다. 하지만 모든 이슈를 교훈으로 등록한다면 불필요한 정보가 쌓이게 되고, 이후 유사한 프로젝트에서는 관리할 대상이 많아지기 때문에 이러한 이슈 중에서 반드시 필요한 항목에 대해서만 교훈으로 기록해 두는 절차로 이어져야 한다.

16 정답 D [시나리오 제시 기본]

어떠한 문서를 참조하라는 조언은 결국 '정성적 리스크분석 수행'의 투입물을 묻는 질문이다. 식별된 리스크에 대해서 영향도를 부여해야 하는데, 영향도 부여에 대한 기준이 기록되어 있는 문서가 필요한 것이며, 이러한 사항은 '리스크관리 계획서'에 포함되어 있다.

 전문가의 Comment

다음은 리스크관리 계획서에 포함되어 있는 주요 내용이다.

1) **방법론(Methodology):** 리스크관리를 수행하는 데 필요한 접근방식, 도구, 자료의 출처를 정의한다.

2) **역할 및 책임사항(Roles and responsibilities):** 리스크관리 계획서에 각 활동 유형별 리더, 자원 및 리스크관리 팀원을 정의하고 그들의 책임사항을 명시한다.

3) **시기 선택(Timing):** 프로젝트 생애주기 동안에 언제, 그리고 얼마나 자주 리스크관리 프로세스가 수행되어야 하는지에 대해 정의하고, 일정 우발사태 예비비의 적용을 위한 사용 규약을 설정한다.

4) **리스크 확률 및 영향력 정의(Definitions of risk probability and impact):** 정성적 리스크분석 수행 프로세스의 정확성과 신뢰도를 확보하기 위해서는 리스크의 발생 확률과 영향의 수준을 정의해야 한다.

5) **확률-영향 매트릭스(Probability and impact matrix):** 리스크 우선순위는 통상적으로 확률-영향 매트릭스를 사용한다.

6) **이해관계자 허용 한도 수정(Revised stakeholders' tolerances):** 이해관계자의 허용 한도는 특정 프로젝트에 적용될 때 리스크관리 계획수립 프로세스에서 수정될 수 있다.

17 정답 C [시나리오 제시 기본]

의사결정을 수행하기 위해서, 발생 가능한 대안들에 대해서 확률과 발생 시 가치를 계산한 금전적인 값을 활용하는 기법을 묻고 있다. 또한, 기회가 될 것으로 판단하는 의사결정 대안은 양수로, 위협이 될 것으로 판단되는 의사결정에 대한 대안은 음수로 표현하는 것인 의사결정나무 분석(Decision Tree Analysis)이다.

18 정답 C [시나리오 제시 기본]

리스크 식별 프로세스에서 사용하는 투입물에 대한 질문이다. 리스크 식별 프로세스의 투입물 중에서 활동에 대한 원가 산정치가 산출되는 프로세스에 대한 질문이므로, [7.2 원가 산정(Estimate Costs)] 프로세스이다.

19 정답 D [시나리오 제시 기본]

리스크 식별 프로세스에서 사용하는 도구 및 기법에 대한 질문이다. 문제에서 다양하게 식별된 리스크 중에서 전문가들에게 다시 한 번 리스크를 보내어 그중에서 프로젝트에서 선택해야 할 리스크에 대한 선택을 하고 있기 때문에 정답은 '델파이 기법'이다. 델파이 기법은 위와 같은 용도 이외에 브레인스토밍 수행으로 인해서 누락되었을 수 있는 발견되지 않은 리스크를 식별하기 위해서 전문가에게 익명을 허용하여 반복적으로 식별을 할 때에도 사용가능한 기법이다.

 전문가의 Comment

보기에서 인터뷰(Interviewing)는 리스크 식별 시에도 유용하게 사용하나, 정성적 리스크분석 수행, 정량적 리스크분석 수행, 리스크 대응 계획수립에서도 활용되는 주요 기법임을 기억하자.

20 정답 C [시나리오 제시 기본]

"강점, 약점, 기회, 위협의 각 측면에서 프로젝트를 검토한다."는 문장에서 직관적으로 'SWOT 분석' 기법임을 알 수 있다. SWOT 분석은 조직의 강점과 약점을 식별하는 일로 시작하여 프로젝트, 조직 또는 더 광범위한 비즈니스 영역에 초점을 맞춘다. 계속해서 SWOT 분석을 통해 조직의 강점에서 비롯되는 모든 프로젝트 기회를 식별하고, 조직의 약점에서 기인하는 모든 위협을 식별한다.

 전문가의 Comment

다음은 일반적인 SWOT 분석에 대한 절차이다.

1) **외부환경 분석:** 프로젝트와 연관된 외부환경 분석을 통한 기회 및 리스크를 도출한다

2) **내부환경 분석:** 프로젝트에 투입된 자원 분석을 통한 프로젝트 팀의 강점과 약점을 도출한다.

3) **SWOT 분석:** 경쟁전략 수립 및 중점전략을 선정한다.

    SO : 강점-기회 전략(강점을 살려 기회를 극대화)

    WO : 약점-기회 전략(기회를 이용하여 약점을 극복)

    ST : 강점-위협 전략(강점을 살려 위협을 극복)

    WT : 약점-위협 전략(위협은 회피하고, 약점은 최소화)

4) SWOT 분석을 통한 리스크 대응전략 도출

21 정답 D [ITTO 이해 기본]

정성적 리스크분석 수행의 특징에 대한 질문이다. 정성적 리스크분석의 장단점 및 정량적 리스크분석 수행과의 차이점도 반드시 알고 있어야 대응할 수 있다. (D)는 정성적 리스크분석 수행과 정량적 리스크분석 수행이 반대로 되어 있다. 정량적 리스크분석 수행은 비용이나 시간이 많이 소요되기 때문에 고객의 요청이나 프로젝트 예산 산정의 신뢰도를 향상하고 싶을 때 추가로 수행하는 프로세스임에 유의하자.

 전문가의 Comment

시험을 대비하여 정량적, 정성적 리스크분석 수행 차이점도 확실히 기억해 두자.

분석 유형	정성적 리스크분석 수행	정량적 리스크분석 수행
리스크 분석 대상	식별된 리스크를 개별적으로 분석	식별된 리스크의 상호작용을 고려하여 분석
리스크 분석 목적	리스크 확률-영향 평가를 통한 리스크 우선순위 평가	수학적인 평가 기법을 통한 예비 일정과 예비 비용 확보
도구 및 기법	· 리스크 확률 및 영향도 평가 · 확률 및 영향도 매트릭스 · 리스크 데이터 품질 평가	· 시뮬레이션 · 민감도 분석 · 의사결정나무 분석
주요 투입물	· 리스크관리 계획서 · 리스크 관리대장	· 리스크관리 계획서 · 범위 기준선 +일정 기준선 · 리스크 관리대장+ 리스크 보고서

정량적 리스크분석 수행 프로세스는 [11.3 정성적 리스크분석 수행] 이후에 진행되지만, 효과적인 리스크 대응 계획수립을 개발하는 데 있어서 필수적인 프로세스는 아니다. 정성적으로 분석한 리스크에 대한 정확한 수치적인 값이 필요하거나, 고객에게 예비비 청구에 대한 근거자료가 필요하다고 판단 시에 선택적으로 정량적 리스크분석 수행을 수행하게 된다. 왜냐하면, 정량적 리스크분석 수행에는 시간과 비용이 소요되기 때문이다.

22 정답 B [용어 제시 기본]

리스크 식별과 관련된 문제이나 요구하는 답은 일정과 관련된 용어이다. 리스크 식별에만 집중해서 (D)를 선택하면 안 된다. 부득이한 사정으로 인해서 후속 작업의 시작일을 미루는 것과 관련된 용어는 지연이다.

23 정답 B [시나리오 제시 기본]

리스크에 대한 일반적인 상황 문제이다. 문제에서 '환경 당국으로부터 기준치 이상의 전자파 발생 가능성 보고서를 근거'로 유추했을 때, 사전에 EEF를 폭넓게 조사하여 사전에 방지할 수 있었던 문제이다. 보기에서 가장 적합한 답은 (B)이다. (A)도 물론 답안이 될 수는 있지만 (B)가 더 포괄적이고, 순서상으로도 (B)보다는 후 순위로 고민할 문제이다.

24 정답 C [ITTO 이해 기본]

정답 선택이 어려운 문제이다. 발생 유무를 고려 시에 (A)는 답에서 멀어진다. 개별적인 리스크는 리스크 등록대장에, 전체적인 리스크는 리스크 보고서에 프로젝트 종료 시까지 지속해서 업데이트되었기 때문에 (B)나 (D)도 반드시 정답이 아니라고는 말할 수 없다. 하지만 문제에서는 운영 프로세스로 이관할 주요한 리스크 및 처리방안을 요구하는 것이기 때문에 '교훈'을 선택하는 것이 바람직하다. 정리된 교훈이 운영자 매뉴얼이나 사용자 매뉴얼 또는 위기 대응 매뉴얼 등에 포함되는 개념이다.

25 정답 A [ITTO 용어 기본]

토네이도 다이어그램은 '민감도 분석'의 대표적인 사례이다. 민감도 분석은 식별된 개별적인 리스크가 전체 리스크에 대해서 얼마의 비중을 두고 있는지를 파악하는 것이며, 영향을 가장 많이 미치는 요소를 가장 상위에 부여하는 기법이다. 결과적으로 파레토 법칙과 유사함을 알 수 있다.

26 정답 B [ITTO 용어 기본]

리스크와 관련된 용어들에 대한 질문이다. 잔여 리스크는 아무리 노력을 해도 어느 정도는 남아 있을 수 있는 리스크이기 때문에 남아 있는 리스크를 완전히 제거하기 위해서 불필요한 비용과 시간이 소비하느니 어느 정도는 감수하고 남겨두는 리스크를 의미한다.

27 정답 A [ITTO 용어 기본]

PMBOK 6판에서 추가된 프롬프트 리스트에 대한 설명이다. 체크리스트와 혼동되기도 하지만 체크리스트는 과거 프로젝트 교훈 중에서 선별하는 의미가 크고, 프롬프트 리스트는 관련 산업군에서 범용적으로 사용되는 일반화된 체크리스트로 이해하기 바란다. 예를 들어, PESTLE는 정치적(Political), 경제적(Economic), 사회적(Social), 기술적(Technological), 법적(Legal), 환경적(Environmental)인 리스크 분류 범주에서 발생할 수 있는 리스크의 일반화된 목록이다.

28 정답 A [프로세스 정의 기본]

문제는 [11.5 리스크 대응 계획수립(Plan Risk Responses)] 프로세스의 정의이며, 리스크 대응 계획수립 프로세스는 '기획 프로세스 그룹'에 포함된다. 가끔 해당 프로세스를 '감시 및 통제' 그룹으로 혼동하는 수험생들이 존재하나, 기획 프로세스에서 대응 계획까지 세워두고 해당 리스크가 발생할 때 처리하는 것은 [11.6 리스크 대응 실행] 프로세스로서 '실행 프로세스 그룹'에 속한다.

29 정답 A [ITTO 제시 기본]

리스크 감시의 주요 기법으로는 기술적 성과 분석, 예비 분석, 감사, 회의 등이 있다. 특히나 리스크 검토 회의 등을 통해서 신규 리스크 식별, 현재 리스크 재평가, 시기가 지난 리스크 종결, 리스크의 결과로 발생한 이슈 현황, 현재 프로젝트 또는 향후 유사한 프로젝트에서 진행 중인 단계에서 구현을 위해 배워야 할 교훈 등을 식별할 수 있다고 제시하고 있다.

30 정답 C　　　　　　　　　　[시나리오 제시 기본]

식별된 리스크의 질보다 양을 찾는 문제이고 브레인 스토밍이다. 다음은 리스크 식별의 도구 및 기법에서 출제 빈도가 높은 기법들의 예이다.

1) **데이터 수집:** 브레인스토밍, 체크리스트, 인터뷰

2) **데이터 분석:** 근본 원인 분석, 가정 및 제약사항 분석, SWOT 분석, 문서 분석

3) **대인관계 및 팀 기술:** 촉진

4) **프롬프트 리스트**

31 정답 D　　　　　　　　　　[용어 이해 기본]

주의해서 문제를 읽어보지 않으면 '전가'로 선택하기 쉬운 문제이다. 프로젝트 일부 영역(테스트)에서 외주업체를 활용하기로 했으므로 전가의 대표적인 유형이 '계약'에 해당하기 때문이다. 하지만 이 문제에서 중요한 것은 해당 업체가 파산하면 대안이 없다는 것이고, PM으로서 주기적인 검토 이외에 별다른 조치를 하지도 않는 것이기 때문에 부정적 리스크 대응 방안 중에서 '수용(소극적 수용)'에 해당한다.

32 정답 B　　　　　　　　　　[시나리오 제시 기본]

PMBOK 6판에서 추가된 [11.6 리스크 대응 실행]에 관련된 문제이다. 5판에서는 [11.7 리스크 감시] 프로세스에 리스크 대응 실행까지 포함하고 있었으나, 실행과 감시는 다른 의미와 절차로 진행되기 때문에 '리스크 감시' 활동을 [11.7 리스크 감시]라는 별동의 '실행 프로세스 그룹'으로 분류하였다.

33 정답 B　　　　　　　　　　[시나리오 제시 기본]

긍정적 리스크 또는 기회에 대한 전략 중에서 시험에서 가장 선택하기 어렵게 출제되는 '증대'에 대한 문제이다. 선택하기 어려운 이유는 영문을 한글로 해석하면서 해석이 애매하게 제시되는 경우가 많으며, 증대와 활용은 PMBOK만으로는 정확한 구분이 어렵기 때문이다. 문제에서는 단지 확률 정도만 높일 수 있을 뿐이지 프로젝트 팀에게 주어지는 직접적인 혜택이 부족한 것으로서 증대이다.

 전문가의 Comment

활용과 증대를 명확하게 구분하는 방법은 반드시 이해하자. 또한, 부정적 리스크 대응방안과 긍정적 리스크 대응방안은 거의 1:1로 대칭적인 성격을 지니고 있다. 즉, 회피 ↔ 활용, 완화 ↔ 증대인데, 회피는 계획서를 변경해서라도 리스크의 발생 확률을 없애는 것이므로, 활용은 확실한 신념이 존재할 때 어떠한 방법이라도 그것을 실현시켜서 기회로 만드는 것이다.

구분	활용(Exploit)	증대(Enhance)
개요	· 기회가 실현된다는 것을 보증(ensure)하는 대응전략이다. · 기회가 반드시 발생한다는 전제하에 긍정적 리스크를 적극적으로 처리하는 것이다.	· 기회 발생 확률(probability)이나 기회의 이점(benefit)을 증가시키는 것이다. · 아무것도 하지 않는 것보다는 긍정적인 리스크나 기회가 발생할 확률을 조금 더 높이려는 기법이다.
사례	· 당신은 프로젝트 관리자이다. 만일 계약서에 명시된 6개월보다 1개월 빨리 작업을 완료하면 계약금액의 10%를 인센티브로 지급한다고 한다. · 프로젝트 관리자는 기회가 실현된다는 적극적인 가정하에 추가 인력 투입이나 초과 근무를 수행하게 된다.	긍정적 리스크 또는 기회가 발생한다면 좋지만, 활용보다는 소극적인 자세로 여러 가지 가정사항(확률을 높이기 위해서는 비용이 추가된다. 다른 프로젝트에서 인력을 차출해 온다면 해당 프로젝트는 어려워질 수 있음 등)들을 고려하여 발생 확률만 조금 더 높이려는 기법이다.
키워드	· Ensure the opportunity will be realized · Make it sure	Increase the likelihood (or probability) of risk occurring

34 정답 A　　　　　　　　　　[용어 제시 기본]

이처럼 다른 지식 영역을 상황으로 제시하고 묻고자 하는 질문은 뒷부분에 제시하는 문제가 많다. 시험장에서는 시간이 그리 충분하지 않기 때문에 주어진 질문을 빠르게 읽고 핵심을 파악하는 것이 중요하다. 위와 같이 최종적인 합의에 도달하기 위한 것은 '문제해결(problem solving)'이다.

35 정답 D [시나리오 제시 기본]

(D)는 리스크 확률 및 영향력 정의(Definitions of Risk Probability and Impact)에 대한 정의이며, 개별적인 리스크에 확률과 영향력을 부여하는 기준이다. 이러한 정의 하에 개별 리스크가 발생할 확률과 영향력을 실질적으로 부여해서 표로 작성되는 것이 확률-영향 매트릭스이다. 리스크관리 계획서에는 보기 이외에 다음과 같은 항목들이 추가로 포함되어 있다.

1) **역할 및 책임 사항(Roles and Responsibilities):** 리스크관리 계획서에 각 활동 유형별 리더, 자원 및 리스크관리 담당자를 정의하고 책임 사항을 명시

2) **이해관계자 리스크 허용 한도(Stakeholder Risk Tolerance):** 프로젝트의 주요 이해관계자의 리스크 선호도를 리스크관리 계획서에 기록(이해관계자 개개인이 아닌 이해관계자 그룹의 허용 한도임)

3) **추적(Tracking):** 리스크 활동을 기록하는 방법, 리스크관리 프로세스의 감사 방법 정의

36 정답 C [ITTO 용어 기본]

완화의 사례만 알고 있다면 쉽게 접근이 가능한 문제이다. 완화는 출제 비중이 높으며, 출제 비중이 높은 이유 중 하나는 PMBOK에서 제시하는 사례가 많아서 사례 기반으로 출제하기에 적합하기 때문이다. 프로토타입이란 실제 제품을 제작하기에 앞서, 구매자의 요구사항을 파악하고, 요구사항을 명확하게 하며, 구매자와 즉각적인 피드백이 쉽기 때문에 향후에 발생할 수 있는 리스크에 대한 위험 수준을 낮출 수 있다.

37 정답 A [시나리오 제시 기본]

이전에 발생한 리스크가 재발했다는 것은 2가지가 원인이 됐을 것이다. 1번째는 리스크 관리대장에 적절한 대응 계획이나 결과를 기록하지 않았기 때문이고, 2번째는 결과에 대해서 적절한 조치가 이루어지지 않았다는 것이다. 프로젝트에서 발생한 주요한 리스크나 이슈에 대해서는 프로젝트 종료 이후에 교훈(Lessons Learned)에 포함하여 향후 유사한 프로젝트에서 사용할 수 있도록 기록되고 공유되어야 한다.

프로젝트 조달관리

PROJECT PROCUREMENT
MANAGEMENT

출제 유형 분석

조달관리 지식 영역은 조달 업무에 대한 기본적인 프로세스 흐름을 이해해야 프로세스별로 소개되고 있는 ITTO에 대한 접근이 쉽다. 시험에서는 주로 [12.1 조달관리 계획수립]과 [12.2 조달 수행] 프로세스의 출제빈도가 높으나, 조달관리에서 소개하는 모든 도구 및 기법은 빠짐없이 이해해야 한다.

특히 조달은 계약을 수반하는 지식 영역이고 프로젝트 외부로 비용이 지급되는 영역이기 때문에 계약 유형에 대한 질문이 매우 많다. 계약 유형에 따라 계산식이 존재하기는 하나, 계약 유형별로 지급되는 비용만 이해하면 되고 계산식을 직접 풀어야 하는 문제는 등장하지 않는다. 6판에서의 변화 중에 하나는 조달 종료 프로세스가 통합관리 영역에 흡수되었으므로, 4장 프로젝트 통합관리의 [4.7 프로젝트 또는 단계 종료]영역과의 연계 학습도 필요하다.

그룹	출제 항목	출제 유형	빈도	난이도
기획	12.1 조달관리 계획수립 (Plan Procurement Management)	· 조달 계약 유형 비교 및 유형별 금액 계산 · 주요 도구 및 기법(제작-구매 분석, 판매자 선정 분석) · 산출물 작성 목적 및 포함 내용(조달관리 계획서, 조달 전략, 입찰 문서, 조달 작업 기술서, 독립 원가 산정치 등)	A	A
실행	12.2 조달 수행 (Conduct Procurements)	· 조달 수행 프로세스 정의 · 주요 도구 및 기법(입찰자 회의, 제안서 평가 기법, 협상 등)	A	B
감시 및 통제	12.3 조달 통제 (Control Procurements)	· 조달 수행과 조달 통제의 정의 비교 · 주요 도구 및 기법(클레임 관리, 인스펙션 vs. 감사 등) · 미결 이슈, 분쟁에 대한 조달 협상 프로세스	B	B

이렇게 학습하세요

| 반드시 보아야 할 것

- ☐ 조달관리 계획수립 산출물의 종류, 포함 내용, 역할
- ☐ 프로젝트에서 조달관리를 수행하는 이유
- ☐ 계약서가 구매자와 공급자에게 부여하는 책임
- ☐ 조달관리 계획서 포함 내용
- ☐ 조달 문서 유형 및 포함 내용(조달 전략, 입찰 문서, 공급자 선정기준, 조달작업 기술서)
- ☐ 공급자 선정기준 사례(기술적 역량, 관리 접근방식, 재정적 역량, 판매자의 과거 성과 등)
- ☐ 조달 수행 정의 및 주요 산출물(공급자 모집, 계약 체결)
- ☐ 제안서 평가 시에 사용되는 대표적인 기법(가중치 시스템, 선별 시스템)
- ☐ 조달 수행 기법 중에서 입찰자 회의 정의, 목적, 수행시기

비교해 보아야 할 것

- [ ] 조달 계약 유형(고정가 계약, 원가정산 계약, 시간·자재 계약)의 개념, 적용 시기, 세부유형
- [ ] 성과급 가산 고정가(FPIF) vs. 가격조정 조건부 고정가(FP-EPA)
- [ ] 공급자 선정 분석 유형 및 적용시기(최저원가, 적격심사, 품질기준/최고점, 품질/원가 기준 등)
- [ ] 조달 통제 주요 기법인 인스펙션 vs. 감사

흐름을 따라가 보아야 할 것

- [ ] 미결 이슈, 분쟁에 대한 조달 협상 프로세스 이해

계산해 보아야 할 것

- [ ] 조달 계약 유형별 금액 계산(FFP, FPIF, CPFF, CPIF 등)

확인해 보아야 할 용어

- [ ] 고정가(FP: Fixed Price) 계약, 원가정산(CR:Cost Reimbursable) 계약, 시간·자재(T&M: Time & Material) 계약
- [ ] 적격 판매자(Acceptable Sellers)
- [ ] 입찰자 회의(Bidder Conferences)
- [ ] 가중치 시스템(Weighting System)
- [ ] 선별 시스템(Screening System)
- [ ] 독립 산정(Independent Estimates)
- [ ] 대안적 분쟁 해결(ADR: Alternative Dispute Resolution)

출제 빈도 높은 ITTO(투입물, 도구 및 기법, 산출물)

- [ ] [12.1 조달관리 계획수립] 투입물(조직 프로세스 자산 중에서 계약 유형)
- [ ] [12.1 조달관리 계획수립] 산출물(조달관리 계획서, 조달 작업 기술서, 입찰 문서)
- [ ] [12.2 조달 수행] 도구 및 기법(입찰자 회의, 제안서 평가 기법)
- [ ] [12.3 조달 통제] 도구 및 기법(클레임 관리, 인스펙션, 감사)

조달관리 계획수립
Plan Procurement Management

→ 정답 421쪽

1　[조달관리 계획수립] 프로세스 정의에 대한 핵심 키워드를 완성하시오.

조달관리 계획수립은 프로젝트 (❶ 　　　　　　)을 문서화하고, (❷ 　　　　　　　　)을 구체화하고,
(❸ 　　　　　　)를 식별하는 프로세스이다.

2　[조달관리 계획수립] 프로세스의 주요 ITTO에 대해서 다음의 힌트를 참조하여 핵심 키워드를 완성
하시오.

그룹	프로세스	투입물	도구 및 기법	산출물
기획	12.1 조달관리 계획수립 (Plan Procurements Management)	1. 프로젝트 헌장(Project charter) 2. 비즈니스 문서 (Business documents) 3. 프로젝트관리 계획서 (Project management plan) 4. 프로젝트 문서 (Project documents) 5. 기업 환경 요인 (Enterprise environmental factors) 6. 조직 프로세스 자산 (Organizational process assets)	1. 전문가 판단 (Expert judgment) 2. 데이터 수집 (Data gathering) · 시장 조사 (Market research) 3. 데이터 분석 (Data analysis) · ❶ 4. 판매자 선정 분석 (Source selection analysis) 5. 회의(Meetings)	1. 조달관리 계획서 (Procurement management plan) 2. ❷ 3. 입찰 문서(Bid documents) 4. ❸ 5. 판매자 선정 기준 (Source selection criteria) 6. 제작-구매 결정 (Make-or-buy decisions) 7. ❹ 8. 변경요청(Change requests) 9. 프로젝트 문서 업데이트 (Project documents updates) 10. 조직 프로세스 자산 업데이트 (Organizational process assets updates)

❶ 작업을 프로젝트 팀이 수행할 것인지, 아니면 외부 공급자로부터 제작이나 구매할 것인지를 결정하기
위해 사용되는 분석 기법이다.

❷ 프로젝트 팀에서 수립하기보다는 조직 내의 조달 관련 전문부서에서 작성되고 프로젝트에 맞게 조정된
다. 조달 업체의 산출물 확인 방법, 프로젝트 인도 방법 및 프로젝트의 특징을 고려한 계약 유형의 선택
방법이 포함되어야 하며, 조달 이행이 계획대로 진행되고 있는지 검토하기 위한 조달 단계별 감시 및 확
인하는 방법도 포함하고 있다.

❸ 조달 요청 품목에 대해서 조달업체에 전달되는 구매자의 상세한 요구사항으로서, 유망한 판매자가 해당 조달 품목을 납품 가능한지를 판단할 정도로 충분하고 상세하게 작성되어야 한다. 이를 기반으로 구매자는 제안요청서(Request for Proposal), 판매자는 제안서(Proposal)를 작성하는 근거자료가 된다.

❹ 구매자 측면에서 입찰 또는 계약체결 이전에 조달할 제품이나 인력에 대한 과거 산정치나 외부 전문가에게 의뢰하여 독자적으로 산출해두는 원가 산정치로서 계약금액의 결정기준으로 삼기 위하여 미리 작성 및 비치해 두는 가액을 의미하며 예정 가격이라고도 한다.

기출 문제

1 인공지능을 활용한 업무 자동화 수요가 증가하고 있다. 조직에서는 향후 신 성장 동력으로 이러한 신기술이 포함된 프로젝트를 조직의 포트폴리오에 포함하였다. 하지만, 신기술이다 보니 기술을 구현하는 업체도 적고 사업을 위한 명확한 범위 산정도 어렵다. 어떤 계약 방식을 채택해야 할까?

A. 확정 고정가(FFP: Firm Fixed Price) 계약

B. 성과급 가산 고정가(FPIF: Fixed Price Incentive Fee) 계약

C. 고정수수료 가산원가(CPFF: Cost Plus Fixed Fee)

D. 시간 · 자재(T&M: Time & Material) 계약

해설 계약 유형에 관한 문제에서는 우선 업무 범위가 명확한지 여부를 판단해야 한다. 업무 범위가 명확히 정의되어 있지 않거나 요구사항이 모호하거나 변경될 소지가 다분할 때 적합한 계약 유형은 원가정산(CR: Cost Reimbursable) 계약이다. 시간 · 자재 계약은 업무 범위의 명확화 여부와는 무관하게 긴급하게 계약을 체결할 필요가 있을 때 적합한 계약이다.

보기에서 만약에 성과급 가산원가(CPIF)가 있었다면 고정수수료 가산원가(CPFF)보다는 성과급 가산 원가를 선택해야 한다. 기술을 구현하는 업체 수도 적고 기존 구축 사례도 적기 때문에 리스크가 존재하기 마련이며, 이러한 리스크를 감수하고 프로젝트를 수행하기 위해서는 추가로 인센티브(Incentive Fee)를 부여하는 계약 유형이 바람직하다.

정답 C

조달 수행
Conduct Procurements

1 [조달 수행] 프로세스 정의에 대한 핵심 키워드를 완성하시오.

조달 수행은 (❶   )를 모집하고 선정하며, (❷   )을 체결하는 프로세스이다.

2 [조달 수행] 프로세스의 주요 ITTO에 대해서 다음의 힌트를 참조하여 핵심 키워드를 완성하시오.

그룹	프로세스	투입물	도구 및 기법	산출물
실행	12.2 조달 수행 (Conduct Procurements)	1. 프로젝트관리 계획서 (Project management plan) 2. 프로젝트 문서 (Project documents) 3. 조달 문서 (Procurement documentation) 4. ❶ 5. 기업 환경 요인 (Enterprise environmental factors) 6. 조직 프로세스 자산 (Organizational process assets)	1. 전문가 판단 (Expert judgment) 2. 공고 (Advertising) 3. ❷ 4. 데이터 분석 (Data analysis) · ❸ 5. 대인관계 및 팀 기술 (Interpersonal and team skills) · 협상(Negotiation)	1. 선정된 판매자 (Selected sellers) 2. ❹ 3. 변경요청 (Change requests) 4. 프로젝트관리 계획서 업데이트 (Project management plan updates) 5. 프로젝트 문서 업데이트 (Project documents updates) 6. 조직 프로세스 자산 업데이트 (Organizational process assets updates)

❶ 구매자의 제안요청서에 대한 응답으로 판매자가 작성하며, 유력한 입찰자를 선정하기 위해서 사용되는 판매자의 기본 정보가 포함되어 있다.

❷ 계약자 회의, 거래업체 회의 또는 선 입찰 회의라고도 하며, 공급자가 입찰서 또는 제안서를 구매자에게 제출하기에 앞서, 구매자가 주체가 되어 모든 유망한 적격판매자(제안요청서를 받은 적격 공급 업체)에게 정보를 제공하기 위해서 수행하는 회의이다.

❸ 공급자가 제출한 제안서를 구매자가 선정하고 조달 문서(제안요청서)에서 제시한 공급자 선정기준에 따라 평가하는 기법이다. 가격과 기술적인 측면을 고려하여 미리 정의된 가중치에 따라 평가하는 공식적인 평가 심의 프로세스가 정의되어 있다.

❹ 조달 항목별로 선정된 판매자와 계약을 맺는 행위이다. 대표적인 유형은 계약서이며 구매자와 판매자 사이에 법적인 계약 관계를 규정하는 공식적인 문서의 형태이다.

기출 문제

1 조달 수행은 대상 공급자(판매자)를 모집하고, 공급자(판매자)를 선정하고, 계약을 체결하는 프로세스이다. 다음 중 판매자(Seller)를 선택하기 위해 가격정보, 기술정보, 품질 등을 고려하여 판매자를 평가하는 방식은?

A. 가중치 시스템(Weighting System)

B. 제작 · 구매 결정사항(Make or Buy Decisions)

C. 적격 판매자 목록(Qualified Seller list)

D. 제안 요청서(RFP : Request for Proposal)

해설 프로세스에 대한 설명을 해석하면 [12.2 조달 수행] 프로세스를 의미한다. 조달 수행의 도구 및 기법 중에서 공급자를 선택하는 기법인 '제안서 평가 기법'에 대한 질문이며, 가중치 시스템은 제안서 평가 기법의 대표적인 사례이다. 이렇듯 문제를 보고 해석할 때 어떠한 지식 영역인지, 지식 영역 중에서도 어떠한 프로세스인지, 프로세스 ITTO 중 어떤 것을 질문하는지에 대한 접근전략이 필요하다.

정답 A

조달 통제
Control Procurements

→ 정답 422쪽

핵심 키워드

1 [조달 통제] 프로세스에 대한 핵심 키워드를 완성하시오.

조달 통제는 (❶   )를 관리하고, (❷   )를 감시하고, 적절한 변경 및 시정조치를 수행하고, 계약을 (❸   )하는 프로세스이다.

2 [조달 통제] 프로세스의 주요 ITTO에 대해서 다음의 힌트를 참조하여 핵심 키워드를 완성하시오.

그룹	프로세스	투입물	도구 및 기법	산출물
감시 및 통제	12.3 조달 통제 (Control Procurements)	1. 프로젝트관리 계획서 (Project management plan) 2. 프로젝트 문서 (Project documents) 3. ❶ 4. 조달 문서 (Procurement documentation) 5. 승인된 변경요청 (Approved change requests) 6. 작업 성과 데이터 (Work performance data) 7. 기업 환경 요인 (Enterprise environmental factors) 8. 조직 프로세스 자산 (Organizational process assets)	1. 전문가 판단 (Expert judgment) 2. ❷ 3. 데이터 분석 (Data analysis) · 성과 검토 (Performance reviews) · 획득가치 분석 (Earned value analysis) · 추세 분석 (Trend analysis) 4. ❸ 5. ❹	1. 종료된 조달 (Closed procurements) 2. 작업성과 정보 (Work performance information) 3. 조달 문서 업데이트 (Procurement documentation updates) 4. 변경요청 (Change requests) 5. 프로젝트관리 계획서 업데이트 (Project management plan updates) 6. 프로젝트 문서 업데이트 (Project documents updates) 7. 조직 프로세스 자산 업데이트 (Organizational process assets updates)

❶ [12.2 조달 수행]의 산출물로서, 판매자(공급자)는 지정된 제품, 서비스 또는 결과물을 제공할 의무, 구매자는 대가를 지급할 의무가 있음을 명시한 법적 계약서이다.

❷ 프로젝트 진행 과정 중에는 계약서 문구상의 모호함, 시장 환경의 변화, 구매자의 내재된 요구사항 변화 등으로 공식적으로 제기되지는 않지만, 잠재적으로 존재하는 분쟁이 존재하기 마련이다. 계약 당사자 간에 협상을 통해서 처리하는 것이 가장 바람직하지만 해결하지 못하는 경우, 일반적으로 계약서에 명시된 절차 이후에 대안적 분쟁 해결(ADR: Alternative Dispute Resolution) 절차를 따르는 것이 일반적이다.

❸ 구매자가 요구하고 판매자가 지원하는 활동으로서 조달 작업을 수행하는 동안 판매자의 작업 프로세스 준수 여부 또는 인도물의 상태를 확인하기 위해 수행할 수 있다.

❹ 목적은 인스펙션과 유사하지만, 구매자가 주체가 되어 수행하는 인스펙션과는 달리, 외부의 자원을 이용하여 독립적인 시각에서 판매자의 이행 여부를 확인하는 것이다.

기출 문제

1 구매자가 중간 산출물 검토 기간에 제품의 사양이 계약과 다르다며 불평하고 있다. 하지만 공급자는 지난달에 변경된 계약서 기준으로 작업을 수행했기 때문에 아무런 문제가 없다고 항의하고 있다. 계약 당사자 간에 협상을 통해서 처리하고 싶지만 상황이 여의치 않다. 다음 중 고려할 수 있는 해결 방법은 무엇인가?

A. 입찰자 회의(Bidder Conferences)

B. 대안적 분쟁 해결(ADR : Alternative Dispute Resolution)

C. 제작 · 구매 결정사항(Make-or-Buy Decisions)

D. 적격 판매자 목록(Qualified Seller List)

해설 조달 통제의 목적은 구매자와 판매자 상호 간에 계약 이행 여부를 감시하여 앞으로 발생할 수 있는 분쟁을 방지하거나 줄이고자 하는 것이며, 분쟁 발생 시에는 상호 간에 협상으로 처리하는 것이 효과적이다.

대안적 분쟁 해결(ADR)이란 형식적으로는 법원 소송 이외의 방식으로 이루어지는 분쟁해결 방식을 말하며, 실질적으로는 법원의 판결 형태가 아니라 화해, 조정, 중재와 같이 제3자의 관여나 직접 당사자 간에 교섭과 타협으로 이루어지는 분쟁해결 방식을 말한다. 대안적 분쟁해결에는 대표적으로 조정, 중재 등이 있으며, 이런 방법들은 법적으로 해결하는 것보다 시간적, 금전적으로 비용을 절감할 수 있을 뿐 아니라 두 당사자 간의 인간관계도 손상되지 않도록 해주는 장점이 있다.

정답 B

12 프로젝트 조달관리
전체 프로세스 흐름 파악하기

다음은 프로젝트 조달관리에 대한 전체 DFD이다. 괄호 안에 해당하는 투입물이나 산출물을 중심으로 프로세스 전체에 대한 흐름을 파악하시오.

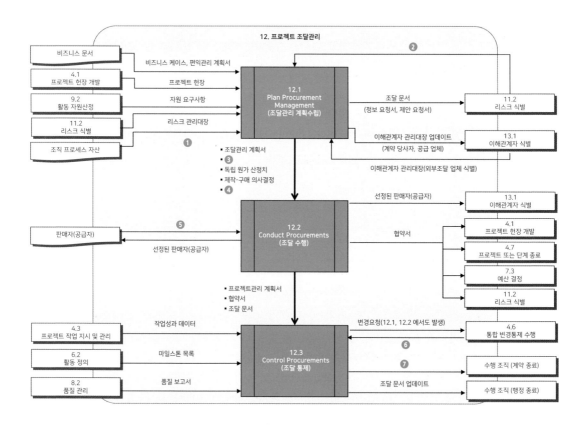

1 [12.1 조달관리 계획수립]: 비즈니스 문서, 프로젝트 헌장, 자원 요구사항, 리스크 관리 대장 등을 검토하여 외부 조달 여부와 필요한 업무를 결정하고, 외부 업체와 체결할 (❶   )을 결정한다. (❷   )에서 전가나 공유로 되어 있는 대응계획에 대해서도 참고해야 한다. 주요 산출물 중에서 (❸   )는 조달업체에 전달되는 구매자의 직접적인 요구사항이 포함되어 있고 이를 기반으로 구매자는 제안요청서를 판매자는 제안서를 작성하는 기준 자료가 된다. 판매자가 제안서를 작성하기에 앞서 구매자는 판매자의 제안서 등급이나 점수를 부여하는 데 사용할 (❹   ) 을 작성하고 판매자에게 배포해야 한다.

2 [12.2 조달 수행]: 조달업체를 선정하기 위한 기준에 따라서 적격 조달업체에 입찰문서 (RFP)를 제공하며, 조달업체는 구매자에게 (❺   )를 제출한다. 구매자는 제출된 제안서에 대해서 평가하고, 적격인 판매자를 선정하고 계약을 체결한다.

3 [12.3 조달 통제]: 프로젝트관리 계획서에 포함된 조달 관련 계획과 조달업무를 수행하면서 산출된 판매자의 작업성과 데이터를 비교한다. 이때, 조달업무 수행 중에 요청되어 (❻   )에 대해서도 판매자가 정상적으로 이행하고 있는지도 확인해야 한다. 구매자는 판매자에게 조달 계약이 완료되었음을 알리는 공식적인 통지서를 전달하면서 조달을 종료하게 되는데, 이러한 산출물을 (❼   )이라고 한다.

→ 정답 419쪽

1 프로젝트를 관리하는 당신은 아웃소싱 전략으로 가야 할지, 프로젝트 자체 팀만으로 진행할지를 서로 비교하고 있다. 어떤 프로세스를 수행 중인가?

    A. 조달관리 계획수립(Plan Procurements Management)

    B. 조달 수행(Conduct Procurements)

    C. 조달 통제(Control Procurements)

    D. 조달 종료(Close Procurements)

2 구매자에게 유리한 계약 유형(사전정산 방식)으로서 업무 범위가 명확하게 정의되어 있을 때, 고정된 금액으로 계약을 체결하게 된다. 다음 중 일명 '턴키(Turnkey) 계약'이라고도 불리며, 대부분 구매조직에서 선호하며 업무범위가 명확할 때 사용하는 계약 유형은 무엇인가?

    A. 확정 고정가(FFP: Firm Fixed Price) 계약

    B. 성과급 가산 고정가(FPIF: Fixed Price Incentive Fee) 계약

    C. 고정수수료 가산 원가(CPFF: Cost Plus Fixed Fee) 계약

    D. 시간·자재(T&M: Time & Material) 계약

3 다음 중 계약자(공급자)에 의해 수행되어야 하는 활동을 정의하고 있는 문서는 무엇인가?

    A. 프로젝트관리 계획서(Project management plan)

    B. 작업분류체계(WBS)

    C. 프로젝트 헌장(Project Charter)

    D. 조달 작업 기술서(Procurement SOW)

4 프로젝트 진행 중에 조달 업무가 필요하다고 판단되어 조달 문서를 여러 업체에서 받았고, 제안서도 받았다. 구매 담당자는 여러 업체 중 어떤 업체를 선정해야 할지 망설이고 있다. 구매 담당자가 확인

해야 할 것은 무엇인가?

A. 조달 작업 기술서   B. 제작 · 구매 결정사항

C. 공급자 선정 기준   D. 적격 판매자 목록

5 당신은 프로젝트 관리자로서 조달 업체를 선정 중이다. 관심 업체에서 연락이 와서 제안 요청서에 없는 내용에 대해 물어본다. 프로젝트 관리자로서 올바른 행동은 무엇인가?

A. 물어보는 정보를 알려주고, 조달 문서에 추가한다.

B. 물어보는 정보를 알려주고, 다른 입찰 참여업체에도 알려준다.

C. 물어보는 정보를 알려주고, 비밀사항이니 누설하지 말라고 한다.

D. 모든 업체에 공평해야 하므로 알려주지 않는다.

6 조달 수행(Conduct Procurements)의 결과로서 선정된 판매자(selected sellers)가 프로젝트 중간에 HW 납품이 어렵다는 통지를 해왔다. 프로젝트 관리자는 일주일 이내에 적합한 공급 업체를 선정해서 작업을 지시하여야 한다. 이때 참조할 수 있는 가장 적합한 자료는 무엇인가?

A. 계약 유형 문서(Contract type documents)

B. 조달 작업 기술서(Procurement statement of work)

C. 공급자 선정기준(Source selection criteria)

D. 적격 판매자 목록(Qualified sellers list)

7 조달 계약자가 일부 품목의 납품 일정을 맞추지 못한다고 통보했다. 이런 상황이 발생하면 프로젝트 일정이 지연될 가능성이 있고, 위약금도 발생할 것이다. 무엇부터 해야 하는가?

A. 계약서를 검토하여 납품 지연에 따른 지체상금을 확인한다.

B. 납품 일정에 대한 책임을 물어 계약 해지를 검토한다.

C. 납품 일정 지연에 따른 프로젝트 일정에 미치는 영향을 팀원들과 파악한다.

D. 프로젝트 오픈이 가장 중요하기 때문에 다른 업체에 연락하여 추가 계약을 준비한다.

8 프로젝트 종료가 얼마 남지 않은 상황이며, 운영 업무로의 데이터 전환을 고려 중이다. 하지만 프로젝트 팀에서는 일정을 고려하여 외주업체 활용을 계획 중이다. 외주 업체 활용 기간이 얼마나 오랫동안 지속될지 모르는 상황에 적합한 계약 유형은?

A. 확정 고정가(FFP: Firm Fixed Price) 계약

B. 성과급 가산 고정가(FPIF: Fixed Price Incentive Fee) 계약

C. 고정수수료 가산 원가(CPFF: Cost Plus Fixed Fee) 계약

D. 시간·자재(T&M: Time & Material) 계약

9 성과급 가산 고정가(FPIF) 계약과 성과급 가산 원가정산(CPIF: Cost Plus Incentive Fee) 계약은 공급자의 업무 성과에 따라서 성과급을 지급하는 계약 유형이다. 다음 중 프로젝트에서 성과급을 지급하는 가장 적합한 목적은 무엇인가?

A. 계약 당사자 간에 발생할 수 있는 분쟁을 완화시킨다.

B. 부족한 프로젝트 예산을 보충하는 방법이다.

C. 계약 당사자에게 동기부여를 하여 프로젝트 성공 확률을 높인다.

D. 공급자에게 심리적인 부담을 주어 프로젝트 성공 확률을 높인다.

10 모든 조달 종료 프로세스가 잡음 없이 마무리될 수는 없다. 프로젝트 진행 과정 중 계약서 문구상의 모호함, 시장 환경의 변화, 구매자의 내재한 요구사항 변화 등으로 공식적으로 제기되지는 않지만, 잠재적으로 존재하는 분쟁이 존재하기 때문이다. 이러한 미결 이슈, 이의 제기 및 분쟁 처리를 클레임 관리(Claims Administration)라고 부른다. 다음 중 직접적인 협상을 통해 타결에 도달할 수 없을 때 적용해야 하는 방법으로 가장 적합한 것은?

A. 대안적 분쟁 해결(ADR)   B. 법정 소송(Litigation in the courts)

C. 조달 감사(Procurement Audits)   D. 인스펙션(Inspections)

1 정답 A [프로세스 이해 기본]

프로세스에서 사용하는 도구를 주고 해당하는 프로세스를 묻는 문제다. 문제에서 '아웃소싱 전략으로 가야 할지, 프로젝트 자체 팀만으로 진행할지를 서로 비교'라는 것은 결국 '제작-구매 분석(Make-or-buy analysis)' 기법을 활용하고 있다는 것이다. 해당 기법을 사용하는 프로세스는 [12.1 조달관리 계획수립(Plan Procurements management)]이다. 참고로 조달 종료(Close Procurements)는 5판까지는 존재했었으나 6판에서는 삭제된 프로세스이다. 6판에서 조달 종료는 [12.3 조달 통제]와 [4.7 프로젝트 또는 단계 종료] 프로세스의 활동으로 분산 표현되어 있다.

 전문가의 Comment

[12. 프로젝트 조달관리] 지식 영역에서 '제작-구매 분석(Make-or-buy analysis)' 기법에 대한 질문은 상당히 다양하게 응용된다. 해당 기법 자체를 묻거나, 해당 기법을 통해서 산출되는 산출물이 아닌 것을 묻는 문제도 등장하니 확실히 이해하자. '제작-구매 분석(Make-or-buy analysis)'에 대한 정의는 "작성된 WBS를 분석하여 특정 작업을 프로젝트 팀이 수행할 것인지, 아니면 외부 공급자로부터 제작이나 구매할 것인지를 결정하기 위해 사용된다"이다.

2 정답 A [시나리오 제시 기본]

조달관리에서 가장 출제 비중이 높은 문제 유형이다. [12.1 조달관리 계획수립]의 투입물 중에는 '조직 프로세스 자산'이 있으며, 자산 중에서 가장 중요한 요소로 '계약 유형'을 소개하고 있다. '구매자에게 유리한 계약 유형(사전정산 방식)으로서 업무 범위가 명확하게 정의되어 있을 때'라는 문제를 통해서 '고정가 계약'이라는 것은 알 수 있고(결국 C, D는 제외 가능), '턴키(Turnkey) 계약', '대부분 구매 조직에서 선호'를 통해서 '확정 고정가(FFP: Firm Fixed Price) 계약'임을 선택할 수 있다.

 전문가의 Comment

일반적으로 조달 업무 수행 시에 법률 계약 관계는 고정가 (FP: Fixed Price) 계약, 원가정산(CR: Cost Reimbursable) 계약, 시간·자재(T&M: Time & Material) 계약이라고 하는 복합형(Hybrid-Type) 계약으로 구분된다. 이 중에서 고정가 계약은 계약을 체결하는 시점에 모든 가격을 결정하므로 총액 계약, 프로젝트 종료 시까지 가격 변경이 없어서 확정가 계약이라고도 한다. 확정가 계약은 또다시 확정 고정가(FFP), 성과급 가산 고정가(FPIF), 가격조정 조건부 고정가(FP-EPA)로 구분되며, 이 중에서 구매자가 가장 선호하는 방식은 확정 고정가(FFP)이다.

3 정답 D [ITTO 용어 기본]

[12.1 조달관리 계획수립(Plan Procurements management)]의 산출물은 하나하나가 시험 출제 비중이 높은 편이다. 조달로 진행할 작업이나 업무 결정 이후에 발주자의 요청사항이 포함된 기준 문서가 '조달 작업 기술서(Procurement SOW)'이다.

 전문가의 Comment

다음은 [12.1 조달관리 계획수립(Plan Procurements management)]의 산출물에 대한 간략한 개요이다.

1) **조달관리 계획서(Procurement Management Plan):** 조달 문서 작성부터 조달 계약 종료에 이르기까지 조달 프로세스를 관리하는 방법을 기술한다.

2) **조달 전략(Procurement Strategy):** 조달 업체의 산출물 확인 방법. 프로젝트 인도 방법 및 프로젝트의 특징을 고려한 계약 유형의 선택 방법이 포함되어 있고, 조달 이행이 계획대로 진행되고 있는지 검토하기 위한 조달 단계별 감시 및 확인하는 방법도 포함하고 있다.

3) **조달작업 기술서(Procurement Statements of Work):** 조달 업체에 전달되는 구매자의 직접적인 요구사항으로서, 이를 기반으로 구매자는 제안요청서(RFP: Request for Proposal), 공급자는 제안서를 작성하는 근거자료가 된다.

4) **입찰 문서(Bid Documents):** 구매자에 의해서 작성되며 판매자가 프로젝트의 목적을 올바르게 이해하고 목적에 부합하는 제안서를 제출할 수 있게 정보를 제공하는 문서로서 제안요청서(RFP)가 대표적이다.

5) **판매자 선정 기준(Source Selection Criteria):** 판매자가 제안서를 작성하기에 앞서 구매자는 판매자의 제안서 등급

이나 점수를 매기는 데 사용할 판매자 선정기준이 포함된 문서이다.

4 정답 C [ITTO 용어 기본]

[12.2 조달 수행(Conduct Procurements)]을 위해서 활용하는 투입물 중 '공급자 선정 기준(Source selection criteria)'에 관한 문제이다. 문맥상으로 이미 적격 판매자 목록을 보고 RFP를 전달하고, 해당 공급자로부터 '제안서'를 받은 이후에 적합한 공급자(판매자)를 선정하고 있는 상태이다. 구매자는 공급자(판매자) 선정 기준에 의거하여 공급(판매) 업체를 선정하는 기준으로 삼는다.

 전문가의 Comment

다음은 공급자(판매자) 선정 기준의 사례이다. 시험 출제 비중은 높지 않으나, 포함되는 제목 정도는 학습하길 권장한다.

- 요구 조건에 대한 이해도 및 공급자가 제안서에 기술한 구매자 조달작업 기술서의 이해도

- 전체 원가 또는 생애주기 원가 공급자가 제시하는 총 원가(구매원가 + 운영비)

- 기술적 역량 신기술 적용에 특히나 중요. 공급자의 기술적 기량과 지식 보유 여부

- 보증(warranty) 공급자가 보증하는 산출물에 대한 항목, 기간

- 재정적 역량 공급자가 유발할 수 있는 공급자 파산이나 중도해지에 대한 재정능력

- 판매자의 과거 성과 공급자가 수행한 과거 유사한 프로젝트 이력 자료 및 수행 결과

5 정답 B [ITTO 용어 기본]

[12.2 조달 수행(Conduct Procurements)]을 위해서 활용하는 기법 중에서 '입찰자 회의(Bidder conference)'에 대한 질문이다. 입찰자 회의(계약자 회의, 거래업체 회의 또는 선 입찰 회의라고도 함)는 공급자가 입찰서 또는 제안서를 구매자에게 제출하기에 앞서, 구매자가 주체가 되어 모든 유망한 적격 판매자(제안요청서를 받은 적격 공급업체)에게 정보를 제공하기 위해서 수행하는 회의이다.

 전문가의 Comment

입찰자 회의의 목적은 적격 공급자(판매자)에게 공급자가 제안요청서(RFP)에서 원하는 조달 사항(기술 및 계약 요구사항)을 구매자에게 제공하고 이해시켜서, 특혜를 받는 입찰자가 없도록 똑같은 정보를 제공하여 조달업체 선정 과정에 있어서 투명성을 높이고자 하는 것이다.

6 정답 D [ITTO 용어 기본]

4번과 비교해서 확인해 두어야 하는 문제 유형이다. 일주일 이내에 적합한 공급업체를 선정하기 위해서는 또다시 RFP를 보내고, 제안서를 평가해서 업체를 선정하는 절차를 거칠 수는 없다. 또한, 주 거래 업체를 선정하면서 2, 3차의 후보 거래 업체를 선정한 문서가 있기 때문에 이런 상황에서는 차선책의 거래 업체를 선정하면 된다. 이렇게 해당 프로젝트 또는 조직 차원에서 활용 시에 추천하는 아웃소싱 업체에 대한 정보가 포함되어 있는 문서는 '적격 판매자 목록(Qualified sellers list)'이다. 적격 판매자 목록도 조직 프로세스 자산의 일부로 존재한다.

7 정답 C [시나리오 제시 기본]

납품 일정 지연에 따른 페널티 부과와 관련된 상황이라서 계약서 검토를 가장 먼저 생각하게 하는 문제이다. 하지만 현재 시점에서 아직 납품 일정이 지연되거나 지연으로 인한 특정 작업의 문제가 발생하지는 않았다. 국내에서는 리스크가 감지되면 계약서부터 확인하고 책임 소재를 묻는 상황에 익숙하지만, 세계적으로는 계약서는 이슈가 발생하여 프로젝트에 영향을 주었을 때 확인하는 절차에 수반된다. 우선, 지연에 따른 영향을 파악하여 리스크 관리대장에 등록한 이후에 관련 이해관계자들과 논의하는 것이 적합하다.

8 정답 D
[ITTO 용어 기본]

계약 유형에 대한 질문이며, 외주 업체를 사용하되 정확한 기간을 모를 때, 계약 유형의 전반적인 프로세스를 따를 수 없을 때 사용하는 기법을 묻고 있다. 즉, 긴급한 계약 체결(팀원 증원, 전문가 영입, 외부 자원 확보)을 위해 자재와 인력을 단가 기반으로 지급하는 형태인 '시간·자재(T&M: Time & Material) 계약' 기법에 대한 질문이다. 시간·자재 계약의 키워드는 시간 부족, 긴급한 인력투입 등이며, 출제 비중도 높다.

 전문가의 Comment

이 유형의 특징으로는 사전에 총액을 설정하지 않으므로 원가 정산 계약 방식과 유사하나, 투입될 자재/인건비에 대해서 사전에 단가를 확정하여, 수행 기간 또는 투입량에 따라 대가를 지급하므로 고정가 유형이라고도 할 수 있다.

지급액 사례 = 컨설턴트 인건비(2천만 원) × 투입기간(5개월) = 1억 원

9 정답 C
[용어 이해 기본]

계약 유형에 대한 질문이 아닌, 인센티브 지급의 필요성과에 대한 질문이다. 인센티브와 패널티는 프로젝트별로 정한 기준으로 적용되며, 가장 중요한 지급 목적은 구매자와 공급자 간에 윈-윈을 하자는 것이다. 공급자에게는 인센티브가 부여되므로 아웃소싱 업체 인원들의 동기부여와 만족도 측면을 향상시킬 수 있으며, 구매자 측에서는 일정 단축과 비용 절감 효과를 볼 수 있다.

 전문가의 Comment

성과급이라고도 부르는 인센티브(incentive)는 다음과 같은 효과가 있다.
- 프로젝트 일정과 품질을 목표수준에 도달하도록 공급자에게 동기부여
- 구매자와 공급자 상호 간에 프로젝트 목적을 일치시키는 효과
- 일반적으로 성과급 조항은 구매자의 위험을 경감시키는 효과

10 정답 A
[시나리오 제시 기본]

[12. 프로젝트 조달관리] 지식 영역에서 '협상(negotiations)'을 사용하는 프로세스는 [12.2 조달 수행]과 [12.3 조달 통제] 프로세스이다. [12.2 조달 수행]에서는 조달 업체와 계약을 진행하는 동안에 사용되고, [12.3 조달 통제]에서는 계약을 분쟁 없이 마무리하기 위해서 사용된다. PMBOK에서는 직접적인 협상을 통해 타결에 도달할 수 없을 때는 이차적으로 중재(mediation) 또는 조정(arbitration) 등의 대안적 분쟁 해결(ADR) 방식을 활용하고, 이러한 방식도 실패하는 경우에는 법정 소송(litigation in the courts)까지 갈 수 있다고 소개하고 있다.

 전문가의 Comment

다음은 미결 이슈, 이의제기 및 분쟁에 대한 클레임 관리(Claims Administration) 프로세스이다.

1) 일차적으로는 구매자와 공급자 간 협상을 시도

2) 협상에 실패하면 외부기관을 통해 중재나 조정을 시도하는 대안적 분쟁해결

3) 대안적 분쟁해결까지 실패하면 법정 소송의 절차를 거치게 된다.

[핵심 키워드 정답]

12-1 조달관리 계획수립

1
  ① 조달 결정사항
  ② 조달 방식
  ③ 유력한 판매자

2
  ① 제작-구매 분석
  ② 조달 전략
  ③ 조달 작업 기술서
  ④ 독립 산정치

12-2 조달 수행

1 ① 판매자   ② 계약

2 ① 판매자 제안서

   ② 입찰자 회의   ③ 제안서 평가

   ④ 협약서

12-3 조달 통제

1 ① 조달 관계

   ② 계약 성과   ③ 종결

2 ① 협약서   ② 클레임 관리

   ③ 인스펙션

[전체 프로세스 정답]

① 계약 유형

② 리스크 관리대장

③ 조달 작업 기술서

④ 판매자 선정 기준

⑤ 제안서

⑥ 승인된 변경요청

⑦ 종료된 조달

프로젝트 조달관리

→ 정답 434쪽

1 구매자에게 유리한 계약 유형(사전정산 방식)으로서 업무 범위가 명확하게 정의되어 있을 때, 고정된 금액으로 계약을 체결하는 유형으로 적합하지 <u>않은</u> 것은?

   A. 확정 고정가(FFP : Firm Fixed Price) 계약

   B. 성과급 가산 고정가(FPIF : Fixed Price Incentive Fee) 계약

   C. 가격조정 조건부 고정가(FP-EPA : Fixed Price with Economic Price Adjustment) 계약

   D. 고정수수료 가산 원가(CPFF : Cost Plus Fixed Fee) 계약

2 신규 의료 시스템을 도입 중이다. 소프트웨어는 프로젝트 팀 역량으로 개발이 가능하나, 일부 디스플레이 장비에 대해서는 수행 조직 내에서 제작할지 아니면 검증된 적격 판매자 목록에서 구매할지를 고민 중이다. 어떠한 작업을 진행 중인가?

   A. 제안서 평가(Proposal evaluation)

   B. 조달 협상(Procurement negotiations)

   C. 조달 전략 수립(Establish procurement strategy)

   D. 제작 · 구매 분석(Make-or-buy analysis)

3 프로젝트는 종료를 3개월 앞둔 시점이다. 그런데 장비 검수를 진행 중이던 팀원이 급작스럽게 퇴직하였다. 프로젝트 관리자는 외부에서 긴급하게 전문인원을 충원하기로 했으며 고정된 단가를 투입기간만큼 지급하기로 계약하였다. 어떠한 계약 유형을 사용하고 있는가?

   A. 확정 고정가(FFP) 계약

   B. 성과급 가산 고정가(FPIF) 계약

   C. 시간 · 자재(T&M : Time & Material) 계약

   D. 고정수수료 가산 원가(CPFF : Cost Plus Fixed Fee) 계약

4 하청 업체의 인도물 제출 일정이 계속해서 지연되고 있다. 이러한 일정이라면 프로젝트 전체 일정에도 문제가 발생할 소지가 있다. PM은 무엇부터 해야 하는가?

A. 하청 업체와의 조달 재협상 시도

B. 공정압축법을 통한 일정 단축 시도

C. 하청 업체의 성과 검토를 통한 문제점 파악

D. 계약서 검토를 통한 지체상금 파악

5 다음 중 조달 수행(Conduct Procurements)의 투입물로 적절하지 않은 것은 무엇인가?

A. 마일스톤 목록(Milestone list)   B. 조달 문서(Procurement documents)

C. 공급자 선정 기준(Source selection criteria)   D. 판매자 제안서(Seller proposals)

6 선정된 조달업체와 최종 계약서를 작성 중이다. 구매자와 공급자는 품질검사 비용에 대한 이견을 좁히지 못하고 있지만 조만간 조달 협상 과정을 통해 해결될 것이라고 예상된다. 어떤 프로세스를 수행 중인가?

A. 조달 통제(Control Procurements)

B. 조달관리 계획수립(Plan Procurements Management)

C. 품질 통제(Control Quality)

D. 조달 수행(Conduct Procurements)

7 다음 중 구매자(Buyer)에게 리스크가 가장 큰 계약 유형은 무엇인가?

A. 확정 고정가(FFP)   B. 성과급 가산 고정가(FPIF)

C. 고정수수료 가산 원가(CPFF)   D. 원가비율 수수료 가산 원가(CPPC)

8 프로젝트에서는 사용자 매뉴얼을 작성할 업체와 시간·자재 계약(time & material) 방식으로 계약하였다. 업체와는 인력당 $100로 계약하였으며, 작업이 완료된 시점을 계산해 보니 2명이 총 13일을 작업하였다. 업체에 지불할 비용은 얼마인가?

A. $100   B. $1,000

C. $1,300   D. $2,600

9   다음 중 구매자 입장에서 가장 높은 금액을 부담하게 될 확률이 높은 계약 유형은 무엇인가?

   A. 확정 고정가(FFP : Firm Fixed Price) 계약

   B. 성과급 가산 고정가(FPIF : Fixed Price Incentive Fee) 계약

   C. 고정수수료 가산 원가(CPFF : Cost Plus Fixed Fee) 계약

   D. 시간 · 자재(T&M : Time & Material) 계약

10 입찰자 회의(bidder conference) 일정을 공지하지 않아 공급자로부터 지속적인 문의가 들어오는 중이다. 흔히 사업 설명회라고도 하는 입찰자 회의는 어느 프로세스에서 사용하는 기법인가?

   A. 조달관리 계획수립(Plan procurement management)

   B. 조달 수행(conduct procurements)

   C. 조달 통제 (Control procurements)

   D. 요구사항 수집(Collect requirements)

11 외주 업체와 계약을 종료하는 시점이다. 전달받은 산출물 중에 일부가 누락되어 있음을 확인하였고 중요한 인도물이 포함되어 있을 수도 있다. PM으로서 가장 먼저 해야 할 것은?

   A. 조달 관련 부서에게 협조를 구하고 외주 업체에게 모든 산출물을 전달받는다.

   B. PM이 외주 업체 담당자에게 직접 연락해서 바로 보내달라고 요청한다.

   C. 계약서를 확인하여 인도물 지연에 따른 지체 상금을 확인한다.

   D. 계약서에서 관련된 목록을 확인해서 중요한 인도물이 포함되어 있는지 확인부터 한다.

12 조달 계약 성과를 감시하고 받은 산출물에 대한 확인 및 시정조치를 수행 중이다. 이러한 단계에서는 조달 업체의 모든 작업 및 인도물이 수용 가능한지 확인하기 때문에 프로젝트 또는 단계 종료 프로세스를 따라야 한다. 다음 중 조달 종료 시에 가장 나중에 수행하는 작업은 무엇인가?

   A. 계약이 완료되었음을 알리는 공식적인 통지서를 판매자에게 전달한다.

   B. 향후 조달 개선에 활용하기 위해 습득한 교훈, 축적한 경험 및 프로세스 개선 권장 안을 프로젝트 파일로 개발한다.

   C. 조달 업체의 결과물 검수 결과에 따라 잔금을 지불한다.

   D. 조달 업체의 인도물을 검증하고, 고객의 범위 확인 프로세스에 의해서 공식적으로 승인 받는다.

13 문제가 발생한 일부 조달 프로세스 결과에 대해서 구매자 PM과 판매자 PM이 리뷰를 수행하고 있다. 프로젝트에서는 이를 통해 조달의 성공과 실패를 결정할 것이다. 무엇을 수행 중인가?

A. 클레임 관리(Claims Administration)

B. 데이터 분석(Data Analysis)

C. 검사(Inspection)

D. 감사(Audits)

14 조달 종료 시점에도 프로젝트 또는 단계 종료와 같은 행정 종료를 수행하게 된다. 이러한 행정 종료의 목적으로 가장 적합한 것은 무엇인가?

A. 향후 공급자 선정 시에 참고할 데이터를 생성한다.

B. 계약 종료를 보강하기 위해서 수행한다.

C. 행정 종료를 수행해야 합법적인 조달 종료를 수행할 수 있다.

D. 행정 종료를 수행해야 수행 조직으로부터 인센티브를 받을 수 있다.

15 조달 담당자가 조달 업체가 제출한 제안서를 검토 중이다. 조달업체 A는 지적재산권(Intellectual property rights)에 대한 자료를 포함하였으며, 조달업체 B는 포함하지 않고 제출된 상태이다. 조달 담당자는 지적재산권이 업체 선정 기준에 해당하는지에 대해서 정확히 파악하고자 한다. 무엇을 참고해야 하는가?

A. 조달 작업 기술서(Procurement statement of work)

B. 제작-구매 결정(Make-or-buy decisions)

C. 판매자 선정 기준(Source selection criteria)

D. 독립 원가 산정치(Independent cost estimates)

16 프로젝트 관리자는 특정 업무에 대해서 조달로 처리하기로 결정하였다. 프로젝트 관리자는 조달업체(판매자)로부터 서비스에 대한 계약서를 받기 위해 준비 중이다. 여기서 말하는 서비스를 준비하는 기준이 되는 문서는 무엇인가?

A. 작업분류체계(WBS)

B. 프로젝트 범위 기술서(Project Scope Statement)

C. 조달 작업 기술서(Procurement SOW)

D. 조달관리 계획서(Procurement Management Plan)

17 구매자에 의해서 작성되며 판매자가 프로젝트의 목적을 올바르게 이해하고 목적에 부합하는 제안서를 제출할 수 있게 정보를 제공하는 문서이다. 산업군마다 사용되는 용어가 상이하긴 하지만 정보 요청서(RFI: Request for Information), 입찰 초대서(IFB: Invitation for Bid), 제안 요청서(RFP: Request for Proposal), 견적 요청서(RFQ: Request for Quotation), 입찰 고지서(Tender Notice) 등으로도 불리는 문서는 무엇인가?

A. 조달관리 계획서(Procurement Management Plan)

B. 입찰 문서(Bid Documents)

C. 조달 작업 기술서(Procurement Statement of Work)

D. 독립 원가 산정치(Independent Cost Estimates)

18 공급자 선정 기준에 따라서 제안서 평가를 진행 중이다. 제안서 평가는 무엇에 해당하는가?

A. 전문가 판단(Expert Judgment)

B. 데이터 수집(Data Gathering)

C. 데이터 분석(Data Analysis)

D. 검사(Inspection)

19 다음 중 구매자(Buyer)가 가장 선호하는 계약 유형은 무엇인가?

A. 확정 고정가(FFP) 계약   B. 성과급 가산 고정가(FPIF) 계약

C. 고정수수료 가산 원가(CPFF) 계약   D. 성과급 가산 원가(CPIF) 계약

20 프로젝트 종료 단계에서 조달 업체의 인도물은 완성되었지만, 사용자 매뉴얼이나 설계 관련 문서들이 50% 이상 작성되지 않은 것을 발견하였다. 어떤 프로세스에 더 신경을 써야 했는가?

A. 품질 통제   B. 범위 확인

C. 조달 통제   D. 조달 수행

21 다음 중 조달 수행에서 사용하는 도구 및 기법이 아닌 것은?

    A. 입찰자 회의(Bidder conference)   B. 독립 산정(Independent estimates)

    C. 공고(Advertising)   D. 시장조사(Market research)

22 다음이 설명하는 조달 수행(Conduct Procurements)의 산출물은 무엇인가?

구매자와 공급자 모두에게 구속력 있는 법적 합의서(legal agreement)로, 공급자는 지정된 제품, 서비스 또는 결과물을 제공할 의무가 있고, 구매자는 공급자에게 대가를 지급할 의무가 있음을 명시하고 있다.

    A. 정보 요청서(RFI : Request for Information)

    B. 협약서(Agreements)

    C. 제안 요청서(RFP : Request for Proposal)

    D. 견적 요청서(RFQ : Request for Quotation)

23 프로젝트에서는 실시간 프로젝트 현황 공유를 위한 프로젝트관리 시스템을 사용 중이다. 지난주 투입된 외주 업체 직원이 외주 업체에서 사용 중인 시스템에만 작업 진척현황을 입력하겠다고 한다. PM으로서 어떻게 해야 하나?

    A. 해당 회사의 직원이니 외주 업체 규칙을 따르게 한다.

    B. 근무일은 외주 업체 시스템, 작업 현황은 프로젝트에서 사용 중인 시스템을 병행해서 사용하라고 한다.

    C. 프로젝트는 실시간으로 동일한 자료를 공유해야 하므로 프로젝트에서 사용 중인 시스템을 사용하라고 강요한다.

    D. 프로젝트에서 규정한 그라운드 룰을 지키지 않는 것이므로 프로젝트에서 철수시킨다.

24 조달 관계를 관리하고, 계약의 이행을 감시하고, 필요에 따라 변경 및 계약 수정을 시도하고 있다. 다음 중 이러한 프로세스에서 사용하는 도구 및 기법이 아닌 것은?

    A. 입찰자 회의(Bidder conferences)   B. 획득가치 분석(Earned value analysis)

    C. 클레임 관리(Claims administration)   D. 추세 분석(Trend analysis)

25 다음 중 고정가(FP: Fixed Price) 계약의 대표적 유형인 확정 고정가(FFP: Firm Fixed Price) 계약에 대해서 **잘못** 기술된 것은 무엇인가?

A. 공급자에게는 리스크가 가장 크며, 대부분 구매조직에서 선호하는 계약방식이다.

B. 업무 범위가 명확하게 정의되어 있을 때, 고정된 금액으로 계약을 체결하는 유형이다.

C. 일정 지연이나 품질 저하 등으로 인해 투입 원가가 상승하게 되는 경우의 책임은 공급자에게 주어진다.

D. 프로젝트 목표를 충족하거나 초과 달성하는 데 따른 금전적인 성과급을 지급할 수 있다.

26 수행 기간 5년의 장기 프로젝트를 수행 중이다. 프로젝트 수행 기간 동안에 인플레이션 및 국제 유가는 상승하였으며, 해외에서 조달받는 부품에 대한 유류비 상승은 불가피한 상황이다. 프로젝트 관리자는 어떠한 유형으로 계약했어야 하는가?

A. 확정 고정가(FFP: Firm Fixed Price)

B. 성과급 가산 고정가(FPIF: Fixed Price Incentive Fee)

C. 가격조정 조건부 고정가(FP-EPA: Fixed Price with Economic Price Adjustment)

D. 보상금 가산 원가(CPAF: Cost Plus Award Fee)

27 프로젝트 초기 작업의 일부를 외주에서 조달해야 함을 알았고, 레퍼런스가 풍부한 업체와 외주계약을 체결하였다. 이 경우 계약서는 어디에 활용되는가?

A. 프로젝트 헌장 개발의 투입물　　　　B. 범위관리 계획수립의 투입물

C. 원가관리 계획수립의 투입물　　　　D. 조달관리 계획수립의 투입물

28 조달 수행에서는 여러 공급자로부터 제안서를 받아 업체를 선정하게 된다. 이러한 절차를 거치는 가장 큰 이유는 무엇인가?

A. 형식적으로라도 공개입찰을 거쳐야 하기 때문에

B. 구매자와 공급자 모두에게 윈-윈이 되는 업체를 선정하기 위해서

C. 가격을 최대한 낮추기 위해서

D. 구매자에 대해 공급자들이 느끼는 관심도를 파악하기 위해서

29 프로젝트 관리자인 당신은 스폰서로부터 공급자와 계약을 진행할 때 인센티브를 적극적으로 활용하라는 조언을 받았다. 계약서에서 인센티브 관련 항목의 일차적인 목적은 무엇인가?

A. 수요자의 비용을 줄인다.

B. 공급자의 가격조정을 돕는다.

C. 공급자의 관심을 프로젝트 목표와 일치시킨다.

D. 위험을 수요자에게 전가하여 공급자의 위험을 감소시킨다.

30 해외에서 발주한 국제공항을 구축하는 프로젝트를 수주하였으며 5년간 진행될 계획이다. 구축 기간과 비용을 절감하기 위해서 해외에서는 조립만 진행하고, 관련 장비와 부품은 국내에서 생산하여 운반하기로 하였다. 장비와 부품을 생산하는 외주 업체는 장기 계약을 추진하려고 하지만, 구매자는 향후 금액 변경을 원치 않는다. 구매자가 원하는 계약 유형은 무엇인가?

A. FFP

B. CPFF

C. FP-EPA

D. CPIF

31 조달관리 계획수립 시에 선택 가능한 조달 계약 유형이 존재한다. 다음 중 계약 유형을 계획하는 데 가장 많은 시간이 소요되는 방식은 무엇인가?

A. 확정 고정가(FFP: Firm Fixed Price) 계약

B. 성과급 가산 고정가(FPIF: Firm Fixed Incentive Fee) 계약

C. 성과급 가산 원가(CPIF: Cost Plus Incentive Fee) 계약

D. 시간 · 자재(Time and Material) 계약

32 해외 건설 현장 프로젝트 수행 중이다. 프로젝트는 고객(발주처)이 요청한 해당 지역의 환경적 문제(environmental problem)를 고려해서 공사를 진행해야 하는 상황이다. 환경에 문제가 되지 않는 자재를 선정하고 계약하여, 계획된 일정에 납품이 완료되기 위해서는 일정이 빠듯하다. 프로젝트 관리자가 이러한 제약사항을 확인하기 위해서 참조했어야 하는 문서로 적합한 것은?

A. 요구사항 문서(Requirements Documentation)

B. 조달관리 계획서(Procurement Management Plan)

C. 프로젝트 헌장(Project Charter)

D. 조달 작업 기술서(Procurement Statements of Work)

33 프로젝트는 2/3가 진행되었다. 하지만 프로젝트 진행 도중에 회사의 우선순위가 변동되어 더이 상 프로젝트를 진행할 필요가 없다는 통보를 받았다. 프로젝트 관리자의 대처 방안으로서 적합한 것은?

A. 공식적으로 결정된 사항이므로 현재까지의 산출물을 정리하고 프로젝트를 종료한다.

B. 한 번 시작한 프로젝트이므로 끝까지 진행한다.

C. 프로젝트를 종료하고 관련된 산출물들은 파기한다.

D. 프로젝트 팀원들과 프로젝트 중단에 대한 대응방안을 마련한다.

34 제안 요청서에 포함될 판매자 선정 기준을 확인 중이다. 다음이 설명하는 것은 어떠한 방식인가?

특정 판매자에게만 기술 및 가격 제안서를 준비하도록 요청하고 협상하는 방식으로서 단독 입 찰로도 알려져 있다. 경쟁이 없기 때문에 이 방법은 정당성이 확보되었을 때에만 허용되며, 예 외 사항으로 간주해야 한다.

A. 최소 원가(Least Cost)

B. 적격 심사(Qualifications Only)

C. 품질/원가 기반(Quality and Cost-based)

D. 단일 판매자(Sole Source)

35 조달 통제(Control Procurements)의 산출물은 무엇인가?

A. 계약서(Contracts)

B. 변경요청(Change Requests)

C. 제작 · 구매 결정사항(Make-or-Buy Decisions)

D. 적격 판매자 목록(Qualified Seller List)

36 프로젝트에 투입된 외주업체 중 한 개 업체가 다른 업체에 인수 합병되었다. 프로젝트 관리자는 어떻게 해야 하는가?

A. 조달관리 계획서를 검토한다.

B. 인수한 회사와 해당 인력에 대한 재 계약을 추진한다.

C. 외주업체 담당자와 협의 후에 프로젝트 종료까지는 계약이 유효함을 확인한다.

D. 다른 업체에 인수되었기 때문에 해당 인력을 철수시키고 다른 업체와 계약을 준비한다.

37 조달 업체 선정 이후 PMO는 프로젝트에서 조달을 담당하게 될 팀원에게 인스펙션에 대해서 설명하고 있다. 다음 중 인스펙션에 대한 설명으로 옳은 것은?

A. 조달 작업을 수행하는 동안 판매자의 작업 프로세스 준수 여부 또는 인도물의 상태를 확인하기 위해 수행할 수 있으며, 납품할 장비나 도구의 품질을 사전에 점검함으로써 불량에 의한 클레임을 줄일 수 있다.

B. 일반적으로 외부의 자원을 이용하여 독립적인 시각에서 판매자의 이행 여부를 확인하는 것이다.

C. 계약 당사자 간에 협상을 통해서 처리하지 못한 경우에 화해, 조정, 중재와 같이 제3자의 관여나 직접 당사자 간에 교섭과 타협으로 이루어지는 분쟁해결 방식을 말한다.

D. 구매자가 주체가 되어 모든 유망한 적격 판매자에게 정보를 제공하기 위해서 수행하는 오프라인 회의이다.

38 계약 내용에는 누락되었던 업무가 식별되었다. 해당 업무는 프로젝트 종료를 위해서는 반드시 포함되어야 한다. 프로젝트 관리자로서 어떻게 처리하는 것이 가장 바람직한가?

A. 공급자와 구매자 간에 새로운 계약서를 작성한다.

B. 공급자와 구매자 간에 서명했던 계약서를 갱신한다.

C. 계약에 없던 사항이고 종료가 얼마 남지 않은 사항이므로 거절한다.

D. 프로젝트를 종료하고 신규 프로젝트에서 수행한다.

39 해외 프로젝트에서 현지 업체를 조달하여 프로젝트를 진행 중이다. 해당 국가에서는 업체에 지급한 금액을 해당 관공서에 신고해야 한다는 것을 뒤늦게 발견하여 지체상금을 지불하였다. 이러한 사항은 어디에 기록되어야 하는가

A. 계약관리 시스템(Contract Management System)

B. 교훈(Lessons Learned)

C. 프로젝트관리 정보시스템(PMIS)

D. 계약서(Agreements)

40 시장에서 특정 신기술에 대한 수요가 늘어나고 있다. 회사는 이 신기술을 적용한 사업을 하고 싶어한다. 그런데, 신기술이다 보니 이 기술을 잘 알고 있는 업체도 없다. 어떤 계약 방식을 채택해야 할까?

A. 확정 고정가(FFP : Firm Fixed Price) 계약

B. 성과급 가산 고정가(FPIF : Fixed Price Incentive Fee) 계약

C. 고정수수료 가산원가(CPFF : Cost Plus Fixed Fee)

D. 시간 · 자재(T&M : Time & Material) 계약

41 리스크가 존재하고 팀의 역량이 부족한 특정 작업에 대해서는 외주업체를 선정하라는 본사 지침이 내려왔다. 당신이 진행하는 프로젝트에서는 외주업체에 전달하는 작업이 다른 작업에 영향을 주지 않도록 하기 위해, 30일 이내에 반드시 마무리되어야 한다. 다행히 외주업체는 유사 프로젝트를 10년 이상 문제없이 수행한 경험을 가지고 있다. 어떤 계약의 형태를 선택할 것인가?

A. 확정 고정가(FFP : Firm Fixed Price) 계약

B. 성과급 가산 고정가(FPIF : Fixed Price Incentive Fee) 계약

C. 고정수수료 가산 원가(CPFF : Cost Plus Fixed Fee) 계약

D. 성과급 가산 원가(CPIF : Cost Plus Incentive Fee) 계약

1 정답 D [ITTO 이해 기본]

계약 유형 중에서 고정가 계약이 아닌 것을 묻는 질
문이다. 고정가(FP: Fixed Price) 계약은 3가지 종류
가 있다. D는 원가정산(CR: Cost Reimbursable) 계
약 유형으로서 공급자에게 유리한 계약 유형이다.

 전문가의 Comment

1) **확정 고정가(FFP: Firm Fixed Price) 계약:** 구매자는 별도
의 성과급 없이 계약 시점에 구매원가와 공급자 이익(수수
료)을 고려하여 지급한다.

2) **성과급 가산 고정가(FPIF: Fixed Price Incentive Fee) 계
약:** 확정 고정가에 납기일을 단축하거나 품질요건을 충족할
때 공급자에게 성과급을 추가로 지급하는 계약 유형이다.

3) **가격조정 조건부 고정가(FP-EPA: Fixed Price with
Economic Price Adjustment) 계약:** 공급자와 장기 계약
을 체결할 때 바람직한 계약 유형이다. 성과급 가산 고정가
(FPIF)와의 차이점은 확정 고정가에 성과급을 추가로 지급
하는 것이 아니라, 외부환경 요인을 고려한 변동 금액을 지
급한다는 점이다.

2 정답 D [시나리오 제시 기본]

제작과 구매에 대해서 고민하는 것이므로 '제작-구
매 분석(Make-or-buy analysis)' 기법을 활용하고
있다. 관련된 프로세스는 [12.1 조달관리 계획수립
(Plan Procurements management)]이며, 관련된 산출
물은 '제작-구매 결정(Make-or-buy decisions)'이라
는 것까지 연관 지어 학습해야 한다.

3 정답 C [시나리오 제시 기본]

문제에서는 계약 유형에 대한 질문이며, '긴급한 외
부 자원', '고정된 단가를 투입 기간만큼 지급' 키워
드를 보더라도 '시간·자재(T&M: Time & Material)
계약'임을 선택할 수 있다.

 전문가의 Comment

시간·자재(T&M : Time & Material) 계약은 고정가 계약과 원
가정산 계약을 모두 포함하는 복합형 계약으로서, 긴급한 계
약 체결(팀원 증원, 전문가 영입, 외부자원 확보)을 위해 자재와 인
력을 단가 기반으로 지급하는 형태이다.

이 유형의 특징으로는 사전에 총액을 설정하지 않으므로 원가
정산 계약 방식과 유사하나, 투입될 자재 및 인건비에 대해서
사전에 단가를 확정하여, 수행기간 또는 투입량에 따라 대가
를 지급하므로 고정가 유형이라고도 할 수 있다.

4 정답 C [시나리오 제시 기본]

조달 통제를 수행 중이며 하청 업체의 일정이 지연
되고 있다는 것은 사실이다. 성과 검토(Performance
Reviews)란 계약서를 기준으로 판매자의 진척 현황
을 측정하고 분석하는 성과 검토를 수행하는 활동
을 의미한다.

5 정답 A [시나리오 제시 기본]

[12.2 조달 수행(Conduct Procurements)]은 조달 업
체와 계약서를 작성하는 단계까지이며, 제안서 평가
를 위해 필요한 문서가 무엇인지를 파악해 보면 쉽
게 접근할 수 있다. 보기에서 마일스톤 목록에는 판
매자가 결과물이나 부품을 인도해야 하는 시기가 포
함되어 있으며, [12.1 조달관리 계획수립]의 투입물이
다. 조달 문서는 구매자 측에서 공급자에게 발송한
RFI, RFP 등이며, 공급자 선정기준에 따라 공급자가
제출한 판매자 제안서를 평가 기법에 따라 계약서를
작성하게 된다.

6 정답 D [시나리오 제시 기본]

판매자를 선정하는 단계이므로 [12.2 조달 수행] 프
로세스에 해당한다. 여기에서 추가로 알아야 할 것
은 '품질 통제'와 '조달 통제'의 차이이다. '품질 통제'
는 프로젝트 팀에서 산출할 인도물에 대한 정확도

검사이며, '조달 통제'는 조달 업체가 요구된 인도물을 전달하게끔 조달 관계를 관리하고, 계약 성과를 감시하고, 적절한 변경 및 시정조치를 수행하고, 계약을 종결하는 프로세스이다.

7 정답 D [시나리오 제시 기본]

구매자에게 리스크가 가장 크다는 의미는 공급자에게는 유리하다는 의미이다. 계약 유형 중에서 원가 정산 계약이 공급자에게는 유리하므로, 고정가 계약에 해당하는 것은 우선적으로 제거한다. 그렇게 되면, C와 D 중에서 결정하면 되는데, 답을 선택하기 위해서는 계약 유형의 개요뿐만 아니라 최소한의 계산식을 알고 있다면 바로 선택이 가능하다. 다음과 같은 계산식을 고려하면 CPPC가 공급자에게 가장 유리한 계약임을 확인할 수 있다.

1) **고정수수료 가산 원가(CPFF)**: 공급자가 실제로 작업에 사용한 원가(실제원가)와 함께, 프로젝트 초반에 산정된 고정수수료(공급자 이익)를 지급하는 방식이다.

   지급액 = [실제 사용 원가(AC) + 고정수수료]

2) **CPPC(Cost Plus Percentage of Cost) 계약**: CPFF(고정수수료 가산 원가)와 유사한 계약방식이나, 수수료를 실제 사용한 비용(actual cost)의 일정비율로 지급하는 점에서 다르다.

   지급액 = [실제 사용 원가(AC) + 수수료(AC × 보장이윤%)]

8 정답 D [계산 풀이 기본]

시간·자재(T&M: Time & Material) 계약은 미리 고정된 단가에 실질적으로 소요된 기간을 곱하는 것이므로, 다음과 같은 방식으로 계산이 가능하다.

단가($100/인력) 기간(2명×13일) = 2,600이 산출된다.

9 정답 C [용어 이해 기본]

'구매자 입장에서 가장 높은 금액을 부담하게 될 확률'이라는 말은 결국 판매자(공급자)에게 가장 유리한 계약 유형을 찾는 문제와 동일하다. (A)와 (B)는 고정가 계약 유형이므로 구매자에게 유리하며, (D)

는 고정가 계약과 원가 정산 계약의 중간 정도에 해당한다. 결국 원가 정산 계약을 선택하면 되는데, 고정수수료 가산 원가(CPFF) 계약이 해당한다. 고정수수료 가산 원가(CPFF) 계약은 성과급 가산 고정가(FPIF) 계약과 비교 시에 인센티브가 포함되어 있지 않지만, 제조 원가가 아닌 실제 원가를 적용하기 때문이다.

10 정답 B [ITTO 용어 기본]

입찰자 회의의 정의를 알면 바로 대응이 가능한 질문이며, 입찰자 회의 자체에 대해서 묻는 질문이 상당수 출제되니, '입찰자 회의'를 수행하는 목적과 시기에 대해서는 별도로 기억해 두자. 입찰자 회의(계약자 회의, 거래업체 회의 또는 선 입찰 회의라고도 함)는 공급자가 입찰서 또는 제안서를 구매자에게 제출하기에 앞서, 구매자가 주체가 되어 모든 유망한 적격판매자(제안요청서를 받은 적격 공급 업체)에게 정보를 제공하기 위해서 수행하는 회의이다. 따라서 조달 업체를 선정하는 프로세스인 [12.2 조달 수행] 프로세스이다.

 전문가의 Comment

입찰자 회의 목적은 적격 공급자(판매자)에게 공급자가 제안요청서(RFP)에서 원하는 조달 사항(기술 및 계약 요구사항)을 구매자에게 제공하고 이해시켜서, 특혜를 받는 입찰자가 없도록 똑 같은 정보를 제공하여 조달업체 선정 과정에 있어서 투명성을 높이고자 하는 것이라는 점도 반드시 기억하자.

11 정답 D [시나리오 제시 기본]

조달 통제 프로세스를 진행 중이며, 조달 업체의 산출물 검토 단계임을 알 수 있다. 산출물 상에 누락이나 부족한 점이 발견되었을 때에는 계약서나 조달 문서를 확인하여, 업체의 귀책일 경우에는 공식적인 절차로 정확한 산출물을 받아야 한다.

12 정답 B [ITTO 제시 기본]

'조달 종료'도 '프로젝트 또는 단계 종료'와 유사하게 계약 종료와 행정 종료로 이루어진다. (B)번은 행정 종료에 해당하며, 수행 조직에서는 이러한 결과물을 기반으로 협력 업체를 선정하는 기준으로 삼는다.

다른 보기는 계약 종료에 해당하며, 일반적으로 (D), (C), (A) 순으로 진행된다.

13 정답 D [용어 이해 심화]

검사와 감사가 혼동될 수 있는 문제이다. 검사는 구매자 측에서 판매자가 인도물을 요구사항대로 생성하고 있는지에 대한 과정을 보는 측면이 강하며, 감사는 분쟁의 소지를 방지하기 위해서 제3자가 판매자의 인도물을 확인하는 측면이 강하다. PMBOK에서도 기술되어 있듯이, 필요하면 프로젝트 조정을 위해 구매자와 판매자의 프로젝트 관리자에게 감사 결과 데이터를 확인시키는 활동도 포함하고 있다.

14 정답 A [용어 이해 기본]

행정 종료는 프로젝트 종료나 행정 종료를 위해서 필수적으로 완료되어야 하는 작업은 아닐수 있다. 왜냐하면 행정 종료는 고객이나 구매자가 아닌, 수행 조직과의 관계이기 때문이다. 하지만, 다른 프로젝트에서 조직 프로세스 자산을 참조 시에 유용한 자료가 되므로 행정 종료를 반드시 수행할 것을 권장하고 있다. PMBOK에서는 적어도 '계약 유형'이나 '선정된 공급자 목록' 등을 참조하면서 조달 업무를 수행해야 함을 강조하고 있다.

15 정답 C [시나리오 제시 기본]

현재 상황은 조달 후보 업체로부터 제안서를 받아서 '제안서 평가 기법'을 활용한 조달 업체를 선정하는 중이다. 여기에서 업체들이 서로 다른 자료를 포함하여 제출하였으므로, 제출한 자료가 업체 선정을 위해서 필요한 것인지를 판단하는 것이 우선으로 선행되어야 한다. 이러한 업체 선정 기준은 '판매자 선정 기준(Source selection criteria)'에 포함되어 있다.

 전문가의 Comment

독립 산정에 대한 문제에 대한 출제 비중도 높으며, 독립 원가 산정치(Independent cost estimates)란 구매자가 입찰 또는 계약체결 전에 조달할 제품이나 인력에 대한 과거 산정치나 외부 전문가에게 의뢰하여 독자적으로 산출해두는 원가 산정치를 의미한다.

16 정답 C [용어 이해 기본]

[12.1 조달관리 계획수립]의 대표적인 산출물로서, 조달 업체가 수행할 작업에 대해서 구체적으로 기술되어 있는 문서이다. 이 문서를 기준으로 발주처는 RFP, 수주처는 제안서를 작성하는 기준으로 삼는다.

17 정답 B [시나리오 제시 기본]

용어에 대한 정의만 알고 있다면 선택 가능한 문제이다. 입찰 문서는 조달 작업 기술서와 제작·구매 결정 사항 등을 근거로 작성되며, 유력한 판매자로부터 제안서를 받기 위해 판매자에게 전달되는 제안 요청서(RFP)가 대표적이다. 또한, 입찰 문서는 정보 요청서(RFI: Request for Information), 입찰 초대서(IFB: Invitation for Bid), 제안 요청서(RFP: Request for Proposal), 견적 요청서(RFQ: Request for Quotation), 입찰 고지서(Tender Notice), 협상 초대서, 판매자 초기 답변서 등으로 불린다. 세부적인 포함 내용까지는 아니더라도 유사 용어는 기억해두자.

18 정답 C [ITTO 제시 기본]

PMP 시험에서 흔히 출제되는 유형은 아니다. 6판으로 변경되면서 각각의 기법들을 나열하기보다는 데이터 수집, 데이터 분석, 데이터 표현, 대인관계 및 팀 기술 등으로 그룹화하였다. 제시된 문제는 제안서 평가라는 기법이 어떠한 그룹화에 포함되는지를 묻는 문제며, 판매자로부터 접수된 제안서를 기술이나 가격 점수에 근거하여 분석하는 범주에 포함된다.

19 정답 A [시나리오 제시 기본]

구매자는 되도록 비용 절감을 원하며 한번 설정한 계약 조건이 변경되지 않기를 바란다. 이러한 조건을 만족시키는 계약 유형은 고정가 계약이며, 고정가 계약 중에서도 '확정 고정가(FFP) 계약'이다.

20 정답 C [시나리오 제시 기본]

조달 업체를 선정하여 작업하는 중간에 모든 산출물에 대한 검수가 이루어지지 않아 발생한 문제임을 알 수 있다. 조달 통제는 조달 관계를 관리하고, 계약의 이행을 감시하고, 필요에 따라 변경 및 계약 수정을 하는 프로세스이기 때문에 '조달 통제' 활동에 중점을 기울였어야 한다.

 전문가의 Comment

조달관리에서 계약서는 공급자와 구매자 모두에게 의무를 부여하기 때문에 조달 통제에서는 다음 사항에 대한 양쪽의 감시가 필요하다.

1) 공급자 측면 지정된 제품, 서비스 또는 결과물을 제공할 의무

2) 구매자 측면 금전이나 적정 대가를 지급할 의무

21 정답 D [시나리오 제시 기본]

(D) 시장조사(Market research)는 조달 업무에 대한 여부를 결정할 때 사용하는 기법이다. (C) 공고도 조달 수행에서 사용되는데, 제안서 평가 시에 적격 공급자 중에서 선별하기 위해서 경쟁 입찰 방식으로 계약을 체결하고자 할 때 계약의 목적, 일시 및 장소, 준비사항 등을 신문, 방송, 인터넷 등으로 널리 알리는 것을 말한다.

22 정답 B [시나리오 제시 기본]

공급자와 구매자의 명확한 책임과 역할이 기술되어 있는 것은 '계약서'이다. PMBOK에서는 '협약서(Agreements)'라고 되어 있으며, 계약서는 사업영역에 따라 합의서(Agreement), 양해각서(Understanding), 하청 계약서 또는 구매 주문서라고도 불린다.

23 정답 C [시나리오 제시 기본]

프로젝트 내에서 사용하는 시스템은 동일해야 한다. 개별적인 시스템을 사용하게 되면 데이터가 동기화가 되지 않기 때문에 업무상 중복이나 오류가 발생할 수 있다.

24 정답 A [시나리오 제시 기본]

시나리오를 해석해 보면 현재 조달 통제를 수행하고 있다. (A)는 조달 수행에서 사용되는 기법이다. 다

음 조달 통제 정의에 대해서 다시 한번 기억하길 바란다.

 전문가의 Comment

"Control Procurements is the process of managing procurement relationships; monitoring contract performance and making changes and corrections as appropriate; and closing out contracts."

조달 통제는 조달 관계를 관리하고, 계약 성과를 감시하고, 적절한 변경 및 시정조치를 수행하고, 계약을 종결하는 프로세스이다.

25 정답 D [ITTO 용어 기본]

D는 성과급에 대한 설명이 포함되어 있으므로, 성과급 가산 고정가(FPIF: Fixed Price Incentive Fee)에 대한 설명이다. 성과급 가산 고정가의 계산식은 다음과 같다.

지급액 = 확정 고정가 + 성과급

 전문가의 Comment

다음은 확정 고정가(FFP : Firm Fixed Price)에 대한 요약이니 참고하기 바란다.

- 대부분 구매조직에서 선호
- 업무범위가 명확할 때 사용
- 공급자 리스크는 가장 큼
- 외부환경변수는 모두 공급자 책임
- 일명 턴키(Turnkey) 계약이라고도 함
- 지급액 = 구매원가 + 공급자 이익

26 정답 C [ITTO 용어 기본]

프로젝트에서 통제가 어려운 환경적인 변수를 고려하는 계약 유형이 '가격조정 조건부 고정가(FP-EPA: Fixed Price with Economic Price Adjustment)'이다. FP-EPA는 구매자와 공급자가 통제 불가능한 외부환경으로부터 양쪽을 보호하기 위한 것이다.

- 지급액 = 확정 고정가 + 변동금액(인플레이션 및 국제 유가 상승, 환율변동, 부동산 시장 경기변동 등과 같은 프로젝트 외부환경을 고려한 금액)

27 정답 A   [ITTO 제시 기본]

프로젝트 헌장 작성의 투입물 중에서 '협약서'의 유형을 분석해야 한다. 협약서는 계약서를 포괄하는 용어로서, 구매자와 판매자 간에 작성된 계약서는 물론이고, 만일 헌장 작성 이전에 판매자가 외주 업체 선정을 진행해서 이미 작성된 계약서가 있다면 동시에 입력되어야 한다. 이 외에도 협약서가 투입되는 프로세스는 [12.3 조달 통제], [7.3 예산 결정] 등이 대표적이다.

28 정답 B   [시나리오 제시 응용]

프로젝트에서 조달을 수행하게 되는 이유는 여러 가지가 있다.

구매자(고객) 요청: 구매자가 현재, 미래의 운영 및 이해전략에 따른 특정 업체 지정

비용 절감: 계약서나 프로젝트 헌장에 지정된 프로젝트 비용을 충족하기 위한 외주 인력 활용

기술적 한계: 신기술이나 특정한 라이선스가 적용된 제품이나 서비스를 외부에서 조달

자원 문제: 프로젝트 자체 인력수급이 부족하여 외부에서 인적자원 투입

그리고 하나의 업체가 아닌 여러 업체로부터 제안서를 받아서 공개입찰을 수행하는 가장 큰 이유는 업체 선정에 있어서 투명성과 구매자와 공급자 모두가 윈-윈할 수 있는 협상을 유도하기 위함이다.

29 정답 C   [시나리오 제시 응용]

상식 선에서 접근해도 무리가 없는 문제이다. 인센티브를 제공하는 목적은 구매자와 공급자모두가 프로젝트의 성과로 윈-윈하자는 것이며, 프로젝트의 성공을 위하여 구매자와 공급자가 동일한 목적을 가지고 업무에 매진하기 위함이다. 절대적으로 구매자가 공급자를 통제하기 위한 목적이 아닌 것에 유의하자.

30 정답 A   [시나리오 제시 기본]

문제를 끝까지 읽어야 답이 보이는 문제이다. 문제 초반에는 장기간 진행되는 프로젝트임을 강조하며 FP-EPA 계약 유형으로 유도하고 있다. 하지만 문제 후반부에 구매자는 향후 금액 변경을 원치 않는다고 했으므로 고정가 계약을 선택해야 하며, 그중에서도 초기 계약 금액 이외에는 별도의 금액을 지급하지 않는 확정 고정가(FFP) 계약을 선택해야 한다.

31 정답 A   [시나리오 제시 기본]

시간이 가장 많이 소요된다는 것은 그만큼 향후 변경되는 사항까지 고려해서 한번에 계약 금액을 결정해야 하는 것이다. 조달 업무가 명확하고 요구사항 변경이 거의 없을 것이라고 판단하는 조달 업무에 적용하는 계약 유형은 '확정 고정가(FFP: Firm Fixed Price) 계약'이다. 그렇다면 가장 적은 시간이 소요되는 방식에 대해서도 대비해야 하는데, 시간적 여유가 부족할 때 사용하기에 가장 적합한 계약 유형은 '시간·자재(Time and Material) 계약'이다.

32 정답 B   [용어 이해 심화]

문제에서의 주요한 키워드는 '해당 지역의 환경적 문제', '제약 사항' 등이다. PMBOK에서 '제약 및 가정 사항'이 명확하게 표현된 문서는 '가정사항 기록부', '프로젝트 범위 기술서', '조달관리 계획서'이다. 문제의 상황은 프로젝트 전체 차원이라기보다는 조달 업체 선정 시에 필요한 가정 및 제약사항에 대한 설명이므로 (B)가 적합하다. 참고로 프로젝트 범위 기술서는 인도물이나 작업을 완료하기 위해서 고려해야 하는 상세한 가정 및 제약사항이 기술되어 있다.

33 정답 A   [ITTO 이해 기본]

이미 조직 차원에서 결정된 사항이기 때문에 프로젝트에서는 조직의 결정을 따르되, 단지 해당 프로젝트에서 산출되었거나 작성 중인 산출물에 대해서는 고객에게 이관하여 잔금을 처리하고, 조직에 필요한 문서를 갱신한 뒤에 프로젝트를 종료 처리한다.

34 정답 D   [ITTO 이해 기본]

제안서 평가 기준에 대한 문제이다. 판매자를 제한할지, 가격으로만 평가할지, 품질과 가격을 모두 평가

할지, 정해진 가격 내에서 다른 항목으로 결정할지 등에 대한 기준을 마련해 두는 것이다.

35 정답 B [ITTO 이해 기본]

감시 및 통제 프로세스에 포함되는 프로세스이므로, 기본적으로 변경요청이나 작업성과 정보가 머릿속에서 떠올라야 한다.

36 정답 B [시나리오 제시 기본]

조달관리는 '계약서'에 입각한 법적인 절차가 중요한 전제조건임을 기억하자. 계획서를 참조하고 이러한 상황에 대해서 해당 업체들과 협상을 시도하는 것도 중요하지만, 그것보다 중요한 것은 법적인 논란을 배제하기 위해서 변경된 업체와 재 계약을 추진하는 것이 가장 중요하다.

37 정답 A [용어 제시 기본]

품질 통제에서 프로젝트 팀이 수행하는 '인스펙션'과는 분리해서 이해해야 한다. 품질 통제에서 사용하는 인스펙션은 '제품이나 서비스가 문서화한 표준을 따르는지 판별하기 위해 제품을 조사하는 활동'을 의미한다. (B)는 감사, (C)는 대안적 분쟁 해결, (D)는 입찰자 회의에 대한 설명이다.

38 정답 B [시나리오 제시 기본]

계약이 종료되기 전에는 계약서를 갱신할 수 있기 때문에 신규로 계약서를 작성하기보다는 기존 계약서를 갱신하고, 계약 변경통제 시스템에 기록을 유지하는 것이 바람직하다.

39 정답 B [용어 이해 기본]

국가별로 상이한 규정, 제도, 법에 관련된 제약조건을 인지하지 못해 발생한 프로젝트의 재정적인 손실에 관련된 문제이다. 이러한 사항은 반드시 교훈을 통해서 기록되어야 하며, 이후에 해당 국가에서 진행하는 프로젝트에서는 반드시 참고하여 사전에 대응할 수 있도록 체크리스트로 작성되어야 한다.

40 정답 C [시나리오 제시 기본]

문제를 해석해보면 결국 업무 범위가 명확하지 않고, 업무 수행 중에 요구사항 변경이 빈번하게 발생할 수 있음을 알 수 있다. 이러한 경우에는 공급자에게 유리한 계약을 체결할 수 밖에 없으며, 공급자가 작업한 실제 원가 기반으로 비용을 산정해야 하는 원가 정산 계약이 적합하다. 보기에서 (C)가 원가 정산 계약에 해당한다

41 정답 B [용어 이해 심화]

최근에 조달에서 가장 많이 출제되는 유형이다. 금액으로 계산하는 문제도 출제되지만, 대부분은 시나리오를 제시하고 계약 유형을 선택하는 문제이다. 유사 프로젝트를 10년 이상 했다는 것은 이미 경험과 산정 근거가 있으므로 고정가, 반드시 30일 이내에 해결하라고 했으니 적어도 인센티브(IF)를 제공하는 것이 바람직하다.

프로젝트 이해관계자관리

PROJECT STAKEHOLDER
MANAGEMENT

출제 유형 분석

이해관계자관리 지식 영역은 [10장. 프로젝트 의사소통관리]에서 분리된 지식 영역이다 보니 의사소통관리 지식 영역과 연계되어 출제되는 경향이 있다. 따라서 반드시 이해관계자관리에 대한 문제로 접근하기보다는 이해관계자와 의사소통하는 방향으로 문제에 접근하기를 권장한다.

[13.1 이해관계자 식별], [13.2 이해관계자 참여 계획수립] 프로세스가 주로 출제되며, [13.3 이해관계자 참여 관리]는 [13.4 이해관계자 참여 감시]와 비교해서 차이를 이해해야 한다. 단순하게 용어 또는 T&T에 대한 질문보다는 시나리오 유형이 대다수이므로 실무와 연계한 글로벌적인 사고 방식이 필요하다.

그룹	출제 항목	출제 유형	빈도	난이도
착수	13.1 이해관계자 식별 (Identify Stakeholders)	· 이해관계자 식별을 위한 주요 투입물 · 이해관계자 관리대장 작성시기 및 포함 내용 · 데이터 표현 기법 중에서 권력/관심도 도표 해석	A	B
기획	13.2 이해관계자 참여 계획수립 (Plan Stakeholder Engagement)	· 이해관계자 참여 계획서 포함 내용 · 데이터 표현 기법 중에서 이해관계자 참여 평가 매트릭스 이해	A	C
실행	13.3 이해관계자 참여 관리 (Manage Stakeholder Engagement)	· 주요 투입물 투입 이유(변경 기록부, 이슈 기록부) · 이해관계자 참여 관리와 이해관계 참여 감시 차이	B	C
감시 및 통제	13.4 이해관계자 참여 감시 (Monitor Stakeholder Engagement)	· 주요 도구 및 기법(데이터 표현, 의사소통 기술, 대인관계 및 팀 기술)	C	B

이렇게 학습하세요

반드시 보아야 할 것

☐ 이해관계자 정의 및 프로젝트에 미치는 영향(긍정적, 부정적)

☐ 이해관계자 관리대장 작성 시기 및 포함 내용

☐ 이해관계자 참여 계획서 포함 내용

☐ 이해관계자 표현 기법 중에서 권력/관심도 도표 이해하기

☐ 이해관계자의 참여수준(미인지, 저항, 중립, 지지, 주도) 및 이해관계자 참여평가 매트릭스 해석하기

비교해 보아야 할 것

☐ 이해관계자 참여 관리 vs. 이해관계자 참여 감시(정의, 목적)

☐ 의사소통관리 계획수립 vs. 이해관계자 참여 계획수립(포함되는 지식 영역, 목적, 도구)

| 흐름을 따라가 보아야 할 것

☐ 프로젝트 헌장 개발과 이해관계자 식별 상관관계

| 계산해 보아야 할 것

☐ 계산 문제 없음

| 확인해 보아야 할 용어

☐ 이해관계자(Stakeholder)

☐ 이해관계자 큐브(Stakeholder Cube)

☐ 현저성(Salience) 모델

☐ 고객과 사용자(Customers and Users)

☐ 이해관계자 참여평가 매트릭스(Stakeholder Engagement Assessment Matrix)

| 출제 빈도 높은 ITTO(투입물, 도구 및 기법, 산출물)

☐ [13.1 이해관계자 식별] 투입물(비즈니스 문서, 프로젝트 헌장, 이슈/변경 기록부)

☐ [13.2 이해관계자 참여 계획수립] 산출물(이해관계자 참여 계획서)

이해관계자 식별
Identify Stakeholders

핵심 키워드

1 [이해관계자 식별] 프로세스 정의에 대한 핵심 키워드를 완성하시오.

이해관계자 식별은 프로젝트 이해관계자를 정기적으로 (**❶**   )하고, 이해관계자들의 프로젝트 성공에 대한 이해관계, 참여도, 상호 의존관계, 영향력 및 잠재적인 영향에 관련된 정보를 (**❷**   )하고 문서화하는 프로세스이다.

2 [이해관계자 식별] 프로세스의 주요 ITTO에 대해서 다음의 힌트를 참조하여 핵심 키워드를 완성하시오.

그룹	프로세스	투입물	도구 및 기법	산출물
❶	13.1 이해관계자 식별 (Identify Stakeholders)	1. 프로젝트 헌장(Project charter) 2. 비즈니스 문서 (Business Documents) 3. 프로젝트관리 계획서 (Project Management Plan) 4. 프로젝트 문서 (Project Documents) 5. **❷** 6. 기업 환경 요인 (Enterprise environmental factors) 7. 조직 프로세스 자산 (Organizational process assets)	1. 전문가 판단(Expert judgment) 2. 데이터 수집(Data gathering) · 설문지 및 설문조사 (Questionnaires and surveys) · 브레인스토밍(Brainstorming) 3. 데이터 분석(Data analysis) · 이해관계자 분석 (Stakeholder analysis) · 문서 분석(Document analysis) 4. 데이터 표현 (Data representation) · **❸** 5. 회의(Meetings)	1. **❹** 2. 변경요청 (Change requests) 3. 프로젝트관리 계획서 업데이트 (Project management plan updates) 4. 프로젝트 문서 업데이트 (Project documents updates)

❶ 이해관계자 식별은 [4.1 프로젝트 헌장 개발] 프로세스와 동일한 프로세스 그룹에 포함되며, 이해관계자 식별은 빠르면 빠를수록 프로젝트 진행에 유리하다.

❷ 프로젝트에서 외부 자원을 이용하게 될 때, 계약을 체결하게 될 계약 당사자, 공급자 및 공급자원에 대한 목록이 등록되어 있는 문서이다.

❸ 이해관계자별로 적절한 접근전략을 정의하기 위해, 다양한 이해관계자 매핑/표현 기법을 사용하여 이해관계자를 분류하게 된다. 그 중에서도 이해관계자의 권력(조직에서의 권한 수준) vs. 관심(프로젝트에 대한 관심), 권력(권한 수준) vs. 영향(프로젝트 결과에 미치는 영향) 등을 x축, y축에 표시하여 분류하는 기법이다.

❹ 식별된 이해관계자에 대한 가능한 모든 정보가 포함되고, 프로젝트 기간 동안 지속해서 업데이트되는 문서이다.

기출 문제

1   이해관계자별로 적절한 접근전략을 정의하기 위해서 권력/관심도 그리드(Power/Interest Grid)를 사용한다. 다음 중에서 프로젝트에 대한 관심도는 높으나 권력은 낮은 이해관계자는 어떻게 분류되어야 하는가?

A. 철저한 관리(manage closely)

B. 지속해서 정보 통보(keep informed)

C. 최소한의 노력만으로 감시(monitor)

D. 만족 상태 유지(keep satisfied)

해설   이해관계자 식별의 도구 및 기법 중에서 '데이터 표현'과 관련된 문제이다. 데이터 표현에는 다양한 분석 모델을 사용하는데, 그 중에서도 '권력/관심도 그리드'에 대한 질문이다. 권력/관심도 그리드를 보고 나머지 조건에 대해서도 반드시 이해해야 한다.

· 권력 높음 & 관심도 높음: 철저한 관리(최대한 노력)

· 권력 높음 & 관심도 낮음: 만족 상태 유지

· 권력 낮음 & 관심도 높음: 지속적 정보 통지

· 권력 낮음 & 관심도 낮음: 감시(최소한의 노력)

6판에서는 한글 번역 오류가 대부분 사라졌지만, PI Grid에서는 아직도 종종 오류나 누락이 존재하니 반드시 영문을 확인하길 바란다. 예를 들어, 한글 문제에서는 권력(power)만 제시되어 있고 관심도(interest)와 관련된 내용은 누락된 문제가 있는데, 영어 지문에는 관심도도 제시되어 있다고 한다. 즉, 한글만으로는 관심도에 대한 설명은 없고 권력이 거의 없다는 식으로만 제시되고 있어서 '감시(monitor)'인지 '지속해서 정보 통보(keep informed)'인지 혼동되지만, 영어 지문을 확인해보면 'interested stakeholder'라고 되어 있기 때문에 '지속해서 정보 통보(keep informed)'를 선택해야 한다.

정답 B

13-2 이해관계자 참여 계획수립
Plan Stakeholder Engagement

핵심 키워드

→ 정답 459쪽

1 **[이해관계자 참여 계획수립] 프로세스 정의에 대한 핵심 키워드를 완성하시오.**

이해관계자 참여 계획수립은 이해관계자들의 요구사항, 기대사항, 관심 및 프로젝트에 미치는 잠재적인 (❶)을 기반으로 프로젝트 이해관계자를 (❷)시키기 위한 접근 방식을 개발하는 프로세스이다.

2 **[이해관계자 참여 계획수립] 프로세스의 주요 ITTO에 대해서 다음의 힌트를 참조하여 핵심 키워드를 완성하시오.**

그룹	프로세스	투입물	도구 및 기법	산출물
기획	13.2 이해관계자 참여 계획수립 (Plan Stakeholder Engagement)	1. 프로젝트 헌장 (Project charter)	1. 전문가 판단(Expert judgment)	1. ❷
		2. 프로젝트관리 계획서 (Project management plan)	2. 데이터 수집(Data gathering) · 벤치마킹(Benchmarking) 3. 데이터 분석(Data analysis) · 가정 및 제약사항 분석 (Assumption and constraint analysis)	
		3. 프로젝트 문서 (Project documents)	· 근본원인 분석 (Root cause analysis)	
		4. 협약서(Agreements)	4. 의사 결정(Decision making) · 우선순위/등급부여 (Prioritization/ranking)	
		5. 기업 환경 요인 (Enterprise Environmental Factors)	5. 데이터 표현 (Data representation) · 마인드 매핑(Mind mapping)	
		6. 조직 프로세스 자산 (Organizational Process Assets)	· ❶ 6. 회의(Meetings)	

❶ 이해관계자별로 적절한 프로젝트 참여 수준을 정의해야 하며, 궁극적으로 현재 수준과 목표 수준과의 격차를 줄이기 위한 노력을 지속해야 한다. 현재 참여수준을 'C'로 요구되는 참여수준을 'D'로 표현하며, 이러한 분석 프로세스를 통해서 현재와 요구되는 참여 수준의 차이를 식별하여 이해관계자 관리대장에 기록한다.

❷ 프로젝트관리 계획서의 일부로서 의사결정 및 실행 과정에 이해관계자의 생산적인 참여를 촉진하기 위해 필요한 전략과 조치계획이 식별되어 있다.

1   당신은 시작한 지 3개월이 지난 프로젝트에 투입된 프로젝트 관리자이다. 식별된 이해관계자를 프로젝트 생명주기 전체에 걸쳐 효과적이고 효율적으로 참여시키기 위한 관리 전략을 수립하여 문서화하고 있다. 다음 중 작성하는 문서에 포함하지 않아도 될 것은 무엇인가?

A. 이해관계자 참여 모니터링, 평가 방법 및 수행 결과 보고서 정의

B. 이해관계자 의사소통 요구사항

C. 이해관계자 식별, 관리, 모니터링 프로세스

D. 프로젝트 정보, 관련 규정 등을 배포하기 위한 효과적인 방법 및 구조 정의

해설   문제를 보고 이해관계자 참여 계획서를 작성하는 단계임을 인지해야 한다. 6판에서는 의사소통관리 계획서와 이해관계자 참여 계획서상에 중복된 항목을 제거하였으며, 의사소통과 관련된 항목은 명확하게 의사소통관리 계획서로 한정하였다.

이해관계자 참여 계획서에 포함되는 내용은 다음과 같다.

· 이해관계자 참여 계획서 작성의 목적

· 이해관계자 식별, 관리, 모니터링 프로세스

· 이해관계자 참여 계획의 실행을 위한 팀 구성원의 책임과 역할 정의

· 프로젝트 정보, 관련 규정 등을 배포하기 위한 효과적인 방법 및 구조 정의

· 이해관계자 참여 모니터링, 평가 방법 및 수행 결과 보고서 정의

정답 B

13-3

이해관계자 참여 관리
Manage Stakeholder Engagement

→ 정답 450쪽

핵심 키워드

1 [이해관계자 참여 관리] 프로세스에 대한 핵심 키워드를 완성하시오.

이해관계자 참여 관리는 이해관계자들과 (❶)하고 협력하면서 요구사항 및 기대사항을 충족시키고, (❷)를 해결하며, 적절한 이해관계자 (❸)를 촉진시키는 프로세스이다.

2 [이해관계자 참여 관리] 프로세스의 주요 ITTO에 대해서 다음의 힌트를 참조하여 핵심 키워드를 완성하시오.

그룹	프로세스	투입물	도구 및 기법	산출물
실행	13.3 이해관계자 참여 관리 (Manage Stakeholder Engagement)	1. 프로젝트관리 계획서 (Project management plan) 2. 프로젝트 문서 (Project documents) · ❶ · 이슈 기록부(Issue log) · 교훈 관리대장 (Lessons learned register) · 이해관계자 관리대장 (Stakeholder register) 3. 기업 환경 요인 (Enterprise environmental factors) 4. 조직 프로세스 자산 (Organizational process assets)	1. 전문가 판단(Expert judgment) 2. 의사소통 기술 (Communication skills) · ❷ 3. 대인관계 및 팀 기술 (Interpersonal and team skills) · 갈등관리 (Conflict management) · 문화적 인식 (Cultural awareness) · 협상(Negotiation) · 관찰/대화 (Observation/conversation) · 정치적 인식 (Political awareness) 4. 기본 규칙(Ground rules) 5. 회의(Meetings)	1. 변경요청 (Change requests) 2. 프로젝트관리 계획서 업데이트 (Project management plan updates) 3. 프로젝트 문서 업데이트 (Project documents updates)

❶ 승인이나 기각된 변경요청들이 모두 기록되어 있으며, 처리된 사항은 적시에 적절한 이해관계자에게 전달해야 한다.

❷ 의사소통관리 계획서에서 각각의 이해관계자별로 식별된 의사소통 방법은 이해관계자 참여 관리를 실행하는 중요한 수단이다. 프로젝트관리 팀이 다양한 프로젝트관리 활동 및 의사결정에 대한 이해관계자의 반응을 파악하기 위해 효과적인 기법이다.

1 당신은 프로젝트 관리자로 지속적인 이해관계자의 참여를 촉진하기 위해서, 이해관계자 간의 이슈 및 갈등을 처리하고, 프로젝트 팀과 이해관계자 간에 효과적인 의사소통을 시도하고 있다. 이때 참고해야 할 문서로 적절하지 못한 것은?

   A. 이해관계자 참여 계획서(Stakeholder engagement plan)

   B. 의사소통관리 계획서(Communications management plan)

   C. 변경 기록부(Change log)

   D. 협약서(Agreements)

해설   이러한 유형의 문제는 우선 설명하는 프로세스를 찾아내야 한다. 이 문제는 이해관계자 참여 관리 프로세스를 진행 중임을 알 수 있다. 이해관계자 참여 관리는 프로젝트 생애주기 동안에 이해관계자들의 요구사항과 기대사항을 충족시키기 위해 이해관계자들과 함께 의사소통하고 이슈를 처리하면서, 프로젝트 활동에 적절한 이해관계자 참여를 촉진하는 프로세스이기 때문에 기본적인 이해관계자 참여 계획서 이외에도 의사소통관리 계획서, 리스크 관리 계획서, 변경 기록부, 이슈 기록부, 이해관계자 관리대장 등이 필요하다.

협약서는 [13.1 이해관계자 식별]과 식별된 이해관계자를 참여시킬 계획을 수립하는 [13.2 이해관계자 참여 계획수립] 프로세스에서 외부 인적 자원에 대한 정보를 파악하기 위한 투입물로 적합하다.

정답 D

이해관계자 참여 감시
Monitor Stakeholder Engagement

→ 정답 459쪽

1   [이해관계자 참여 감시] 프로세스 정의에 대한 핵심 키워드를 완성하시오.

이해관계자 참여 감시는 모든 프로젝트 이해관계자 (❶   )를 감시하고, 이해관계자를
참여시키기 위한 (❷   )과 (❸   )을 조정하는 프로세스이다.

2   [이해관계자 참여 감시] 프로세스의 주요 ITTO에 대해서 다음의 힌트를 참조하여 핵심 키워드를 완
성하시오.

그룹	프로세스	투입물	도구 및 기법	산출물
감시 및 통제	13.4 이해관계자 참여 감시 (Monitor Stakeholder Engagement)	1. 프로젝트관리 계획서 (Project management plan) 2. 프로젝트 문서 (Project documents) 3. 작업성과 데이터 (Work performance data) 4. 기업 환경 요인 (Enterprise environmental factors) 5. 조직 프로세스 자산 (Organizational process assets)	1. 데이터 분석(Data analysis) 2. 의사결정(Decision making) 3. 데이터 표현 (Data representation) 4. 의사소통 기술 (Communication skills) · ❶ · 프레젠테이션(Presentations) 5. 대인관계 및 팀 기술 (Interpersonal and team skills) · ❷ 6. 회의(Meetings)	1. 작업성과 정보 (Work performance information) 2. 변경요청 (Change requests) 3. 프로젝트관리 계획서 업데이트 (Project management plan updates) 4. 프로젝트 문서 업데이트 (Project documents updates)

❶ 이해관계자 참여 감시를 위한 의사소통 기술로서 이해관계자가 정보를 제대로 전달받고 이해했는지를
확인하기 위한 의사소통 모델 구성 요소 중 하나이다.

❷ 오해와 잘못된 의사소통을 줄일 수 있으며, 프로젝트 관리자의 리더십과 정보 접근을 보장하는 네트워
크 인프라도 참여 관리에 도움이 된다. 이 기법은 [4.4 프로젝트 지식관리]와 [10.2 의사소통 관리]에서
도 유용하게 사용된다.

1 이해관계자는 긍정적인 태도로 또는 부정적인 태도로 프로젝트에 참여하며, 프로젝트 관리자는 프로젝트 전반에 걸쳐 이해관계자들을 프로젝트에 참여시키고 관리해야 한다. 다음 중 프로젝트 이해관계자관리 프로세스로 올바른 것은 무엇인가?

A. 이해관계자 참여 계획수립 – 이해관계자 식별 – 이해관계자 참여 관리 – 이해관계자 참여 감시

B. 이해관계자 참여 계획수립 – 의사소통 관리 – 이해관계자 참여 관리 – 이해관계자 참여 감시

C. 이해관계자 식별 – 의사소통 참여 계획수립 – 이해관계자 참여 관리 – 이해관계자 참여 감시

D. 이해관계자 식별 – 이해관계자 참여 계획수립 – 이해관계자 참여 관리 – 이해관계자 참여 감시

해설 이해관계자관리 지식 영역은 5판부터 신규로 추가된 지식 영역으로서 다른 지식 영역과는 프로세스의 시작이 다르다. PMBOK에서 소개하고 있는 일반적인 지식 영역들의 첫 번째 프로세스가 '지식 영역+계획수립'임에 반해서, 이해관계자 식별은 빠르면 빠를수록 중요하기 때문에 이해관계자 식별 이후에 이해관계자 참여 계획수립 프로세스로 구성되어 있음에 유의해야 한다.

정답 D

13 프로젝트 이해관계자관리
전체 프로세스 흐름 파악하기

다음은 프로젝트 이해관계자관리에 대한 전체 DFD이다. 괄호 안에 해당하는 투입물이나 산출물을 중심으로 프로세스 전체에 대한 흐름을 파악하시오.

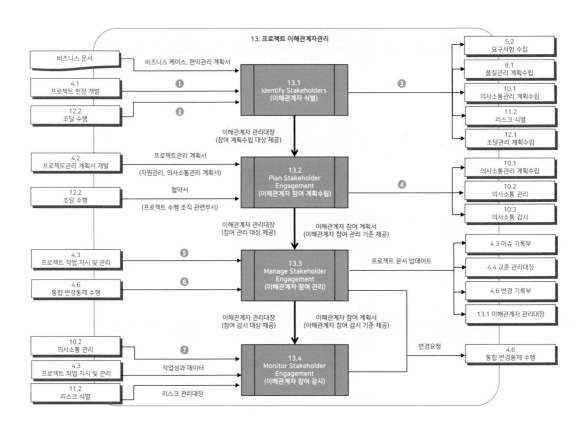

1   [13.1 이해관계자 식별]: (❶   )에는 주요한 이해관계자 목록이 있으며 이를
    기초로 설문지 등을 통해서 이해관계자를 확장해 나가며, 외부자원을 이용하기로 했
    다면 (❷   )를 확인해서 계약 당사자(구매자, 판매자) 이외에 계약과 관련된
    수행 조직의 관련 부서 및 주 계약업체와 연계된 하도급 업체의 목록을 확인할 수 있
    다. 식별된 이해관계자는 (❸   )에 기록하고 프로젝트 생애주기 및 주
    요 단계별로 업데이트해야 한다.

2   [13.2 이해관계자 참여 계획수립]: 이해관계자 식별 이후에는 이해관계자들의 요구사
    항, 관심 및 프로젝트에 미치는 잠재적인 영향력을 기반으로 프로젝트 이해관계자를
    참여시키기 위한 접근 방식을 개발해야 한다. 이해관계자 참여를 관리한다는 것은 프
    로젝트에 투입된 인적 자원을 관리하는 것이기 때문에 자원관리 계획서 및 의사소통
    관리 계획서를 확인해야 하고, 이해관계자의 참여도를 저하시킬 수 있는 리스크 관리
    대장도 확인해야 한다. 이러한 이해관계자 관리 전략은 (❹   )로 문서화되
    고 의사소통관리를 위한 주요한 투입물로 활용된다.

3   [13.3 이해관계자 참여 관리]: 프로젝트 관리자는 프로젝트 생애주기 동안에 이해관
    계자의 지지는 증대시키고 저항은 감소시켜서 프로젝트의 성공 확률을 높여야 한다.
    이해관계자의 프로젝트 참여 현황 및 참여 간에 발생하는 이슈는 (❺   ), 변
    경요청 및 처리 결과에 따라 이해관계자의 참여 성향에 변화가 발생할 수 있기 때문
    에 (❻   )도 확인해야 한다.

4   [13.4 이해관계자 참여 감시]: 프로젝트가 진행되거나 환경이 변화함에 따라 이해관계
    자 참여 활동의 효과성과 효율성은 달라진다. 프로젝트 관리자는 의사소통관리 계획
    서와 이해관계자 참여 계획서대로 이해관계자가 참여하고 있는지 확인하기 위해서 이
    해관계자 간 의사소통 현황은 (❼   ), 이슈의 처리현황과 이해관계
    자 동향은 이슈 기록부를 통해서 확인해야 한다. 이해관계자 참여 전략 및 계획의 변
    경이 필요하다면 공식적인 변경요청 및 관련 문서를 업데이트 해야 한다.

→ 정답 457쪽

1 다음 중 이해관계자 참여 계획서(Stakeholder Engagement Plan)에 포함되지 않는 것은 무엇인가?

  A. 이해관계자 참여 모니터링, 평가 방법 및 수행 결과 보고서 정의

  B. 이해관계자 식별, 관리, 모니터링 프로세스

  C. 이해관계자 참여 계획 실행을 위한 팀 구성원의 책임과 역할 정의

  D. 요구되는 주요 이해관계자 참여수준과 현재 주요 이해관계자의 참여수준

2 프로젝트에 이해관계자(Stakeholder)들이 추가되었다. 이해관계자 A는 적절한 시기에 정보를 전달 받지 못했다고 말하고 있으며, 이해관계자 B는 배포되는 정보 형식의 변경을 요청하고 있다. 프로젝트 관리자가 확인해 보아야 할 문서로 적합한 것은?

  A. 이해관계자 참여 계획서(Stakeholder engagement plan)

  B. 의사소통관리 계획서(Communications management plan)

  C. 이해관계자 관리대장(Stakeholder register)

  D. 리스크 관리대장(Risk register)

3 식별된 이해관계자를 프로젝트 팀원과 분류하고 있다. 다음 중 프로젝트에 대한 관심도(Interest)는 높으나 권력수준(power)은 낮은 이해관계자는 어떻게 분류되어야 하는가?

  A. 만족 상태를 유지한다.

  B. 철저하게 관리한다.

  C. 지속적으로 정보를 전달한다.

  D. 최소한의 노력만으로 관찰한다.

4 다음 중 이해관계자에 대해서 바르게 설명하고 있는 것은?

A. 프로젝트에 긍정적인 영향을 주는 인원 위주로 식별해야 한다.

B. 프로젝트에 부정적인 영향을 주는 인원은 의사소통에서 점차적으로 빈도를 줄인다.

C. 프로젝트 초기에 집중적으로 식별하지만 프로젝트 종료 시점까지 지속적으로 갱신해야 한다.

D. 프로젝트에 미치는 영향력에 따라 유형을 구분하여 관리하면 안 된다.

5 이해관계자 식별(Identify Stakeholders) 프로세스의 주요한 산출물은 이해관계자 관리대장 (Stakeholder register)이다. 다음 중 이해관계자 관리대장(Stakeholder register)에 포함되는 정보가 아닌 것은?

A. 이름 및 연락처   B. 프로젝트에 미치는 잠재적 영향

C. 인사 평가 정보   D. 지원자/중립자/반대자 정보

6 이해관계자들을 프로젝트에 효과적으로 참여시키기 위한 이해관계자 참여 전략을 개발하고 있다. 식별된 모든 이해관계자를 동일한 수준으로 프로젝트에 참여시킬 필요는 없기 때문에 프로젝트에 대한 이해관계자의 참여 수준을 분석하고 있다. 프로젝트 결과가 미칠 잠재적인 영향력을 알고는 있으나 변화에 저항하는 유형은 어떻게 구분되어야 하는가?

A. 미인지형(unaware)   B. 저항형(resistant)

C. 중립형(neutral)   D. 지지형(supportive)

7 프로젝트 중반부터 변경요청을 많이 하는 이해관계자가 있다. 이해관계자의 요구사항이기 때문에 무조건적인 거절은 어려운 상황이다. 프로젝트 관리자가 이러한 상황을 피하기 위해서 수행했어야 하는 가장 바람직한 방법은 무엇인가?

A. 업무 외적으로 자주 만나 무분별한 변경요청에 대한 자제를 부탁했어야 한다.

B. 프로젝트 초기부터 이해관계자를 주요한 의사결정 및 회의에 참여시켰어야 한다.

C. 스폰서에게 건의하여 해당 이해관계자를 교체시켰어야 한다.

D. 이해관계자 관리대장을 확인하여 예측 가능한 변경사항을 미리 파악했어야 한다.

8 이해관계자를 식별하기 시작할 가장 적합한 시기는 언제인가?

    A. 프로젝트 착수 시점에만

    B. 프로젝트 수행 중에 지속적으로

    C. 프로젝트 요구사항 수집 이전에

    D. 프로젝트 계약 시점에

9 다음 중 프로젝트 이해관계자들이 미치는 영향력이 가장 큰 단계는 무엇인가?

    A. 착수(initiation) 단계

    B. 분석(analyze) 단계

    C. 테스트(test) 단계

    D. 검수(acceptance) 단계

10 프로젝트 관리자는 식별된 이해관계자들과 미팅을 수행 중이다. 이 회의의 가장 큰 목적은 이해관계자들의 요구사항과 기대사항을 충족시키기 위해 이해관계자들과 함께 의사소통하고 이슈를 처리하려는 것이다. 어떤 프로세스를 진행 중인 것인가?

    A. 이해관계자 식별(Identify stakeholders)

    B. 이해관계자 참여 관리(Manage stakeholder engagement)

    C. 요구사항 수립(Collect requirements)

    D. 의사소통관리(Manage Communications)

1 정답 D [ITTO 용어 기본]

6판에서는 '이해관계자 참여 계획서'와 '의사소통관리 계획서'의 포함 내용을 명확하게 구분하였다. 5판에서는 포함 내용이 혼재되어 있어서 수험생을 당혹스럽게 했지만, 6판에서는 이해관계자 간의 의사소통 관련된 항목은 모두 의사소통관리 계획서에만 포함하였다. (D)는 데이터 표현 기법 중에서 '이해관계자 참여평가 매트릭스(Stakeholders Engagement Assessment Matrix)'의 포함 내용이다.

2 정답 B [ITTO 용어 기본]

이해관계자들은 '정보 배포 시기'와 '언어, 형식, 내용 및 상세 수준을 포함하여 이해관계자에게 배포될 정보'에 대해서 불만을 제기하고 있는 것이다. 이러한 내용이 포함된 문서는 의사소통관리 계획서(Communications management plan)이다.

 전문가의 Comment

의사소통관리 계획서의 주요 포함 내용은 다음과 같다.

- 이해관계자 의사소통 요구사항
- 언어, 형식, 내용, 상세 수준을 포함하여 전달할 정보
- 정보의 배포 사유
- 필요한 정보의 배포 시간대 및 주기(가능한 경우 수신 확인 또는 응답)
- 정보 전달을 책임지는 담당자
- 기밀 정보 공개의 승인을 담당하는 책임자
- 요구 사항 및 기대치에 대한 정보를 포함하여 정보를 수신할 개인이나 그룹
- 메모, 이메일, 보도자료 등과 같이 정보를 전달하는 데 사용되는 방법이나 기술
- 시간과 예산을 포함하여 의사소통 활동에 할당된 자원
- 하부 직급에서는 해결할 수 없는 이슈의 상부 보고 프로세스

3 정답 C [ITTO 용어 기본]

[13.1 이해관계자 식별] 프로세스에서 사용하는 기법 중에서 '권력/관심도 그리드(Power/Interest Grid)'에 대한 질문이며 시험에 반드시 출제되는 문제이다. 그리드의 가로축과 세로축에 표현하는 분류 기준에 따라서 권력/관심도 그리드(Power/Interest Grid)는 권력/영향도 그리드(Power/Influence Grid) 또는 충격/영향도 그리드(Impact/Influence)라고도 불린다.

 전문가의 Comment

이해관계자와 권력/관심도 그리드(도표) 사례는 다음과 같으며, 문제에서 '관심도(Interest)는 높으나 권력 수준(Power)은 낮은 이해관계자'라면 지속해서 정보 통지가 맞는 대응 방안이다.

다음 그림을 보고 질문 이외의 영역에도 확실하게 알아 두어야 한다.

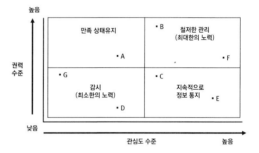

4 정답 C [용어 정의 기본]

프로젝트 이해관계자란 프로젝트 진행에 영향을 미치는 개인, 조직이나 그룹을 의미한다. 이해관계자는 긍정적인 태도로 때로는 부정적인 태도로 프로젝트에 참여하며, 프로젝트 관리자는 프로젝트 전반에 걸쳐 이해관계자들을 프로젝트에 참여시키고 관리해야 한다. D는 3번 문제의 '권력/관심도 도표'에서 보듯이 유형을 구분하여 관리전략을 세워야 한다.

5 정답 C [ITTO 이해 기본]

이해관계자 관리대장에는 식별된 이해관계자에 대한 가능한 모든 정보가 포함되어야 하나, 인사 평가 정보와 같은 개인 평가 정보는 포함되지 않는다. 다음은 이해관계자 관리대장에 포함되는 내용이다.

1) 신원 식별 정보 이름, 직위, 위치, 프로젝트에서 배정된 역할, 연락처 정보

2) 정보 평가 프로젝트에서 주요 요구사항, 기본적 기대사항, 잠재적 영향, 생애주기에서 최대 이해관계의 단계

3) 이해관계자 분류: 내부/외부, 지원자/중립자/반대자 등

6 정답 B [ITTO 이해 기본]

[13.2 이해관계자 참여 계획수립] 프로세스에서 사용되는 분석 기법의 사례이다. 문제에서 키워드는 '변화에 대응'이므로 저항형이 답이다. 프로젝트 단계별로 이해관계자의 참여수준은 다를 수 있으므로, 이해관계자의 현재 시점의 프로젝트에 대한 참여수준은 성공적인 프로젝트 완료를 위해 요구되는 계획된 참여수준과 비교되어야 한다. 또한, 이러한 작업은 프로젝트 생애주기 전반에 걸쳐 수행되어야 한다.

전문가의 Comment

다음은 PMBOK에서 소개하는 이해관계자의 참여수준에 따른 분류 유형이다.

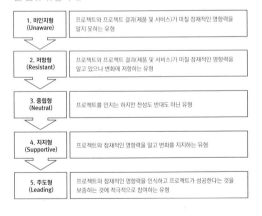

7 정답 B [ITTO 이해 기본]

[13.3 이해관계자 참여 관리]에 대한 설명이다. 변경 요청이 많다는 것은 프로젝트에 대한 이해도나 참

여도가 부족했었다는 의미로 해석되어야 하며, 결국 프로젝트 전반에 걸쳐 지속적으로 참여율을 유지했어야 하는 것이다.

8 정답 B [ITTO 제시 기본]

착수 프로세스 그룹에 포함된 [4.1 프로젝트 헌장 개발] 과 [13.1 이해관계자 식별] 사이의 연관 관계에 대한 질문이다. 이해관계자 식별은 빠르면 빠를수록 좋고, 주요 이해관계자 목록이 프로젝트 헌장에 포함되어 있으므로, 프로젝트 헌장 개발이 완료되면 바로 수행해야 하는 활동은 '이해관계자 식별'이다.

또한, 이해관계자 식별은 프로젝트 전체에 걸쳐 지속적으로 수행되고 이해관계자 관리대장에 갱신되어야 한다.

9 정답 A [프로세스 이해 기본]

프로젝트 특징과 이해관계자 영향력, 리스크, 불확실성과의 관계에 대해서 기억할 것이다. 이해관계자들은 프로젝트 초반에 개별적으로 성취하고자 하는 요구사항의 수준이나 항목이 다르기 때문에 해당 요구사항을 프로젝트 범위에 포함시키기 위해서 가장 큰 영향력을 발휘하게 된다.

전문가의 Comment

다음은 프로젝트 경과 시간에 따른 이해관계자 영향력, 리스크, 불확실성과 정정 비용 간의 관계를 나타낸 그래프이다. 다시 한 번 기억해 두자.

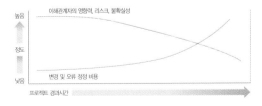

10 정답 B [프로세스 이해 기본]

문제의 키워드는 '이해관계자들과 함께 의사소통하고 이슈를 처리'이다. 그렇기 때문에 실행 프로

세스 그룹에 포함되어 있으며, 해당하는 프로세스는 [13.3 이해관계자 참여 관리(Manage stakeholder engagement)]이다. PMBOK에서는 이렇게 프로세스 정의를 묻는 질문도 상당수 출제 된다.

전문가의 **Comment**

다음은 PMBOK에서 설명하는 이해관계자 참여 관리 프로세스 정의이다.

"Manage Stakeholder Engagement is the process of communicating and working with stakeholders to meet their needs and expectations, address issues, and foster appropriate stakeholder involvement."

이해관계자 참여 관리는 이해관계자들과 의사소통하고 협력하면서 요구사항 및 기대사항을 충족시키고, 이슈를 해결하며, 적절한 이해관계자 참여를 촉진하는 프로세스이다.

[핵심 키워드 정답]

13-1 이해관계자 식별

1   ① 식별

     ② 분석

2   ① 착수

     ② 협약서

     ③ 이해관계자 매핑/표현

     ④ 이해관계자 관리대장

13-2 이해관계자 참여 계획수립

1   ① 영향력   ② 참여

2   ① 이해관계자 참여 평가 매트릭스

     ② 이해관계자 참여 계획서

13-3 이해관계자 참여 관리

1   ① 의사소통

     ② 이슈   ③ 참여

2   ① 변경 기록부

     ② 피드백

13-4 이해관계자 참여 감시

1   ① 관계   ② 전략

     ③ 계획

2   ① 피드백

     ② 적극적인 청취

[전체 프로세스 정답]

① 프로젝트 헌장

② 협약서

③ 이해관계자 관리대장

④ 이해관계자 참여 계획서

⑤ 이슈 기록부

⑥ 변경 기록부

⑦ 프로젝트 의사소통

프로젝트 이해관계자관리

→ 정답 466쪽

1 당신은 교통카드 구축 시스템(Transport Card construct System)의 프로젝트 관리자로 선정되었다. 다음 중 프로젝트 관리자가 식별해야 할 주요 이해관계자와 가장 거리가 먼 대상은 누구인가?

A. 시스템 구축을 담당할 하청업체와 하청업체 직원

B. 교통카드를 사용하게 될 사용자

C. 지하철 업무를 담당하는 공무원

D. 조직에서 전달받은 유사한 프로젝트의 작업분류체계(WBS)를 작성했던 인원

2 식별된 모든 이해관계자를 같은 수준으로 프로젝트에 참여시킬 필요는 없다. 프로젝트 관리자는 식별된 이해관계자의 기대되는 참여수준과 현재 참여수준 정도를 분석하고 있다. 어떠한 프로세스에 해당하는가?

A. 이해관계자 식별(Identify Stakeholders)

B. 이해관계자 참여 계획수립(Plan Stakeholder Engagement)

C. 이해관계자 참여 관리(Manage Stakeholder Engagement)

D. 이해관계자 참여 감시(Monitor Stakeholder Engagement)

3 이해관계자를 식별하고 난 뒤에 권력(의도한 바를 강행하는 능력), 긴급성(즉각적인 주의를 요구하는 정도) 및 적합성(적절한 참여 여부), 이러한 세 가지 특징을 기초로 하여 이해관계자의 성향을 7가지로 분류하고 있다. 어떠한 기법을 사용하고 있는 것인가?

A. 권력/관심도 그리드(Power/Interest Grid)

B. 이해관계자 큐브(Stakeholder Cube)

C. 현저성 모델(Salience Model)

D. 영향력의 방향(Directions of Influence)

4 기존 신항만 구축 프로젝트의 행정 종료 단계이다. 프로젝트 헌장 작성에는 참여하지 못했지만 유사한 프로젝트인 ABC 프로젝트의 프로젝트 관리자로 임명되었다. 프로젝트 관리자로서 다음 중 가장 먼저 수행해야 할 작업은 무엇인가?

A. 프로젝트관리 계획서 개발(Develop Project Management Plan)

B. 요구사항 수집(Collect Requirements)

C. 이해관계자 식별(Identify Stakeholders)

D. WBS 작성(Create WBS)

5 프로젝트 헌장을 기반으로 프로젝트에 영향을 줄 수 있는 이해관계자를 식별 중이다. 프로젝트 헌장에 포함된 내부, 외부 이해관계자를 우선적으로 식별했으며, 과거 프로젝트의 이해관계자 목록과 이해관계자 식별에 영향을 줄 수 있는 조직이나 회사의 문화와 구조도 파악 중이다. 하지만 해당 프로젝트는 아웃소싱 비중이 높아 조달 업체의 이해관계자 식별도 중요하다고 한다. 중점적으로 확인이 필요한 문서는 무엇인가?

A. 이슈 기록부(Issue log)   B. 비즈니스 케이스(Business case)

C. 협약서(Agreements)   D. 요구사항 문서(Requirements documentation)

6 다음 중 이해관계자 관리대장(Stakeholder register)에 대한 설명 중 잘못된 것은 무엇인가?

A. 이해관계자 식별(Identify Stakeholders) 프로세스의 주요한 산출물이다.

B. 식별된 이해관계자에 대한 가능한 모든 정보가 포함되어야 하는 것이 원칙이다.

C. 프로젝트 기간 동안 지속해서 갱신되어야 한다.

D. 이해관계자 참여 계획서(Stakeholder Engagement plan) 작성 이후에 작성되어야 한다.

7 프로젝트 성공에 미칠 수 있는 이해관계자의 요구사항, 관심도, 잠재적인 영향력 분석을 기반으로 프로젝트 생애주기 전반에 걸쳐 이해관계자들을 효과적으로 참여시키기 위한 적절한 관리 전략을 개발하고 있다. 당신은 무엇을 수행하고 있는 것인가?

A. 의사소통관리 계획서(Communications management plan)를 개발하고 있다.

B. 자원관리 계획서(Resource management plan)를 개발하고 있다.

C. 이해관계자 참여 계획서(Stakeholder engagement plan)를 개발하고 있다.

D. 이해관계자를 식별(Identify Stakeholders)하고 분석하고 있다.

8 프로젝트 초반에는 요구사항 수집이나 범위 정의 시에 비협조적이던 고객이 일정 기준선 작성 이후부터 회의에도 참석하고 협조적인 발언으로 프로젝트에 도움이 되고 있다. 즉, 저항형(resistant)에서 주도형(leading)으로 바뀌었다. 업데이트할 문서로 맞는 것은?

A. 이해관계자 참여평가 매트릭스(Stakeholder engagement assessment matrix)

B. 이해관계자 참여 계획서(Stakeholder engagement plan)

C. 팀 헌장(Team charter)

D. 이해관계자 관리대장(Stakeholder register)

9 프로젝트에 초반에 프로젝트 결과에 부정적인 의견을 제시하던 이해관계자들이 프로젝트의 목적 및 조직에 미칠 긍정적인 영향을 이해하면서 어느 정도 중립적인 의견을 보이고 있다. 이해관계자 참여수준의 변화 방향으로 알맞게 연결된 것은 무엇인가?

A. 미인지형(unaware) − 저항형(resistant)

B. 저항형(resistant) − 중립형(neutral)

C. 중립형(neutral) − 지지형(supportive)

D. 지지형(supportive) − 주도형(leading)

10 프로젝트에 긍정적인 영향을 주는 이해관계자는 지속적으로 참여수준을 유지하고, 부정적인 영향을 미치는 이해관계자에 대해서는 참여수준을 높은 수준으로 유지하고자 한다. 당신은 프로젝트 관리자로부터 이해관계자의 프로젝트 참여수준과 기대되는 참여수준을 문서화하라고 지시받았다. 어떤 유형으로 문서화되어야 하는가?

A. 이해관계자 관리대장(Stakeholder Register)

B. 이해관계자 큐브(Stakeholder Cube)

C. 권력/관심도(Power/Interest) 그리드

D. 이해관계자 참여 평가 매트릭스(Stakeholders Engagement Assessment Matrix)

11 일반적으로 프로젝트에 대한 이해관계자들의 참여도와 영향력은 초반에 높고 후반으로 갈수록 감소하는 경향이 있으므로 지속해서 이해관계자들에게 정보를 제공하며, 갈등과 이슈를 해결해 나가야 한다. 프로젝트 관리자로서 참조해야 할 문서로 적합하지 않은 것은?

A. 이해관계자 참여 계획서(Stakeholder Engagement Plan)

B. 변경요청(Change Requests)

C. 이슈 기록부(Issue Log)

D. 변경 기록부(Change Log)

12 다음 중 이해관계자 참여 관리(Manage Stakeholder Engagement) 프로세스에서 수행하기에 적절하지 못한 활동은 무엇인가?

A. 이해관계자를 참여시키기 위한 전략과 계획을 조정

B. 적절한 단계에 이해관계자들이 지속해서 참여하도록 유도

C. 협상과 의사소통을 통해 이해관계자 기대사항을 관리

D. 이해관계자로부터 발생할 수 있는 미래의 문제를 예측

13 이해관계자들과 지속해서 의사소통하고 이슈를 처리하면서, 프로젝트 활동에 적절한 이해관계자 참여를 촉진하기 위해서 프로젝트 관리자는 적절한 대인관계 및 팀 기술을 이용하여 이해관계자의 참여를 관리하고 있다. 어떠한 프로세스 그룹에 포함되는 활동을 수행 중인가?

A. 착수(Initiating)

B. 기획(Planning)

C. 실행(Executing)

D. 감시 및 통제(Monitoring and Controlling)

14 프로젝트는 상세 설계 단계이다. 이전 단계까지는 참여하지 않았던 신규 이해관계자가 회의에 참석하기 시작했고, 프로젝트 진행에 매우 중요한 이해관계자로 분석되었다. PM은 무엇을 해야 하는가?

A. 이해관계자 참여 계획서(Stakeholder Engagement Plan)를 업데이트한다.

B. 사전에 계획되지 않았던 이해관계자이므로 프로젝트 참여를 제한한다.

C. 투입된 이해관계자(stakeholder)의 주요 요구사항부터 파악한다.

D. CCB를 소집하여 해당 이해관계자의 프로젝트 참여가 적합한지 검증하자고 한다.

15 착수 회의 이후부터 참석한 이해관계자가 존재한다. 프로젝트 종료 시점에 다른 이해관계자들은 인도물을 승인했지만, 착수 회의에 참석하지 않은 이해관계자만 승인을 거부하고 있다. 이것을 방지하기 위해서 PM은 무엇을 철저히 관리해야 했는가?

    A. 프로젝트 헌장에 이해관계자의 서명을 받아 두었어야 한다.

    B. 이해관계자 관리대장에 업데이트했어야 한다.

    C. 범위 정의와 확인 시점에 해당 이해관계자를 반드시 참여시켰어야 한다.

    D. 프로젝트 조직도를 업데이트하고 공식 문서로 공지했어야 한다.

16 프로젝트 관리자는 회의를 소집하기에 앞서 참여할 이해관계자 간의 상호관계를 확인하고자 한다. 참고할 문서로 가장 적합한 것은?

    A. 이해관계자 관리대장   B. 이해관계자 참여 계획서

    C. 의사소통관리 계획서   D. 프로젝트 조직도

17 권력/관심도 그리드(Power/Interest Grid)를 이용하여 식별하고 분석한 이해관계자를 그룹화하여 표현하였다. 하지만 이번 프로젝트에서는 프로젝트를 바라보는 이해관계자의 태도도 중요한 요소로 인식되고 있어서 추가적인 표현 방법이 필요하다. 이해관계자에 대한 보다 정교한 분석이 가능하다는 장점이 있지만, 필요 이상으로 복잡해질 수 있는 단점이 존재하는 이러한 표현 기법은 무엇인가?

    A. 이해관계자 큐브(Stakeholder Cube)   B. 현저성 모델(Salience Model)

    C. 영향력의 방향(Directions of Influence)   D. 우선순위(Prioritization)

18 프로젝트가 진행되어 가면서 프로젝트에 참여하는 이해관계자 목록은 수시로 변경되며, 이해관계자 참여 계획수립 프로세스도 병행하여 수행되어야 한다. 다음 중 이해관계자 참여 계획서가 변경되는 대표적인 경우와 가장 거리가 먼 경우는?

    A. 프로젝트의 새로운 단계가 시작되는 시점

    B. 프로젝트 팀원이 일신상의 사유로 프로젝트를 철수하는 시점

    C. 신규 이해관계자나 그룹의 등장으로 기존 이해관계자가 더이상 관련 이해관계자에 포함되지 않거나, 특정 이해관계자의 중요성이 변화하는 시점

    D. 다른 프로젝트 프로세스 산출물로 인해 이해관계자 참여 전략을 검토해야 하는 경우

19 단계별 회의마다 이전 단계의 산출물에 대한 진행을 방해하는 이해관계자가 존재하며, 다른 이해관계자들의 회의 참석 비율이 감소하는 추세이다. 의사결정에 관여하는 이해관계자이기 때문에 프로젝트 관리자로서는 원만한 대인관계를 유지할 수밖에 없다. 다음 중 이러한 상황을 극복하면서 해당 이해관계자가 회의에 적극적으로 참여하게 하는 방법 중에 가장 적합한 방법은 무엇인가?

A. 프로젝트 헌장에 회의 규칙을 지정하고 스폰서의 서명을 받는다.

B. 그라운드 룰에 회의 규칙을 포함하고 주기적으로 공지한다.

C. 관련된 의사결정 목록에서 해당 인원을 제외하는 변경요청을 진행한다.

D. 비공식적으로 해당 이해관계자를 만나서 불평 사항을 개별적으로 처리하고 회의를 진행한다.

20 제품 테스트 단계를 진행 중인데 어느 시점부터 사사건건 충돌하는 이해관계자 그룹이 존재한다. 이러한 갈등이 지속한다면 참여도는 낮아질 것이고, 최종 인도물을 승인하는 시점에서도 문제가 될 것으로 예상된다. 프로젝트 관리자는 이해관계자를 참여시키는 전략에 대해서 고민 중이며, 필요하다면 관련된 변경요청을 하려고 한다. 프로젝트 관리자가 진행할 변경요청의 유형으로 가장 적합한 것은 무엇인가?

A. 해당 안건에 대해서 이슈가 없는 이해관계자로 교체하는 변경요청을 한다.

B. 인도물의 인수기준이나 품질 수준에 관련된 변경요청을 한다.

C. 이해관계자의 현재 참여 수준을 개선하기 위한 정책이나 전략에 대해 변경요청을 한다.

D. 충돌되는 요구사항의 수준을 일치시키는 변경요청을 한다.

21 지난번 CCB에서 이해관계자가 요청한 변경 요청 중에 예산 부족으로 기각된 요청 건이 있었다. 현재 프로젝트 예산 현황을 분석해보니 예산에 여유가 있는 것으로 확인되었고, PM은 지난번 기각된 변경 요청을 이번 CCB에 추가하고자 한다. 어디에서 기각된 정보를 확인할 수 있는가?

A. 이슈 기록부
B. 변경 기록부
C. 리스크 관리대장
D. 이해관계자 관리대장

22 스폰서에게 프로젝트 승인을 받았다. 이해관계자의 참여를 독려하기 위해서 PM은 무엇부터 해야 하는가?

A. 프로젝트관리 계획서를 개발한다.
B. 이해관계자를 식별하고 분석을 한다.
C. 킥오프 미팅을 준비한다.
D. 고객과 계약서를 작성한다.

1 정답 D   [용어 이해 기본]

이해관계자에 대한 질문이다. 이해관계자란 프로젝트에 적극적으로 참여하거나 프로젝트의 결과물에 따라 이해사항에 긍정적(또는 부정적) 영향을 주거나 받을 수 있는 개인이나 조직을 말한다. (A)는 외주 업체, (B)는 사용자, (C)는 고객에 해당되며, (D)는 프로젝트에 직접적이거나 간접적으로 영향을 미치거나 영향을 받는 인원과는 거리가 멀다.

 전문가의 Comment

프로젝트 팀과 영향을 주고받는 다양한 이해관계자들 간의 관계도이니 참조하기 바란다.

2 정답 B   [시나리오 제시 기본]

[13.2 이해관계자 참여 계획수립(Plan Stakeholder Engagement)]에서 사용하는 '데이터 표현' 중 '이해관계자 참여평가 매트릭스(Stakeholder Engagement Assessment Matrix)'에 대해서 설명하고 있다. 프로젝트 관리자는 이해관계자의 참여수준에 따라 이해관계자를 분류하고, 이해관계자 참여 평가 매트릭스(Stakeholders Engagement Assessment Matrix)를 이용하여 이해관계자의 프로젝트 참여수준과 기대되는 참여수준을 문서화하는 것이 좋다.

3 정답 C   [시나리오 제시 기본]

'현저성(Salience) 모델'에 대해서 모르고 있다면 풀기 어려운 문제이다. [13.1 이해관계자 식별] 프로세스에서는 '이해관계자 분석(Stakeholder Analysis)'으로 이해관계자 식별, 식별된 이해관계자의 영향력 분석, 이해관계자별 대응 방안 마련 및 평가방법을 결정하기 위하여 정성적 정보와 정량적 정보를 체계적으로 수집하고 분석하게 된다.

이해관계자를 분석하는 단계에서 여러 가지 기준을 활용하게 되는데, 문제는 이 중에서도 '현저성(Salience) 모델'에 대한 설명이다(현저성 모델에 대한 자세한 설명은 PMP PRIDE 해설서 참조).

 전문가의 Comment

이해관계자의 잠재적 영향력이나 지원 범위를 식별하여 다음과 같이 분류하니 추가로 학습하기 바란다.

1) **권력/관심도(Power/Interest) 도표:** 이해관계자의 권한(권력) 수준과 관심 사항(관심도) 정도에 따라 분류한다.

2) **권력/영향도(Power/Influence) 도표:** 프로젝트에서 권한(권력) 수준과 적극적 참여도(영향도)에 따라 분류한다.

3) **영향도/충격도(Influence/Impact) 도표:** 프로젝트에 참여도(영향도)와 프로젝트에 영향을 미칠 수 있는 능력(충격도)에 따라 분류한다.

4) **현저성(Salience) 모델:** 이해관계자를 식별하고 난 뒤에 세 가지 주요한 특징에 따라 이해관계자를 분류한 모델을 의미한다. 세 가지 주요한 특징은 권력(의도한 바를 강행하는 능력), 긴급성(즉각적인 주의를 요구하는 정도) 및 적합성(적절한 참여 여부)이며, 세 가지 특징을 기초로 하여 이해관계자의 성향을 7가지로 분류하는 것이다.

4 정답 C   [시나리오 제시 기본]

착수 프로세스 그룹에 포함된 [4.1 프로젝트 헌장 개발]과 [13.1 이해관계자 식별] 사이의 연관 관계에 대한 질문이다. 프로젝트 헌장 작성 이후에 우선으로 수행해야 하는 활동은 '이해관계자 식별'이다.

또한, 문제에서 보면 프로젝트 관리자는 프로젝트 헌장 개발에 참여하는 것을 권장하지만 필수 사항은 아님에 유의하자.

5 정답 C [시나리오 제시 응용]

문제를 파악하면 '이해관계자 식별' 프로세스를 진행 중이다. 또한, 나머지 설명하고 있는 것은 결국 이해관계자 식별을 위해서 참고하는 투입물들에 대한 설명이며, 기술되지 않은 투입물을 찾으라는 것이다. 프로젝트 팀과 연관된 이해관계자는 '프로젝트 헌장'을 통해서 식별하고, 조달 업체와 연관된 이해관계자는 '협약서'를 통해서 식별해야 한다.

6 정답 D [시나리오 제시 응용]

'이해 관계자 식별'은 빠르면 빠를수록 효과적이기 때문에 '이해관계자 참여 계획서'가 산출되는 [13.2 이해관계자 참여 계획수립] 프로세스 이전에 수행된다. 또한, 이해관계자를 식별하고 분석된 데이터를 기반으로 참여 계획을 수립하기 때문에 다른 지식 영역과는 다르게 계획수립이 선행되지 않는다. 이와는 반대로 리스크 식별은 '리스크관리 계획수립' 이후에 수행된다는 점도 유의하자.

7 정답 C [프로세스 제시 심화]

문제가 의미하는 것은 결국 '이해관계자 참여 계획수립' 프로세스의 정의이다. [13.2 이해관계자 참여 계획수립] 프로세스는 식별된 이해관계자를 프로젝트 생명주기 전체에 걸쳐 효과적이고 효율적으로 참여시키기 위한 참여 전략을 수립하여 이해관계자 참여 계획서로 문서화하는 프로세스이다.

 전문가의 Comment

다음은 이해관계자 참여 계획수립 프로세스의 정의이다.

"Plan Stakeholder Engagement is the process of developing approaches to involve project stake-holders based on their needs, expectations, interests, and potential impact on the project."

이해관계자 참여 계획수립은 이해관계자들의 요구사항, 기대사항, 관심 및 프로젝트에 미치는 잠재적인 영향력을 기반으로 프로젝트 이해관계자를 참여시키기 위한 접근 방식을 개발하는 프로세스이다.

8 정답 D [시나리오 제시 기본]

이해관계자 참여평가 매트릭스와 혼동할 수 있는 문제이다. 이해관계자 참여평가 매트릭스는 참여 계획수립 시에 식별되고 분석된 자료를 기반으로 이해관계자의 성향을 명확히 하는 분석 도구이고, 그렇게 분석된 이해관계자의 성향은 최종적으로 이해관계자 관리대장에 업데이트되어야 한다.

9 정답 B [ITTO 이해 응용]

프로젝트에 대한 이해관계자의 참여수준에 따른 분류에 대한 질문이며, 초기에 부정적인 의견에서 중립적인 의견으로 변화하고 있다는 것이므로, 저항형(resistant)에서 중립형(neutral)으로 변화하고 있는 것이다.

10 정답 D [ITTO 이해 응용]

[13.2 이해관계자관리 계획수립]의 분석 기법의 사례로 '이해관계자 참여 평가 매트릭스'가 있다. 이해관계자 참여 평가 매트릭스(Stakeholders Engagement Assessment Matrix)를 이용하여 이해관계자의 프로젝트 참여수준과 기대되는 참여수준을 문서화할 수 있다.

 전문가의 Comment

다음은 이해관계자 참여 평가 매트릭스의 도식 방법 및 활용 절차이다. 여기서 C = 현재 참여수준, D = 요구되는 참여수준을 의미한다.

이해관계자	미인지형	저항형	중립형	지지형	주도형
이해관계자 1	C			D	
이해관계자 2			C	D	
이해관계자 3				D C	
이해관계자 4	D	C			

1) 이해관계자별로 프로젝트에 대한 현재 참여 수준을 'C'로 표현한다.

2) 이해관계자별로 프로젝트에 대해 요구되는 참여 수준을 'D'로 표현한다.

3) 사례에서 이해관계자 3은 현재와 기대되는 참여 수준이 같아서 이해관계자 참여 계획을 유지하면 되고, 이해관계자 1, 2는 많은 의사소통과 추가적인 조치가 요구되는 참여 수준으로 이동되어야 한다. 반면에 이해관계가 4는 프로젝트의 변화에 저항하고 있으므로, 차라리 현재보다 낮은 수준으로 이동시켜야 한다(물론 이러한 경우는 극히 드물며, 현실적으로 어렵다).

4) 이러한 분석 프로세스를 통해서 현재와 요구되는 참여 수준의 차이를 식별하여 이해관계자 관리대장에 업데이트한다.

11 정답 B [ITTO 이해 응용]

'지속해서 이해관계자들에게 정보를 제공하며, 갈등과 이슈를 해결해 나가야 한다'는 것은 '이해관계자 참여 관리'에 대한 설명이며, 프로젝트 관리자가 [13.3 이해관계자 참여 관리(Manage Stakeholder Engagement)] 프로세스를 수행하기 위해 참조하는 투입물이 아닌 것을 묻는 문제다. (B)는 산출물이다.

12 정답 A [ITTO 이해 응용]

[13.3 이해관계자 참여 관리(Manage Stakeholder Engagement)] 프로세스의 정의를 파악해보자. (A)는 [13.4 이해관계자 참여 감시(Monitor Stakeholder Engagement)] 프로세스의 목적이다.

 전문가의 Comment

다음은 PMBOK에서 설명하고 있는 이해관계자 참여 감시 프로세스의 정의이다.

"Monitor Stakeholder Engagement is the process of monitoring project stakeholder relationships and tailoring strategies for engaging stakeholders through modification of engagement strategies and plans."

이해관계자 참여 감시는 모든 프로젝트 이해관계자 관계를 감시하고, 이해관계자를 참여시키기 위한 전략과 계획을 조정하는 프로세스이다.

13 정답 C [시나리오 제시 기본]

문제에 해당하는 활동을 하는 프로세스를 찾고, 해당 프로세스가 속한 프로세스 그룹을 찾는 문제이다. 문제에서 설명하는 것은 [13.3 이해관계자 참여 관리(Manage Stakeholder Engagement)] 프로세스이며, 이것은 '실행 프로세스 그룹'에 포함된다.

 전문가의 Comment

[13.3 이해관계자 참여 관리] 프로세스의 대표적인 대인관계 및 팀 기술에는 갈등 관리, 협상, 관찰 및 대화, 문화적 인식, 정치적 인식 등이 있다.

14 정답 C [시나리오 제시 기본]

프로젝트에 참여하는 이해관계자는 시점이나 단계별로 상이할 수 있고, 특별한 규정이 있는 것은 아니기 때문에 프로젝트 관리자가 참여 여부를 결정할 사안은 아니다. 프로젝트 팀원의 변경에 대해서는 계약 관계에 따라서 고객의 승인을 거쳐야 하지만, 관련된 이해관계자는 조직 또는 참여자의 상황에 따라 변경할 수 있다. 이런 상황에서 PM은 빠르게 추가 식별된 이해관계자를 식별 및 분석하여 이해관계자 관리대장에 추가하고, 추가된 이해관계자가 프로젝트에 요구하는 사항을 파악해야 한다.

15 정답 B [시나리오 제시 기본]

추가 식별된 이해관계자를 이해관계자 관리대장에 등록하고 철저하게 요구사항을 관리했어야 한다. 참여 이전에 수행했던 활동이나 프로세스에 대해서 재수행하거나 서명을 받는 것은 불가능하며, 참여 이후부터는 관련된 활동이나 회의에 적극적으로 참여시켰어야 한다.

16 정답 A   [ITTO 제시 기본]

이해관계자 참여 계획서로 착각하는 수험생이 종종 존재한다. PMBOK에서 등장하는 'XX계획서'에는 구체적인 이해관계자의 명칭이 포함되지는 않는다 (이름보다는 역할이나 담당업무가 포함됨). 이해관계자가 지속적으로 변경될 수도 있으며 변경될 때마다 통합 변경통제 수행 프로세스를 수행할 수도 없기 때문이다.

17 정답 A   [시나리오 제시 기본]

PMBOK 6판에서는 이해관계자를 표현하는 방법으로 다양한 신규 기법이 추가되어 있으니 기법별로 장단점을 비교해서 학습하길 권장한다. 이해관계자 큐브는 그리드 모델의 단점을 개선한 모델로서 그리드 인자를 3차원 모델로 결합한 큐브 형태의 모델이다. 이해관계자 커뮤니티를 식별하고 참여시키는 데 유용하며, 이해관계자 간의 의사소통 전략을 수립하는 측면에도 도움을 준다.

18 정답 B   [시나리오 제시 기본]

프로젝트에 참여하는 이해관계자가 변경되는 시점에 참여 계획서도 변경을 고려하는 것이 좋다. 왜냐하면 프로젝트 단계별로 참여 인력이 상이하고, 단계별로 관심이나 영향력이 변화하기 때문이다. (B)는 프로젝트 팀에서 관리해야 하는 자원관리 계획서와 연관된 사항이다.

유능한 프로젝트 관리자가 되기 위해서는 최소한 다음과 같은 시점에 이해관계자를 식별해야 하고 변화된 이해관계자별로 성향을 파악하여 이해관계자 참여 계획서를 변경해야 한다.

- 프로젝트 헌장 승인 직후(또는 승인 직전)에 프로젝트 팀 구성과 동시에 수행
- 수행 조직 또는 고객조직 변동 발생 시에 수행
- 프로젝트의 새로운 단계 시작이나 종료 시에 수행

19 정답 B   [시나리오 제시 기본]

실무에서도 흔히 마주하게 되는 불편한 상황이다. (D)도 잘못된 방법은 아니지만, 매번 회의 안건 때마다 비공식적으로 해당 인력을 만날 수도 없고, 해당 이해관계자의 요구사항만 만족시켜주다 보면 다른 이해관계자의 신뢰를 잃을 수도 있기 때문이다. 보기 중에서는 (C)라는 활동을 통해서 해당 이해관계자의 참여 태도를 스스로 변화시키게 하는 시도가 적합하다.

20 정답 C   [시나리오 제시 기본]

이해관계자 간 참여 감시와 관련된 문제이다. 이해관계자 간 참여 감시의 대상은 이해관계자이지만, 궁극적인 변경요청의 대상이 되는 것은 관련된 정책이나 절차이다. 이해관계자를 강제적으로 프로젝트에서 철수시키거나 변경하는 것은 어려운 사항이기 때문에 이해관계자 간에 발생하는 갈등이나 참여도 저하와 관련된 계획이나 절차에 대한 변경을 시도하는 것이 적합하다.

21 정답 B   [시나리오 제시 기본]

PMP 시험에서 이해관계자관리로 명확히 구분할 수 있는 문제는 거의 없다. 거의 없다는 표현보다는 구별하기 힘들다는 표현이 맞을 듯하다. 이해관계자라는 용어는 포함되지만, 상황은 다른 지식 영역으로 제시하기 때문이다. 이 문제는 [4.6 통합 변경통제 수행] 프로세스의 산출물을 알고 있는지를 묻는 문제이다. 산출물 중 '프로젝트 문서 업데이트(Project Documents Updates)'가 있는데, 대표적인 문서가 '변경 기록부'이다.

22 정답 B   [시나리오 제시 기본]

정답을 선택하기 어려운 문제이다. 문제가 어려운 것이 아니라 문맥을 이해하기가 어려워서이다. (1) '스폰서로부터 프로젝트에 대한 승인을 받았다'에서는 이미 프로젝트 헌장 작성이 완료되었음을 알 수 있으나, (2) '이해관계자의 참여를 독려하기 위해'라는 표현에서 이해관계자 식별을 선택해야 할지, 식별된 이해관계자들을 모아서 킥오프 미팅을 하는 것이 맞는 것인지, 판단이 어렵기 때문이다. 하지만 출제자의 의도로 보아, 프로젝트 헌장 승인 이후에 수행할 활동을 묻는 것이므로 (B)가 적합하다.

PMP PRIDE

실전 모의시험

:

모의시험에 대한 해설은

프리렉 홈페이지(www.freelec.co.kr)를 참고하세요.

PMP 시험 출제비중을 최대한 반영하였습니다.

시험장에서 수험생이 체감하는 시나리오 제시 유형은 80% ~ 90% 정도로 매우 높습니다. 일부 수험생은 지저분하다는 표현을 쓰기도 하고, 실무에서 사용되지 않는 떨어뜨리기 위해서만 만든 문제라고도 합니다. 하지만 문제를 2~3번 읽다 보면 실무에서 흔히 부딪힐 수 있는 문제이고 글로벌 환경임을 고려하면 그렇게 황당한 문제들은 아닙니다.

단순하게 ITTO만 암기해서 맞을 수 있는 문제는 20여 개 이하임을 명심하고, 암기보다는 전체적인 흐름과 PMBOK Guide에서 제시하는 사상을 이해하려고 노력하는 것이 합격으로 가는 가장 빠른 지름길임을 명심하고 학습하길 권장합니다.

1   프로젝트 착수회의(kick-off meeting)에서 프로젝트 목적(purpose) 또는 당위성(justification)의 발표자로는
    누가 적합한가?

    A. 스폰서(Sponsor)

    B. 프로젝트 관리자(Project Manager)

    C. 프로젝트관리 오피스(PMO)

    D. 고객(Customer)

2   다음이 설명하는 것은 무엇인가?

    > 전략을 문서화하는 일 외에 어떠한 조치도 필요하지 않으며,
    > 발생하는 리스크를 프로젝트 팀에서 처리하도록 한다.

    A. 회피(Avoid)   B. 전가(Transfer)

    C. 능동적 수용(Active accept)   D. 수동적 수용(Passive accept)

3   프로젝트 관리 프로세스(Project management processes)는 프로젝트 관리 프로세스 그룹이라고 하는
    다섯 가지 범주로 분류된다. 다음 중 신규 프로젝트 및 기존 프로젝트의 새로운 단계를 정의하고 승
    인을 받아 시작하는 프로세스 그룹은 무엇인가?

    A. 착수 프로세스 그룹(Initiating process group)

    B. 기획 프로세스 그룹(Planning process group)

    C. 실행 프로세스 그룹(Executing process group)

    D. 종료 프로세스 그룹(Closing process group)

4 프로젝트를 성공적으로 종료하는 책임 이외에도 프로젝트 관리자의 역할은 점점 증가하고 있다. 다음 중에서 프로젝트 착수 이전에 프로젝트 관리자가 할 수 있는 일은 무엇인가?

A. 프로젝트 헌장을 스폰서와 함께 작성한다.

B. 이해관계자를 식별하여 프로젝트에 효과적으로 참여시킬 전략을 수립한다.

C. 프로젝트 거버넌스를 조직 담당자와 함께 수립한다.

D. 프로젝트의 성공적인 실현으로 조직이 달성하게 되는 목표 편익 및 실현하기 위한 기간을 산정한다.

5 당신은 A 프로젝트에 발령받았으며, 1주일간 상황을 분석해 보니 프로젝트가 상당히 어려운 상황임을 인지하였다. 주변의 권유로 예전에 B 프로젝트를 수행했던 PM에게 자문을 구한 결과, B 프로젝트에서도 동일한 문제가 발생하여 해결한 사례가 있음을 알게 되었다. 이러한 상황을 요약해 보면 무엇이 문제인가?

A. 리스크가 조기에 식별되지 않았다.

B. 조직 프로세스 자산이 적시에 갱신되지 않았다.

C. 프로젝트에 적절한 PM이 배정되지 않았다.

D. 고객과의 의사소통이 원활히 수행되지 않고 있다.

6 XYZ 프로젝트의 전체 예산(BAC)이 $100,000이다. 현재 기준으로 전체 업무의 60%가 완료되었으며, $80,000가 사용되었다면 완료성과지수(TCPI)는 얼마인가?

A. 0.5   B. 1.0

C. 1.5   D. 2.0

7 스폰서 및 핵심 이해관계자들과의 회의를 통해 프로젝트 헌장을 공식적으로 승인받았다. 프로젝트 관리자로서 다음에 진행해야 할 활동으로 가장 알맞은 것은?

A. 프로젝트의 가정 및 제약사항을 정의한다.

B. 주요 멤버들과 프로젝트 범위관리 계획서를 작성한다.

C. 범위 기준선을 작성하고 고객과 협의를 한다.

D. 프로젝트 범위 기술서를 작성한다.

8 신규 미지급금 시스템을 가동해야만 기존 미지급금 시스템의 중지가 가능하다. 어떠한 관계인가?

  A. FS(Finish to Start)   B. FF(Finish to Finish)

  C. SS(Start to Start)   D. SF(Start to Finish)

9 활동 순서, 기간, 자원 요구사항 및 일정 제약사항을 분석하여 프로젝트 실행, 감시 및 통제를 위한 일정 모델을 작성하고 있다. 향후 일정 변경을 최소화하기 위해서 프로젝트 내외부의 다양한 시나리오를 고려하고 평가하고 있다. 어떤 기법을 사용 중인가?

  A. 자원평준화(Resource leveling)

  B. 가정 시나리오 분석(What–If scenario analysis)

  C. 시뮬레이션(Simulation)

  D. 공정압축법(Crashing)

10 프로젝트를 진행하던 A 회사가 B 회사로 인수되어서 지난 프로젝트에 대한 감사를 실시하던 중 누락된 문서가 존재한다는 것이 발견되었다. 그러나 이전 프로젝트 관리자와 면담을 통해서 작성되었던 문서가 있다는 사실을 발견했다. 이러한 오류를 예방하기 위해 어떠한 프로세스를 진행했어야 하는가?

  A. 형상 관리(Configuration management)

  B. 변경통제(Change control)

  C. 리스크 관리대장 갱신(Risk register updates)

  D. 통합 변경통제 수행(Perform integrated change control)

11 SPI = 0.7, CPI = 1.3인 상황이다. 프로젝트 관리자는 지연된 일정을 만회하기 위해 외부 조달 업체와 계약을 통해서 전문인력을 투입하려고 한다. 어떠한 리스크 대응 기법인가?

  A. 회피(Avoid)   B. 전가(Transfer)

  C. 완화(Mitigate)   D. 수용(Accept)

차세대 기상예측 시스템을 개발 중이다. 이번 프로젝트에서는 인공지능을 이용한 1년 이상의 장기 기상예측 기능이 포함되어 있다. 인공지능 기술의 성숙도를 고려할 때 평균적으로 3개월, 빠르면 1개월, 최악의 경우 5개월이 소요될 것으로 추정하였다. 3점 산정으로 해당 기능을 개발하는 데 필요한 기간은 얼마인가? (단, 1개월은 20일로 산정한다.)

A. 20일
B. 60일
C. 70일
D. 80일

13 당신은 프로젝트 관리자로서 프로젝트 헌장(Project Charter)을 확인하고 있다. 다음 중에서 프로젝트 헌장에 포함되지 않는 내용은 무엇인가?

A. 프로젝트 목적 및 정당성(Project purpose or justification)

B. 상위 수준의 요구사항(High−level requirements)

C. 프로젝트 종료 기준(Project exit criteria)

D. 프로젝트 생명주기 전체에서 발생 가능한 모든 가정 및 제약 사항

(All assumptions and constraints throughout the project life cycle)

14 프로젝트의 EAC를 산정하려고 한다. 다음의 관련 데이터를 보고 EAC와 그것이 어떤 의미를 지니고 있는지 선택하시오.

BAC = 9,000	PV = 1,200
EV = 1,000	AC = 1,500

A. 9,000 / 최초 산정 프로젝트 필요 예산

B. 9,000 / 현재까지 사용된 원가성과지수가 향후에도 지속될 것이라는 가정하에 재측정한 프로젝트 필요 예산

C. 13,500 / 최초 산정 프로젝트 필요 예산

D. 13,500 / 현재까지 사용된 원가성과지수가 향후에도 지속될 것이라는 가정하에 재측정한 프로젝트 필요 예산

15 초기 요구사항과는 다른 수정된 요구사항에 대한 고객사의 요청 빈도가 많다. 프로젝트 관리자는 지속적인 관계를 유지하기 위해서 수정 요구사항을 대다수 들어주었다. 그러한 결과 프로젝트 일정이 3/4 정도 지난 상태에서 예산을 거의 사용한 상태다. PM은 무엇을 확인했어야 하는가?

A. 변경관리 계획서 검토

B. 원가관리 계획서 검토

C. 리스크관리 계획서 검토

D. 일정관리 계획서 검토

16 경쟁 업체에서 유사한 제품을 먼저 출시(release)하여 현재 진행 중인 프로젝트가 이익을 가져다줄 수 있을지 의구심이 들었다. 이처럼 진행 중인 프로젝트가 더 이상 이익이 없어 보일 때(타당성이 부족해 보일 때) 검토해야 하는 것은 무엇인가?

A. 프로젝트 헌장(Project charter)

B. 비즈니스 케이스(Business case)

C. 프로젝트관리 계획서(Project management plan)

D. 편익관리 계획서(Benefits management plan)

17 XYZ 프로젝트에서는 추가 요구사항이 식별되었으며, 주요 이해관계자들이 참여한 변경통제위원회를 통해서 정상적으로 승인되었다. 승인된 요구사항은 프로젝트 마감일에 크게 영향을 미치는 항목으로 프로젝트 관리자는 걱정이 앞선다. 프로젝트 관리자가 다음으로 할 일은?

A. 비즈니스 분석가에게 영향력 분석에 대한 협조를 구한다.

B. 변경통제위원회(CCB: Change Control Board) 회의를 열어서 변경요청을 재검토한다.

C. 스폰서에게 해당 변경요청을 처리할 예산 증액을 요청한다.

D. 담당자를 지정하여 변경요청 건에 대해서 처리하고 관련 이해관계자들에게 공지한다.

18 EVM을 통해서 산정된 일정성과지수(SPI) = 0.70이며, 프로젝트는 취소 결정이 되었다. 프로젝트 관리자가 취해야 할 행동은 무엇인가?

A. 프로젝트 진행 중에 작성한 문서들은 기밀 서류이므로 즉시 폐기한다.

B. 일정을 단축할 수 있다는 근거 자료를 작성하여 고객과 다시 협상을 시도한다.

C. 취소 조치의 사유를 문서화하고, 완료된 산출물에 대한 정상적인 계약 종료를 시도한다.

D. 스폰서의 결정사항이긴 하나, 프로젝트 중단 원인을 파악한다.

19 스폰서가 프로젝트 승인 처리를 하면서 PM인 당신에게 프로젝트 착수 회의(kick-off meeting)를 준비 하라고 전달하였다. 다음 중에서 프로젝트 착수회의를 수행하는 주요 목적은 무엇인가?

A. 주요 이해관계자들과의 브레인스토밍을 통한 구축 범위 설정

B. 프로젝트의 공식적인 시작선언을 통한 이해관계자들의 헌신을 확보

C. 주요 이해관계자를 식별하고, 상위 수준의 프로젝트 전체 리스크 식별

D. 프로젝트의 목적 및 정당성 공지

20 프로젝트 관리자인 당신은 이전 프로젝트에서 활용할 만한 사례가 있는지 확인하고 있다. 하지만 참 고하고 있는 교훈(Lessons Learned)들이 작성 시기나 기준들이 상이하여 팀원들을 소집하여 회의를 진행할 예정이다. 다음 중에서 교훈(Lessons Learned) 작성 시점으로 올바른 것은?

A. 프로젝트 전 기간에 걸쳐서

B. 프로젝트 단계 종료 시마다

C. 전체 프로젝트 종료 시에

D. 기준선이 갱신되는 시점마다

21 프로젝트에 배정된 모든 예산 집행이 끝났으며, 추가로 남아 있는 예산은 없다. 그런데 품질 문제가 발생했다. 프로젝트 관리자는 어떻게 해야 하는가?

A. 원가 기준선(Cost baseline)을 수정한다.

B. 오픈 이후에 개발해 준다고 고객과 협상한다.

C. 팀원들을 소집하고 사정을 이야기한 후에 야근을 지시한다.

D. 변경통제 위원회를 소집한다.

[22~24] 일정 개발을 진행 중이며, 다음과 같은 활동별 선후행 도표를 작성하였다. 다음 질문에 답하시오.

활동	기간	선행 활동
A	5	N/A
B	3	A
C	7	B
D	6	A
E	8	D
F	1	E, C
G	3	C, F

22 활동 A의 시작일이 5월 6일일 때, 프로젝트 종료일을 구하시오.

    A. 5월 26일   B. 5월 27일

    C. 5월 28일   D. 5월 29일

23 앞선 도표에서 핵심 경로를 바르게 산출한 것은?

    A. A-B-C-G   B. A-B-C-F-G

    C. A-D-E-F-G   D. A-D-E-G

24 앞선 도표에서 활동 E의 자유 여유(free float)는 얼마인가?

    A. 0일   B. 1일

    C. 2일   D. 3일

25 국가에서 개인정보 보호를 위하여 공공기관에 구축되어 있는 대국민 시스템 점검을 위한 TF(Task Force)를 구성하였다. TF의 공식적인 출범을 알리고, 참여인원에게 공식적인 역할과 책임을 부여하기에 적절한 문서는 무엇인가?

    A. 이해관계자 관리대장(Stakeholder register)

    B. 프로젝트 헌장(Project charter)

    C. 프로젝트관리 계획서(Project management plan)

    D. 조달 문서(Procurement documents)

26 프로젝트 진행 도중에 고객이 계약까지 체결된 이후에 비즈니스 요구에 부합하지 않는다는 이유로 프로젝트 종료를 전달했다. 다음 중에서 프로젝트 관리자로서 가장 먼저 취해야 할 행동은 무엇인가?

A. 인도물의 진행 상태 점검   B. 인도물의 품질 상태 점검

C. 프로젝트 현장 확인   D. 프로젝트 계약서 확인

27 CPFF(Cost Plus Fixed Fee) 계약으로 하도급 업체와 계약을 체결하였다. 업체는 PM에게 예상 작업 원가가 $50,000 정도로 추정된다고 하였고, PM은 고정 수수료 $5,000를 지불하기로 하였다. 하지만 공사 완공 이후 실제 원가를 계산해보니 $60,000가 사용되었음을 확인하였다. 이때 업체에게 지불해야 할 총 금액은 얼마인가?

A. $50,000   B. $55,000

C. $60,000   D. $65,000

28 프로젝트 활동이 조직의 프로젝트 정책, 프로세스 및 절차를 따르는지 판별하기 위하여 체계적이며 독립적인 활동을 진행 중이다. PM은 이러한 활동을 통해서 승인된 변경요청(시정조치, 결함수정, 예방조치, 업데이트)의 구현 여부도 확인하고 싶어한다. 이러한 프로세스에서 사용되는 기법은?

A. 인스펙션(Inspection)

B. 감사(Audits)

C. 테스트 및 제품 평가(Testing & product evaluations)

D. 품질 비용 분석(Quality cost analysis)

29 수행 조직의 전사 리스크관리 팀에서 리스크 방지정책 및 전사 차원의 리스크 진단의 일환으로 1주일 이내에 모든 리스크를 식별하고 보고하라는 지시를 내렸다. 어떤 기법을 사용해서 보고해야 하는가?

A. 산점도(Scatter diagrams)

B. 토네이도 다이어그램(Tornado diagram)

C. 브레인스토밍(Brainstorming)

D. 인과관계도(Cause-and-effect diagrams)

30 고객의 사소한 변경요청에 대해서 일부 팀원이 프로젝트 관리자에게 보고 없이 개인적인 친분으로 고객의 요청을 처리하였다. 산출물 검토 기간 중에 프로젝트 관리자는 관련 산출물을 발견하였고, 처리 결과도 고객의 요구사항과는 다르게 구현되어 있었다. 이런 상황을 방지하기 위해 PM인 당신은 어떻게 해야 하는가?

A. 고객에게는 보고하지 않고 해당 팀원을 불러 요구사항대로 처리하게 지시한다.

B. 고객에게 향후에는 사소한 변경이라도 변경요청서를 작성하여 진행할 것을 요청한다.

C. 아주 작은 변경이므로 고객에게 이야기하고 반영에서 제외한다.

D. 고객에게 요구사항의 오류를 보고하고 수정사항을 요청한다.

31 수행할 프로젝트에 대한 역량이 부족하고, 실무 경험도 부족한 인력으로 팀이 구성되었다. 프로젝트 관리자는 팀 개발 차원으로 외부에서 전문가를 투입하여 품질 개선 교육을 고려 중이다. 어떠한 비용에 해당하는가?

A. 예방 비용(Prevention Costs)

B. 평가 비용(Appraisal Costs)

C. 내부 실패 비용(Internal Failure Costs)

D. 외부 실패 비용(External Failure Costs)

32 당신은 기존 프로젝트에 새로운 프로젝트 관리자로 투입되었다. 프로젝트에 대한 전반적인 이해를 위해서 참조해야 할 문서로 가장 적절한 것은 무엇인가?

A. 프로젝트관리 계획서(Project management plan)

B. 프로젝트 헌장(Project charter)

C. 프로젝트 범위 기술서(Project scope statement)

D. 계약서(Agreements)

33 지능형 CCTV 구축 프로젝트를 진행할 예정이다. 긴급한 설치를 위해서 일부 지역은 공정중첩단축법을 적용해야 하며, 범위를 확정하기도 전에 설계 작업을 진행해야 하는 상황이다. 다음 중 가장 알맞은 계약 유형은 무엇인가?

A. 확정 고정가(FFP: Firm Fixed Price)

B. 성과급 가산 고정가(FPIF: Fixed Price Incentive Fee)

C. 고정수수료 가산원가(CPFF: Cost Plus Fixed Fee)

D. 성과급 가산원가(CPIF: Cost Plus Incentive Fee)

34 프로젝트에서 이해관계자의 참여 수준은 매우 중요한 성공 요소다. 설계 단계에서 비협조적이던 팀원이 개발 단계에서 적극적이고 협조적인 모습을 보이고 있다. 어떤 문서부터 확인해야 하는가?

A. 이해관계자 참여평가 매트릭스(Stakeholder engagement assessment matrix)

B. 이해관계자 관리대장(Stakeholder register)

C. RACI 차트(RACI chart)

D. 리스크 관리대장(Risk register)

35 프로젝트 산출물 인계시점에 범위 기준선(scope baseline)대로 모두 완료했는데도 고객이 인수를 거부하고 있는 상황이다. 프로젝트 관리자로서 바람직한 대응 방안은 무엇인가?

A. 범위 기준선(scope baseline)을 확인하여 인도물(deliverables)의 누락 여부를 파악한다.

B. 스폰서(sponsor)에게 보고하고 대응방안을 강구한다.

C. 고객의 인수거부 사유를 파악하고 고객 요청대로 처리해 준다.

D. 프로젝트 팀원들을 소집하여 대응방안을 마련한다.

36 2/4분기부터 투입될 프로젝트 헌장을 작성 중이다. 계약서는 충분히 확인하였으나 비즈니스 케이스가 충분하게 작성되어 있지 않고, 이전 수행 사례도 없는 프로젝트라서 작성에 어려움을 겪고 있다. 당신이 해야 할 일은?

A. 스폰서에게 헌장 작성과 관련하여 도움을 요청한다.

B. 비즈니스 분석팀에게 추가적인 분석을 요청한다.

C. 역량 있는 PMO를 투입시켜 헌장 작성을 위임한다.

D. 리스크 관리대장에 기록하고 변화를 관리한다.

37 프로젝트 범위 기술서(Project scope statement)는 프로젝트의 인도물, 그리고 인도물을 창출하기 위해 필요한 작업을 상세히 설명한다. 또한 프로젝트 이해관계자들이 공통으로 이해하는 프로젝트 범위에 대한 설명도 제공한다. 다음 중에서 프로젝트 범위 기술서의 포함 내용이 아닌 것은?

A. 제품 범위 명세서(Product scope description)

B. 제품 인수 기준(Acceptance criteria)

C. 프로젝트 인도물(Deliverable)

D. 개략적인 프로젝트 이해관계자(Outline project stakeholders)

38 다음이 설명하는 프로세스는 무엇인가?

> 프로젝트 범위 기술서대로 프로젝트 인도물을 산출하였다. 완료된 프로젝트 인도물의 인수를 공식화하는 프로세스로서 고객이 참여하여 고객의 최종적인 서명을 받는 프로젝트 종료를 위한 선행작업을 말한다.

A. 범위 확인(Validate Scope)   B. 범위 통제(Control Scope)

C. 품질 통제(Control Quality)   D. 품질 관리(Manage Quality)

39 프로젝트 성과에 만족하지 못하는 이해관계자가 프로젝트 팀원 개개인의 성과치를 요청하고 있다. 거절표시를 했음에도 불구하고 지속적으로 요구할 때 PM은 어떻게 해야 하는가?

A. 이해관계자가 프로젝트에 미치는 영향력을 이해관계자 관리대장에서 확인한다.

B. 이해관계자의 요구사항이므로 성과치를 제공한다.

C. 의사소통관리 계획서를 확인한다.

D. 스폰서에게 보고하고 해결안을 모색한다.

40 품질 개선은 품질 통제 프로세스의 결과 및 권고사항, 품질 감사의 결과를 처리해 가는 과정을 통해서 자연스럽게 도출될 수 있다. PM은 제조업체의 주된 품질 개선 활동으로 PDCA와 6시그마가 대표적으로 사용된다는 것을 벤치마킹하였다. 하지만 당신의 프로젝트는 애자일로 진행하기 때문에 제조업체의 대표적인 개선 활동을 사용하기에는 제약이 많다. 이때 품질 향상을 위해 각각의 스프린트(sprint)가 끝나고 해야 할 일?

A. 개발 반복주기가 종료될 때마다 팀원들과 회고(retrospective) 시간을 갖는다.

B. 개발 반복주기가 종료될 때마다 고객들과 리뷰(review) 시간을 갖는다.

C. 개선에 대한 집중력을 높이기 위해서 스탠드 업 회의(standup meetings)를 주기적으로 수행한다.

D. PDCA를 애자일 방법론에 맞게 테일러링하여 활용한다.

41   프로젝트에서 고객의 범위 변경요청 건이 프로젝트에 어떠한 영향을 미치는가를 관리하고 통제하기 위해서 요구사항 문서(Requirements documentation), 요구사항 추적 매트릭스(Requirements traceability matrix), 범위 기준선(Scope baseline), 형상관리 계획서(Configuration management plan) 등을 확인하고 있다. 여기에 추가로 필요한 것은 무엇인가?

A. 작업성과 데이터(Work performance data)

B. 책임 배정 매트릭스(RAM: Responsibility Assignment Matrix)

C. 작업성과 보고서(Work Performance reports)

D. 검증된 인도물(Verified deliverables)

42   품질 통제(Control quality)와 범위 확인(Validate scope)의 차이점으로서 올바른 것은?

A. 품질 통제는 고객이 주체가 되고, 범위 확인은 팀원이 주체가 되어 수행한다.

B. 품질 통제는 인도물의 정확도에 대해서, 범위 확인은 인도물의 인수에 주력한다.

C. 품질 통제와 범위 확인은 일정단축을 위해서 반드시 병행으로 수행한다.

D. 품질 통제의 산출물은 인수된 인도물이며, 범위 확인의 산출물은 검증된 인도물이다.

43   마일스톤 점검 중에 프로젝트 팀원이 프로젝트 관리자와 상의나 승인 없이 서비스의 기능을 추가하여 개발 중인 것을 발견하였다. 또한 추가 작업으로 인해 기존 일정에 계획되어 있던 다른 작업에 지연 가능성이 있음을 전해 들었다. 프로젝트 관리자로서 바람직한 행동은?

A. 프로젝트 범위를 벗어난 추가 개발이므로 구매자에게 청구하기 위해 개발비용을 계산한다.

B. 프로젝트 팀원이 임의로 구현하고 있는 사항이므로, 해당 팀원에게 야근을 해서라도 일정을 맞추라고 한다.

C. 공식적인 변경요청 절차 없이 서비스를 요청한 이해관계자에게 추가 기능 구현에 대한 불가 통보를 한다.

D. 프로젝트 팀원에게 변경요청 절차에 대한 교육을 실시하고, 해당 작업에 대해서는 공식적인 변경 처리 절차를 준비한다.

44 선정된 전문가 그룹이 설문지에 응답하고 각 요구사항 수집 세션에서 나온 응답에 대한 피드백을 제공하는 것으로서, 응답은 사회자만이 볼 수 있도록 익명성을 보장하는 요구사항 수집 기법은 무엇인가?

A. 브레인스토밍(Brainstorming)

B. 심층 워크숍(Facilitated workshops)

C. 델파이 기법(Delphi technique)

D. 인터뷰(Interviews)

45 SPI = 0.79, CPI = 1.32이다. 이러한 상황에서 PM이 가장 우선시해야 하는 것은 무엇인가?

A. 프로젝트 일정관리(Manage project schedule management)

B. 프로젝트 간접비관리(Manage project indirect cost management)

C. 프로젝트 리스크관리(Manage project risk management)

D. 프로젝트 범위관리(Manage project scope management)

46 프로젝트 팀에서 검수를 완료한 결과물 중 일부를 고객이 인수하지 않겠다고 한다. PM은 무엇에 신경을 더 써야 했는가?

A. 요구사항 추적 매트릭스를 주기적으로 관리했어야 한다.

B. 품질보증 활동을 전사적 차원에서 수행했어야 한다.

C. WBS 생성을 제대로 했어야 한다.

D. 고객 검토 프로세스를 정상적으로 진행했어야 한다.

47 진행 중이던 과제에 새로운 PM으로 투입되었다. 정의된 방식에 따라 이해관계자에게 정보를 공유했으나, A는 더 세부적인 자료를 요구했고, B는 A에게 공유되지 않도록 이전 PM에게 얘기했었다고 불만을 제기했다. 기존 PM은 어떤 자료를 업데이트했어야 하는가?

A. RACI 차트(RACI chart)

B. 이해관계자 참여 계획서(Stakeholder engagement plan)

C. 의사소통관리 계획서(Communication management plan)

D. 이해관계자 관리대장(Stakeholder register)

48 프로젝트 관리자로서 두 팀원 간에 차이를 보이는 영역보다는 일치하는 면을 부각함으로써 갈등을 해결하고자 한다. 적합한 갈등해결 기법은?

A. 회피(Avoidance)

B. 절충(Compromising)

C. 문제해결(Problem Solving)

D. 원만한 해결(Smoothing)

49 다음 중에서 작업분류체계(WBS)에 대해서 올바르게 설명한 것은?

A. WBS에 명시되지 않은 산출물도 프로젝트 작업에 포함한다.

B. WBS는 프로젝트에서 산출되어야 할 인도물을 활동 중심으로 기술한 것이다.

C. 프로젝트의 산출물과 관련 문서들을 인도물 중심의 계층 구조로 기술한 것이다.

D. 일반적으로 분할예정패키지(Planning Package) 레벨로 기술하며, 분할예정패키지(Planning Package)에 대해서 WBS 사전(WBS Dictionary)은 불필요하다.

50 프로젝트 진행 중에 무리한 일정과 작업분류체계(WBS)의 대략적인 작성 때문에 프로젝트 팀원이 상당한 고충을 겪고 있다. 다음 중에서 프로젝트 관리자로서 가장 올바른 행동은?

A. 범위 기준선 내의 WBS를 검토하여 WBS를 상세하게 정의하고, 프로젝트관리 계획서를 갱신하여 일정 변경을 시도한다.

B. 자원 평준화(Resource leveling)를 이용하여 과도한 작업이 할당된 인원에 대한 업무 조정을 한다.

C. 본사에 일정관리 전문가를 요청하고, 해당 인력에게 WBS 작성을 지시한다.

D. 갈등 관리 기법을 이용하여 해당 팀원과 면담을 시도하고, 야근 수당에 대해서는 걱정하지 말라고 독려한다.

51 주간 보고 시에 프로젝트 관리자는 다음과 같은 보고를 받았다. 프로젝트 관리자로서 일정 단축을 위해 취할 수 있는 기법은 무엇인가?

원가성과지수(CPI) = 0.95, 일정성과지수(SPI) = 0.75

A. 프로젝트 예산이 충분하므로, 공정압축법(crashing)을 수행한다.

B. 프로젝트 예산이 부족하므로 공정중첩단축법(fast tracking)을 검토한다.

C. 일정이 선행되고 있으므로 현재 상태를 유지한다.

D. 일정이 지연되고 있으므로 비핵심경로(Non Critical Path) 상에서 일정 단축이 가능한지 검토한다.

52 구매자는 프로젝트 진행 도중에 추가 금액이 발생하지 않는 계약을 원하고 있다. 어떠한 계약 유형인가?

A. 확정 고정가(FFP: Firm Fixed Price) 계약

B. 성과급 가산 고정가(FPIF: Fixed Price Incentive Fee) 계약

C. 고정수수료 가산원가(CPFF: Cost Plus Fixed Fee) 계약

D. 시간·자재(T&M: Time & Material) 계약

53 프로젝트 일정 단축(schedule compression) 기법 중 공정 기간 단축의 장점은 있으나, 원가 상승을 유발하거나, 리스크 증가를 초래하기도 하는 기법은 무엇인가?

A. 애자일 릴리즈 기획(Agile release planning)

B. 공정압축법(Crashing)

C. 공정중첩단축법(Fast tracking)

D. 주 공정법(Critical Path Method)

54 계약 부서로 3건의 예산 산정 업무가 배정되었다. 그중에서 2건은 FFP 계약 방식으로 산정을 요구받았으며, 계약 담당자는 관련 자료를 수집 중이다. 다음 중 해당 계약 유형의 정확도를 향상하기 위해서 가장 적합한 원가 산정 방법은 무엇이겠는가?

A. 하향식 산정(Top-down estimating)

B. 유사 산정(Analogous estimating)

C. 모수 산정(Parametric estimating)

D. 상향식 산정(Bottom-up estimating)

55 프로젝트 일정 네트워크 분석을 수행 중이다. 특정 작업을 수행함에 있어서 리스크가 상당히 컸으며 고객은 결과물을 산출하기 위해서는 대안도 무관하다는 입장이다. 다음 중에서 여러 가지 대안 중에서 발생 확률과 수익 측면을 동시에 고려하기에 적합한 방법은 무엇인가?

A. 시뮬레이션(Simulations)

B. 비용-편익 분석(Cost-benefit analysis)

C. 영향도(Influence diagrams)

D. 의사결정나무 분석(Decision tree analysis)

56 2명의 이해관계자가 기술적 안건으로 의견 대립이 지속되고 있다. 이러한 대립은 장기적으로 프로젝트 전체에 부정적인 영향을 줄 수 있다고 판단된다. PM으로서 어떻게 처리해야 하는가?

A. 2명을 프로젝트에서 철수시킨다.

B. 2명을 제외하고 나머지 이해관계자들의 의견을 투표로 결정한다.

C. 2명을 개별적으로 만나서 갈등을 해결한다.

D. 2명의 당사자를 만나서 이유를 확인하고, 지속적으로 대립 시에 불이익을 행사하겠다고 한다.

57 다음 상황을 보고 연관 관계에 대해 올바르게 설명한 것은?

> A: 제품을 설계한다.
> B: 설계 완료된 것을 문서를 보면서 분석한다.
> C: 주요 팀원들과 인스펙션 보고서를 제출해야 분석을 마무리할 수 있다.

A. A는 B와 FS이고, B는 C와 FF이다.

B. B는 A와 FS이고, C는 A와 FF이다.

C. A는 B와 FF이고, C는 B와 SS이다.

D. B는 A와 SF이고, C는 A와 SS이다.

58 고객이 시제품을 인수하여 검토를 완료하였고, 다음 주부터 생산을 하려고 한다. 하지만 고객은 여전히 품질에 의문을 가지고 있다. 시간과 비용을 고려하여 PM이 사용하기에 적절한 기법은?

    A. 6 시그마(6 Sigma)   B. 통계적 샘플링(Statistical Sampling)

    C. 분할(Decomposition)   D. 선도와 지연(Lead and Lags)

59 프로젝트 상태를 감시하면서 일정 기준선에 대한 변경을 관리 중이다. 프로젝트관리 오피스는 일정차이(SV) 및 일정성과지수(SPI)와 같은 측정치를 이용하여 일정 기준선과의 차이 정도를 파악하고자 한다. 어떠한 분석을 위한 것인가?

    A. 획득가치 분석(Earned Value Analysis)   B. 성과 검토(Performance reviews)

    C. 추세 분석(Trend analysis)   D. 차이 분석(Variance analysis)

60 특정 이해관계자에 대해서 철저히 관리할지, 단순하게 정보만 제공할지에 대해서 고민 중이다. 어떠한 기법을 사용해야 하는가?

    A. 전문가 판단(Expert judgment)

    B. P−I Grid (Power−Interest grid)

    C. P−I Matrix (Probability−Impact Matrix)

    D. 이해관계자 참여평가 매트릭스(Stakeholders Engagement Assessment Matrix)

61 마일스톤(milestone)에 대한 설명 중에서 잘못된 것은?

    A. 프로젝트에서 중요한 지점 또는 사건

    B. 시간의 흐름에 있어서 특정한 순간을 표현

    C. 마일스톤 일정은 프로젝트 특징에 따라 변경 가능

    D. 보고 기간이 하루를 넘기는 경우도 발생하므로 반드시 duration='0'일 필요는 없음

62 활동 목록(Activity list) 및 활동 속성(Activity attributes), 프로젝트 범위 기술서(Project scope statement)를 가지고 활동 간의 순서를 배열 중이다. 다음 중에서 선도(Lead)를 가장 바르게 설명하고 있는 것은?

    A. 강제적 종속성 관계(Mandatory dependencies)라고도 하며, 프로젝트 팀에서 반드시 수행해야만 하는

관계이다.

 B. 가까운 시기에 완료할 작업은 상세하게 계획하고, 미래에 계획된 작업은 작업분류체계의 상위 수준에서 계획하는 것이다.

 C. 선행 활동이 종료되기 전에 후행 활동을 시작하여 후행 활동의 일정을 단축하는 기법이다.

 D. 프로젝트 활동 간의 선후행 관계를 포함하며 일반적으로 프로젝트 팀의 통제권 안에 있다.

63 프로젝트 팀원들은 각자의 생각을 제시하고, 프로젝트 관리자의 주도하에 제시된 생각을 그룹화(grouping)하고 있다. 어떠한 기법을 사용해야 하나?

 A. 친화도(Affinity diagram)

 B. 마인드 맵(Idea/mind mapping)

 C. 전문가 판단(Expert Judgment)

 D. 델파이(Delphi)

64 다음의 여유 시간(Total Float)에 대한 설명 중에서 잘못된 것은 무엇인가?

 A. 여유 시간은 음의 값을 가질 수 있다.

 B. 늦은 개시일(LS) − 빠른 시작일(ES) 또는 늦은 종료일(LF) − 빠른 종료일(EF)로 측정한다.

 C. 주 공정 경로의 여유 시간은 0 또는 양수이다.

 D. 네트워크 경로에 대한 여유 시간을 계산한 다음에 자유 여유(Free Float)를 계산한다.

65 프로젝트관리 팀에서는 R&D 과제의 결과물을 평가 중이다. 고객에게 인도될 산출물의 적합성 여부를 PASS/FAIL로 판정하는 샘플링 기법으로서 검사를 마친 후 인수 또는 거부를 결정하는 기법은 무엇인가?

 A. 허용한도(Tolerances)

 B. 통제한계(Control limits)

 C. 속성 표본 추출(Attribute sampling)

 D. 변수 표본 추출(Variables sampling)

66 다음 중 프로젝트 예산 통제 주체(Who manages the project budget)가 혼합형(mixed)으로 운영되는 조직은?

    A. 강한 매트릭스 조직   B. 약한 매트릭스 조직

    C. 균형 매트릭스 조직   D. 기능 조직

67 프로젝트에 $60,000 예산이 책정되었고, 기간은 6개월 완료 예정이다. 현재 프로젝트는 3개월째에 접어들었고, 2개월까지 $15,000를 사용하였다. PV와 EV는 동일하다는 가정하에 원가 차이(CV)를 구하시오.

    A. 0보다 크다.   B. 0보다 작다.

    C. 0이다.   D. 1이다.

68 SPI = 1.21, CPI = 0.87이다. 프로젝트의 상황은 어떠한가?

    A. 일정은 단축되고 있고, 원가는 초과되고 있다.

    B. 일정은 단축되고 있고, 원가는 절감되고 있다.

    C. 일정은 지연되고 있고, 원가는 초과되고 있다.

    D. 일정은 지연되고 있고, 원가는 절감되고 있다.

69 프로젝트 인도물이 승인되었다. 하지만 최종적으로 인도물을 고객에게 전달하기 전에 스폰서가 변경을 요청하였고, 해당 변경요청은 승인되었다. 어떻게 해야 하는가?

    A. 인도물 인도를 중단하고 승인된 변경 요청으로 작업 완료된 인도물을 재작업한다.

    B. 현재 시점에서의 변경요청은 프로젝트 지연을 유발하므로 재심의를 요청한다.

    C. 다음부터 완성되는 인도물부터 변경된 내용을 적용한다.

    D. 인도물이 이미 승인되었기 때문에 승인된 변경요청은 개선사항으로만 기록해 둔다.

70 완료시점 예산(BAC)은 $300,000이고, 현재까지 실제 사용비용(AC)은 $120,000, 완료된 작업량(EV)은 $150,000이다. 그런데 고객이 프로젝트 중단을 요청하였다. 이때까지의 실제 사용비용(AC)을 무엇이라고 하나?

A. 관리 예비비(Management Reserve)   B. 우발사태 예비비(Contingency Reserve)

C. 기회비용(Opportunity cost)   D. 매몰비용(Sunk cost)

71 프로젝트 관리자는 성과가 우수한 팀원에게는 직/간접적인 보상이 가능하다. 이러한 권력은 무엇에 해당하는가?

A. 공식적 권력(Formal Power)   B. 강제적 권력(Penalty Power)

C. 준거적 권력(Referent Power)   D. 보상적 권력(Reward Power)

72 다음 중에서 팀 관리(Manage Team)에 사용되는 기법이 아닌 것은?

A. 갈등 관리(Conflict management)   B. 의사결정(Decision making)

C. 인정과 보상(Recognition and rewards)   D. 영향력 행사(Influencing)

73 2명의 팀원이 동일한 업무를 수행하고 있으며 마무리 단계이다. 그런데 보고 시점에 처리 결과에 대해서 서로 본인의 역할이 아니라고 미루고 있는 상황이다. PM이 확인해야 하는 문서로 가장 적합한 것은?

A. 프로젝트 팀 배정표(Project team assignments)

B. 자원관리 계획서(Resource management plan)

C. 자원 달력(Resource Calendars)

D. RACI 차트(RACI chart)

74 프로젝트 종료가 2주 남았으며 개발팀의 기술문제로 지연이 예상된다. 개발팀장과 지속적으로 해결방안에 대해서 논의하였고 처리 방법에 대한 공감대는 형성된 상태이다. 프로젝트를 완료하기 위해서 무엇을 해야 하는가?

A. 스폰서에게 보고하고 해결방안을 모색한다.

B. 공식적인 변경요청을 통해서 문제를 제기한다.

C. 자원관리 계획서를 검토하여 계획된 일정에 종료 가능한지 검토한다.

D. 본사에 연락하여 추가적인 인력 지원을 받는다.

75. 프로젝트는 이미 3/4이 진행되었다. 완료시점 예산(BAC: Budget At Completion) = 1,500, 실제 원가(AC: Actual Cost) = 1,250, 획득 가치(EV: Earned Value) = 1,000이라고 할 때, 잔여분 산정치(ETC: Estimate to Complete)를 구하시오.

    A. 625   B. 1,000

    C. 1,250   D. 1,500

76. 추정된 개별 원가를 합산하여 승인되고 통합된 원가 기준선을 작성하고 있다. 프로젝트 관리자(PM)가 예산 결정을 하기 위해서 참고해야 하는 기법이 아닌 것은 무엇인가?

    A. 자금 조달 한도와 계획된 지출 간의 차이는 때때로 지출 비율을 평준화하기 위한 작업의 재조정을 필요로 한다.

    B. 작업 패키지(work package)별로 산정된 원가 산정치를 합산한다.

    C. 전문 지식에 근거하여 제시되는 판단을 예산 결정에 활용해야 한다.

    D. 예방 비용, 평가 비용, 내부 실패 비용, 외부 실패 비용을 고려하여야 한다.

77. 리스크를 대응하는 동안 원가 기준선에 마련한 초기 우발사태 예비비를 모두 사용하였다. 하지만 해당 리스크를 처리하기 위한 비용이 더 필요한 상황이다. PM은 어떻게 해야 하나?

    A. 관리 예비비(Management Reserve)를 사용한다.

    B. 관리 예비비(Management Reserve)를 사용하기 위해 고객이나 스폰서의 승인을 받는다.

    C. 다른 리스크의 우발사태 예비비(Contingency Reserve)를 사용한다.

    D. 우발사태 예비비(Contingency Reserve)가 없으므로 해당 리스크를 종결한다.

78. 프로젝트 기간 산정이 필요한데 시간은 부족하고 바로 프로젝트를 착수해야 한다. 어떠한 기간 산정 방식이 유리한가?

    A. 유사 산정(Analogous estimating)

    B. 모수 산정(Parametric estimating)

    C. 3점 산정(Three-point estimating)

    D. 상향식 산정(Bottom-up estimating)

79 핵심 경로에 공정압축법을 실시하여 핵심 경로가 아닌 경로상에 포함된 2개 활동의 일정에 영향을 주었다. 1개 활동은 4일이 늘어났고, 다른 1개 활동은 5일이 단축되었다. 공정압축법 실시 후 프로젝트 전체 일정은 얼마나 단축되었는가?

A. 0

B. 1

C. 2

D. 3

80 PM과 스폰서가 회의 중 지난번 회의에 참석했던 이해관계자를 통해서 중요 정보가 외부로 나간 것을 알았다. PM은 무엇을 확인해 보아야 하는가?

A. 리스크관리 계획서

B. 범위관리 계획서

C. 자원관리 계획서

D. 의사소통관리 계획서

81 식별된 이해관계자를 분류 중이다. 권력은 높고 관심은 낮은 그룹은 향후 어떻게 관리되어야 하는가?

A. 철저한 관리(Manage closely)

B. 지속적인 정보 통지(Keep informed)

C. 감시(Monitor)

D. 만족상태 유지(Keep satisfied)

82 프로젝트 중간 점검 시에 인적자원에 대한 부족이 발생하고 있음을 발견하였다. 프로젝트에 투입된 자원에 제약이 존재하고 있을 때, 결함이 많이 발생하는 파트에 우선적으로 자원을 분배하고자 할 경우에 사용 가능한 기법은 무엇인가?

A. 파레토 다이어그램(Pareto diagrams)

B. 실험 계획법(DOE: Design of Experiments)

C. 히스토그램(Histograms)

D. 흐름도(Flowcharts)

83 조달 업체의 프로젝트 인도물이 지연되고 있다. 스폰서는 조달 업체들이 작업하는 인도물에 대한 검증이 필요하다는 의견을 제시하였다. 프로젝트 관리자는 어떻게 해야 하는가?

A. 조달 업체가 해당 조달 품목을 납품 가능한지를 판단할 정도로 충분하고 상세하게 작성되어 있는 조달 작업 기술서(procurement SOW)를 확인한다.

B. 외부의 자원을 이용하여 독립적인 시각에서 판매자의 이행 여부를 확인하는 감사(Audits)를 수행한다.

C. 조달 업체의 작업 프로세스 준수 여부 또는 인도물의 상태를 확인하기 위해서 인스펙션 (Inspections)을 수행한다.

D. 조달 업체의 인도물 지연을 사유로 계약을 해지하고 적격 판매자 목록에서 다른 조달 업체를 선정한다.

84 품질 통제 프로세스를 수행 중이다. 관리도 통제 상한치(UCL)는 27.5, 통제 하한치(LCL)는 21.5, 평균 (Mean)은 24.5로 설정해 두었다. 최근의 측정결과가 (24.7, 24.9, 26.8, 27.0, 27.2, 25.2, 26.0)이라면 무엇을 해야 하는가?

A. 안정 상태에 있으므로 아무런 조치를 취하지 않는다.

B. 관리도의 평균치가 잘못 설정되었다고 보고한다.

C. 관리도의 통제 상한치를 조정한다.

D. 불안정한 상태이므로 프로세스 분석을 수행한다.

85 프로젝트를 수행하면서 품질비용을 카테고리화하고 주기적으로 점검 및 개선하는 작업은 매우 중요하다. 다음 중에서 고객 요구사항을 충족시키기 위해서 사용하는 비용으로서 교육이나 훈련비가 포함된 비용은 무엇인가?

A. 예방 비용(Prevention Costs)

B. 평가 비용(Appraisal Costs)

C. 내부 실패 비용(Internal Failure Costs)

D. 외부 실패 비용(External Failure Costs)

86 프로젝트는 시운전 단계이며 함께 작업을 수행한 터빈제조업체와 조달 업무에 대한 계약을 종료하려고 한다. 이때 사용하는 도구 및 기법으로 적절하지 않은 것은?

    A. 클레임 관리(Claims administration)

    B. 인스펙션(Inspection)

    C. 획득가치 분석(Earned value analysis)

    D. 테스트 및 제품 평가(Testing/Product evaluations)

87 테스트, 감리, 검사 등은 어떠한 품질비용(Cost of quality)에 해당하는가?

    A. 내부 실패 비용(Internal Failure Costs)

    B. 외부 실패 비용(External Failure Costs)

    C. 예방 비용(Prevention Costs)

    D. 평가 비용(Appraisal Costs)

88 팀원 한 명이 개인적인 사정으로 프로젝트에서 철수하게 되었고 대체 인력을 급하게 충원해야 할 상황이다. 프로젝트 관리자는 전체 일정에 지장이 없도록 역량을 보유한 인력을 외부에서 조달하기로 결정하였다. 어떤 계약 유형이 적합한가?

    A. 확정 고정가(FFP: Firm Fixed Price) 계약

    B. 성과급 가산 고정가(FPIF: Fixed Price Incentive Fee) 계약

    C. 성과급 가산 원가(CPIF: Cost Plus Incentive Fee) 계약

    D. 시간ㆍ자재(T&M: Time & Material) 계약

89 프로젝트 품질 통제의 대표적인 기법으로서 품질 특성(결과)에 각 요인(원인)이 어떻게 관계하며 어떤 영향을 미치고 있는가를 한눈에 알아보기 쉽도록 나타낸 그림으로 현상파악 또는 문제 개선에 대한 실마리를 얻기 위해 사용되는 기법은?

    A. 이유분석 다이어그램(why-why diagrams)   B. 토네이도 다이어그램(Tornado diagrams)

    C. 히스토그램(Histograms)   D. 이시가와 다이어그램(Ishikawa diagrams)

90 프로젝트 헌장을 개발 중이다. 시작일이 얼마 남아 있지 않기 때문에 프로젝트 관리자는 비즈니스 문서(Business Documents)와 협약서(Agreements)의 주요한 내용을 확인 중이다. 다음 중에서 헌장을 작성하기에 적합한 도구 및 기법은?

A. 포커스 그룹(Focus groups)

B. 체크리스트(Checklists)

C. 킥오프 미팅(Kick-off meeting)

D. 가정사항 기록부(Assumptions log)

91 소프트웨어 개발을 진행 중이며 고객은 될 수 있으면 비용이 추가되더라도 검증된 SW를 사용하기를 원하고 있다. 어떠한 리스크 대응 전략인가?

A. 회피(Avoid)   B. 전가(Transfer)

C. 완화(Mitigate)   D. 수용(Accept)

92 스폰서가 제품에 대한 법적 사항 준수 여부 및 관련 근거를 요구한다. 이때 수행해야 하는 프로세스는?

A. 품질 관리(Manage Quality)   B. 범위 확인(Validate Scope)

C. 품질 통제(Control Quality)   D. 리스크 식별(Identify Risks)

93 관리도에서 최고 통제 한계(UCL: Upper Control Limit) 및 최저 통제 한계(LCL: Lower Control Limit)는 프로젝트 관리자 및 해당 이해관계자가 사양 한계 초과를 방지하기 위하여 시정 조치를 취할 시점을 반영하여 설정한다. 자료점 몇 개가 통제 한계를 벗어나야 프로세스가 통제를 벗어난 것으로 판단하는가?

A. 1개   B. 3개

C. 5개   D. 7개

94 팀원들은 작성된 산출물에 대한 품질 통제를 수행 중이다. 다음 중에서 품질 통제에 부적합한 설명은 무엇인가?

A. 품질 통제는 감시 및 통제 프로세스 그룹에 포함된다.

B. 대표적인 산출물인 품질통제 측정치는 품질 관리를 위한 투입물로 사용된다.

C. 품질 통제는 프로젝트 팀 자체적으로, 품질 관리는 고객에게 신뢰감을 주기 위해 제3자에 의해서 수행된다.

D. 품질 통제를 통해서 산출물 또는 작업 중인 산출물이 지정된 요구사항과 기대사항을 충족하는 방식으로 완료될 것이라는 신뢰도를 높일 수 있다.

95 인트라넷(Intranet), 지식 저장소(Knowledge repository), 이러닝(e-learning) 등을 프로젝트 팀원들과 공유하는 의사소통 수단으로 활용 중이다. 어떠한 의사소통 방법인가?

A. 대화식 의사소통(Interactive communication)

B. 전달식 의사소통(Push communication)

C. 유인식 의사소통(Pull communication)

D. 대중 의사소통(Public communication)

96 사용자 인수 및 최종 인도 전에 제품 또는 서비스의 사용에 대한 완전성, 적합성 및 정확성을 측정하기 위해 프로젝트 팀원들은 주말까지 작업 중이다. 이러한 프로세스에서 사용하는 기법으로서 부적절한 것은?

A. 탁월함을 위한 설계(Design for X)

B. 인스펙션(Inspection)

C. 테스트/제품 평가(Testing/Product evaluation)

D. 관리도(Control Chart)

97 프로젝트 진행 중 팀원 간에 의견충돌로 회의가 더 이상 진행되지 못하고 있다. 이런 상황에서 가장 바람직한 갈등 해결 방법은 무엇인가?

A. 갈등은 프로젝트 수행 시 피할 수 없으므로, 자연적으로 해결되도록 기다린다.

B. 회의 지연의 책임을 물어 해당 팀원들에게 패널티를 부여한다.

C. 해결할 책임은 1차적으로 프로젝트 팀원에게 있으므로 당사자끼리 해결하도록 장소를 지원하고, 해결되지 않을 때에는 공식적인 징계 절차를 따르게 한다.

D. 갈등 해결에서는 이슈에 초점을 두고 해결하려고 한다.

98 당신은 모든 기획 업무를 끝냈다. 기획 안을 검토한 전문가는 자원배정현황에 대해서 특정 기간에 너무 집중되어 있다는 검토 의견을 제시하였다. 다른 대안을 검토했음에도 불구하고 전문가의 말이 옳다는 것을 알게 되었다. 이 경우 사용해야 하는 기법은?

    A. 주공정연쇄법(CCM)   B. 자원평준화(Resource Leveling)

    C. 자원공정압축법(Resource crashing)   D. 선도와 지연(Lead and Lag)

99 관리도에서 평균과 UCL 사이에 5개 측정치가 들어와 있다. 이후, 평균과 LCL 사이에 8개가 연속적으로 들어왔다. 이때 판단할 수 있는 것은?

    A. 고르게 분포되어 있으므로 아무 이상 없다.

    B. 이 문제만으로는 판단을 내릴 수 없다.

    C. 7개 이상의 점이 평균과 LCL 사이에 연속적으로 발생하였으므로 검토를 수행한다.

    D. 단순히 모니터링만 수행하면 된다.

100 팀 역량 개발 모델 중에서 팀이 모여서 프로젝트 자체, 각자의 공식적인 역할, 책임 사항에 대해 파악하는 단계로서 팀원들이 무엇을 해야 할지 모르는 단계는 무엇인가?

    A. 형성(Forming)   B. 스토밍(Storming)

    C. 표준화(Norming)   D. 해산(Adjourning)

101 무인 헬기 프로젝트에서 고객이 전문가를 사전 배정하기를 원하며, 프로젝트 관리자도 고객의 의견에 동의한다. 무엇을 해야 하는가?

    A. 고객의 승인을 얻고, 프로젝트 헌장에 명시한다.

    B. 고객의 승인을 얻고, 인적자원관리 계획서에 명시한다.

    C. 희소 자원에 대해서는 프로젝트 관리자의 권한이 미치지 못하므로 대체 인력을 구한다.

    D. 고객의 승인을 얻고, 해당 인력에게 구두로 약속해 둔다.

102 프로젝트 산출물 인도시점에 인도물의 품질에 대한 문제를 제기하는 이해관계자가 존재한다. 조직 내부에 강력한 영향력을 발휘하는 이해관계자로서 뒤늦게 식별되었다. 프로젝트 관리자로서 어떻게 했어야 이러한 상황을 방지할 수 있었겠는가?

A. 이해관계자 참여 계획서를 확인했어야 한다.

B. 의사소통관리 계획서를 확인하고 지속적으로 의사소통했어야 한다.

C. 이러한 상황을 대비해서 리스크 관리대장에 기록하고 공감대를 형성해 두었어야 한다.

D. 프로젝트 수행 기간 동안에 수시로 이해관계자를 식별하고 문서화했어야 한다.

103 기능 관리자는 PM이 특정 직원이 일을 잘한다고 인정하여, 해당 직원을 부서로 데려갔다. 하지만 나중에 PM은 추천해준 직원이 일을 잘 못한다는 것을 알게 되었다. 이때 PM은 어떻게 행동해야 할까?

A. PM의 책임이 크므로 다른 프로젝트로 투입할 것을 요청한다.

B. 추천한 PM 책임이 크므로, 개별적으로 해당 팀원에게 전문교육을 시킨 후 복귀시킨다.

C. 기능 관리자에게 해당 팀원에 대한 적합한 교육을 요청한다.

D. 기능 관리자에게 인사권한이 존재하므로 더 이상은 관여하지 않는다.

104 프로젝트가 진행 중인데 목표를 벗어나서 진행되고 있다는 것을 알았다. 팀원들의 사기는 많이 떨어진 상태이며, 팀원 간에 분쟁도 심해지고 있다. PM은 팀원들을 불러서 현재 상황을 완전히 해결할 때까지 현재 업무는 중단하겠다고 선언하였다. PM이 사용하기에 가장 바람직한 갈등 해결 방법은?

A. 철회/회피(Withdrawing/Avoiding)

B. 원만한 해결/수용(Smoothing/Accommodating)

C. 절충/타협(Compromising/reconciliation)

D. 문제 해결/직면(Problem Solving/Confronting)

105 프로젝트 기간 중에 연휴 기간이 포함되어 있었는데, 해당 기간을 고려하지 않고 일정계획이 수립되어 있었다. 연휴 기간에 출근하라는 업무 지시는 불만을 초래할 수밖에 없다. 프로젝트 관리자는 무엇에 신경을 썼어야 하는가?

A. 자원관리 계획서를 점검했어야 한다.

B. 프로젝트 달력을 확인하고 일정 계획에 반영했어야 한다.

C. 이러한 상황을 대비해서 각각의 작업에 여유 시간을 충분히 포함해 두었어야 한다.

D. 다른 팀과 이러한 상황을 대비해서 인적자원 공유 협약을 수립해 두었어야 한다.

106 글로벌 프로젝트를 진행하는데 스폰서가 팀원의 동기부여를 위해 인정과 보상을 주기로 결정하였다. 이때 PM이 가장 고려해야 하는 것은?

    A. 문화적 차이   B. 팀원의 책임감

    C. 팀원 간의 서열화   D. 한정된 프로젝트 예산

107 이해관계자 간의 요구사항이 상충하고 있으며 특히 고객 2명과 갈등이 지속되고 있다. 모든 이해관계자의 요구사항을 완전히 수용하기가 쉽지는 않지만 남은 프로젝트 기간 및 다양한 이해관계자의 합의와 소속감을 이끌어내기 위해서 고객과 원활한 관계를 유지하고 싶다. 어떠한 갈등 해결 기법을 적용해야 하는가?

    A. 원만한 해결(Smooth)   B. 절충(Compromise)

    C. 협력(Collaborate)   D. 강요(Force)

108 제안요청서를 적격 판매자들에게 보내고 입찰자 회의까지 수행하였다. 그런데 입찰자 회의 이후에 한 업체가 추가 질문을 보내왔다. PM으로서 어떻게 대응해야 하는가?

    A. 제안서 제출 이전이므로 질문에 답해 주고 모든 적격 판매자들에게도 회신한다.

    B. 입찰자 회의까지 수행되었기 때문에 더 이상의 질문에 대해서는 거절한다.

    C. 해당 업체에만 이력 유지를 위해서 이메일로 회신한다.

    D. 스폰서에게 승인을 얻은 이후에 해당 업체에게 이메일로 회신한다.

109 식별된 활동들에 대해서 선후행 도형법, 의존 관계, 선도 및 지연 등의 기법을 활용하여 논리적으로 활동을 배열하고 있다. 이러한 작업의 결과로 스폰서가 기대하는 것은 무엇인가?

    A. 기간 산정치(Duration estimates)

    B. 프로젝트 일정 네트워크 다이어그램(PSND: Project Schedule Network Diagrams)

    C. 산정 기준서(Basis of estimates)

    D. 조건부 도형법(CDM: Conditional Diagramming Method)

110 팀원이 일정에 앞서 1개의 작업 패키지를 일주일 전에 완료하였다. 팀 미팅에서 팀원이 이 사실을 프로젝트 관리자에게 보고하였을 때, 프로젝트 관리자로서 바람직한 행동은?

A. 인정해주고 기능 관리자에게 추천서를 작성해서 전달한다.

B. 다른 팀원 앞에서 공개적으로 칭찬하고 성과를 보상한다.

C. 해당 팀원이 수행한 작업에 대한 산출물을 검토한다.

D. 해당 팀원에게 현재 작업 상황에 대해서 보고를 요구한다.

111 조직에는 실행 우선순위가 높은 프로젝트가 다수 존재한다. 하지만 다수의 프로젝트를 동시에 수행하기에는 가용 자원(available resource)이 부족하다. PM은 필요한 인력의 프로젝트 투입이 불가하다는 통보를 받았을 때 어떻게 해야 하나?

A. 기능 관리자와 미팅을 잡고 적합한 인력의 투입시기에 대해서 논의한다.

B. 적절한 자원이 지원되지 않으면 프로젝트 수행은 불가하다는 입장을 고수한다.

C. 스폰서에게 해당 인력에 대한 강력한 투입을 요청한다.

D. 배정된 팀원을 활용하여 매트릭스(matrix) 팀을 구성한다.

112 프로젝트 관리자는 팀원들에게 다음 주에 킥오프 미팅(Kick-Off Meeting)을 수행할 예정이라고 공지하였다. Kick-Off 미팅에 대해서 올바른 설명은?

A. 팀원들에게 프로젝트 목적에 대해 설명하고 팀원들의 역할과 책임(R&R)을 공지한다.

B. Kick-Off 미팅 특성상 고객은 참여하지 않는 것이 좋다.

C. 프로젝트 착수 이전에 수행하는 미팅으로 프로젝트 헌장 작성 이전에 수행한다.

D. 프로젝트 일정에 영향을 줄 수 있는 리스크는 언급하지 않는 것이 좋다.

113 당신은 글로벌 프로젝트를 진행 중이며 전 세계에 팀원들이 흩어져서 업무를 진행 중이다. 업무의 효율성을 위하여 가상 팀을 운영하고 있으며 효과적인 의사소통을 위해 팀에서 정의한 시스템을 통하여 공지사항을 전달하고자 한다. 어떤 의사소통 방식인가?

A. 대화식 의사소통(Interactive communication)

B. 전달식 의사소통(Push communication)

C. 유인식 의사소통(Pull communication)

D. 공식적 의사소통(Formal Written communication)

114 프로젝트 종료 시점에 일부 인도물에 대해서 이해관계자와 협상을 시도하였으나 승인되지 않았다. 프로젝트 관리자는 다음으로 무엇을 해야 하는가?

A. 인도물이 승인될 중재 방법을 찾는다.

B. 이해관계자의 요구가 불합리하다고 판단되므로 소송을 준비한다.

C. 프로젝트 팀원에게 승인되지 않은 인도물에 대해서 재작업을 지시한다.

D. 스폰서에게 인도물 승인과 관련한 도움을 요청한다.

115 프로젝트 관리자는 발생한 결함과 결함이 발생한 프로그램의 난이도 간에 연관이 있는지 확인하고 싶어한다. 이와 같이 두 변수 간의 상관관계를 확인하고 싶을 때 어떠한 도구를 사용하는 것이 좋은가?

A. 파레토 다이어그램(Pareto Diagram)

B. 이시가와 다이어그램(Ishikawa Diagram)

C. 관리도(Control Chart)

D. 산점도(Scatter Diagram)

116 프로젝트에서는 계약서에 명시된 범위, 일정, 원가에 대한 기준을 모두 충족하였다. 하지만 고객은 여전히 불만을 제기하고 있다. 이러한 경우 유추해 볼 수 있는 상황은 무엇이겠는가?

A. 고객에게 전달된 인도물에 대한 품질 검증 활동이 적합하게 수행되지 않았다.

B. 범위 확인이 제대로 수행되지 않았다.

C. 잠재된 모든 리스크가 해소되지 않았다.

D. 공식적인 절차는 아니었지만 고객이 추가로 요청한 인도물이 산출되지 않았다.

117 종료일이 2달 이상 남은 프로젝트에서 이미 원가가 현저하게 초과되고 있다. 이러한 상황에서 범위 추가와 관련해서 이슈가 발생하였을 때, 예산에 대한 변경요청을 할 수 있는 사람은?

A. 스폰서 또는 고객   B. 프로젝트 관리자

C. 프로그램 관리자   D. 프로젝트 관련 이해관계자

118 고객과의 워크숍을 통해 중복된 몇 개의 요구사항을 삭제하기로 결정하였다. 프로젝트 팀에서 요구사항 삭제 시 가장 핵심적으로 참고해야 하는 문서는 무엇인가?

    A. 범위관리 계획서(Scope management plan)

    B. 요구사항관리 계획서(Requirements management plan)

    C. 요구사항 추적 매트릭스(Requirements traceability matrix)

    D. 변경관리 계획서(Change management plan)

119 예상 기간이 24개월, 전체 예산이 $68,000인 프로젝트를 진행 중이다. 16개월이 지난 현재까지 누적 계획은 $45,000이며, 보고된 획득 가치는 $40,000이었다. 그리고 예산의 절반 이상인 $47,000이 소비된 것으로 파악되었다. 프로젝트 상황은 어떠한가?

    A. 일정 선행, 예산 초과   B. 일정 선행, 예산 절감

    C. 일정 지연, 예산 초과   D. 일정 지연, 예산 절감

120 프로젝트 현장을 확인하며 주요 이해관계자 식별을 완료하였다. 이해관계자들의 리스크에 대한 성향을 분석해 보니 리스크 회피형(Risk Avoider)이 많다는 통계치가 산출되었다. 프로젝트 관리자는 초반에 발생 가능한 다양한 리스크를 식별하려고 한다. 가장 적합한 기법은 무엇인가?

    A. 브레인스토밍(Brainstorming)

    B. 체크리스트(Checklist)

    C. 인터뷰(Interviews)

    D. SWOT 분석(SWOT analysis)

121 고객이 요청한 일정 단축 요구사항이 통합 변경통제 수행 프로세스를 통해서 승인되었다. 다음으로 프로젝트 관리자가 해야 할 일은?

    A. 고객 요청 사항을 재검토한다.

    B. 일정 단축이 범위와 원가에 미치는 영향력을 검토한다.

    C. 프로젝트관리 계획서를 업데이트한다.

    D. 조직 프로세스 자산을 업데이트한다.

122 고객이 주간보고 시에 계획 대비 실적이 부진한 사유에 대한 대책을 마련하라고 제시하였다. 프로젝트 관리자는 생산성 향상을 위해서 집중 근무시간을 운영하기로 하였으며, 출근 이후 2시간까지는 일체의 휴식 행위를 금지하라고 지시하였다. 이에 해당하는 동기 부여 이론은 무엇인가?

 A. 동기 요인(Motivation Factor)   B. 위생 요인(Hygiene Factor)

 C. Y 이론   D. X 이론

123 변경통제위원회(CCB)에서 2건의 변경요청이 승인되었다. 첫 번째는 이해관계자들 간에 의사소통에 지연을 일으킬 가능성이 있고, 두 번째는 핵심 경로에 영향을 미칠 가능성이 높으며 추가 자원이 필요하다. PM으로서 다음에 해야 할 작업은?

 A. 첫 번째 변경이 먼저 승인되었으므로 첫 번째 승인된 변경에 대해서만 처리한다.

 B. 2건을 모두 처리할 수 있도록 추가 자원을 요청한다.

 C. 두 번째 변경이 프로젝트에 더욱 중요하므로, 두 번째 승인된 변경에 대해서만 처리한다.

 D. 프로젝트 스폰서와 처리 방안에 대해서 협의한다.

124 작성된 프로젝트 헌장이 승인되었고, 이해관계자 식별도 마쳤다. 그 이후에 프로젝트 관리자는 무엇을 해야 하는가?

 A. 요구사항을 수집한다.

 B. 프로젝트 범위 기술서를 작성한다.

 C. 프로젝트관리 계획서를 작성한다.

 D. 활동을 정의한다.

125 PM이 기능 조직으로부터 프로젝트에 적합한 인력을 확보하고자 하는데, 한 명도 확보할 수 없었다. 기능 관리자들에게 확인해 보니 해당 프로젝트에 대해서 들은 바가 없다고 한다. 인력 확보가 어려운 사유로 가장 적합한 것은?

 A. 팀원들이 프로젝트에 투입되기를 꺼리고 있다.

 B. 조직도가 아직 완성되지 않았다.

 C. 평소 기능 조직의 부서장과 관계가 원활하지 않았다.

 D. 프로젝트 헌장이 아직 승인되지 않았다.

126 제품의 실제 제작에 앞서 고객에게 완성될 제품에 대한 이해도를 높이는 한편, 제품 요구사항에 대해서 조기에 피드백을 받고자 한다. 이를 통해서 궁극적으로 하고 싶은 것은 무엇인가?

A. 인도물의 품질을 통제

B. 프로젝트의 주요 이해관계자 식별

C. 고객의 요구사항을 수집

D. 조달 업체의 산출물에 대한 통제

127 팀원 중에 한 명의 일정이 뒤처진 것을 보고받았다. 해당 팀원을 불러 지연된 사유를 논의했으며, 프로젝트 팀에서 분담해서 처리하기로 결정했다. 이러한 사항은 어디에 기록되어야 하는가?

A. 이슈 기록부(Issue log)

B. 리스크 관리대장(Risk register)

C. 리스크관리 계획서(Risk Management plan)

D. 변경 기록부(Change log)

128 품질 관리와 품질 통제 활동에서 공통으로 사용하는 기법으로서 품질 수준을 측정하는 기준으로 사용된다. 프로젝트 생산성, 평균 고장 시간, 고객 만족도, 테스트 결함도 등이 대표적인 사례인 이것은 무엇인가?

A. 작업성과 데이터(Work performance data)

B. 품질통제 측정치(Quality control measurements)

C. 품질 지표(Quality metrics)

D. 품질 체크리스트(Quality checklists)

129 프로젝트 초반에 외부에서 전문가를 투입해서 다양한 리스크를 식별하였다. 전문가는 팀원들과의 미팅중에 이전에 식별된 리스크가 있었으나, 우선순위가 낮아 리스크 관리대장에는 기록하지 않았고 관련자들만 알고 있는 추가 리스크가 있었다는 것을 확인하였다. 이러한 리스크는 어디로 분류되었어야 하는가?

A. 감시 목록(Watch list)   B. 잔존 리스크(Residual risk)

C. 2차 리스크(Secondary risk)   D. 우발사태 계획(Contingency plan)

130 프로젝트 활동이 조직의 프로젝트 정책, 프로세스 및 절차를 따르는지 판별하기 위하여 수행하는 체계적이며 독립적인 검토 활동을 품질 감사(Quality Audit)라고 한다. 다음 중에서 품질 감사의 주요 목표가 아닌 것은?

A. 결함의 지속적 시정 작업으로 품질 비용을 감축

B. 제품이나 서비스가 문서화한 표준을 따르는지 판별하기 위한 제품 조사

C. 스폰서나 고객의 프로젝트 제품 인수율 향상

D. 수행 중인 우수한/모범적 실무관행 식별

131 핸드폰 제조 업체인 A 사는 유럽으로 수출하기 위해서 항공기를 이용한 수출을 시도하고 있다. 또한 리스크가 존재하여 보험에 가입할 생각을 가지고 있다. 이것은 부정적 리스크 대응 전략 중 무엇에 해당하는가?

A. 회피(Avoid)   B. 전가(Transfer)

C. 완화(Mitigate)   D. 수용(Accept)

132 프로젝트에서는 중요한 부품에 대한 대부분의 조달 계약을 완료하였다. 하지만 업계에서 들리는 소문에 의하면 일부 공급업체의 품질이 평판에 비해서 좋지 않다고 한다. 계약은 이미 완료된 상태인데 어떻게 해야 하는가?

A. 적격 판매자 목록에서 부품을 공급할 수 있는 대체 공급업체를 선정하는 작업을 한다.

B. 업계의 평판이 좋지 않은 부품은 향후 문제 발생 소지가 있으므로 계약을 해지한다.

C. 해당 업체의 품질통제 측정치와 검사 결과를 지속적으로 모니터링하고 검토한다.

D. 스폰서에게 해당 소문을 전달하고 대책을 논의한다.

133 일정은 지연되고, 프로젝트 원가는 이미 초과된 상태이다. 이때 프로젝트에서 수행하기에 가장 적합한 작업은?

A. 경력 많은 인력으로 팀원을 교체한다.

B. 공정압축법(crashing)을 해야 하므로 수행조직에 자원을 요청한다.

C. 공정중첩단축법(fast tracking)하기 위해서 전체 일정을 검토하는 자리를 마련한다.

D. 범위 축소를 위해서 이해관계자를 소집한다.

134 팀원에게 할당된 업무 중에서 특정 업무가 주 공정(critical path)상에 위치하고 있다. 팀원은 작업 진행 중 해당 업무의 지연이 예상된다고 프로젝트 관리자에게 보고하였다. 프로젝트 관리자가 우선적으로 해야 할 것은?

A. 리스크 관리대장을 업데이트한다.

B. SWOT 분석을 수행한다.

C. 이슈 기록부에 등록한다.

D. 리스크관리 계획서를 검토한다.

135 인도물의 90% 이상은 승인까지 완료된 상태이며 프로젝트 종료가 얼마 남지 않았다. 그런데 회사 정책이 최근에 변경되었고, 변경된 정책을 준수하려면 현재까지 완성된 인도물을 폐기하고 재작업 을 수행해야 한다. 어떻게 해야 하는가?

A. 현재까지 승인된 인도물은 정상적으로 전달하고, 이후 전달하는 인도물에 대해서만 변경된 정책을 적용한다.

B. 남은 기간 동안 변경된 정책을 따를 수는 없으므로 프로젝트를 종료한다.

C. 프로젝트 팀원들과 회의를 진행하여 프로젝트 진행 또는 종료 여부를 결정한다.

D. 프로젝트는 변경 이전에 시작되었으므로 변경 이전의 정책을 준수하는 것이 맞다고 관련 이해관계자들과 협의한다.

136 프로젝트가 예정 일자보다 일찍 종료되면 성과급을 주기로 결정되었다. 프로젝트 수행 조직은 벤더로부터 관련 인도물을 일찍 받으면 프로젝트를 일찍 종료할 수 있다. 그래서 벤더에게도 인도물 조기 완료 시에 인센티브를 주기로 제시한다면 이러한 리스크 대응 방안은?

A. 활용(Exploit)

B. 공유(Share)

C. 증대(Enhance)

D. 수용(Accept)

137 프로젝트에서는 처리 우선순위가 높은 리스크부터 대응하고 있다. 하지만 식별된 리스크를 처리함 으로써 또 다른 리스크에 봉착하게 되었다. 이러한 리스크를 일컫는 용어는 무엇인가?

A. 잔존 리스크(Residual risk)

B. 2차 리스크(Secondary risk)

C. 식별된 리스크(Known Risk)

D. 미식별된 리스크(Unknown Risk)

138 다음과 같은 상황에서 예산에 맞게 프로젝트가 진행될 수 있겠는가?

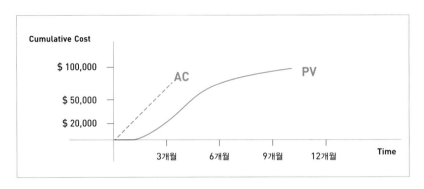

A. 과거 프로젝트에 대한 유사 자료가 없어서 판단을 못 한다.

B. 계획 대비 비용이 초과되고 있으므로 예산 절감 대책을 수립해야 한다.

C. 획득 가치에 대한 자료가 없어서 판단을 못 한다.

D. 리스크에 대한 유사 자료가 없어서 판단을 못 한다.

139 프로젝트 진행 중에 서버의 증설이 필요하다고 판단되었다. 프로젝트에서는 예산을 고려하여 구매하는 것과 임대하는 것에 대한 의사결정을 하고자 한다. 당신이 PM이라면 다음의 조건을 보고 어떠한 의사결정을 하겠는가?

> 구매: 설치비 $3,500, 배송비 $1,500, 1일 예상 운영 비용 $75/DAY
>
> 임대: 배송비 $1,500, 1일 예상 운영 비용 $250/DAY

A. 23일은 임대를 한다.   B. 25일이 넘으면 구매를 한다.

C. 일 단가가 낮으므로 구매를 한다.   D. 컴퓨터는 일회성이므로 임대를 한다.

140 진행 중인 프로젝트에 신규 업무가 추가되었다. 본사에서는 프로젝트 팀에게는 계획된 작업만 집중하라고 하면서 가상 팀 형태로 지원을 약속하였다. 프로젝트 관리자인 당신이 가장 먼저 해야 할 작업은 무엇인가?

A. 이해관계자 관리대장을 업데이트한다.

B. 자원관리 계획서를 업데이트한다.

C. 화상장비를 구매하고 매일매일 화상회의 준비를 한다.

D. 현재 시점에 인원이 추가되는 것이 생산성에 도움되지 않으므로, 자원 최적화 기법을 사용하여 프로젝트 팀 내에서 해결할 방법을 찾는다.

141 감사팀에서는 과거 완료된 프로젝트 성과를 평가 중이다. 그런데 일부 프로젝트 성과와 관련된 부분에 문제가 있다고 감사팀 담당자가 PMO에게 관련된 문서의 추가 제출을 요구하였다. 이때 PMO가 이전 프로젝트를 담당했던 PM에게 요구해야 하는 문서는 무엇인가?

A. 작업성과 정보(Work performance information)

B. 프로젝트 문서(Project documents)

C. 비즈니스 문서(Business documents)

D. 협약서(Agreements)

142 프로젝트 진행 중 팀원 한 명의 성과가 저조하다. 어떻게 해야 하는가?

A. 프로젝트 관리자가 직접 멘토링한다.

B. 기능 관리자에게 교육을 요청한다.

C. 해당 팀원을 프로젝트에서 배제시킨다.

D. 해당 팀원을 행정적인 업무로 전환하고 다른 팀원에게 역할을 부여한다.

143 프로젝트 관리자가 프로젝트를 진행하는 도중 조달 업체와 분쟁이 발생하여 직접 대면을 통해 협상으로 해결하고자 했으나, 합의점을 찾지 못했다. 다음으로 프로젝트 관리자가 해야 할 조치는?

A. 중재(arbitration) 방식을 선택한다.

B. 스폰서에게 해당 사실을 보고한다.

C. 해당 공급자와의 계약 취소를 건의한다.

D. 해당 공급업체에 소송을 제기한다.

144 프로젝트 관리자는 원가와 일정을 상세하게 수립하기를 원한다. 기본적으로 제공되어야 하는 것은 무엇인가?

A. 프로젝트 범위 기술서(Project scope statement)

B. 작업분류체계(WBS)

C. 일정 기준선(Cost Baselines)

D. 의사소통관리 계획서(Communication management plan)

145 프로젝트 수행 중에 전사 PMO로부터 해당 프로젝트를 중지 대상에 포함하였다는 통보를 받았다. PM이 가장 먼저 해야 할 것은?

A. 팀원들에게 해당 사실을 공유하고 대책을 마련한다.

B. 이슈 기록부에 등록하고 CCB 소집을 건의한다.

C. 프로젝트 비정상 종료 절차에 따라서 종료 보고를 준비한다.

D. 스폰서를 만나서 사실 여부를 확인한다.

146 프로젝트 마무리 단계다. 고객과 검수 목록을 확인하는데 핵심 인도물이 누락된 것을 발견하였고, 그로 인해서 고객과 오해가 발생하였다. PM은 그동안 여러 차례 메일과 게시판을 통해서 산출물 목록 및 진행현황을 공유했는데도 왜 이런 결과가 나왔는지 팀원들을 질책 중이다. 이런 상황을 방지하기 위해서 PM이 주로 사용했어야 하는 의사소통 방법은?

A. 대화식 의사소통(Interactive communication)

B. 전달식 의사소통(Push communication)

C. 유인식 의사소통(Pull communication)

D. 소그룹 의사소통(Small group communication)

147 외주업체와 장기 계약을 추진하려고 한다. 향후 금액 변경을 원치 않는다면 어떤 계약을 해야 하나?

A. 확정 고정가(FFP: Firm Fixed Price) 계약

B. 고정수수료 가산 원가(CPFF: Cost Plus Fixed Fee) 계약

C. 가격조정 조건부 고정가(FP-EPA: Fixed Price with Economic Price Adjustment) 계약

D. 성과급 가산원가(CPIF: Cost Plus Incentive Fee) 계약

148 다음 중 완료시점 산정치(EAC: Estimate at Completion)를 계산하는 일반적인 방법으로 올바른 것은?

A. BAC / SPI

B. BAC × CPI

C. BAC / CPI

D. BAC × SPI

149 식별된 리스크에 대한 대응 방안 및 리스크의 근본적인 원인들의 목록을 확인했다. 이러한 정보는 어디에 기록되는가?

A. 리스크관리 계획서(Risk Management Plan)

B. 리스크 데이터베이스(Risk Database)

C. 프로젝트관리 계획서(Project Management Plan)

D. 리스크 관리대장(Risk Register)

150 신규 프로젝트에 대한 헌장을 작성 중이다. 기능 관리자들을 만나서 프로젝트에 필요한 인력 수준을 파악하고 있는데, 회사 내에는 투입 가능한 인력들의 기술 수준이 필요 역량에 미치지 못한다. 이런 상황에서 가장 바람직한 선택은?

A. 회사 내에 신규 인력이 채용될 때까지 기다린다.

B. 외부에서 전문 인력을 조달한다.

C. 투입 가능한 인력을 대상으로 기술 교육을 진행한다.

D. 부족한 역량으로 인해 발생할 리스크를 고려해서 예산을 충분히 요청한다.

151 프로젝트들의 회수기간(PP)과 내부수익률(IRR)이 보기와 같다. 조직의 관심사가 우선순위가 빠른 원금 회수에 있을 때 선택해야 하는 프로젝트는 무엇인가?

A. PP: 5년, IRR: 7.5%   B. PP: 2년, IRR: 3.5%

C. PP: 3년, IRR: 4.5%   D. PP: 4년, IRR: 6.5%

152 당신은 프로젝트 관리자로서 조달 업체와 조달 업무를 협상 중이다. 다음 중에서 계약업체와의 협상과 관련하여 가장 중점을 두어야 할 것은?

A. 유리한 계약 유형 선정으로 지급 비용 절감

B. 조달관리 계획서의 누락 없는 작성 및 서명

C. 공급자 선정기준 준수로 향후 감사에 대비

D. 구매자와 공급자의 상호 이익 확인 및 조정

153 당신은 국가 행정망 구축 프로젝트의 PM으로 선정되었으며, 투입 전에 조직 프로세스 자산에서 유사한 사업의 교훈 사례를 검토 중이다. 과거에 일정이 지연된 프로젝트들을 확인해 보니, 이해관계자들의 관심이 낮았다는 공통점이 발견되었다. PM으로서 사전에 준비해야 할 중점 항목은 무엇인가?

A. 모든 이해관계자를 프로젝트 팀원에 포함한다.

B. 프로젝트 킥오프 미팅에 식별된 이해관계자 전원을 참석시킨다.

C. 이해관계자 참여 계획서 작성에 관심을 기울이고 지속적으로 업데이트한다.

D. 프로젝트 진행 도중에 모든 이해관계자를 변경통제 위원회(CCB)에 참여시킨다.

154 프로젝트 단계 말 통제를 진행 중이며, 스폰서가 일정 단축을 요구하고 있다. 해당 프로젝트는 자원(인적, 물적)의 추가 투입은 문제 되지 않는 재무적 지원이 충분한 상황이다. PM이 적용할 단축 기법은 무엇인가?

A. 공정압축법(Crashing)

B. 공정중첩단축법(Fast Tracking)

C. 자원평준화(Resource Leveling)

D. 선도(Lead)

155 완료시점 예산(BAC)과 실제 원가(AC)를 알면 구할 수 있는 것은 무엇인가?

A. 완료시점 산정치(EAC)

B. 잔여분 산정치(ETC)

C. 남은 자금(Funds Remaining)

D. 남은 작업(Work Remaining)

156 다음 중에서 입찰자 회의(Bidder Conferences)를 수행하는 이유는 무엇인가?

A. 협상으로는 조달 업체와 논쟁이 사라지지 않아 대안적 분쟁 해결을 위해서

B. 계약 금액의 결정기준으로 삼고자 내부적으로 미리 가격을 산출하기 위하여

C. 조달 업체와 체결할 계약 유형을 결정하기 위하여

D. 모든 업체에게 정보를 공평하게 제공하기 위하여

157 일부 실험 기자재에 대해서 구매할지 또는 개발할지에 대해서 토론 중이다. 지금 어떤 프로세스를 하고 있는가?

    A. 조달관리 계획수립   B. 조달 수행

    C. 조달 통제   D. 조달 종료

158 프로젝트 기획 단계 중에서 프로젝트 범위 기술서의 일부 작업은 외주로 진행하는 것이 적절하다고 판단하였다. 그래서 적격 판매자 목록을 참조하여 납기율이 가장 좋은 조달 업체 A 사와 계약을 체결하였다. 이때, A 사와의 계약서는 어떤 프로세스로 투입되는가?

    A. 일정관리 계획수립(Plan schedule management)

    B. 프로젝트관리 계획서 개발(Develop project management plan)

    C. 예산 결정(Determine budget)

    D. 조달관리 계획수립(Plan procurement management)

159 프로젝트 개발 단계이다. 설계 단계까지는 지지형(supportive)이었던 이해관계자가 저항형(resistant)으로 변경되었다. 향후 원활한 인도물 검수를 위해서는 해당 이해관계자의 협조가 필요하다. PM이 해야 할 것은 무엇인가?

    A. 이슈 기록부에 등록하고 해결방안을 모색한다.

    B. RACI 차트에서 인도물 검수 인력의 교체를 건의한다.

    C. 저항형 이해관계자는 프로젝트 진행에 도움이 되지 않으므로 인원 교체를 요청한다.

    D. 해당 이해관계자와 대화 또는 갈등관리를 통해서 지지형으로의 변화를 도모한다.

160 프로젝트는 연말 성과보고를 준비하고 있다. 계획 대비 절반 정도의 기간이 지났지만, 성과도 좋지 않았고 그에 따라 프로젝트 팀의 분위기도 좋지 않다. PM이 남은 기간 동안 프로젝트 목표를 달성하기 위해서 해야 할 것은?

    A. 성과를 달성하지 못하거나 팀 분위기를 해치는 팀원들을 선별하여 전원 교체한다.

    B. 기본 규칙(Ground rule)을 더욱 강화하여 모든 팀원이 철저하게 준수하도록 한다.

    C. 팀원의 행동을 관찰하고 갈등을 관리하면서 프로젝트 팀 분위기 전환을 위해 노력한다.

    D. 상황실(War room)을 만들어서 프로젝트 팀원들의 대부분 또는 전원을 물리적으로 동일 공간에 배치함으로써 업무의 생산성을 높인다.

161 XYZ 프로젝트는 유난히 조달 업체의 참여가 많은 프로젝트이다. 프로젝트 관리자는 조달 업체 직원에 대한 직접적인 통제가 어려운 상황이기 때문에 산출될 인도물의 완성도에 대한 걱정이 태산이다. 따라서 추후에 발생할 리스크에 대비해서 초기에 계획했던 테스트보다 2배 많은 테스트를 수행하기로 결정하였다. 어떠한 대응 기법인가?

A. 회피(Avoid)

B. 전가(Transfer)

C. 완화(Mitigate)

D. 수용(Accept)

162 리스크 식별도 철저히 했고 발생시점에 시기적절한 대응을 했음에도 불구하고 리스크 대응에 실패하였다. 처리되지 못한 리스크로 인해서 프로젝트 전체 일정 지연이 예상된다. 무엇부터 검토해야하는가?

A. 이슈 기록부(Issue log)

B. 교훈 관리대장(Lessons Learned register)

C. 리스크 관리대장(Risk register)

D. 프로젝트관리 계획서(Project management plan)

163 품질이 예상치보다 낮게 나왔다. 스폰서가 $10,000을 주면서 해결하라고 했다. 그러나 이 금액으로는 품질 문제를 완전히 해결하기에는 턱없이 부족하다. 이러한 경우 품질 문제 해결을 위해 비용을 효과적으로 사용하기 위한 이론과 관련이 있는 인물은 누구인가?

A. Crosby(크로스비)

B. Deming(데밍)

C. Pareto(파레토)

D. Maslow(매슬로우)

164 당신은 프로젝트 일정을 팀원들과 리뷰 중이다. A 작업은 3주 소요, B 작업은 4주 소요, C 작업은 5주 소요되는데, A 작업과 B 작업은 FS 관계이고 C 작업은 B 작업 착수 이후 1주일 후에 시작한다면 B 작업과 C 작업의 관계는 무엇인가?

A. FS(Finish to Start) 관계

B. SS(Start to Start) 관계

C. FF(Finish to Finish) 관계

D. SF(Start to Finish) 관계

165 1주일간 진행된 외부 감리 결과 PV = 300, AC = 400, CPI = 1.1인 결과치가 산출되었다. 주간보고에서 고객은 일정이 문제 될 것 같으니 일정을 더 단축해야 한다고 주장하고 있다. PM이 취해야 할 행동은 무엇인가?

A. 일정이 지연되고 있으니, 우선순위 기반의 개발을 계획하겠다고 보고한다.

B. 일정은 지연되고 있으나 비용은 절감 상태이므로, 우수인력을 투입하여 개선하겠다고 보고한다.

C. 일정 및 비용에 문제가 없으니, 현재 상태대로 진행하겠다고 한다.

D. 획득가치 산출이 잘못되었으니, 재산출하자고 제안한다.

166 건물의 도색 작업 일정변경에 대해서는 프로젝트 팀 내의 업무부서와 조정을 거쳐서 변경이 가능하다고 한다. 이것은 어떤 연관 관계인가?

A. 내부적 의존관계(Internal dependencies)

B. 외부적 의존관계(External dependencies)

C. 의무적 의존관계(Mandatory dependencies)

D. 임의적 의존관계(Discretionary dependencies)

167 특정 활동을 수행할 역량을 갖춘 인력을 식별 중이다. 프로젝트 관리자는 과거 프로젝트 경험상 식별된 자원이 필요한 시점에 투입 가능한지에 대해 관심이 높다. 반드시 참고해야 할 문서는 무엇인가?

A. 가정사항 기록부(Assumption log)

B. 자원 달력(Resource Calendarss)

C. 자원 요구사항(Resource requirements)

D. 자원분류체계(Resource Breakdown Structure)

168 균형 매트릭스 조직에서 PM은 핵심 인력 한 명이 소속된 기능 부서의 업무를 수행하느라 프로젝트 업무에 집중하지 못한다는 것을 알게 되었다. 어떤 조치가 필요한가?

A. 스폰서에게 현재 상황을 이야기하고 대체 인력을 요구한다.

B. 균형 매트릭스 조직이고 프로젝트 관리자 권한 밖의 일이므로 해당 부서의 업무가 종료될 때까지 다른 팀원에게 업무를 할당한다.

C. 해당 기능 부서장을 만나서 핵심 인력의 풀 타임(full time) 참여에 대해서 협상한다.

D. 강한 매트릭스 조직으로 변경해 줄 것을 스폰서에게 요청한다.

169 신도시 상수도 건설 프로젝트를 담당하고 있다. 일부 지역은 지반이 약하기 때문에 배관을 지하에 설치한 후 1주일 후부터 후속 작업이 가능하다는 판단을 내렸다. 1주일이 의미하는 것은 무엇인가?

A. 지연(lag)

B. 선도(lead)

C. 자유 여유(free float)

D. 여유 시간(slack)

170 국제적인 테러 위협에 대비하여 공항마다 적외선을 이용한 보안 검색기를 추가 설치하고 있다. 시스템 오픈이 얼마 남지 않은 상황에서 특정한 질병 이력이 있던 사람에게는 부작용이 발생할 수 있다는 연구 보고서가 발표되었다. 다음 프로세스로 진행하기 이전에 조치해야 할 것은?

A. 시스템 오픈을 무기한 연장한다.

B. 연구 보고서에 포함된 신뢰성이 검증되지 않은 부품들을 전면 교체한다.

C. 안전에 관련된 사항이므로 근본원인분석을 통해서 해당 리스크의 주요 원인을 파악한다.

D. 시스템은 계획대로 오픈하고, 문제 발생 시를 대비해서 보험을 든다.

171 프로젝트 관리자인 당신과 프로젝트 팀원들은 프로젝트에 긍정적이거나 부정적인 영향을 주는 이해관계자들에 대한 목록을 작성하였다. 어떤 프로세스 그룹을 수행 중인가?

A. 착수

B. 기획

C. 실행

D. 감시 및 통제

172 계약서 상의 모든 산출물을 완료했다. 하지만 고객은 최종 인수 전 몇 가지 사소한 변경 요구를 하고 있다. 가장 적절한 문제 해결 방안은 무엇인가?

A. 스폰서에게 이야기하여 신규 계약을 맺어야 한다고 주장한다.

B. 차기 프로젝트 수주를 위해서 기꺼이 받아들인다.

C. 공식적인 변경요청서를 제출하라고 한다.

D. 변경이 필요 없는 사항이라고 주장하며 고객 요청을 무시한다.

173 프로젝트 관리자와 프로젝트 팀은 조직의 품질 보증 부서 또는 기타 조직의 기능을 사용하여 오류 분석, 실험 설계 및 품질 향상과 같은 품질 관리 활동을 수행하고 있다. 다음 중에서 필요한 단계의 조치가 수행되었는지 확인하거나 빈번하게 수행되는 작업의 일관성을 보장하기 위해 대다수의 조직들이 보유하고 활용하는 것은 무엇인가?

    A. 체크리스트(Checklists)

    B. 프로세스 분석(Process analysis)

    C. 리스크 범주(Risk categorization)

    D. 프롬프트 리스트(Prompt lists)

174 리스크관리 계획서에 정의되어 있는 리스크 확률 및 영향력 정의, 확률-영향 매트릭스, 이해관계자의 리스크 허용 한도 등을 참조하여 식별된 리스크에 대한 정성적 리스크분석을 수행 중이다. 참고할 문서로 적절하지 않은 것은?

    A. 가정사항 기록부(Assumption log)

    B. 리스크 관리대장(Risk register)

    C. 이해관계자 관리대장(Stakeholder register)

    D. 원가 산정치(Cost estimates)

175 기존 PM이 교체되면서 당신이 PM으로 선정되었다. 프로젝트를 착수한 지 2개월이 지났지만, 아직도 WBS가 미완료되어 있는 것을 확인하였다. WBS는 누가 만들어야 하는가?

    A. 프로젝트 관리자 + 프로젝트 팀   B. 스폰서 + 프로젝트 관리자

    C. 고객   D. 기능 관리자 + 프로젝트 관리자

176 다음 활동 기간 산정 기법 중에서 정확도가 낮은 순서부터 높은 순서대로 배열한 것은?

    A. 전문가 판단-예비 분석-유사 산정-모수 산정

    B. 전문가 판단-모수 산정-유사 산정-3점 산정

    C. 유사 산정-전문가 판단-모수 산정-3점 산정

    D. 전문가 판단-유사 산정-모수 산정-3점 산정

177 해외 담수화 플랜트 프로젝트 중이다. 5m 파이프 시공을 위해서 관련 업체에게 RFP를 발송했으나 동일한 스펙(spec)의 자재를 사용하는 업체들이 제공한 제안서의 가격이 모두 달랐다. 견적가를 다시 받기 위해서 발주자가 조달 업체에 요청할 필요가 있는 문서는?

A. 제안 요청서(RFP) B. 견적 요청서(RFQ)

C. 정보 요청서(RFI) D. 작업 기술서(SOW)

178 팀원들과 제품과 프로젝트에 대한 상세한 설명을 개발하는 작업을 하고 있다. 프로젝트 관리자는 이러한 활동을 통하여 프로젝트 범위에 포함시킬 요구사항과 제외할 요구사항을 명확히 하고자 한다. 이때 사용하는 기법이 아닌 것은?

A. 전문가 판단(Expert judgment)

B. 제품 분석(Product analysis)

C. 대안 개발(Alternative generation)

D. 프로토타입(Prototype)

179 총 예산이 $6,000인 프로젝트를 진행 중이다. CPI = 1.50이고, 실제 사용한 비용은 $2,000이다. 이때 완료성과지수(TCPI: To-Complete Performance Index)를 구하시오.

A. 1.1 B. 1.5

C. 0.75 D. 1.15

180 프로젝트 관리자는 주간보고를 준비 중이다. 전달받은 데이터는 다음과 같고 고객은 원가성과지수(CPI: Cost Performance Index)가 1보다 작은 것을 우려하고 있다. 현재까지 사용된 원가성과지수(CPI)가 향후에도 지속될 것이라는 가정하에 완료시점산정치(EAC)를 구하시오.

BAC = $500,000, EV = $200,000, AC = $50,000, PV = $250,000, CPI = 0.8, SPI = 0.95

A. 200,000 B. 425,000

C. 325,000 D. 350,000

181 불확실성과 리스크를 고려하여 활동 원가를 산정하고 있다. PMO는 과거 자료를 전달하면서 낙관치, 비관치, 평균치를 활용하라고 한다. 어떠한 기법을 사용해야 하는가?

A. 베타 분포(Beta distribution)

B. 1점 산정(Single-point estimating)

C. 모수 산정(Parametric estimating)

D. 몬테카를로(Monte carlo)

182 다음 중에서 프로젝트 예산(Project budget)을 올바르게 표현한 것은?

A. 프로젝트 예산 = 작업 패키지 산정치(Work package cost estimates) + 우발사태 예비비(Contingency reserve)

B. 프로젝트 예산 = 원가 기준선(Cost baseline) + 관리 예비비(Management reserve)

C. 프로젝트 예산 = 원가 기준선(Cost baseline) + 우발사태 예비비(Contingency reserve)

D. 프로젝트 예산 = 관리 예비비(Management reserve) + 우발사태 예비비(Contingency reserve)

183 프로젝트를 진행한 지 7개월이 지난 시점에서 분석을 하였더니 다음과 같은 결과가 나왔다. 다음 중 이 프로젝트에 대해서 올바르게 설명하고 있는 것은?

> 프로젝트 기간 : 1년
> 프로젝트 금액 : $5,000
> PV : $3,500
> EV : $3,000
> AC : $2,500

A. 일정은 지연되지 않았고 비용은 초과되었다.

B. 일정은 지연되었고 비용도 초과되었다.

C. 일정은 지연되지 않았고 비용도 초과되지 않았다.

D. 일정은 지연되었고 비용은 초과되지 않았다.

184 국제 기후 협약에 따라 화력 발전소 건설에 있어서 제약사항이 많이 추가되었다. 초기구축 비용과 회사 자금 사정을 고려하면 화력 발전소가, 세계적인 동향과 향후 유지보수 비용을 고려하면 태양광 등의 친환경 발전소가 후보로 올라와 있다. 이러한 2가지 구축 안에 대해서 회사에서는 투자 대비 에너지 효율이 높은 안을 선택하고자 한다. 어떠한 기법을 사용해야 하는가?

    A. 대안 분석(Alternative analysis)

    B. 의사결정나무 분석(Decision tree analysis)

    C. 민감도 분석(Sensitivity analysis)

    D. SWOT 분석(SWOT analysis)

185 작업완료 규칙은 프로젝트마다 상이하게 설정 가능하며, 일반적으로 작업에 대한 비용 지불 기준으로 활용된다. 다음 중에서 가장 보수적인 작업완료 규칙은 무엇인가?

    A. 50 : 50 Rule   B. 0 : 100 Rule

    C. 20 : 80 Rule   D. 100 : 0 Rule

186 프로젝트는 지난주에 고객과의 공식적인 회의를 통해 범위 확인을 완료하였다. 하지만 일부 고객은 산출물의 품질을 거론하며 추가적인 범위 확인 절차를 요청하고 있는 상태이다. 이러한 상황을 해결하기 위해서 프로젝트 관리자로서 우선적으로 취해야 할 행동은?

    A. 스폰서나 상위 관리자에게 보고하고 지시를 기다린다.

    B. 고객이 거부사유에 포함한 산출물에 대해서 재작업을 지시한다.

    C. 프로젝트 범위 기술서에 기술된 인도물과 인수기준을 다시 한번 확인한다.

    D. 변경 통제 회의를 소집한다.

187 리스크 대응계획 수립에서 소개하는 임기응변(workaround)이란 무엇을 의미하는가?

    A. 사전에 계획하지 않은 리스크에 대한 대응 방법

    B. 예기치 못한 일이 일어났을 때 수행해야 할 사전에 계획된 대응 방법

    C. 리스크관리 계획서에 명시되어 있는 특정 리스크에 대한 구체적인 대응 방법

    D. 리스크에 대처하기 위한 적극적으로 계획된 절차

188 프로젝트 관리자는 전체 일정에 지장을 주지 않는 단순한 변경요청을 고객으로부터 접수받았다. 프로젝트 관리자가 먼저 수행해야 할 일은 무엇인가?

A. 범위, 일정, 원가 등의 프로세스에 대한 영향도 평가를 수행한다.

B. 단순한 요청이므로 프로젝트 팀원들에게 변경내용을 공지하고 실행을 지시한다.

C. 접수 즉시 변경통제위원회(CCB)를 소집해서 변경요청을 검토한다.

D. 요청된 변경이 범위 기준선(Scope Baseline)에 포함되지 않는 항목이므로 거절한다.

189 어떤 신사업 발굴 프로젝트에는 70%의 확률로 100억 원을 벌 수 있고, 30%의 확률로 50억 원을 손해 볼 수 있다고 한다. 이 사업의 총 금전적 기대 금액은 얼마인가?

A. 0.5억   B. 30억

C. 50억   D. 55억

190 비용 지급 원칙은 고정가이지만 공급자에게 동기부여(motivation)를 위한 인센티브를 제공하여, 프로젝트 납기 단축, 성능 개선, 품질 향상 등을 위한 계약 유형은 무엇인가?

A. 확정 고정가(FFP: Firm Fixed Price) 계약

B. 성과급 가산 고정가(FPIF: Fixed Price Incentive Fee) 계약

C. 시간·자재(T&M: Time & Material) 계약

D. 성과급 가산 원가(CPIF: Cost Plus Incentive Fee) 계약

191 장기간의 프로젝트로 팀원들이 지쳐가고 있다. 다행히도 팀 내부에 갈등은 보이지 않고 있으나 현재와 같은 상황이 지속된다면 인력 이탈도 고려해야 한다. 다음 중에서 업무 생산성이 우수한 팀원들에게 동기 부여하기에 적합한 팀 개발 기법은?

A. 교육(Training)

B. 팀 빌딩(Team building)

C. 인정과 보상(Recognition and Rewards)

D. 동일장소 배치(Colocation)

192 자원관리 계획서에 포함되어 있는 자원 확보 시기에 따라서 투입 가능한 자원의 가용현황을 확인해 가면서 프로젝트에 투입될 자원을 확보하고 있다. 이러한 작업의 결과로 기대할 수 있는 산출물과 거리가 먼 것은?

    A. 물적 자원 배정표(Physical resource assignments)

    B. 프로젝트 팀 배정표(Project team assignments)

    C. 자원 달력(Resource Calendarss)

    D. 자원 요구사항(Resource requirements)

193 조달 업체 간에 수행해야 하는 업무 범위에 대한 의견 충돌이 빈번하다. 조달 담당자로서 확인해야 하는 문서는 무엇인가?

    A. 조달 작업 기술서(Procurement statements of work)

    B. 작업분류체계(WBS)

    C. 범위관리 계획서(Scope management plan)

    D. 판매자 선정 기준(Source selection criteria)

194 품질관리 지식 영역에서 시간의 흐름을 고려하여 작성되어야 하는 기법은 무엇인가?

    A. 파레토 다이어그램(Pareto Diagram)

    B. 점검 기록지(Check Sheet)

    C. 관리도(Control Chart)

    D. 히스토그램(Histogram)

195 프로젝트 관리자가 리스크에 대해서 프로젝트 팀원에게 설명 중이다. 다음 중에서 리스크에 대한 설명으로 올바르지 않은 것은?

    A. 프로젝트 초반부터 집중 관리하되, 프로젝트 생애주기 동안에 전 팀원이 지속적으로 수행해야 하는 활동임을 강조한다.

    B. 리스크는 프로젝트에 긍정적 또는 부정적 영향을 줄 수 있는 사건이므로 긍정적인 리스크도 식별하라고 한다.

C. 개별 리스크뿐만 아니라 개별 리스크 간의 조합, 개별 리스크와 기타 불확실한 원인의 조합도 고려하라고 한다.

D. 리스크는 초기에 많이 식별할수록 좋으니 리스크 식별 이후에 리스크관리 계획서를 작성하도록 한다.

196 당신은 신도시로 연결되는 자기부상 열차 선로 개선 프로젝트에 투입되었으며, 프로젝트 헌장의 내용을 리뷰 중이다. 프로젝트 헌장에서 특히나 해당 프로젝트가 투자할 만한 가치가 있었는지에 대해서 기술되어 있는 비즈니스 케이스를 검토 중이다. 다음 중에서 비즈니스 케이스에 포함되는 내용은?

A. 인도물 및 인수기준

B. 비즈니스 요구와 원가-편익분석

C. 편익 달성 방법 및 시기

D. 프로젝트에 선정된 생애주기

197 범위 기준선, 일정 기준선, 원가 기준선을 통합하여 승인된 계획으로 프로젝트 성과를 측정하고 관리하는 데 있어 비교 기준이 되는 것을 의미하는 용어는 무엇인가?

A. 획득 가치(Earned Value)

B. 완료 시점 예산(Budget At Completion)

C. 성과 측정 기준선(Performance Measurement Baseline)

D. 원가 기준선(Cost Baseline)

198 식별되고 정성적으로 분석된 리스크 중에서 프로젝트 결과에 가장 큰 리스크를 결정하고자 한다. 영향력이 가장 큰 요소부터 위쪽으로 배치해서 마치 토네이도와 비슷하다고 하여 '토네이도 다이어그램(Tornado Diagram)'이라고도 불리는 이것은 무엇인가?

A. 민감도 분석(Sensitivity analysis)

B. 의사결정나무 분석(Decision tree analysis)

C. 획득가치 관리(Earned Value Management)

D. 몬테카를로(Monte carlo)

199 조직의 CFO가 PM인 당신에게 현재 진행 중인 프로젝트가 얼마에 끝날 수 있는지를 물어보았다. PM은 프로젝트 총 예산은 $300,000이고, 지금까지 $200,000의 예산을 사용했고, $100,000의 작업이 완료되었음을 확인하였다. 프로젝트에서 남은 업무를 지금까지의 원가효율성에 따라 완료한다고 가정했을 경우, 얼마로 보고해야 하는가?

A. $100,000

B. $200,000

C. $300,000

D. $600,000

200 WBS의 가장 작은 요소이며, 산출물과 담당자를 지정하는 최하위 단위는 무엇인가?

A. 작업 패키지(Work package)

B. 분할예정 패키지(Planning package)

C. 활동(Activity)

D. 통제 단위(Control account)

실전 모의시험 정답

정답에 대한 해설은 프리렉 홈페이지(www.freelec.co.kr) 자료실에서 내려받을 수 있습니다.

번호	정답	번호	정답	번호	정답	번호	정답	번호	정답
1	A	41	A	81	D	121	C	161	C
2	D	42	B	82	A	122	D	162	C
3	A	43	D	83	C	123	B	163	C
4	D	44	C	84	D	124	A	164	B
5	B	45	A	85	A	125	D	165	C
6	D	46	D	86	D	126	C	166	A
7	B	47	D	87	D	127	A	167	B
8	D	48	D	88	D	128	C	168	C
9	B	49	C	89	D	129	A	169	A
10	A	50	A	90	A	130	B	170	C
11	B	51	B	91	C	131	B	171	A
12	B	52	A	92	A	132	C	172	C
13	D	53	B	93	A	133	C	173	A
14	D	54	D	94	D	134	B	174	D
15	B	55	D	95	C	135	D	175	A
16	B	56	D	96	A	136	A	176	D
17	C	57	A	97	C	137	B	177	B
18	C	58	B	98	B	138	C	178	D
19	B	59	B	99	C	139	B	179	C
20	B	60	B	100	A	140	A	180	B
21	D	61	D	101	A	141	B	181	A
22	C	62	C	102	D	142	A	182	B
23	C	63	A	103	C	143	A	183	D
24	A	64	C	104	D	144	B	184	D
25	B	65	C	105	B	145	D	185	B
26	D	66	C	106	A	146	A	186	C
27	D	67	A	107	C	147	A	187	A
28	B	68	A	108	A	148	C	188	A
29	C	69	A	109	B	149	D	189	D
30	B	70	D	110	A	150	C	190	B
31	A	71	D	111	D	151	B	191	C
32	B	72	C	112	A	152	D	192	D
33	D	73	D	113	C	153	C	193	A
34	A	74	C	114	A	154	A	194	C
35	A	75	A	115	D	155	C	195	D
36	B	76	D	116	A	156	D	196	B
37	D	77	B	117	D	157	A	197	C
38	A	78	A	118	C	158	C	198	A
39	C	79	A	119	C	159	D	199	D
40	A	80	D	120	A	160	C	200	A

PMP PRIDE

최신 트렌드 문제

:
최신 트렌드 문제의 해설은
프리렉 홈페이지(www.freelec.co.kr)를 참고하세요.

최근 출제빈도가 높고 정답을 선택하기 어려운 문제들로 구성하였습니다.

PMP 시험은 200문제 중에서 100여 개 문제는 전통적인 기출문제, 나머지 100여 개 문제는 지속적으로 변경되는 트렌드 문제로 구성되어 있습니다. 또한 트렌드 문제는 평균적으로 3개월이나 6개월 단위로 많게는 50여 문제가 변경됩니다.

전통적인 유형은 수험생이 학습하는 해설서, 문제집, PMBOK Guide만으로도 득점이 가능하지만, 트렌드 유형은 문제나 보기를 조금이라도 변경해서 출제하고 있기 때문에 맹목적으로 후기에 있는 답을 선택하면 안 됩니다. 시험일 기준으로 3개월 이내의 후기는 참고하되, 해설서와 PMBOK Guide 학습을 통해서 충분하게 기초 체력을 길러야 시험장에서 응용할 수 있음을 명심해야 합니다.

PMP 합격을 위해서는 다수의 문제를 풀어보기보다는 해설서나 PMBOK Guide를 반복해서 학습하면서 전반적인 흐름을 그려나가는 것이 가장 중요합니다.

→ 정답 555쪽

1   프로젝트 작업 감시 및 통제(monitoring and controlling)의 주요한 목적은 무엇인가?

   A. 감시 및 모니터링을 통한 프로젝트관리 계획서 업데이트

   B. 감시 및 모니터링을 통한 계획 대비 실적에 대한 차이 확인

   C. 감시 및 모니터링을 통한 변경통제위원회(CCB) 투입물 생성

   D. 감시 및 모니터링을 통한 승인된 변경사항의 구현 여부를 감시

2   태양열과 지열을 활용한 냉동창고를 건설 중이다. 투입되는 자재의 20% 정도가 충분하게 검증이 되
    지 않은 부품이다. 하지만 현재로서는 선정된 부품 이외에는 대체재가 없다. PM은 이런 상황에 대비
    해서 보험을 들고자 한다. 어떠한 리스크 대응 기법인가?

   A. 수용(Accept)   B. 회피(Avoid)

   C. 전가(Transfer)   D. 활용(Exploit)

3   소규모 R&D 프로젝트를 진행 중이다. 관련 부서에서 팀원들이 참여하였고, 얼마 전에 프로젝트 헌
    장이 작성되었다. 착수 회의(kick-off meeting)는 어느 단계에서 수행하는 것이 바람직한가?

   A. 착수(Initiating) 프로세스 그룹

   B. 기획(Planning) 프로세스 그룹

   C. 실행(Executing) 프로세스 그룹

   D. 종료(Closing) 프로세스 그룹

4   중요한 이해관계자가 아니었는데 제품 인도 시점에 특정한 요구사항이 들어 있지 않다면서 인수 확
    인서에 서명을 거절하고 있다. PM은 이러한 상황을 방지하기 위해서 사전에 무엇을 해야 했는가?

A. 모든 이해관계자를 동일한 수준으로 철저하게 관리했어야 한다.

B. 중요한 이해관계자가 아니었더라도 지속적으로 감시하고 정보를 배포했어야 한다.

C. 이해관계자 큐브(Stakeholder Cube)를 사용하여 보다 정교한 이해관계자 분석을 했어야 한다.

D. 별도의 이해관계자 관리대장을 작성하고, 팀원들과 지속적으로 공유했어야 한다.

5 프로젝트 헌장이 방금 전에 스폰서를 통해서 승인되었다. 프로젝트 시작을 위해서 진행되어야 하는 것은 무엇인가?

A. 프로젝트에 영향을 줄 수 있는 대내 · 외적인 가정 및 제약사항을 식별한다.

B. 프로젝트의 주요한 리스크, 마일스톤, 예산 정보를 주요 이해관계자에게 배포한다.

C. 프로젝트의 요구사항을 수집하기 위해서 고객과의 인터뷰 일정을 수립한다.

D. 프로젝트 관리자를 선임하고 적절한 책임 및 권한을 설정한다.

6 프로젝트는 설계 단계를 공식적으로 종료하고 이번 주부터 개발 단계로 진입하였다. 하지만 고객이 프로젝트 전체 일정에 영향을 줄 수 있는 범위 변경을 요청하였다. 프로젝트 관리자로서 가장 먼저 해야 할 작업은 무엇인가?

A. 변경통제위원회를 소집한다.

B. 스폰서에게 이야기하여 프로젝트 일정 지연이 예상되므로 수용할 수 없다고 건의한다.

C. 프로젝트 주요 이해관계자와의 미팅 일정을 수립한다.

D. 이미 설계 단계가 공식적으로 종료되었으므로 수용할 수 없다는 공문을 발송한다.

7 이전 PM은 고객의 다양한 요구사항을 만족시키지 못한다는 사유로 해임되었고, 당신이 해당 프로젝트의 신규 PM으로 투입되었다. 가장 먼저 확인해야 할 것은 무엇인가?

A. 고객 및 프로젝트의 요구사항이 정리되어 있는 요구사항 문서를 확인한다.

B. 의사소통관리 계획서를 검토해서 이해관계자의 의사소통 요구사항을 파악한다.

C. 프로젝트 팀원들과 회의를 통해 프로젝트 현 상황에 대해서 토의한다.

D. 이해관계자 관리대장을 검토하여 주요 이해관계자의 요구 및 기대사항을 확인한다.

8 스폰서가 PM인 당신에게 프로젝트 계획을 작성하라고 지시하였다. 수행하는 활동 순서로써 가장 올바르게 나열한 것은 무엇인가?

A. 활동 정의 – WBS 작성 – 원가 산정

B. WBS 작성– 일정 개발 – 원가 산정

C. 활동 순서배열 – 범위 정의 – 원가 산정

D. 범위관리 계획서 작성 – 일정 개발 – 원가관리 계획서 작성

9 최근 내용으로 업데이트한 변경 기록부(change log)를 관련된 이해관계자에게 전달하였다. 승인된 변경요청에 대해서는 불만이 없지만, 기각된 변경요청과 관련된 이해관계자들은 다시 변경요청을 하겠다며 불만이 가득한 상태이다. 이러한 상황을 해결하기 위해서 프로젝트 관리자가 애를 쓰고 있지만 결코 쉽지 않은 상황이다. 어떠한 프로세스를 진행 중인가?

A. 의사소통 감시(Monitor communications)

B. 이해관계자 참여 감시(Monitor stakeholder engagement)

C. 이해관계자 참여 관리(Manage stakeholder engagement)

D. 팀 관리(Manage team)

10 프로젝트 관리자는 지난주에 서버 담당자로부터 일부 서버에 과부하가 걸려서 작동이 중지될 수도 있다는 보고를 받았다. 그래서 서버 담당자와 분석을 통해서 예비 서버를 대여하기로 결정하였다. 어떠한 리스크 대응 방안인가?

A. 회피(Avoid)

B. 전가(Transfer)

C. 완화(Mitigate)

D. 수용(Accept)

11 작업분류체계(WBS)에 명시된 인도물을 모두 완료하고 고객에게 인도하였다. 하지만 고객은 요구사항을 모두 만족시키지 못했다면서 불평을 제기하고 있다. 이러한 불평을 제거하기 위해서 사전에 했어야 하는 것으로 가장 바람직한 것은 무엇인가?

A. 요구사항 추적 매트릭스를 주기적으로 고객에게 전달했어야 한다.

B. 프로젝트 생애주기에 걸쳐 요구사항 문서를 고객과 함께 검수했어야 한다.

C. 인도물 검수 시에 통상적으로 고객이 제기하는 일이기 때문에 무시한다.

D. 작업분류체계(WBS)를 주기적으로 고객과 함께 검토했어야 한다.

12 당신은 개발도상국의 상수도 개선 프로젝트를 수행 중이다. 지난주에 해당 국가의 환경관련 부서에서 설치하려는 배관의 성분 때문에 인허가를 내어줄 수 없다는 사항을 메일을 통해서 수신하였다. 과거 프로젝트 사례를 참고하니 환경관련법 문제를 처리하느라 일정이 지연된 프로젝트 사례를 발견하였다. 프로젝트 시작 전에 무엇을 참고했어야 하는가?

A. 프로젝트관리 계획서(Project management plan)

B. 교훈(Lessons Learned)

C. 조직 프로세스 자산(Organizational process assets)

D. 프로젝트 헌장(Project charter)

13 요구사항 수집 단계에서 고객에게 프로토타입을 전달했더니 몇 가지 수정사항을 제시하였다. 당신이 PM이라면 어떻게 해야 하는가?

A. 범위 기준선이 작성되기 이전이므로 고객의 요구사항이 계약범위 이내라면 수용한다.

B. 프로토타입은 최종 제품이 아니기 때문에 수정사항은 해당하지 않는다고 전달한다.

C. 이미 베이스라인이 설정되었기 때문에 수정은 불가하다고 한다.

D. 공식적인 변경요청을 통해서 제시하라고 전달한다.

14 회사에서는 이전에 수행했던 프로젝트와 유사한 프로젝트를 수행 중이다. 1차적으로 고객의 요구사항을 수렴하기는 했지만, 오래전에 수행했던 프로젝트라서 이미 해당 프로젝트를 수행했던 팀원들은 회사에 거의 남아 있지 않은 상황이다. 이러한 상황에서 가장 도움이 될 수 있는 기법으로 유용한 것은 무엇이겠는가?

A. 친화도(Affinity diagram)

B. 브레인스토밍(Brainstorming)

C. 다기준 의사결정 분석((Multicriteria decision analysis)

D. 체크리스트(Checklist)

15 주간 보고 시에 SPI = 0.63, CPI = 1.17이라는 측정치가 보고되었다. 프로젝트 현재 상태를 파악하시오.

   A. 일정은 계획대비 선행하고, 비용은 계획대비 절감되고 있다.

   B. 일정은 계획대비 지연되고, 비용은 계획대비 절감되고 있다.

   C. 일정은 계획대비 선행하고, 비용은 계획대비 더 지출되고 있다.

   D. 프로젝트 납기 준수에 영향이 없다.

16 재건축 프로젝트를 진행하고 있으며 과거 진행했던 유사한 프로젝트를 참고하여 프로젝트 완료 일자를 산정하였다. 어떤 기법을 사용 중인가?

   A. 유사 산정(Analogous estimating)   B. 모수 산정(Parametric estimating)

   C. 3점 산정(Three−point estimating)   D. 예비 분석(Reserve analysis)

17 프로젝트 관리자가 품질 관리도(Control chart)를 리뷰 중에 있다. 3개는 평균 아래, 4개는 평균 위에, 1개는 UCL을 벗어났다. 현재 어떤 상태인가?

   A. Out of Control

   B. In Control

   C. 판단할 수 없다.

   D. 평균을 기준으로 고르게 품질 수준을 유지하고 있다.

18 2개의 프로젝트에 동시에 참여하는 담당자가 있다. 다른 프로젝트의 업무를 진행하느라 중요한 보고서 작성을 누락했다. 이러한 상황을 방지하기 위해서 PM은 무엇을 확인했어야 하는가?

   A. WBS 사전(WBS dictionary)   B. 자원관리 계획서(Resource management plan)

   C. 자원 달력(Resource Calendars)   D. 자원 요구사항(Resource requirement)

19 구매담당 부서와 프로젝트 일부 영역에 대해서 조달의 필요성, 조달 계약 유형, 참여자격을 갖춘 판매자를 식별하고 있다. 다음 중에서 이러한 작업을 위해서 참조할 문서로 적합하지 않은 것은 무엇인가?

A. 요구사항 문서(Requirements documentation)   B. 리스크 관리대장(Risk register)

C. 자원 요구사항(Resource requirements)   D. 판매자 선정 기준(Source selection criteria)

20 프로젝트 진행 중 권력은 높으나 업무에는 별로 관심이 없던 이해관계자가 프로젝트 현황 보고서를 보내달라고 했다고 팀원이 프로젝트 관리자에게 말한다. 당신은 이러한 이해관계자에 대해서 어떻게 하는 것이 적합하겠는가?

A. 현재까지 관심이 없던 이해관계자이므로 기존 정책을 유지하라고 지시한다.

B. 현재 시점에서 이해관계자의 지위와 역할을 분석한 후 이해관계자 관리대장을 업데이트한다.

C. 이해관계자 참여 계획서에 이러한 사항을 기록한다.

D. 의사소통관리 계획서에 해당 이해관계자를 포함한다.

21 설계 단계가 마무리되고 고객과 설계 산출물에 대한 검수를 진행 중이다. 하지만 검수 과정에서 일부 영역의 산출물이 누락되어 있는 것을 발견하였다. 이러한 누락을 방지하기 위해서 프로젝트 관리자는 무엇을 철저히 확인했어야 하는가?

A. 요구사항관리 계획서(Requirements management plan)

B. 범위관리 계획서(Scope management plan)

C. 프로젝트 작업 기술서(Project statement of work)

D. 프로젝트 범위 기술서(Project scope statement)

22 다음과 같이 동시에 진행 중인 프로젝트 목록이 있다. 수행 조직은 한정된 자원을 고려하여 리스크 우선순위가 높은 프로젝트에 PMO를 파견하고자 한다. 어떠한 프로젝트 순으로 파견을 고려하는 것이 가장 효과적이겠는가?

프로젝트	리스크 발생 확률(%)	원가에 미치는 영향($)
A	0.8	150
B	0.1	250
C	0.8	100
D	0.5	100

A. A〉B〉C〉D   B. A〉C〉D〉B

C. B〉D〉A〉C   D. C〉A〉D〉B

23 리스크 대시보드 구축 프로젝트가 성공적으로 종료되었으며 이번 주에 운영팀으로 해당 시스템을 이관할 예정이다. 운영팀의 주된 업무는 무엇인가?

    A. 시스템을 관리하고 사용자 문의에 응대를 한다.

    B. 관련 시스템의 이해를 위해서 사용자 교육을 진행한다.

    C. 프로젝트가 계약서에 명시된 약관을 준수하였는지 확인한다.

    D. 시스템 고도화를 위한 개선 사항을 발굴하고 스폰서에게 보고를 준비한다.

24 프로젝트 활동이 조직의 프로젝트 정책, 프로세스 및 절차를 따르는지 판별하기 위하여 수행하는 체계적이며 독립적인 프로세스 활동을 수행 중이다. 이러한 활동을 통해서 수행 중인 우수한/모범적 실무관행을 식별하고, 팀의 생산성 향상에 도움이 되도록 프로세스 구현을 개선하는 방식으로 지원을 제공하려고 한다. 이러한 활동을 위해서 참고해야 하는 것으로 거리가 먼 것은 무엇인가?

    A. 리스크 보고서(Risk report)

    B. 품질 지표(Quality metrics)

    C. 품질통제 측정치(Quality control measurements)

    D. 인도물(Deliverables)

25 작업분류체계(WBS)가 포함된 범위 기준선(scope baseline)을 확인하고자 한다. 어떤 문서를 확인해야 하는가?

    A. 프로젝트 범위 기술서(Project scope statement)

    B. 프로젝트관리 계획서(Project management plan)

    C. 변경관리 계획서(Change management plan)

    D. 성과측정 기준선(Performance measurement baseline)

26 프로젝트 헌장 작성에 앞서 프로젝트에 영향을 줄 수 있는 기업 환경 요인을 조사 중이다. 다음 중에서 기업 환경 요인에 해당하는 항목으로 올바르게 구성된 것은?

    A. 조직 문화와 구조, 인프라, 지침서

    B. 형상관리 시스템, 조직 문화와 구조, 지침서

C. 인프라, 형상관리 시스템, 조직 문화와 구조

D. 이슈 및 결함관리 지침, 각종 템플릿, 이해관계자 리스크 허용한도

27 지난주부터 본사 품질 전문가(Quality SME)들이 투입되어 품질 감사(quality audit)를 수행 중이다. 이러한 활동 후에 프로젝트 관리자가 기대할 수 있는 것은 무엇인가?

A. 리스크 보고서(Risk reports)

B. 품질 보고서(Quality reports)

C. 품질통제 측정치(Quality control measurements)

D. 검증된 인도물(Verified deliverables)

28 당신은 교체된 PM이다. 프로젝트 상황을 분석해 보니 기능부서장의 지원도 저조하고 회사에서 예산도 제대로 지원받지 못하고 있다. 무엇이 문제라고 생각하는가?

A. 프로젝트에 대해 공식적인 승인을 받지 못하고 있다.

B. 조직의 기능 관리자들이 협조적이지 않다.

C. 고객과 이전 PM의 사이가 좋지 않았다.

D. 프로젝트 헌장이 작성되지 않았다.

29 프로젝트 진척 확인 결과 주 공정이 지연되어서 프로젝트 전체 일정이 지연되고 있다. 현재로서는 Crashing, Fast tracking 등 어떠한 방법도 적용할 여력이 없는 상태이다. 프로젝트 관리자가 해야 할 일은?

A. 스폰서에게 해당 이슈를 보고하고 일정 기준선 변경을 요청한다.

B. 프로젝트 진행 중 빈번하게 발생하는 일이기 때문에 내부적으로 처리한다.

C. 고객에게는 전달하지 않고 본사에 연락하여 도움을 요청한다.

D. 자원 최적화 기법을 적용하여 가용한 자원을 지연된 작업에 집중 투입하여 문제를 해결한다.

30 프로젝트 종료 시점에 교훈 문서를 작성하는 목적으로 가장 적합한 것은?

A. 고객의 공식적인 승인을 확보하고 교훈 저장소(Lessons Learned Repository)에 저장하기 위해서

B. 프로젝트를 종료하기 위한 필수 활동이기 때문에

C. 프로젝트 팀원과 프로젝트 팀의 성과를 공정하게 평가하기 위해서

D. 프로젝트 팀이 경험하고 처리한 정보를 분석하여 향후 프로젝트에 도움을 주기 위해서

31 다음 달부터는 주요 자재에 대한 조달을 수행해야 한다. 그런데 최근에 국제 환율이 안정되지 못해서 조달 시기를 고민 중이다. 이러한 변화는 무엇에 해당하는가?

A. 조달 작업 기술서(Procurement statement of work)

B. 비즈니스 케이스(Business case)

C. 기업 환경 요인(EEF)

D. 조직 프로세스 자산(OPA)

32 프로젝트 중간 점검 시에 인적자원에 대한 부족이 발생하고 있음을 발견하였다. 프로젝트에 투입된 자원에 제약이 존재하고 있을 때, 결함이 많이 발생하는 파트에 우선적으로 자원을 분배하고자 할 때 유용한 기법은 무엇인가?

A. 파레토 다이어그램(Pareto diagrams)

B. 사전 배정(Pre−assignment)

C. 히스토그램(Histograms)

D. 흐름도(Flowcharts)

33 선후행 도형법(PDM: Precedence Diagramming Method)에서는 다양한 연관관계가 사용된다. 다음 중에서 기본 설계 작업이 종료되어야 상세 설계 작업이 시작 가능한 관계는 무엇인가?

A. 종료−시작 관계(FS: Finish to Start)

B. 종료−종료 관계(FF: Finish to Finish)

C. 시작−시작 관계(SS: Start to Start)

D. 시작−종료 관계(SF: Start to Finish)

34. 진행 중인 프로젝트에 PM으로 교체 투입되었다. 이전 PM은 건강상의 이유로 퇴사한 상태이다. 프로젝트의 인도물과 인수기준, 프로젝트 범위 제외사항, 가정 및 제약사항을 살펴보고자 한다. 어떤 문서가 가장 효과적인가?

   A. 작업분류체계(WBS)

   B. 요구사항 문서(Requirements Documentation)

   C. 프로젝트 헌장(Project chart)

   D. 프로젝트 범위 기술서(Project Scope Statement)

35. 정전이 자주 발생하는 지역이며, 이로 인해서 메인 서버(main server)가 다운되는 현상이 우려된다. 프로젝트 관리자는 서버 증설을 통해서 이러한 문제를 해결하고자 한다. 어떠한 리스크 대응 전략인가?

   A. 회피(Avoid)   B. 전가(Transfer)

   C. 완화(Mitigate)   D. 수용(Accept)

36. 신소재 개발 프로젝트의 관리자이며, 일정 개발을 위한 작업으로 신소재 개발의 위험성을 고려하여 프로젝트 일정을 산정하고 있다. 초기 프로토타입을 개발하는 데 보통 30일 정도, 팀원들의 생산성이 높다면 20일, 신소재라는 특수성을 고려하면 최대 70일이 예상된다. 프로토타입을 개발하는 데 소요되는 기간은?

   A. 30일   B. 35일

   C. 40일   D. 45일

37. 화학물질처리 시스템 구축 업체를 선정 중이다. 일부 업체에서 제안 요청서의 특수조항에 대해서 문의하고 있으며, 확인 결과 조달 담당자가 문의를 한 업체에게만 특정 정보를 제공했음을 알게 되었다. 이러한 오류를 방지하기 위해서 수행했어야 하는 것은 무엇인가?

   A. 공개경쟁 계약(Public competition contract)

   B. 수의 계약(Optional contract)

   C. 제안서 평가 기법(Proposal evaluation techniques)

   D. 입찰자 회의(Bidder conferences)

38 프로젝트 팀에서 인스펙션(inspection)을 통해서 인도물의 요구사항 준수 여부를 확인하였다. 이 결과 물은 어떤 프로세스의 투입물로 사용되는가?

A. 범위 통제(Control Scope)   B. 범위 확인(Validate Scope)

C. 품질 통제(Control Quality)   D. 조달 통제(Control Procurement)

39 최근 2년간 회사에서 수행한 프로젝트에서 발생했던 문제들을 식별하여 개선 방향을 수립하고자 한다. 총 300건 이상의 문제들이 식별되었으며 그중에서 발생빈도가 높은 치명적인 문제를 찾으려고 한다. 어떤 기법을 사용해야 하는가?

A. 이시가와 다이어그램(Ishikawa diagrams)

B. 산점도(Scatter diagrams)

C. 파레토 다이어그램(Pareto diagrams)

D. 관리도(Control Chart)

40 기존 프로세스에 문제점이 많아 이를 개선하는 프로젝트를 진행하였다. 프로젝트 종료 이후 개선된 부분이 정상적으로 반영되어 프로세스가 예측 가능한 범위 내에서 안정적으로 유지되고 있는가를 확인하고자 할 때 어떠한 기법이 적합한가?

A. 관리도(Control Chart)

B. 흐름도(Flow charts)

C. 버블 차트(Bubble charts)

D. 히스토그램(Histograms)

41 인도물 승인이 완료되고 고객에게 최종적으로 인도하는 과정에서 고객은 프로젝트 범위에 대한 차이가 있다는 이유로 인수받기를 주저하고 있다. PM은 무엇을 해야 하는가?

A. 인도물은 이미 승인이 되었으므로 계획대로 인도하고 프로젝트를 마무리한다.

B. 통합 변경통제 수행 프로세스를 수행한다.

C. 향후에 문제 발생 시 무상으로 처리해 주겠다는 서약서를 작성하고 인도물을 인계한다.

D. 고객에게 관련문서가 포함한 근거를 제시하고 정상적인 인도를 위한 협상을 진행한다.

42 프로젝트 또는 단계 종료 시점에 조직 프로세스 자산(Organizational Process Assets)을 업데이트하는 주요 목적은 무엇인가?

A. 프로젝트관리 오피스(PMO) 조직이 제시하는 수행 조직의 종료 프로세스를 따르기 위해

B. 향후 유사한 프로젝트에서 조달 수행 시에 도움을 주기 위해

C. 향후 발생 가능한 변경요청(change request)에 효과적으로 대응하기 위해

D. 프로젝트 종료를 진행하기 위해서는 필수적으로 수행해야 하는 활동이므로

43 스폰서는 중요한 프로젝트에 대한 이슈 현황을 전달받은 이후에 팀장에게 업무를 지시하였다. 팀장은 관련된 프로젝트 관리자에게 다음 달 작업 일정을 조정하라고 지시하였다. 이러한 조직의 유형은 무엇인가?

A. 기능 조직(Functional Organization)

B. 복합 조직(Composite Organization)

C. 프로젝트 기반 조직(Project Oriented Organization)

D. 강한 매트릭스 조직(Strong Matrix Organization)

44 프로젝트 팀원이 인도물에 심각한 문제점을 발견했고 변경이 필요함을 인식하였다. 팀원으로서의 다음 행동은?

A. 발견된 문제점에 대해서 프로젝트 관리자와 상의한다.

B. 현재 작업에 여유가 있으므로 프로젝트에는 알리지 않고 조용히 처리한다.

C. 이슈 기록부에 등록하고, 프로젝트 관리자와 해결 방안에 대해서 논의한다.

D. 공식적인 변경요청서를 작성해서 처리 방안을 마련한다.

45 4동의 건물을 신축하는 프로젝트에 투입되었다. 산정 내역서를 보니 1년에 1개의 동을 1백만 불로 완공 가능한 것으로 보고되어 있다. 1번째 건물은 1.2백만 불에 완공하였고, 2번째 건물은 1백만 불에 완공하였다. 3번째 건물은 50% 완료되었는데 비용은 0.6백만 불을 사용하였다. 계획대로 4년 차에 공사를 완료하려면 남은 기간 매달 얼마만큼의 진척률을 달성해야 하는가?

A. 125%   B. 120%

C. 115%   D. 110%

46 권력도 있고 프로젝트에 관심이 많은 이해관계자가 존재한다. 이러한 이해관계자에 대한 대응 방법은?

A. 만족 상태를 유지시키면서 프로젝트에 대한 지지를 유도해 나가야 한다.

B. 프로젝트 회의에 지속적으로 참여시킨다.

C. 중요한 전문가 회의에 초대한다.

D. 직접적인 의사소통보다는 시스템을 통한 정보 전달을 유지한다.

47 다음 네트워크 다이어그램을 보고 현재 상황을 올바르게 판단한 것은 무엇인가?

활동	기간(Day)	선행 활동
A	3	–
B	4	A
C	2	B
D	3	A, E
E	1	C, D
F	5	C, E

A. CP는 1개이며, 경로는 A–B–C–E–F

B. 순환구조로서 잘못된 다이어그램

C. 여유시간이 가장 큰 활동은 D

D. 프로젝트 일정은 선행하는 상태

48 예상하지 못한 리스크가 발생하였고 다음 달까지 처리하지 못하면 이슈로 발전할 가능성이 크다. PM은 어떤 비용으로 이러한 상황을 지원받아야 하는가?

A. 우발사태 예비비(Contingency reserves)   B. 프로젝트 예비비(Project reserves)

C. 관리 예비비(Management reserves)   D. 리스크 수행 예비비(Risk implement reserves)

49 계약자에게 견적을 요청하였더니 이 프로젝트는 환경적인 변수가 많아서 프로젝트 초기에 예산을 산정하기가 어렵다는 답변을 전달받았다. 하지만 PM인 당신은 고객의 요청에 답변하기 위해서 빠른 산정이 필요하다. 사용해야 할 기법은?

A. 전문가 판단(Expert judgment)

B. 모수 산정(Parametric estimating)

C. 3점 산정(Three-point estimating)

D. 상향식 산정(Bottom-up estimating)

50 프로젝트 예산을 산정 중이며 각 활동에 필요한 원가를 상향식으로 산정하고자 한다. PM으로서 가장 먼저 해야 할 일은 무엇인가?

A. 유사 프로젝트의 자료를 활용하여 프로젝트 단계별 예산을 산정한다.

B. 팀원들과 WBS를 작업 패키지(Work package) 수준까지 작성하고 검토한다.

C. 검증된 외부 전문가에게 비용 산정을 의뢰한다.

D. 현재까지 확정된 분할 예정 패키지(Planning package) 수준까지만 산정한다.

51 프로젝트 범위 기술서 작업이 완료되었다. 계획보다 업무 난이도가 높은 작업들이 식별되었고 외주 업체와 계약을 통해서 처리하기로 결정되었다. 업체에 제안요청서(RFP)를 전달하면서 상세한 견적비용을 포함해 달라는 강조사항을 전달하였다. 업체는 어떠한 방법으로 예산을 산정해야 하는가?

A. 상향식 산정(Bottom-Up estimating)

B. 전문가 판단(Expert judgment)

C. 모수 산정(Parametric estimating)

D. 유사 산정(Analogous estimating)

52 인도물 인도 시점에 이해관계자가 기존에 없던 요구사항을 제시하였다. 어떠한 문서부터 기록되어야 하는가?

A. 요구사항 문서(Requirements documentation)

B. 요구사항 추적 매트릭스(Requirements traceability matrix)

C. 리스크 관리대장(Risk register)

D. 변경요청서(Change request form)

53 프로젝트를 진행하고 있으며, 지난주부터 산출되는 결과물에 문제가 발생하고 있다. 프로젝트 주요 팀원과 몇 차례 회의를 해보았으나 결함을 발생시킨 원인을 찾지 못하고 있다. 결함에 대한 근본 원인을 찾기 위해서 어떤 기법을 사용하여야 하는가?

A. 이시가와 다이어그램(Ishikawa diagram)

B. 근본원인 분석(Root-Cause analysis)

C. 파레토 다이어그램(Pareto diagram)

D. 히스토그램(Histogram)

54 프로젝트 활동 기간을 산정 중이다. 비관치는 7주, 낙관치는 3주, 평균치는 5주이다. 산정한 기간은 얼마인가?

A. 3주   B. 5주

C. 7주   D. 15주

55 프로젝트 관리자는 팀 성과 평가치를 계획되었던 역량 수준과 면밀하게 분석하는 중이다. 어떠한 프로세스를 진행 중인가?

A. 자원관리 계획수립(Plan resource management)

B. 팀 개발(Develop team)

C. 팀 관리(Manage team)

D. 품질 통제(Control quality)

56 프로젝트는 복잡하고 진행되어 가면서 변동 가능성도 존재한다. PM은 변동 가능성에 대비하기 위해서 일부 활동을 공정중첩단축법으로 처리하고자 한다. 이러한 프로젝트 특징에 적합한 계약 유형은 무엇인가?

A. 확정 고정가(FFP: Firm Fixed Price) 계약

B. 성과급 가산 고정가(FPIF: Fixed Price Incentive Fee) 계약

C. 원가비율 수수료 가산 원가(CPPC: Cost Plus Percentage of Cost) 계약

D. 고정수수료 가산 원가(CPFF: Cost Plus Fixed Fee) 계약

57 조달 계약된 공급업체가 회사 사정이 좋지 않아서 조만간 일부 부품에 대한 공급 중지가 확실시된다. PM으로서 가장 먼저 해야 할 것은 무엇인가?

A. 부품을 공급할 수 있는 대체 공급업체를 미리 파악한다.

B. 이슈 기록부에 등록하고 처리 방안을 마련한다.

C. 리스크 관리대장에서 대응 계획을 확인한다.

D. 스폰서에게 보고하고 대책을 논의한다.

58 관리도에서 3개는 평균(Mean) 이상 통제 상한선(UCL) 사이에 있고, 나머지 4개는 평균(Mean) 이하에 있으면서 통제 하한선(LCL)은 초과했으나 다행히 최저사양한계(LSL)는 벗어나지 않았다. 현재 상태로 맞는 것은?

A. Rule of Seven에 적합하고 이상 없다.

B. Out of control 상태로서 변동 원인을 밝혀야 한다.

C. In Control 상태로서 변동 원인을 밝힐 필요가 없다.

D. 4개의 점이 UCL을 벗어났으므로 품질이 저하되고 있다.

59 고객은 최소한의 상위 요구사항만 제시한 상태이다. 고객은 중간 완료된 제품이 눈에 보이는 애자일 방법론으로 프로젝트를 진행하기 바라고 있고, 품질이 매우 중요한 제품이라고 강조하고 있다. 애자일 팀에서 품질을 보증하는 방법은 무엇인가?

A. 매일 스탠드 업 미팅(stand up meeting)을 실시한다.

B. 이터레이션(iteration)이 종료될 때마다 고객을 참석시켜서 기능 시연을 한다.

C. 이터레이션(iteration)이 종료될 때마다 애자일 팀원들과 품질 개선에 관한 회고 시간을 갖는다.

D. 외부 품질 전문가 집단을 활용하여 이터레이션이 종료될 때마다 품질 감사를 실시한다.

60 12개월짜리 프로젝트이며 프로젝트에 배정된 예산은 $9,000이다. 3개월이 지난 현재 시점에서 실제 사용한 비용은 $6,750이고 획득 가치는 $4,500이다. 프로젝트 완료시점산정치(EAC: Estimate At Completion)는 얼마로 예측되는가?

A. $6,750

B. $9,000

C. $13,500

D. $15,750

61 프로젝트 마무리 단계이며 인수인계 전략을 수립 중이다. 오전에 진행된 회의에서 영향력 있는 신규 이해관계자가 참여하여 범위 변경을 요청하였다. PM이 가장 먼저 해야 할 작업은 무엇인가?

A. 이해관계자가 요청한 신규 범위 변경 건에 대해서 통합 변경통제 수행을 진행한다.

B. 범위관리 계획서를 검토하여 해당 요구사항의 적절성을 검토한다.

C. 식별된 이해관계자를 분석하여 이해관계자 관리대장을 업데이트한다.

D. 프로젝트 팀 회의를 소집하여 해당 변경이 프로젝트에 미치는 영향력을 검토한다.

62 프로젝트 품질에 문제가 발생하였다. 개발자는 이전에도 유사한 문제가 있었고 어딘가에서 보았던 기억은 있었는데 더 이상은 해결방안이 떠오르지 않는다고 한다. PM은 이러한 상황에서 어떻게 해야 하는가?

A. 체크리스트를 확인한다.

B. 교훈을 확인한다.

C. 리스크 관리대장에 기록한다.

D. 전문가를 소집하여 해결 가능한 방법에 대해서 회의를 한다.

63 신규 프로젝트에 필요한 인원과 투입시간, 필요한 역량 등을 검토해서 관련 기능 조직에 요구해야 한다. 무엇을 참고해서 작성해야 하는가?

A. 자원 달력(Resource Calendars)

B. 자원관리 계획서(Resource management plan)

C. 프로젝트 팀 배정표(Project team assignments)

D. 조직도(Organization chart)

64 전사 워크숍에서 인공지능 기술이 포함된 신규 인력채용 시스템을 개발해 달라는 인사부서의 공식적인 요청이 있었다. 경영진은 PMO인 당신에게 해당 안건을 할당하였다. 다음으로 해야 할 것은?

A. 인사부서의 요청사항과 유사한 구축 사례 또는 솔루션을 시장에서 파악한다.

B. 경영진이 지시한 사항이므로 신규 시스템 구축에 대한 예산을 편성한다.

C. 프로젝트 헌장을 작성할 프로젝트 관리자를 선임한다.

D. 프로젝트관리 계획서를 작성한다.

65 프로젝트는 전체 일정 중에서 2/3가 진행되었다. 스폰서는 프로젝트 관리자에게 이번 성과보고에는 원가 차이(CV), 일정 차이(SV) 이외에 완료시점산정치(EAC)를 포함해서 보고하라고 지시하였다. 측정결과 EAC = \$120,000, BAC = \$100,000, SPI = 1.0로 산정되었고, EV를 산출하려면 시간이 필요하다. CPI는 얼마로 추정할 수 있는가?

    A. CPI 〈 1.0   B. CPI = 1.0

    C. CPI = 1.2   D. CPI 〉 1.0

66 1년여 넘게 함께 근무하던 팀원이 철수하게 되었다. PM으로서 가장 먼저 해야 할 행동은 무엇인가?

    A. 이해관계자 참여 계획서를 업데이트한다.

    B. 교훈관리 대장을 업데이트한다.

    C. 자원관리 계획서를 업데이트한다.

    D. 의사소통관리 계획서를 업데이트한다.

67 프로젝트 팀에서 성과 보고를 준비 중이다. 일정 분석에 앞서서 원가 분석을 수행 중이며, BAC(완료시점 예산) = \$200,000, PV(계획 가치) = \$20,000, EV(획득 가치) = \$20,000, AC(실제 원가) = \$10,000로 분석되었다. 다음 중에서 초기 예산 기준으로 프로젝트를 완료하기 위해서 일정과 원가 수준을 유지하는 방법으로 적절한 것은?

    A. 일정은 지연되고 있으므로 단축 방안을 마련하고, 원가도 과다하게 사용되고 있으므로 절감 방안을 마련한다.

    B. 일정은 현재 상황을 유지하고, 원가는 과다하게 사용되고 있으므로 절감 방안을 수립한다.

    C. 일정은 현재 상황을 유지하고, 원가는 절감하고 있으므로 향후에 일정이 지연되는 활동에 투입할 계획을 수립한다.

    D. 일정은 단축되고 있으므로 CP상에 있는 활동에 버퍼를 부여하고, 원가는 계획보다 과다하게 사용되고 있으므로 절감 방안을 마련한다.

68 당신은 해외 석유화학 플랜트 건설 프로젝트 PM으로 투입되었다. 국내 경험은 많지만 해외 프로젝트이다 보니 관련 법규 및 해양 환경자료 부족으로 어려움을 겪고 있다. 그래서 이전에 해당 국가에서 유사한 프로젝트를 경험했던 상급 관리자에게 조언을 구하려고 한다. 어떠한 도구 및 기법이 적합한가?

A. 서베이(Survey) B. 벤치마킹(Benchmarking)

C. 관찰 및 대화(Observation & conversation) D. 전문가 판단(Expert judgment)

69 LNG선 구축 프로젝트를 수행 중이다. 예상치 못한 일부 자재의 가격 상승과 설계 도면의 재작업으로 인해서 예산은 부족하고 일정은 지연되고 있다. PM은 향후 발주될 컨테이너선의 수주를 위해서도 반드시 마감을 지키고 싶다. 어떻게 처리할 것인가?

A. 프로젝트 범위를 줄여서 부족한 예산을 마련한다.

B. 계약서대로 프로젝트 산출물을 개발 가능한 일정으로 일정 기준선을 변경한다.

C. 스폰서에게 현재 상황을 설명하고 공식적인 변경요청을 하여 예산을 부여받는다.

D. 팀원들에게 양해를 구하여 야근을 수행하고, 특정 작업에 대해서 병행 처리한다.

70 경영진은 PMO에게 현재 회사에서 진행 중인 프로젝트마다 가장 큰 영향을 줄 수 있는 리스크를 식별하여 보고하라는 지시를 내렸다. 이때 사용해야 하는 기법은?

A. 체크리스트(Checklist) B. 근본원인 분석(Root Cause Analysis)

C. 민감도 분석(Sensitivity Analysis) D. 확률 분포(Probability Distribution)

71 PM은 게시판(상황판)에 매주마다 진행된 테스트 현황을 공유하고 있다. 팀원들은 각자 진행한 테스트 현황을 기록하고, 결함이 발생한 항목에 대해서는 추가적인 해결 방안을 모색하고 있다. 어떠한 의사소통 방법을 사용 중인가?

A. 대화식 의사소통(Interactive communication)

B. 전달식 의사소통(Push communication)

C. 유인식 의사소통(Pull communication)

D. 소규모 의사소통(Small group communication)

72 조달 업체별로 인도물을 검토하고 있다. 지난 몇 번의 회의나 협상을 통해서도 특정 인도물에 대해서는 합의가 이루어지지 않고 있다. 계약서상의 애매한 문구 때문이며 더 이상의 협상은 무의미한 상황이다. PM이 해야 할 다음 일은 무엇인가?

A. 재협상(Renegotiation) B. 대안적 분쟁 해결(ADR)

C. 계약 수정(Modify contract) D. 페널티 부여(Penalty imposition)

73 PM이 팀 성과 평가치를 작성 중이다. 프로젝트 성과 달성을 위해서 수립한 목표만큼은 아니지만, 팀원 스스로 문제를 해결할 수 있을 정도의 수준은 되었다고 판단하고 있다. 이러한 활동과 관련이 적은 기법은 무엇인가?

A. 동일장소 배치(Co-location)

B. 가상 팀(Virtual team)

C. 인정과 보상(Recognition and rewards)

D. 리더십(Leadership)

74 다음 중에서 프로젝트 또는 단계를 종료할 때 참고할 문서로 적합하지 않은 것은 무엇인가?

A. 프로젝트 헌장(Project charter)

B. 승인된 인도물(Accepted deliverables)

C. 비즈니스 케이스(Business case)

D. 승인된 변경 요청(Approved change requests)

75 일부 산출물의 작성기준에 대한 변경 요청이 승인되었다. 승인된 변경 요청이 실행되는 프로세스는?

A. 품질 통제(Control Qulaity)

B. 범위 확인(Validate Scope)

C. 프로젝트 작업 지시 및 관리(Direct and Manage Project Work)

D. 통합 변경통제 수행(Perform Integrated Change Control)

76 프로젝트 관리자는 교육을 통해서 팀원의 특정 기술에 대한 전문성을 높일 수 있다고 확신하고 있다. 다음에 프로젝트 관리자가 해야 할 것은 무엇인가?

A. 프로젝트 단계별로 필요한 역량 및 교육 시점을 정의한다.

B. 해당 팀원에 적합한 멘토링을 실시한다.

C. 팀 성과 평가치가 우수한 인력에 대해서만 교육 계획을 수립한다.

D. 특정 교육을 위한 관리예비비를 편성한다.

77 중요한 이해관계자로부터 교차기능 팀(Cross-functional team)이 설계 단계에서 어느 정도의 성과를 달성하고 있는지에 대한 자료를 요청받았다. PM으로서 제시하기에 적합한 자료는?

A. 체크리스트(Checklist)

B. 번다운 차트(Burndown chart)

C. 성과측정 기준선(Performance measurement baseline)

D. 스프린트 백로그(Sprint backlog)

78 개발 단계로 진입하면서 교차기능 팀(Cross-functional team) 내부에서 팀원들 간에 불화가 증가하고 있다. PM인 당신은 하루빨리 이러한 상황을 개선하고 싶다. 어떠한 방법을 사용하겠는가?

A. 협상(Negotiation)   B. 촉진(Facilitation)

C. 영향력 행사(Influencing)   D. 갈등 관리(Conflict management)

79 다국적 프로젝트의 PM으로 선정되었다. 팀원들의 근무시간을 주당 40시간으로 가정하고 일정계획을 수립했는데 나중에 알고 보니 일부 국가에서는 근무시간이 주당 35시간으로 정해져 있음을 알게 되었다. PM은 어떠한 것에 더욱 신경을 썼어야 하는가?

A. 기업 환경 요인(Enterprise environmental factors)

B. 조직 프로세스 자산(Organizational process assets)

C. 협약서(Agreements)

D. 자원관리 계획서(Resource management plan)

80 시스템 통합 프로젝트를 진행 중이다. 당신은 작년에 유사한 프로젝트를 수행한 PM을 찾아가 자문을 구하고 있다. 어떤 도구 및 기법을 활용하고 있는 것인가?

A. 벤치마킹(Benchmarking)

B. 전문가 견해(Expert view)

C. 델파이 기법(Delphi technique)

D. 관찰 및 대화(Observation and conversation)

81 당신은 XYZ 프로젝트의 PM이며 다음 주부터 프로젝트관리 계획서를 작성해야 한다. 다음 중에서 참고해야 하는 문서로 올바르게 묶인 것은 무엇인가?

A. 프로젝트 헌장, 프로젝트관리 계획서 템플릿, 범위관리 계획서, 변경관리 계획서

B. 프로젝트 헌장, 협약서, 범위관리 계획서, 일정 기준선

C. 프로젝트 헌장, 범위관리 계획서, 리스크관리 계획서, 리스크 관리대장,

D. 프로젝트 헌장, 팀 헌장, 일정 기준선, 원가 기준선

82 지난달에 종료된 공식적인 변경 요청 회의에서 몇몇 이해관계자의 요청이 예산 부족 이유로 거절되었다. 하지만 현 시점에서는 예산에 여유가 있는 것으로 확인되어 지난번 거절되었던 변경을 추가하려고 한다. 어디에서 이전 변경 요청 사항을 찾을 수 있는가?

A. 요구사항 추적 매트릭스(Requirements traceability matrix)

B. 이슈 기록부(Issue log)

C. 변경 기록부(Change log)

D. 체크리스트(Checklist)

83 원인 모를 바이러스로 인해 글로벌 경제상황이 좋지 않다. 이러한 상황은 프로젝트에서 필요로 하는 특정 부품의 원가 상승으로 이어질 것으로 판단되며, 프로젝트 종료 이후 판매량에 영향을 줄 것으로 판단된다. PM은 프로젝트 수익과 관련된 기준이나 영향을 어디에서 확인해야 하는가?

A. 편익관리 계획서(Benefits management plan)   B. 비즈니스 케이스(Business case)

C. 협약서(Agreements)   D. 가정사항 기록부(Assumptions log)

84 승인된 변경 요청 중에 일부는 시정조치(Corrective action)를 완료하였다. 다음에 진행할 행동이나 활동으로 적합한 것은 무엇인가?

A. 조직 프로세스 자산을 업데이트한다.

B. PMO에게 통보하여 다른 유사한 프로젝트에 활용하도록 한다.

C. 관련된 이해관계자들에게 조치 내역을 통보한다.

D. 프로젝트관리 계획서에 해당 시정조치에 대한 이력을 업데이트한다.

85 프로젝트 종료 단계를 진행 중이며, 마지막 세션으로 팀원들과 함께 교훈 워크숍을 하고 있다. PM으로서 다음에 해야 하는 것은 무엇인가?

A. 워크숍 결과를 관련된 이해관계자에게 공지한다.

B. 수행 조직의 주요 이해관계자들과 함께 종료파티를 준비한다.

C. 워크숍 결과를 조직 시스템에 저장한다.

D. 팀원들의 최종 성과자료를 기능 관리자에게 통보한다.

86 지리적으로 흩어진 팀원들과 프로젝트 현안 공유를 위해서 매주 특정 시간대에 화상 회의를 진행하려고 한다. 이러한 프로젝트 구성에서 의사소통 활성화를 위해 선행되어야 하는 것은 무엇인가?

A. 이메일(email)과 프레젠테이션(presentation) 기법을 교육시킨다.

B. 비공식적 의사소통(informal communication)을 활성화시킨다.

C. 상이한 시간대를 고려해서 회의내용을 기록(record)해서 전달할 수 있는 도구를 구입한다.

D. 인원 참석이 용이한 표준 시간대(timezone)와 공통 언어(language)를 선택한다.

87 이전에 수행했던 프로젝트와 유사한 프로젝트를 수행 중이다. 먼저, 고객의 요구사항을 수렴했고, 다음으로는 이전 프로젝트 팀원들을 만나서 인터뷰를 해보고 싶었지만 오래전에 수행했던 프로젝트라서 해당 프로젝트를 수행했던 팀원들은 회사에 거의 남아있지 않은 상태다. 이러한 상황에서 가장 도움이 될 수 있는 기법은?

A. 친화도(Affinity diagram)   B. 다기준 의사결정 분석(Multicriteria decision analysis)

C. 브레인스토밍(Brainstorming)   D. 체크리스트(Checklist)

88 프로젝트 후반부로 진행될수록 일정이 지연되고 있다. 일정 지연이나 기간 연장이 프로젝트 목표에
미치는 어떠한 부정적 또는 긍정적 영향을 예측하기 위한 가장 적합한 기법은 무엇인가?

A. 일정 네트워크 분석(Schedule network analysis)

B. 연동 기획(Rolling wave planning)

C. 가정 시나리오 분석(What−If scenario analysis)

D. 몬테카를로 분석(Monte Carlo analysis)

89 고객이 분석 완료시점, 설계 완료시점, 구현 완료시점, 테스트 완료시점 등과 같이 프로젝트에서 중
요한 지점에 대해서는 공식적인 회의를 진행하자고 건의하였다. PM은 이러한 중요 지점을 마일스톤
목록에 추가하려고 한다. 다음 중에서 PM이 더욱 신경 써야 하는 프로세스는?

A. 일정 개발(Develop Schedule)

B. 활동 기간 산정(Estimate Activity Durations)

C. 활동 정의(Define Activities)

D. 활동 순서배열(Sequence Activities)

90 초반에 비해 최근 3개월 동안의 프로젝트 생산성이 눈에 띄게 떨어지고 있다. PM은 지난 3개월 동
안 완료된 작업 대비 투입된 인력의 생산성 데이터를 분석해보라고 파트리더에게 지시하였다. 이러
한 분석을 하기에 가장 적합한 기법은 무엇인가?

A. 획득가치 관리(EVA : Earned Value Analysis)

B. 차이 분석(Variance Analysis)

C. 추세 분석(Trend Analysis)

D. 히스토그램(Histogram)

91 국제정세 불안으로 원자재 가격변동이 심하다. 프로젝트에서는 테스트 단계에 필요한 일부 원자재
를 사전에 구입하는 방안을 고려 중이다. $c_O = \$22,800$, $c_M = \$25,000$, $c_P = \$35,000$일 때 구매
원가는 얼마로 산정해야 하는가?

A. $25,700   B. $26,000

C. $26,300   D. $26,600

92 당신의 프로젝트는 단계 종료 시마다 인도물에 대한 품질 통제 활동이 계획되어 있다. 고객은 국민의 안전과 관련된 프로젝트라는 것을 강조하며 요구사항 준수율, 예산 준수율, 결함 밀도, 결함 처리 비율 등에 대한 정기적인 보고를 요구했다. 이러한 품질 측정 기준을 확인하기 위해서는 무엇을 참고해야 하는가?

A. 품질관리 계획서(Quality management plan)

B. 품질 지표(Quality metrics)

C. 품질 보고서(Quality reports)

D. 품질 통제 측정치(Quality control measurements)

93 자율주행 자동차를 개발하여 출시했는데, 혼잡한 도로에서 자율주행 모드에 품질 이슈가 발생하였다. 회사는 양산을 중지하고 리콜을 공지하였다. 이와 같은 비용은?

A. 예방 비용(Prevention Costs)

B. 평가 비용(Appraisal Costs)

C. 내부 실패 비용(Internal Failure Costs)

D. 외부 실패 비용(External Failure Costs)

94 당신은 제조 혁신 프로젝트의 품질 컨설턴트로 투입되었다. 고객은 제조 리드타임(lead time)을 단축시켜 고객 납기 100% 준수를 목표로 하고 있으며, PM은 당신에게 공정 단계별 불량을 발생시키는 주요 이슈에 대한 원인을 파악하라는 지시를 내렸다. 당신이 가장 먼저 프로젝트 팀에 요구할 자료는 무엇인가?

A. 이슈 사이에 상관관계가 있는지를 표현한 산점도

B. 시간에 따른 이슈 변동을 분석한 관리도 자료

C. 통계적 표본추출을 통해서 집계된 이슈 데이터

D. 이시가와 다이어그램으로 분석된 자료

95 프로젝트를 완료하기 위해 필요한 자원의 종류와 수량, 특성을 식별하고 있다. PM은 특히나 가용 자원을 사용할 수 있는 시기와 기간에 관심이 높다. 참고해야 하는 투입물은 무엇인가?

A. 범위 기준선(Scope baseline)

B. 활동 목록(Activity list)

C. 원가 산정치(Cost estimates)

D. 자원 달력(Resource calendars)

96 기능 관리자들과 협상을 통해 원하는 팀원들에 대한 구성을 마쳤다. 그런데 작업성과를 확인하던 중 2인으로 구성된 특정 파트의 성과 평가치가 좋지 않았으며, 확인 결과 해당 팀원들이 이전에 했던 프로젝트에서 좋지 않은 일이 있어 관계가 좋지 않음을 확인하였다. 이에 PM은 2명을 프로젝트에서 철수시키고 팀을 재구성했다. 어떠한 갈등관리 전략을 사용한 것인가?

A. 회피(Avoid)

B. 수용(Accommodate)

C. 문제 해결(Problem Solve)

D. 타협(Compromise)

97 당신은 CRM(고객관계관리) 개선 프로젝트의 교체 PM으로 선정되었다. 프로젝트 팀원과 그들 사이의 보고 체계를 확인하고 싶다. 다음 중에서 확인해야 할 문서는?

A. 프로젝트 조직도(Project organization charts)

B. RACI 차트(RACI chart)

C. 자원관리 계획서(Resource management plan)

D. 의사소통관리 계획서(Communication management plan)

98 해외 프로젝트를 진행 중이며 일정을 맞추어야 할 중요한 작업이 예정되어 있다. 하지만 해당 국가의 중요한 휴일이 다가오고 있고, 만약 휴일에 근무하게 된다면 큰 반발이 있을 것으로 예상된다. PM은 어떻게 해야 하는가?

A. 자원관리 계획서를 더 철저하게 작성했어야 한다.

B. 본사에 사전에 추가 인력 투입을 요청했어야 한다.

C. 선행 작업에 예산을 추가해서 공정단축법을 적용했어야 한다.

D. 해당 국가의 인력은 제외하고 국내에서 투입된 인력만으로 휴일이라도 작업을 수행한다.

99 프로젝트 수행 중인데 대대적인 정리해고(lay-off)가 있을 것이라는 공지가 내려왔다. 사전에 입수한 자료에 의하면 몇몇 프로젝트 팀원이 해고 대상에 포함될 것으로 보인다. PM이 프로젝트 진행에 차질이 없도록 사전에 대비하기 위해 참고할 것은 무엇인가?

A. 자원분류체계(RBS: Resource Breakdown Structure)

B. 작업분류체계(WBS: Work Breakdown Structure)

C. 책임배정매트릭스(RAM: Responsibility Assignment Matrix)

D. 프로젝트 팀 배정표(Project Team Assignments)

100 당신은 진행 중인 프로젝트의 개발 단계에 PM으로 투입되었다. 팀원들을 면담하는 과정에서 일부 팀원이 중요한 프로젝트 이슈를 이해관계자에게 전달했음을 알게 되었다. PM이 우선적으로 확인해야 할 것은 무엇인가?

A. 의사소통관리 계획서   B. RACI 차트

C. 이해관계자 참여 계획서   D. 팀원관리 계획서

정답에 대한 해설은 프리렉 홈페이지(www.freelec.co.kr) 자료실에서 내려받을 수 있습니다.

번호	정답	번호	정답	번호	정답	번호	정답	번호	정답
1	B	21	D	41	D	61	C	81	A
2	C	22	B	42	B	62	B	82	C
3	B	23	A	43	A	63	B	83	A
4	B	24	D	44	A	64	A	84	C
5	D	25	B	45	A	65	A	85	C
6	C	26	C	46	C	66	B	86	D
7	D	27	B	47	B	67	C	87	D
8	B	28	A	48	C	68	D	88	C
9	C	29	A	49	A	69	C	89	C
10	C	30	D	50	B	70	C	90	C
11	B	31	C	51	A	71	C	91	C
12	B	32	A	52	D	72	B	92	B
13	A	33	A	53	B	73	D	93	D
14	D	34	D	54	B	74	D	94	D
15	B	35	C	55	C	75	C	95	D
16	A	36	B	56	D	76	B	96	C
17	A	37	D	57	C	77	B	97	A
18	C	38	B	58	B	78	D	98	A
19	D	39	C	59	C	79	A	99	D
20	B	40	A	60	C	80	B	100	A

Correspondence between Process Group and Knowledge Area

(+): PMBOK 6판 추가 or 변경

지식영역 (Knowledge Area)	프로젝트관리 프로세스 그룹(6th Edition)				
	착수 Initiating	기획 Planning	실행 Executing	감시 및 통제 Monitoring & Control	종료 Closing
4. 프로젝트 통합관리 Project Integration Management	4.1 프로젝트 헌장 개발 Develop Project Charter	4.2 프로젝트관리 계획서 개발 Develop Project Management Plan	4.3 프로젝트 작업 지시 및 관리 Direct and Manage Project Work 4.4 프로젝트 지식관리 Manage Project Knowledge	4.5 프로젝트 작업 감시 및 통제 Monitor and Control Project Work 4.6 통합 변경통제 수행 Perform Integrated Change Control	4.7 프로젝트 또는 단계 종료 Close Project or Phase
5. 프로젝트 범위관리 Project Scope Management		5.1 범위관리 계획수립 Plan Scope Management 5.2 요구사항 수집 Collect Requirements 5.3 범위 정의 Define Scope 5.4 작업분류체계 작성 Create WBS		5.5 범위 확인 Validate Scope 5.6 범위 통제 Control Scope	
6. 프로젝트 일정관리 Project Schedule Management		6.1 일정관리 계획수립 Plan Schedule Management 6.2 활동 정의 Define Activities 6.3 활동 순서배열 Sequence Activities 6.4 활동 기간산정 Estimate Activity Durations 6.5 일정 개발 Develop Schedule		6.6 일정 통제 Control Schedule	
7. 프로젝트 원가관리 Project Cost Management		7.1 원가관리 계획수립 Plan Cost Management 7.2 원가 산정 Estimate Costs 7.3 예산 결정 Determine Budget		7.4 원가 통제 Control Costs	
8. 프로젝트 품질관리 Project Quality Management		8.1 품질관리 계획수립 Plan Quality Management	(+)8.2 품질 관리 Manage Quality	8.3 품질 통제 Control Quality	
9. 프로젝트 자원관리 Project Resource Management		(+)9.1 자원관리 계획수립 Plan Resource Management (+)9.2 활동 자원산정 Estimate Activity Resources	(+)9.3 자원 확보 Acquire Resources (+)9.4 팀 개발 Develop Team (+)9.5 팀 관리 Manage Team	(+)9.6 자원 통제 Control Resources	

10. **프로젝트** **의사소통관리** Project Communications Management		**10.1** 의사소통관리 계획수립 Plan Communications Management	**10.2** 의사소통 관리 Manage Communications	**(+)10.3** 의사소통 감시 Monitor Communications	
11. **프로젝트** **리스크관리** Project Risk Management		**11.1** 리스크관리 계획수립 Plan Risk Management **11.2** 리스크 식별 Identify Risks **11.3** 정성적 리스크 분석 수행 Perform Qualitative Risk Analysis **11.4** 정량적 리스크 분석 수행 Perform Quantitative Risk Analysis **11.5** 리스크 대응 계획수립 Plan Risk Responses	**11.6** (+)리스크 대응 실행 Implement Risk Responses	**11.7** (+)리스크 감시 Monitor risks	
12. **프로젝트** **조달관리** Project Procurement Management		**12.1** 조달관리 계획수립 Plan Procurement Management	**12.2** 조달 수행 Conduct Procurements	**12.3** 조달 통제 Control Procurements	
13. **프로젝트** **이해관계자** **관리** Project Stakeholder Management	**13.1** 이해관계자 식별 Identify Stakeholders	**(+)13.2** 이해관계자 참여 계획수립 Plan Stakeholder Engagement	**13.3** 이해관계자 참여 관리 Manage Stakeholder Engagement	**(+)13.4** 이해관계자 참여 감시 Monitor Stakeholder Engagement	

Process Definitions and Key ITTO Summary

| 4장. 프로젝트 통합관리(Project Integration Management)

(+): PMBOK 6판 추가 or 변경

Group	Process	Inputs	Tools & Techniques	Outputs
착수	**4.1** 프로젝트 헌장 개발 Develop Project Charter	프로젝트의 존재를 공식적으로 승인하는 프로젝트 헌장을 작성하고, 프로젝트 관리자에게 프로젝트 활동에 조직의 자원을 적용할 수 있는 권한을 부여하는 프로세스		
		1. (+)비즈니스 문서 Business documents • 비즈니스 케이스 Business case • 편익관리 계획서 Benefits management plan **2.** 협약서 Agreements **3.** 기업 환경 요인 Enterprise environmental factors **4.** 조직 프로세스 자산 Organizational process assets	**1.** 전문가 판단 Expert judgment **2.** (+)데이터 수집 Data gathering • 브레인스토밍 Brainstorming • 포커스 그룹 Focus groups • 인터뷰 Interviews **3.** (+)대인관계 및 팀 기술 Interpersonal and team skills • 갈등관리 Conflict management • 촉진 Facilitation • 회의관리 Meeting management **4.** 회의 Meetings	**1.** 프로젝트 헌장 Project charter **2.** (+)가정사항 기록부 Assumption log
기획	**4.2** 프로젝트관리 계획서 개발 Develop Project Management Plan	모든 계획서의 구성요소들을 정의, 준비, 조정하여 통합된 프로젝트관리 계획서에 결합하는 프로세스		
		1. 프로젝트 헌장 Project charter **2.** 다른 프로세스 산출물 Outputs from other processes **3.** 기업 환경 요인 Enterprise environmental factors **4.** 조직 프로세스 자산 Organizational process assets	**1.** 전문가 판단 Expert judgment **2.** (+)데이터 수집 Data gathering • 브레인스토밍 Brainstorming • 체크리스트 Checklists • 포커스 그룹 Focus groups • 인터뷰 Interviews **3.** 대인관계 및 팀 기술 Interpersonal and team skills • 갈등관리 Conflict management • 촉진 Facilitation • 회의관리 Meeting management **4.** 회의 Meetings	**1.** 프로젝트관리 계획서 Project management plan
실행	**4.3** 프로젝트 작업 지시 및 관리 Direct and Manage Project Work	프로젝트의 목표를 달성하기 위해 프로젝트관리 계획서에 정의된 작업을 지도 및 수행하고, 승인된 변경요청을 구현하는 프로세스		
		1. 프로젝트관리 계획서 Project management plan **2.** (+)프로젝트 문서 Project documents • 변경 기록부 Change log • 교훈 관리대장 Lessons learned register • 마일스톤 목록 Milestone list • 프로젝트 의사소통 Project communications • 프로젝트 일정 Project schedule • 요구사항 추적 매트릭스 Requirements traceability matrix • 리스크 관리대장 Risk register • 리스크 보고서 Risk report **3.** 승인된 변경요청 Approved change requests **4.** 기업 환경 요인 Enterprise environmental factors **5.** 조직 프로세스 자산 Organizational process assets	**1.** 전문가 판단 Expert judgment **2.** 프로젝트관리 정보시스템 Project management information system **3.** 회의 Meetings	**1.** 인도물 Deliverables **2.** 작업성과 데이터 Work performance data **3.** (+)이슈 기록부 Issue log **4.** 변경요청 Change requests **5.** 프로젝트관리 계획서 업데이트 Project management plan updates **6.** 프로젝트 문서 업데이트 Project documents updates **7.** 조직 프로세스 자산 업데이트 Organizational process assets updates

Group	Process	Inputs	Tools & Techniques	Outputs
실행	**4.4** (+)프로젝트 지식 관리 Manage Project Knowledge	프로젝트의 목표를 달성하고 조직의 학습에 기여할 수 있도록 기존 지식을 활용하고 새로운 지식을 만들어 가는 프로세스		
		1. 프로젝트관리 계획서 Project management plan **2.** 프로젝트 문서Project documents • 교훈 관리대장 　Lessons learned register • 프로젝트 팀 배정표 　Project team assignments • 자원분류체계 　Resource breakdown structure • 공급자 선정기준 　Source selection criteria • 이해관계자 관리대장 　Stakeholder register **3.** 인도물Deliverables **4.** 기업 환경 요인 Enterprise environmental factors **5.** 조직 프로세스 자산 Organizational process assets	**1.** 전문가 판단 Expert judgment **2.** 지식 관리 Knowledge management **3.** 정보 관리 Information management **4.** 대인관계 및 팀 기술 Interpersonal and team skills • 적극적 청취Active listening • 촉진Facilitation • 리더십Leadership • 네트워킹Networking • 정치적 인식Political awareness	**1.** 교훈 저장소 Lessons learned register **2.** 프로젝트관리 계획서 업데이트 Project management plan updates **3.** 조직 프로세스 자산 업데이트 Organizational process assets updates
감시 및 통제	**4.5** 프로젝트 작업 감시 및 통제 Monitor and Control Project Work	프로젝트관리 계획서에 정의된 성과 목표를 달성하기 위해 프로젝트의 전반적인 진행을 추적하고, 검토하고, 보고하는 프로세스		
		1. 프로젝트관리 계획서 Project management plan **2.** (+)프로젝트 문서Project documents • 가정사항 기록부Assumption log • 산정 기준서Basis of estimates • 원가 예측치Cost forecasts • 이슈 기록부Issue log • 교훈 관리대장 　Lessons learned register • 마일스톤 목록Milestone list • 품질 보고서Quality reports • 리스크 관리대장Risk register • 리스크 보고서Risk report • 일정 예측치Schedule forecasts **3.** 작업성과 정보 Work performance information **4.** (+)협약서Agreements **5.** 기업 환경 요인 Enterprise environmental factors **6.** 조직 프로세스 자산 Organizational process assets	**1.** 전문가 판단 Expert judgment **2.** (+)데이터 분석 Data analysis • 대안 분석Alternatives analysis • 비용-편익 분석 　Cost-benefit analysis • 획득가치 분석 　Earned value analysis • 근본원인 분석 　Root cause analysis • 추세 분석Trend analysis • 차이 분석Variance analysis **3.** (+)의사 결정 Decision making **4.** 회의 Meetings	**1.** 작업성과 보고서 Work performance reports **2.** 변경요청 Change requests **3.** 프로젝트관리 계획서 업데이트 Project management plan updates **4.** 프로젝트 문서 업데이트 Project documents updates
	4.6 통합 변경통제 수행 Perform Integrated Change Control	모든 변경요청을 검토; 변경 사항을 승인(또는 기각)하고, 인도물, 프로젝트 문서, 프로젝트관리 계획서에 대한 변경사항을 관리한다. 그리고 변경요청들의 의사 결정 사항에 대해서 관련된 이해관계자들에게 전달하는 프로세스		
		1. 프로젝트관리 계획서 Project management plan **2.** 프로젝트 문서Project documents • 산정 기준서Basis of estimates • 요구사항 추적 매트릭스 　Requirements traceability matrix • 리스크 보고서Risk report **3.** 작업성과 보고서 Work performance reports **4.** 변경요청Change requests **5.** 기업 환경 요인 Enterprise environmental factors **6.** 조직 프로세스 자산 Organizational process assets	**1.** 전문가 판단Expert judgment **2.** 변경통제 도구Change control tools **3.** (+)데이터 분석Data analysis • 대안 분석Alternatives analysis • 비용-편익 분석 　Cost-benefit analysis **4.** (+)의사 결정Decision making • 투표Voting • 독단적 의사결정 　Autocratic decision making • 다기준 의사결정 분석 　Multicriteria decision analysis **5.** 회의Meetings	**1.** 승인된 변경요청 Approved change requests **2.** 프로젝트관리 계획서 업데이트 Project management plan updates **3.** 프로젝트 문서 업데이트 Project documents updates

Group	Process	Inputs	Tools & Techniques	Outputs
종료	**4.7 프로젝트 또는 단계 종료** Close Project or Phase	프로젝트, 단계 또는 계약에 관련된 모든 활동을 종료하는 프로세스		
		1. (+)프로젝트 헌장Project charter **2.** 프로젝트관리 계획서 Project management plan **3.** (+)프로젝트 문서Project documents • 가정사항 기록부Assumption log • 산정 기준서Basis of estimates • 변경 기록부Change log • 이슈 기록부Issue log • 교훈 관리대장Lessons learned register • 마일스톤 목록Milestone list • 프로젝트 의사소통 Project communications • 품질 통제 측정치 Quality control measurements • 품질 보고서Quality reports • 요구사항 문서 Requirements documentation • 리스크 관리대장Risk register • 리스크 보고서Risk report **4.** 인수된 인도물Accepted deliverables **5.** (+)비즈니스 문서Business documents **6.** (+)협약서Agreements **7.** (+)조달 문서Procurement documentation **8.** 조직 프로세스 자산 Organizational process assets	**1.** 전문가 판단 Expert judgment **2.** (+)데이터 분석 Data analysis • 문서 분석Document analysis • 회귀 분석Regression analysis • 추세 분석Trend analysis • 차이 분석Variance analysis **3.** 회의Meetings	**1.** (+)프로젝트 문서 업데이트 Project documents updates **2.** 최종 제품, 서비스 또는 결과물 이전 Final product, service, or result transition **3.** (+)최종 보고서 Final report **4.** 조직 프로세스 자산 업데이트 Organizational process assets updates

5장. 프로젝트 범위관리(Project Scope Management)

(+): PMBOK 6판 추가 or 변경

Group	Process	Inputs	Tools & Techniques	Outputs
기획	**5.1 범위관리 계획수립** Plan Scope Management	프로젝트 범위가 어떻게 정의되고 확인되고 통제되어야 하는지에 대한 방법을 문서화한 범위관리 계획서를 작성하는 프로세스		
		1. 프로젝트 헌장Project charter **2.** 프로젝트관리 계획서 Project management plan **3.** 기업 환경 요인 Enterprise environmental factors **4.** 조직 프로세스 자산 Organizational process assets	**1.** 전문가 판단 Expert judgment **2.** 데이터 분석 Data analysis • 대안 분석Alternatives analysis **3.** 회의 Meetings	**1.** 범위관리 계획서 Scope management plan **2.** 요구사항관리 계획서 Requirements management plan
	5.2 요구사항 수집 Collect Requirements	프로젝트 목표를 충족하기 위해 필요한 프로젝트 요구사항과 이해관계자의 요구사항을 결정하고, 문서화하고, 관리하는 프로세스		
		1. (+)프로젝트 헌장Project charter **2.** (+)프로젝트관리 계획서 Project management plan **3.** (+)프로젝트 문서 Project documents • 가정사항 기록부Assumption log • 교훈 관리대장 Lessons learned register • 이해관계자 관리대장Stakeholder register **4.** (+)비즈니스 문서 Business documents • 비즈니스 케이스Business case **5.** 협약서 Agreements **6.** (+)기업 환경 요인 Enterprise environmental factors **7.** (+)조직 프로세스 자산 Organizational process assets	**1.** (+)전문가 판단Expert judgment **2.** (+)데이터 수집Data gathering • 브레인스토밍Brainstorming • 인터뷰Interviews • 포커스 그룹Focus groups • 설문지 및 설문조사 Questionnaires and surveys • 벤치마킹Benchmarking **3.** (+)데이터 분석Data analysis • 문서 분석Document analysis **4.** 의사 결정Decision making • 투표Voting • 다기준 의사결정 분석 Multicriteria decision analysis **5.** (+)데이터 표현Data representation • 친화도Affinity diagrams • 마인드 매핑Mind mapping **6.** (+)대인관계 및 팀 기술 Interpersonal and team skills • 명목집단기법Nominal group technique • 관찰/대화Observation/conversation • 촉진Facilitation **7.** (+)컨텍스트 다이어그램 Context diagrams **8.** 프로토타입Prototypes	**1.** 요구사항 문서 Requirements documentation **2.** 요구사항 추적 매트릭스 Requirements traceability matrix

Group	Process	Inputs	Tools & Techniques	Outputs
기획	**5.3 범위 정의** Define Scope	프로젝트와 제품에 대한 상세한 설명을 개발하는 프로세스		
		1. 프로젝트 헌장Project charter **2.** (+)프로젝트관리 계획서 Project management plan **3.** (+)프로젝트 문서Project documents • 가정사항 기록부Assumption log • 요구사항 문서 Requirements documentation • 리스크 관리대장Risk register **4.** (+)기업 환경 요인 Enterprise environmental factors **5.** 조직 프로세스 자산 Organizational process assets	**1.** 전문가 판단Expert judgment **2.** (+)데이터 분석Data analysis • 대안 분석Alternatives analysis **3.** (+)의사 결정Decision making • 다기준 의사결정 분석 Multicriteria decision analysis **4.** (+)대인관계 및 팀 기술 Interpersonal and team skills • 촉진Facilitation **5.** 제품 분석 Product analysis	**1.** 프로젝트 범위 기술서 Project scope statement **2.** 프로젝트 문서 업데이트 Project documents updates
	5.4 작업분류체계 작성 Create WBS	프로젝트 인도물과 프로젝트 작업을 더 작고 관리 가능한 요소들로 세분화하는 프로세스		
		1. (+)프로젝트관리 계획서 Project management plan **2.** (+)프로젝트 문서 Project documents • 프로젝트 범위 기술서 Project scope statement • 요구사항 문서 Requirements documentation **3.** 기업 환경 요인 Enterprise environmental factors **4.** 조직 프로세스 자산 Organizational process assets	**1.** 전문가 판단 Expert judgment **2.** 분할 Decomposition	**1.** 범위 기준선 Scope baseline **2.** 프로젝트 문서 업데이트 Project documents updates
감시 및 통제	**5.5 범위 확인** Validate Scope	완료된 프로젝트 인도물의 인수를 공식화하는 프로세스		
		1. 프로젝트관리 계획서 Project management plan **2.** (+)프로젝트 문서 Project documents • 교훈 관리대장Lessons learned register • 품질 보고서Quality reports • 요구사항 문서 Requirements documentation • 요구사항 추적 매트릭스 Requirements traceability matrix **3.** 검증된 인도물 Verified deliverables **4.** 작업성과 데이터 Work performance data	**1.** 인스펙션 Inspection **2.** 의사 결정 Decision making • 투표Voting	**1.** 승인된 인도물 Accepted deliverables **2.** 작업성과 정보 Work performance information **3.** 변경요청 Change requests **4.** 프로젝트 문서 업데이트 Project documents updates
	5.6 범위 통제 Control Scope	프로젝트 및 제품 범위의 상태를 감시하고 범위 기준선에 대한 변경을 관리하는 프로세스		
		1. 프로젝트관리 계획서 Project management plan **2.** (+)프로젝트 문서 Project documents • 교훈 관리대장Lessons learned register • 요구사항 문서 Requirements documentation • 요구사항 추적 매트릭스 Requirements traceability matrix **3.** 작업성과 데이터 Work performance data **4.** 조직 프로세스 자산 Organizational process assets	**1.** (+)데이터 분석 Data analysis • 차이 분석Variance analysis • 추세 분석Trend analysis	**1.** 작업성과 정보 Work performance information **2.** 변경요청 Change requests **3.** 프로젝트관리 계획서 업데이트 Project management plan updates **4.** 프로젝트 문서 업데이트 Project documents updates

Group	Process	Inputs	Tools & Techniques	Outputs
기획	**6.1 일정관리 계획수립** Plan Schedule Management	프로젝트 일정에 대한 기획, 개발, 관리, 통제에 대한 정책, 절차를 수립하여 문서화하는 프로세스		
		1. 프로젝트 헌장Project charter **2.** 프로젝트관리 계획서 Project management plan **3.** 기업 환경 요인 Enterprise environmental factors **4.** 조직 프로세스 자산 Organizational process assets	**1.** 전문가 판단 Expert judgment **2.** (+)데이터 분석 Data analysis **3.** 회의 Meetings	**1.** 일정관리 계획서 Schedule management plan
	6.2 활동 정의 Define Activities	프로젝트 작업이나 인도물을 생성하기 위해 필요한 활동들을 식별하고 문서화하는 프로세스		
		1. (+)프로젝트관리 계획서 Project management plan **2.** 기업 환경 요인 Enterprise environmental factors **3.** 조직 프로세스 자산 Organizational process assets	**1.** 전문가 판단 Expert judgment **2.** 분할 Decomposition **3.** 연동 기획 Rolling wave planning **4.** (+)회의Meetings	**1.** 활동 목록Activity list **2.** 활동 속성Activity attributes **3.** 마일스톤 목록Milestone list **4.** (+)변경요청Change requests **5.** (+)프로젝트관리 계획서 업데이트 Project management plan updates
	6.3 활동 순서배열 Sequence Activities	프로젝트 활동 사이의 관계를 식별하여 그래프화하고 문서화하는 프로세스		
		1. (+)프로젝트관리 계획서 Project management plan **2.** (+)프로젝트 문서 Project documents • 활동 속성Activity attributes • 활동 목록Activity list • 가정사항 기록부Assumption log • 마일스톤 목록Milestone list **3.** 기업 환경 요인 Enterprise environmental factors **4.** 조직 프로세스 자산 Organizational process assets	**1.** 선후행 도형법 Precedence diagramming method **2.** 의존관계 결정 및 통합 Dependency determination and integration **3.** 선도와 지연 Leads and Lags **4.** (+)프로젝트관리 정보시스템 Project management information system	**1.** 프로젝트 일정 네트워크 다이어그램 Project schedule network diagrams **2.** 프로젝트 문서 업데이트 Project documents updates
	6.4 활동 기간산정 Estimate Activity Durations	산정된 자원으로 개별 활동을 완료하는 데 필요한 총 작업 기간 수를 개략적으로 산정하고 산정에 대한 기준을 문서화하는 프로세스		
		1. (+)프로젝트관리 계획서 Project management plan **2.** (+)프로젝트 문서 Project documents • 활동 속성Activity attributes • 활동 목록Activity list • 마일스톤 목록Milestone list • 교훈 관리대장 Lessons learned register • 가정사항 기록부Assumption log • 프로젝트 팀 배정표 Project team assignments • 자원분류체계 Resource breakdown structure • 자원 달력Resource calendars • 자원 요구사항 Resource requirements • 리스크 관리대장Risk register **3.** 기업 환경 요인 Enterprise environmental factors **4.** 조직 프로세스 자산 Organizational process assets	**1.** 전문가 판단 Expert judgment **2.** 유사 산정 Analogous estimating **3.** 모수 산정 Parametric estimating **4.** 3점 산정 Three-point estimating **5.** (+)상향식 산정 Bottom-up estimating **6.** (+)데이터 분석 Data analysis • 대안 분석Alternatives analysis • 예비 분석Reserve analysis **7.** (+)의사 결정 Decision making **8.** (+)회의 Meetings	**1.** 기간 산정치 Duration estimate **2.** (+)산정 기준서 Basis of estimates **3.** 프로젝트 문서 업데이트 Project documents updates

Group	Process	Inputs	Tools & Techniques	Outputs
기획	**6.5** 일정 개발 Develop Schedule	활동 순서, 기간, 자원 요구사항 및 일정 제약을 분석하여 일정 기준선과 프로젝트 일정 모델을 작성하는 프로세스		
		1. (+)프로젝트관리 계획서 Project management plan **2.** (+)프로젝트 문서 Project documents • 활동 속성Activity attributes • 활동 목록Activity list • 마일스톤 목록Milestone list • 교훈 관리대장 Lessons learned register • 가정사항 기록부 Assumption log • 프로젝트 팀 배정표 Project team assignments • 자원 달력 Resource calendars • 자원 요구사항 Resource requirements • 리스크 관리대장 Risk register • 산정 기준서 Basis of estimates • 기간 산정치 Duration estimates • 프로젝트 일정 네트워크 다이어그램 Project schedule network diagrams **3.** (+)협약서 Agreements **4.** 기업 환경 요인 Enterprise environmental factors **5.** 조직 프로세스 자산 Organizational process assets	**1.** 일정 네트워크 분석 Schedule network analysis **2.** 주 공정법 Critical path method **3.** 자원 최적화 Resource optimization **4.** (+)데이터 분석 Data analysis • 가정 시나리오 분석 What-if scenario analysis • 시뮬레이션Simulation **5.** 선도와 지연 Leads and Lags **6.** 일정 단축 Schedule compression **7.** (+)프로젝트관리 정보시스템 Project management information system **8.** (+)애자일 릴리즈 기획 Agile release planning	**1.** 일정 기준선 Schedule baseline **2.** 프로젝트 일정 Project schedule **3.** 일정 데이터 Schedule data **4.** 프로젝트 달력 Project calendars **5.** (+)변경요청 Change requests **6.** 프로젝트관리 계획서 업데이트 Project management plan updates **7.** 프로젝트 문서 업데이트 Project documents updates
감시 및 통제	**6.6** 일정 통제 Control Schedule	프로젝트 상태를 감시하면서 프로젝트 일정 계획을 업데이트하고, 일정 기준선에 대한 변경을 관리하는 프로세스		
		1. 프로젝트관리 계획서 Project management plan **2.** 프로젝트 문서 Project documents • 교훈 관리대장 Lessons learned register • 프로젝트 달력 Project calendars • 프로젝트 일정 Project schedule • 자원 달력 Resource calendars • 일정 데이터Schedule data **3.** 작업성과 데이터 Work performance data **4.** 조직 프로세스 자산 Organizational process assets	**1.** (+)데이터 분석 Data analysis • 획득가치 분석Earned value analysis • 반복 번다운 차트 Iteration burndown chart • 성과 검토Performance reviews • 추세 분석Trend analysis • 차이 분석Variance analysis • 가정 시나리오 분석 What-if scenario analysis **2.** (+)주 공정법 Critical path method **3.** (+)프로젝트관리 정보시스템 Project management information system **4.** 자원 최적화 Resource optimization **5.** 선도와 지연 Leads and lags **6.** 일정 단축 Schedule compression	**1.** 작업성과 정보 Work performance information **2.** 일정 예측치 Schedule forecasts **3.** 변경요청 Change requests **4.** 프로젝트관리 계획서 업데이트 Project management plan updates **5.** 프로젝트 문서 업데이트 Project documents updates

Group	Process	Inputs	Tools & Techniques	Outputs
기획	**7.1** 원가관리 계획수립 Plan Cost Management	프로젝트 원가를 기획, 관리, 지출 및 통제하는 데 필요한 정책과 절차를 문서화한 원가관리 계획서를 작성하는 프로세스		
		1. 프로젝트 헌장 Project charter **2.** 프로젝트관리 계획서 Project management plan **3.** 기업 환경 요인 Enterprise environmental factors **4.** 조직 프로세스 자산 Organizational process assets	**1.** 전문가 판단 Expert judgment **2.** (+)데이터 분석 Data analysis **3.** 회의 Meetings	**1.** 원가관리 계획서 Cost management plan
	7.2 원가 산정 Estimate Costs	프로젝트 작업을 완료하는 데 필요한 자원 비용의 근사치를 개발하는 프로세스		
		1. (+)프로젝트관리 계획서 Project management plan **2.** (+)프로젝트 문서 Project documents • 교훈 관리대장(Lessons learned register) • 프로젝트 일정 Project schedule • 자원 요구사항(Resources requirements) • 리스크 관리대장 Risk register **3.** 기업 환경 요인 Enterprise environmental factors **4.** 조직 프로세스 자산 Organizational process assets	**1.** 전문가 판단 Expert judgment **2.** 유사 산정 Analogous estimating **3.** 모수 산정 Parametric estimating **4.** 상향식 산정 Bottom-up estimating **5.** 3점 산정 Three-point estimating **6.** (+)데이터 분석 Data analysis • 대안 분석 Alternatives analysis • 예비 분석 Reserve analysis • 품질 비용 Cost of quality **7.** (+)프로젝트관리 정보시스템 Project management information system **8.** (+)의사 결정 Decision making	**1.** 원가 산정치 Cost estimates **2.** 산정 기준서 Basis of estimates **3.** 프로젝트 문서 업데이트 Project documents updates
	7.3 예산 결정 Determine Budget	개별 활동이나 작업 패키지별로 산정된 원가를 합산하여 승인된 원가 기준선을 설정하는 프로세스		
		1. (+)프로젝트관리 계획서 Project management plan **2.** (+)프로젝트 문서 Project documents • 산정 기준서 Basis of estimates • 원가 산정치 Cost estimates • 프로젝트 일정 Project schedule • 리스크 관리대장 Risk register **3.** (+)비즈니스 문서 Business documents • 비즈니스 케이스 Business case • 편익관리 계획서 Benefits management plan **4.** 협약서 Agreements **5.** (+)기업 환경 요인 Enterprise environmental factors **6.** 조직 프로세스 자산 Organizational process assets	**1.** 전문가 판단 Expert judgment **2.** 원가 합산 Cost aggregation **3.** (+)데이터 분석 Data analysis • 예비 분석 Reserve analysis **4.** (+)선례정보 검토 Historical Information review **5.** 자금한도 조정 Funding Limit reconciliation **6.** (+)자금조달 Financing	**1.** 원가 기준선 Cost baseline **2.** 프로젝트 자금 요구사항 Project funding requirements **3.** 프로젝트 문서 업데이트 Project documents updates
감시 및 통제	**7.4** 원가 통제 Control Costs	프로젝트의 상태를 감시하면서 프로젝트 원가를 업데이트하고 원가 기준선에 대한 변경을 관리하는 프로세스		
		1. 프로젝트관리 계획서 Project management plan **2.** (+)프로젝트 문서 Project documents • 교훈 관리대장 Lessons learned register **3.** 프로젝트 자금 요구사항 Project funding requirements **4.** 작업성과 데이터 Work performance data **5.** 조직 프로세스 자산 Organizational process assets	**1.** 전문가 판단 Expert judgment **2.** (+)데이터 분석 Data analysis • 획득가치 분석 Earned value analysis • 차이 분석 Variance analysis • 추세 분석 Trend analysis • 예비 분석 Reserve analysis **3.** 완료성과지수 To-complete performance index **4.** (+)프로젝트관리 정보시스템 Project management information system	**1.** 작업성과 정보 Work performance information **2.** 원가 예측치 Cost forecasts **3.** 변경요청 Change requests **4.** 프로젝트관리 계획서 업데이트 Project management plan updates **5.** 프로젝트 문서 업데이트 Project documents updates

Group	Process	Inputs	Tools & Techniques	Outputs
기획	8.1 품질관리 계획수립 Plan Quality Management	프로젝트 및 제품에 대한 품질 요구사항 및 표준을 식별하고, 프로젝트가 품질 요구사항과 관련된 준수를 입증하는 방법을 문서화하는 프로세스		
		1. (+)프로젝트 헌장 Project charter 2. 프로젝트관리 계획서 Project management plan 3. (+)프로젝트 문서 Project documents • 가정사항 기록부 Assumption log • 요구사항 문서 Requirements documentation • 요구사항 추적 매트릭스 Requirements traceability matrix • 리스크 관리대장Risk register • 이해관계자 관리대장 Stakeholder register 4. 기업 환경 요인 Enterprise environmental factors 5. 조직 프로세스 자산 Organizational process assets	1. (+)전문가 판단Expert judgment 2. (+)데이터 수집Data gathering • 벤치마킹Benchmarking • 브레인스토밍Brainstorming • 인터뷰Interviews 3. (+)데이터 분석Data analysis • 비용-편익 분석Cost-benefit analysis • 품질 비용Cost of quality 4. (+)의사 결정Decision making • 다기준 의사결정 분석 Multicriteria decision analysis 5. (+)데이터 표현Data representation • 흐름도Flowcharts • 논리 데이터 모델Logical data model • 매트릭스 다이어그램Matrix diagrams • 마인드 매핑Mind mapping 6. 테스트 및 인스펙션 기획 Test and inspection planning 7. 회의Meetings	1. 품질관리 계획서 Quality management plan 2. 품질 지표 Quality metrics 3. (+)프로젝트관리 계획서 업데이트 Project management plan updates 4. 프로젝트 문서 업데이트 Project documents updates
실행	8.2 품질 관리 Manage Quality	품질관리 계획서를 조직의 품질 정책을 프로젝트에 구체화하는 실행 가능한 품질 활동으로 변환하는 프로세스		
		1. 프로젝트관리 계획서 Project management plan 2. 프로젝트 문서 Project documents • 교훈 관리대장 Lessons learned register • 품질통제 측정치 Quality control measurements • 품질 지표Quality metrics • 리스크 보고서Risk report 3. (+)조직 프로세스 자산 Organizational process assets	1. (+)데이터 수집Data gathering • 체크리스트Checklists 2. (+)데이터 분석Data analysis • 대안 분석Alternatives analysis • 문서 분석Document analysis • 프로세스 분석Process analysis • 근본원인 분석Root cause analysis 3. (+)의사 결정Decision making • 다기준 의사결정 분석 Multicriteria decision analysis 4. (+)데이터 표현Data representation • 친화도Affinity diagrams • 인과관계도Cause-and-effect diagrams • 흐름도Flowcharts • 히스토그램Histograms • 매트릭스 다이어그램Matrix diagrams • 산점도Scatter diagrams 5. 감사Audits 6. (+)Design for X 7. (+)문제 해결Problem solving 8. (+)품질 개선 방법 Quality improvement methods	1. (+)품질 보고서 Quality reports 2. (+)테스트 및 평가 문서 Test and evaluation documents 3. 변경요청 Change requests 4. 프로젝트관리 계획서 업데이트 Project management plan updates 5. 프로젝트 문서 업데이트 Project documents updates
감시 및 통제	8.3 품질 통제 Control Quality	품질 활동의 실행 결과를 감시하고 기록하면서 성과를 평가하고 필요한 변경 권고안을 제시하는 프로세스		
		1. 프로젝트관리 계획서 Project management plan 2. 프로젝트 문서 Project documents • 교훈 관리대장 Lessons learned register • 품질 지표Quality metrics • 테스트 및 평가 문서 Test and evaluation documents 3. 승인된 변경요청 Approved change requests 4. 인도물Deliverables 5. 작업성과 데이터 Work performance data 6. (+)기업 환경 요인 Enterprise environmental factors 7. 조직 프로세스 자산 Organizational process assets	1. (+)데이터 수집Data gathering • 체크리스트Checklists • 체크시트Check sheets • 통계적 표본추출Statistical sampling • 설문지 및 설문조사 Questionnaires and surveys 2. (+)데이터 분석Data analysis • 성과 검토Performance reviews • 근본원인 분석Root cause analysis 3. 인스펙션Inspection 4. (+)테스트/제품 평가 Testing/product evaluations 5. (+)데이터 표현 Data representation • 인과관계도Cause-and-effect diagrams • 관리도Control charts • 히스토그램Histogram • 산점도Scatter diagrams 6. (+)회의Meetings	1. 품질통제 측정치 Quality control measurements 2. 검증된 인도물 Verified deliverables 3. 작업성과 정보 Work performance information 4. 변경요청 Change requests 5. 프로젝트관리 계획서 업데이트 Project management plan updates 6. 프로젝트 문서 업데이트 Project documents updates

(+): PMBOK 6판 추가 or 변경

Group	Process	Inputs	Tools & Techniques	Outputs
기획	**9.1 (+)자원관리 계획수립** Plan Resource Management	물적 자원과 팀 자원을 산정, 확보 및 관리하고 활용하는 방법을 정의하는 프로세스 **1. (+)프로젝트 헌장**Project charter **2. 프로젝트관리 계획서** Project management plan **3. (+)프로젝트 문서**Project documents • 프로젝트 일정Project schedule • 요구사항 문서 Requirements documentation • 리스크 관리대장Risk register • 이해관계자 관리대장 Stakeholder register **4. 기업 환경 요인** Enterprise environmental factors **5. 조직 프로세스 자산** Organizational process assets	**1. 전문가 판단** Expert judgment **2. (+)데이터 표현** Data representation • 계층구조형 도표Hierarchical charts • 책임배정 매트릭스 Responsibility assignment matrix • 텍스트형 도표 Text-oriented formats **3. 조직 이론** Organizational theory **4. 회의** Meetings	**1. (+)자원관리 계획서** Resource management plan **2. (+)팀 헌장** Team charter **3. (+)프로젝트 문서 업데이트** Project documents updates
	9.2 (+)활동 자원산정 Estimate Activity Resources	프로젝트 작업을 수행하는 데 필요한 자재, 장비 또는 공급품의 유형 및 수량과 팀 자원을 산정하는 프로세스 **1. 프로젝트관리 계획서** Project management plan **2. 프로젝트 문서**Project documents • 활동 속성Activity attributes • 활동 목록Activity list • 가정사항 기록부Assumption log • 원가 산정치Cost estimates • 자원 달력Resource calendars • 리스크 관리대장Risk register **3. 기업 환경 요인** Enterprise environmental factors **4. 조직 프로세스 자산** Organizational process assets	**1. 전문가 판단** Expert judgment **2. 상향식 산정** Bottom-up estimating **3. 유사 산정** Analogous estimating **4. 모수 산정** Parametric estimating **5. 데이터 분석**Data analysis • 대안 분석Alternatives analysis **6. 프로젝트관리 정보시스템** Project management information system **7. 회의**Meetings	**1. 자원 요구사항** Resource requirements **2. 산정 기준서** Basis of estimates **3. 자원분류체계** Resource breakdown structure **4. 프로젝트 문서 업데이트** Project documents updates
실행	**9.3 (+)자원 확보** Acquire Resources	프로젝트 작업을 완료하는 데 필요한 팀원, 시설, 장비, 자재, 공급품 및 기타 자원을 확보하는 프로세스 **1. (+)프로젝트관리 계획서** Project management plan **2. (+)프로젝트 문서** Project documents • 프로젝트 일정Project schedule • 자원 달력Resource calendars • 자원 요구사항 Resource requirements • 이해관계자 관리대장 Stakeholder register **3. 기업 환경 요인** Enterprise environmental factors **4. 조직 프로세스 자산** Organizational process assets	**1. (+)의사 결정** Decision making • 다기준 의사결정 분석 Multicriteria decision analysis **2. (+)대인관계 및 팀 기술** Interpersonal and team skills • 협상Negotiation **3. 사전 배정** Pre-assignment **4. 가상 팀** Virtual teams	**1. (+)물적 자원 배정표** Physical resource assignments **2. 프로젝트 팀 배정표** Project team assignments **3. 자원 달력**Resource calendars **4. (+)변경요청**Change requests **5. 프로젝트관리 계획서 업데이트** Project management plan updates **6. (+)프로젝트 문서 업데이트** Project documents updates **7. (+)기업 환경 요인 업데이트** Enterprise environmental factors updates **8. (+)조직 프로세스 자산 업데이트** Organizational process assets updates
	9.4 (+)팀 개발 Develop Team	프로젝트 성과 향상을 위해 팀원의 역량, 팀원 간의 상호작용, 그리고 전반적인 팀 환경을 개선하는 프로세스 **1. (+)프로젝트관리 계획서** Project management plan **2. (+)프로젝트 문서**Project documents • 교훈 관리대장 Lessons learned register • 프로젝트 일정Project schedule • 프로젝트 팀 배정표 Project team assignments • 자원 달력Resource calendars • 팀 헌장Team charter **3. (+)기업 환경 요인** Enterprise environmental factors **4. (+)조직 프로세스 자산** Organizational process assets	**1. 동일장소 배치**Colocation **2. (+)가상 팀**Virtual teams **3. (+)의사소통 기술** Communication technology **4. (+)대인관계 및 팀 기술** Interpersonal and team skills • 갈등 관리Conflict management • 영향력 행사Influencing • 동기부여Motivation • 협상Negotiation • 팀 빌딩Team building **5. 인정과 보상**Recognition and rewards **6. 훈련**Training **7. (+)개인 및 팀 평가** Individual and team assessments **8. (+)회의**Meetings	**1. 팀 성과 평가치** Team performance assessments **2. (+)변경요청** Change requests **3. (+)프로젝트관리 계획서 업데이트** Project management plan updates **4. (+)프로젝트 문서 업데이트** Project documents updates **5. 기업 환경 요인 업데이트** Enterprise environmental factors updates **6. (+)조직 프로세스 자산 업데이트** Organizational process assets updates

Group	Process	Inputs	Tools & Techniques	Outputs
실행	**9.5 (+)팀 관리** Manage Team	프로젝트 성과를 최적화하기 위하여 팀원 성과를 추적하고 피드백을 제공하며, 이슈를 해결하고 팀 변경사항을 관리하는 프로세스		
		1. (+)프로젝트관리 계획서 Project management plan **2.** (+)프로젝트 문서 Project documents • 이슈 기록부 Issue log • 교훈 관리대장 Lessons learned register • 프로젝트 팀 배정표 Project team assignments • 팀 헌장 Team charter **3.** 작업성과 보고서 Work performance reports **4.** 팀 성과 평가치 Team performance assessments 5 (+)기업 환경 요인 Enterprise environmental factors **6.** 조직 프로세스 자산 Organizational process assets	**1.** (+)대인관계 및 팀 기술 Interpersonal and team skills • 갈등관리 Conflict management • 의사결정 Decision making • 감성 지능 Emotional intelligence • 영향력 행사 Influencing • 리더십 Leadership **2.** (+)프로젝트관리 정보시스템 Project management information system	**1.** 변경요청 Change requests **2.** 프로젝트관리 계획서 업데이트 Project management plan updates **3.** 프로젝트 문서 업데이트 Project documents updates **4.** 기업 환경 요인 업데이트 Enterprise environmental factors updates
감시 및 통제	**9.6 (+)자원 통제** Control Resources	프로젝트에 할당되고 배정된 물적 자원을 계획대로 사용할 수 있도록 보장하고, 계획 대비 실제 사용을 모니터링하며 필요에 따라 시정 조치를 수행하는 프로세스		
		1. 프로젝트관리 계획서 Project management plan **2.** 프로젝트 문서 Project documents • 이슈 기록부 Issue log • 교훈 관리대장 Lessons learned register • 물적 자원 배정표 Physical resource assignments • 프로젝트 일정 Project schedule • 자원분류체계 Resource breakdown structure • 자원 요구사항 Resource requirements • 리스크 관리대장 Risk register **3.** 작업성과 데이터 Work performance data **4.** 협약서 Agreements **5.** 조직 프로세스 자산 Organizational process assets	**1.** 데이터 분석 Data analysis • 대안 분석 Alternatives analysis • 비용-편익 분석 Cost-benefit analysis • 성과 검토 Performance reviews • 추세 분석 Trend analysis **2.** 문제 해결 Problem solving **3.** 대인관계 및 팀 기술 Interpersonal and team skills • 협상 Negotiation • 영향력 행사 Influencing **4.** 프로젝트관리 정보시스템 Project management information system	**1.** 작업성과 정보 Work performance information **2.** 변경요청 Change requests **3.** 프로젝트관리 계획서 업데이트 Project management plan updates **4.** 프로젝트 문서 업데이트 Project documents updates

Group	Process	Inputs	Tools & Techniques	Outputs
기획	**10.1** 의사소통관리 계획수립 Plan Communications Management	이해관계자 개인 또는 그룹의 정보 요구, 가용한 조직 자산 및 프로젝트 요구에 따라 프로젝트 의사소통 활동을 위한 적절한 접근법 및 계획을 개발하는 프로세스		

기획	**10.1**
	의사소통관리
	계획수립
	Plan
	Communications
	Management
		1. (+)프로젝트 헌장
		Project charter
		2. 프로젝트관리 계획서
		Project management plan
		3. (+)프로젝트 문서
		Project documents
		 • 요구사항 문서
		  Requirements documentation
		 • 이해관계자 관리대장
		  Stakeholder register
		4. 기업 환경 요인
		Enterprise environmental factors
		5. 조직 프로세스 자산
		Organizational process assets
			1. (+)전문가 판단Expert judgment
			2. 의사소통 요구사항 분석
			Communication requirements analysis
			3. 의사소통 기술
			Communication technology
			4. 의사소통 모델
			Communication models
			5. 의사소통 방법
			Communication methods
			6. (+)대인관계 및 팀 기술
			Interpersonal and team skills
			 • 의사소통 스타일 평가
			  Communication styles assessment
			 • 정치적 인식Political awareness
			 • 문화적 인식Cultural awareness
			7. (+)데이터 표현
			Data representation
			 • 이해관계자 참여평가 매트릭스
			  Stakeholder engagement
			  assessment matrix
			8. 회의Meetings
				1. 의사소통관리 계획서
				Communications management plan
				2. (+)프로젝트관리 계획서
				업데이트
				Project management plan updates
				3. 프로젝트 문서 업데이트
				Project documents updates

실행	**10.2** 의사소통 관리 Manage Communications	프로젝트 정보를 시기적절하게 수집, 생성, 배포, 저장, 검색, 관리 및 감시하고 최종적으로 처분(파기 또는 이관)하는 프로세스		

실행	**10.2** 의사소통
	관리
	Manage
	Communications
		1. (+)프로젝트관리 계획서
		Project management plan
		2. (+)프로젝트 문서
		Project documents
		 • 변경 기록부Change log
		 • 이슈 기록부Issue log
		 • 교훈 관리대장
		  Lessons learned register
		 • 품질 보고서Quality report
		 • 리스크 보고서Risk report
		 • 이해관계자 관리대장
		  Stakeholder register
		3. 작업성과 보고서
		Work performance reports
		4. 기업 환경 요인
		Enterprise environmental factors
		5. 조직 프로세스 자산
		Organizational process assets
			1. 의사소통 기술
			Communication technology
			2. 의사소통 방법
			Communication methods
			3. (+)의사소통 스킬
			Communication skills
			 • 의사소통 역량
			  Communication competence
			 • 피드백Feedback
			 • 비언어적Nonverbal
			 • 프레젠테이션Presentations
			4. (+)프로젝트관리 정보시스템
			Project management information system
			5. (+)프로젝트 보고
			Project reporting
			6. (+)대인관계 및 팀 기술
			Interpersonal and team skills
			 • 적극적인 청취Active listening
			 • 갈등 관리Conflict management
			 • 문화적 인식Cultural awareness
			 • 회의 관리Meeting management
			 • 네트워킹Networking
			 • 정치적 인식Political awareness
			7. (+)회의Meetings
				1. 프로젝트 의사소통
				Project communications
				2. 프로젝트관리 계획서 업데이트
				Project management plan updates
				3. 프로젝트 문서 업데이트
				Project documents updates
				4. 조직 프로세스 자산 업데이트
				Organizational process assets updates

감시 및 통제	**10.3** 의사소통 감시 Monitor Communications	프로젝트와 이해관계자들의 정보 요구가 충족되고 있는지를 확인하는 프로세스		

감시
및
통제
	10.3 의사소통
	감시
	Monitor
	Communications
		1. 프로젝트관리 계획서
		Project management plan
		2. (+)프로젝트 문서
		Project documents
		 • 이슈 기록부Issue log
		 • 교훈 관리대장
		  Lessons learned register
		 • 프로젝트 의사소통
		  Project communications
		3. 작업성과 데이터
		Work performance data
		4. (+)기업 환경 요인
		Enterprise environmental factors
		5. 조직 프로세스 자산
		Organizational process assets
			1. 전문가 판단
			Expert judgment
			2. (+)프로젝트관리 정보시스템
			Project management information system
			3. (+)데이터 분석
			Data analysis
			 • 이해관계자 참여평가 매트릭스
			  Stakeholder engagement
			  assessment matrix
			4. (+)대인관계 및 팀 기술
			Interpersonal and team skills
			 • 관찰/대화Observation/conversation
			5. 회의
			Meetings
				1. 작업성과 정보
				Work performance information
				2. 변경요청
				Change requests
				3. 프로젝트관리 계획서 업데이트
				Project management plan updates
				4. 프로젝트 문서 업데이트
				Project documents updates

Group	Process	Inputs	Tools & Techniques	Outputs
기획	**11.1 리스크관리 계획수립** Plan Risk Management	프로젝트에 대한 리스크관리 활동의 수행 방법을 정의하는 프로세스		
		1. 프로젝트 헌장 Project charter **2.** 프로젝트관리 계획서 Project management plan **3.** (+)프로젝트 문서 Project documents • 이해관계자 관리대장 Stakeholder register **4.** 기업 환경 요인 Enterprise environmental factors **5.** 조직 프로세스 자산 Organizational process assets	**1.** 전문가 판단 Expert judgment **2.** (+)데이터 분석 Data analysis • 이해관계자 분석 Stakeholder analysis **3.** 회의 Meetings	**1.** 리스크관리 계획서 Risk management plan
	11.2 리스크 식별 Identify Risks	전체 프로젝트 리스크의 원천뿐만 아니라 개별 프로젝트 리스크를 식별하고, 특성을 문서화하는 프로세스		
		1. (+)프로젝트관리 계획서 Project management plan **2.** 프로젝트 문서 Project documents • 가정사항 기록부 Assumption log • 원가 산정치 Cost estimates • 기간 산정치 Duration estimates • 이슈 기록부 Issue log • 교훈 관리대장 Lessons learned register • 요구사항 문서 Requirements documentation • 자원 요구사항 Resource requirements • 이해관계자 관리대장 Stakeholder register **3.** (+)협약서 Agreements **4.** 조달 문서 Procurement documentation **5.** 기업 환경 요인 Enterprise environmental factors **6.** 조직 프로세스 자산 Organizational process assets	**1.** 전문가 판단 Expert judgment **2.** (+)데이터 수집 Data gathering • 브레인스토밍 Brainstorming • 체크리스트 Checklists • 인터뷰 Interviews **3.** (+)데이터 분석 Data analysis • 근본원인 분석 Root cause analysis • 가정 및 제약사항 분석 Assumption and constraint analysis • SWOT 분석 SWOT analysis • 문서 분석 Document analysis **4.** (+)대인관계 및 팀 기술 Interpersonal and team skills • 촉진 Facilitation **5.** (+)프롬프트 리스트 Prompt lists **6.** 회의 Meetings	**1.** 리스크 관리대장 Risk register **2.** (+)리스크 보고서 Risk report **3.** (+)프로젝트 문서 업데이트 Project documents updates
	11.3 정성적 리스크 분석 수행 Perform Qualitative Risk Analysis	리스크의 발생 확률과 영향을 평가하고 통합함으로써, 추가적인 분석이나 조치에 유용하도록 리스크의 우선순위를 지정하는 프로세스		
		1. (+)프로젝트관리 계획서 Project management plan **2.** (+)프로젝트 문서 Project documents • 가정사항 기록부 Assumption log • 리스크 관리대장 Risk register • 이해관계자 관리대장 Stakeholder register **3.** 기업 환경 요인 Enterprise environmental factors **4.** 조직 프로세스 자산 Organizational process assets	**1.** 전문가 판단 Expert judgment **2.** (+)데이터 수집 Data gathering • 인터뷰 Interviews **3.** (+)데이터 분석 Data analysis • 리스크 데이터 품질 평가 Risk data quality assessment • 리스크 확률-영향 평가 Risk probability and impact assessment • 기타 리스크 변수 평가 Assessment of other risk parameters **4.** (+)대인관계 및 팀 기술 Interpersonal and team skills • 촉진 Facilitation **5.** 리스크 범주 Risk categorization **6.** (+)데이터 표현 Data representation • 확률-영향 평가 매트릭스 Probability and impact matrix • 계층적 차트 Hierarchical charts **7.** (+)회의 Meetings	**1.** 프로젝트 문서 업데이트 Project documents updates

Group	Process	Inputs	Tools & Techniques	Outputs
기획	**11.4 정량적 리스크 분석 수행** Perform Quantitative Risk Analysis	식별된 개별 프로젝트 리스크와 기타 불확실성 원인의 조합이 전체 프로젝트 목표에 미치는 영향을 수치로 분석하는 프로세스 **1.** (+)프로젝트관리 계획서 Project management plan **2.** (+)프로젝트 문서 Project documents • 가정사항 기록부 Assumption log • 산정 기준서 Basis of estimates • 원가 산정치 Cost estimates • 원가 예측치 Cost forecasts • 기간 산정치 Duration estimates • 마일스톤 목록 Milestone list • 자원 요구사항 Resource requirements • 리스크 관리대장 Risk register • 리스크 보고서 Risk report • 일정 예측치 Schedule forecasts **3.** 기업 환경 요인 Enterprise environmental factors **4.** 조직 프로세스 자산 Organizational process assets	**1.** 전문가 판단 Expert judgment **2.** (+)데이터 수집 Data gathering • 인터뷰 Interviews **3.** (+)대인관계 및 팀 기술 Interpersonal and team skills • 촉진 Facilitation **4.** (+)불확실성의 표현 Representations of uncertainty **5.** (+)데이터 분석 Data analysis • 시뮬레이션 Simulations • 민감도 분석 Sensitivity analysis • 의사결정나무 분석 Decision tree analysis • 영향도 Influence diagrams	**1.** 프로젝트 문서 업데이트 Project documents updates
	11.5 리스크 대응 계획수립 Plan Risk Responses	개별 프로젝트 리스크의 처리뿐 아니라 전체 프로젝트 리스크의 노출을 처리하기 위한 선택 사항을 개발하고, 전략을 선택하며, 해결 조치에 합의하는 프로세스 **1.** (+)프로젝트관리 계획서 Project management plan **2.** (+)프로젝트 문서 Project documents • 교훈 관리대장 Lessons learned register • 프로젝트 일정 Project schedule • 프로젝트 팀 배정표 Project team assignments • 자원 달력 Resource calendars • 리스크 관리대장 Risk register • 리스크 보고서 Risk report • 이해관계자 관리대장 Stakeholder register **3.** (+)기업 환경 요인 Enterprise environmental factors **4.** (+)조직 프로세스 자산 Organizational process assets	**1.** 전문가 판단 Expert judgment **2.** (+)데이터 수집 Data gathering • 인터뷰 Interviews **3.** (+)대인관계 및 팀 기술 Interpersonal and team skills • 촉진 Facilitation **4.** 위협에 대한 대응전략 Strategies for threats **5.** 기회에 대한 대응전략 Strategies for opportunities **6.** 우발사태 대응전략 Contingent response strategies **7.** (+)전체 프로젝트 리스크에 대한 대응전략 Strategies for overall project risk **8.** (+)데이터 분석 Data analysis • 대안 분석 Alternatives analysis • 비용-편익 분석 Cost-benefit analysis **9.** (+)의사 결정 Decision making • 다기준 의사결정 분석 Multicriteria decision analysis	**1.** (+)변경요청 Change requests **2.** 프로젝트관리 계획서 업데이트 Project management plan updates **3.** 프로젝트 문서 업데이트 Project documents updates
실행	**11.6 (+)리스크 대응 실행** Implement Risk Responses	합의된 리스크 대응 계획을 구현하는 프로세스 **1.** 프로젝트관리 계획서 Project management plan **2.** 프로젝트 문서 Project documents • 교훈 관리대장 Lessons learned register • 리스크 관리대장 Risk register • 리스크 보고서 Risk report **3.** 조직 프로세스 자산 Organizational process assets	**1.** 전문가 판단 Expert judgment **2.** 대인관계 및 팀 기술 Interpersonal and team skills • 영향력 행사 Influencing **3.** 프로젝트관리 정보시스템 Project management information system	**1.** 변경요청 Change requests **2.** 프로젝트 문서 업데이트 Project documents updates
감시 및 통제	**11.7 (+)리스크 감시** Monitor risks	프로젝트 전반에서 리스크 대응 계획의 구현 여부를 감시하고, 식별된 리스크를 추적하고, 신규 리스크를 식별 및 분석하며, 리스크 프로세스의 효과를 평가하는 프로세스 **1.** 프로젝트관리 계획서 Project management plan **2.** (+)프로젝트 문서 Project documents • 이슈 기록부 Issue log • 교훈 관리대장 Lessons learned register • 리스크 관리대장 Risk register • 리스크 보고서 Risk report **3.** 작업성과 데이터 Work performance data **4.** 작업성과 보고서 Work performance reports	**1.** (+)데이터 분석 Data analysis • 기술적 성과 분석 Technical performance analysis • 예비 분석 Reserve analysis **2.** 감사 Audits **3.** 회의 Meetings	**1.** 작업성과 정보 Work performance information **2.** 변경요청 Change requests **3.** 프로젝트관리 계획서 업데이트 Project management plan updates **4.** 프로젝트 문서 업데이트 Project documents updates **5.** 조직 프로세스 자산 업데이트 Organizational process assets updates

Group	Process	Inputs	Tools & Techniques	Outputs
기획	**12.1 조달관리 계획수립** Plan Procurement Management	프로젝트 조달 결정사항을 문서화하고, 조달 방식을 구체화하고, 유력한 판매자를 식별하는 프로세스		
		1. (+)프로젝트 헌장Project charter **2.** (+)비즈니스 문서Business documents **3.** 프로젝트관리 계획서 Project management plan **4.** (+)프로젝트 문서Project documents • 마일스톤 목록Milestone list • 프로젝트 팀 배정표 Project team assignments • 요구사항 문서 Requirements documentation • 요구사항 추적 매트릭스 Requirements traceability matrix • 자원 요구사항Resource requirements • 리스크 관리대장Risk register • 이해관계자 관리대장 Stakeholder register **5.** 기업 환경 요인 Enterprise environmental factors **6.** 조직 프로세스 자산 Organizational process assets	**1.** 전문가 판단 Expert judgment **2.** (+)데이터 수집 Data gathering • 시장 조사Market research **3.** (+)데이터 분석 Data analysis • 제작-구매 분석 Make-or-buy analysis **4.** (+)판매자 선정 분석 Source selection analysis **5.** 회의 Meetings	1 조달관리 계획서 Procurement management plan **2.** (+)조달 전략 Procurement strategy **3.** (+)입찰 문서 Bid documents 4 조달 작업 기술서 Procurement statement of work **5.** 판매자 선정 기준 Source selection criteria **6.** 제작-구매 의사결정 Make-or-buy decisions **7.** (+)독립 산정치 Independent cost estimates **8.** 변경요청 Change requests **9.** 프로젝트 문서 업데이트 Project documents updates **10.** 조직 프로세스 자산 업데이트 Organizational process assets updates
실행	**12.2 조달 수행** Conduct Procurements	판매자(공급자)를 모집하고 선정하며, 계약을 체결하는 프로세스		
		1. (+)프로젝트관리 계획서 Project management plan **2.** 프로젝트 문서Project documents • 교훈 관리대장 Lessons learned register • 프로젝트 일정Project schedule • 요구사항 문서 Requirements documentation • 리스크 관리대장Risk register • 이해관계자 관리대장 Stakeholder register **3.** 조달 문서 Procurement documentation **4.** 판매자 제안서Seller proposals **5.** (+)기업 환경 요인 Enterprise environmental factors **6.** 조직 프로세스 자산 Organizational process assets	**1.** 전문가 판단 Expert judgment **2.** 공고 Advertising **3.** 입찰자 회의 Bidder conferences **4.** (+)데이터 분석 Data analysis • 제안서 평가Proposal evaluation **5.** (+)대인관계 및 팀 기술 Interpersonal and team skills • 협상Negotiation	**1.** 선정된 판매자 Selected sellers **2.** 협약서 Agreements **3.** 변경요청 Change requests **4.** 프로젝트관리 계획서 업데이트 Project management plan updates **5.** 프로젝트 문서 업데이트 Project documents updates **6.** (+)조직 프로세스 자산 업데이트 Organizational process assets updates
감시 및 통제	**12.3 조달 통제** Control Procurements	조달 관계를 관리하고, 계약 성과를 감시하며, 적절한 변경 및 시정 조치를 수행하고, 계약을 종결하는 프로세스		
		1. 프로젝트관리 계획서 Project management plan **2.** 프로젝트 문서Project documents • 가정사항 기록부Assumption log • 교훈 관리대장Lessons learned register • 마일스톤 목록Milestone list • 품질 보고서Quality reports • 요구사항 문서 Requirements documentation • 요구사항 추적 매트릭스 Requirements traceability matrix • 리스크 관리대장Risk register • 이해관계자 관리대장 Stakeholder register **3.** 협약서Agreements **4.** 조달 문서Procurement documentation **5.** 승인된 변경요청 Approved change requests **6.** 작업성과 데이터 Work performance data **7.** (+)기업 환경 요인 Enterprise environmental factors **8.** (+)조직 프로세스 자산 Organizational process assets	**1.** (+)전문가 판단 Expert judgment **2.** 클레임 관리 Claims administration **3.** 데이터 분석 Data analysis • 성과 검토Performance reviews • 획득가치 분석Earned value analysis • 추세 분석Trend analysis **4.** 인스펙션 Inspection **5.** 감사 Audits	**1.** 종료된 조달 Closed procurements **2.** 작업성과 정보 Work performance information **3.** (+)조달 문서 업데이트 Procurement documentation updates **4.** 변경요청 Change requests **5.** 프로젝트관리 계획서 업데이트 Project management plan updates **6.** 프로젝트 문서 업데이트 Project documents updates **7.** 조직 프로세스 자산 업데이트 Organizational process assets updates

Group	Process	Inputs	Tools & Techniques	Outputs
착수	**13.1** 이해관계자 식별 Identify Stakeholders	프로젝트의 의사결정, 활동이나 결과물에 의해 영향을 받거나 영향을 줄 수 있는 모든 사람, 그룹 혹은 조직을 식별하고, 이해관계자들이 프로젝트의 성공에 미치는 이해사항, 관여도, 상호의존, 영향력에 관한 정보를 분석하여 이해관계자 관리대장에 문서화하는 프로세스		
		1. 프로젝트 헌장 Project charter **2.** (+)비즈니스 문서 Business documents • 비즈니스 케이스Business case • 편익관리 계획서 　Benefits management plan **3.** (+)프로젝트관리 계획서 Project management plan **4.** (+)프로젝트 문서 Project documents • 변경 기록부Change log • 이슈 기록부Issue log • 요구사항 문서 　Requirements documentation **5.** (+)협약서 Agreements **6.** 기업 환경 요인 Enterprise environmental factors **7.** 조직 프로세스 자산 Organizational process assets	**1.** 전문가 판단 Expert judgment **2.** (+)데이터 수집 Data gathering • 설문지 및 설문조사 　Questionnaires and surveys • 브레인스토밍Brainstorming **3.** (+)데이터 분석 Data analysis • 이해관계자 분석(　Stakeholder analysis) • 문서 분석Document analysis **4.** (+)데이터 표현 Data representation • 이해관계자 매핑 / 표현 　(Stakeholder mapping 　/ representation) **5.** 회의 Meetings	**1.** 이해관계자 관리대장 Stakeholder Register **2.** (+)변경요청 Change requests
기획	**13.2** (+)이해관계자 참여 계획수립 Plan Stakeholder Engagement	프로젝트 성공에 미칠 수 있는 이해관계자의 요구사항, 관심도, 잠재적인 영향력 분석을 기반으로 해서, 프로젝트 생명주기 전반에 걸쳐 이해관계자들을 효과적으로 참여시키기 위한 적절한 관리 전략을 개발하는 프로세스		
		1. (+)프로젝트 헌장 Project charter **2.** 프로젝트관리 계획서 Project management plan **3.** (+)프로젝트 문서 Project documents • 가정사항 기록부 　Assumption log • 변경 기록부Change log • 이슈 기록부Issue log • 프로젝트 일정Project schedule • 리스크 관리대장Risk register • 이해관계자 관리대장 　Stakeholder register **4.** (+)협약서 Agreements	**1.** 전문가 판단 Expert judgment **2.** (+)데이터 수집 Data gathering • 벤치마킹Benchmarking **3.** (+)데이터 분석 Data analysis • 가정 및 제약사항 분석 　Assumption and constraint analysis • 근본원인 분석Root cause analysis **4.** (+)의사 결정 Decision making • 우선순위/등급부여 　Prioritization/ranking **5.** (+)데이터 표현 Data representation • 마인드 매핑Mind mapping • 이해관계자 참여평가 매트릭스 　Stakeholder engagement 　assessment matrix **6.** 회의Meetings	**1.** (+)이해관계자 참여 계획서 Stakeholder Engagement Plan
실행	**13.3** 이해관계자 참여 관리 Manage Stakeholder Engagement	프로젝트 생애주기 동안에 이해관계자들의 요구사항과 기대사항을 충족시키기 위해 이해관계자들과 함께 의사소통하고 이슈를 처리하면서, 프로젝트 활동에 적절한 이해관계자 참여를 촉진시키는 프로세스		
		1. (+)프로젝트관리 계획서 Project management plan **2.** (+)프로젝트 문서 Project documents • 변경 기록부Change log • 이슈 기록부Issue log • 교훈 관리대장 　Lessons learned register • 이해관계자 관리대장 　Stakeholder register	**1.** (+)전문가 판단 Expert judgment **2.** (+)의사소통 기술 Communication Skill • 피드백Feedback **3.** (+)대인관계 및 팀 기술 Interpersonal and team skills • 갈등관리Conflict management • 문화적 인식Cultural awareness • 협상Negotiation • 관찰/대화Observation/conversation • 정치적 인식Political awareness **4.** (+)기본 규칙Ground Rules **5.** (+)회의Meetings	**1.** 변경요청 Change requests **2.** 프로젝트관리 계획서 업데이트 Project management plan updates **3.** 프로젝트 문서 업데이트 Project documents updates

감시 및 통제	13.4 (+)이해관계자 참여 감시 Monitor Stakeholder Engagement	모든 프로젝트 이해관계자 관계를 감시하고 이해관계자를 참여시키기 위한 전략과 계획을 조정하는 프로세스		
		1. 프로젝트관리 계획서 Project management plan **2.** 프로젝트 문서 Project documents • 이슈 기록부Issue log • 교훈 관리대장 Lessons learned register • 프로젝트 의사소통 Project communications • 리스크 관리대장Risk register • 이해관계자 관리대장 Stakeholder register **3.** 작업성과 데이터 Work performance data	**1.** (+)데이터 분석 Data analysis • 대안 분석Alternatives analysis • 근본원인 분석Root cause analysis • 이해관계자 분석 Stakeholder analysis **2.** (+)의사 결정 Decision making • 다기준 의사결정 분석 Multicriteria decision analysis • 투표Voting **3.** (+)데이터 표현 Data representation • 이해관계자 참여평가 매트릭스 Stakeholder engagement assessment matrix **4.** (+)의사소통 기술 Communication Skill • 피드백Feedback • 프레젠테이션Presentations **5.** 대인관계 및 팀 기술 Interpersonal and team skills • 적극적 청취Active listening • 문화적 인식Cultural awareness • 리더십Leadership • 네트워킹Networking • 정치적 인식Political awareness **6.** 회의 Meetings	**1.** 작업성과 정보 Work performance information **2.** 변경요청 Change requests **3.** 프로젝트관리 계획서 업데이트 Project management plan updates **4.** 프로젝트 문서 업데이트 Project documents updates

| 4장. 프로젝트 통합관리(Project Integration Management)

프로세스	용어	공식
4.1 **프로젝트** **헌장 개발** Develop Project Charter	프로젝트 투자 타당성 분석 Investment Feasibility Analysis	• **투자수익률(ROI: Return On Investment)**: 자본 투자에 따른 수익을 의미하는 일반적인 용어로서 프로젝트 투자비용을 프로젝트 효과나 성과와 비교하는 기법 • 공식: (누적 순이익 / 총투자비용) × 100 • 해석: ROI는 백분율(%)로 계산되며, ROI=150%인 프로젝트라면 1달러를 투자할 때, 1.5달러의 순이익을 얻을 수 있다는 의미(ROI 값이 높을수록 우선 선택) ※ 투자 타당성 분석(ROI, NPV, IRR, PP 등)은 출제 비중도 높지 않으며, 계산하는 문제는 출제되지 않음(각각의 기법을 해석하는 방법만 이해하면 됨)
		• **순현재가치(NPV: Net Present Value)**: 프로젝트 투자로 인해 매년 발생하는 이익을 현재가치 기준으로 조정한 값(화폐의 현금흐름을 고려)으로서, 현금유입의 현재가치와 현금유출의 현재가치의 차이를 구해 투자기준을 판단하는 기법 • 공식: (현금유입의 현재가치 – 현금유출의 현재가치) $$NPV = -CF_0 + \frac{CF_1}{(1+IRR)} + \frac{CF_2}{(1+IRR)^2} + L + \frac{CF_n}{(1+IRR)^n}$$ ※ CF_0: 현재 시점 투자비용, CF_1: 1년 뒤 수익, CF_n: n년 뒤 수익, IRR: 이자율 • 해석: NPV 결괏값은 0을 기준으로 구분되며 투자 평가를 위한 기준은 다음과 같음 　　(1) NPV > 0: 투자비용을 초과할 만큼 투자수익 창출 　　(2) NPV = 0: 투자비용을 손해 보지는 않을 만큼 투자수익 창출 　　(3) NPV < 0: 투자비용만큼 투자수익을 창출하지 못함(이 프로젝트는 진행해서는 안 됨) • NPV 값으로 투자안을 비교할 때 독립적인 투자안과 상호 배타적인 투자안을 선택 가능 　　- 독립적 투자안: NPV > 0이면 모두 채택하고 NPV < 0이면 기각 　　- 상호 배타적 투자안: NPV > 0이면서 NPV가 가장 큰 투자안 채택
		• **내부수익률(IRR: Internal Rate of Return)**: 프로젝트에 소요되는 투자비용의 현재가치와 해당 투자로 유입되는 미래에 발생할 수익의 현재가치가 같게 되는 수익률(Discount Rate)이라는 의미(IRR은 NPV를 '0'으로 만드는 값) • 공식: (현금유입의 현재가치 = 현금유출의 현재가치)를 성립하게 하는 수익률 $$-CF_0 + \frac{CF_1}{(1+IRR)} + \frac{CF_2}{(1+IRR)^2} + L + \frac{CF_n}{(1+IRR)^n} = 0(NPV) \ \text{일 때의 } IRR$$ • 해석: IRR이 높을수록 좋으며, IRR이 조직의 요구수익률보다 크거나 같으면 투자 결정 　　- 독립적 투자안: 'IRR > 요구수익률'이면 채택하고 'IRR < 요구수익률'이면 기각 　　- 상호 배타적 투자안: 'IRR > 요구수익률'이면서 IRR이 가장 큰 투자안 채택
		• **회수기간(PP: Payback Period 또는 BEP: Break Even Point)**: 프로젝트 투자에 든 비용을 투자로부터 발생하는 투자 수익에 기반을 두어 모두 회수하는 데 걸리는 시간을 의미 • 공식: 투자에 소요되는 자금 = 현금흐름으로부터 회수하는 기간 • 해석: PP가 짧을수록 좋으며, 계산된 회수기간을 기업의 목표 회수기간과 비교해서 목표 회수기간보다 길다면 기각될 것이고, 목표 회수기간보다 짧으면 투자를 결정

프로세스	용어	공식
6.4 활동 기간산정 Estimate Activity Durations	모수 산정 Parametric Estimating	▪ 정의: 선례 자료 및 프로젝트 매개변수에 기초를 두고 활동 기간을 계산하는 알고리즘이 사용되는 산정 기법 ▪ 공식: 작업 단위 수 × 작업 단위당 근로시간 ▪ 예제: 작업자가 1시간에 25m의 케이블을 가설할 수 있다면 1,000m를 가설하는 데 40시간(1,000m/25m = 40hr)이 소요됨 ※ 모수 산정은 [7.2 원가 산정], [9.2 활동 자원산정]에서도 동일하게 사용됨
	3점 산정 Three-point Estimating	▪ 정의: 산정 불확실성(uncertainty)과 리스크(risk)를 고려하여 활동 기간산정치의 정확도를 높이기 위한 기법으로 3가지 측정값(최빈치, 낙관치, 비관치)을 이용하는 산정 기법 ▪ 공식: 삼각분포(Triangular Distribution)와 베타분포(Beta Distribution) 방식이 존재함 　(1) 삼각분포: 평균(기대치, tE) = [tP(비관치) + tM(최빈치) + tO(낙관치)] / 3 　(2) 베타분포: 평균(기대치, tE) = [tP(비관치) + 4tM(최빈치) + tO(낙관치)] / 6 ※ 표준편차(σ) 구하는 공식(분포 유형과 무관): [tP(비관치) - tO(낙관치)] / 6 ▪ 변수: 3점 산정에 사용되는 변수의 의미는 다음과 같음 　(1) 최빈치(Most Likely, tM): 확률적으로 가장 높다고 생각하는 기간값(1점 추정값) 　(2) 낙관치(Optimistic, tO): 가장 좋은 활동 시나리오에 근거해서 추정한 값 　(3) 비관치(Pessimistic, tP): 가장 나쁜 활동 시나리오에 근거에서 추정한 값 ※ 3점 산정은 [7.2 원가 산정]에서도 동일하게 사용되며, 매 시험 출제되고 있음
6.5 일정 개발 Develop Schedule	주 공정법 CPM: Critical Path Method	▪ 정의: 다양한 경로 중에서 가장 오랜 시간이 소요되는 경로(핵심 경로)를 표현하는 기법 (주 경로는 '핵심 경로' 또는 '임계 경로'라고도 함) ▪ 공식: 다음과 같은 4단계를 통해서 계산 　(1) 전진 계산(forward pass): 프로젝트 시작 활동부터 종료 활동 방향으로 진행하며, 각 활동의 ES, EF를 계산 　- ES(Early Start date): 활동을 가장 빨리 시작할 수 있는 날짜 　- EF(Early Finish date): 활동을 가장 빨리 종료할 수 있는 날짜(EF = ES + Duration - 1) 　(2) 후진 계산(backward pass): 프로젝트 종료 활동부터 시작 활동 방향으로 진행하며, 각 활동의 LS, LF를 계산 　- LS(Late Start date): 종료일에 영향을 주지 않으면서 가장 늦게 시작해도 되는 날짜 　- LF(Late Finish date): 종료일에 영향을 주지 않으면서 가장 늦게 종료해도 되는 날짜 　(3) 여유 시간(total float) 계산: 여유 시간이란 특정 활동이 늦게 시작해도 되는 날과 빨리 시작하는 날과의 차이를 의미하며, 'LS - ES' 또는 'LF - EF'로 계산 　(4) 핵심 경로(Critical Path) 계산: 여유 시간(total float)이 '0'인 활동들의 집합 ※ 자유 여유(Free Float): 비핵심 경로상에만 존재하며, 바로 다음 후행 활동의 빠른 개시일(ES)을 지연시키지 않거나 일정 제약 조건을 위반하지 않고 선행 활동이 가질 수 있는 여유 시간 ※ 주 공정법(핵심 경로법)은 매 시험 출제되고 있으며, 출제되는 문제는 다음과 같음 　- 프로젝트 전체 일정, 핵심 경로, 여유 시간, 자유 여유

프로세스	용어	공식
7.3 **예산 결정** Determine Budget	원가 합산 Cost Aggregation	▪ 작업분류체계(WBS)의 작업 패키지(work package)별로 산정된 원가 산정치를 상향식으로 전개해 나가면서 최종적으로 전체 프로젝트의 예산을 산출하는 기법 ▪ 프로젝트 예산(Project Budget) = 원가 기준선(Cost Baseline) + 관리 예비비(Management Reserve) 　- 원가 기준선(Cost Baseline) = Σ통제 단위(Control Accounts) 　- 통제 단위(Control Accounts) = Σ(작업 패키지 원가 산정치 + 작업 패키지 우발사태 예비비) 　- 작업 패키지(Work Package)= Σ(활동원가 산정치 + 활동 우발사태 예비비)
7.4 **원가 통제** Control Costs	PV BCWS	▪ Planned Value(계획가치) ▪ 계획상에 현재 시점까지 소비 예정이었던 예상 비용
	BAC	▪ Budget At Completion(완료예산) ▪ 전체 프로젝트에 할당된 예산(PV를 전체적으로 누적한 예산)
	EV BCWP	▪ Earned Value(획득가치) ▪ 현재 실제로 달성된 작업까지 계획상의 예상 비용
	AC ACWP	▪ Actual Cost(실제비용) ▪ 현재 실제로 달성한 작업까지 실제 사용한 비용
	SV	▪ Schedule Variance(일정차이) = EV − PV ▪ SV > 0(일정 선행), SV < 0(일정 지연), SV = 0(일정 준수)
	CV	▪ Cost Variance(비용차이) = EV − AC ▪ CV > 0(비용 절감), CV< 0(비용 초과), CV = 0(비용 준수)
	SPI	▪ Schedule Performance Index(일정성과지수) = EV / PV ▪ SPI > 1(일정 선행), SPI < 1(일정 지연), SPI = 1(일정 준수) ※ (SV, CV) 또는 (SPI, CPI)가 주어지고 프로젝트 상태(일정 또는 원가 상태)를 묻는 질문은 매 시험 등장하고 있음
	CPI	▪ Cost Performance Index(비용성과지수) = EV / AC ▪ CPI > 1(비용 절감), CPI < 1(비용 초과), CPI = 1(비용 준수)
	ETC BCWR	▪ Estimating To Completion(남은 작업을 완료하기 위해 예상되는 추가 비용) ▪ 3가지 방법으로 산정 　(1) 남은 작업을 기반으로 산정 = (BAC - EV) 　(2) 현재까지 사용된 비용성과지수(CPI)가 향후에도 지속될 것이라는 가정 　　= (BAC - EV) / CPI 　(3) CPI 이외에 일정성과지수(SPI)를 반영하여 산정 　　= (BAC - EV) / (CPI × SPI)
	EAC	▪ Estimating At Completion(완료시점산정치, 프로젝트를 완료하기 위해 예상되는 전체 원가) ▪ 3가지 방법이 존재하며 일반적으로 2번이 주로 사용됨 　(1) 예산 기준으로 완료할 것이라는 가정하의 EAC 예측 = AC + (BAC - EV) 　(2) 현재 시점에서 측정한 CPI 기반으로 ETC 작업에 대한 EAC 예측 　　= BAC / 누적 CPI, EAC = AC + (BAC - EV) / CPI = BAC / CPI 　(3) CPI 요인 이외에 SPI 요인도 고려한 ETC 작업에 대한 EAC 예측 　　= AC + [(BAC - EV) / (누적 CPI x 누적 SPI)] ※ ETC 단독으로 출제되기보다는 EAC를 앞의 3가지 경우로 묻는 질문이 등장하고, EAC를 구하기 위해서는 ETC를 구하는 공식을 이해하고 있어야 함

7.4 원가 통제 Control Costs	VAC	▪ 프로젝트 완료시점의 비용 편차 = BAC - EAC
	TCPI	▪ To-complete Performance Index(완료성과지수): 계획가치(Planned Value)를 맞추기 위해서 현재 시점부터 완료시점까지 프로젝트에서 가지고 가야 할 CPI 지수 ▪ 완료시점의 산정치에 따라 2가지가 존재 　(1) BAC 기준: TCPI = 남은 작업(BAC - EV) / 남은 자금(BAC - AC) 　(2) EAC 기준: TCPI = 남은 작업(BAC - EV) / 남은 자금(EAC - AC)

10장. 프로젝트 의사소통관리(Project Communications Management)

프로세스	용어	공식
10.1 의사소통관리 계획수립 Plan Communications Management	의사소통 채널 Communication channel	▪ 정의: 계산된 의사소통 채널 수로 프로젝트 의사소통의 복잡성을 판단 ▪ 공식: n×(n-1) / 2 (n=이해관계자 수) ※ 6판에서는 출제 비중이 낮음(n을 구할 때 문제에서 PM의 포함 여부 확인 필요)

12장. 프로젝트 조달관리(Project Procurement Management)

프로세스	용어	공식
12.1 조달관리 계획수립 Plan Procurement Management	고정가 계약 FP	▪ 확정 고정가(FFP: Firm Fixed Price) 계약 ▪ 지급액 = [구매 원가(제조 원가) + 고정 수수료(Fixed Fee)] ※ 계약 유형(Contract Types)은 문제에서 계약 유형을 파악하고, 계약 유형의 지급액에 　해당하는 변수를 찾아서 대입하여 해결하는 간단한 계산 문제가 출제됨
		▪ 성과급 가산 고정가(FPIF: Fixed Price Incentive Fee) 계약 ▪ 지급액 = [확정 고정가(FFP: Firm Fixed Price) + 성과급(Incentive Fee)]
		▪ 가격조정 조건부 고정가(FP-EPA: Fixed Price with 　Economic Price Adjustment) 계약 ▪ 지급액 = [확정 고정가(FFP) + 변동금액(Fluctuation Amount)]
	원가정산 계약 CR	▪ 고정수수료 가산 원가(CPFF: Cost Plus Fixed Fee) 계약 ▪ 지급액 = [실제 원가(Actual Cost) + 고정 수수료(Fixed Fee)]
		▪ 성과급 가산 원가(CPIF: Cost Plus Incentive Fee) 계약 ▪ 지급액 = [실제 원가(Actual Cost) + 고정 수수료(Fixed 　Fee) + 성과급(Incentive Fee)]
		▪ 보상금 가산 원가(CPAF: Cost Plus Award Fee) 계약 ▪ 지급액= [실제 원가(Actual Cost) + 고정 수수료(Fixed Fee)]
		▪ 원가비율 수수료 가산원가(CPPC: Cost Plus Percentage of Cost) 계약 ▪ 지급액 = [실제 원가(Actual Cost) + 수수료(AC×보장이윤%)]
	시간·자재 계약 T&M	▪ 시간·자재(T&M: Time & Material) 계약 ▪ 지급액 = [컨설턴트 인건비(고정가 계약) × 투입 기간(원가정산 계약)]

Acceptance Criteria(인수기준)

A set of conditions that is required to be met before deliverables are accepted.

인도물이 수락되기 전에 충족되어야 하는 일련의 조건

Accepted Deliverables(승인된 인도물)

Products, results, or capabilities produced by a project and validated by the project customer or sponsors as meeting their specified acceptance criteria.

프로젝트에 의해 생산되고 프로젝트 고객 또는 스폰서가 지정한 인수기준을 충족하는 것으로 입증된 제품, 결과 또는 역량

Activity Duration Estimates(활동기간 산정치)

The quantitative assessments of the likely number of time periods that are required to complete an activity.

활동을 완료하는 데 필요한 예상 기간 수에 대한 정량적 평가

Activity List(활동목록)

A documented tabulation of schedule activities that shows the activity description, activity identifier, and a sufficiently detailed scope of work description so project team members understand what work is to be performed.

프로젝트 팀 멤버들이 수행할 작업을 이해할 수 있도록 활동 설명, 활동 식별자 및 작업 설명에 대해서 충분할 만큼의 상세한 범위를 보여주는 일정 활동의 문서화된 표

Actual Cost(AC, 실제원가)

The realized cost incurred for the work performed on an activity during a specific time period.

특정 기간 동안 어떤 활동에 대해 수행된 작업에 소요된 실제 비용

Adaptive Life Cycle(적응형 생애주기)

A project life cycle that is iterative or incremental.

반복적 또는 점증적인 프로젝트 생애주기

Affinity Diagrams(친화도)

A technique that allows large numbers of ideas to be classified into groups for review and analysis.

많은 수의 아이디어를 그룹별로 분류해서 검토 및 분석할 수 있는 기법

Agreements(협약서)

Any document or communication that defines the initial intentions of a project. This can take the form of a contract, memorandum of understanding (MOU), letters of agreement, verbal agreements, email, etc.

프로젝트의 초기 의도를 정의하는 문서 또는 의사소통 협약서는 계약서, 양해각서, 합의서, 구두 합의서, 이메일 등의 형식을 취할 수 있음

Analogous Estimating(유사산정)

A technique for estimating the duration or cost of an activity or a project using historical data from a similar activity or project.

유사한 활동 또는 프로젝트의 기록 데이터를 사용하여 활동 또는 프로젝트의 기간이나 비용을 산정하는 기법

Basis of Estimates(산정 기준서)

Supporting documentation outlining the details used in establishing project estimates such as assumptions, constraints, level of detail, ranges, and confidence levels.

가정, 제약사항, 상세도, 범위 및 신뢰수준과 같은 프로젝트 산정치를 수립하는 데 사용된 세부사항을 요약한 지원문서

Benchmarking(벤치마킹)

Benchmarking is the comparison of actual or planned products, processes, and practices to those of comparable organizations to identify best practices, generate ideas for improvement, and provide a basis for measuring performance.

벤치마킹은 모범사례를 식별하고, 개선을 위한 아이디어를 생성하며, 성과를 측정하기 위한 기초를 제공하기 위해서 실제 또는 계획된 제품, 프로세스, 관행 등을 비교 대상 조직과 비교하는 것

Benefits Management Plan(편익관리 계획서)

The documented explanation defining the processes for creating, maximizing, and sustaining the benefits provided by a project or program.

프로젝트 또는 프로그램에 의해 제공되는 편익(benefit)을 창출하고, 최대화하고, 유지하는 프로세스를 정의한 문서

Bidder Conference(입찰자 회의)

The meetings with prospective sellers prior to the preparation of a bid or proposal to ensure all prospective vendors have a clear and common understanding of the procurement. Also known as contractor conferences, vendor conferences, or pre-bid conferences.

입찰 또는 제안을 준비하기 전에 모든 유력한 판매자들이 조달에 대한 명백하고 공통된 이해를 보장하기 위해서 유력한 판매자들과 진행하는 회의 계약자 회의, 판매자 회의 또는 선 입찰 회의라고도 함

Bottom-Up Estimating(상향식 산정법)

A method of estimating project duration or cost by aggregating the estimates of the lower-level components of the work breakdown structure (WBS).

작업분류체계의 하위 수준 구성 요소의 산정치를 합산하여 프로젝트 기간 또는 비용을 산정하는 방법

Budget at Completion(BAC, 완료시점예산)

The sum of all budgets established for the work to be performed.

수행할 작업에 대해 설정된 모든 예산의 합계

Business Case(비즈니스 케이스)

A documented economic feasibility study used to establish validity of the benefits of a selected component lacking sufficient definition and that is used as a basis for the authorization of further project management activities.

충분하게 정의되지 않은 선택된 구성요소의 편익의 타당성을 입증하기 위해 사용되고, 추가 프로젝트 관리 활동의 승인을 위한 기초로 사용되는 문서화된 경제적 타당성 연구

Cause and Effect Diagram(인과관계도)

A decomposition technique that helps trace an undesirable effect back to its root cause.

바람직하지 않은 영향을 근본 원인까지 추적하는 데 도움이 되는 분해 기법

Change Control Board(CCB, 변경통제위원회)

A formally chartered group responsible for reviewing, evaluating, approving, delaying, or rejecting changes to the project, and for recording and communicating such decisions.

프로젝트의 변경사항을 검토, 평가, 승인, 지연 또는 거부하고 그러한 결정을 기록하고 전달하는 책임을 지는 공식적으로 공인된 그룹

Change Log(변경 기록부)

A comprehensive list of changes submitted during the project and their current status.

프로젝트 기간 동안 제출된 변경 사항의 전체 목록과 현재 상태

Change Request(변경요청)

A formal proposal to modify a document, deliverable, or baseline.

문서, 인도물 또는 기준선을 수정하기 위한 공식적인 제안

Claim(클레임)

A request, demand, or assertion of rights by a seller against a buyer, or vice versa, for consideration, compensation, or payment under the terms of a legally binding contract, such as for a disputed change.

분쟁 중인 변경 사항과 같이 법적 구속력이 있는 계약 조건에 따라 구매자를 대상으로 판매자가(또는 판매자를 대상으로 구매자가) 행사할 수 있는 요청, 요구 또는 권리 주장(또는 대가, 보상 또는 지불)

Contingency Reserve(우발사태 예비비)

Time or money allocated in the schedule or cost baseline for known risks with active response strategies.

능동적인 대응 전략으로 알려진 리스크를 처리하기 위해 일정 또는 원가 기준선에 할당된 시간 또는 비용

Control Chart(관리도)

A graphic display of process data over time and against established control limits, which has a centerline that assists in detecting a trend of plotted values toward either control limit.

시간 경과 및 설정된 통제 한계에 대한 프로세스 데이터의 그래픽 디스플레이 통제 한계에 대해 표시된 값의 추세를 감지하는 데 도움이 되는 중심선이 있음

Cost Aggregation(원가합산)

Summing the lower-level cost estimates associated with the various work packages for a given level within the project's WBS or for a given cost control account.

프로젝트 WBS 내의 주어진 레벨 또는 주어진 원가 통제 단위에 대한 다양한 작업 패키지와 관련된 하위 수준 원가 추정치를 합산

Cost-Benefit Analysis(비용-편익 분석)

A financial analysis tool used to determine the benefits provided by a project against its costs.

비용 대비 프로젝트에 의해서 제공되는 편익을 결정하는 데 사용되는 재무 분석 도구

Cost of Quality(CoQ, 품질비용)

All costs incurred over the life of the product by investment in preventing nonconformance to requirements, appraisal of the product or service for conformance to requirements, and failure to meet requirements.

요구사항에 대한 부적합한 결과를 예방하기 위한 투자, 요구사항에 대한 제품 또는 서비스의 적합성 평가, 요구사항 준수 미달로 인해 제품 생애주기 전반에 발생한 모든 비용

Cost Performance Index(CPI, 원가성과지수)

A measure of the cost efficiency of budgeted resources expressed as the ratio of earned value to actual cost.

실제 원가(AC) 대비 획득 가치(EV)의 비율로 표현된 예산 자원의 원가 효율 측정 지수

Cost Plus Award Fee Contract(CPAF, 보상금 가산 원가 계약)

A category of contract that involves payments to the seller for all legitimate actual costs incurred for completed work, plus an award fee representing seller profit.

완성된 작업에 대해서 발생한 모든 합법적인 실제 비용과 판매자 이익을 나타내는 보너스 수수료에 대해 판매자에게 지불하는 계약 유형

Cost Plus Fixed Fee Contract(CPFF, 고정수수료 가산 원가 계약)

A type of cost-reimbursable contract where the buyer reimburses the seller for the seller's allowable costs (allowable costs are defined by the contract) plus a fixed amount of profit (fee).

구매자가 판매자의 허용 가능한 비용(계약서에 정의되어 있음)에 고정된 금액의 이익(수수료)을 판매자에게 보상하는 원가 상환 계약

Cost Plus Incentive Fee Contract(CPIF, 성과급 가산 원가 계약)

A type of cost-reimbursable contract where the buyer reimburses the seller for the seller's allowable costs (allowable costs are defined by the contract), and the seller earns its profit if it meets defined performance criteria.

원가정산 계약구매자가 판매자의 허용 가능한 비용(계약서에 정의되어 있음)에 대해 판매자에게 보상하고 판매자가 정의된 성과 기준을 충족하면 판매자는 수익을 얻는 방식의 비용 상환 계약

Cost-Reimbursable Contract(원가정산 계약)

A type of contract involving payment to the seller for the seller's actual costs, plus a fee typically representing the seller's profit.

판매자의 실제 원가와 일반적으로 판매자의 이익을 나타내는 수수료를 포함하여 판매자에게 지불하는 계약 유형

Cost Variance(CV, 원가차이)

The amount of budget deficit or surplus at a given point in time, expressed as the difference between the earned value and the actual cost.

주어진 시점의 예산 적자 또는 잉여 금액으로, 획득 가치(EV)와 실제 원가(AC) 간의 차이로 표시됨

Crashing(공정압축법)

A technique used to shorten the schedule duration for the least incremental cost by adding resources.

자원을 보충하여 최소한의 추가 비용으로 일정 기간을 단축하기 위해서 사용되는 기법

Critical Path Method(CPM, 주 공정법)

A method used to estimate the minimum project duration and determine the amount of schedule flexibility on the logical network paths within the schedule model.

최소 프로젝트 기간을 예측하고 일정 모델 내의 논리적 네트워크 경로에서 일정 유연성의 기간을 결정하는 데 사용되는 방법

Decision Tree Analysis(의사결정나무 분석)

A diagramming and calculation technique for evaluating the implications of a chain of multiple options in the presence of uncertainty.

불확실성이 존재할 때 가능한 옵션들에 함축된 의미를 평가하는 데 사용되는 도식화 및 계산기법

Decomposition(분할)

A technique used for dividing and subdividing the project scope and project deliverables into smaller, more manageable parts.

프로젝트 범위와 프로젝트 인도물을 더 작고 관리하기 편한 파트로 세분화하는 기법

Development Approach(개발 접근방법)

The method used to create and evolve the product, service, or result during the project life cycle, such as predictive, iterative, incremental, agile, or a hybrid method.

프로젝트 생애주기 동안에 제품(product), 서비스(service) 또는 결과물(result)을 생성하고 발전시켜나가는 데 사용하는 방법(예: 예측, 반복, 점증, 애자일 또는 복합 방식)

Earned Value(EV, 획득 가치)

The measure of work performed expressed in terms of the budget authorized for that work.

수행한 작업의 측정 가치로서 작업에 대해 승인된 예산의 관점으로 표현함

Earned Value Management(EVM, 획득가치관리)

A methodology that combines scope, schedule, and resource measurements to assess project performance and progress.

프로젝트 성과 및 진척률을 평가하기 위해서 범위, 일정, 자원 측정치를 모두 결합하는 방법론

Estimate at Completion(EAC, 완료시점산정치)

The expected total cost of completing all work expressed as the sum of the actual cost to date and the estimate to complete.

모든 작업을 완료하기 위해 예상되는 총 원가로서 현재까지 실제 원가와 잔여분산정치를 합산하여 표현됨

Estimate to Complete(ETC, 잔여분산정치)

The expected cost to finish all the remaining project work.

남아 있는 모든 프로젝트 작업을 완료하기 위해서 예상되는 원가

Fast Tracking(공정중첩단축법)

A schedule compression technique in which activities or phases normally done in sequence are performed in parallel for at least a portion of their duration.

일반적으로 순차적으로 수행되는 활동이나 단계가 적어도 기간의 특정한 구간에서는 동시에 수행되는 일정 단축 기법

Firm Fixed Price Contract(FFP, 확정 고정가 계약)

A type of fixed price contract where the buyer pays the seller a set amount (as defined by the contract), regardless of the seller's costs.

구매자가 판매자의 원가에 관계없이 계약서에 명시된 고정 금액을 판매자에게 지불하는 형태의 고정가격 계약

Fixed Price Incentive Fee Contract(FPIF, 성과급 가산 고정가 계약)

A type of contract where the buyer pays the seller a set amount (as defined by the contract), and the seller can earn an additional amount if the seller meets defined performance criteria.

구매자가 계약서에 명시된 고정 금액을 지불하고, 판매자가 정의된 성과 기준을 충족할 때 추가 금액을 가산하는 형태의 계약

Fixed Price with Economic Price Adjustment Contract(FPEPA, 가격조정-조건부 고정가 계약)

A fixed-price contract, but with a special provision allowing for predefined final adjustments to the contract price due to changed conditions, such as inflation changes, or cost increases (or decreases) for specific commodities.

고정 가격 계약이지만 인플레이션 변화 또는 특정 상품에 대한 비용 증가(또는 감소)와 같은 조건 변경으로 인해 계약 가격에 대한 사전 정의된 최종 조정을 허용하는 특별 조항이 있음

Free Float(자유 여유)

The amount of time that a schedule activity can be delayed without delaying the early start date of any successor or violating a schedule constraint.

후행 활동의 빠른 시작일을 늦추거나 일정 제약사항을 위반하지 않고 일정 활동을 지연시킬 수 있는 시간

Functional Organization(기능조직)

An organizational structure in which staff is grouped by areas of specialization and the project manager has limited authority to assign work and apply resources.

직원이 전문 분야별로 그룹화된 조직 구조이며, 프로젝트 관리자는 업무 할당 및 자원 적용에 있어서 권한이 제한되어 있음

Historical Information(선례정보)

Documents and data on prior projects including project files, records, correspondence, closed contracts, and closed projects.

프로젝트 파일, 기록, 서신, 종료된 계약, 종료된 프로젝트가 포함되어 있는 이전 프로젝트의 문서 및 데이터

Independent Estimates(독립산정)

A process of using a third party to obtain and analyze information to support prediction of cost, schedule, or other items.

원가, 일정 또는 기타 사항의 예측을 지원하기 위한 정보를 획득하고 분석하기 위해서 제3자를 이용하는 프로세스

Inspection(검사)

Examination of a work product to determine whether it conforms to documented standards.

작업 결과물이 문서화된 표준을 따르는지 여부를 결정하기 위한 검사

Issue(이슈)

A current condition or situation that may have an impact on the project objectives.

프로젝트 목적에 영향을 줄 수 있는 사건이나 상황

Issue Log(이슈 기록부)

A project document where information about issues is recorded and monitor.

이슈에 관한 정보가 기록되고 감시되는 프로젝트 문서

Lag(지연)

The amount of time whereby a successor activity will be delayed with respect to a predecessor activity.

선행 활동을 기준으로 후행 활동을 연기할 수 있는 시간의 양

Lead(선도)

The amount of time whereby a successor activity can be advanced with respect to a predecessor activity.

선행 활동을 기준으로 후행 활동을 앞당길 수 있는 시간의 양

Lessons Learned(교훈)

The knowledge gained during a project which shows how project events were addressed or should be addressed in the future for the purpose of improving future performance.

향후 성과 개선을 목적으로 프로젝트 이벤트가 어떻게 처리되었거나 미래에 어떻게 처리되어야 하는지를 보여주는 프로젝트를 수행하는 과정에서 습득한 지식

Lessons Learned Register(교훈 관리대장)

A project document used to record knowledge gained during a project so that it can be used in the current project and entered into the lessons learned repository.

현재 프로젝트에서 활용하고 교훈 저장소에 저장할 수 있도록 프로젝트 수행 도중에 얻은 지식을 기록하는 데 사용되는 프로젝트 문서

Lessons Learned Repository(교훈 저장소)

A store of historical information about lessons learned in projects.

프로젝트에서 획득한 교훈에 관한 선례 정보의 저장소

Management Reserve(관리예비비)

An amount of the project budget or project schedule held outside of the performance measurement baseline (PMB) for management control purposes, that is reserved for unforeseen work that is within scope of the project.

관리 통제를 목적으로 프로젝트 범위 안에서의 예상치 못한 작업을 위해 예비로 보유하는 성과측정기준선(PMB)에 포함되지 않는 프로젝트 예산 또는 프로젝트 일정의 양

Matrix Organization(매트릭스 조직)

Any organizational structure in which the project manager shares responsibility with the functional managers for assigning priorities and for directing the work of persons assigned to the project.

작업의 우선순위를 지정하고 프로젝트에 배정된 인원의 작업을 지시하는 책임을 프로젝트 관리자와 기능 관리자가 공유하는 모든 조직 구조

Methodology(방법론)

A system of practices, techniques, procedures, and rules used by those who work in a discipline.

규율 안에서 일하는 사람들이 사용하는 실무 사례, 기법, 절차 및 규칙 체계

Milestone(마일스톤)

A significant point or event in a project, program, or portfolio.

프로젝트, 프로그램 또는 포트폴리오에서의 중요한 시점이나 이벤트

Monte Carlo Simulation(몬테카를로 시뮬레이션)

An analysis technique where a computer model is iterated many times, with the input values chosen at random for each iteration driven by the input data, including probability distributions and probabilistic branches. Outputs are generated to represent the range of possible outcomes for the project.

확률 분포와 확률론적 가지를 포함하여 입력 데이터에 의해 구동되는 각각의 반복마다 입력값이 무작위로 선택되는 컴퓨터 모델을 여러 번 반복하는 분석 기법 산출물은 프로젝트의 가능한 결과 범위를 나타내기 위해서 생성됨

Parametric Estimating(모수산정)

An estimating technique in which an algorithm is used to calculate cost or duration based on historical data and project parameters.

선례 데이터와 프로젝트 모수를 기준으로 원가 또는 기간을 산정하기 위해서 알고리즘이 이용되는 산정 기법

Perform Integrated Change Control(통합 변경통제 수행)

The process of reviewing all change requests; approving changes and managing changes to deliverables, organizational process assets, project documents, and the project management plan; and communicating the decisions.

인도물, 조직 프로세스 자산, 프로젝트 문서 및 프로젝트관리 계획서에 대한 모든 변경을 관리(검토, 승인, 기각 등)하고 의사결정 사항에 대해서 전달하는 프로세스

Planned Value(PV, 계획 가치)

The authorized budget assigned to scheduled work.

예정된 작업에 대해서 할당된 승인된 예산

Planning Package(분할 예정 패키지)

A work breakdown structure component below the control account with known work content but without detailed schedule activities.

상세한 일정 활동은 없지만 작업 내용은 파악된, 작업분류체계의 통제 단위 아래에 위치한 상세한 구성요소

Predictive Life Cycle(예측형 생애주기)

A form of project life cycle in which the project scope, time, and cost are determined in the early phases of the life cycle.

프로젝트 범위, 시간 및 원가가 생애주기의 초반에 결정되는 프로젝트 생애주기 유형

Preventive Action(예방조치)

An intentional activity that ensures the future performance of the project work is aligned with the project management plan.

프로젝트 작업의 미래 성과를 프로젝트관리 계획서에 일치화시키는 것을 목적으로 하는 의도적인 활동

Probability and Impact Matrix(확률-영향 매트릭스)

A grid for mapping the probability of occurrence of each risk and its impact on project objectives if that risk occurs.

리스크가 발생할 경우에 각각의 리스크 발생 확률과 프로젝트 목표에 미치는 영향을 매핑하는 표

Procurement Statement of Work(조달 작업 기술서)

Describes the procurement item in sufficient detail to allow prospective sellers to determine if they are capable of providing the products, services, or results.

유망한 판매자가 제품, 서비스 또는 결과를 제공할 수 있는지 여부를 결정할 수 있도록 조달 품목을 충분히 자세히 설명한 문서

Product Life Cycle(제품 생애주기)

The series of phases that represent the evolution of a product, from concept through delivery, growth, maturity, and to retirement.

개념 수립부터 인도(delivery), 성장(growth), 성숙(maturity) 및 폐기(retirement)에 이르기까지 제품의 진화를 나타내는 일련의 단계

Progressive Elaboration(점진적 구체화)

The iterative process of increasing the level of detail in a project management plan as greater amounts of information and more accurate estimates become available.

더 많은 양의 정보와 보다 정확한 산정치를 얻을 수 있게 됨에 따라 프로젝트관리 계획서의 정확도를 높이는 반복적인 프로세스

Project Charter(프로젝트헌장)

A document issued by the project initiator or sponsor that formally authorizes the existence of a project and provides the project manager with the authority to apply organizational resources to project activities.

프로젝트의 존재를 공식적으로 승인하고 프로젝트 관리자에게 프로젝트 활동에 조직의 자원을 적용할 수 있는 권한을 부여하기 위해서 프로젝트 착수자나 스폰서가 발행하는 문서

Project Life Cycle(프로젝트 생애주기)

The series of phases that a project passes through from its start to its completion.

프로젝트가 시작부터 종료에까지 통과하는 일련의 단계

Project Management Office(PMO, 프로젝트관리 오피스)

A management structure that standardizes the project-related governance processes and facilitates the sharing of resources, methodologies, tools, and techniques.

프로젝트 관련 거버넌스 프로세스를 표준화하고 자원, 방법론, 도구 및 기법의 공유를 촉진하는 관리 구조

Project Scope Statement(프로젝트 범위 기술서)

The description of the project scope, major deliverables, assumptions, and constraints.

프로젝트 범위, 주요 인도물, 가정 및 제약사항을 기술한 문서

Prototypes(프로토타입)

A method of obtaining early feedback on requirements by providing a working model of the expected product before actually building it.

제품의 실제 제작에 앞서 예상되는 제품의 작동 모델을 제공하여 요구사항에 대한 조기 피드백을 얻는 방법

Quality Audits(품질 감사)

A quality audit is a structured, independent process to determine if project activities comply with organizational and project policies, processes, and procedures.

프로젝트 활동이 조직 및 프로젝트의 정책, 프로세스 및 절차를 따르는지 결정하기 위해서 수행하는 체계적이며 독립적인 프로세스

Quality Checklists(품질 체크리스트)

A structured tool used to verify that a set of required steps has been performed.

일련의 필수 단계가 수행되었는지 확인하는 데 사용되는 구조화된 도구

Quality Control Measurements(품질 통제 측정치)

The documented results of control quality activities.

품질 통제 활동의 결과를 기록한 문서

RACI Chart(RACI 차트)

A common type of responsibility assignment matrix that uses responsible, accountable, consult, and inform statuses to define the involvement of stakeholders in project activities.

프로젝트 활동에 이해관계자의 참여를 정의하기 위해 수행담당(R), 총괄책임(A), 자문담당(C) 그리고 정보통지(I) 상태를 사용하는 책임 배정 매트릭스의 일반적인 유형

Request for Quotation(RFQ, 견적요청서)

A type of procurement document used to request price quotations from prospective sellers of common or standard products or services. Sometimes used in place of request for proposal and, in some application areas, it may have a narrower or more specific meaning.

일반 또는 표준 제품이나 서비스의 유력한 판매자에게 가격 견적서를 요청하는 데 사용하는 조달문서의 유형 때때로 제안요청서(RFP)를 대신하여 사용되며, 일부 응용분야에서는 더 좁거나 구체적인 의미를 갖기도 함

Resource Calendar(자원달력)

A calendar that identifies the working days and shifts upon which each specific resource is available.

특정 자원을 사용할 수 있는 근무일과 교대 시간을 나타내는 달력

Resource Leveling(자원 평준화)

A resource optimization technique in which adjustments are made to the project schedule to optimize the allocation of resources and which may affect critical path.

자원 배분을 최적화하고 주 경로에 영향을 미칠 수 있는 프로젝트 일정을 조정하는 자원 최적화 기법

Resource Optimization Technique(자원 최적화 기법)

A technique in which activity start and finish dates are adjusted to balance demand for resources with the available supply.

자원에 대한 수요와 가용한 공급 간의 균형을 맞추기 위해서 활동 시작일 및 종료일을 조정하는 기법

Responsibility Assignment Matrix(RAM, 책임배정매트릭스)

A grid that shows the project resources assigned to each work package.

각 작업 패키지에 할당된 프로젝트 자원을 보여주는 그리드(표)

Risk Appetite(리스크 선호도)

The degree of uncertainty an organization or individual is willing to accept in anticipation of a reward.

조직이나 개인이 보상을 기대하면서 기꺼이 받아들일 수 있는 불확실성의 정도

Risk Categorization(RBS, 리스크 분류)

Organization by sources of risk (e.g., using the RBS), the area of the project affected (e.g., using the WBS), or other useful category (e.g., project phase) to determine the areas of the project most exposed to the effects of uncertainty.

리스크 유발 조직(RBS 사용), 영향을 받은 프로젝트의 영역(WBS 사용) 또는 기타 유용한 카테고리(프로젝트 단계)로 불확실성의 영향에 가장 많이 노출되는 프로젝트 영역을 결정할 수 있음

Risk Mitigation(리스크 완화)

A risk response strategy whereby the project team acts to decrease the probability of occurrence or impact of a threat.

프로젝트 팀에서 리스크의 발생 확률이나 영향력을 줄이기 위해 취하는 리스크 대응 전략

Risk Transference(리스크 전가)

A risk response strategy whereby the project team shifts the impact of a threat to a third party, together with ownership of the response.

프로젝트 팀이 대응의 소유권과 함께 리스크의 영향을 제3자에게 이전하는 리스크 대응 전략

Rolling Wave Planning(연동기획)

An iterative planning technique in which the work to be accomplished in the near term is planned in detail, while the work in the future is planned at a higher level.

단기간에 완수해야 할 작업은 상세하게 계획하는 한편, 미래의 작업은 상위 수준 정도로만 계획하는 반복 기획 기법

Root Cause Analysis(원인분석)

An analytical technique used to determine the basic underlying reason that causes a variance or a defect or a risk. A root cause may underlie more than one variance or defect or risk.

차이, 결함 또는 리스크를 유발하는 근본적인 원인을 파악하는 데 사용되는 분석 기법 근본 원인은 하나 이상의 차이, 결함 또는 리스크를 유발할 수 있음

Schedule Compression(일정단축)

A technique used to shorten the schedule duration without reducing the project scope.

프로젝트 범위를 축소하지 않고 일정 기간을 단축하는 데 사용되는 기법

Schedule Performance Index(SPI, 일정성과지수)

A measure of schedule efficiency expressed as the ratio of earned value to planned value.

획득 가치(EV) 대비 계획 가치(PV)의 비율로 표현되는 일정 효율의 척도

Schedule Variance(SV, 일정차이)

A measure of schedule performance expressed as the difference between the earned value and the planned value.

획득 가치(EV)와 계획 가치(PV)의 차이로 표현되는 일정 성과의 척도

Scope Baseline(범위 기준선)

The approved version of a scope statement, work breakdown structure (WBS), and its associated WBS dictionary, that can be changed using formal change control procedures and is used as a basis for comparison to actual results.

승인된 버전의 범위기술서, 작업분류체계(WBS) 및 관련된 WBS 사전으로, 공식적인 변경통제 절차를 통해서만 변경할 수 있고 실제 결과와 비교의 기준으로 사용됨

Scope Creep(범위 추가)

The uncontrolled expansion to product or project scope without adjustments to time, cost, and resources.

시간, 원가, 자원의 조정 없이 제품 또는 프로젝트 범위에 대한 제어되지 않은 확장

Sensitivity Analysis(민감도 분석)

An analysis technique to determine which individual project risks or other sources of uncertainty have the most potential impact on project outcomes, by correlating variations in project outcomes with variations in elements of a quantitative risk analysis model.

프로젝트 결과의 변동과 정량적 리스크분석 모델의 요소 차이를 연관시켜, 개별 프로젝트 리스크 또는 기타 불확실성의 원천이 프로젝트 결과에 가장 큰 잠재적인 영향을 미치는지 결정하는 분석 기법

Source Selection Criteria(공급자 선정기준)

A set of attributes desired by the buyer which a seller is required to meet or exceed to be selected for a contract.

판매자가 계약자로 선택되기 위해서 충족하거나 초과해야 하는 구매자가 원하는 속성 집합

Sponsor(스폰서)

A person or group who provides resources and support for the project, program, or portfolio and is accountable for enabling success.

프로젝트, 프로그램 또는 포트폴리오에 필요한 자원과 지원을 제공하고, 성공을 위해 책임이 있는 개인 또는 집단

Stakeholder(이해관계자)

An individual, group, or organization that may affect, be affected by, or perceive itself to be affected by a decision, activity, or outcome of a project, program, or portfolio.

프로젝트, 프로그램 또는 포트폴리오에 대한 의사결정, 활동 또는 결과에 영향을 미치거나 영향을 받을 수 있는 개인, 그룹 또는 조직

Stakeholder Engagement Assessment Matrix(이해관계자 참여 평가 매트릭스)

A matrix that compares current and desired stakeholder engagement levels.

이해관계자 참여도의 현재 수준과 요구되는 수준을 비교하는 매트릭스

Stakeholder Register(이해관계자 관리대장)

A project document including the identification, assessment, and classification of project stakeholders.

프로젝트 이해관계자의 식별, 평가 및 분류 정보가 포함된 프로젝트 문서

Statement of Work(SOW, 작업 기술서)

A narrative description of products, services, or results to be delivered by the project.

프로젝트에 의해 제공될 제품, 서비스 또는 결과를 자세히 기술한 문서

SWOT Analysis(SWOT 분석)

Analysis of strengths, weaknesses, opportunities, and threats of an organization, project, or option.

조직, 프로젝트 또는 옵션의 강점, 약점, 기회, 위협을 분석하는 기법

Three-Point Estimating(3점 산정)

A technique used to estimate cost or duration by applying an average or weighted average of optimistic, pessimistic, and most likely estimates when there is uncertainty with the individual activity estimates.

개별 활동 추정치에 불확실성이 있는 경우에 낙관적, 비관적 및 가장 가능성이 높은 추정치의 평균 또는 가중치 평균을 적용하여 원가 또는 기간을 추정하는 데 사용되는 기법

Time and Material Contract(T&M, 시간자재 계약)

A type of contract that is a hybrid contractual arrangement containing aspects of both cost-reimbursable and fixed-price contracts.

원가보상 계약과 고정가 계약의 측면을 모두 포함하는 복합 계약의 유형

To-Complete Performance Index(TCPI, 완료성과지수)

A measure of the cost performance that is required to be achieved with the remaining resources in order to meet a specified management goal, expressed as the ratio of the cost to finish the outstanding work to the remaining budget.

지정된 관리 목표를 달성하기 위해서 남은 자원으로 달성해야 하는 비용 성과를 측정하는 것으로, 남은 예산에 대한 미결 작업 완료 비용의 비율로 표현함

Tornado Diagram(토네이도 다이어그램)

A special type of bar chart used in sensitivity analysis for comparing the relative importance of the variables.

변수의 상대적 중요성을 비교하기 위해 민감도 분석에 사용되는 바 차트의 특수한 유형

Total Float(총 여유)

The amount of time that a schedule activity can be delayed or extended from its early start date without delaying the project finish date or violating a schedule constraint.

프로젝트 종료일을 지연시키거나 일정 제약을 위반하지 않고, 빠른 시작일로부터 일정 활동을 지연 또는 연장할 수 있는 기간

Trend Analysis(추세 분석)

An analytical technique that uses mathematical models to forecast future outcomes based on historical results.

선례 결과를 기반으로 미래 결과를 예측하기 위해서 수학적 모델을 사용하는 분석 기법

Validate Scope(범위 확인)

The process of formalizing acceptance of the completed project deliverables.

완성된 프로젝트 인도물의 인수를 공식화하는 프로세스

Variance At Completion(VAC, 완료시점차이)

A projection of the amount of budget deficit or surplus, expressed as the difference between the budget at completion and the estimate at completion.

예산 적자 또는 흑자 금액에 대한 예측으로, 완료 시점의 예산과 완료 시점의 추정치의 차이로 표현됨

Verified Deliverables(검증된 인도물)

Completed project deliverables that have been checked and confirmed for correctness through the Control Quality process.

품질 통제 프로세스를 통해 정확도가 검사되고 확인된 완성된 프로젝트 인도물

Virtual Teams(가상 팀)

Groups of people with a shared goal who fulfill their roles with little or no time spent meeting face to face.

대면하는 일이 극히 적거나 전혀 없이 역할을 완수하는 공동의 목표를 가진 사람들의 그룹

Work Breakdown Structure(WBS, 작업분류체계)

A hierarchical decomposition of the total scope of work to be carried out by the project team to accomplish the project objectives and create the required deliverables.

프로젝트 목표를 달성하고 필요한 산출물을 작성하기 위해 프로젝트 팀이 수행할 총 작업 범위의 계층적인 분해

Work Performance Reports(작업성과 보고서)

The physical or electronic representation of work performance information compiled in project documents, intended to generate decisions, actions, or awareness.

의사 결정, 조치 또는 인지를 창출하기 위해서 프로젝트 문서에 수록된 업무 성과 정보의 물리적 또는 전자적 표현

Shortcut to Pass PMP

❶ CBT(Computer Based Testing) **시험 화면에 익숙해지기**

CBT 시험이기 때문에 시험장에서 4시간 동안 마주하게 될 화면 구성, 버튼 및 마우스의 기능에 대해서는 사전에 익숙해지길 권장한다. 다음과 같이 개별 문제 화면과 최종 리뷰 화면을 정리해 보았다.

→PMI에서 제공하는 상세 지침서(tutorial)는 https://www.prometric.com/demos/irs/cdemo/tutpg1.htm 참조.

▪ 개별 문제 화면

▪ 전체 리뷰 화면

❷ 투 트랙(Two Track)으로 PMP 시험 3개월 안에 합격하기

학습을 오래 한다고 합격이 보장되거나 ITTO를 모두 외울 수 있는 시험이 아니다. 3개월 안에 합격한다는 목표가 도전적이긴 하지만 가장 이상적인 학습 기간이기도 하다. 그러기 위해서는 다음처럼 '학습'과 '시험 신청' 프로세스 간에 어느 정도 연관성을 가져가면서 학습하길 권장한다.

→독학이나 온라인을 통한 학습이라면 6개월~12개월이 합격자들의 평균적인 학습 기간이다.

▪ PMP 합격을 위한 Two Track

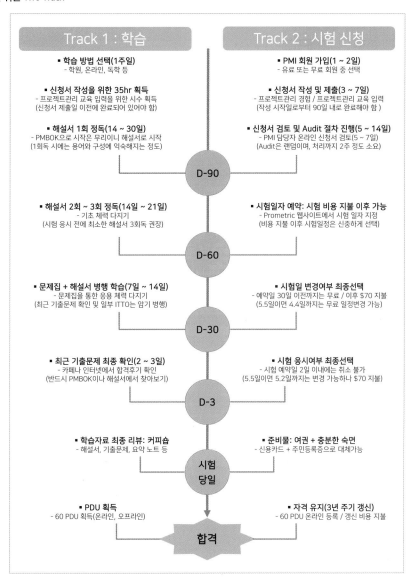